L'apport de l'Afrique à la justice internationale pénale

Collection « Études africaines »

dirigée par Denis Pryen et son équipe

Forte de plus de mille titres publiés à ce jour, la collection « Études africaines » fait peau neuve. Elle présentera toujours les essais généraux qui ont fait son succès, mais se déclinera désormais également par séries thématiques : droit, économie, politique, sociologie, etc.

Dernières parutions

Marie Rose BANGOURA, *Gestion des déchets solides ménagers et ségrégation socio-spatiale dans la ville de Conakry*, 2018.
Jean-Pierre NZEZA KABU ZEX-KONGO, *Congo. Comment le reconstruire, y ramener la paix et le développer ? Vade-mecum pour les dirigeants*, 2018.
Charles LASSERRE YAKITE, *La nationalité et l'apatridie en Afrique*, 2018.
Jean-Pierre NZEZA KABU ZEX-KONGO, *Léopold II. Le plus grand chef d'État de l'histoire du Congo*, 2018.
Bernard TONDÉ, *Le veuvage en Afrique. Dimensions socioculturelles, mystiques, morales et juridiques*, 2018.
Mohamed Salem OULD MAOULOUD, *L'éducation non formelle islamique mahadra de Mauritanie*, 2018.
Claude KOMBOU, *Système fiscal et performance financière des Établissements de microfinance (EMF) au Cameroun*, 2018.
Jean-Marc SEGOUN, *Reconstruire après la guerre au Libéria*, 2018.
Hines MABIKA (dir.), *Principes éthiques d'Albert Schweitzer en Afrique. Le respect de la vie*, 2018.
Mamadou Diarafa DIALLO, *Le Mali contemporain. Fragilités et possibilités*, 2018.
Blaise SARY NGOY, *La dépréciation du franc congolais (2001-2018), Effet d'hystérèse*, 2018.
Noël SOFACK, *L'Eglise catholique et le processus électoral au Cameroun, Un engagement pour des elections justes et transparentes*, 2018.
Noël SOFACK, *Nouvelle géopolitique de l'agriculture et de l'alimentation, Quelles politiques publiques de sécurité alimentaire au Cameroun ?*, 2018.
Fayol Meny INKOU INGOULANGOU, *Problèmes langagiers et apprentissage du philosopher, Cas de l'apprenant en République du Congo*, 2018.

Sous la direction de
Catherine MAIA,
Jean-François AKANDJI-KOMBÉ,
Jean-Baptiste HARELIMANA

L'apport de l'Afrique à la justice internationale pénale

Préface de Robert KOLB

Postface de Fatou BENSOUDA

L'Harmattan

5-7, rue de l'École-Polytechnique – 75005 Paris

www.editions-harmattan.fr

ISBN : 978-2-343-15975-1
EAN : 9782343159751

Liste des contributeurs

Jean-François AKANDJI-KOMBÉ

Professeur à l'École de droit de la Sorbonne, Université Paris 1 Panthéon-Sorbonne et professeur associé à l'Université de Bangui.

Fatou BENSOUDA

Procureure de la Cour pénale internationale.

Manuel EYNARD

Docteur en droit, attaché temporaire d'enseignement et de recherche auprès de l'Université Côte d'Azur, chercheur auprès du Laboratoire de droit international européen et du Département de droit international public de l'Université de Genève.

Emmanuel GUEMATCHA

Maître de conférences en droit à l'Université de Guyane et chargé d'enseignement à l'Université Paris Ouest. Visiting scholar de la Robson Hall Faculty of Law en 2017, il a été chercheur postdoctoral à l'Osgoode Hall Law School et a travaillé comme juriste auprès du Bureau du procureur des Chambres africaines extraordinaires au sein des tribunaux sénégalais.

Nabil HAJJAMI

Maître de conférences à l'Université Paris Nanterre.

Kadidiatou HAMA NATAMA

Docteure en droit de l'Université de Bourgogne, enseignante-chercheuse à l'Université Ouaga II et consultante en droits de l'Homme.

Yves HAMULI KABUMBA

Docteur en sciences juridiques de l'Université catholique de Louvain, chercheur en droit international et congolais ayant enseigné dans plusieurs universités congolaises.

Jean-Baptiste Harelimana

Docteur en droit de l'Université Lyon III, avocat au Barreau de Nanterre.

Robert Kolb

Professeur à la Faculté de droit de l'Université de Genève.

Ghislain Mabanga

Docteur en droit, avocat, ancien vice-président de l'Association du Barreau près la Cour pénale internationale, attaché temporaire d'enseignement et de recherche à l'Université Paris Nanterre.

Catherine Maia

Professeure à la Faculté de droit et de science politique de l'Université Lusófona de Porto, *visiting professor* à Sciences Po Paris et aux Universités catholiques de Lille et de Lyon.

Jacques B. Mbokani

Docteur en droit de l'Université catholique de Louvain, professeur à l'Université de Goma et à l'Université libre des pays des Grands Lacs à Goma, et consultant auprès de l'organisation Open Society Initiative for Southern Africa (OSISA) à Kinshasa.

Mutoy Mubiala

Fonctionnaire au Haut-Commissariat des Nations Unies aux droits de l'Homme, à Genève, il a, dans ce cadre, apporté son appui à plusieurs commissions internationales d'enquête déployées en Afrique.

Damien Scalia

Professeur à la Faculté de droit et de criminologie de l'Université libre de Bruxelles.

Alain-Guy Sipowo

Docteur en droit de l'Université Laval, diplômé de l'Académie de droit international de La Haye, chargé de cours aux Universités McGill et Laval, il est également consultant auprès d'organisations internationales.

Liste des abréviations

AFDI .... *Annuaire français de droit international*
AFRI .... Annuaire français de relations internationales
AGNU .... Assemblée générale des Nations Unies
AJIL .... *American Journal of International Law*
ARS .... Armée de résistance du Seigneur
AYIL .... *African Yearbook of International Law*
CAE .... Chambres africaines extraordinaires
CAJDH .... Cour africaine de justice et des droits de l'Homme
CDH .... Conseil des droits de l'Homme
CDI .... Commission du droit international
CÉDÉAO .... Communauté Économique des États de l'Afrique de l'Ouest
Commission ADHP .... Commission africaine des droits de l'Homme et des peuples
Cour ADHP .... Cour africaine des droits de l'Homme et des peuples
Cour EDH .... Cour européenne des droits de l'Homme
CPJI .... Cour permanente de Justice internationale
CIJ .... Cour internationale de Justice
CPI .... Cour pénale internationale
CPS .... Cour pénale spéciale
CSNU .... Conseil de sécurité des Nations Unies
DDRR .... Désarmement, démobilisation, réinsertion, rapatriement
EJIL .... *European Journal of International Law*
FPR .... Front patriotique rwandais
FUR .... Front uni de résistance
HCDH .... Haut-Commissariat des Nations Unies aux droits de l'Homme
HRW .... Human Rights Watch
JICJ .... *Journal of International Criminal Justice*
MTPI .... Mécanisme pour les Tribunaux pénaux internationaux
HCDH .... Haut-Commissariat des Nations Unies aux droits de l'Homme
ONU .... Organisation des Nations Unies
ONG .... Organisation non gouvernementale
OUA .... Organisation de l'unité africaine
OUP .... Oxford University Press
RADI .... *Revue africaine de droit international*
RBDI .... *Revue belge de droit international*

RCADI .... *Recueil des cours de l'Académie de droit international*
RDC .... République démocratique du Congo
RGDIP .... *Revue générale de droit international public*
RICR .... *Revue internationale de la Croix-Rouge*
RPP .... Règlement de procédure et de preuve
RQDI .... *Revue québécoise de droit international*
RUF .... Front révolutionnaire uni
SFDI .... Société française pour le droit international
SADI .... Société africaine pour le droit international
TPIR .... Tribunal pénal international pour le Rwanda
TPIY .... Tribunal pénal international pour l'ex-Yougoslavie
TSSL .... Tribunal spécial pour la Sierra Leone
TSRSL .... Tribunal spécial résiduel pour la Sierra Leone
UA .... Union africaine
UE .... Union européenne
Commission VJRR .... Commission vérité, justice, réconciliation et réparation

Préface

Robert KOLB

L'Afrique et la justice internationale pénale – une opposition qui semble ébaucher d'un seul tenant tout un programme d'un Créon triomphant et d'une Antigone bâillonnée, d'une impunité insolente et d'un cri de justice égorgé. Mais aussi quel raccourci et quelle réduction, quelle image d'Épinal et quelle projection éborgnée. Le présent ouvrage cherche, au contraire, à explorer de manière articulée et soigneuse les multiples facettes de la relation d'un continent à la justice internationale pénale, en s'évadant des seules martingales sonnantes pour lesquelles la presse quotidienne montre un tropisme souvent excessif et des sentiers commodément battus dans lesquels l'esprit ne s'engouffre que trop facilement. Ce n'est évidemment pas ignorer ces aspects bien connus et aguicheurs, allant du refus de coopérer de l'Afrique du Sud dans l'affaire soudanaise, des dénonciations du Statut de la Cour pénale internationale (CPI) à la burundaise, des rodomontades de l'Union africaine inspirées par certains Gouvernements se sentant dans le collimateur de La Haye, de l'éternelle accusation des deux poids et des deux mesures afin d'éliminer toute mesure, et aussi d'une réalité conflictuelle qui continue à affliger le continent comme une maladie virulente.

Regardons en face ces aspects de haute politique si souvent mis en exergue. Il est connu que nombre d'États africains ont émis des critiques à l'égard du travail de la CPI, à leurs yeux trop axée sur des situations en Afrique et trop peu active dans le cadre d'autres continents[1]. Or, ne sied-il pas, à cet effet, de rappeler certaines réalités que ces diatribes acérées et corrosives se gardent bien de mettre en lumière ? D'abord, il va de soi que la CPI ne peut opérer que vis-à-vis d'États ayant ratifié ou ayant adhéré à son Statut. Ce fait limite

[1] Voir : James NYAWO, *Selective Enforcement and International Criminal Law: The ICC and Africa*, Cambridge, Intersentia, 2017 ; Charles Chernor JALLOH, Ilias BANTEKAS (eds.), *The International Criminal Court and Africa*, Oxford, OUP, 2017 ; Evelyn A. ANKUMAH, *The International Criminal Court and Africa: One Decade On*, Cambridge, Intersentia, 2016 ; Kamari M. CLARKE, Abel S. KNOTTNERUS, Eefje DE VOLDER (eds.), *Africa and the ICC: Perceptions of Justice*, New York, Cambridge University Press, 2016.

son rayon d'action et ne permet pas de formuler juridiquement avec succès un argument de « deux poids, deux mesures » entre États liés et États noniés par le Statut. Certes, la politique est indifférente à ces contraintes juridiques, car elle veut capitaliser dans d'autres contrées. Mais ces contraintes juridiques ont été adoptées par des États. Et que diraient-ils, ces législateurs austères, flamboyants et sûrs d'eux-mêmes, si la Cour ignorait le corset de limites qu'ils lui ont collectivement imposé ? Ensuite, il faut noter que toute une série de « situations » ont été portées devant la CPI par une saisine étatique et non par une action d'office de la Cour. Où est ici l'acharnement anti-africain de la CPI ? Après tout, ce sont des États africains qui ont ici mis en branle la procédure devant la Cour. Ainsi, l'Ouganda, la République démocratique du Congo, la République centrafricaine et le Mali ont saisi la Cour et lui ont ainsi demandé d'agir, l'ont peut-être même sommée de le faire. Le Procureur a ouvert de sa propre initiative des enquêtes concernant le Kenya et la Côte d'Ivoire. Ce n'est pas la marque d'un acharnement sourd et fourbe, quand on connaît le nombre des événements tragiques qui émaillent le continent. Le Conseil de sécurité des Nations Unies a, quant à lui, saisi la Cour dans les cas du Soudan (Darfour) et de la Libye. Il n'a pas saisi la Cour de « situations » concernant d'autres continents. Mais deux saisines ne forment pas la toile d'araignée d'un acharnement délibéré méchamment zénithal. Et comment la Cour serait-elle saisie autant de fois pour l'Europe que pour l'Afrique, par exemple, alors que le continent du nord bénéficie depuis bien des années (cela durera-t-il ?) d'une situation qui le met largement à l'abri des crimes graves que la Cour a pour mission de poursuivre ? Il en va certes autrement pour le Moyen-Orient, parmi d'autres. Or, ne se peut-il pas que les cris d'indignation ne soient rien de plus que les rituels habituels d'hommes politiques mis en accusation : diatribes et cabales pour conserver l'impunité et l'ombre bienfaisante d'immunités personnelles intouchables ? Ne se peut-il pas que l'on voie poindre dans un sempiternel mouvement de houle la fameuse poutre et la non moins fameuse paille, la première qu'on ignore dans l'œil propre et la seconde que l'on voit dans l'œil de tous les autres ? La faute n'est-elle pas manifestement toujours des autres, de la CPI en l'occurrence, jamais de soi-même, car l'on sait sans faille et sans vergogne justifier psychologiquement ses propres actes, fussent-il les plus horribles ? Oui, la CPI a beaucoup à faire à l'Afrique et en Afrique ; mais n'en a-t-elle pas aussi de bonnes raisons ? Regrettablement, la culture politique des classes dirigeantes et le réflexe nombriliste des masses restent, en Afrique comme partout ailleurs dans le monde, hostiles à une justice internationale dépassionnée. Son action n'est jamais vécue comme une application impersonnelle du droit. Au contraire, elle est vue et couramment instrumentalisée comme un moyen de règlement de comptes de l'adversaire politique, comme une machination ourdie contre une certaine collectivité et ses représentants, comme une pieuvre occulte avançant ses tentacules malfaisants pour réaliser des fins politiques inavouables. Cette orientation de la « réduction au politique » est répandue un peu partout dans le monde et constitue l'ossature d'une certaine primauté générale de la politique sur le droit : le politique décide, le droit doit suivre ! La démocratie même semble le commander. Ne jobardez pas le peuple ! Mais cette orientation est particulièrement présente en matière pénale, quand la redoutable faculté de punir et d'éliminer de leurs postes des grands dirigeants charrie une résistance acharnée.

Au-delà des aspects bien médiatisés, l'Afrique a de toutes autres relations avec le droit pénal : de la justice traditionnelle sur le gazon au Rwanda ; des commissions de vérité et de réconciliation en Afrique du Sud ; des tribunaux pénaux hybrides créés en collaboration avec des Gouvernements africains, avec le Tribunal spécial pour la Sierra Leone, la Cour spéciale centrafricaine et les Chambres africaines extraordinaires au Sénégal établies pour juger Hissène Habré après une stimulation inattendue par la Cour internationale de Justice ; ou encore la section pénale de la future Cour africaine de justice et des droits de l'Homme ; autant d'aspects qui méritent d'être mis en lumière, car ils constituent, après tout, la plus insigne part de l'iceberg et la vraie ossature du droit pénal « africain ». La CPI, d'ailleurs, n'a-t-elle pas pour mission statutaire de rester complémentaire et subsidiaire à la justice pénale locale ? N'est-ce pas – selon le Statut même de la CPI – d'abord à l'Afrique elle-même de s'occuper, d'une manière ou d'une autre, de ses écuries d'Augias ?

Le présent ouvrage se décline en quatre parties. La première fait écho aux aspects généraux de la justice internationale pénale et à la perception africaine de celle-ci. Un premier long et bon article de synthèse donne la toile de fond. Une deuxième partie évoque les expériences de justice transitionnelle en Afrique, en quelque sorte des multiples crus du terroir des commissions de vérité. Sont-ce de réelles alternatives aux poursuites pénales dans le cas de crimes de masse liés à la structure de régimes politiques ? Sont-ce des moyens déguisés et élégants de contourner la punition et d'asseoir l'impunité ? Faut-il recourir à des approches hybrides, où la poursuite pénale pour certains se mêle à la commission de vérité et de réconciliation pour le plus grand nombre ? Une troisième partie se consacre à l'éclairage des tribunaux internationaux et internationalisés *ad hoc*. Le TPIR fait ici figure de proue, et ses apports et faiblesses sont mis en lumière. Une quatrième et dernière partie touche à des questions de statut, notamment celui de victime devant la section du droit international pénal de la future Cour africaine de justice et des droits de l'Homme. Un texte de tenue plus générale (sur les perceptions des personnes s'étant frottées à cette justice pénale) ferme la marche de l'ouvrage par une pointe intéressante. On trouvera ainsi beaucoup d'informations sur l'état actuel du « pénal » en Afrique – continent qui focalise depuis un certain temps le plus d'attention en la matière et qui s'avère pour cette raison quelque part crucial dans le développement de la justice internationale pénale et de son droit sous-jacent. Si l'être humain vient d'Afrique et que le droit pénal n'en vient pas, il n'en demeure pas moins que d'importantes parts de celui-ci sont actuellement en pérégrination compliquée sur ce continent attachant. Dans quel état entameront-elles leur voyage de retour vers leur maison mère ?

I.
Justice internationale pénale : une perspective africaine

L'Afrique et la justice internationale pénale : je t'aime, moi non plus

Catherine MAIA

Depuis plusieurs années, on observe un phénomène de juridictionnalisation du droit international qui s'est traduit par la multiplication des tribunaux internationaux et leur croissante spécialisation[1]. L'affermissement du principe de la responsabilité pénale individuelle pour les crimes internationaux et la nécessité d'avoir des juridictions compétentes pour juger les responsables de tels crimes ont fait du droit international pénal une véritable « terre de prédilection »[2] pour l'établissement de nouvelles

---

[1] Sur ce phénomène, voir parmi une littérature abondante : Wagner MENEZES, *Tribunais internacionais: jurisdição e competência*, São Paulo, Saraiva, 2013 ; Stéphane DOUMBÉ-BILLÉ, « La juridictionnalisation des droits de l'Homme en Afrique : 'much ado about nothing' ? », *in* J.-F. AKANDJI-KOMBÉ (dir.), *L'Homme dans la société internationale : mélanges en hommage au professeur Paul Tavernier*, Bruxelles, Bruylant, 2013, pp. 693-706 ; Fausto POCAR, « The International Proliferation of Criminal Jurisdictions Revisited: Uniting or Fragmenting International Law? », *in* H.P. HESTERMEYER (ed.), *Coexistence, Cooperation and Solidarity: Liber Amicorum Rüdiger Wolfrum*, Leiden, Nijhoff, 2012, pp. 1705-1724 ; Hélène HAMANT, « La fragmentation du droit international sous l'angle de la multiplication des juridictions internationales », *in* S. DOUMBÉ-BILLÉ (dir.), *Justice et solidarité*, Bruxelles, Bruylant, 2012, pp. 17-27 ; Mohamed BENNOUNA, « How to Cope with the Proliferation of International Courts and Coordinate their Action », *in* A. CASSESE (ed.), *Realizing Utopia: The Future of International Law*, Oxford, OUP, 2012, pp. 287-294 ; Luis BARRIONUEVO ARÉVALO, « The Multiplication of International Jurisdictions and the Integrity of International Law », *ILSA Journal of International & Comparative Law*, vol. 15, 2008, pp. 49-60 ; SFDI, *La juridictionnalisation du droit international*, Paris, Pedone, 2003 ; Mireille COUSTON, « La multiplication des juridictions internationales : sens et dynamiques », *Journal du droit international*, vol. 1, 2002, pp. 5-53 ; Julien FOURET, Mario PROST, « La multiplication des juridictions internationales : de la nécessité de remettre quelques pendules à l'heure », *RQDI*, vol. 15, 2002, pp. 117-138 ; Pierre-Marie DUPUY, « Multiplication des juridictions internationales et dangers de fragmentation de l'ordre juridique international », *in* J. CARDONA LLORENS (coord.), *Cours euro-méditerranéens Bancaja de droit international*, Pamplona, Aranzadi, 2000, pp. 259-282.

[2] Photini PAZARTZIS, « Tribunaux pénaux internationalisés : une nouvelle approche de la justice pénale (inter)nationale », *AFDI*, vol. 49, 2003, p. 641. Dans le même sens, Syméon KARAGIANNIS considère le droit international pénal comme « l'un des grands responsables de la multiplication actuelle des juridictions internationales » (« La multiplication des juridictions internationales : un système anarchique ? », *in* SFDI, *La juridictionnalisation du droit international*, *op. cit.*, p. 59).

instances juridictionnelles internationales, parallèlement aux tribunaux pénaux internes[3].

Depuis la mise en place des Tribunaux militaires internationaux de Nuremberg et de Tokyo en 1945-1946, et plus encore depuis la fin de la Guerre Froide, les juridictions pénales internationales se multiplient avec l'objectif commun de réprimer les auteurs des crimes les plus graves qui heurtent la conscience de l'humanité. Les modèles de la justice internationale pénale sont variés[4]. Le premier est celui des tribunaux pénaux internationaux *ad hoc*. Créés l'un pour l'ex-Yougoslavie (TPIY) en 1993, l'autre pour le Rwanda (TPIR) en 1994, ils visent à juger les crimes commis à grande échelle dans ces pays. Établies par une résolution du Conseil de sécurité sur la base du chapitre VII de la Charte de l'ONU, ces juridictions en sont des organes subsidiaires[5].

Le deuxième modèle correspond aux tribunaux internationalisés, mixtes ou hybrides[6]. Cette qualification est utilisée pour désigner des juridictions à la

---

[3] Sur les enjeux de la création des juridictions pénales internationales, voir Cécile APTEL, « Justice pénale internationale : entre raison d'État et état de droit », *La revue internationale et stratégique*, vol. 67, 2007, pp. 71-80.

[4] Voir sur ce point Renaud DE LA BROSSE, « Les trois générations de la justice pénale internationale : tribunaux pénaux internationaux, Cour pénale internationale et tribunaux mixtes », *AFRI*, vol. 6, 2005, pp. 154-166. En revanche, ne sera pas traitée ici la question des juridictions nationales – tout particulièrement en Europe – qui exercent la compétence universelle à l'égard des crimes internationaux et dont la mise en œuvre a suscité des critiques de la part de dirigeants africains et de l'UA.

[5] Parmi une littérature abondante, voir notamment : Hervé ASCENSIO, « Les tribunaux *ad hoc* pour l'ex-Yougoslavie et pour le Rwanda », *in* H. ASCENSIO, E. DECAUX, A. PELLET (dir.), *Droit international pénal*, Paris, Pedone, 2012, pp. 795-808 ; Mutoy MUBIALA, « Le Tribunal international pour le Rwanda : vraie ou fausse copie du Tribunal pénal international pour l'ex-Yougoslavie ? », *RGDIP*, vol. 99, 1995, pp. 929-954.

[6] Si le principe de la complémentarité retenu dans le Statut de la CPI donne la priorité aux poursuites exercées devant les juridictions internes, la création de tribunaux internationalisés peut fortifier la justice internationale pénale. Dans le présent, ils permettent de couvrir des crimes n'entrant pas dans la compétence de la CPI ou ayant été commis avant l'entrée en vigueur de son Statut, agissant alors comme des mécanismes de transition. Dans le futur, ils pourraient jouer un rôle complémentaire à celui de la CPI, en aidant les tribunaux nationaux à remplir leur fonction judiciaire par un appui international et en jugeant les individus autres que les plus hauts responsables, ainsi que les crimes ne relevant pas de la compétence de la CPI.

Sur ces juridictions mixtes, voir entre autres : Aaron FICHTELBERG, *Hybrid Tribunals: A Comparative Examination of their Origins, Structure, Legitimacy and Effectiveness*, New York, Springer, 2015 ; Guergana LAZAROVA, « Les tribunaux mixtes : à la recherche d'une justice impartiale par la composition juridictionnelle », *in* O. LECUCQ (dir.), *La composition des juridictions : perspectives de droit comparé*, Bruxelles, Bruylant, 2014, pp. 19-69 ; Olivier DE FROUVILLE, Olivia MARTELLY, « La juridictionnalisation du droit des conflits armés : les tribunaux internationaux mixtes », *in* V. CHETAIL (dir.), *Permanence et mutations du droit des conflits armés*, Bruxelles, Bruylant, 2013, pp. 573-612 ; Jean-Marc SOREL, « Les tribunaux mixtes ou hybrides », *in* H. ASCENSIO, E. DECAUX, A. PELLET (dir.), *Droit*

fois internes et internationales. À cette catégorie se rattachent les chambres spéciales instituées au Timor oriental, les Chambres extraordinaires pour le Cambodge, le Tribunal spécial pour le Liban, les magistrats internationaux nommés dans les juridictions du Kosovo, la Chambre spéciale pour les crimes de guerre en Bosnie-Herzégovine, le Tribunal spécial pour la Sierra Leone, ainsi que la Cour spéciale centrafricaine. Ces juridictions se fondent sur un accord bilatéral, en l'occurence entre l'ONU et l'État en cause. L'intérêt d'une telle procédure est d'être respectueuse de la souveraineté étatique et de tenir compte des besoins des États concernés, puisqu'on combine juges nationaux et internationaux et normes nationales et internationales[7].

Le troisième modèle est celui de la Cour pénale internationale (CPI), qui se singularise par son caractère permanent et sa vocation universelle. Contrairement aux juridictions antérieures, la CPI n'est pas liée à un conflit donné. Fondée sur la complémentarité avec les juridictions pénales nationales[8], elle a compétence pour juger les principaux responsables de crimes de guerre, crimes contre l'humanité, crimes de génocide et crimes d'agression[9], dès lors qu'un État ne peut ou ne veut pas rendre justice lui-même.

---

international pénal, *op. cit.*, pp. 825-843 ; Olivia NEDERLANDT, « Les juridictions pénales internationalisées, un nouveau modèle de juridictions de proximité ou le pari sur une justice respectueuse des peuples », *Annales de droit de Louvain*, vol. 3, 2012, pp. 217-286 ; Photini PAZARTZIS, « Tribunaux pénaux internationalisés : une nouvelle approche de la justice pénale (inter)nationale », *op. cit.*, pp. 641-661.

[7] « Ces juridictions ont été créées afin de permettre à l'État sur le territoire duquel des violations massives du droit humanitaire ont été commises de participer au processus de justice tout en garantissant, par la présence de représentants de la communauté internationale, l'impartialité et les garanties procédurales fondamentales du procès équitable avec pour objectif le rétablissement de l'État de droit et la réconciliation nationale » (Olivia NEDERLANDT, Damien VANDERMEERSCH, « Le Tribunal pénal international pour le Rwanda et le Tribunal spécial pour la Sierra Leone : quels bilans à l'heure de la clôture de leurs travaux ? », *in* D. BERNARD, D. SCALIA (dir.), *Vingt ans de justice internationale pénale*, Bruxelles, La Charte, 2013, p. 205). Voir également Cyril LAUCCI, « Quoi de 'spécial' au Tribunal pour la Sierra Leone ? », *AYIL*, vol. 14, 2006, pp. 29-73.

[8] Sur ce principe, voir : Mark S. ELLIS, « Principle of Complementarity in Contemporary International Criminal Justice », *in* A. ZIDAR, O. BEKOU (eds.), *Contemporary Challenges for the International Criminal Court*, Londres, British Institute of International and Comparative Law, 2014, pp. 35-49 ; Aurélie AUMAÎTRE, « Le principe de complémentarité : entre processus d'appropriation internationale et de réappropriation nationale », *in* D. BERNARD, D. SCALIA (dir.), *Vingt ans de justice internationale pénale*, *op. cit.*, pp. 61-70.

[9] Précisons que les États présents à la Conférence de révision du Statut de Rome, qui s'est tenue à Kampala (Ouganda) en 2010, ont adopté par consensus des amendements au Statut de Rome de 1998, concernant notamment la définition du crime d'agression et l'exercice de la compétence de la CPI à l'égard de ce crime. Ainsi, le nouvel article 8 *bis* définit le crime d'agression individuel comme « la planification, la préparation, le lancement ou l'exécution par une personne effectivement en mesure de contrôler ou de diriger l'action politique ou militaire d'un État, d'un acte d'agression qui, par sa nature, sa gravité et son ampleur, constitue une violation manifeste de la Charte des Nations Unies ». À la suite d'une résolution

Face à ce phénomène, l'Afrique et la justice internationale pénale entretiennent des liens où se mêlent attentes et désillusions, attraction et répulsion, consonance et dissonance, amour et désamour[10]. À l'inverse de la Cour internationale de Justice (CIJ) et des tribunaux internationaux arbitraux *ad hoc*, pour lesquels la suspicion d'européocentrisme a progressivement cédé la place à la bienveillance[11], la justice internationale pénale a initialement suscité l'enthousiasme chez les États africains devant la création de plusieurs tribunaux internationaux ou internationalisés à la compétence pénale couvrant partiellement ou totalement le continent.

Cet enthousiasme était d'autant plus vif que la justice internationale pénale a vocation à se développer dans un contexte marqué par des violations massives, graves et répétées des droits humains, suscitant chez les Africains un réel besoin de justice. Par là même, un nouvel espoir était nourri de mettre un terme à l'impunité et de renforcer la paix et la sécurité sur le

adoptée par consensus en décembre 2017, plus de 30 États parties ayant ratifié les amendements de 2010 (34 États au 31 décembre 2017), la CPI pourra exercer sa compétence à l'égard des crimes d'agression à compter du 17 juillet 2018.

[10] Parmi une littérature sur les relations entre l'Afrique et la justice internationale pénale qui s'est dernièrement faite plus prolifique, voir : Abdoul Kader BITIÉ, « L'africanisation de la justice pénale internationale entre motivations politiques et juridiques », *RQDI*, hors-série décembre 2017, pp. 143-165 ; Jean-Baptiste JEANGÈNE VILMER, « The African Union and the International Criminal Court: counteracting the crisis », *International Affairs*, vol. 92, 2016, pp. 1319-1342 ; Evelyn A. ANKUMAH (ed.), *The International Criminal Court and Africa: One Decade On*, Cambridge, Intersentia, 2016 ; Kamari M. CLARKE, Abel S. KNOTTNERUS, Eefje DE VOLDER (eds.), *Africa and the ICC: Perceptions of Justice*, New York, Cambridge University Press, 2016 ; SADI, *L'Afrique et le droit international pénal*, Paris, Pedone, 2015 ; Gerhard WERLE, Lovell FERNANDEZ, Moritz VORMBAUM (eds.), *Africa and the International Criminal Court*, La Haye/Berlin, Asser Press/Springer, 2014 ; Mohamed Madi DJABAKATE, *Le rôle de la Cour pénale internationale en Afrique*, Paris, L'Harmattan, 2014 ; Vincent O. NMEHIELLE (ed.), *Africa and the Future of International Criminal Justice*, La Haye, Eleven International Publishing, 2012 ; Max DU PLESSIS, *The International Criminal Court that Africa Wants*, Pretoria, Institute for Security Studies, 2010 ; Kamari Maxine CLARKE, *Fictions of Justice: The International Criminal Court and the Challenge of Legal Pluralism in Sub-Saharan Africa*, New York, Cambridge University Press, 2009 ; Nicholas WADDELL, Phil CLARK (eds.), *Courting Conflict? Justice, Peace and the ICC in Africa*, Londres, Royal African Society, 2008 ; Mutoy MUBIALA, « Africa and International Criminal Justice », *AYIL*, vol. 20, 2014, pp. 37-54 ; Roland ADJOVI, « L'Afrique dans le développement de la justice pénale internationale », *AYIL*, vol. 14, 2006, pp. 3-28.

[11] Au lendemain de leur indépendance, les États africains se sont montrés réticents à saisir la CIJ, non seulement en raison de certaines décisions défavorables (arrêts *Cameroun septentrional* (Cameroun c. Royaume-Uni) de 1963 et *Sud-Ouest Africain* (Éthiopie c. Afrique du Sud ; Liberia c. Afrique du Sud) de 1966), mais encore, plus généralement, en raison d'une tendance à contester les règles d'un droit international à la formation duquel ils n'avaient pas participé. À partir des années 1980, au contraire, les États africains se sont engagés en faveur d'une résolution de leurs litiges sur la base du droit. Voir notamment : Jean DU BOIS DE GAUDUSSON, « La justice en Afrique : nouveaux défis, nouveaux acteurs », *Afrique contemporaine*, n° 250, 2014, pp. 13-28 ; Raymond RANJEVA, « La juridiction internationale et l'Afrique », *Afrique contemporaine*, n° 156, 1990, pp. 284-288.

continent africain, conformément à la vision élargie de la paix ayant prévalue après les années 1990, selon laquelle les tribunaux pénaux internationaux ont non seulement une fonction punitive mais contribuent aussi à la réconciliation et à la reconstruction de l'état de droit[12]. Cet enthousiasme était d'ailleurs partagé par l'Union africaine (UA), dont le constant engagement dans la lutte contre l'impunité en Afrique se reflète dans l'article 4(h) de son Acte constitutif l'autorisant à intervenir dans des situations d'atrocités de masse[13].

Au plan régional, des tribunaux pénaux ont ainsi été instaurés à la demande des États africains concernés, afin de combler certaines lacunes existant dans la répression nationale et internationale des crimes internationaux. En 1994, le Tribunal pénal international pour le Rwanda (TPIR) a été établi à Arusha (Tanzanie), en vertu de la Résolution 955 (1994) du Conseil de sécurité, pour juger les individus soupçonnés d'être responsables d'actes de génocide et d'autres violations graves du droit international humanitaire commis sur le territoire du Rwanda, ainsi que les citoyens rwandais soupçonnés d'être responsables de tels actes commis sur le territoire d'États voisins, entre le 1er janvier 1994 et le 31 décembre 1994.

Quelques années plus tard, en 2002, le Tribunal spécial pour la Sierra Leone (TSSL), de nature mixte, a été créé dans la capitale, à Freetown, en vertu d'un accord entre le Conseil de sécurité et le Gouvernement sierra-léonais.

---

12 En ce sens, voir notamment Francois-Xavier BANGAMWABO, « International Criminal Justice and the Protection of Human Rights in Africa », *in* A. BÖSL, J. DIESCHO (eds.), *Human Rights in Africa: Legal Perspectives on their Protection and Promotion*, Windhoek, Macmillan Education Namibia, 2009, pp. 105-131.

13 Parmi les principes de fonctionnement de l'UA, se trouve « le droit de l'Union d'intervenir dans un État membre sur décision de la Conférence, dans certaines circonstances graves, à savoir : les crimes de guerre, le génocide et les crimes contre l'humanité » ou, plus largement, selon un amendement non encore en vigueur, dans le cas d'une « menace grave de l'ordre légitime » (article 4 (h)). Si ce droit d'intervention a été interprété par une partie de la doctrine comme le signe d'une émancipation possible d'une organisation régionale vis-à-vis de l'ONU, la pratique récente démontre qu'il n'en est rien. De fait, aucune tendance régionaliste à l'émancipation n'a remis en cause le schéma d'un droit d'intervention centralisé au profit du Conseil de sécurité de l'ONU, comme le démontre la faible autonomie de l'UA quant à la question du recours à la force pour le conflit dans lequel la Libye est plongée depuis 2011 : ignorée au stade de la prise de décision de l'intervention par le Conseil de sécurité, l'organisation panafricaine a ensuite été écartée au stade de la mise en œuvre de l'intervention. Comme l'indique Olivier CORTEN, « il n'existe aucun précédent dans lequel l'Union africaine aurait mené ou décidé d'une intervention militaire pour faire cesser des crimes de guerre, des crimes contre l'humanité ou des actes de génocide conformément à l'article 4 (h) de son Statut. Le seul précédent connu est celui de l'affaire *Hissène Habré*, l'UA ayant invoqué cette disposition pour justifier son action – au demeurant relativement limitée – dans ce dossier » (« L'Union africaine, une organisation régionale susceptible de s'émanciper de l'autorité du Conseil de sécurité ? *Opinio juris* et pratique récente des États », *ESIL*, *Conference Paper Series*, vol. 2, n° 1, Conference Paper n° 11, 2012, p. 11). Voir également Nabil HAJJAMI, *La responsabilité de protéger*, Bruxelles, Bruylant, 2013, pp. 472-473.

Son mandat consiste à juger les principaux responsables de crimes contre l'humanité, de crimes de guerre et de certains crimes prévus par le droit sierra-léonais commis sur le territoire de la Sierra Leone depuis le 30 novembre 1996, date de l'Accord de paix d'Abidjan conclu entre le Gouvernement sierra-léonais et les rebelles du Front révolutionnaire uni (RUF), qui ont tenté, en vain, d'enrayer la crise.

Au plan international, la CPI a, quant à elle, été instituée en 1998, avec une large adhésion de l'Afrique puisque, sur les 123 États parties, dont le dernier en date est El Salvador depuis le 3 mars 2016[14], 33 des 54 États du continent ont fait le choix de ratifier le Statut de Rome. Tout en s'inspirant des précédents du TPIR et du TPIY, le Statut de cette première cour pénale internationale permanente en diffère fortement sur bien des points, en particulier en raison de la préférence pour le principe de complémentarité plutôt que le principe de primauté sur les juridictions nationales, la supervision par une Assemblée des États parties élisant les juges, la possibilité pour les victimes de participer à la procédure comme partie distincte et la mise en place d'un fonds de réparation.

De manière générale, il est notable qu'à travers leur ample participation à des organisations internationales, aussi bien universelles que régionales, dotées de leur propre système juridictionnel de règlement des litiges, les États africains se sont révélés être des acteurs particulièrement actifs dans le mouvement de prolifération des tribunaux internationaux[15]. En multipliant les mécanismes juridictionnels de règlement des différends, ils chercheraient à prévenir les conflits. Néanmoins, leur enthousiasme à l'égard de la justice internationale pénale s'est manifesté par une coopération avec les juridictions pénales internationales ou internationalisées pour le moins contrastée, voire ambivalente[16].

---

[14] Notons que certains États importants ne sont pas parties au Statut de Rome, dont trois des cinq membres permanents du Conseil de sécurité (États-Unis, Russie, Chine) et d'autres pays densément peuplés (Inde, Indonésie, Japon), ce qui exclut près de 70 % de la population mondiale de la compétence de la CPI.

[15] Voir notamment : Jean-Louis ATANGANA AMOUGOU, « Multiplication des juridictions internationales et sécurité juridique en Afrique », *in* M. FAU-NOUGARET (dir.), *La concurrence des organisations régionales en Afrique*, Paris, L'Harmattan, 2012, pp. 135-152 ; Blaise TCHIKAYA, « La juridictionnalisation du règlement des conflits internationaux en Afrique », *Revue du droit public de la science politique en France et à l'étranger*, vol. 2, 2006, pp. 459-486.

[16] « Une fois mises en place, les juridictions pénales internationales conservent un fonctionnement marqué par les circonstances politiques et, là encore, par des tentatives d'instrumentalisation, d'autant que l'indépendance qui leur est statutairement garantie est en pratique limitée : par des restrictions budgétaires et financières, par des difficultés en termes d'accès aux éléments de preuve et aux témoins, par la non-exécution de mandats d'arrêt, et enfin, par d'éventuelles pressions politiques plus ou moins indirectes, telles celles qui ont pu

Au niveau régional, en dépit d'une obligation juridique de coopération clairement posée, le TSSL[17] et le TPIR[18] n'ont pas bénéficié de la même bienveillance : à l'adhésion franche envers le TSSL s'oppose une adhésion équivoque concernant le TPIR (I). De même, au niveau international, les États parties doivent coopérer avec la CPI, en particulier en ce qui concerne l'arrestation et la remise à la Cour des personnes accusées de crimes internationaux, tout refus pouvant être porté à la considération de l'Assemblée des États parties ou du Conseil de sécurité lorsque c'est celui-ci qui l'a saisie[19]. Pourtant, là aussi, la relation entre la CPI et les États africains, y compris ceux acceptant sa compétence, loin d'être apaisée, s'avère ambivalente (II). Cible de critiques virulentes tant de la part de dirigeants africains que de l'UA, qui reprochent à la CPI la focalisation de ses affaires sur le continent africain, celle qui a reçu le surnom de « Cour des Africains »[20] pour son supposé néocolonialisme n'a bénéficié d'une

---

s'exercer sur les procureurs internationaux, notamment lors de la mise en accusation par le TPIY de Ramush Haradinaj, alors premier ministre du Kosovo, ou lors de l'annonce de l'ouverture d'enquêtes sur le Front patriotique rwandais par le TPIR. *In fine*, la coopération que les États fournissent à ces juridictions, bien que requise par le droit international, dépend des aléas politiques et du bon vouloir des États » (Cécile APTEL, « Justice pénale internationale : entre raison d'État et état de droit », *op. cit.*, p. 78).

[17] Dans le cas du TSSL, cette obligation se déduit de l'origine du Tribunal, qui tient à la volonté politique de la Sierra Leone. Ainsi, la Résolution 1315 (2000) du Conseil de sécurité précise-t-elle que « le Gouvernement sierra-léonais souhaite que l'Organisation des Nations Unies l'aide à créer un tribunal fort et crédible qui permettrait de répondre aux objectifs de justice et du rétablissement d'une paix durable » (préambule).

[18] Dans le cas du TPIR, le Conseil de sécurité a décidé, dans sa Résolution 955 (1994), « que tous les États apporteront leur pleine coopération au Tribunal international et à ses organes, conformément à la présente résolution et au Statut du Tribunal international, et qu'ils prendront toutes mesures nécessaires en vertu de leur droit interne pour mettre en application les dispositions de la présente résolution et du Statut » (§ 2). Cette obligation de coopération et d'entraide judiciaire se retrouve à l'article 28 du Statut du TPIR.

[19] Pour le cas de la CPI, voir dans le Statut de Rome les articles 86 à 102 concernant la coopération internationale et l'assistance judiciaire (chapitre IX) et les articles 103 à 111 concernant l'exécution des peines (chapitre X).

[20] Expression empruntée à James MOUANGUE KOBILA, *L'Afrique et les juridictions internationales pénales*, Paris, Centre Thucydide, 2012, p. 3. Sur les critiques adressées à la CPI, voir notamment : Carmen QUESADA ALCALÁ, « Un balance de la Corte penal internacional: ¿justicia selectiva o efectiva? », *in* J. GRIGNON (dir.), *Hommage à Jean Pictet par le Concours de droit international humanitaire Jean-Pictet*, Montréal/Genève, Éditions Yvon Blais/Schulthess Éditions romandes, 2016, pp. 457-481 ; Hajer GUELDICH, « La Cour pénale internationale : une justice trébuchante ? », *in Études en l'honneur du professeur Rafâa Ben Achour*, Tunis, Konrad-Adenauer-Stiftung, tome 3, 2015, pp. 89-130 ; Julien PIERET, Marie-Laurence HEBERT-DOLBEC, « La justice pénale internationale comme projet politique et sélectif : une exploration de plusieurs zones d'ombre de la pénalité internationale », *RQDI*, hors-série décembre 2015, pp. 1-13 (les auteurs pointent, en particulier, deux phénomènes : une « politisation inéluctable d'un dispositif se donnant à voir comme neutre » et une « hyper sélectivité lors de son déploiement concret », p. 11) ; Kai AMBOS, « Expanding the Focus of the 'African Criminal Court' », *in* W.A. SCHABAS, Y. MCDERMOTT, N. HAYES (eds.), *The Ashgate Research Companion to International*

coopération effective que dans les cas initiés ou soutenus par les États africains eux-mêmes.

I. Une adhésion contrastée des États africains à la justice internationale pénale au niveau régional

Après les crimes commis au Rwanda et en Sierra Leone, un processus de justice s'avérait nécessaire. Cependant, dans la période immédiatement après les faits, l'incapacité des tribunaux des pays respectifs à juger les plus hauts responsables des atrocités commises a mené à la création du TPIR, en 1994, puis du TSSL, en 2000.

Si les États africains ont participé de manière décisive à cet ancrage de la justice internationale pénale au niveau régional, en appelant de leurs vœux la création de ces tribunaux pénaux, l'un international, l'autre mixte, leur adhésion est loin d'être homogène, ce qui s'est traduit par des relations houleuses avec le TPIR (1), mais plus conciliantes avec le TSSL (2).

1. Des relations houleuses avec le TPIR

Des tensions entre le TPIR et les autorités rwandaises se sont manifestées spécialement dans les débuts du fonctionnement de l'institution judiciaire. Cette situation trouve son origine dans ce qui a été qualifié de « désaccord originel entre les Nations Unies et le Rwanda »[21]. En effet, bien que le Gouvernement rwandais ait sollicité l'ONU en vue de créer un tribunal pénal international sur le modèle du TPIY, les motifs de mésentente ont été si sérieux qu'ils ont conduit le Rwanda à être, paradoxalement, l'unique pays à voter contre la résolution du Conseil de sécurité établissant le TPIR.

Parmi les désaccords, l'un, central, provenait de l'exclusion de la peine de mort du Statut du TPIR. Si cette exclusion est conforme aux standards de

---

Criminal Law: Critical Perspectives, Farnham, Ashgate, 2013, pp. 499-529 ; Jacques B. MBOKANI, « La Cour pénale internationale : une cour contre les Africains ou une cour attentive à la souffrance des victimes africaines ? », *RQDI*, vol. 26, 2013, pp. 47-100 ; Catherine MAIA, Kadidiatou HAMA, « La Cour pénale internationale vue d'Afrique : organe juridictionnel ou organe politique ? », *L'Observateur des Nations Unies*, vol. 32, 2012, pp. 75-98. Notons que la nomination, en 2012, d'une procureure gambienne, Fatou Bensouda, puis l'élection, en 2018, d'un président nigérian, le juge Chile Eboe-Osuji, n'ont pas suffit à faire taire les critiques à l'encontre de la CPI.

[21] Jean-Pelé FOMÉTÉ, « De l'articulation entre le national et l'international à la lumière de la stratégie d'achèvement du Tribunal pénal international pour le Rwanda », *AYIL*, vol. 14, 2006, p. 138. Sur le TPIR, voir entre autres : Leila Nadya SADAT, « The Legacy of the International Criminal Tribunal for Rwanda », *in* C. RIZIKI MAJINGE (ed.), *Rule of Law through Human Rights and International Criminal Justice: Essays in Honour of Adama Dieng*, Newcastle upon Tyne, Cambridge Scholars Publishing, 2015, pp. 128-140 ; André SIROIS, « Lessons Learned from the Bad Beginnings of the International Tribunal for Rwanda », *in* S. CHARTRAND, J. PHILPOT (eds.), *Justice Belied: The Unbalanced Scales of International Criminal Justice*, Montréal, Baraka Books, 2014, pp. 143-159.

l'ONU, le Gouvernement rwandais était, quant à lui, favorable à ce que la peine capitale, prévue au niveau national, puisse être prononcée à l'encontre de ceux portant la plus lourde responsabilité du génocide. Au-delà de ce point, la discorde s'étendait à divers autres aspects du Statut du TPIR[22], notamment : le choix d'installer le siège du Tribunal en Tanzanie plutôt que sur le propre territoire rwandais qui, suivant l'adage *Justice must not only be done but it must also be seen to be done*, n'a pas facilité l'appropriation de la justice internationale pénale par la population rwandaise[23] ; la faculté d'élire comme juges des ressortissants de certains États soupçonnés d'avoir participé au génocide rwandais ; la possibilité pour les individus condamnés d'exécuter leur peine dans un pays autre que le Rwanda ; le délaissement des victimes du génocide, faute d'avoir prévu en leur faveur une indemnisation[24], voire un traitement antiviral HIV pour celles ayant subi des crimes sexuels, à l'instar des détenus du Tribunal[25] ; mais encore, au niveau de la compétence du TPIR, l'extension de sa compétence *ratione materiae* aux crimes de guerre et aux crimes contre l'humanité, au lieu d'une restriction au seul crime de génocide, ainsi que la limitation de sa compétence *ratione temporis* à l'année 1994, excluant par là même à la fois les massacres survenus en amont dès 1990, initiateurs du génocide selon les autorités rwandaises, de même que les massacres commis en aval au Zaïre

---

[22] Ce statut est, à quelques exceptions près, une copie du Statut du TPIY.

[23] La doctrine se divise sur ce point entre, d'un côté, ceux qui estiment que l'internationalisation du droit pénal est indispensable afin d'uniformiser les normes en matière de répression des crimes les plus graves et, d'un autre côté, ceux qui perçoivent négativement un ancrage des TPI trop éloigné des cultures et environnements dans lesquels les crimes qu'ils doivent juger ont été perpétrés. Cette dernière opinion est partagée par les personnes jugées par les TPI, qui ont une vision négative de la justice internationale pénale, à la fois comme une justice « des autres » (rendue par les autres et sur la base de concepts venus d'ailleurs) et comme une justice « politisée et impérialiste » (Damien SCALIA, « Expérience de justice internationale pénale : perception de domination par d'anciens dominants », *RQDI*, hors-série décembre 2015, pp. 21ss).

[24] Le problème est ici commun aux deux TPI *ad hoc* créés par le Conseil de sécurité devant lesquels les victimes, faute de moyens d'action propres, sont représentées par le procureur à tous les stades de la procédure. De fait, la motivation principale des rédacteurs des Statuts des TPI étant la poursuite des plus hauts responsables de crimes graves, aucune disposition de leur Statut respectif ne permet aux victimes d'obtenir réparation pour les dommages subis. Outre l'emprisonnement du condamné, le TPIR peut seulement « ordonner la restitution à leurs propriétaires légitimes de tous biens et ressources acquis par des moyens illicites, y compris par la contrainte » (article 23-3 du Statut du TPIR), tandis que d'éventuelles réparations devront être recherchées devant les tribunaux internes (règle 106 du Règlement de procédure et de preuve). Le statut des victimes sera, par la suite, amélioré dans le Statut de la CPI qui, désormais, les autorise à participer à la procédure, à être informées du développement de celle-ci et à obtenir réparation pour les dommages subis.

[25] Voir Navi PILLAY, « The Role of the International Criminal Court in an Emerging System of International Justice », *in* O. RIBBELINK (ed.), *Beyond the UN Charter: Peace, Security and the Role of Justice*, La Haye, Hague Academic Press, 2008, p. 37.

(République démocratique du Congo) par les réfugiés hutus extrémistes et par le Front patriotique rwandais (FPR) dans la chasse contre ceux-ci.

Ces divers points de discorde expliquent pourquoi le Gouvernement rwandais a été réticent à coopérer avec le TPIR, tout particulièrement lorsqu'étaient en cause des membres du FPR, le parti au pouvoir dans le pays depuis 1994. À l'instar des autorités serbes et croates, dont la coopération parfois déficiente a lourdement entravé le travail du TPIY, les autorités rwandaises sont allées jusqu'à empêcher des témoins de se rendre à Arusha, mais aussi à soutenir les fugitifs les plus hauts gradés et à refuser d'obtempérer aux demandes émises par le Tribunal. Cela a rendu toute enquête et, *a fortiori*, tout jugement impossibles à l'égard des dirigeants du FPR[26] et démontré avec éclat que « non seulement les tribunaux sont tributaires des États, mais aussi que la coopération avec la justice internationale n'est probablement pas une priorité pour ces derniers quand elle n'est pas politiquement judicieuse »[27].

En dépit des désaccords existants, l'obligation de coopération, ô combien indispensable, entre les États membres de l'ONU et le TPIR dépourvu de forces de police propres, a été rappelée dans diverses résolutions du Conseil de sécurité[28]. Multiforme, elle vise à l'obtention des éléments de preuve, l'arrestation et le transfert des accusés, le déferement d'affaires, soit au TPIR soit aux tribunaux internes dans le cadre de la stratégie d'achèvement des travaux du Tribunal, ainsi que l'exécution des peines.

S'agissant de l'arrestation et du transfert des accusés, à l'exception de quelques États africains ayant refusé de collaborer pleinement avec le TPIR – à savoir le Rwanda lui-même, mais aussi le Congo, la République démocratique du Congo (RDC) et le Kenya –, le Tribunal a pu globalement bénéficier d'une coopération effective de la part des États du continent. Nombreux ont, effectivement, été les pays ayant participé à l'arrestation et au transfert de fugitifs, parmi lesquels on compte l'Afrique du Sud, le Bénin,

---

[26] Voir notamment : Julian FERNANDEZ, « Justice pénale internationale : des promesses aux impasses », *Questions internationales*, vol. 27, septembre-octobre 2007, pp. 102-108 ; Roland ADJOVI, Jean-Pelé FOMÉTÉ, « Les relations entre le Tribunal pénal international pour le Rwanda et les États : l'obligation de coopération dans l'exécution du mandat du Tribunal », *AFRI*, vol. 6, 2005, pp. 180-196.

[27] Cécile APTEL, « Justice pénale internationale : entre raison d'État et état de droit », *op. cit.*, p. 79.

[28] Voir notamment : la Résolution 955 (1994) du 8 novembre 1994, § 2, et l'article 28 du Statut du TPIR qui y est annexé ; la Résolution 1503 (2003) du 28 août 2003, §§ 3-4.

le Burkina Faso, le Cameroun, la Côte d'Ivoire, le Mali, la Namibie, la Tanzanie, le Togo ou encore la Zambie[29].

S'agissant du défèrement d'affaires, la collaboration entre les États africains et le TPIR a initialement été « à sens unique »[30], comme le démontrent les nombreuses demandes de dessaisissement adressées aux juges nationaux par le TPIR sur la base du principe de primauté posé par le Statut de ce dernier[31]. Il faudra attendre la mise en place par l'ONU, à partir de 2003, de la stratégie d'achèvement des travaux du TPIR – laquelle lui impose le renvoi des affaires pendantes devant les tribunaux internes concernant les accusés de rang intermédiaire et subalterne – pour que la collaboration devienne plus équilibrée[32]. C'est d'ailleurs grâce à ce tournant, combiné avec l'adoption de la Loi organique n° 31/2007 du 25 juillet 2007 portant abolition de la peine de mort au Rwanda[33], que le Gouvernement rwandais a finalement adopté une posture plus accommodante.

En tant que mécanisme institutionnel par lequel l'Afrique a connu sa première expérimentation de la justice internationale pénale, il est certain que le TPIR est une juridiction qui a profondément marqué le continent. Tant les limitations et lacunes, que les défis relevés et succès remportés par ce tribunal ont constitué des contributions essentielles dans le domaine du droit international pénal.

Les critiques à l'égard du TPIR ont été vives, en particulier quant à l'encombrement du greffe, aux lenteurs de la procédure orale inspirée du modèle anglo-saxon, aux coûts énormes de fonctionnement estimés à une

---

29 Voir notamment Roland ADJOVI, Jean-Pelé FOMÉTÉ, « Les relations entre le Tribunal pénal international pour le Rwanda et les États : l'obligation de coopération dans l'exécution du mandat du Tribunal », *op. cit.*, pp. 182-183.

30 James MOUANGUE KOBILA, *L'Afrique et les juridictions internationales pénales*, *op. cit.*, p. 9.

31 Article 8, § 2, du Statut du TPIR : « Le Tribunal international pour le Rwanda a la primauté sur les juridictions nationales de tous les États. À tout stade de la procédure, il peut demander officiellement aux juridictions nationales de se dessaisir en sa faveur conformément au présent Statut et à son Règlement ».

32 Voir notamment Alexandra MARCIL, « La stratégie d'achèvement des travaux du TPIR par le transfert des accusés devant les tribunaux rwandais : peut-on garantir le droit à un procès équitable ? », *RQDI*, hors-série décembre 2015, pp. 265-286.

33 Dans le cadre des procès des génocidaires, le Rwanda n'aura appliqué qu'une seule fois la peine capitale. Avec son abolition, qui représentait un préalable indispensable pour que le TPIR puisse transférer des accusés devant la justice rwandaise, les condamnés se trouvant dans le couloir de la mort au Rwanda ont vu leur peine commuée en emprisonnement à perpétuité. Ce transfert d'affaires devant les tribunaux internes se faisait d'ailleurs d'autant plus pressant au regard des contraintes de calendrier du TPIR. En effet, par ses Résolutions 1503 (2003) et 1534 (2004), le Conseil de sécurité avait demandé aux TPI de prendre toutes les mesures en leur pouvoir pour mener à bien les enquêtes d'ici à la fin 2004, achever tous les procès en première instance d'ici à la fin 2008 et terminer leurs travaux en 2010, autant d'échéances qui n'ont finalement pas été tenues.

centaine de millions de dollars en moyenne par an et aux difficultés d'organiser la défense des inculpés. Ces divers dysfonctionnements ont déterminé les autorités rwandaises à créer en 2001, au niveau national, des tribunaux populaires *gacaca*[34]. Ont ainsi été mis en place environ 11 000 juridictions *gacaca*, lesquelles, en marge du TPIR chargé de juger les principaux responsables, ont permis le jugement de plusieurs milliers de personnes et, par là même, la répression de l'ensemble des crimes de génocide et des crimes contre l'humanité.

En outre, même si les accusés poursuivis devant le TPIR étaient issus de toutes les composantes du pouvoir et de la société rwandaise (pouvoir politique, armée, autorités administratives, monde des affaires, Église et médias pour l'essentiel), tous provenaient du camp des vaincus. On a ainsi pu déplorer que, malgré les soupçons de leur implication dans des massacres relevant de la compétence du TPIR, les membres du groupe rebelle FPR de Paul Kagamé – ayant stoppé le génocide et étant resté depuis au pouvoir au Rwanda – loin d'être inquiétés par des poursuites au niveau international, ont été laissés à la compétence de tribunaux internes dont les difficultés à pouvoir statuer avec toutes les apparences d'impartialité et d'indépendance avaient précisément motivé la création d'un tribunal pénal international *ad hoc*[35]. Assurément, cette sélectivité de la justice internationale pénale quant aux responsabilités du génocide, en donnant l'image d'une justice des vainqueurs, n'a pu que rejaillir négativement sur la crédibilité du TPIR[36].

---

[34] Signifiant « assis sur le gazon » en kinyarwanda, ces tribunaux s'inspirent des conseils traditionnels de sages du village qui exercent une justice de proximité sur la place publique. Concernant ces tribunaux, voir notamment : Charity WIBABARA, *Gacaca Courts versus the International Criminal Tribunal for Rwanda and National Courts: Lessons to Learn from the Rwandan Justice Approaches to Genocide*, Baden-Baden/Bern, Nomos/Stämpfli Verlag, 2014 ; Joanna POZEN, Richard NEUGEBAUER, Joseph NTAGANIRA, « Assessing the Rwanda Experiment: Popular Perceptions of *Gacaca* in its Final Phase », *International Journal of Transitional Justice*, vol. 8, 2014, pp. 31-52 ; Leo C. NWOYE, « Partners or Rivals in Reconciliation: The ICTR and Rwanda's *Gacaca* Courts », *San Diego International Law Journal*, vol. 16, 2014, pp. 119-208 ; Zarir MERAT, « Les juridictions *gacaca* : justice et réconciliation ou instrument de contrôle politique ? », *in* R. NOLLEZ-GOLDBACH, J. SAADA (dir.), *La justice pénale internationale face aux crimes de masse : approches critiques*, Paris, Pedone, 2014, pp. 131-144 ; Hélène DUMAS, « Juger le génocide sur les collines : les procès *gacaca* au Rwanda », *in* K. ANDRIEU, G. LAUVAU (dir.), *Quelle justice pour les peuples en transition ? Démocratiser, réconcilier, pacifier*, Paris, Presses de l'Université Paris-Sorbonne, 2014, pp. 263-276.

[35] Avec deux acquittements et deux condamnations, il est certain que les juridictions rwandaises se sont montrées fort bienveillantes à l'égard des accusés issus du FPR (Olivia NEDERLANDT, Damien VANDERMEERSCH, « Le Tribunal pénal international pour le Rwanda et le Tribunal spécial pour la Sierra Leone : quel bilan à l'heure de la clôture de leurs travaux ? », *op. cit.*, p. 198).

[36] Le fait que seuls les perdants, autrement dit les anciens ennemis, semblent devoir rendre des comptes, tend à conforter l'opinion selon laquelle la justice internationale pénale serait « l'arme

Quoi qu'il en soit de ces dysfonctionnements, le TPIR a néanmoins à son actif un certain nombre de réussites. Ainsi, il est parvenu à appréhender et juger de hautes personnalités[37]. En particulier, le TPIR est la première juridiction à avoir inculpé, arrêté et condamné pour génocide un chef de Gouvernement en exercice au moment des faits. Le 4 septembre 1998, il a reconnu Jean Kambanda, ancien premier ministre rwandais, coupable de génocide et de crimes contre l'humanité et l'a condamné à une peine d'emprisonnement à vie, confirmant par là même que la protection liée aux immunités ne peut être invoquée devant une juridiction internationale. D'anciens ministres du Gouvernement intérimaire formé en 1994 par Jean Kambanda, l'ancien président de l'Assemblée nationale, des chefs militaires de haut grade, des gouverneurs de région, des responsables des médias et des chefs religieux ont également été jugés par le TPIR. Sur la base de mandats d'arrêt délivrés par le TPIR, des accusés ont été transférés à Arusha après

---

d'après la victoire – celle qui achève celui déjà à terre » (Damien SCALIA, « Expérience de justice internationale pénale : perception de domination par d'anciens dominants », *op. cit.*, p. 27). En l'espèce, la quasi-absence de poursuites devant le TPIR de responsables issus du FPR peut certes aisément s'expliquer par la menace des autorités rwandaises de stopper toute coopération en cas de poursuites, en fermant notamment le bureau du TPIR à Kigali et en n'autorisant plus les ressortissants rwandais vivant au Rwanda à se déplacer à Arusha pour y témoigner, ce qui aurait conduit à une situation de blocage. Néanmoins, de telles poursuites auraient également pu être l'occasion d'affirmer l'indépendance de la justice internationale pénale vis-à-vis des pressions étatiques. En effet, en cas de blocage, le TPIR aurait alors pu faire appel au Conseil de sécurité, lequel, sauf à saborder la juridiction qu'il avait lui-même créé, aurait certainement arbitré l'épreuve de force entre le Tribunal et le Rwanda en faveur du premier (Olivia NEDERLANDT, Damien VANDERMEERSCH, « Le Tribunal pénal international pour le Rwanda et le Tribunal spécial pour la Sierra Leone : quel bilan à l'heure de la clôture de leurs travaux ? », *op. cit.*, pp. 198-199).

Par ailleurs, l'affirmation de l'indépendance de la justice internationale pénale s'avère d'autant plus cruciale que la quasi-absence de poursuites à l'encontre de membres du FPR ne saurait suffire à lever les soupçons pesant sur eux. On peut penser que « le FPR a supporté le TPIR depuis sa création pour que soit disqualifié définitivement le camp vaincu et pour se voir reconnaître, au terme de l'existence du Tribunal, ce qu'il ne pouvait obtenir par d'autres voies ni plus rapidement : une légitimité morale qui permettrait au Rwanda d'en finir avec la phase judiciaire d'exception sous tutelle internationale et de recouvrer sa pleine souveraineté judiciaire en échange de l'alignement, au moins formel, de son système judiciaire conventionnel et de ses normes juridiques sur des standards internationaux. La page serait alors définitivement tournée et le FPR se verrait déchargé de ses propres crimes » (André GUICHAOUA, « L'instrumentalisation politique de la justice internationale en Afrique centrale », *in* S. CAPITANT (dir.), *Justice pénale internationale : nouvel ordonnancement moral du monde ou marchandage diplomatique ?*, Paris, Colin, 2011, p. 80). Là encore, l'impunité des vainqueurs ne peut que susciter la défiance envers l'ensemble des tribunaux et le refus que la justice soit sacrifiée au nom de l'unité et de la stabilité nationales, compromettant, à terme, une reconstruction pacifique de la société (*ibid.*, p. 81).

[37] Précisons que, à la différence d'autres juridictions internationalisées comme le TSSL, le Statut du TPIR ne restreint pas sa compétence à ceux portant la plus lourde responsabilité des crimes commis. Si, en pratique, les premières enquêtes ont visé des subalternes comme les bourgmestres, à défaut d'accusés de plus gros calibre, la politique criminelle du procureur a cherché, par la suite, à cibler les plus hauts responsables.

avoir été arrêtés dans plusieurs pays d'Afrique, d'Europe et d'Amérique du Nord. Ces arrestations ont pu être effectuées grâce aux enquêteurs du Bureau du procureur, en coopération étroite avec les autorités des pays concernés.

Un bilan globalement encourageant a également été obtenu dans le domaine de la protection des témoins. Non seulement les témoins, aussi bien à charge qu'à décharge, ont pu bénéficier de mesures de protection, mais le TPIR a réussi à faire venir jusqu'à Arusha plus de 300 témoins protégés depuis divers pays où ils ont ensuite été ramenés.

Un autre succès est à relever en matière d'exécution des peines prononcées par le TPIR, cette dernière illustrant la dimension mondialisée de la justice internationale pénale. À cet égard, l'article 26 du Statut du TPIR dispose que : « Les peines d'emprisonnement sont exécutées au Rwanda ou dans un État désigné par le Tribunal international pour le Rwanda sur la liste des États qui ont fait savoir au Conseil de sécurité qu'ils étaient disposés à recevoir des condamnés. Elles sont exécutées conformément aux lois en vigueur de l'État concerné, sous la supervision du Tribunal ». Poursuivant un objectif de dissuasion en Afrique, le TPIR a cherché, dans la mesure du possible, à ce que les peines soient exécutées dans des pays africains. En ce sens, l'ONU a conclu des accords avec divers pays, principalement africains, ayant accepté de recevoir des condamnés. La conclusion de tels accords représente une réussite pour le TPIR, dans la mesure où l'exécution effective des peines est essentielle pour la crédibilité de l'ensemble du processus judiciaire.

Par ailleurs, les apports de la jurisprudence du TPIR ont été riches. Tel est le cas de l'affaire *Jean-Paul Akayesu*, première à avoir été jugée par ce Tribunal. Bourgmestre de la commune de Taba, Jean-Paul Akayesu a été reconnu coupable, le 2 septembre 1998, des chefs de génocide, d'incitation à commettre un génocide et de crimes contre l'humanité. À cette occasion, le TPIR a, pour la première fois, reconnu que le viol peut constituer non seulement un crime contre l'humanité, mais aussi un comportement constitutif de crime de génocide en tant qu'atteinte grave à l'intégrité physique ou mentale de membres du groupe et en tant que mesure visant à entraver les naissances au sein d'un groupe, dès lors qu'il est commis avec l'intention de détruire, en tout ou en partie, un groupe religieux, social ou ethnique spécifique. La condamnation de Jean-Paul Akayesu, le 2 octobre 1998, à la peine maximale, soit une peine d'emprisonnement à perpétuité, marque la première condamnation par une juridiction internationale du chef de génocide[38], au sens de l'article 2 de la Convention pour la prévention et la répression du crime de génocide de 1948.

---

[38] Par le passé, le Tribunal de Nuremberg avait qualifié de crimes contre l'humanité les atrocités commises par le régime nazi à l'encontre des juifs et des gitans.

L'affaire *Jean Kambanda*, visant le premier ministre en exercice au moment du génocide, a confirmé, quant à elle, l'exception à l'immunité des chefs de Gouvernement et des ministres des Affaires étrangères. Cette exception, reconnue par la CIJ dans son arrêt *Mandat d'arrêt du 11 avril 2000* (RDC c. Belgique) de 2002, interdit que la qualité officielle puisse constituer un obstacle lors de poursuites pénales devant certaines juridictions pénales internationales, dans la mesure où celles-ci excluent précisément toute protection dérivant d'une telle qualité[39]. En ce sens, l'article 6-2 du Statut du TPIR prévoit clairement que : « La qualité officielle d'un accusé, soit comme chef d'État ou de Gouvernement, soit comme haut fonctionnaire, ne l'exonère pas de sa responsabilité pénale et n'est pas un motif de diminution de la peine », ce qui donne au tribunal international un atout décisif par rapport aux tribunaux nationaux. Ayant plaidé coupable pour génocide, incitation directe et publique à commettre le génocide, complicité de génocide et crimes contre l'humanité, Jean Kambanda a été condamné le 4 septembre 1998 à l'emprisonnement à vie, sentence ensuite confirmée par la chambre d'appel le 19 octobre 2000[40].

Après vingt années d'activité, le Conseil de sécurité a décidé, dans une déclaration du 31 décembre 2015, la fermeture officielle du TPIR, tout en reconnaissant « l'importante contribution du TPIR au processus de réconciliation nationale et à la restauration de la paix et de la sécurité, ainsi qu'à la lutte contre l'impunité et au développement d'une justice internationale pénale, en particulier en ce qui concerne le crime de génocide ». Ouvert en 1995, le Tribunal a mis en accusation 93 personnes, principalement des hauts responsables politiques et militaires en fonctions au moment du génocide. Parmi les personnes inculpées, 62 ont été condamnées, 14 ont été acquittées, 10 ont été renvoyées devant les juridictions nationales,

---

[39] Comme l'indique la CIJ dans cet arrêt du 14 février 2002 : « un ministre des Affaires étrangères ou un ancien ministre des Affaires étrangères peut faire l'objet de poursuites pénales devant certaines juridictions pénales internationales dès lors que celles-ci sont compétentes. Le Tribunal pénal international pour l'ex-Yougoslavie et le Tribunal pénal international pour le Rwanda, établis par des résolutions du Conseil de sécurité adoptées en application du chapitre VII de la Charte des Nations Unies, ainsi que la future Cour pénale internationale instituée par la Convention de Rome de 1998, en sont des exemples » (§ 61).

[40] Non seulement l'exclusion des immunités des agents de l'État a toujours été présente dans la construction de la justice internationale pénale, mais c'est une condition *sine qua non* de l'efficacité de la justice internationale pénale qui, pour fonctionner, doit pouvoir viser les plus hauts responsables politiques, y compris les chefs d'État. Comme le TPIY a eu l'occasion de le reconnaître à plusieurs reprises, c'est là la raison de la création des tribunaux pénaux internationaux : les articles 7(2) et 6(2) des Statuts respectifs des TPIY et TPIR « sont indiscutablement déclaratoires du droit international coutumier » (TPIY, Chambre de première instance, *Le Procureur c. Anto Furundzija*, IT-95-17/1, 10 décembre 1998, § 140). Sans compter que reconnaître une immunité pour les chefs d'État en exercice accusés de commettre ou d'avoir commis des crimes ne manquerait pas d'avoir l'effet pervers de leur donner une raison pour s'accrocher indéfiniment au pouvoir.

2 sont décédées avant ou durant le procès, 3 sont toujours en fuite, tandis que 2 actes d'accusation ont été retirés avant le procès.

Selon la stratégie d'achèvement des travaux des deux TPI *ad hoc*, définie en 2003 par les Résolutions 1503 et 1534 du Conseil de sécurité, le TPIR devait avoir terminé l'ensemble de ses enquêtes fin 2004 et achevé tous ses procès, y compris les procès en appel, en 2010. Le TPIR n'a toutefois pas réussi à finaliser son travail dans ces délais, raison pour laquelle le Conseil de sécurité l'a invité à renvoyer de préférence devant les juridictions nationales compétentes les accusés de rang intermédiaire ou subalterne[41].

Avec son dernier jugement rendu le 14 décembre 2015[42], le TPIR est le premier tribunal pénal international *ad hoc* à avoir accompli son mandat. Désormais, ses fonctions restantes ont été transmises à un mécanisme résiduel, le Mécanisme pour les Tribunaux pénaux internationaux (MTPI), que le Conseil de sécurité a créé par sa Résolution 1966 (2010), afin de parachever certaines fonctions essentielles du TPIR et du TPIY, après l'expiration de leurs mandats respectifs[43]. Il revient désormais au MTPI d'assurer le suivi des jugements rendus par les deux juridictions internationales *ad hoc*, de juger les affaires mettant en cause les fugitifs faisant partie des plus hauts dirigeants soupçonnés de porter la responsabilité la plus lourde des crimes commis, de renvoyer les autres affaires devant les tribunaux internes[44] et de préserver les archives du TPIR[45].

---

41 L'article 11 *bis* du Règlement de procédure et de preuve du TPIR de 2001 permet à la Chambre de première instance de renvoyer des affaires devant des tribunaux internes, à condition que l'accusé bénéficie d'un procès équitable devant les juridictions de l'État concerné et qu'il ne soit pas condamné à la peine capitale.

42 Ce dernier jugement a été rendu dans l'affaire visant l'ancienne ministre de la Famille et de la Promotion féminine, Pauline Nyiramasuhuko, et 5 co-accusés. Première femme inculpée pour génocide par un tribunal international, celle-ci a été condamnée, en appel, à une peine d'emprisonnement de 47 ans.

43 Sur ce Mécanisme, voir notamment : Johann SOUFI, Sophie MAURICE « Structure, Functions and Initial Achievements of the Mechanism for International Criminal Tribunals », *International Criminal Law Review*, vol. 15, 2015, pp. 544-564 ; Brigitte BENOIT LANDALE, Huw LLEWELLYN, « The International Residual Mechanism for Criminal Tribunals: The Beginning of the End for the ICTY and ICTR », *International Organizations Law Review*, vol. 8, 2011, pp. 349-365.

44 Comme l'indique la Résolution 1966 (2010) du Conseil de sécurité, « les fonctions résiduelles étant sensiblement limitées, le mécanisme international devrait être une petite entité efficace à vocation temporaire, dont les fonctions et la taille iront diminuant, et dont le personnel peu nombreux sera à la mesure de ses fonctions restreintes » (préambule). Concrètement, ce Mécanisme est « composé de deux divisions dont les dates d'entrée en fonction [sont] le 1er juillet 2012 pour la division chargée des fonctions résiduelles du TPIR, et le 1er juillet 2013 pour la division chargée des fonctions résiduelles du TPIY » (§ 1). Afin d'assurer son bon fonctionnement, le Conseil impose aux États de coopérer pleinement avec le Mécanisme (§§ 9-12). Institution provisoire, il est prévu que le MTPI reste en fonction pendant une période initiale de 4 ans à compter du 1er juillet 2012 et que le Conseil de sécurité

2. Des relations conciliantes avec le TSSL

À l'inverse du TPIR, le TSSL a pu bénéficier de rapports hamonieux avec le pays à l'initiative de sa création. Ce dernier tribunal a été chargé de juger les individus soupçonnés de porter la responsabilité la plus lourde des crimes les plus graves perpétrés au cours de la guerre civile qui a déchiré la Sierra Leone du 23 mars 1991 au 18 janvier 2002. Il puise son origine dans la Résolution 1315 (2000) du Conseil de sécurité du 14 août 2000 qui, à la demande du président Ahmad Tejan Kabbah, a donné mandat au secrétaire général des Nations Unies pour négocier la création d'un tribunal pénal internationalisé[46]. À cette fin, un accord bilatéral a été signé entre l'ONU et le Gouvernement sierra-léonais en janvier 2002, puis ratifié par le Parlement sierra-léonais en mars 2002, avant de se concrétiser par la création officielle du TSSL en juillet de la même année, puis par la confirmation des premiers actes d'accusation dès mars 2003.

À plusieurs égards, le TSSL diffère des deux tribunaux pénaux internationaux *ad hoc* précédemment créés par le Conseil de sécurité[47]. D'abord, tandis que le TPIY et le TPIR ont leur siège respectivement à La Haye (Pays Bas) et à Arusha (Tanzanie), le TSSL siège à Freetown, soit dans

---

examinera l'avancement de ses travaux avant la fin de cette période initiale, soit en 2016, puis tous les deux ans. Il restera en fonction pendant de nouvelles périodes de 2 ans commençant après chacun de ces examens, sauf décision contraire du Conseil de sécurité (§ 17).

[45] Le lieu de conservation des archives est actuellement au centre de tensions avec le Gouvernement rwandais, qui considère que ces documents – témoignage essentiel d'un épisode douloureux de l'histoire du pays – doivent lui revenir.

[46] En octobre 2000, le secrétaire général de l'ONU avait présenté publiquement son rapport comprenant les projets d'accord avec le Gouvernement sierra-léonais et de Statut du tribunal spécial. Voir *Rapport du secrétaire général sur l'établissement d'un Tribunal spécial pour la Sierra Leone*, S/2000/915, 4 octobre 2000.

[47] Observons néanmoins que les règles procédurales et les principes régissant la responsabilité pénale applicables devant le TSSL s'inspirent largement de ceux des TPIY et TPIR. Le Statut prévoit d'ailleurs l'application *mutatis mutandi* du Règlement de procédure et de preuve du TPIR (article 14), ainsi que de la grille générale des peines d'emprisonnement appliquée par le TPIR (article 19) excluant, à l'instar des deux TPI, la peine capitale.
Sur le TSSL, voir notamment : Charles Chernor JALLOH (ed.), *The Sierra Leone Special Court and its Legacy: The Impact for Africa and International Criminal Law*, Cambridge, Cambridge University Press, 2014 ; Tim KELSALL, *Culture under Cross-Examination: International Justice and the Special Court for Sierra Leone*, Cambridge, Cambridge University Press, 2009 ; Kenneth A. RODMAN, « Intervention and the 'Justice Cascade': Lessons from the Special Court for Sierra Leone on Prosecution and Civil War », *Human Rights Review*, vol. 16, 2015, pp. 39-58 ; Lydia A. NKANSAH, « Justice within the Arrangement of the Special Court for Sierra Leone *versus* Local Perception of Justice: A Contradiction or Harmonious? », *African Journal of International and Comparative Law*, vol. 22, 2014, pp. 103-119 ; Magali MAYSTRE, Alain WERNER, « Un modèle de tribunal 'internationalisé' : analyse du et perspectives sur le Tribunal spécial pour la Sierra Leone », *in* R. KOLB (dir.), *Droit international pénal : précis*, Bâle, Helbing & Lichtenhahn, 2007, pp. 375-440.

la capitale du pays où les crimes ont été perpétrés[48]. Ensuite, en raison de l'expérience onéreuse des deux TPI et de l'hostilité d'une majorité des États membres de l'ONU à l'inscription du financement de nouveaux tribunaux pénaux *ad hoc* au budget régulier de l'Assemblée générale, le financement du TSSL dépend de contributions volontaires des États, ce qui a été à l'origine du retard pris dans sa mise en place[49].

Par ailleurs, le TSSL est conçu comme une institution juridictionnelle fonctionnant en dehors du système judiciaire sierra-léonais[50]. En tant que tribunal pénal de compétence et de composition mixtes, à la fois internationales et nationales, ses juges sont nommés, pour une part, par le secrétaire général des Nations Unies, pour une autre part, par le Gouvernement sierra-léonais. En tant que première juridiction internationalisée à être entrée en interaction avec une commission vérité et réconciliation, son expérience a mis en lumière les difficultés de cette interaction, tant sur le plan du partage des informations que sur le plan des témoignages[51].

---

[48] Bien que le TSSL ait son siège en Sierra Leone, si les circonstances l'exigent, son siège peut être transféré hors du pays (article 10 de l'Accord de 2002). Tel fut le cas pour le procès de Charles Taylor, lequel s'est déroulé à La Haye en vertu de la Résolution 1688 (2006) du Conseil de sécurité, la présence de l'accusé en Sierra Leone ayant été perçue comme une menace pour la paix et la stabilité de la région.

[49] L'article 6 de l'Accord de 2002 prévoyait le financement du TSSL par des contributions volontaires de la communauté internationale, pouvant également englober l'apport de matériel et de personnel. Si les contributions volontaires ont été suffisantes les deux premières années de fonctionnement du TSSL, par la suite, l'érosion des donations des États a conduit à des difficultés.

[50] Contrairement au TSSL, les autres juridictions mixtes sont insérées dans le système judiciaire national, qu'il s'agisse de juridictions internes avec une participation internationale sous le régime national (comme dans le cas du Cambodge) ou de la participation de juges internationaux imposée en quelque sorte par la communauté internationale dans le cadre de la reconstruction d'un État « défaillant » et du système judiciaire national (option poursuivie au Timor Oriental, au Kosovo et en Bosnie-Herzégovine).

[51] Peu avant la création du TSSL, en février 2000, était votée par le Parlement sierra-léonais une loi instaurant une Commission vérité et réconciliation avec pour mission d'enquêter sur les crimes commis durant la guerre civile. Les tensions ne cessèrent pas pour autant, et la guerre civile ne prendra officiellement fin qu'en janvier 2002, moment qui correspond à l'institution du TSSL. Autrefois perçus comme des dispositifs s'excluant mutuellement, les commissions vérité et réconciliation et les tribunaux pénaux internationaux sont aujourd'hui reconnus comme complémentaires dans la lutte contre l'impunité, ce qui ne signifie pas que des tensions entre ces deux types d'institutions soient inexistantes. Voir notamment sur ce point : Patricia NAFTALI, « The Politics of Truth: On Legal Fetichism and the Rhetoric of Complementarity », *RQDI*, hors-série décembre 2015, pp. 101-128 ; Elizabeth M. EVENSON, « Truth and Justice in Sierra Leone: Coordination between Commission and Court », *Columbia Law Review*, vol. 104, 2004, pp. 730-767 ; William A. SCHABAS, « A Synergistic Relationship: The Sierra Leone Truth and Reconciliation Commission and the Special Court for Sierra Leone », *Criminal Law Forum*, vol. 15, 2004, pp. 3-54.

En outre, d'un point de vue *ratione materiae*, s'il a compétence pour juger les crimes contre l'humanité, les violations de l'article 3 commun aux Conventions de Genève de 1949 et du Protocole additionnel II, ainsi que les autres violations graves du droit international humanitaire dont les définitions sont amplement calquées sur celles retenues dans les Statuts des TPI et de la CPI[52], il a également compétence pour juger certains crimes prévus par le droit sierra-léonais, tels les délits relatifs à des sévices exercés contre des enfants et les délits relatifs à la destruction délibérée de biens, en particulier par des incendies criminels[53]. Ensuite, d'un point de vue *ratione personae*, la forte implication d'enfants soldats dans la guerre civile sierra-léonaise explique que la compétence du TSSL n'exclue pas la responsabilité pénale des mineurs de plus de 15 ans. Enfin, d'un point de vue *ratione temporis*, bien que le conflit en Sierra Leone ait éclaté en mars 1991, le point de départ de la compétence du TSSL a été fixé au 30 novembre 1996, date de la signature de l'Accord d'Abidjan mettant fin à la guerre. Contrairement au TPIR, aucun terme à la compétence de cette juridiction n'a été déterminé, l'amnistie résultant de l'Accord de Lomé du 7 juillet 1999 ne concernant que les infractions au droit sierra-léonais insérées dans le Statut du TSSL[54].

Cet ensemble d'éléments n'est pas étranger au fait que le TSSL a bénéficié d'une adhésion bienveillante de la part de la Sierra Leone, qui est allée bien au-delà d'une mission de sensibilisation de la population nationale à son mandat et à son fonctionnement. Cette coopération étatique est notamment

---

[52] La liste des crimes contre l'humanité reprend la définition contenue dans les Statuts des TPI, en étendant la catégorie des crimes sexuels, tandis que les actes de viol, esclavage sexuel, prostitution forcée, grossesse forcée et toute autre forme de violence sexuelle reprennent la formulation de l'article 7-g du Statut de la CPI.

[53] Selon le secrétaire général de l'ONU, il a été fait référence au droit sierra-léonais de manière subsidiaire dans les cas où une situation spécifique ou un aspect de cette situation seraient considérés comme non réglementé ou inadéquatement réglementé en droit international pénal (*Rapport du secrétaire général sur l'établissement d'un Tribunal spécial pour la Sierra Leone*, S/2000/915, 4 octobre 2000, p. 5, § 19). La particularité du TSSL tient ainsi à sa compétence pour connaître de crimes de droit sierra-léonais, notamment l'abus sexuel de jeunes filles, les incendies ou la destruction de biens délibérés. Par rapport au Statut du TPIR qui ne retient que le viol, le Statut du TSSL connaît d'autres crimes sexuels grâce à l'application du droit national, avec l'avantage que celui-ci n'exige pas une condition de gravité.

[54] Lors de la signature de l'Accord de paix de Lomé le 7 juillet 1999 entre le RUF et le Gouvernement sierra-léonais, le représentant du secrétaire général des Nations Unies a refusé d'acquiescer à son article 9, prévoyant une amnistie. Pour lui, cet article n'empêchera pas « la poursuite devant un tribunal international des auteurs des crimes de guerre et de crimes contre l'humanité commis en Sierra Leone antérieurement à la conclusion de l'Accord de Lomé » (ONU, doc. S/1999/777). Aussi, a-t-il émargé le texte d'une mention selon laquelle, pour l'ONU, des crimes internationaux tels que le génocide, les crimes contre l'humanité, les crimes de guerre et d'autres violations graves du droit international humanitaire ne peuvent être amnistiés. Par la suite, cette position sera confirmée par la jurisprudence du TSSL. Voir Jamie A. WILLIAMSON, « Un aperçu des tribunaux pénaux internationaux en Afrique », *RICR*, vol. 861, 2006, pp. 111-132.

illustrée par l'affaire *Charles Taylor*, visant le plus médiatisé des 13 inculpés du TSSL. Parti en exil au Nigeria après avoir quitté le pouvoir en 2003, la même année, le TSSL inculpait cet ancien président de la République du Liberia de 17 chefs d'accusation de crimes de guerre et de crimes contre l'humanité en raison de son implication dans la guerre civile sierra-léonaise et rendait public un mandat d'arrêt contre lui. L'accord bilatéral entre la Sierra Leone et l'ONU à l'origine de la création du TSSL le rendait *per se* inopposable aux États non parties, se limitant à prévoir la primauté du Tribunal sur les seules juridictions nationales[55], de même que l'obligation des seules autorités nationales à coopérer avec les organes du Tribunal[56]. En particulier, le TSSL ne pouvait exiger d'un État tiers qu'il lui livre un accusé qui se trouverait en dehors du champ de sa compétence *ratione loci*. Cependant, en cette affaire, l'attitude des États africains concernés a démontré leur adhésion à la justice internationale pénale. Ainsi, le Gouvernement du Liberia a accepté de renoncer à l'immunité de son ancien chef d'État et demandé au Nigeria son extradition. De même, les autorités nigérianes, grâce à une coopération effective et efficace, ont permis l'arrestation de Charles Taylor, puis son expulsion vers la Sierra Leone et sa remise au TSSL, en mars 2006[57]. En 2012, celui-ci était condamné à 50 ans de prison[58], tandis que le jugement rendu par la Chambre d'appel dans cette

---

[55] L'article 8 du Statut prévoit que le TSSL exerce une compétence concurrente avec les juridictions nationales de la Sierra Leone, tout en lui octroyant une primauté lui permettant d'exiger à tout moment que les tribunaux nationaux lui déférent une affaire.

[56] C'est là une différence essentielle entre le TPIR et le TSSL découlant de leur mode de création. Tandis que le premier, créé par une résolution prise en vertu du chapitre VII de la Charte des Nations Unies, est un organe subsidiaire du Conseil de sécurité, le second, créé par un accord entre l'ONU et la Sierra Leone, n'est pas un organe des Nations Unies, de sorte que leurs États membres ne sont pas soumis à une obligation de coopérer.

[57] Cette remise au TSSL n'a pas été sans entraîner initialement des polémiques : « La mise en accusation de Charles Taylor par la Cour spéciale pour la Sierra Leone a été fortement critiquée, surtout en Afrique de l'Ouest. En 2003, la transmission officielle du mandat d'arrêt concernant Charles Taylor aux autorités ghanéennes, alors même que ces dernières le recevaient dans le cadre de pourparlers de paix, semble avoir exaspéré les Ghanéens, qui ne procédèrent pas à son arrestation et le laissèrent rentrer à Monrovia. Certains ont attribué à cette épopée la continuation de deux mois du conflit au Liberia. Charles Taylor a fini par accepter de quitter le pouvoir et de s'exiler au Nigeria, en contrepartie de garanties de ne pas être inquiété. Ce n'est finalement qu'en mars 2006 qu'il a été déféré devant la Cour spéciale, après une aventure rocambolesque mêlant l'élection d'Ellen Johnson-Sirleaf à la présidence libérienne et un revirement des États-Unis, décidés à définitivement neutraliser Charles Taylor. (…) [I]l est probable que les dignitaires responsables de crimes apprennent de son expérience et hésitent aujourd'hui à accepter de se retirer en échange de garanties d'impunité... Ce cas illustre bien, d'une part, les tensions existant entre les négociations visant à la paix et la logique judiciaire et, d'autre part, les tiraillements entre considérations morales et tractations politiques sous-jacentes » (Cécile APTEL, « Justice pénale internationale : entre raison d'État et état de droit », *op. cit.*, p. 73).

[58] TSSL, Trial Chamber II, *Prosecutor v. Charles Ghankay Taylor*, SCSL-03-01-T, Sentencing Judgment, 30 mai 2012.

affaire venait clore, l'année suivante, l'action du TSSL. Au total, ce Tribunal aura mené à son terme les procès de 9 accusés, tous ayant plaidé non coupables lors de leur comparution initiale, parmi les plus hauts responsables des trois grandes factions impliquées dans le conflit sierra-léonais[59].

À l'instar du TPIR, le TSSL est appelé à cesser ses fonctions, lesquelles sont désormais assurées par le Tribunal spécial résiduel pour la Sierra Leone (TSRSL), conformément à un nouvel accord conclu entre l'ONU et le Gouvernement sierra-léonais en août 2010, puis ratifié par une loi nationale en décembre 2011[60]. Chargé de poursuivre les fonctions du TSSL après sa fermeture, le TSRSL a principalement pour missions de contrôler l'exécution des peines, de protéger et soutenir les témoins et victimes et de préserver les archives de son prédécesseur.

À l'instar du TPIR également, le TSSL, par sa jurisprudence, a contribué à la consolidation de la justice internationale pénale. De fait, le 31 mai 2004, la Chambre d'appel rendait une importante décision venant confirmer que le statut de chef d'État de Charles Taylor n'est nullement un frein à une inculpation pour crimes internationaux devant un tribunal supranational[61]. Dans cette affaire, les juges devaient trancher, en particulier, la question de l'immunité dont jouissait Charles Taylor au moment de la délivrance du mandat d'arrêt par le TSSL en 2003, alors qu'il était en exercice comme chef d'État au Liberia. La Chambre d'appel a opéré ici une distinction selon que les poursuites sont engagées devant des juridictions nationales ou devant des juridictions internationales. Si l'immunité s'applique devant les tribunaux internes, dès lors que le principe d'égalité des États interdit à un État souverain de juger la conduite d'un autre État souverain, en revanche, elle ne s'applique pas devant les tribunaux supranationaux dont le mandat découle de la communauté internationale. En l'espèce, le TSSL s'apparentant à un tribunal pénal internationalisé, Charles Taylor ne saurait invoquer son immunité devant celui-ci. Dès lors, le 26 avril 2012, le TSSL a pu reconnaître Charles Taylor coupable de 11 chefs d'accusation pesant contre

---

[59] Le fait que, outre Charles Taylor, le TSSL ait également poursuivi de hauts responsables des trois grandes factions impliquées dans le conflit (AFRC, CDF, RUF) tend à démontrer son impartialité.

[60] Voir notamment Fidelma DONLON, « The Transition of Responsibilities from the Special Court to the Residual Special Court for Sierra Leone: Challenges and Lessons Learned for Other International Tribunals », *JICJ*, vol. 11, 2013, pp. 857-874.

[61] TSSL, Appeals Chamber, *Prosecutor v. Charles Ghankay Taylor*, SCSL-2003-01-I, Decision on Immunity from Jurisdiction, 31 mai 2004, §§ 50-54. Pour pour une analyse de cette décision, voir notamment Micaela FRULLI, « The Question of Charles Taylor's Immunity: Still in Search of a Balanced Application of Personal Immunities? », *JICJ*, vol. 2, 2004, pp. 1118-1129.

lui, notamment pour avoir aidé, encouragé et planifié une campagne de terreur visant à obtenir le contrôle du marché diamantifère en Sierra Leone[62].

Avec l'affaire *Sam Hinga Norman*, le TSSL a qualifié de crime de guerre le recrutement d'enfants soldats à une date antérieure à 1998, année à partir de laquelle le Statut de la CPI donne compétence à cette dernière pour de tels crimes. Par là même, le TSSL a proclamé le caractère coutumier du crime de conscription et d'enrôlement d'enfants âgés de moins de 15 ans dans des forces ou groupes armés en vue de les faire participer activement aux hostilités[63].

La première condamnation pour le crime de recrutement d'enfants soldats de moins de 15 ans dans des groupes armés aura lieu dans le jugement *Armed Forces Revolutionary Council (AFRC)* du 20 juin 2007[64]. Dans cette affaire, la Chambre a constaté que les forces de l'AFRC avaient recruté des enfants de moins de 15 ans pour les utiliser comme combattants, « parce qu'ils sont facilement manipulables », que « presque tous les enfants, si ce n'est tous, ont été enlevés de force à leur famille pour être forcés à réaliser un travail difficile, recevoir un entraînement militaire et être envoyés sur le champ de bataille, généralement dans les premières lignes », qu'ils ont « aussi été frappés, forcés à regarder la commission de crimes contre les membres de leur famille, drogués pour leur enlever la peur, forcés à commettre des crimes, parmi lesquels le viol, le meurtre, les amputations et enlèvements, utilisés comme boucliers humains et menacés de mort pour le cas où ils chercheraient à s'évader ou refuseraient d'exécuter les ordres »[65]. Par sa jurisprudence marquant le début de poursuites pénales individuelles pour les

---

62 TSSL, Trial Chamber II, *Prosecutor v. Charles Ghankay Taylor*, SCSL-03-01-T, Judgment, 26 avril 2012.

63 TSSL, Appeals Chamber, *Prosecutor v. Sam Hinga Norman*, SCSL-2004-14-AR72(E), Decision on Preliminary Motion Based on Lack of Jurisdiction (Child Recruitment), 31 mai 2004. Dans cette affaire, la défense avait contesté la compétence du TSSL en arguant que le crime de recrutement d'enfants, prévu à l'article 4-c du Statut, ne ferait pas partie du droit international coutumier, et donc, que le Statut violerait le principe *nullum crimen sine lege*. La Chambre d'appel n'a toutefois pas accueilli cet argument, affirmant, au contraire, l'existence en la matière d'une norme internationale, en raison tant de l'ampleur de la reconnaissance du Protocole II de 1977 (ratifié par la Sierra Leone en 1986) et de la Convention des droits de l'enfant de 1989, que de l'absence de réserves à l'article 38 de cette Convention interdisant le recrutement d'enfants de moins de 15 ans (§ 20). Outre le fait que cette prohibition est une norme garantissant une valeur importante, à savoir la protection des enfants (§§ 28-29), et que la violation d'une norme protégeant une telle valeur présente une gravité qui fonde la responsabilité pénale individuelle (§ 30), un consensus existait entre les États au moment de la rédaction du projet du Statut de la CPI pour considérer le recrutement d'enfants de moins de 15 ans comme un crime établi en droit international (§ 33).

64 TSSL, Trial Chamber II, *Prosecutor v. Brima, Kamara and Kanu*, SCSL-04-16-T, Judgment, 20 juin 2007, §§ 1244-1275.

65 *Ibid.*, § 1275 (notre traduction). Sur cette affaire, voir Roland ADJOVI, « L'arrêt dans l'affaire *AFRC* du Tribunal pénal spécial pour la Sierra Leone », *Hague Justice Journal*, vol. 3, 2008, pp. 27-38.

crimes relatifs à la participation d'enfants dans les conflits armés, le TSSL est venu confirmer non seulement que le recrutement et l'utilisation d'enfants soldats constituent bel et bien un crime de guerre, mais encore que le fait que l'enrôlement puisse être volontaire ne saurait être un argument de défense valide, ce qui est de nature à envoyer un signal fort à tous les acteurs de conflits dans le monde.

Sa jurisprudence postérieure apportera d'utiles précisions concernant ce crime spécifique. Ainsi, dans son jugement rendu en 2008 dans l'affaire *Civil Defence Forces (CDF)*, la Chambre d'appel a affirmé que le nombre d'enfants recrutés n'avait pas de pertinence pour la qualification d'un tel crime[66]. Elle a également distingué, d'une part, la conscription d'enfants, qui implique des actes de coercition tels que l'enlèvement ou le recrutement forcé, d'autre part, l'enrôlement d'enfants, qui consiste à accepter que des enfants rejoignent volontairement les groupes armés[67]. S'agissant de l'enrôlement, la Chambre d'appel a affirmé que, dans la mesure où le groupe armé n'est pas une organisation militaire conventionnelle, celui-ci ne peut être défini dans un sens strict comme un processus formel, mais dans un sens large comme tout comportement faisant d'un enfant un membre d'un groupe armé[68]. Afin de fonder la responsabilité individuelle d'un accusé pour ce crime d'enrôlement, il faudra alors prouver non seulement un lien entre son acte et l'intégration de l'enfant dans des forces armées, mais encore sa connaissance que l'enfant serait entraîné pour combattre[69]. Par ailleurs, dans le jugement rendu en 2009 dans l'affaire *Revolutionary United Front (RUF)*, la chambre de première instance s'est fondée sur le Statut du TSSL – lequel indique que le recrutement d'enfants dans les forces armées se fait « en vue de les faire participer activement aux hostilités »[70] – pour préciser que la participation active aux hostilités englobe tant la participation au combat que la participation à des activités liées au combat[71]. Entrent dans cette dernière catégorie, entre autres, le fait d'être utilisé comme espion, garde du corps, bouclier humain ou gardien d'objectifs militaires ou le fait de participer aux

---

66 TSSL, Appeals Chamber, *Prosecutor v. Fofana and Kondewa*, SCSL-04-14-A, Appeals Judgment, 28 mai 2008, § 125.

67 *Ibid.*, § 139.

68 *Ibid.*, § 144.

69 *Ibid.*, § 141.

70 Notons que ceci n'apparaît pas comme une condition dans le Statut de la CPI, conformément à son article 8-2-b-xxvi et e-vii, qui incrimine aussi bien le fait de procéder à la conscription ou à l'enrôlement d'enfants de moins de 15 ans dans les forces armées nationales ou dans des groupes armés, que le fait de les faire participer activement aux hostilités.

71 TSSL, Trial Chamber I, *The Prosecutor v. Issa Hassan Sesay, Morris Kallon, Augustine Gbao*, SCSL-04-15-T, Judgment, 2 mars 2009, §§ 1715-1743. La Chambre de première instance I consacre ici de longs développements au recrutement d'enfants soldats, dès lors que le RUF dépendait fortement d'un tel recrutement pour maintenir sa capacité opérationnelle (§§ 1614-1709), ainsi qu'à l'usage d'enfants dans les hostilités armées (§§ 1710-1743).

patrouilles[72], à l'exception des activités liées aux tâches domestiques[73] ou à la récolte de la nourriture[74].

Au-delà du crime de recrutement d'enfants soldats, le TSSL a su construire une jurisprudence novatrice à l'égard d'autres crimes dont les éléments constitutifs n'étaient guère développés. Tel est le cas des punitions collectives, des attaques de peacekeepers ou des prises d'otages[75]. Tel est le cas également des mariages forcés[76], considérés comme des actes inhumains constitutifs de crimes contre l'humanité, ou des crimes sexuels, qualifiés d'actes de terrorisme dès lors que le RUF les utilisait en vue de terroriser la population civile[77].

Le dynamisme de sa jurisprudence s'appuie non seulement sur des renvois à ses propres précédents, mais encore – fruit d'un heureux dialogue des juges

[72] Si la classification retenue tend à favoriser les garçons par rapport aux filles – lesquelles se voient habituellement attribuer des tâches domestiques ou sont réduites au rôle d'esclaves sexuelles –, la Chambre de première instance I rappelle qu'une définition large de la participation active aux hostilités armées aurait pour conséquence de faire perdre aux enfants non combattants la protection que leur apporte le droit international humanitaire en faisant d'eux, dès lors, des cibles militaires pour les ennemis (§ 1723).

[73] *Ibid.*, § 1730.

[74] *Ibid.*, § 1743.

[75] Voir notamment Sandesh SIVAKUMARAN, « War Crimes before the Special Court for Sierra Leone, Child Soldiers, Hostages, Peacekeepers and Collective Punishments », *JICJ*, vol. 8, 2010, pp. 1009-1034.

[76] Dans l'affaire *The Prosecutor v. Alex Tamba Brima, Brima Bazzy Kamara, Santigie Borbor Kanu*, tandis que la Chambre de première instance II avait acquitté les accusés du chef de mariage forcé, estimant que l'intention des rebelles consistait à tenir les femmes enlevées pour leur propriété et non à assumer un statut marital, et donc, que le comportement reproché sous le chef d'accusation de mariage forcé entrait déjà sous le chef d'accusation d'esclavage sexuel (SCSL-04-16-T, 20 juin 2007, §§ 711-714), la Chambre d'appel renversa le jugement sur ce point estimant, au contraire, que le mariage forcé, bien que non spécifiquement prévu par le Statut, pouvait entrer dans la catégorie des crimes contre l'humanité au titre des « autres actes inhumains » (SCSL-04-16-A, 22 février 2008, §§ 183-185). À cet égard, elle a défini le mariage forcé, dans le contexte du conflit de la Sierra Leone, comme « une situation dans laquelle l'auteur, par ses mots ou ses comportements, ou ceux de celui dont il est responsable, oblige une personne par l'usage de la force ou la menace de cet usage ou la coercition à servir de partenaire conjugale, avec pour résultat de sévères souffrances ou des blessures physiques, mentales ou psychologiques pour la victime » (§ 196, notre traduction). Concernant ce crime consistant à enlever des femmes et des jeunes filles pour les forcer à devenir les épouses de combattants, voir notamment : Neha JAIN, « Forced Marriage as a Crime against Humanity », *JICJ*, vol. 6, 2008, pp. 1013-1032 ; Valerie OOSTERVELD, « The Special Court for Sierra Leone's Consideration of Gender-Based Violence: Contributing to Transitional Justice? », *Human Rights Review*, vol. 10, 2009, pp. 73-98 ; Jennifer GONG-GERSHOWITZ, « Forces Marriage: A 'New' Crime Against Humanity? », *Northwestern Journal of International Human Rights*, vol. 8, 2009, pp. 53-76.

[77] TSSL, Trial Chamber I, *Prosecutor v. Issa Hassan Sesay, Morris Kallon, Augustine Gbao*, SCSL-04-15-T, Judgment, 2 mars 2009, §§ 1346-1348.

– sur des références externes aux décisions de justice rendues par le TPIR, le TPIY[78], ainsi que la CPI.

Au final, que l'adhésion des États africains ait été nette, dans le cas du TSSL, ou plus houleuse, dans le cas du TPIR, ces juridictions ont permis de contribuer à l'établissement des responsabilités en matière de crimes internationaux, tout en faisant bénéficier les inculpés d'un procès équitable répondant aux standards internationaux. Elles ont également permis aux normes internationales pénales, aussi bien substantielles que procédurales, de pénétrer au sein des systèmes nationaux, en particulier grâce à l'apport de leur jurisprudence à la justice internationale pénale, tant de la part du TSSL doté d'une compétence concurrente avec primauté sur les tribunaux nationaux, que de la part du TPIR doté d'une compétence prioritaire sur les tribunaux nationaux. En dépit des diverses difficultés rencontrées dans leur fonctionnement, notamment quant à l'arrestation des inculpés, la lenteur des procédures ou l'encombrement des greffes, ces juridictions ont su imposer en Afrique leur autorité et leur compétence, de sorte que leur expérience a pu servir, au mieux d'exemple, au pire de contre-exemple, pour la CPI.

II. Une adhésion ambivalente des États africains à la CPI au niveau international

Parallèlement à la voie des tribunaux pénaux internationaux et mixtes, ainsi que des procédures engagées en certains pays en vertu de la compétence universelle, la CPI est devenue, depuis sa création en 1998, l'emblème au niveau mondial de la justice internationale pénale. Les enjeux liés à la lutte contre l'impunité et à la sensibilisation tant des gouvernants que des populations sont au cœur de l'activité de cette Cour, dont on attend un effet dissuasif en vue de parachever la construction d'un « système juridictionnel global et efficace, fondé sur la complémentarité entre juridictions internationales et juridictions internes »[79].

À ce jour, bien que seuls 5 procès aient été achevés, 26 affaires ont été ouvertes devant la CPI dans le contexte de 11 situations, qui se singularisent par le fait que toutes, à l'exception notable de celle relative à la Géorgie, sont situées sur le continent africain[80]. L'Ouganda, la RDC, la République

---

[78] Conformément à l'article 20-3 du Statut du TSSL, les juges de la Chambre d'appel doivent être guidés par les décisions rendues par les Chambres d'appels du TPIR et du TPIY.

[79] Hervé ASCENSIO, « La justice pénale internationale de Nuremberg à La Haye », *in* S. GABORIAU, H. PAULIAT (dir.), *La justice pénale internationale*, Limoges, PULIM, 2002, p. 44.

[80] Notons que le procureur de la CPI a ouvert des « examens préliminaires » – étape précédant l'ouverture d'une enquête – concernant plusieurs pays : Afghanistan, Burundi, Colombie, Gabon, Guinée, Irak/Royaume Uni, Navires battant pavillon comorien, grec et cambodgien, Nigeria, Palestine, Ukraine.

centrafricaine (I et II) et le Mali ont choisi de déférer à la CPI des situations concernant des faits s'étant déroulés sur leur territoire. De plus, la CPI a autorisé le procureur à ouvrir une enquête de sa propre initiative dans le cadre des situations au Kenya, en Côte d'Ivoire et au Burundi, auxquelles s'ajoute celle de la Géorgie. Enfin, le Conseil de sécurité a également déféré à la CPI la situation au Soudan (dans la région du Darfour), ainsi que la situation en Libye, deux États africains non parties au Statut de Rome[81].

À la suite du retrait du Burundi en 2017, le nombre des États parties au Statut de Rome est passé à 123[82]. Parmi eux, si le plus gros contingent provient d'Europe[83], on trouve également une majorité de 33 États originaires d'Afrique. En dépit de cette adhésion massive, c'est surtout l'ambivalence des relations des États africains avec la CPI qui frappe, tant elles s'avèrent étroitement liées au mode de saisine : bienveillantes dans les cas de poursuites initiées par les États africains eux-mêmes (1), elles deviennent plus hostiles dans les cas de poursuites extra-africaines (2).

1. Des relations bienveillantes dans les cas de poursuites d'origine africaine

Sur les 11 situations actuellement jugées par la CPI, 5 proviennent d'une saisine par les États africains eux-mêmes. Non seulement l'Ouganda, la RDC, la République centrafricaine (à deux reprises) et le Mali n'ont pas hésité pas à recourir à la CPI, mais ils se sont montrés particulièrement coopératifs.

Ainsi, en janvier 2004, le Gouvernement ougandais décidait de saisir le procureur de la CPI des crimes perpétrés par l'Armée de résistance du Seigneur (ARS) au nord du territoire national. Faisant droit à cette requête, en juillet 2004, le procureur ouvrait une enquête sur la situation prévalant au nord du pays. Cinq mandats d'arrêt ont, par la suite, été délivrés dans le cadre de cette situation à

---

[81] Voir respectivement la Résolution 1593 (2005), adoptée par 11 voix pour et 4 abstentions, et la Résolution 1970 (2011), adoptée à l'unanimité.

[82] Les Philippines ayant notifié leur demande de retrait le 17 mars 2018, qui sera effective après 12 mois, ce chiffre devrait être revu à la baisse en 2019. Pour l'heure, la répartition géographique des États parties est la suivante : 33 sont des États d'Afrique, 19 sont des États d'Asie et du Pacifique, 18 sont des États d'Europe orientale, 28 sont des États d'Amérique latine et des Caraïbes, et 25 sont membres du groupe des États d'Europe occidentale et autres États. Bien moins nombreux, en revanche, sont les États qui ont adopté au niveau national des lois devant leur permettre de coopérer activement avec la CPI.

[83] Sur les relations entre l'Union européenne, ainsi que les États européens, et la CPI, voir notamment : Martijn GROENLEER, David RIJKS, « The European Union and the International Criminal Court: The Politics of International Criminal Justice », *in* K.E. JØRGENSEN (ed.), *The European Union and International Organizations*, Londres, Routledge, 2009, pp. 167-187 ; Hans G. NILSSON, « La coopération de l'Union européenne avec la CPI », *in* É. DAVID (dir.), *La Belgique et la Cour pénale internationale : complémentarité et coopération*, Bruxelles, Bruylant, 2005, pp. 221-225.

l'encontre des cinq principaux dirigeants de l'ARS. Après la confirmation des décès de Raska Lukwiya et d'Okot Odhiambo, les procédures engagées à leur encontre ont été abandonnées. En revanche, la Chambre préliminaire II reste saisie des affaires *Joseph Kony et Vincent Otti*, d'une part, et *Dominic Ongwen*, d'autre part. En janvier 2015, Dominic Ongwen a été remis à la CPI, puis transféré dans son quartier pénitentiaire. L'audience de confirmation des charges dans cette affaire s'est déroulée du 21 au 27 janvier 2016, tandis que Joseph Kony et Vincent Otti demeurent en fuite.

Concernant la RDC, lors de la réunion des États parties au Statut de la CPI du 19 avril 2004, le procureur avait formulé sa volonté d'ouvrir une enquête *proprio motu*[84], tout en exprimant le souhait d'une saisine directement par l'État en cause. Répondant favorablement à cet appel, le Gouvernement congolais a déféré au Bureau du procureur la situation prévalant sur son territoire depuis l'entrée en vigueur du Statut de Rome le 1er juillet 2002, autorisant par là même le procureur à ouvrir une enquête, en juin 2004, concernant la situation dans la région de l'Ituri et les provinces du Nord Kivu et du Sud Kivu.

Dans cette situation, ont été prononcés des condamnations dans les affaires *Thomas Lubanga Dyilo* et *Germain Katanga* et un acquittement dans l'affaire *Mathieu Ngudjolo Chui*, tandis qu'un procès suit son cours à l'encontre de Bosco Ntaganda.

Au terme d'un procès ouvert en 2009, la Chambre de première instance I a déclaré, le 14 mars 2012, Thomas Lubanga Dyilo coupable des crimes de guerre pour avoir procédé à l'enrôlement et la conscription d'enfants de moins de 15 ans et pour les avoir fait participer activement à des hostilités. Le 10 juillet 2012, il a été condamné à une peine de 14 ans d'emprisonnement, déduction faite du temps déjà passé en détention. Le 1er décembre 2014, la Chambre d'appel confirmait la culpabilité de Thomas Lubanga Dyilo, ainsi que sa peine à 14 ans d'emprisonnement puis, le 3 mars 2015, elle chargeait le Fonds au profit des victimes de présenter un projet de plan de mise en œuvre de réparations collectives. Quelques mois plus tard, le 19 décembre 2015, le condamné était transféré dans une prison de la RDC afin d'y purger sa peine.

Le jugement d'appel rendu en cette affaire est intéressant par la clarification qu'il apporte aux crimes de guerre énoncés à l'article 8-2-e-vii du Statut de Rome consistant dans « le fait de procéder à la conscription ou à l'enrôlement d'enfants de moins de 15 ans dans les forces armées ou dans des groupes armés ou de les faire participer activement à des hostilités ». En première instance, les juges avaient conclu qu'« il est crucial de déterminer

---

[84] En application des articles 13-c et 15 du Statut de la CPI.

si l'appui apporté par l'enfant aux combattants l'a exposé à un danger réel, faisant de lui une cible potentielle » et que « participer activement aux hostilités » englobe la participation directe et indirecte[85]. Le premier point a été infirmé par la Chambre d'appel, pour laquelle le « danger réel » n'est pas un critère permettant de déterminer s'il y a une participation active aux hostilités, l'élément décisif à prendre ici en considération étant le lien existant entre la participation et les hostilités[86].

Ainsi, les enfants seront considérés comme participant activement aux hostilités dès lors qu'un lien étroit existe avec les combats[87]. En revanche, le second point a été confirmé en appel, la Chambre d'appel considérant que l'article 8-2-e-vii ne doit pas être interprété « *so as to only refer to forms of direct participation in armed hostilities, as understood in the context of the principle of distinction and Common Article 3 of the Geneva*

---

[85] CPI, Chambre de première instance I, *Le Procureur c. Thomas Lubanga Dyilo*, ICC-01/04-01/06, jugement rendu en application de l'article 74 du Statut, 14 mars 2012, § 628 : « La participation active aux hostilités concerne une grande variété d'enfants, de ceux qui se trouvent sur la ligne de front (prenant une part directe aux combats) aux garçons ou filles qui assument une multitude de rôles d'appui aux combattants. Qu'elles relèvent d'une participation directe ou indirecte, toutes ces activités présentent une caractéristique fondamentale commune : l'enfant constitue, à tout le moins, une cible potentielle. Par conséquent, pour décider si un rôle 'indirect' doit être considéré comme une participation active aux hostilités, il est crucial de déterminer si l'appui apporté par l'enfant aux combattants l'a exposé à un danger réel, faisant de lui une cible potentielle. De l'avis de la Chambre, la conjonction de ces éléments – l'appui apporté par l'enfant et l'exposition conséquente de celui-ci à pareil niveau de risque – signifie que bien qu'absent du lieu même des hostilités, l'enfant a tout de même participé activement à celles-ci. Compte tenu des différents types de rôles que peuvent assumer les enfants utilisés par les groupes armés, ce n'est qu'au cas par cas que la Chambre peut déterminer si une activité particulière relève de la 'participation active' ».

[86] CPI, Chambre d'appel, *Le Procureur c. Thomas Lubanga Dyilo*, ICC-01/04-01/06A 5, Judgment on the appeal of Mr. Thomas Lubanga Dyilo against his conviction, 1er décembre 2014, § 333 (le danger peut néanmoins constituer un indice de l'existence d'un tel lien) : « *The Appeals Chamber notes that neither the wording of articles 8 (2) (e) (vii) or 8 (2) (b) (xxvi) of the Statute, nor their corresponding provisions in international humanitarian law, refer to 'exposure to real danger as a potential target' as a criterion for determining whether a child was used to participate actively in hostilities. A plain interpretation of the relevant provisions in their context reveals that the crime of using children to participate actively in hostilities requires the existence of a link between the activity and the hostilities. Although the extent to which the child was exposed to risk due to the activity in which he or she was engaged may well be an indicator of the existence of a sufficiently close relationship between the activity of the child and the hostilities, an assessment of such risk cannot replace an assessment of the relationship itself* ».

[87] « *In assessing whether an activity or role falls within the scope of article 8 (2) (e) (vii) of the Statute, it is necessary to analyse the link between the activity for which the child is used and the combat in which the armed force or group of the perpetrator is engaged* » (*ibid.*, § 340).

Conventions »[88], autrement dit que la participation « active » aux hostilités est bel et bien plus large que la participation « directe » aux hostilités.

En 2009, s'ouvrait le procès dans l'affaire *Germain Katanga et Mathieu Ngudjolo Chui*, avant que la Chambre de première instance II ne décide, en 2012, de disjoindre les charges à l'encontre des deux inculpés. S'agissant de Mathieu Ngudjolo Chui, le 18 décembre 2012, la Chambre de première instance II l'acquittait des charges de crimes de guerre (notamment celui d'avoir dirigé intentionnellement une attaque contre la population civile du village de Bogoro en février 2003) et de crimes contre l'humanité (meurtres, esclavage sexuel et viols), à défaut que soit prouvé au-delà de tout doute raisonnable que l'accusé était le commandant en chef des combattants lors de l'attaque lancée contre Bogoro, et ordonnait, en conséquence, sa libération immédiate. Acquitté sur la base d'un document évoquant l'implication du Cabinet du président Laurent Désiré Kabila dans les faits qui lui étaient reprochés, Mathieu Ngudjolo Chui estimait que sa sécurité et son intégrité seraient menacées en cas de retour dans son pays d'origine. Aussi a-t-il déposé une demande d'asile auprès des autorités néerlandaises, qui s'est soldée par un rejet le 1er octobre 2014[89]. Le 27 février 2015, après confirmation de son acquittement en appel[90], l'acquitté a été remis aux autorités néerlandaises en vue d'être expulsé en RDC. Sa seconde demande d'asile ayant été rejetée le 23 avril 2015, Mathieu Ngudjolo Chui a finalement été expulsé en RDC le 11 mai 2015[91].

Cette affaire concernant le premier acquitté de la CPI a eu le mérite d'interpeler les États parties au Statut de Rome au sujet de la question, peu claire, des acquittés. En la matière, conformément à la règle 185 du Règlement de procédure et de preuve, « lorsqu'une personne remise à la Cour est libérée parce que la Cour n'est pas compétente, que l'affaire est irrecevable (…), que la personne a été acquittée lors du procès ou en appel,

---

[88] *Ibid.*, § 328.

[89] Lors de sa demande d'asile, Mathieu Ngudjolo Chui avait fait part aux autorités néerlandaises de ses craintes concernant sa sécurité et son intégrité s'il était expulsé en RDC, en arguant qu'il avait été acquitté sur la base d'un document impliquant le président congolais, Joseph Kabila, dans les faits qui lui étaient reprochés. Les autorités néerlandaises ont néanmoins rejeté sa demande en vertu de l'article 1-F de la Convention relative au statut de réfugié de 1951, au motif qu'il y avait des « raisons sérieuses de penser » que le requérant avait commis un crime de guerre, un crime contre la paix, un crime contre l'humanité ou un crime grave de droit commun en dehors du pays d'accueil. Voir Wieteke THEEUWEN, « Asylum Proceedings in the *Ngudjolo* Case: What Happened in the Dutch Courts? », *International Justice Monitor*, 13 mars 2015.

[90] CPI, Chambre d'appel, *Le Procureur c. Mathieu Ngudjolo Chui*, ICC-01/04-02/12Anx-A, Judgment on the Prosecutor's appeal against the decision of Trial Chamber II entitled 'Judgment pursuant to article 74 of the Statute', 27 février 2015.

[91] Mathieu OLIVIER, « RDC : Mathieu Ngudjolo Chui, le premier acquitté de la CPI, expulsé des Pays-Bas vers Kinshasa », *Jeune Afrique*, 12 mai 2015.

ou pour toute autre raison, la Cour prend, aussitôt que possible, les dispositions qu'elle juge appropriées pour le transfèrement de l'intéressé, en tenant compte de son avis, dans un État qui est tenu de le recevoir, ou dans un autre État qui accepte de le recevoir, ou dans un État qui a demandé son extradition avec l'assentiment de l'État qui l'a remis initialement » (§ 1). Par ailleurs, conformément à l'article 21 du Statut de Rome, la CPI doit également mettre en œuvre « les traités applicables et les principes et règles du droit international » (§ 1-b), ce qui englobe les droits humains internationalement reconnus, et tout spécialement le principe de non-refoulement[92]. Afin d'éviter la situation dans laquelle se trouvent plongés les acquittés du TPIR, parmi lesquels certains attendent dans une maison sous surveillance à Arusha parfois depuis plus de 10 ans, il serait important qu'un statut spécifique soit attribué aux personnes jugées par la CPI – et plus généralement par toute juridiction pénale supranationale – leur permettant, avec leur consentement, d'être accueillies dans l'État de leur choix[93].

S'agissant de Germain Katanga, le 7 mars 2014, la Chambre de première instance II le déclarait coupable[94], au titre de complice, d'un crime contre l'humanité (meurtre) et de quatre crimes de guerre (meurtre, attaque contre la population civile, destruction de biens et pillage) commis en février 2003, lors de l'attaque lancée contre le village de Bogoro. Après ce jugement qui, n'ayant pas fait l'objet d'un appel, est définitif, la Chambre de première instance II condamnait Germain Katanga, le 23 mai 2014, à une peine de 12 ans d'emprisonnement, déduction faite du temps déjà passé en détention, tandis qu'une décision ordonnant des réparations individuelles et collectives en faveur des victimes était prononcée le 24 mars 2017[95].

Ce deuxième jugement de condamnation prononcé par la CPI est juridiquement important, tant en raison de l'utilisation de la norme 55 du Règlement de la Cour, qu'en raison des précisions apportées à la définition de la complicité comme forme de responsabilité[96]. En premier lieu, le recours à la

---

92 Article 21 du Statut de la CPI.

93 Ce choix pourrait se faire en fonction d'une liste pré-établie avec l'accord des États et tenant compte du lieu de vie de la famille de la personne concernée.

94 CPI, Chambre de première instance I, *Le Procureur c. Germain Katanga*, ICC-01/04-01/07, jugement rendu en application de l'article 74 du Statut, 7 mars 2014.

95 Voir à ce sujet : Rachelle KOUASSI, « Le système de réparation de la CPI : analyse à la lumière de l'ordonnance de réparation dans l'affaire *Thomas Lubanga Dyilo* », *in* D. BERNARD, D. SCALIA (dir.), *Vingt ans de justice internationale pénale*, *op. cit.*, pp. 167-186 ; Maryse ALIÉ, « Cour pénale internationale : une montagne accouchant d'une souris ? Observations sur les premiers jugements dans les affaires *Lubanga* et *Ngudjolo* », *ibid.*, pp. 237-256.

96 Pour une analyse détaillée de cette décision, voir Alicia GIL GIL, Elena MACULAN, « Current Trends in the Definition of 'Perpetrator' by the International Criminal Court: From the Decision on the Confirmation of Charges in the *Lubanga* Case to the *Katanga* Judgment », *Leiden Journal of International Law*, vol. 28, 2015, pp. 349-371.

norme 55 a permis aux juges de condamner Germain Katanga sous une forme de responsabilité pour laquelle il n'était pas accusé. En effet, initialement accusé en qualité de co-auteur indirect de plusieurs crimes de guerre et crimes contre l'humanité, il a finalement été condamné pour un crime contre l'humanité et quatre crimes de guerre en qualité de complice dans la commission de crimes par un groupe agissant de concert[97]. Si la norme 55 autorise une telle modification au cours du procès, en l'espèce, son utilisation tardive, fondée notamment sur des éléments fournis par la Défense, a été vivement critiquée comme ne respectant pas les standards d'un procès équitable[98]. En second lieu, cette affaire a permis de préciser les éléments de définition de la complicité. À cet égard, la Chambre de première instance II a rappelé que l'article 25-3-d du Statut de Rome permet « de retenir la responsabilité de personnes ayant contribué 'de toute autre manière' à un crime relevant de la compétence de la Cour », de sorte qu'il s'agit ici d'un « mode de complicité résiduel qui a été introduit dans le Statut afin de

---

[97] Au sens de l'article 25-3-d du Statut de la CPI.

[98] À l'occasion de ce jugement, la juge Christine Van den Wyngaert a rendu une opinion dissidente particulièrement critique dans laquelle elle rappelle que lorsque la Chambre procède à un examen en vertu de la norme 55, elle doit sauvegarder les droits de l'accusé en s'assurant : « i) que celui-ci est informé dans les plus courts délais des faits précis ne dépassant pas le cadre des 'faits et circonstances décrits dans les charges' susceptibles d'être utilisés ; ii) qu'il dispose du temps et des facilités nécessaires pour préparer sa défense de manière efficace ; iii) qu'il se voit accorder le droit d'interroger ou de faire interroger des témoins ; et iv) qu'il n'est pas porté atteinte à son droit de ne pas être forcé de témoigner contre lui-même » (CPI, Chambre de première instance II, *Le Procureur c. Germain Katanga*, jugement rendu en application de l'article 74 du Statut, opinion de la Minorité présentée par la juge Christine Van den Wyngaert, ICC-01/04-01/07, 7 mars 2014, § 11). Or, en l'espèce, la juge dissidente considère qu'auraient été violés plusieurs de ces droits de l'accusé à un procès équitable et impartial : « En mettant en œuvre la norme 55 à ce stade tardif, la Majorité a 'peaufiné son argumentaire' contre l'accusé pour parvenir à une déclaration de culpabilité sur la base d'une forme de responsabilité pénale qui n'a jamais été invoquée par l'Accusation. Ce faisant, (…) la Majorité a largement dépassé le cadre des faits et des circonstances confirmés par la Chambre préliminaire » (*ibid.*, § 12) ; « Je pense qu'il y a eu une grave erreur d'interprétation du droit de Germain Katanga à garder le silence au sens de l'article 67-1-g. En outre, je considère que le refus déterminé de la Majorité d'informer clairement et précisément l'accusé des charges modifiées constituait une violation flagrante de l'article 67-1-a. En soi, cela suffit à rendre inéquitable l'ensemble de la procédure découlant de la norme 55 et a de surcroît entraîné des retards excessifs. Parmi les privations de droits qu'a connues Germain Katanga, la plus préoccupante est sans doute qu'il n'a pas été accordé à la défense de possibilité raisonnable de mener des enquêtes complémentaires pour répondre de cette nouvelle forme de responsabilité pénale, mais seulement celle de déposer des observations relatives à l'article 25-3-d-ii sur la base du dossier existant. On ne saurait considérer que cela suppléait réellement à de nouvelles enquêtes, d'autant plus que la défense n'a pas été informée de la façon dont la Majorité entendait formuler sa cause sur la base de l'article 25-3-d-ii. Par conséquent, l'accusé ne pouvait guère faire plus que présenter des dénégations d'ordre général » (*ibid.*, § 13). Dans la doctrine, des critiques ont également été émises : Damien SCALIA, « Chronique de droit international pénal », *Revue de droit pénal et de criminologie*, vol. 6, 2015, pp. 658-659 ; Kai AMBOS, « A Workshop, a Symposium and the *Katanga* Trial Judgment of 7 March 2014 », *JICJ*, vol. 12, 2014, pp. 219-229 ; Kevin Jon HELLER, « Another Terrible Day for the OTP », *Opinio Juris*, 6 mars 2014.

s'assurer que la Cour aurait bien compétence pour juger des complices dont le comportement ne constitue pas une aide ou une assistance à la commission du crime au sens de l'article 25-3-c »[99]. La Chambre a ensuite précisé que, pour que la complicité puisse être retenue, les éléments suivants doivent être réunis[100] : 1) le crime doit relever de la compétence de la CPI ; 2) les personnes ayant commis le crime doivent faire partie d'un groupe de personnes agissant de concert dans la poursuite d'un dessein commun[101] ; 3) l'accusé doit avoir contribué de manière significative à la commission du crime[102] ; 4) la contribution de l'accusé doit avoir été intentionnelle ; et 5) cette contribution doit avoir été faite en pleine connaissance de l'intention du groupe de personnes de commettre le crime[103].

Toujours dans le cadre de la situation de la RDC, l'audience de confirmation des charges de crimes de guerre et de crimes contre l'humanité à l'encontre de Callixte Mbarushimana s'est tenue en septembre 2011. Le 16 décembre 2011, la Chambre préliminaire I décidait de ne pas confirmer les charges, permettant ainsi à l'inculpé de quitter le quartier pénitentiaire de la CPI, le 23 décembre 2011, aussitôt mises en œuvre les mesures nécessaires à sa libération.

---

[99] CPI, Chambre de première instance II, *Le Procureur c. Germain Katanga*, jugement rendu en application de l'article 74 du Statut, ICC-01/04-01/07, 7 mars 2014, § 1618. La Chambre ajoute que, pour résiduel qu'il est, ce mode de responsabilité n'implique toutefois ni une culpabilité moindre, ni une peine plus légère : « l'article 25 du Statut ne fait pas référence à la *culpabilité* des accusés mais à leur *responsabilité pénale individuelle*. Dès lors, une personne responsable en tant qu'instigateur au sens de l'article 25-3-b pourra se voir infliger une peine analogue voire identique à celle qui sera prononcée contre une personne déclarée responsable en qualité d'auteur du même crime. En effet, l'article 25 du Statut ne fait qu'identifier différents comportements illégaux et, en ce sens, la distinction proposée entre la responsabilité de l'auteur du crime et celle du complice ne constitue en aucun cas une 'hiérarchie de culpabilité' (*hierarchy of blameworthiness*) pas plus qu'elle n'édicte, même implicitement, une échelle des peines ». Et d'en conclure : « il n'existe pas de corrélation automatique entre le mode de responsabilité et la peine. Ceci démontre bien que l'auteur d'un crime n'est pas toujours considéré comme étant moralement plus répréhensible que le complice » (*ibid.*, § 1386), ce qui n'aide guère à clarifier les liens entre les peines et les responsabilités déjà difficilement compréhensibles.

[100] *Ibid.*, § 1620.

[101] La Chambre affirme, d'une part, que « la définition de l'objectif criminel du groupe suppose que l'on précise à la fois le but criminel poursuivi, sa portée, en indiquant notamment son champ spatio-temporel ainsi que le type, l'origine ou les caractéristiques des victimes visées, enfin l'identité des membres du groupe, même s'il n'est pas nécessaire que chaque personne soit nommément identifiée » (*ibid.*, § 1626), d'autre part, que « le dessein doit être celui de commettre le crime ou doit comporter l'exécution de celui-ci » (*ibid.*, § 1627).

[102] La Chambre indique que si l'accusé ne doit pas nécessairement faire partie du groupe, en revanche, sa contribution doit être « significative » (*ibid.*, § 1632), au sens où « elle aura influé soit sur la survenance du crime soit sur la manière dont il a été commis, soit les deux » (*ibid.*, § 1633).

[103] La Chambre proclame que « l'accusé doit être conscient que cette intention existait au moment où il a adopté le comportement qui constituait sa contribution » (*ibid.*, § 1641).

Enfin, le 22 mars 2013, Bosco Ntaganda, s'est rendu volontairement à la CPI et se trouve depuis lors en détention. Le 9 juin 2014, la Chambre préliminaire II a confirmé les charges portées contre lui, à savoir treize chefs de crimes de guerre (meurtre et tentative de meurtre ; attaque contre des civils ; viol ; esclavage sexuel de civils ; pillage ; déplacement de civils ; attaque contre des biens protégés ; destruction des biens de l'ennemi ; viol, esclavage sexuel, enrôlement et conscription d'enfants soldats âgés de moins de quinze ans et leur utilisation pour les faire participer activement à des hostilités), ainsi que cinq chefs de crimes contre l'humanité (meurtre et tentative de meurtre ; viol ; esclavage sexuel ; persécution ; transfert forcé de populations), lesquels auraient été perpétrés entre 2002 et 2003 dans la province congolaise de l'Ituri. Après la confirmation des charges par la Chambre préliminaire[104], le procès dans cette affaire a débuté le 2 septembre 2015 devant la Chambre de première instance VI.

Outre l'Ouganda et la RDC, la République centrafricaine a également pris l'initiative de renvoyer sa situation devant la CPI en décembre 2004 pour l'ensemble des crimes relevant de la compétence de cette Cour commis sur son territoire depuis le 1er juillet 2002. Préoccupé par l'apparente inertie de la CPI, le Gouvernement centrafricain lui a envoyé, en 2006, une demande d'informations sur l'évolution de la procédure[105], ce qui a conduit le procureur à ouvrir une enquête en mai 2007. Objet d'un mandat d'arrêt émis le 23 mai 2008 – ultérieurement remplacé par celui du 10 juin 2008 – le principal accusé mis en cause, Jean-Pierre Bemba Gombo, a été arrêté le 24 mai 2008 par les autorités belges.

Le procès dans l'affaire *Jean-Pierre Bemba Gombo* s'est ouvert, le 22 novembre 2010, devant la Chambre de première instance III. Le 21 mars 2016, l'accusé a été déclaré coupable de deux chefs de crimes contre l'humanité (meurtre et viol) et de trois chefs de crimes de guerre (meurtre, viol et pillage). Ces crimes ont été commis lors de l'opération menée en RCA entre octobre 2002 et mars 2003 par un contingent du Mouvement de Libération du Congo (MLC). Avec ce verdict, c'est la première fois que la CPI a retenu l'utilisation de viols et de violences sexuelles comme crimes de guerre. C'est aussi la première fois que la CPI a condamné un chef militaire en vertu du principe de la « responsabilité du commandant », estimant que l'ancien vice-président congolais n'avait pas pris toutes les mesures nécessaires et raisonnables pour prévenir lesdits crimes, alors qu'il exerçait une autorité et un contrôle effectifs sur ses hommes. Condamné à 18 ans

[104] CPI, Chambre préliminaire II, *Le Procureur c. Bosco Ntaganda*, Decision pursuant to article 61(7)(a) and (b) of the Rome Statute on the charges of the Prosecutor against Bosco Ntaganda, ICC-01/04-02/06, 9 juin 2014.
[105] Voir la Décision relative à la demande d'informations sur l'état d'avancement de l'examen préliminaire de la situation en République centrafricaine, ICC-01/05, 30 novembre 2006.

d'emprisonnement le 21 juin 2016, il a fait appel de la décision. Le 8 juin 2018, la Chambre d'appel décidait, à la majorité, de prononcer l'acquittement de Jean-Pierre Bemba Gombo en raison d'erreurs commises en première instance, d'une part, parce que sa condamnation portait sur des actes excédant la portée des charges confirmées, d'autre part, parce que sa position de chef miliaire éloigné de ses troupes à l'étranger impliquait des restrictions dans les mesures nécessaires et raisonnables à prendre pour prévenir et punir la commission de crimes par ses subordonnés.

Parallèlement, un autre procès dans l'affaire *Jean-Pierre Bemba Gombo, Aimé Kilolo Musamba, Jean-Jacques Mangenda Kabongo, Fidèle Babala Wandu et Narcisse Arido* a débuté le 29 septembre 2015, devant la Chambre de première instance VII, pour des atteintes présumées à l'administration de la justice concernant des témoignages en lien avec la première affaire. Ces atteintes, toutes prétendument commises en divers lieux entre 2011 et 2013, englobent la subornation de témoins, lesquels auraient reçu argent et instructions pour délivrer de faux témoignages, la production d'éléments de preuve faux ou falsifiés, ainsi que la présentation de faux témoignages dans la salle d'audience. Tandis que Jean-Pierre Bemba Gombo reste en détention dans le cadre de la première affaire, les autres inculpés comparaissent librement, la Chambre préliminaire II ayant ordonné leur mise en liberté provisoire le 21 octobre 2014.

Le 30 mai 2014, le procureur de la CPI a reçu une nouvelle saisine de la République centrafricaine concernant des crimes prétendument perpétrés sur son territoire depuis le 1er août 2012. Cette nouvelle situation a été assignée à la Chambre préliminaire II. Le 24 septembre 2014, après un examen préliminaire indépendant et approfondi d'informations provenant de diverses sources fiables et fournissant une base raisonnable pour croire à la commission de crimes de guerre et de crimes contre l'humanité, le Bureau du procureur de la CPI a annoncé l'ouverture d'une deuxième enquête en République centrafricaine concernant des crimes qui auraient été commis depuis 2012.

Concernant la situation du Mali, celle-ci a été déférée à la CPI par le Gouvernement malien le 13 juillet 2012. Après avoir procédé à un examen préliminaire de la situation, le Bureau du procureur a abouti à la conclusion qu'il existait une base raisonnable pour ouvrir une enquête. Le 26 septembre 2015, Ahmad Al Faqi Al Mahdi a été transféré à la CPI en exécution d'un mandat d'arrêt délivré par la Cour à peine quelques jours auparavant, le 18 septembre 2015. L'année suivante, le 27 septembre 2016, la Chambre de première instance VIII a conclu, au-delà de tout doute raisonnable, qu'Ahmad Al Faqi Al Mahdi était coupable, en qualité que co-auteur, du crime de guerre consistant à avoir dirigé intentionnellement des attaques contre des bâtiments à caractère historique et religieux situés à Tombouctou, au Mali, en juin et juillet

2012, le condamnant à 9 ans d'emprisonnement. Le 17 août 2017, elle a rendu une ordonnance de réparation par laquelle elle a fixé à 2,7 millions d'euros le montant des réparations individuelles et collectives à verser à la communauté de la ville de Tombouctou, encourageant à cette occasion le Fonds au profit des victimes à lui soumettre un projet de plan de mise en œuvre, compte tenu de l'indigence du condamné.

Enfin, il faut encore évoquer le cas de la Côte d'Ivoire qui, bien que n'étant pas à l'origine des poursuites, a apporté son soutien à la CPI par une déclaration d'acceptation de sa compétence, puis par la ratification de son traité fondateur. Ainsi, le 3 octobre 2011, la Chambre préliminaire III a autorisé le procureur à ouvrir une enquête *proprio motu* pour les crimes présumés relevant de la compétence de la CPI qui auraient été commis dans ce pays depuis le 28 novembre 2010, jour de l'élection présidentielle, ainsi que pour les crimes susceptibles d'être commis ultérieurement dans le cadre de cette situation, estimant qu'il y avait une base raisonnable de croire que, entre le 25 février 2011 et le 6 mai 2011, des crimes de guerre et des crimes contre l'humanité auraient été perpétrés à la fois par le camp de Laurent Gbagbo et par celui d'Alassane Ouattara dans le cadre d'un conflit armé non international[106]. Ces investigations portent notamment sur « des meurtres, des viols, des disparitions forcées, des cas d'emprisonnement, des actes de pillage et de torture et le fait de diriger intentionnellement des attaques contre des civils »[107]. Le 22 février 2012, la Chambre préliminaire III a décidé d'élargir le champ de l'enquête pour inclure les crimes relevant de la compétence de la CPI qui auraient été commis entre le 19 septembre 2002 et le 28 novembre 2010. Elle a considéré que les exactions survenues en Côte d'Ivoire pendant cette période – y compris celles qui auraient été commises après l'élection présidentielle contestée – doivent être traitées comme une seule et même situation résultant d'une lutte prolongée pour le pouvoir politique.

Bien que non partie au Statut de Rome, la Côte d'Ivoire a déclaré, le 18 avril 2003, accepter la compétence de la CPI en vue de juger les auteurs et complices des actes commis sur son territoire national depuis les événements du 19 septembre 2002. Par la suite, le président ivoirien, Alassane Ouattara, a confirmé cette acceptation les 14 décembre 2010 et 3 mai 2011, afin que la CPI procède à une enquête, notamment sur les crimes les plus graves commis respectivement depuis mars 2004 et depuis le 28 novembre 2010, tout en engageant le pays à coopérer pleinement et sans délai avec la CPI. La Côte d'Ivoire franchira une étape supplémentaire, le 15 février 2013, en ratifiant le Statut de Rome.

---

[106] CPI, Chambre préliminaire III, Rectificatif à la décision relative à l'autorisation d'ouverture d'une enquête dans le cadre de la situation en République de Côte d'Ivoire rendue en application de l'article 15 du Statut de Rome, ICC-02/11, 15 novembre 2011.
[107] CPI, communiqué de presse, ICC-CPI-20131001-PR945, 1er octobre 2013.

Dans le cadre de cette situation, le cas de Laurent Gbagbo est singulier. Visé par un mandat d'arrêt de la CPI, il a été transféré à la Haye par les autorités ivoiriennes le jour même de la levée des scellés, soit le 30 novembre 2011, devenant ainsi le premier ancien chef d'État remis à la Cour. La rapidité extrême, si ce n'est l'empressement de sa remise à la CPI par le nouveau régime en place en Côte d'Ivoire a laissé planer la suspicion que les nouvelles autorités ont cherché à contourner l'hostilité de l'UA à l'égard de la justice internationale pénale, de sorte que celle-ci n'ait le temps de se prononcer ni sur le mandat d'arrêt émis contre Laurent Gbagbo, ni sur sa remise à la CPI[108]. Il s'avère d'ailleurs que, jusqu'à ce jour, aucun individu du camp du pouvoir en place n'a été inculpé, alors qu'il serait utile d'enquêter sur les violences commises par les deux camps antagonistes pro-Gbagbo et pro-Ouattara.

Charles Blé Goudé, également visé par un mandat d'arrêt dont les scellés ont été levés le 30 septembre 2013, a été remis à la CPI par les autorités ivoiriennes le 22 mars 2014. Celui-ci est accusé, avec Laurent Gbagbo, de quatre chefs de crimes contre l'humanité que constituent le meurtre, le viol, d'autres actes inhumains ou – à titre subsidiaire – la tentative de meurtre et la persécution perpétrés dans le contexte des violences post-électorales en Côte d'Ivoire. Les charges ont été confirmées contre eux respectivement les 11 décembre 2014 et le 12 juin 2014[109]. Le 11 mars 2015, la Chambre de première instance I a décidé de joindre ces deux affaires, afin d'assurer l'efficacité et la rapidité de la procédure. Le procès conjoint s'est ouvert le 28 janvier 2016.

---

108 Voir à cet égard James MOUANGUE KOBILA, *L'Afrique et les juridictions internationales pénales*, *op. cit.*, p. 16.

109 Concernant Laurent Gbagbo, précisons que, bien que la Chambre préliminaire ait confirmé les charges retenues à son encontre et refusé les poursuites au titre de supérieur hiérarchique, le procureur a ensuite invoqué la norme 55 du Règlement de la CPI pour demander une modification des charges auprès de la Chambre de première instance en charge du procès afin d'y inclure cette forme de responsabilité. Dans une décision du 19 août 2015, la Chambre de première instance a répondu favorablement à cette demande, mais a refusé à la défense l'octroi d'un délai supplémentaire (CPI, Chambre de première instance I, *Le Procureur c. Laurent Gbagbo et Charles Blé Goudé*, Decision giving notice pursuant to Regulation 55(2) of the Regulations of the Court, ICC-02/11-01/15-185, 19 août 2015). Des critiques ont été émises tant à l'encontre de la Chambre de première instance qui, selon l'article 61 du Statut de la CPI, ne semble pas avoir compétence pour prendre une telle décision (Kevin Jon HELLER, « 'A Stick to Hit the Accused With': The Legal Recharacterization of Facts under Regulation 55 », *in* C. STAHN (ed.), *The Law and Practice of the International Criminal Court: A Critical Account of Challenges and Achievements*, Oxford, OUP, 2015, pp. 981-1006), qu'à l'encontre de la procureure dont la démarche rend sans intérêt une décision de confirmation des charges tout en malmenant les droits de la défense (Damien SCALIA, « Chronique de droit international pénal », *Revue de droit pénal et de criminologie*, vol. 12, 2015, pp. 1266ss).

Le 22 novembre 2012, la Chambre préliminaire I a levé les scellés sur un mandat d'arrêt émis à l'encontre de Simone Gbagbo et a demandé à la Côte d'Ivoire l'exécution du mandat d'arrêt, ainsi que le transfèrement à La Haye de l'épouse de Laurent Gbagbo. Celle-ci est accusée, en tant que co-auteur indirect, de quatre chefs de crimes contre l'humanité prétendument commis dans le contexte des violences post-électorales survenues sur le territoire de la Côte d'Ivoire entre le 16 décembre 2010 et le 12 avril 2011, à savoir : des meurtres, des viols et autres violences sexuelles, des actes de persécution et d'autres actes inhumains.

En l'espèce, le 30 septembre 2013, le Gouvernement ivoirien a toutefois soulevé une exception d'irrecevabilité fondée sur le fait que la même affaire faisait déjà l'objet d'enquêtes ou de poursuites au niveau national et que, par conséquent, conformément à l'article 17 du Statut de Rome, cette affaire ne serait pas recevable devant la CPI[110]. Rejetant cette argumentation, le 11 décembre 2014, la Chambre préliminaire I a proclamé l'affaire *Simone Gbagbo* recevable devant la CPI. Selon elle, les documents analysés « ne démontrent pas que les autorités nationales de la Côte d'Ivoire prennent actuellement des mesures d'enquête concrètes, tangibles et progressives, afin de déterminer la responsabilité pénale de Simone Gbagbo pour le même comportement que celui allégué dans le cadre de la procédure portée devant la Cour. Ces documents n'indiquent pas non plus que la Côte d'Ivoire poursuit actuellement Simone Gbagbo à raison du même comportement que celui qui lui est attribué dans le cadre de l'affaire portée devant la Cour »[111]. Tandis que Simone Gbagbo était condamnée le 9 mars 2015 à 20 ans de prison par une cour ivoirienne pour attentat contre l'autorité de l'État, participation à un mouvement insurrectionnel et trouble à l'ordre public en raison de son rôle majeur durant la crise post-électorale de 2010-2011, avant d'être acquittée par la Cour d'assises d'Abidjan le 28 mars 2017 des chefs de crimes contre l'humanité et crimes de guerre lors de la crise post-électorale de 2010-2011, la Chambre d'appel de la CPI confirmait le 27 mai 2015 la recevabilité de l'affaire *Simone Gbagbo*, estimant que les incriminations nationales ne recoupaient pas les accusations internationales[112]. Dès lors, se pose la question de savoir si la CPI se satisfera des procès au niveau national ou si elle poursuivra la procédure, actuellement bloquée au stade préliminaire dans l'attente du transfèrement de l'accusée, au risque d'une épreuve de force avec les autorités ivoiriennes.

---

[110] Voir notamment Damien SCALIA, « Chronique de droit international pénal », *Revue de droit pénal et de criminologie*, vol. 6, 2015, pp. 655-656.

[111] CPI, Chambre préliminaire I, *Le Procureur c. Simone Gbagbo*, Décision relative à l'exception d'irrecevabilité soulevée par la Côte d'Ivoire s'agissant de l'affaire concernant Simone Gbagbo, ICC-02/11-01/12, 11 décembre 2014, § 78.

[112] Simone Gbagbo, qui a fait appel de sa condamnation au niveau national, n'est actuellement pas détenue par la CPI.

Ces différentes affaires démontrent combien la coopération des États est réelle et efficiente dans les cas où ceux-ci sont à l'origine de la saisine de la CPI ou appuient les poursuites. Cette coopération se vérifie, tout particulièrement, dans les phases de l'arrestation et du transfèrement des accusés. Pour autant, même dans ces cas de poursuites africaines, la CPI n'a pas été exempte de critiques. Ainsi, lorsque les États africains ont saisi la CPI, on a pu reprocher au procureur de se laisser instrumentaliser par les Gouvernements en place – qui, il est vrai, ont jusqu'à présent été épargnés par les enquêtes – et de cibler surtout des accusés subalternes. Les critiques s'avèrent néanmoins nettement plus vives dans les autres cas de saisine, pour lesquels la coopération des États africains s'est révélée plus problématique.

2. Des relations hostiles dans les cas de poursuites d'origine extra-africaine

En dehors d'une saisine par les États, des poursuites peuvent également être initiées soit par le Conseil de sécurité[113], soit par le procureur *proprio motu*[114], ce qui est le cas de quatre des onze situations actuellement jugées par la CPI. Ainsi, le Conseil de sécurité a-t-il déféré à la CPI les situations du Soudan et de la Libye, deux États non parties au Statut de Rome[115], pour lesquels, après examen des renseignements en sa possession, le procureur a décidé l'ouverture d'enquêtes. En outre, la CPI a également autorisé le procureur à ouvrir une enquête de sa propre initiative dans le cadre des situations au Kenya, en Côte d'Ivoire, au Burundi et en Géorgie.

Dans les situations spécifiquement africaines qui nous intéressent ici, c'est l'hostilité qui a pris le pas sur la bienveillance des États à l'égard de la CPI prévalant dans les cas de poursuites africaines ou soutenues par les autorités nationales comme dans le cas de la Côte d'Ivoire. De fait, sans doute en raison d'une indépendance durement conquise, certains États africains perçoivent l'obligation de se soumettre aux décisions d'un tribunal supranational comme une restriction de leur souveraineté[116]. En conséquence, ils montrent peu d'empressement à coopérer avec une juridiction pénale internationale dès lors qu'ils ne sont pas eux-mêmes à l'origine des poursuites. Une telle réticence se manifeste notamment par une coopération laborieuse, si ce n'est inexistante, entre les États africains

---

113 Article 13-b du Statut de la CPI.

114 Article 13-c du Statut de la CPI.

115 Notons, en revanche, que les tentatives d'adoption par le Conseil de sécurité d'une résolution pour saisir la CPI des crimes commis dans le cadre du conflit ayant éclaté en Syrie depuis 2011 ont toutes été bloquées par la menace du veto russe, révélant ainsi une fâcheuse politique de deux poids, deux mesures.

116 C'est précisément la défense de l'indépendance et de la souveraineté nationales qui a été avancée pour justifier le retrait du Burundi du Statut de la CPI. Voir notamment la Déclaration du Gouvernement sur son retrait de la Cour pénale internationale du 15 novembre 2017.

concernés et la CPI, par la tardiveté et la rareté des accords de coopération passés avec la CPI pour l'exécution des peines, ainsi que par la passivité des Gouvernements africains face aux mandats d'arrêt, *a fortiori* lorsque sont visés des chefs d'État. Les cas du président soudanais, Omar El Bechir, du guide libyen, Mouammar Kadhafi, et du président kényan, Uhuru Kenyatta, illustrent clairement les obstacles auxquels s'est heurtée la CPI dans les affaires pour lesquelles elle n'a pas été saisie directement par les États. Les difficultés ont été telles que, en dehors du cas du décès du chef d'État libyen qui a mis un terme à la procédure, la CPI a dû se résoudre, fin 2014, à suspendre son enquête contre Omar El Bechir et à abandonner la procédure contre Uhuru Kenyatta.

Concernant le Soudan, la CPI a été saisie par le Conseil de sécurité, en vertu de sa Résolution 1593 (2005) du 31 mars 2005. Cette résolution est historique, puisque c'était alors la première fois que le Conseil de sécurité déférait une situation à la CPI. Dès le lendemain de son adoption, le 1er avril 2005, la Résolution 1593 (2005) a été transmise au procureur par le secrétaire général des Nations Unies, qui l'a accompagnée de son *Rapport sur la situation au Darfour* et des informations recueillies par la Commission internationale d'enquête. Deux mois après cette saisine, le 1er juin 2005, le procureur décidait l'ouverture d'une enquête.

Dans le cadre de cette situation, la Chambre préliminaire I est présentement saisie de cinq affaires : *Ahmad Muhammad Harun ('Ahmad Harun') et Ali Muhammad Ali Abd-Al-Rahman ('Ali Kushayb')* ; *Omar Hassan Ahmad Al Bashir* ; *Bahar Idriss Abu Garda* ; *Abdallah Banda Abakaer Nourain* ; et *Abdel Raheem Muhammad Hussein*. Elle a délivré des mandats d'arrêt à l'encontre de MM. Harun, ministre des Affaires humanitaires[117], Kushayb, présumé dirigeant de miliciens/Janjaouid[118], Al Bashir, président du Soudan[119], et Hussein, ministre de la Défense[120]. Les autorités soudanaises ont immédiatement fait savoir qu'elles refuseraient de coopérer à

[117] Un mandat d'arrêt a été délivré par la Chambre préliminaire I, le 27 avril 2007, à l'encontre d'Ahmad Harun. Cet ancien ministre d'État chargé de l'Intérieur au sein du Gouvernement soudanais, actuellement ministre d'État chargé des Affaires humanitaires, serait pénalement responsable de 42 chefs de crimes consistant en 20 chefs de crimes contre l'humanité et 22 chefs de crimes de guerre.

[118] Un mandat d'arrêt a été délivré par la Chambre préliminaire I le 27 avril 2007 à l'encontre d'Ali Kushayb, lequel serait pénalement responsable de 50 chefs de crimes consistant en 22 chefs de crimes contre l'humanité et 28 chefs de crimes de guerre.

[119] La Chambre préliminaire I a délivré deux mandats d'arrêt, le 4 mars 2009 puis le 12 juillet 2010, à l'encontre d'Omar Hassan Al Bashir, lequel serait pénalement responsable, en tant que co-auteur ou auteur indirect, de 5 chefs de crimes contre l'humanité, 2 chefs de crimes de guerre et 3 chefs de génocide.

[120] Le mandat d'arrêt délivré le 1er mars 2012 à l'encontre d'Abdel Raheem Muhammad Hussein met en cause sa responsabilité pénale individuelle, en tant qu'auteur ou co-auteur indirect, pour 20 chefs de crimes contre l'humanité et 21 chefs de crimes de guerre.

l'arrestation et à la remise de ces inculpés, si bien que tous sont actuellement considérés en fuite.

Une citation à comparaître a été adressée à Abu Garda, président et coordinateur général des opérations du Front uni de résistance (FUR), qui a comparu volontairement le 18 mai 2009. Le 8 février 2010, la Chambre préliminaire I a cependant refusé de confirmer les charges à son encontre[121].

Deux autres citations à comparaître ont ensuite été délivrées à l'encontre de MM. Banda et Jerbo, qui ont aussi comparu volontairement, le 17 juin 2010. Le 7 mars 2011, la Chambre préliminaire I a décidé de confirmer les charges de crimes de guerre à l'encontre des deux inculpés. Le 4 octobre 2013, la Chambre de première instance IV a toutefois mis fin à la procédure engagée contre Saleh Jerbo après avoir reçu des preuves de son décès survenu le 19 avril 2013. Le 11 septembre 2014, elle a délivré un mandat d'arrêt à l'encontre d'Abdallah Banda Abaker Nourain. Elle a également ajourné l'ouverture du procès et demandé au Greffe de la CPI de transmettre une demande d'arrestation et de remise à tout État, y compris le Soudan, sur le territoire duquel pourrait se trouver l'accusé.

Le bras de fer entre la CPI et le Soudan s'est singulièrement accentué lorsque Omar Hassan Ahmad Al Bashir, président de la République du Soudan depuis le 16 octobre 1993, a été visé par un premier, puis par un deuxième mandat d'arrêt délivré par la Chambre préliminaire I, respectivement le 4 mars 2009 pour crimes de guerre et crimes contre l'humanité et le 12 juillet 2010 pour crime de génocide, les deux en lien avec le Darfour, région de l'Ouest du pays en proie aux violences depuis 2003. Omar Hassan Al Bashir est notamment accusé d'avoir planifié, entre mars 2003 et juillet 2008, la destruction d'une partie des populations de son État : les Four, les Masalit et les Zaghwa. Grâce à l'appui de l'ensemble de l'appareil étatique – y compris les forces armées, les services de renseignement, la diplomatie et le pouvoir judiciaire –, les villages et les moyens de subsistance de ces populations ont été détruits et leurs terres occupées par de nouveaux habitants. Les motivations politiques de ce conflit, qui a fait près de 300 000 morts et 2,7 millions de déplacés, visaient à affaiblir l'importante influence dont jouissaient au Darfour ces trois groupes, lesquels, en tant que premiers habitants de la région, détenaient une partie importante des terres agricoles.

[121] Le 23 avril 2010, la Chambre préliminaire I a rejeté la requête du procureur en vue d'obtenir l'autorisation d'interjeter appel contre la décision sur la confirmation des charges. Toutefois, à l'avenir, l'Accusation pourra demander à nouveau la confirmation des charges si elle étaye sa demande d'éléments de preuve supplémentaires.

En dépit des atrocités commises, les poursuites contre le président soudanais se sont heurtées à une vive contestation de la part des États africains, aucun d'entre eux n'ayant accepté d'apporter son soutien à la CPI. Cette contestation a été formulée dès l'adoption de la Résolution 1593 (2005), non seulement par le Soudan lui-même, mais également par l'Algérie dont le représentant siégeant alors au Conseil de sécurité a aussitôt dénoncé une « politique de deux poids, deux mesures [et] une justice à deux vitesses »[122]. Depuis, le refus de coopérer à l'arrestation et à la remise d'Omar Al Bashir a été persistant de la part de l'ensemble des gouvernants africains, ce qui a permis au président soudanais de continuer à voyager librement sur l'ensemble du continent et à effectuer des visites officielles, notamment à Djibouti, en Éthiopie, en Égypte, en Érythrée, au Kenya, en Libye, au Malawi, au Tchad et au Zimbabwe[123].

La présence du président soudanais en Afrique du Sud à l'occasion du 25e sommet des chefs d'État et de Gouvernement de l'UA, en juin 2015, a été particulièrement médiatisée. Elle a entraîné un conflit ouvert entre le pouvoir exécutif et le pouvoir judiciaire au niveau national et mis à jour deux conceptions radicalement opposées en matière d'immunités au niveau international.

Alors qu'un tribunal de Pretoria, saisi par une ONG, a rendu un jugement le 14 juin 2015 interdisant à Omar Al Bashir de quitter le territoire national tant que la justice ne se serait pas prononcée sur la demande d'arrestation formulée par la CPI, puis a ordonné le 15 juin l'arrestation de l'accusé, ce dernier a pu, le jour même, prendre un avion depuis Johannesburg pour rejoindre le Soudan. Le Gouvernement sud-africain, qui avait garanti l'immunité aux participants au sommet de l'UA, n'a nullement agi pour empêcher le président soudanais de quitter le territoire, ce qui a été dénoncé par le juge Dunstan Mlambo, à l'origine du jugement, pour qui : « L'attitude des autorités qui ont échoué à prendre des mesures pour interpeller et arrêter le président du Soudan, Omar Al-Bachir, est en contradiction avec la Constitution de la République sud-africaine »[124].

Dans cette affaire où était en cause un mandat d'arrêt délivré par la CPI dans un cas de saisine par le Conseil de sécurité, l'Afrique du Sud s'est trouvée tiraillée[125] entre ses obligations comme État partie au Statut de Rome et

---

122 ONU, doc. S/PV 5158, 11 mars 2005, p. 13.

123 Ce refus de coopérer à l'arrestation et à la remise d'Omar Al-Bashir ne s'est pas limité aux pays d'Afrique, mais se retrouve également dans d'autres pays, tels les États membres de la Ligue arabe ou la Chine.

124 « Recherché par la justice internationale, Omar Al-Bachir est parvenu à quitter l'Afrique du Sud », dépêche AFP du 15 juin 2015.

125 CPI, Chambre préliminaire II, Decision following the Prosecutor's request for an order further clarifying that the Republic of South Africa is under the obligation to immediately

membre de l'ONU[126] et ses obligations au titre du droit international coutumier défendu par l'UA dont elle est également membre[127]. D'un côté, l'article 27 du Statut de Rome sur le « Défaut de pertinence de la qualité officielle » énonce que : « Les immunités ou règles de procédure spéciales qui peuvent s'attacher à la qualité officielle d'une personne, en vertu du droit interne ou du droit international, n'empêchent pas la Cour d'exercer sa compétence à l'égard de cette personne » (§ 2)[128]. Cependant, d'un autre côté, l'article 98 du même Statut de Rome sur la « Coopération en relation avec la renonciation à l'immunité et le consentement à la remise » énonce que : « La Cour ne peut poursuivre l'exécution d'une demande de remise ou d'assistance qui contraindrait l'État requis à agir de façon incompatible avec les obligations qui lui incombent en droit international en matière d'immunité des États ou d'immunité diplomatique d'une personne ou de biens d'un État tiers, à moins d'obtenir au préalable la coopération de cet

---

arrest and surrender Omar Al Bashir, ICC-02/05-01/09, 13 juin 2015, § 4 : « *On 12 June 2015, (...) [t]he Ambassador of South Africa to the Netherlands read out a note verbale making the argument that there was lack of clarity in the law and that the Republic of South Africa was subject to competing obligations* ».

126 D'un côté, le président soudanais étant accusé de génocide, l'Afrique du Sud comme le Soudan ont l'obligation de le juger ou de l'extrader en vertu du principe *aut dedere aut judicare*. D'un autre côté, le Conseil de sécurité ayant déféré la situation du Soudan, l'Afrique du Sud comme le Soudan ont l'obligation de coopérer avec la CPI en vertu des articles 25 et 103 de la Charte des Nations Unies. Par ailleurs, en sa qualité d'État partie au Statut de Rome, l'Afrique du Sud est soumise à une obligation de coopérer avec la CPI en vertu des articles 86 et 88 de cet instrument. Voir sur ce point Jens D. OHLIN, « More Thoughts on Al-Bashir, Sudan, and South Africa », *Opinio Juris*, 17 juin 2015.

127 Le Conseil de sécurité est soumis au droit international général et, par conséquent, aux normes coutumières relatives à l'immunité des chefs d'État devant les juridictions d'un autre État.

128 À cet égard, dans son arrêt de 2002 relatif au *Mandat d'arrêt du 11 avril 2000* (RDC c. Belgique) la CIJ a eu l'occasion d'affirmer ne pas être parvenue à déduire de la pratique des États « l'existence, en droit international coutumier, d'une exception quelconque à la règle consacrant l'immunité de juridiction pénale et l'inviolabilité des ministres des Affaires étrangères en exercice, lorsqu'ils sont soupçonnés d'avoir commis des crimes de guerre ou des crimes contre l'humanité » (§ 58). La CIJ souligne néanmoins que « l'*immunité* de juridiction dont bénéficie un ministre des Affaires étrangères en exercice ne signifie pas qu'il bénéficie d'une *impunité* au titre de crimes qu'il aurait pu commettre, quelle que soit leur gravité. Immunité de juridiction pénale et responsabilité pénale individuelle sont des concepts nettement distincts. Alors que l'immunité de juridiction revêt un caractère procédural, la responsabilité pénale touche au fond du droit. L'immunité de juridiction peut certes faire obstacle aux poursuites pendant un certain temps ou à l'égard de certaines infractions ; elle ne saurait exonérer la personne qui en bénéficie de toute responsabilité pénale » (§ 60). En conséquence, « [l]es immunités dont bénéficie en droit international un ministre ou un ancien ministre des Affaires étrangères ne font (...) pas obstacle à ce que leur responsabilité pénale soit recherchée dans certaines circonstances », s'ils sont poursuivis dans leur propre pays, si l'État représenté lève cette immunité, s'ils ont cessé d'occuper leurs fonctions ou encore s'ils font l'objet de poursuites pénales devant certaines juridictions pénales internationales dès lors que celles-ci sont compétentes, à l'instar de la CPI (§ 61). Cette conclusion vaut également pour les chefs d'État ou les chefs de Gouvernement.

État tiers en vue de la levée de l'immunité » (§ 1)[129], ce qui impose l'exigence procédurale d'une levée de l'immunité avant l'exécution d'une demande de remise ou d'assistance faite à un État[130].

Dans une décision en date du 13 juin 2015, la Chambre préliminaire II a proclamé qu'il n'y avait, en l'espèce, aucune contradiction : « *In the present circumstances, any further reminder or clarification to the Republic of South Africa is unnecessary.* In claris not fit interpretatio. *Indeed, it is plain from the following that there exists no ambiguity or uncertainty with respect to the obligation of the Republic of South Africa to immediately arrest and surrender Omar Al Bashir to the Court, and that the competent authorities of the Republic of South Africa are already aware of this obligation* »[131]. La Chambre rappelle ensuite son raisonnement développé dans une précédente décision de 2014 concernant la RDC pour la même situation : « *By issuing Resolution 1593 (2005) the SC decided that the 'Government of Sudan (...) shall cooperate fully with and provide any necessary assistance to the Court and the Prosecutor pursuant to this resolution'. Since immunities attached to Omar Al Bashir are a procedural bar from prosecution before the Court, the cooperation envisaged in said resolution was meant to eliminate any impediment to the proceedings before the Court, including the lifting of*

---

[129] À la suite des décisions de la CPI sur la non-coopération alléguée du Tchad et du Malawi (ICC-02/05-01/09-139 et ICC-02/05-01/09-140 des 12 et 13 décembre 2011), la Commission de l'UA avait indiqué que : « *Article 27 appears under the part of the Statute setting out 'general principles of criminal law' and applies only in the relationship between the Court and the suspect. In the relationship between the Court and States, article 98(1) applies* ». Et d'ajouter que, contrairement aux décisions de la CPI qui supposeraient un changement du droit coutumier relatif aux immunités *ratione personae* : « *As a general matter, the immunities provided for by international law apply not only to proceedings in foreign domestic courts but also to international tribunals: States cannot contract out of their international legal obligations vis-à-vis third States by establishing an international tribunal. Indeed, contrary to the assertion of the ICC Pre-Trial Chamber I, article 98(1) was included in the Rome Statute establishing the ICC out of recognition that the Statute is not capable of removing an immunity which international law grants to the officials of States that are not parties to the Rome Statute. This is because immunities of State officials are rights of the State concerned and a treaty only binds parties to the treaty. A treaty may not deprive non-party States of rights which they ordinarily possess* » (Press release n° 002/2012 on the Decisions of pre-trial Chamber I of the International Criminal Court (ICC) pursuant to Article 87(7) of the Rome Statute on the alleged failure by the Republic of Chad and the Republic of Malawi to comply with the cooperation requests issued by the Court with respect to the arrest and surrender of President Omar Hassan Al Bashir of the Republic of the Sudan, 9 janvier 2012).

[130] Concernant les termes de cette contradiction, voir notamment : Asad KIYANI, « Al-Bashir and the ICC: The Problem of Head of State Immunity », *JICJ*, vol. 12, 2013, pp. 467-508 ; Dapo AKANDE, « The Legal Nature of Security Council Referrals to the ICC and its Impact on Al Bashir's Immunities », *JICJ*, vol. 7, 2009, pp. 333-352 ; Paola GAETA, « Does President Al Bashir Enjoy Immunity from Arrest? », *JICJ*, vol. 9, 2009, pp. 315-332.

[131] CPI, Chambre préliminaire II, Decision following the Prosecutor's request for an order further clarifying that the Republic of South Africa is under the obligation to immediately arrest and surrender Omar Al Bashir, ICC-02/05-01/09, 13 juin 2015, § 1.

immunities. Any other interpretation would render the SC decision requiring that Sudan 'cooperate fully' and 'provide any necessary assistance to the Court' senseless. Accordingly, the 'cooperation of that third State [Sudan] for the waiver of the immunity', as required under the last sentence of article 98(1) of the Statute, was already ensured by the language used in paragraph 2 of SC Resolution 1593 (2005). By virtue of said paragraph, the SC implicitly waived the immunities granted to Omar Al Bashir under international law and attached to his position as a Head of State »[132].

Cette décision n'ayant pas produit d'effet, le manque criant de soutien dans l'exécution des divers mandats d'arrêt tant de la part des États africains, pourtant la plupart parties au Statut de Rome, que de la part du Conseil de sécurité, pourtant à l'initiative de la saisine de la CPI, a acculé le procureur à suspendre, en décembre 2014, ses enquêtes au Soudan[133]. Si le président soudanais s'est naturellement réjoui de cette décision[134], le Conseil de sécurité n'a pas officiellement réagi. En l'espèce, cette suspension des poursuites, qui est intervenue quelques jours seulement après l'abandon des charges retenues contre le président du Kenya, s'avère d'autant plus préoccupante qu'elle peut faire craindre non seulement que le Conseil de sécurité se désintéresse des crimes qui ne sont plus au centre de l'actualité internationale, mais encore que la CPI perde toute crédibilité faute de pouvoir faire exécuter ses mandats d'arrêt dans un délai raisonnable[135].

---

[132] *Ibid.*, § 6 (faisant référence à une précédente décision de la Chambre préliminaire II, Decision on the cooperation of the Democratic Republic of the Congo regarding Omar Al Bashir's arrest and surrender to the Court, ICC-02/05-01/09-195, du 9 avril 2014, § 29).

[133] « Security Council inaction on Darfur 'can only embolden perpetrators' – ICC Prosecutor », *UN News Center*, 12 décembre 2014.

[134] « La CPI suspend son enquête au Darfour, Omar el-Béchir crie victoire », *France 24*, 14 décembre 2014.

[135] Dans sa décision du 6 juillet 2017, la Chambre préliminaire II a constaté que l'Afrique du Sud n'avait pas respecté ses obligations en ne procédant pas à l'arrestation et à la remise d'Omar Al Bashir à la CPI, alors qu'il se trouvait sur le territoire sud-africain entre le 13 et le 15 juin 2015. Néanmoins, la Chambre a considéré qu'il n'était pas nécessaire de renvoyer cette question à l'Assemblée des États parties ou au Conseil de sécurité, l'Afrique du Sud étant le premier État partie à demander à la CPI une décision sur l'étendue de ses obligations concernant l'exécution d'une demande d'arrestation et de remise du président soudanais. Bien que la Chambre ait pris sa décision à l'unanimité de ses trois juges, le juge Marc Perrin de Brichambaut a publié une opinion individuelle par laquelle il a tenu à souligner le fait que le Soudan et l'Afrique du Sud, en leur qualité de parties contractantes à la Convention pour la prévention et la répression du génocide de 1948, ont implicitement renoncé aux immunités dont jouissent leurs fonctionnaires d'État, y compris les chefs d'État en fonction, aux fins de poursuites pour crime de génocide. Omar Al Bashir étant précisément soupçonné de génocide, l'Afrique du Sud avait donc l'obligation d'arrêter et de remettre Omar Al Bashir à la CPI, sans que cette obligation contrevienne aux obligations lui incombant en droit international en matière d'immunité au sens de l'article 98-1 du Statut de Rome.

De telles craintes se retrouvent également à propos du cas libyen. Le 26 février 2011, par sa Résolution 1970 (2011), le Conseil de sécurité décidait, à l'unanimité de ses membres, de saisir le procureur de la CPI de la situation prévalant en Libye depuis le 15 février 2011. Le 3 mars 2011, le procureur de la CPI annonçait l'ouverture d'une enquête concernant ce pays. Le 27 juin 2011, la Chambre préliminaire I délivrait trois mandats d'arrêt à l'encontre du chef d'État libyen, Muammar Mohammed Abu Minyar Gaddafi, de son fils en sa qualité de premier ministre, Saif Al-Islam Gaddafi, et du colonel des forces armées libyennes et actuel chef des services secrets militaires, Abdullah Al-Senussi, tous trois accusés de crimes contre l'humanité (meurtre et persécution) qui auraient été commis en Libye du 15 jusqu'au 28 février 2011 au moins, à travers l'appareil d'État libyen et les forces de sécurité.

Le colonel Muammar Gaddafi ayant été tué le 20 octobre 2011, un mois plus tard, le 22 novembre 2011, la Chambre préliminaire I décidait de clore l'affaire à son encontre en raison du changement de circonstances causé par son décès.

Le 11 octobre 2013, la Chambre préliminaire I décidait également que l'affaire concernant Abdullah Al-Senussi était irrecevable devant la CPI, puisqu'elle faisait l'objet d'une enquête par les autorités libyennes compétentes et que ce pays avait la volonté et la capacité de mener à bien cette enquête. Les poursuites à l'encontre d'Abdullah Al-Senussi devant la CPI ont ainsi pris fin le 24 juillet 2014, avec la confirmation par la Chambre d'appel de la décision d'irrecevabilité rendue par la Chambre préliminaire I.

En revanche, le cas du troisième suspect, arrêté par les autorités libyennes en novembre 2011, cristallise les tensions entre la CPI et les autorités nationales. Le 1er mai 2012, le Gouvernement libyen a soulevé une exception d'irrecevabilité concernant l'affaire à l'encontre de Saif Al-Islam Gaddafi. Le 31 mai 2013, la Chambre préliminaire I a rejeté cette exception d'irrecevabilité. À cette occasion, bien que reconnaissant les efforts libyens pour restaurer l'état de droit, la Chambre a considéré non seulement que la Libye n'avait pas la capacité de mener à bien les poursuites contre le suspect, mais encore qu'il n'avait pas été démontré que l'enquête nationale concernait la même affaire que celle engagée devant la CPI[136]. L'année suivante, le 21 mai 2014, la Chambre d'appel confirmait la recevabilité de l'affaire, tout en rappelant à la Libye son obligation de remettre le suspect à la CPI. Les deux demandes de coopération émises par la CPI tendant, d'une part, à ce que Saif Al-Islam Gaddafi soit remis à la Cour et, d'autre part, à

136 CPI, Chambre préliminaire I, *Le Procureur c. Saif Al-Islam Gaddafi et Abdullah Al-Senussi*, Decision on the admissibility of the case against Saif Al-Islam Gaddafi, ICC-01/11-01/11, 31 mai 2013, § 135.

rendre à la Défense du suspect les originaux de documents qui avaient été saisis par les autorités libyennes à son ancien avocat en juin 2012 à Zintan, et d'en détruire toutes les copies, sont restées sans effet. Aussi, face à l'inertie du Gouvernement libyen, la Chambre préliminaire I a décidé, le 10 décembre 2014, en application de l'article 87-7 du Statut de la CPI, de déférer cette question au Conseil de sécurité, afin qu'il se saisisse de cette question[137]. Là encore, pour le moment, il n'est pas certain que le Conseil de sécurité parvienne à surmonter les obstacles d'une coopération étatique inexistante.

Les poursuites initiées *proprio motu* par le procureur de la CPI concernant la situation au Kenya témoignent pareillement de l'hostilité des États africains vis-à-vis des poursuites d'origine extra-africaine. En l'espèce, l'hostilité s'est avérée d'autant plus vive que le Gouvernement kényan, conformément à la possibilité offerte par l'article 16 du Statut de Rome[138], a demandé au Conseil de sécurité le report des poursuites engagées par la CPI en invoquant, en vain, l'objectif de reconstruction du pays[139].

Concernant cette situation, le 31 mars 2010, la Chambre préliminaire II autorisait le procureur à ouvrir une enquête *proprio motu* sur la situation au Kenya, État partie depuis 2005, où des violences post-électorales à caractère politico-ethnique ont éclaté en décembre 2007, faisant 1 200 morts et plus de 300 000 déplacés, notamment dans la vallée du Rift. À la suite de la délivrance de citations à comparaître le 8 mars 2011, six citoyens kényans ont comparu volontairement devant la Chambre préliminaire II, les 7 et 8 avril 2011. Le 23 janvier 2012, la Chambre préliminaire II a décidé de ne pas confirmer les charges à l'encontre de MM. Kosgey et Ali. En revanche, elle a confirmé les charges pour crimes contre l'humanité à l'encontre du chef d'État en exercice, M. Kenyatta, ainsi que de MM. Ruto, Sang et Muthaura, avant de retirer les charges à l'encontre de ce dernier, le 18 mars 2013.

---

[137] CPI, Chambre préliminaire I, *Le Procureur c. Saif Al-Islam Gaddafi*, Décision prenant acte de la non-exécution par la Libye de demandes de coopération de la Cour et en référant au Conseil de sécurité de l'ONU, ICC-01/11-01/11, 10 décembre 2014.

[138] Article 16 : « Aucune enquête ni aucune poursuite ne peuvent être engagées ni menées en vertu du présent Statut pendant les douze mois qui suivent la date à laquelle le Conseil de sécurité a fait une demande en ce sens à la Cour dans une résolution adoptée en vertu du chapitre VII de la Charte des Nations Unies ; la demande peut être renouvelée par le Conseil dans les mêmes conditions ».

[139] Voir Conseil de sécurité, « Le Conseil de sécurité ne réussit pas à reporter pour un an, à la demande des pays africains, les procédures de la CPI contre le président et le vice-président du Kenya », communiqué de presse CS/11176, 15 novembre 2013. Le projet de résolution, présenté par le Maroc, le Rwanda et le Togo, a recueilli 7 votes pour mais 8 abstentions, tandis que l'article 27, § 3, de la Charte de l'ONU exige pour toute question de fond le vote affirmatif de 9 de ses membres dans lequel doivent être comprises les voix de tous les membres permanents.

Le procès de l'actuel vice-président de la République du Kenya, William Samoei Ruto, et du responsable des opérations à Kass FM à Nairobi, Joshua Arap Sang, s'est ouvert le 10 septembre 2013. Par contre, le 19 septembre 2014, la Chambre de première instance V(b) a ajourné le début du procès dans l'affaire *Uhuru Muigai Kenyatta*, dont la date avait été provisoirement fixée au 7 octobre 2014. Le 3 décembre 2014, elle a rendu une décision rejetant la demande de l'Accusation aux fins d'un nouvel ajournement de l'affaire à l'encontre du président kényan et a ordonné à l'Accusation d'indiquer soit le retrait des charges, soit sa disposition pour le procès[140].

Le 13 mars 2015, la Chambre de première instance V(b) tirait les conséquences du retrait par l'Accusation des charges contre M. Kenyatta[141] en décidant de mettre fin à la procédure dans cette affaire. Si, après plus de cinq années d'enquête, une telle issue ne peut que surprendre, elle révèle avec éclat « l'impuissance de la Cour sans la coopération des États »[142], comme l'a rappelé un communiqué de presse cinglant du procureur dans lequel sont énumérés les nombreux obstacles en cette affaire :

> « *Despite my persistent efforts and those of my committed Team to advance the course of justice in Kenya, in this instance, those who have sought to obstruct the path of justice have, for now, deprived the people of Kenya of the accountability they deserve.*
>
> *I have explained to the people of Kenya the severe challenges my Office has faced in our investigation of Mr. Kenyatta. These include the fact that:*
>
> *several people who may have provided important evidence regarding Mr. Kenyatta's actions, have died, while others were too terrified to testify for the Prosecution;*
>
> *key witnesses who provided evidence in this case later withdrew or changed their accounts, in particular, witnesses who subsequently alleged that they*

---

140 CPI, Chambre de première instance V(b), *Le Procureur c. Uhuru Muigai Kenyatta*, Decision on prosecution's application for a further adjournment, ICC-01/09-02/11, 3 décembre 2014.

141 CPI, Chambre de première instance V(b), *Le Procureur c. Uhuru Muigai Kenyatta*, Notice of withdrawal of the charges against Uhuru Muigai Kenyatta, ICC-01/09-02/11, 5 décembre 2014 : « *The evidence has not improved to such an extent that Mr. Kenyatta's alleged criminal responsibility can be proven beyond reasonable doubt. For this reason, and in light of the Trial Chamber's rejection of the Prosecution's request for an adjournment until the Government of Kenya complies with its cooperation obligations under the Rome Statute, the Prosecution withdraws its charges* » (§ 2). Une telle décision ne constitue toutefois pas un obstacle pour une réouverture de la procédure à l'encontre de M. Kenyatta au regard de nouveaux éléments (§ 3).

142 Damien SCALIA, « Chronique de droit international pénal », *Revue de droit pénal et de criminologie*, vol. 6, 2015, pp. 652-653. Voir également Annyssa BELLAL (ed.), *The War Report: Armed Conflict in 2014*, Oxford, OUP, 2015, p. 706.

had lied to my Office about having been personally present at crucial meetings;

and the Kenyan Government's non-compliance compromised the Prosecution's ability to thoroughly investigate the charges, as recently confirmed by the Trial Chamber »[143].

Ciblant, tout particulièrement, l'absence de coopération des autorités kényanes, le procureur ajoute :

« *From the time that the Prosecution submitted its revised 8 April 2014 Request to the Government of Kenya, the material the Government sent us simply did not respond to a significant portion of our Revised Request for Records. In short, most of the material sought in my Revised Request was not provided. This is despite the fact that ICC Judges clearly confirmed that my Revised Request was valid, and dismissed all of the Government's objections to it.*

In this situation, the most relevant documentary evidence regarding the post-election violence could only be found in Kenya. Yet, despite assurances of its willingness to cooperate with the Court, the Government of Kenya failed to follow through on those assurances.

Ultimately, the hurdles we have encountered in attempting to secure the cooperation required for this investigation have in large part, collectively and cumulatively, delayed and frustrated the course of justice for the victims in this case.

To conclude, today is a dark day for international criminal justice »[144].

Les trois situations analysées ici de poursuites extra-africaines ont pour point commun une coopération défaillante avec la CPI de la part d'États africains, tous par ailleurs soutenus par l'UA. Dans ces différentes situations, les États africains, à la fois membres des Nations Unies et/ou parties au Statut de Rome, d'une part, et membres de l'UA, d'autre part, se sont retrouvés tiraillés entre des obligations universelles et régionales contradictoires

---

[143] CPI, Statement of the Prosecutor of the International Criminal Court, Fatou Bensouda, on the withdrawal of charges against Mr. Uhuru Muigai Kenyatta, communiqué de presse, 5 décembre 2014. Précisons que, le 2 octobre 2013, la Chambre préliminaire II rendait public un mandat d'arrêt à l'encontre de Walter Osapiri Barasa, suspecté d'avoir commis des atteintes à l'administration de la justice consistant en la subornation ou la tentative de subornation de témoins. Le 10 septembre 2015, la Chambre préliminaire II rendait également public un autre mandat d'arrêt à l'encontre de Paul Gicheru et de Philip Kipkoech Bett pour des faits identiques, ce qui tend à confirmer combien les pressions ont été fortes dans le cadre de cette situation.

[144] CPI, « Statement of the Prosecutor of the International Criminal Court, Fatou Bensouda, on the withdrawal of charges against Mr. Uhuru Muigai Kenyatta », communiqué de presse, 5 décembre 2014.

concernant leur coopération avec la CPI pour l'arrestation et la remise des inculpés visés par des mandats d'arrêt[145]. De fait, si la coopération des États africains peut s'avérer difficile, la coopération de l'UA, « caisse de résonance du panafricanisme »[146], l'est tout autant[147].

L'UA, qui rassemble l'ensemble des États africains, n'est pas elle-même partie au Statut de Rome. À l'inverse de l'Union européenne (UE), l'organisation panafricaine n'a pas conclu d'accord de coopération avec la CPI[148]. Elle a également rejeté la demande de la CPI d'ouvrir un Bureau de liaison à Addis-Abeba, siège de l'UA. À l'exception de l'accord de coopération conclu entre la Commission africaine des droits de l'Homme et des peuples et le Bureau du procureur du TPIR, permettant à la première d'assurer l'observation des procès relatifs aux affaires transférées au Rwanda par le second, l'UA rechigne à collaborer avec les juridictions pénales internationales. Craignant tant la réactivation du droit d'ingérence que la multiplication des poursuites, elle a constamment contesté toute initiative extra-africaine visant à juger des individus soupçonnés d'être responsables de crimes internationaux. En définitive, soucieuse que la justice ne soit pas rendue au détriment de la paix[149], « [t]out se passe comme si l'Afrique

[145] À la position initialement prudente de l'UA, invitant ses États membres à trouver, le cas échéant, un équilibre entre leurs obligations vis-à-vis de l'organisation panafricaine et de la CPI, a ensuite fait place une position plus radicale par laquelle l'UA a demandé à ses États membres de respecter ses propres décisions concernant les mandats d'arrêt délivrés par la CPI à l'encontre de chefs d'État africains.

[146] Expression de James MOUANGUE KOBILA, *L'Afrique et les juridictions internationales pénales*, *op. cit.*, p. 28.

[147] Voir notamment Jean-Baptiste JEANGÈNE VILMER, « Union africaine *versus* Cour pénale internationale : répondre aux objections et sortir de la crise », *Études internationales*, vol. 45, 2014, pp. 5-26.

[148] Bien que l'UE soit elle-même tierce à la CPI, tous ses États membres ont ratifié son Statut et sont favorables à cette juridiction dont le siège se trouve à La Haye (Pays-Bas). Aussi, en vue de lui accorder un important soutien financier, politique et technique, en 2001, l'UE a adopté une Position commune sur la CPI (2001/443/CFSP), qui a été renforcée en 2003 (2003/444/CFSP) puis assortie en 2004 d'un Plan d'action fournissant des mesures concrètes pour réaliser l'objectif d'adhésion universelle au Statut de Rome et le fonctionnement indépendant et efficace de la CPI. En 2006, un Accord de coopération et d'assistance a été conclu entre l'UE et la CPI, par lequel les parties « conviennent, en vue de faciliter le bon exercice de leurs responsabilités respectives, de coopérer étroitement, s'il y a lieu, et de se consulter sur les questions d'intérêt mutuel, conformément aux dispositions du présent accord et dans le respect des dispositions du Traité UE et du Statut » (article 4).

[149] Sur les relations controversées entre la CPI et l'UA, qui tournent essentiellement autour du lien entre justice et paix et leur priorisation et autour du moyen pour la CPI de s'intégrer dans le cadre plus ample de l'architecture africaine de la paix et de la justice transitionnelle, voir notamment Fanny LAFONTAINE, Alain-Guy TACHOU-SIPOWO, « Le débat paix/justice après 10 ans de Cour pénale internationale : une réévaluation à la lumière de la stratégie de poursuite limitée aux plus hauts responsables », *in* D. BERNARD, D. SCALIA (dir.), *Vingt ans de justice internationale pénale*, *op. cit.*, pp. 219-236.

voulait juger elle-même ses dirigeants pour éviter l'affront de les voir juger par d'autres ou, plus exactement, à l'initiative d'autres »[150].

L'opposition à la CPI de la part de l'UA – déjà passablement irritée par des poursuites jugées sélectives en raison de leur focalisation sur le continent africain – s'est exacerbée à l'occasion des poursuites lancées contre les présidents en exercice soudanais, libyen et kényan[151]. Le bras de fer engagé s'est traduit par une volonté affichée par l'UA de prendre ses distances à l'égard de la CPI, au risque d'un impact fortement négatif sur la justice internationale pénale.

Ainsi, lors du sommet de l'UA de janvier 2017, a été adoptée à huis-clos une résolution, non contraignante et ne faisant toutefois pas consensus, appelant à un retrait collectif de la CPI[152] dans le sillage du Burundi[153]. Parallèlement, l'UA souhaite la création d'une cour dotée d'une chambre pénale ayant compétence pour juger sur le continent africain les affaires impliquant des

---

[150] James MOUANGUE KOBILA, *L'Afrique et les juridictions internationales pénales*, *op. cit.*, p. 41. Cette position explique le plaidoyer de l'UA en faveur d'une implication des organisations internationales régionales concernées, aussi bien pour l'évaluation des preuves recueillies par les juridictions pénales internationales que pour la prise en compte des priorités régionales, tout particulièrement lorsqu'il s'agit de décider de poursuites à l'encontre de hauts responsables étatiques (*ibid.*, pp. 44-45).

[151] C'est en vain que, dans ces trois situations, l'UA, à travers ses États membres, a demandé à plusieurs reprises au Conseil de sécurité, sur la base de l'article 16 du Statut de Rome, de reporter d'un an les poursuites à l'encontre de ces chefs d'État, en vue de ne pas compromettre les efforts en cours de règlement des conflits en cause.

[152] Cette volonté de retrait n'est pas nouvelle puisque, à partir de la saisine de la CPI par le Conseil de sécurité en 2005 de la situation prévalant au Darfour, elle a été exprimée lors de divers sommets de l'UA par plusieurs chefs d'État originaires essentiellement de l'Afrique de l'Est. Toutefois, de la critique au retrait, il peut y avoir un pas qui ne sera pas si aisé à franchir. De fait, « il ne faut pas confondre l'hostilité et le retrait, le verbe et la décision : la plupart des États africains distinguent clairement leurs reproches, qu'ils assument, d'un retrait, qu'ils ne souhaitent pas » (Jean-Baptiste JEANGÈNE VILMER, « Union africaine *versus* Cour pénale internationale : répondre aux objections et sortir de la crise », *op. cit.*, p. 8).

[153] Le 27 octobre 2016, le Burundi a notifié son retrait de la CPI lequel, conformément au Statut de Rome, a pris effet au terme d'une période d'un an, soit le 27 octobre 2017. L'Afrique du Sud, qui avait notifié sa volonté de se retirer le 19 octobre 2016 a d'abord dû faire marche arrière après une décision de la Haute Cour sud-africaine du 22 février 2017 déclarant la procédure de retrait anticonstitutionnelle, faute pour le Gouvernement d'avoir consulté préalablement le Parlement. Le Gouvernement sud-africain a toutefois affirmé qu'il allait entamer une nouvelle procédure officielle de retrait. Quant à la Gambie, qui avait également notifié sa volonté de se retirer le 10 novembre 2016, celle-ci a choisi d'annuler sa notification de retrait, après des élections ayant porté au pouvoir un nouveau président favorable à l'institution. En dehors du continent africain, notons que le président philippin, Rodrigo Duterte, a également notifié, le 17 mars 2018, une demande de retrait des Philippines du Traité de Rome, à la suite de la décision de la CPI de diligenter un examen préliminaire concernant la guerre contre la drogue menée dans le pays.

accusés africains[154]. Si ces *desiderata* venaient à se concrétiser, il est à craindre qu'ils soient préjudiciables pour le continent africain souffrant de

[154] À l'heure actuelle, la Cour africaine des droits de l'Homme et des peuples (Cour ADHP), créée en 2004, est compétente pour connaître de toutes les affaires et de tous les différends concernant l'interprétation et l'application de la Charte, ainsi que de tout instrument pertinent relatif aux droits humains ratifié par les États concernés. Une première réforme, en cours, vise à créer une Cour africaine de justice et des droits de l'Homme (Cour AJDH) émanant de la fusion entre la Cour africaine des droits de l'Homme et des peuples et la Cour de Justice de l'UA. Une autre réforme envisagée, conformément au Protocole portant amendements au Protocole portant Statut de la Cour africaine de justice et des droits de l'Homme adopté à Malabo en 2014, consisterait à attribuer une compétence pénale à la Cour AJDH, incluant notamment les crimes relevant de la compétence de la CPI. À cette fin, en plus des deux sections existantes, relatives aux affaires générales et aux droits de l'Homme et des peuples, serait instituée une troisième section relative au droit international pénal. Son mandat serait plus large que celui de la CPI, puisqu'elle pourrait connaître des crimes de piraterie, terrorisme, mercenariat, corruption, blanchiment d'argent, traite d'êtres humains, trafic de stupéfiants, trafic de déchets dangereux, exploitation illicite des ressources naturelles, mais aussi des changements inconstitutionnels de Gouvernement, un point sensible qui fait débat. La compétence de la nouvelle Cour AJDH ne serait pas rétroactive et, par conséquent, n'aurait pas d'incidence sur les affaires pendantes devant la CPI. Les objectifs de cette justice plus proche des justiciables consisteraient à alléger la charge de travail de la CPI, renforcer la légitimité des juges en charge de statuer sur les crimes les plus graves et permettre une meilleure coopération des États.

Si cette nouvelle juridiction venait à voir le jour, il faudrait d'abord que l'ensemble des États africains ratifient les accords nécessaires à son fonctionnement. À ce jour, les ratifications africaines ont été plus nombreuses pour le Statut de la CPI que pour le Protocole relatif à la Cour ADHP, avec respectivement 33 États pour le premier et 30 États pour le second, parmi lesquels 8 seulement ont publié une déclaration permettant la saisine par leurs nationaux, individus et ONG (Bénin, Burkina Faso, Côte d'Ivoire, Ghana, Malawi, Mali, Tanzanie, Tunisie), ce qui explique le manque criant de visibilité et de notoriété de la Cour ADHP. En outre, il est à craindre que le volet pénal de la compétence de la future Cour AJDH ne dissuade certains États d'adhérer à cette Cour, privant ainsi les territoires concernés de l'exercice de sa compétence pénale mais aussi de son mandat de protection des droits humains, et faisant dès lors échapper des criminels à leur responsabilité. À cet égard, la clause la plus controversée contenue dans le Protocole de Malabo de 2014 proclame qu'« [a]ucune procédure pénale n'est engagée ni poursuivie contre un chef d'État ou de Gouvernement de l'UA en fonction, ou toute personne agissant ou habilitée à agir en cette qualité ou tout autre haut responsable public en raison de ses fonctions » (article 46A *bis*). Une telle clause, présentée comme un compromis entre justice et paix, est en contradiction avec l'Acte constitutif de l'UA par lequel les États africains condamnent et rejettent l'impunité et se sont engagés à intervenir dans les cas graves où des atrocités sont commises. Elle risque d'apparaître comme un « moyen d'échapper à la justice internationale » (Hajer GUELDICH, « La Cour pénale internationale : une justice trébuchante ? », *op. cit.*, p. 110, qui préconise, pour que cette disposition ne soit pas applicable, que les États prévoient dans leur droit interne le défaut de pertinence de la qualité officielle comme la démonstration envers leur population que les dirigeants ne sont pas hors-la-loi).

Par ailleurs, il faudrait ensuite que la nouvelle juridiction africaine dispose de financements supplémentaires pour juger les affaires pénales. Un financement insuffisant empêcherait une bonne administration de la justice, allongerait les procédures et ne permettrait pas de répondre aux exigences de la justice internationale pénale, notamment en matière de respect des droits de la défense, ce qui remettrait en cause la légitimité d'une telle Cour. Enfin, il faudrait encore que soient clarifié le principe de complémentarité sous l'angle des relations entre la Cour

conflits récurrents marqués par de graves violations et une faiblesse structurelle de sa justice nationale. Ce serait la crédibilité de la CPI et, plus amplement, l'universalité de la justice internationale pénale qui se trouveraient sérieusement ébranlées avec l'instauration d'un degré régional risquant d'apparaître comme une échappatoire pour des criminels soumis à des standards moins exigeants qu'au niveau universel et une garantie d'impunité pour les plus hauts dirigeants africains.

***

La justice internationale pénale demeure un idéal qui doit encore parcourir une longue route pour prétendre à la maturité. Ce chemin ne pourra, à l'évidence, se faire sans l'Afrique où il est essentiel d'en finir avec la culture rampante de l'impunité. Autrement dit, le développement du droit international pénal au niveau mondial devra se conjuger avec le développement du droit international pénal au niveau africain[155].

Le TPIR et le TSSL ont, par leur jurisprudence, apporté une contribution essentielle au développement du droit international pénal, tout en influençant positivement les juridictions nationales avec un relèvement de leurs standards en matière de garanties procédurales[156]. Malgré leur coût et la lenteur de leurs procédures, ces juridictions pénales internationales établies sur le continent africain ont permis de contenir le cercle vicieux de l'impunité, tout en associant les pays concernés au processus de justice. La justice internationale pénale a ainsi propagé des effets positifs au niveau national en venant consolider l'état de droit et la stabilité des États[157].

AJDH et la CPI et sous l'angle d'éventuelles obligations concurrentes contradictoires auxquelles pourraient faire face les États africains. Sur ces questions, voir notamment : Manisuli SSENYONJO, Saidat NAKITTO, « The African Court of Justice and Human and Peoples' Rights 'International Criminal Law Section': Promoting Impunity for African Union Heads of State and Senior State Officials? », *International Criminal Law Review*, vol. 16, 2016, pp. 71-102 ; Anja KIEßLING, « The Uncertain Fate of the African Court on Human and People's Rights: The Problematic Merger with the African Court of Justice and the Establishment of an International Criminal Law Section », *German Yearbook of International Law*, vol. 57, 2014, pp. 541-577.

155 Voir notamment sur ce point Abdoulaye SOMA : « Le régionalisme africain en droit international pénal », *RGDIP*, vol. 120, 2016, pp. 515-544 ; « L'africanisation du droit international pénal », *in* SADI, *L'Afrique et le droit international pénal*, Paris, Pedone, 2015, pp. 7-36.

156 Pour une évaluation de l'impact de la justice internationale pénale au Rwanda et en Sierra Leone, voir notamment Mba Chidi NMAJU, « The Role of Judicial Institutions in the Restoration of Post-Conflict Societies: The Cases of Rwanda and Sierra Leone », *Journal of Conflict & Security Law*, vol. 16, 2011, pp. 357-384.

157 Concernant l'apport du TPIR et du TSSL, voir notamment Damien VANDERMEERSCH, « Le Tribunal pénal international pour le Rwanda et le Tribunal spécial pour la Sierra Leone : quels bilans à l'heure de la clôture de leurs travaux ? », *op. cit.*, pp. 190-217.

Pour l'heure, le bilan de la CPI demeure relativement modeste si l'on s'en tient aux chiffres puisque, depuis 2002, 26 affaires dans le contexte de 11 situations ont été ouvertes devant la Cour, conduisant à 2 condamnations. La coopération contrastée accordée par les États selon qu'ils sont à l'initiative ou pas des poursuites prouve que ce n'est pas l'« Afrique » en tant que telle qui est contre la CPI, pas davantage que la population dans son ensemble, mais uniquement certains chefs d'État qui, à travers l'UA, ont exprimé leur solidarité, une « solidarité qui bien entendu n'est pas le résultat d'une indignation sincère mais d'une crainte commune, celle d'être les prochains sur la liste »[158]. En d'autres termes, « [l]a fronde de l'UA contre la CPI participe, plutôt, à un réflexe syndical de chefs d'État qui n'ont pas la conscience tranquille »[159].

Même si des tensions peuvent exister entre justice, paix et réconciliation, ces éléments se consolident mutuellement. Aussi, afin de surmonter les diverses critiques qui lui sont faites, parmi lesquelles son manque d'efficacité, son défaut d'universalité et d'indépendance ou sa sélectivité néocolonialiste, il est primordial que la confiance soit, à terme, durablement restaurée pour des relations plus apaisées entre la CPI et les États africains dans leur ensemble, ce qui passe notamment par sa « désafricanisation »[160]. À n'en pas douter, la CPI doit encore fortifier sa position sur la scène internationale, ce qu'elle ne saurait faire sans l'appui de tout un continent.

---

[158] Jean-Baptiste JEANGÈNE VILMER, « Union africaine *versus* Cour pénale internationale : répondre aux objections et sortir de la crise », *op. cit.*, p. 12.

[159] Moussa Bienvenu HABA, « L'offensive de l'Union africaine contre la Cour pénale internationale : la remise en cause de la lutte contre l'impunité », *Clinique de droit international pénal et humanitaire*, 9 décembre 2013. Une illustration frappante a été donnée avec l'annonce par le Rwanda, le 1er mars 2016, de son retrait du Protocole additionnel de la Cour africaine des droits de l'Homme et des peuples permettant aux individus et aux ONG, en plus de la Commission africaine des droits de l'Homme et des États, de saisir directement la CADHP. Cette annonce est intervenue avant le début, le 3 mars 2016, de la procédure de demande de révision du procès d'une opposante rwandaise, Victoire Ingabire. Cette dernière, condamnée en appel en 2013 à 15 ans de prison au Rwanda, notamment pour « conspiration » et « minimisation du génocide », estime que ses droits fondamentaux ont été bafoués et réclame, en conséquence, une révision de son procès (« Rwanda : individus et ONG ne peuvent plus saisir directement la CADHP », *RFI*, 5 mars 2015).

[160] Jean-Baptiste JEANGÈNE VILMER, « Union africaine *versus* Cour pénale internationale : répondre aux objections et sortir de la crise », *op. cit.*, p. 12 (« Désafricaniser la CPI est une condition *sine qua non* pour rétablir sa crédibilité »).

Le droit international pénal saisi par la politique : regard critique sur la Cour pénale internationale à l'ère de la justice régionale africaine

Ghislain MABANGA

« Nous attendions une justice sans compromis avec les pouvoirs ; nous assistons à des stratégies diplomatiques qui ressemblent à s'y méprendre à des renoncements judiciaires »[1]. Ainsi concluait Jean-Marie Biju-Duval, conseil de la défense de Thomas Lubanga Dyilo, sa déclaration liminaire à l'ouverture du premier procès de la Cour pénale internationale (CPI)[2]. Onze ans après la création de la CPI, et sept ans après l'entrée en vigueur de son Statut, son fonctionnement semblait confronté à une dure réalité : les poursuites sélectives que cet avocat reprochait au procureur traduisaient la politisation de la procédure pénale internationale. Le droit international pénal semblait, plus que jamais, « saisi par la politique »[3]. Cependant, pour un observateur averti, il n'y avait là rien de bien étonnant, tant il est vrai que

---

[1] CPI, Chambre de première instance I, *Le Procureur c. Thomas Lubanga Dyilo*, compte-rendu d'audience, ICC-01/04-01/06-T-109-FRA WT, 27 janvier 2009, p. 31.

[2] L'affaire *Le Procureur c. Thomas Lubanga Dyilo* est la première à avoir été ouverte dans le cadre de la République démocratique du Congo (RDC), première situation dont a été saisie la CPI en mars 2004 (ICC-01/04). Objet d'un mandat d'arrêt émis le 10 février 2006 par la Chambre préliminaire I pour conscription et enrôlement d'enfants soldats et leur participation active aux hostilités (ICC-01/04-01/06-2, mandat d'arrêt, 10 février 2006), Lubanga Dyilo a été transféré au quartier pénitentiaire de la CPI le 16 mars 2006. Le 29 janvier 2007, la Chambre préliminaire I confirma les charges retenues contre lui (ICC-01/04-01/06-803, décision sur la confirmation des charges, 29 janvier 2007), ce qui permit l'ouverture de son procès le 26 janvier 2009 (compte-rendu d'audience, 26 janvier 2009, ICC-01/04-01/06-T-107-ENG ET WT).

[3] L'expression est empruntée, en l'inversant, à Louis FAVOREU qui, commentant le rôle joué par le Conseil constitutionnel dans l'architecture politique française, affirmait que la politique était « saisie par le droit » : « le juridique tient le politique en état dans un certain nombre de circonstances et le nier serait peu réaliste » (*La politique saisie par le droit : alternances, cohabitation et Conseil constitutionnel*, Paris, Economica, 1988, p. 8). La présente étude part, quant à elle, d'une hypothèse inverse selon laquelle, en prenant la CPI en otage, la politique des États tend à tenir le droit international pénal en l'état (voir, sur ce point, Ghislain MABANGA, « Union africaine *versus* Cour pénale internationale, quand le politique tient le judiciaire en l'état », *Revue des droits de l'Homme*, 17 octobre 2013).

le Statut de Rome lui-même est le fruit de difficiles compromis politiques[4]. Le résultat obtenu le 17 juillet 1998[5] constitue donc l'aboutissement de calculs politiques auxquels se sont livrés tous les États, en général, et les pays africains et les grandes puissances, en particulier.

Les pays africains ont soutenu à bras-le-corps le processus de création de la CPI. Ils ont même fait partie du groupe des États dits « pilotes » ayant porté le projet de base de la Commission du droit international[6]. Ils ont célébré l'entrée en vigueur du Statut de Rome le 1er juillet 2002, qu'ils ont massivement ratifié[7]. Il est, à cet égard, symbolique qu'aussi bien la première ratification[8] que la soixantième[9], qui permit l'entrée en vigueur du Statut de Rome conformément à son article 126-1, furent africaines. Une telle démarche paraissait, pour le moins, surprenante dans un continent en grande partie dirigé, depuis les indépendances, par des dictateurs enclins au « refus du pouvoir contrôlé »[10] et à la « violation systématique des droits de l'Homme »[11]. Le détournement du déférement étatique[12] en « auto-référé »[13], servant d'instrument de répression des opposants politiques, a permis d'expliquer – partiellement tout au moins et *a posteriori* – cet engouement

[4] Voir notamment Diane BERNARD, *Juger et juger encore les crimes internationaux : étude du principe ne bis in idem*, Bruxelles, Bruylant, 2014, pp. 85-88.

[5] Statut de Rome de la Cour pénale internationale, Conférence diplomatique de plénipotentiaires des Nations Unies sur la création d'une cour criminelle internationale, Rome, 17 juillet 1998.

[6] Voir Jean-François DOBELLE, « La Convention de Rome portant Statut de la Cour pénale internationale », *AFDI*, vol. 44, 1998, p. 357.

[7] À ce sujet, voir notamment Chris Maina PETER, « Fighting Impunity: African States and the International Criminal Court », *in* E.A. ANKUMAH (ed.), *The International Criminal Court and Africa: One Decade On*, Cambridge, Intersentia, 2016, pp. 1-62.

[8] Concernant la première ratification du Statut de Rome, qui a été sénégalaise, en date du 2 février 1999, voir Mutoy MUBIALA, « Chronique de droit pénal de l'Union africaine. Vers une justice pénale régionale en Afrique », *Revue internationale de droit pénal*, vol. 83, 2012, p. 551.

[9] Concernant la soixantième ratification du Statut de Rome, qui a été est congolaise, en date du 11 avril 2002, voir Sayeman BULA-BULA, *Droit international humanitaire*, Louvain-la-Neuve, Academia-Bruylant, 2010, p. 302.

[10] Maurice KAMTO, *Pouvoir et droit en Afrique noire : essai sur les fondements du constitutionnalisme dans les États d'Afrique noire francophone*, Paris, LGDJ, 1987, pp. 246-247.

[11] Jean D'ASPREMONT, *L'État non démocratique en droit international. Étude critique du droit international positif et de la pratique contemporaine*, Paris, Pedone, 2008, pp. 31-38.

[12] Le déférement étatique doit être distingué du déférement international par le Conseil de sécurité des Nations Unies (article 13-b du Statut) et du déférement interne par une saisine *ex officio* du procureur (article 15-1 du Statut). Il est prévu à l'article 14-1 du Statut de Rome, qui dispose que « tout État partie peut déférer au procureur une situation dans laquelle un ou plusieurs des crimes relevant de la compétence de la Cour paraissent avoir été commis, et prier le procureur d'enquêter sur cette situation en vue de déterminer si une ou plusieurs personnes identifiées devraient être accusées de ces crimes ».

[13] L'« auto-référé » ou « auto-saisine » (*self-referral* en anglais) est une pratique développée par les États parties au Statut de Rome et consistant à déférer au procureur une situation prévalant, non pas dans un autre État, mais bien sur leur propre territoire national.

suspect des États africains pour la CPI. En effet, dans la pratique, l'auto-référé s'est révélé comme une véritable « arme politique pour contraindre les rebelles à négocier ou pour atteindre d'autres objectifs de nature politique »[14], s'éloignant ainsi sensiblement de l'objectif primitif du déférement étatique.

Apparemment donc, « rien ne prédisposait les États africains à entrer en conflit ouvert avec la CPI »[15]. Leurs relations étaient au beau fixe jusqu'à ce que des poursuites fussent exercées par le procureur à l'encontre des dirigeants politiques en exercice, en l'occurrence le président soudanais Omar Al Bashir[16], et les Kényans Uhuru Muigai Kenyatta[17] et William Samoei Ruto[18]. S'étant, un peu tard, aperçus qu'ils étaient pris à leur propre piège et que leur légendaire immunité avait vécu[19], les dirigeants africains organisèrent, sous la bannière de l'Union africaine (UA), une véritable offensive contre la CPI[20], accusée de néo-colonialisme[21] et même de racisme[22]. Le point culminant de cette offensive se trouve, sans conteste, être l'annonce, en octobre 2016, par trois États – l'Afrique du Sud, le Burundi et la Gambie – de leur retrait de la CPI[23]. Cette stratégie offensive visait à

---

[14] Bruno CATHALA, « Les premiers pas de la Cour pénale internationale », *in* J. FERNANDEZ, X. PACREAU (dir.), *Statut de Rome de la Cour pénale internationale*, Paris, Pedone, 2012, p. 199.

[15] Mutoy MUBIALA, « Chronique de droit pénal de l'Union africaine (…) », *op. cit.*, p. 551.

[16] CPI : Chambre préliminaire I, *Le Procureur c. Omar Hassan Ahmad Al Bashir*, mandat d'arrêt à l'encontre d'Omar Hassan Ahmad Al Bashir, ICC-02/05-01/09-1-tFRA, 4 mars 2009 ; *ibid.*, deuxième mandat d'arrêt à l'encontre d'Omar Hassan Ahmad Al Bashir, ICC-02/05-01/09-95-tFRA, 12 juillet 2010.

[17] CPI, Chambre préliminaire II, *Le Procureur c. Francis Kirimi Muthaura et consorts*, décision relative à la requête du procureur aux fins de délivrance de citations à comparaître à Francis Kirimi Muthaura, Uhuru Muigai Kenyatta et Mohammed Hussein Ali, ICC-01/09-02/11-1-tFRA, 8 mars 2011. Uhuru Muigai Kenyatta, alors vice-premier ministre et ministre des Finances du Kenya, sera ensuite élu président de la République en 2013.

[18] CPI, Chambre préliminaire II, *Le Procureur c. William Samoei Ruto et consorts*, décision relative à la requête du procureur aux fins de délivrance de citations à comparaître à William Samoei Ruto, Henry Kiprono Kosgey et Joshua Arap Sang, ICC-01/09-01/11-1-tFRA, 8 mars 2011. William Samoei Ruto, alors suspendu de ses fonctions de ministre de l'Enseignement supérieur, des sciences et des technologies du Kenya, deviendra ensuite vice-président de la République au terme de l'élection présidentielle du 4 mars 2013.

[19] Chris Maina PETER, « Fighting Impunity: African States and the International Criminal Court », *op. cit.*, p. 17.

[20] Sur cette question, voir Ghislain MABANGA, « Union africaine *versus* Cour pénale internationale (…) », *op. cit.*, pp. 3-4.

[21] Voir Res SCHUERCH, *The International Criminal Court at the Mercy of Powerful States: An Assessment of the Neo-Colonialism Claim Made by African Stakeholders*, La Haye, Asser Press, 2017, p. 1.

[22] Voir Juan BRANCO, *L'ordre et le monde : critique de la Cour pénale internationale*, Paris, Fayard, 2016, p. 184.

[23] Voir sur cette question : Conor FOLEY, *UN Peacekeeping Operations and the Protection of Civilians: Saving Succeeding Generations*, Cambridge, Cambridge University Press, 2017,

obtenir, à défaut du dessaisissement de la Cour au profit des juridictions nationales des leaders politiques incriminés, la suspension des procédures à l'initiative du Conseil de sécurité des Nations Unies sur la base de l'article 16 du Statut de Rome[24]. N'ayant obtenu ni l'un ni l'autre, l'UA déclara une guerre ouverte à la CPI en exigeant de ses membres, y compris les États parties au Statut de Rome, de ne plus coopérer avec la Cour aux fins de l'exécution des mandats d'arrêt contre Omar Al Bashir[25]. Une offensive diplomatique qui semble avoir partiellement payé puisque, nonobstant la position contraire de la Chambre d'appel de la CPI[26], l'UA, à l'initiative du Kenya[27], obtint de l'Assemblée des États parties l'insertion dans le Règlement de procédure et de preuve (RPP) de la Cour d'une règle 134 *quater* accordant, sous certaines conditions, une dispense de comparution aux accusés exerçant « des fonctions publiques extraordinaires au plus haut échelon national »[28], une claire allusion au précédent des président et vice-président kényans.

L'engouement initial des États africains pour la CPI contrastait radicalement avec la prudence, voire la méfiance des grandes puissances et pays émergents. À leur tête, les États-Unis d'Amérique et la Russie qui, après avoir signé le Statut de Rome en 2000, ont notifié leur volonté de ne pas devenir membres de la CPI, respectivement en 2002 et 2016[29]. De même, la

p. 322 ; *État du monde 2018. Géopolitique du monde contemporain*, Paris, Le Monde Politique, 2017, p. 63.

[24] L'article 16 du Statut de Rome dispose qu'« aucune enquête ni aucune poursuite ne peuvent être engagées ni menées en vertu du présent Statut pendant les douze mois qui suivent la date à laquelle le Conseil de sécurité a fait une demande en ce sens à la Cour dans une résolution adoptée en vertu du chapitre VII de la Charte des Nations Unies ; la demande peut être renouvelée par le Conseil dans les mêmes conditions ».

[25] Voir Martyna FAŁKOWSKA, Agatha VERDEBOUT, « L'opposition de l'Union africaine aux poursuites contre Omar Al Bashir : analyse des arguments juridiques avancés pour entraver le travail de la Cour pénale internationale et leur expression sur le terrain de la coopération », *RBDI*, vol. 45, 2012, pp. 221-222.

[26] Par un arrêt du 25 octobre 2013, la Chambre d'appel infirma une décision de la Chambre de première instance V(a) du 18 juin 2013 accordant à William Samoei Ruto, vice-président kényan, une dispense de comparution à une partie substantielle de son procès (*The Prosecutor v. William Samoei Ruto and Joshua Arap Sang*, Judgment on the appeal of the Prosecutor against the decision of Trial Chamber V(a) of 18 June 2013 entitled "Decision on Mr Ruto's Request for Excusal from Continuous Presence at Trial", ICC-01/09-01/11-1066, 25 octobre 2013, p. 27).

[27] Jean-Baptiste JEANGÈNE VILMER, « Union africaine *versus* Cour pénale internationale : répondre aux objections et sortir de la crise », *Études internationales*, vol. 45, 2014, p. 9.

[28] ASSEMBLÉE DES ÉTATS PARTIES, Résolution ICC-ASP/12/Res.7, Amendement au Règlement de procédure et de preuve, adopté par consensus à la 12e séance plénière, 27 novembre 2013, doc. ICC-ASP/12/20, p. 55.

[29] Manisuli SSENYONJO, « State Withdrawals from the Rome Statute of the International Criminal Court: South Africa, Burundi, and The Gambia », *in* C. CHERNOR JALLOH, I. BANTEKAS (eds.), *The International Criminal Court and Africa*, Oxford, OUP, 2017, p. 225.

Chine n'a ni signé ni ratifié le Statut de Rome. Cependant, cette méfiance ne signifie pas, loin s'en faut, un quelconque désintérêt puisque, tout en restant en dehors de l'Assemblée des États parties au Statut de Rome, ces trois pays tirent profit de leur qualité de membres permanents du Conseil de sécurité des Nations Unies pour interférer sur le cours de la justice internationale pénale. Leur terrain de jeu favori se trouve dans le domaine du déférement international[30] et de la faculté de suspension de la procédure pénale internationale[31]. Ils ont ainsi non seulement la possibilité d'assurer une impunité de fait ou de droit à leurs ressortissants et alliés, quelle que soit la gravité des crimes qui leur sont reprochés, mais aussi, lorsque leurs intérêts concordent, de neutraliser des leaders politiques gênants sur la scène politique internationale. À eux trois, ces pays représentent sur l'échiquier international une force politique telle que, à défaut de pouvoir engager un bras de fer avec eux, le procureur de la CPI n'a eu, pendant longtemps, d'autre choix que de diriger ses enquêtes *ex officio* vers les États considérés comme les moins à même politiquement de gêner sa mission : les États africains[32]. Ajoutée au détournement du déférement étatique qui a permis à nombre d'États africains de lui déférer la situation sur leur propre territoire, cette politisation de la procédure pénale internationale a eu pour conséquence directe la transformation de fait de la CPI en une juridiction pénale régionale, ce qui lui a valu le surnom peu élogieux de « *African Criminal Court* »[33].

C'est dans ce contexte qu'intervient le Protocole de Malabo de 2014, qui ajoute à la Cour africaine de justice et des droits de l'Homme une « Section du droit international pénal »[34]. Pour simplifier, d'aucuns désignent cette formation par l'expression de « Cour pénale africaine » (CPA) (ou d'« *African Criminal Court* » [35] en anglais). Les chefs d'État africains pourront ainsi, conformément à leurs vœux, être jugés sur leur continent pour les crimes relevant de la compétence de la CPI[36]. Mais la ressemblance

---

[30] Article 13 du Statut de la CPI.

[31] Article 16 du Statut de la CPI.

[32] Juan BRANCO, *L'ordre et le monde : critique de la Cour pénale internationale*, *op. cit.*, p. 177.

[33] Kai AMBOS, « Expanding the Focus of the 'African Criminal Court' », *in* W.A. SCHABAS, Y. MCDERMOTT, N. HAYES (eds.), *The Ashgate Research Companion to International Criminal Law: Critical Perspectives*, Farnham, Ashgate, 2013, p. 499.

[34] Article 16-2 du Statut de la Cour africaine de justice et des droits de l'Homme, Protocole portant amendements au Protocole portant Statut de la Cour africaine de justice et des droits de l'Homme, adopté par la 23e session ordinaire de la Conférence tenue à Malabo, Guinée équatoriale, le 27 juin 2014 (Statut de la Cour AJDH).

[35] Gerhard WERLE, Moritz VORMBAUM, « Creating an African Criminal Court », *in* G. WERLE, M. VORMBAUM (eds.), *The African Criminal Court: A Commentary on the Malabo Protocol*, La Haye, Asser Press, 2017, p. 3. Pour des raisons de commodité, dans la suite de cet article, nous désignerons cette juridiction comme la « Cour pénale africaine » (CPA).

[36] Lors de sa 12e session ordinaire, la Conférence de l'UA chargeait « la Commission, en consultation avec la Commission africaine des droits de l'Homme et des peuples et la Cour

entre les deux juridictions pénales internationales s'arrête là puisque, là où la CPI affirme que « la qualité officielle de chef d'État ou de Gouvernement (...) n'exonère en aucun cas de la responsabilité pénale (...), pas plus qu'elle ne constitue en tant que telle un motif de réduction de la peine »[37], la CPA répond qu'« aucune procédure pénale n'est engagée ni poursuivie contre un chef d'État ou de Gouvernement de l'UA en fonction »[38].

La CPA constitue-elle une alternative crédible à la CPI ? On ne peut répondre à cette question sans aborder les maux qui ont miné le fonctionnement de la CPI. On retiendra, à cet égard, qu'une immixtion politique des États dans la procédure pénale internationale a été la principale cause de la déception suscitée par le fonctionnement de la CPI (I), qui n'a d'égal que les immenses espoirs placés en elle lors de sa création[39]. Si la justice pénale africaine semble se présenter comme une réponse aux maux reprochés à la CPI, l'accélération du processus de sa mise sur pied du fait des poursuites exercées au niveau international contre des dirigeants africains en exercice peut laisser craindre que la CPA ne soit rongée par les mêmes maux que la CPI. Bien plus, la lutte contre l'impunité, dont l'UA tente de se faire le chantre[40], est-elle crédible lorsqu'elle consacre l'immunité de ceux-là mêmes qui sont censés en être les garants ? L'Afrique n'est-elle pas, sur ce point, mal partie (II) ?

I. La politisation de la justice internationale pénale : la CPI a-t-elle déçu ?

Au fil des ans, le rêve des rédacteurs du Statut de Rome, selon lequel « les crimes les plus graves qui touchent l'ensemble de la communauté internationale ne sauraient rester impunis »[41], s'est vite confronté à la politique des États qui, se servant de la CPI comme d'un « objet politique »[42], sont parvenus soit à s'assurer une impunité *de facto* ou *de jure*, soit à réprimer l'opposition politique interne. La CPI devient ainsi, malgré elle, l'enjeu de la politique extérieure des États (1). Or, en l'absence d'une

---

africaine des droits de l'Homme et des peuples d'examiner les conséquences de la compétence qui serait reconnue à la Cour à juger les crimes internationaux tels que le génocide, les crimes contre l'humanité et les crimes de guerre et de faire rapport à la Conférence en 2010 » (Décision sur la mise en œuvre de la Décision relative à l'utilisation abusive du principe de compétence universelle, 12e session ordinaire, Addis-Abeba, Éthiopie, 1-3 février 2009, doc. Assembly/AU/Dec. 213(XII), p. 2).

37 Article 27-1 du Statut de la CPI.

38 Article 46A *bis* du Statut de la Cour AJDH.

39 Voir Christophe MUZUNGU, *La Cour pénale internationale face à la crise en République démocratique du Congo : étude critique et prospective*, Paris, L'Harmattan, 2015, p. 19.

40 Voir, en ce sens, la Résolution sur la lutte contre l'impunité en Afrique de la Commission africaine des droits de l'Homme et des peuples du 20 avril 2016.

41 Préambule du Statut de la CPI.

42 Frédéric MÉGRET, « La Cour pénale internationale comme objet politique », *in* J. FERNANDEZ, X. PACREAU (dir.), *Statut de Rome de la Cour pénale internationale*, *op. cit.*, pp. 119-133.

police internationale, l'effectivité des poursuites exercées par la Cour dépend essentiellement de la coopération des États[43], qui n'agissent sur l'échiquier international que suivant leurs propres intérêts. Il s'ensuit que, entre l'idéal de protection des droits de l'Homme et la realpolitik, la CPI se trouve, bien souvent, dans un délicat dilemme (2).

1. La CPI comme enjeu de la politique extérieure des États

Depuis les travaux préparatoires du Statut de Rome jusqu'au fonctionnement de la CPI, les relations des États avec cette juridiction sont essentiellement fonction des intérêts de ces derniers[44], naturellement enclins à interférer sur le cours de la justice internationale pénale, d'où une politisation bidirectionnelle de la procédure pénale internationale. Si la politisation immédiate (1.1) se traduit par une intervention directe des États sur le cours de la procédure pénale internationale, la politisation médiate (1.2) s'opère, elle, par le biais d'organisations internationales telles que l'Organisation des Nations Unies (ONU), les rédacteurs du Statut de Rome ayant décidé de « créer une cour pénale internationale permanente et indépendante reliée au système des Nations Unies »[45].

1.1. L'interférence politique immédiate

Rappelons que la CPI a toujours déploré l'absence d'une police propre, ce qui la rend dépendante des États. Avant elle, le Tribunal pénal international pour l'ex-Yougoslavie (TPIY) avait déjà fait le même constat[46]. Or, c'est faire preuve de naïveté que de croire que la coopération des États est totalement désintéressée. Dans le meilleur des cas, l'intérêt sera moral et trouvera sa raison d'être dans l'implication des États concernés dans la lutte

---

[43] Dans l'affaire *Le Procureur c. Omar Hassan Ahmad Al Bashir*, la Chambre préliminaire II de la CPI a ainsi regretté l'absence de forces de police propres, de sorte que « la CPI dépend essentiellement de la coopération des États, sans lesquels elle ne peut remplir son mandat » (Décision relative à la non-exécution par la République du Tchad des demandes de coopération que lui a adressées la Cour concernant l'arrestation et la remise d'Omar Hassan Ahmad Al Bashir, ICC-02/05-01/09-151-tFRA, 26 mars 2013, § 22). Dans le même sens, voir également CPI, Chambre préliminaire II, *Le Procureur c. Omar Hassan Ahmad Al Bashir*, Décision relative à la requête du procureur aux fins qu'il soit pris acte de la non-coopération de la République du Soudan, ICC-02/05-01/09-227-tFRA, 9 mars 2015, § 17).

[44] Voir notamment James MEERNIK, « Justice, Power and Peace: Conflicting Interests and the Apprehension of ICC Suspects », *in* D. ROTHE, J.D. MEERNIK, T. INGADOTIR (eds.), *The Realities of International Criminal Justice*, Leiden, Nijhoff, 2013, p. 170.

[45] Préambule du Statut de la CPI.

[46] Voir, notamment, TPIY, Chambre de première instance II, *Le Procureur c. Zejnil Delalić et consorts*, décision relative à la requête de l'accusé Delalić aux fins de mise en liberté provisoire, IT-96-21, 25 septembre 1996, § 20.

contre l'impunité[47]. Dans le pire des cas – le plus fréquent, hélas ! – cet intérêt sera politique. Les déferements politiques et les pressions diplomatiques en constituent les plus patents poteaux indicateurs.

Les déferements politiques

Si la CPI a toujours besoin de la coopération étatique pour mener à bien sa politique de lutte contre l'impunité[48], il ne faudrait cependant pas perdre de vue que celle-ci est souvent fonction des intérêts des États concernés. La principale leçon que l'on pourrait tirer de cet état de choses est qu'il n'est pas exclu que l'intérêt politique étatique converge avec l'intérêt de la justice internationale pénale, bien au contraire ! En effet, chaque fois que la justice internationale pénale voudra lutter contre l'impunité, elle trouvera d'abord un allié naturel dans les régimes autoritaires soucieux de se débarrasser des opposants encombrants. Le détournement du déferement étatique en « auto-référé » constitue une parfaite illustration de cette convergence d'intérêts.

Le déferement étatique est prévu à l'article 14-1 du Statut de Rome, qui dispose que « tout État partie peut déférer au procureur une situation dans laquelle un ou plusieurs des crimes relevant de la compétence de la Cour paraissent avoir été commis, et prier le procureur d'enquêter sur cette situation en vue de déterminer si une ou plusieurs personnes identifiées devraient être accusées de ces crimes ». À l'origine, ce mode de déferement devait permettre à tout État partie au Statut de Rome de saisir la CPI d'une situation prévalant dans un autre État. En effet, au cours des travaux préparatoires du Statut de Rome, la proposition voulant réserver le déferement étatique aux seuls États liés aux crimes fut rejetée[49], de sorte que tout État partie peut déférer au procureur toute situation *prévalant dans un autre État partie* où des crimes relevant de la compétence de la CPI semblent avoir été commis. Or, dans la pratique, le déferement étatique originaire n'a jamais été appliqué. À la place, les États ont développé la pratique de l'« auto-référé » consistant à déférer au procureur une situation prévalant, non pas dans un autre État, mais plutôt sur leur propre territoire, une possibilité qui « n'avait pratiquement pas été envisagée à Rome »[50].

---

[47] Voir Benjamin N. SCHIFF, « Diplomacy and the International Criminal Court », *in* A.F. COOPER, J. HEINE, R. TAKUR (eds.), *The Oxford Handbook of Modern Diplomacy*, Oxford, OUP, 2013, p. 747.

[48] Il résulte, en effet, du préambule du Statut de Rome que ses rédacteurs étaient « déterminés à mettre un terme à l'impunité des auteurs de ces crimes et à concourir ainsi à la prévention de nouveaux crimes » (§ 5).

[49] Voir Abdoulaye TINE, « Article 13. Exercice de la compétence », *in* J. FERNANDEZ, X. PACREAU (dir.), *Statut de Rome de la Cour pénale internationale*, *op. cit.*, p. 609.

[50] Frédéric MÉGRET, « La Cour pénale internationale comme objet politique », *op. cit.*, p. 128.

L'auto-référé apparaît donc ici comme une pratique *ultra legem*, mais pas nécessairement *contra legem*. C'est par cette voie que la CPI connut ses premières situations déférées par deux États africains, dont les régimes tenaient à se débarrasser d'une opposition armée. La première situation inscrite au Greffe de la CPI fut déférée en mars 2004 par Joseph Kabila, président de la République démocratique du Congo (RDC)[51]. Elle permit au régime en place, après l'émission des mandats d'arrêt de la Chambre préliminaire I[52], de livrer Thomas Lubanga Dyilo, Germain Katanga et Mathieu Ngudjolo Chui, tous trois opposants politiques ayant pris les armes contre le pouvoir central[53]. Préalablement à cette saisine, le Gouvernement ougandais avait déjà déféré à la Cour, en décembre 2003, la situation dans son propre pays[54]. Les mandats d'arrêt décernés par la suite contre cinq chefs rebelles de l'Armée de résistance du Seigneur[55], un mouvement rebelle qui sévit en Ouganda depuis plusieurs décennies[56], confortaient ainsi le président ougandais, Yoweri Kaguta Museveni, alors au pouvoir depuis… 17 ans !

Si la pratique de l'auto-référé ne revêt pas, *prima facie*, un caractère illicite, son objectif, lui, est manifestement politique et tend, dès lors, à instrumentaliser la CPI, l'amenant soit à neutraliser un adversaire politique encombrant, soit à écarter définitivement de la scène politique un adversaire militairement défait. Dans la première hypothèse, la convergence de l'intérêt judiciaire international avec les intérêts politiques étatiques fait que, par la force des choses, la CPI devient le dernier rempart de protection d'une dictature harcelée par une opposition politique et/ou armée. On a ainsi affirmé, à juste titre, que « certains pays sont passés maîtres dans la coopération sélective parvenant à manipuler l'action de la Cour. Elle devient

---

[51] CPI, La Présidence, décision relative à l'assignation de la situation en République démocratique du Congo à la Chambre préliminaire I, ICC-01/04-1-tfr, 5 juillet 2004, p. 2.

[52] Voir Héctor OLÁSOLO, *Essays on International Criminal Justice*, Oxford, Hart, 2012, pp. 21-22.

[53] Voir : Louis GUINAMARD, *Survivantes : femmes violées dans la guerre en République démocratique du Congo*, Paris, Éditions de l'Atelier, 2010, p. 156 ; Thomas FURAHA MWAGALWA, *L'interdiction de la participation aux hostilités, la démobilisation et la réinsertion des enfants soldats en République démocratique du Congo*, Paris, Publibook, 2017, p. 82.

[54] CPI, La Présidence, décision relative à l'assignation de la situation en Ouganda à la Chambre préliminaire II, ICC-02/04-1-tfr, 5 juillet 2004, p. 2.

[55] Voir CPI, Chambre préliminaire II : mandat d'arrêt de Joseph Kony délivré le 8 juillet 2005, tel que modifié le 27 septembre 2005, ICC-02/04-01/05-53-tFR 27 septembre 2005 ; mandat d'arrêt de Vincent Otti, ICC-02/04-01/05-54-tFR, 8 juillet 2005 ; mandat d'arrêt de Okot Odhiambo, ICC-02/04-01/05-56-tFR, 8 juillet 2005 ; mandat d'arrêt de Raska Lukwiya, ICC-02/04-01/05-55-tFR, 8 juillet 2005 ; mandat d'arrêt de Dominic Ongwen, 8 juillet 2005, ICC-02/04-01/05-57-tFR.

[56] Ved PRAKASH, *Encyclopaedia of Terrorism in the World*, vol. 5, Delhi, Kalpaz Publications, 2011, p. 1591.

bien malgré elle un outil de leur politique gouvernementale »[57]. Dans la seconde hypothèse, un régime autoritaire qui défait militairement une opposition armée aura tendance à recourir à la CPI pour éloigner définitivement le spectre d'une nouvelle rébellion. Il transposera donc par « sous-traitance » à la CPI la logique de justice des vainqueurs qu'il n'est pas en mesure d'assurer sur son propre territoire[58].

Aux termes de l'article 12-3 du Statut de Rome, un État qui n'est pas partie peut néanmoins déférer une situation à la Cour en acceptant préalablement sa compétence par une déclaration déposée auprès du Greffier. Il peut le faire, soit de sa propre initiative, soit à l'initiative du procureur agissant par le biais du Greffier[59]. Ces défèrements *ad hoc*, pratiqués par les États africains[60], l'ont été aussi dans le domaine de l'auto-référé. Ainsi, agissant par son ministre des Affaires étrangères, la République de Côte d'Ivoire, qui n'avait pas encore ratifié le Statut de Rome[61], déposait une déclaration en date du 18 avril 2003, par laquelle « le Gouvernement ivoirien reconnaît la compétence de la Cour aux fins d'identifier, de poursuivre, de juger les auteurs et complices des actes commis sur le territoire ivoirien depuis les évènements du 19 septembre 2002 »[62], date du coup d'État manqué contre le régime de Laurent Gbagbo. Les insurgés formeront, par la suite, une rébellion qui finira, sous l'appellation de « Forces nouvelles », par occuper *de facto* le nord du pays[63]. Il leur était alors reproché de « commettre de graves violations des droits humains telles que des exécutions extrajudiciaires, des tortures, des arrestations arbitraires et des confiscations de propriété »[64]. S'il n'est pas contesté que des miliciens pro-Gbagbo avaient aussi, dans la même période, commis de graves crimes contre des civils ressortissants du nord[65], il n'en demeure pas moins que cette déclaration de

---

[57] Marie BOKA, *La CPI entre droit et relations internationales : les faiblesses du Statut de Rome à l'épreuve de la politique internationale*, Paris, Institut universitaire Varenne, 2014, p. 85. Dans le même sens, voir Sinan KAMAGATE, *La Cour pénale internationale et la lutte contre l'impunité en Afrique*, Paris, L'Harmattan, 2015, pp. 135-136.
[58] Sur cette question, voir notamment Issaka DANGNOSSI, *La Cour pénale internationale à l'épreuve de la répression en Afrique : des préjugés aux réalités*, Paris, L'Harmattan, 2015, pp. 145-146.
[59] Règle 44-1 du RPP de la CPI.
[60] Voir Ademola ABASS, « Historical and Political Background to the Malabo Protocol », *in* G. WERLE, M. VORMBAUM (eds.), *The African Criminal Court: A Commentary on the Malabo Protocol*, *op. cit.*, p. 13.
[61] La République de Côte d'Ivoire, qui a signé le Statut de Rome le 30 novembre 1998, ne l'a ratifié que le 15 février 2013.
[62] RÉPUBLIQUE DE CÔTE D'IVOIRE, « Déclaration de reconnaissance de la compétence de la Cour pénale internationale », 18 avril 2003.
[63] Voir Marie MIRAN, *Islam, histoire et modernité en Côte d'Ivoire*, Paris, Karthala, 2006, p. 494.
[64] HUMAN RIGHTS WATCH, *Un pays au bord du gouffre : la précarité des droits humains et de la protection civile en Côte d'Ivoire*, vol. 17, n° 6(A), mai 2005, p. 1.
[65] *Idem.*

compétence pouvait apparaître comme ayant un relent politique dès lors qu'elle avait pour finalité de neutraliser judiciairement la direction politique et militaire de la rébellion.

Tout aussi politique est la lettre adressée le 14 décembre 2010 par Alassane Dramane Ouattara, successeur autoproclamé de Laurent Gbagbo, par laquelle il confirmait au président de la CPI la déclaration du 18 avril 2003 et engageait son pays « à coopérer pleinement et sans délai avec la Cour pénale internationale, notamment en ce qui concerne tous les crimes et exactions commis depuis mars 2004 »[66], date correspondant à une marche de protestation prévue à Abidjan le 25 mars 2004, au cours de laquelle il avait été fait état d'« une tuerie aveugle de civils innocents de la part des forces de l'ordre »[67]. Pour qui pouvait douter de ce qu'une telle lettre visait manifestement Laurent Gbagbo et son camp politique, on sait, depuis, que son auteur, qui a livré son adversaire à la CPI le 30 novembre 2011, n'a jamais pris une telle initiative contre ses propres partisans, eux aussi accusés de crimes relevant de la compétence de la CPI[68]. Le procureur de la CPI, qui avait toutes ces données en mains, a, pour sa part, opté pour la justice du vainqueur de ce duel politique[69]. Il a, ainsi, décidé d'ignorer le constat du Conseil des droits de l'Homme, selon lequel des « violations ont été commises par les Forces de défense et de sécurité et leurs alliés (milices et mercenaires) puis, lors de leur contre-offensive et depuis leur prise de contrôle du pays, par les FRCI [Forces républicaines de Côte d'Ivoire] »[70]. Même le constat de la Chambre préliminaire I, selon lequel « certains éléments indiquent qu'en avril 2011, des secteurs de Yopougon, en particulier dans le nord-ouest, étaient déjà sous le contrôle de forces pro-Ouattara, et que des crimes ont pu être commis par celles-ci »[71], n'a eu aucun effet sur l'inaction du procureur face au camp Ouattara. Était-ce le prix à payer pour la remise de Laurent Gbagbo à la CPI ? On peut le craindre,

---

[66] Lettre n° 0039-PR du 14 décembre 2010 adressée par le président de la République de Côte d'Ivoire, Alassane Ouattara, au président de la CPI, ayant pour objet la « Confirmation de la Déclaration de reconnaissance » du 18 avril 2003.

[67] HCDH, *Rapport de la Commission d'enquête sur les événements liés à la marche prévue le 25 mars 2004 à Abidjan (Côte d'Ivoire)*, doc. S/2004/384, 13 mai 2004, p. 9.

[68] Voir HUMAN RIGHTS WATCH, « Côte d'Ivoire », *in Rapport mondial 2012*, New York, 2012, pp. 97-103.

[69] Voir Geert-Jan Alexander KNOOPS, *An Introduction to the Law of International Criminal Tribunals: A Comparative Study*, Leiden, Brill-Nijhoff, 2014, p. 317 (« *Despite indications that both sides allegedly committed war crimes during the clash in 2010 between forces of President Ouattara and that of his predecessor Gbagbo, the Prosecutor opted to only initiate a prosecution against Gbagbo for war crimes and crimes against humanity* »).

[70] CONSEIL DES DROITS DE L'HOMME, *Rapport de la Commission d'enquête internationale indépendante sur la Côte d'Ivoire*, doc. A/HRC/17/48, 8 juin 2011, p. 1.

[71] CPI, Chambre préliminaire I, *Le Procureur c. Laurent Gbagbo*, Décision relative à la confirmation des charges portées contre Laurent Gbagbo, ICC-02/11-01/11-656-Red-tFRA, 12 juin 2014, § 71.

d'autant plus que, dans le domaine de la coopération judiciaire, la diplomatie est très agissante.

Les pressions diplomatiques

Le déferement étatique ou *ad hoc* n'est pas la seule voie par laquelle les États influent politiquement sur le cours de la justice internationale pénale. Ceux dont les intérêts sont en jeu devant la CPI disposent d'une autre arme : les pressions diplomatiques. Elles sont généralement discrètes et mesurées. Qu'il suffise, à cet égard, de citer l'exemple des États-Unis demandant à Carla del Ponte de ne pas exiger prématurément la remise de l'ancien président de la République de Serbie, Slobodan Milosevic, et de « garder profil bas »[72], ou encore de la France exigeant de Luis Moreno Ocampo de « veiller à se coordonner avec la France avant toute initiative d'ampleur »[73].

Elles peuvent aussi avoir lieu plus ouvertement, parfois à la limite du chantage. On a vu comment, sous la menace d'un retrait collectif du Statut de Rome, l'UA a pu obtenir l'insertion de la règle 134 *quater* au RPP de la CPI. On peut citer, dans le même registre, le cas de la RDC qui, en 2011, exerçait des pressions sur la CPI en promettant de remettre en cause toute coopération ultérieure si elle n'obtenait pas le retour sur son territoire des témoins transférés à La Haye mais ayant demandé l'asile auprès des Pays-Bas[74]. Émanant d'un État considéré comme l'un des meilleurs élèves de la CPI, qui lui a livré son premier suspect en toute opacité[75] et qui comptait alors huit

---

[72] Voir Florence HARTMANN, *Paix et Châtiment. Les guerres secrètes de la politique et de la justice internationales*, Paris, Flammarion, 2007, pp. 37-38. Les États-Unis, à l'instar des autres grandes puissances, ont salué la chute de Slobodan Milosevic le 5 octobre 2000. Cependant, la fragilité de la situation politique sur terrain explique qu'ils se soient abstenus de dénoncer la décision du nouveau chef d'État, Vojislav Kostunica, de ne pas livrer son prédécesseur au TPIY qu'il considérait comme un tribunal américain. C'est dans ce contexte que, par un appel téléphonique du 6 octobre 2000, Madeleine Albright, alors secrétaire d'État dans l'administration Bill Clinton, devait calmer les ardeurs de la procureure Carla del Ponte, qui tenait à obtenir rapidement le transfèrement de Slobodan Milosevic au TPIY.

[73] Voir Juan BRANCO, *L'ordre et le monde : critique de la Cour pénale internationale*, *op. cit.*, p. 146. Tandis que Luis Moreno Ocampo, alors procureur de la CPI, était en visite en France en 2010 pour tenter d'obtenir un soutien pour mener à bien sa mission, Paris conditionna son appui à son implication dans les initiatives d'ampleur du procureur, telles que celles tendant aux poursuites contre des chefs d'État en exercice.

[74] CPI, Chambre de première instance II, *Le Procureur c. Germain Katanga et Mathieu Ngudjolo Chui*, demande d'autorisation d'interjeter appel de la décision sur une requête en *amicus curiae* et sur la « requête tendant à obtenir présentations des témoins DRC-D02-P-0350, DRC-D02-P-0236, DRC-D02-P-0228 aux autorités néerlandaises aux fins d'asile », ICC-01/04-01/07-3023, 15 juin 2011, § 28.

[75] Comme l'a indiqué Sayeman BULA-BULA, c'est « la RDC qui livrera par la suite à la CPI, au moyen d'un avion militaire néerlandais, à l'insu du ministre de la Justice du Congo, de l'aveu de celui-ci, le premier suspect de la CPI, M. Thomas Lubanga, chef de la UPC » (*Droit international humanitaire*, *op. cit.*, p. 302).

ressortissants sur les neuf pensionnaires du centre de détention de la CPI[76], une telle menace fut prise au sérieux par la Chambre d'appel. En effet, alors que les Chambres de première instance avaient jugé que le retour sans délai de ces témoins en RDC, en vertu de l'article 93-7-b du Statut de Rome[77], était incompatible avec les droits de l'Homme internationalement reconnus[78], la Chambre d'appel, se saisissant d'office en dehors de tout appel des témoins concernés[79], déclara : « L'article 21-3 du Statut exige que l'article 93-7 du Statut soit appliqué et interprété conformément aux droits de l'Homme internationalement reconnus ; il ne requiert pas que la Cour enfreigne les

---

[76] Au moment des faits, le quartier pénitentiaire de la CPI comportait cinq détenus, dont quatre de nationalité congolaise (Thomas Lubanga Dyilo, Germain Katanga, Mathieu Ngudjolo Chui, dans le cadre de la situation en RDC, et Jean-Pierre Bemba Gombo, dans le cadre de la situation en RCA) et un de nationalité rwandaise mais poursuivi pour des crimes supposément commis en RDC (Callixte Mbarushimana). À ces cinq détenus suspects ou accusés, s'ajoutaient quatre témoins détenus congolais temporairement transférés à la CPI en qualité de témoins de la défense dans les affaires *Lubanga* et *Katanga/Ngudjolo Chui* (Bède Djokaba Lambi Longa, Floribert Ndjabu Ngabu, Pierre-Célestin Mbodina Iribi et Charif Manda Ndadza Dz'na).

[77] L'article 93-7-b du Statut de la CPI dispose que : « La personne transférée reste détenue. Une fois l'objectif du transfèrement atteint, la Cour renvoie sans délai cette personne dans l'État requis ».

[78] Voir CPI : Chambre de première instance II, *Le Procureur c. Germain Katanga et Mathieu Ngudjolo Chui*, décision sur une requête en *amicus curiae* et sur la « requête tendant à obtenir présentations des témoins DRC-D02-P-0350, DRC-D02-P-0236, DRC-D02-P-0228 aux autorités néerlandaises aux fins d'asile » (articles 68 et 93-7 du Statut), ICC-01/04-01/07-3003, 9 juin 2011, § 73 ; Chambre de première instance I, *Le Procureur c. Thomas Lubanga Dyilo*, version expurgée de la décision relative à la requête de DRC-D01-WWWW-0019 aux fins de mesures de protection spéciales dans le cadre de sa demande d'asile, ICC-01/04-01/06-2766-Red-tFRA, 5 août 2011, § 87.

[79] Voir CPI, Chambre d'appel, *Le Procureur c. Mathieu Ngudjolo Chui*, ordonnance relative à la mise en œuvre de l'accord de coopération conclu entre la Cour et la République démocratique du Congo sur le fondement de l'article 93-7 du Statut, ICC-01/04-02/12-158-tFRA, 20 janvier 2014, § 21. Une telle saisine paraît problématique. En effet, les témoins détenus avaient, dans le cadre de l'affaire *Katanga*, fait appel de la décision du 1er octobre 2013 de la Chambre de première instance II refusant leur demande de mise en liberté. La Chambre d'appel rejeta leur requête comme irrecevable par une décision du 20 janvier 2014 (décision relative à la recevabilité de l'appel interjeté contre la décision relative à la demande de mise en liberté des témoins détenus DRC-D02-P0236, DRC-D02-P0228 et DRC-D02-P0350, ICC-01/04-01/07-3424-tFRA, 20 janvier 2014, § 40). Elle n'avait donc plus la possibilité de statuer sur la détention des témoins détenus, dès lors que le procès *Katanga* se poursuivait en première instance. En revanche, l'affaire *Ngudjolo Chui*, qui avait été disjointe par la Chambre de première instance II de l'affaire *Katanga* par une décision du 21 novembre 2012 (décision relative à la mise en œuvre de la norme 55 du Règlement de la Cour et prononçant la disjonction des charges portées contre les accusés, ICC-01/04-01/07-3319, 21 novembre 2012), se trouvait, quant à elle, en appel. Bien que les témoins détenus n'aient interjeté aucun appel dans l'affaire *Ngudjolo Chui*, la Chambre d'appel rappela que, en première instance, ces témoins avaient à la fois déposé en faveur de Germain Katanga et de Mathieu Ngudjolo. Elle a donc cru, sur cette base, devoir « se saisir d'office » pour statuer sur le sort des témoins détenus. Une telle saisine, qu'aucun des textes fondamentaux de la CPI ne justifie, semble toutefois plus proche de la politique que du droit.

obligations que lui impose l'article 93-7-b du Statut. Une telle interprétation porterait gravement atteinte à la capacité de la Cour de conclure de nouveaux accords de coopération avec des États, ce qui minerait sa capacité d'obtenir les témoignages et preuves nécessaires et rendrait plus difficile sa mission d'établissement de la vérité dans les affaires portées devant elle »[80].

Ainsi, arbitrant le conflit entre protection des droits de l'Homme et coopération avec les États, la Chambre d'appel opta pour cette dernière. Elle ordonna, en conséquence, que « le Greffier pren[ne] les dispositions nécessaires pour renvoyer sans délai les témoins DRC-D02-P0236, DRC-D02-P0228 et DRC-D02-P0350 en République démocratique du Congo »[81], alors même que leurs demandes d'asile étaient toujours pendantes devant les juridictions néerlandaises. Les pressions diplomatiques congolaises avaient manifestement influé sur la procédure pendante devant la CPI, poussant les juges à plus de pragmatisme dans la protection des droits de l'Homme. Mais la politisation de la procédure pénale internationale ne revêt pas uniquement le caractère d'immédiateté. Dans bien d'autres hypothèses, elle est plutôt médiate.

1.2. L'interférence politique médiate

La politisation médiate est celle que les États infusent dans la procédure pénale internationale, non pas directement, mais par d'autres acteurs institutionnels interposés. Ainsi, un État a beau être tiers au Statut de Rome, il arrivera néanmoins à influer sur le cours de la procédure pénale internationale s'il occupe une position privilégiée dans une organisation internationale reliée à la CPI par des rapports de partenariat. C'est le cas de l'ONU, dont le lien avec la CPI est affirmé à l'article 2 du Statut de Rome[82]. Dans les relations juridiques entre les deux organisations, l'ONU agit au travers du Conseil de sécurité[83]. Or, cet organe est qualifié, à juste titre, de « *highly political element* »[84] ou encore d'« organe éminemment politique »[85]. Il s'ensuit que ses rapports juridiques avec la CPI sont nécessairement marqués d'une empreinte politique, qu'il s'agisse du

---

[80] CPI, Chambre d'appel, *Le Procureur c. Mathieu Ngudjolo Chui*, ordonnance relative à la mise en œuvre de l'accord de coopération conclu entre la Cour et la République démocratique du Congo sur le fondement de l'article 93-7 du Statut, ICC-01/04-02/12-158-tFRA, 20 janvier 2014, § 26.

[81] *Ibid.*, p. 3.

[82] L'Accord négocié régissant les relations entre la Cour pénale internationale et l'Organisation des Nations Unies (Accord CPI-ONU) a été adopté par la Résolution 58/318 de l'Assemblée générale du 13 septembre 2004.

[83] Articles 13 et 16 du Statut de la CPI et article 17 de l'Accord CPI-ONU.

[84] Res SCHUERCH, *The International Criminal Court at the Mercy of Powerful States (...)*, *op. cit.*, p. 170.

[85] Ghislain M. MABANGA, *Le témoin assisté devant la Cour pénale internationale : contribution à l'évolution du droit international pénal*, Paris, LGDJ, 2017, p. 140.

défèrement international ou du contrôle politique de la procédure pénale internationale.

La mise en œuvre du défèrement international[86] ne peut intervenir que si les intérêts des cinq membres permanents du Conseil de sécurité ne sont pas en opposition. Concrètement, l'initiative du défèrement ne doit léser aucun membre permanent du Conseil de sécurité dans ses intérêts politiques ou géostratégiques. Deux hypothèses se présentent donc ici. La première hypothèse est celle où les membres permanents du Conseil de sécurité sont unanimes pour ouvrir une enquête sur la situation prévalant dans un pays déterminé. À défaut d'unanimité, certains doivent, à tout le moins, être indifférents à la cause, dès lors que celle-ci ne lèse pas leurs intérêts. Dans ce cas, le risque d'un véto est nul, et le renvoi de la situation à la CPI possible. C'est dans ce contexte que le Conseil de sécurité a, par la Résolution 1593 (2005) du 31 mars 2005, déféré à la CPI « la situation au Darfour depuis le 1er juillet 2002 »[87]. De même, six ans plus tard, c'est par la Résolution 1970 (2011) du 26 février 2011 qu'il a déféré à la CPI « la situation en Jamahiriya arabe libyenne depuis le 15 février 2011 »[88].

À la vérité, derrière les « situations » apparemment objectives déférées au procureur, se cachaient des « affaires déguisées » visant la neutralisation du président soudanais, Omar Al Bashir, et du guide libyen, Mouammar Qadhafi[89]. Il s'ensuit que, face à la convergence d'intérêts politiques des grandes puissances, aucun obstacle n'empêche le défèrement international des situations visant des leaders politiques gênants[90].

La deuxième hypothèse est celle où au moins un membre permanent du Conseil de sécurité considère que ses intérêts politiques ou géostratégiques sont lésés. Dans ce cas, son droit de véto, contesté de longue date comme mettant en cause le principe de l'égalité souveraine des États[91], paralysera tout processus de défèrement international. Ainsi, concernant la Syrie, avec près de 300 000 morts et la moitié de sa population déplacée depuis 2011[92], l'intérêt de la justice internationale pénale n'a pas pu converger avec celui de

[86] Article 13-b du Statut de la CPI.
[87] CSNU, Résolution 1593 (2005) du 31 mars 2005.
[88] CSNU, Résolution 1970 (2011) du 26 février 2011.
[89] Sur cette question, voir notamment Ghislain M. MABANGA, *Le témoin assisté devant la Cour pénale internationale (...), op. cit.*, pp. 140-142.
[90] Voir, à ce sujet : Res SCHUERCH, *The International Criminal Court at the Mercy of Powerful States (...), op. cit.*, p. 207 ; Juan BRANCO, *L'ordre et le monde : critique de la Cour pénale internationale*, *op. cit.*, pp. 140 et 187.
[91] Voir notamment Bardo FASSBENDER, « Pressure for Security Council Reform », *in* D.M. MALONE (ed.), *The UN Security Council: From the Cold War to the 21st Century*, Boulder, Rienner, 2004, p. 351.
[92] Voir notamment Adam BACZKO, Gilles DORRONSORO, Arthur QUESNAY, *Syrie : anatomie d'une guerre civile*, Paris, CNRS Éditions, 2016, p. 15.

l'ensemble des membres permanents du Conseil de sécurité. En témoigne l'échec du projet français de résolution du déférement de la situation en Syrie[93], à la suite du double véto russe et chinois en mai 2014[94]. Comparée à la situation en Libye où quelques centaines de morts ont suffi pour valoir à Mouammar Qadhafi un mandat d'arrêt[95], l'impossibilité du déférement international de la situation en Syrie relève non pas du droit mais plutôt de la politique[96]. On en arrive ainsi à une situation inquiétante où, « *in a travesty of natural justice, countries that refuse to subject their own conduct to ICC jurisdiction – China, Russia and the USA [and India whenever it occupies a seat] – can vote in the UNSC on referring or deffering cases involving other countries to the Court* »[97]. La politisation du déférement international permet ainsi aux membres permanents du Conseil de sécurité de créer une immunité *de facto* pour eux-mêmes et leurs alliés, mais aussi une véritable « zone internationale de non-droit », telle qu'en Syrie[98] où les crimes graves commis ont peu de chances d'être jugés par la CPI.

Par ailleurs, le Conseil de sécurité dispose d'un autre levier de taille de nature à lui permettre de contrôler la procédure devant la CPI. L'article 16 du Statut de Rome l'autorise, en effet, à obtenir, pour une période de 12 mois renouvelable, un sursis à enquêter sur des faits ou à poursuivre des individus impliqués dans des faits relevant de la compétence de la CPI. Le Conseil de sécurité a ainsi pu, par les Résolutions datant respectivement du 31 mars 2005[99] et du 26 février 2011[100], soustraire à des poursuites devant la CPI son personnel affecté aux missions de maintien de la paix respectivement au Darfour et en Libye. Comble d'ironie, c'est par ces mêmes résolutions qu'il décida de « déférer au procureur de la Cour pénale internationale la situation

---

[93] Pour plus de détails sur ce projet de résolution, voir William A. SCHABAS, *The International Criminal Court: A Commentary on the Rome Statute*, Oxford, OUP, 2016, p. 377.

[94] Voir : Marcin KACZMARSKI, *Russia-China Relations in the Post-Crisis International Order*, Londres, Routledge, 2015, p. 149 ; Res SCHUERCH, *The International Criminal Court at the Mercy of Powerful States (...)*, *op. cit.*, p. 171.

[95] CPI, Chambre préliminaire I, mandat d'arrêt à l'encontre de Muammar Mohammed Abu Minyar Qadhafi, ICC-01/11-13-tFRA, 27 juin 2011, p. 4.

[96] La CPI considère, en effet, que le nombre de victimes constitue un des facteurs déterminant de la gravité d'une affaire et, donc, de sa compétence (voir notamment CPI, Chambre préliminaire II, *Le Procureur c. Francis Kirimi Muthaura et consorts*, décision relative à la confirmation des charges rendue en application des alinéas a) et b) de l'article 61-7 du Statut de Rome, ICC-01/09-02/11-382-Red-tFRA, 23 janvier 2012, § 50).

[97] Ramesh THAKUR, *The United Nations, Peace and Security: From Collective Security to the Responsibility to Protect*, Cambridge, Cambridge University Press, 2017, p. 130.

[98] Richard DICKER, « The International Criminal Court (ICC) and Double Standards of International Justice », *in* C. STAHN (ed.), *The Law and Practice of the International Criminal Court*, Oxford, OUP, 2015, p. 7.

[99] CSNU, Résolution 1593 (2005) du 31 mars 2005, § 6.

[100] CSNU, Résolution 1970 (2011) du 26 février 2011, § 6.

au Darfour depuis le 1er juillet 2002 »[101], mais aussi « la situation en Jamahiriya arabe libyenne depuis le 15 février 2011 »[102]. Il s'ensuit qu'en signant la neutralisation judiciaire des leaders politiques gênants au motif de la commission de crimes relevant de la compétence de la Cour, tout en accordant une immunité *de jure* à ses propres soldats engagés dans le champ des opérations contre les mêmes crimes, l'ONU brouille le message de lutte contre l'impunité que les rédacteurs du Statut de Rome voulaient porter en créant la CPI. Bien plus, les résolutions en cause constituent une immixtion politique caractérisée dans la politique criminelle du procureur, qui est ainsi privé de l'opportunité de poursuites, en même temps qu'elles révèlent le fait que l'article 16 du Statut de Rome traduit la loi du plus fort.

En effet, la crise entre l'UA et la CPI a permis de révéler que n'obtient pas l'application de l'article 16 qui veut. La demande de l'UA tendant à emporter la suspension des poursuites à l'encontre du président soudanais, Omar Al Bashir[103], mais aussi contre Uhuru Muigai Kenyatta et William Samoei Ruto, respectivement président et vice-président de la République kényane[104], n'a pu obtenir une issue favorable. Soumis au vote le 15 novembre 2013 à l'initiative du Maroc, du Rwanda et du Togo, le projet de résolution tendant à voir « *the International Criminal Court to defer the investigation and prosecution against President Uhuru Muigai Kenyatta and Deputy President William Samoei Ruto for a period of 12 months, in*

---

[101] CSNU, Résolution 1593 (2005) du 31 mars 2005, § 1.

[102] CSNU, Résolution 1593 (2005) du 31 mars 2005, § 4.

[103] En 2009, l'UA « demand[ait] au Conseil de sécurité des Nations Unies, conformément aux dispositions de l'article 16 des Statuts de la CPI adoptés à Rome (…), de reporter le processus initié par la CPI » (Décision sur la demande par le procureur de la Cour pénale internationale (CPI) de la mise en accusation du président de la République du Soudan, 12e session ordinaire de la Conférence de l'UA, Addis-Abeba, Éthiopie, doc n° Assembly/AU/Dec. 221 (XII), 1er-3 février 2009, p. 1). Demeurée sans suite, cette demande sera réitérée par l'UA en 2011 (Décision sur le rapport sur la mise en œuvre des décisions précédentes du Conseil exécutif et de la Conférence, 16e session ordinaire de la Conférence de l'UA, Assembly/AU/Dec. 334 (XVI), 30-31 janvier 2011, p. 1).

[104] En 2011, l'UA « approuv[ait] la demande du Kenya de surseoir aux investigations et aux poursuites concernant les violences post-électorales de 2008 au titre de l'article 16 du Statut de Rome de la CPI qui prévoit la mise en place d'un mécanisme national pour étudier et poursuivre les cas dans le cadre d'un organe judiciaire réformé prévu dans le nouveau régime constitutionnel conformément aux principes de complémentarité, et à cette fin demand[ait] au Conseil de sécurité des Nations Unies d'accéder à cette demande pour appuyer le processus de consolidation de la paix en cours et les processus nationaux de réconciliation en vue de prévenir la résurgence des conflits et de la violence et demand[ait] aux membres africains du Conseil de sécurité des Nations Unies d'inscrire la question à l'ordre du jour du Conseil » (Décision sur le rapport sur la mise en œuvre des décisions précédentes du Conseil exécutif et de la Conférence, 16e session ordinaire de la Conférence de l'UA, Assembly/AU/Dec. 334 (XVI), 30-31 janvier 2011, p. 1).

accordance with article 16 of the Rome Statute of the Court »[105] a été rejeté à la majorité des voix des membres du Conseil de sécurité[106]. Cette proposition n'a, à ce jour, connu aucune suite[107].

Il ressort de tout ce qui précède que la CPI se retrouve, malgré elle, au cœur des luttes politiques internes et internationales. Elle se doit donc, pour sa survie, de tracer son chemin entre protection des droits de l'Homme et *realpolitik*.

2. La CPI, entre droits de l'Homme et *realpolitik*

La mission de lutte contre l'impunité que les rédacteurs du Statut de Rome ont confiée à la CPI ne saurait être menée à bien que si le principe de l'égalité des délinquants devant l'action publique est respecté. En effet, lutter contre l'impunité suppose que, aussi bien au plan interne qu'international, la CPI puisse exercer des poursuites à l'encontre de toute personne suspectée ou accusée d'avoir commis un crime relevant de sa compétence. Tous les accusés sont donc censés être égaux devant la CPI. Or, la politisation de la procédure devant la CPI rend illusoire une telle égalité (2.1), de sorte que, pour garantir la pérennité de son fonctionnement, la Cour est contrainte de se soumettre à d'inquiétants compromis qui la poussent à l'autocensure (2.2).

2.1. Une impossible égalité des accusés devant la Cour

L'article 27-1 du Statut de Rome dispose que « le présent Statut s'applique à tous de manière égale ». Il consacre ainsi, au plan international[108], le principe bien connu de l'égalité des accusés devant l'action publique. En procédure pénale internationale, son application diffère selon qu'il intervient à l'échelle nationale ou internationale.

À l'échelle nationale

C'est un secret de Polichinelle que les rebelles violent autant les droits de l'Homme que les forces loyalistes. En Côte d'Ivoire, par exemple, *Human Rights Watch* constatait, à la suite de la crise post-électorale de 2010, qu'« une

---

[105] CSNU, Azerbaijan, Burundi, Ethiopia, Gabon, Ghana, Kenya, Mauritania, Mauritius, Morocco, Namibia, Rwanda, Senegal, Togo and Uganda: Draft Resolution, doc. S/2013/660, 15 novembre 2013, p. 3.

[106] Voir, à ce sujet, Res SCHUERCH, *The International Criminal Court at the Mercy of Powerful States (...)*, *op. cit.*, pp. 249-251.

[107] Voir notamment Juliet OKOTH, « Africa, the United Nations Security Council and the International Criminal Court: The Question of Deferrals », *in* G. WERLE, L. FERNANDEZ, M. VORMBAUM (eds.), *Africa and the International Criminal Court*, La Haye, Springer, 2014, p. 197.

[108] Sur ce principe en droit interne, voir, par exemple : pour la France, Jacques LEROY, *Procédure pénale*, Paris, LGDJ, 2017, § 392 ; et pour le Cameroun, Philippe KEUBOU, *Précis de procédure pénale camerounaise*, Yaoundé, Presses universitaires d'Afrique, 2010, p. 77.

fois que la crise a dégénéré en conflit armé, elle a été marquée par des crimes de guerre et de probables crimes contre l'humanité perpétrés par les deux camps »[109]. Or, si un auto-référé suffit généralement à avoir raison de l'opposition armée, le pouvoir en place se montrant pleinement coopératif pour permettre au procureur de rassembler toutes les preuves à charge, les choses paraissent cependant plus compliquées s'agissant des crimes commis par les troupes gouvernementales ou pro-gouvernementales. Il s'agit ici, en effet, de demander à un Gouvernement de coopérer pour assurer les poursuites contre les tenants du pouvoir, une entreprise purement utopique. Confronté à cette réalité dans la situation kényane, le procureur devait demander à la CPI d'ajourner le procès jusqu'à l'obtention d'une coopération pleine et entière du Gouvernement kényan dans les poursuites exercées contre le président Uhuru Muigai Kenyatta[110]. À la suite du refus de la Chambre de première instance V(B) de faire droit à une telle demande[111], le procureur n'eut d'autre choix que d'abandonner les poursuites contre l'intéressé[112].

Ainsi, selon que l'on est ou non proche du pouvoir, le risque d'être transféré devant la CPI est quasiment nul ou, au contraire, très élevé. Le cas de Bosco Ntaganda, dans la situation congolaise, est très éloquent sur ce point. En effet, cet officier rwandais fit, le 6 mars 2007, l'objet d'un mandat d'arrêt pour conscription et enrôlement d'enfants de moins de 15 ans et leur participation active aux hostilités[113]. Allié au président de la RDC Joseph Kabila[114], il ne sera cependant jamais inquiété, alors que Joseph Kabila avait livré, pour les mêmes faits, Thomas Lubanga à la Cour. Bien plus, Bosco Ntaganda sera nommé général au sein des Forces armées de la RDC en janvier 2009[115]. Après une défaite militaire sur les montagnes du Kivu, et craignant d'être assassiné par le régime rwandais de Paul Kagamé ou de tomber entre les mains d'une faction rivale des nombreuses rébellions

---

[109] HUMAN RIGHTS WATCH, « Côte d'Ivoire », *in Rapport mondial 2012*, New York, 2012, p. 98.

[110] CPI, Chambre de première instance V(b), *Le Procureur c. Uhuru Muigai Kenyatta*, Prosecution opposition to the Defence request for the termination of the Kenyatta case, ICC-01/09-02/11-892, 31 janvier 2014.

[111] CPI, Chambre de première instance V(b), *Le Procureur c. Uhuru Muigai Kenyatta*, Decision on Prosecution's application for further adjournment, ICC-01/09-02/11-981, 3 décembre 2014.

[112] CPI, Chambre de première instance V(b), *Le Procureur c. Uhuru Muigai Kenyatta*, Notice of withdrawal of the charges against Uhuru Muigai Kenyatta, ICC-01/09-02/11-983, 5 décembre 2014.

[113] CPI, Chambre préliminaire I, *Le Procureur c. Bosco Ntaganda*, mandat d'arrêt, ICC-01/04-02/06-2-Red, 6 mars 2007.

[114] Voir Stewart Andrew SCOTT, *Laurent Nkunda et la rébellion du Kivu : au cœur de la guerre congolaise*, Paris, Karthala, 2008, p. 288.

[115] Voir : Jacob UDO-UDO JACOB, *Convincing Rebel Fighters to Disarm. UN Information Operations in Democratic Republic of Congo*, Berlin, De Gruyter, 2017, p. 130 ; Thomas FURAHA MWAGALWA, *L'interdiction de la participation aux hostilités (...)*, *op. cit.*, p. 371.

sévissant dans l'est de la RDC, il décida de se rendre lui-même à la CPI[116]. Il appert ainsi que la politisation du déferement étatique et la coopération intéressée des États entraînent pour conséquence la rupture de l'égalité des délinquants devant la CPI. Car seuls les membres de l'opposition politique et/ou armée sont, *de facto*, justiciables devant la Cour. Il n'est, dès lors, pas étonnant que, considérant leurs clients comme victimes d'intolérance politique, les conseils de la défense dans les situations ivoirienne[117], congolaise[118] et centrafricaine[119] n'aient pas eu de mots assez durs pour fustiger les poursuites sélectives du Bureau du procureur. L'effectivité du principe de l'égalité des accusés devant l'action publique est donc problématique en cas de politisation de la procédure à l'échelle nationale. En est-il autrement à l'échelle internationale ?

À l'échelle internationale

Il faut rappeler ici que, derrière le Conseil de sécurité des Nations Unies agissent, en réalité, des grandes puissances dont les intérêts politiques ou géostratégiques ne convergent pas nécessairement avec ceux d'une bonne administration de la justice internationale pénale. Issue d'une telle divergence, la création *de facto* d'une « zone internationale de non-droit », dont il a été fait état *supra*, rompt nécessairement l'égalité des accusés devant la CPI. En effet, pour l'individu soupçonné d'un crime relevant de la compétence de la CPI, le risque de poursuite est quasiment nul ou, au contraire, très élevé selon qu'il se situe dans une « zone internationale de non-droit » ou dans une zone géographique non politiquement protégée par un membre permanent du Conseil de sécurité.

Même si la convergence d'intérêts permet, à un moment déterminé, un déferement international, la coopération du Conseil de sécurité n'est pas acquise pour l'ensemble de la procédure, ses actions dépendant des intérêts de ses membres qui peuvent évoluer à tout moment. Ainsi, la CPI qui, de bonne foi, croyait en l'« obligation de coopération et de coordination »[120] la liant à l'ONU, apprendra, à ses dépens, que le Conseil de sécurité, chargé de l'exécution de cette obligation, n'est, en réalité, qu'« un organe politique par excellence incarnant la domination de certaines grandes puissances et venant

---

[116] Geert-Jan Alexander KNOOPS, « Introductory Note », *in* G. ZICCARDI CAPALDO (ed.), *The Global Community. Yearbook of International Law and Jurisprudence 2014*, Oxford, OUP, 2015, p. 379.
[117] CPI, Chambre préliminaire I, *Le Procureur c. Charles Blé Goudé*, compte-rendu d'audience, ICC-02/11-02/11-T-5-Red-FRA WT, 29 septembre 2014, p. 28.
[118] CPI, Chambre de première instance I, *Le Procureur c. Thomas Lubanga Dyilo*, compte-rendu d'audience, ICC-01/04-01/06-T-109-FRA WT, 27 janvier 2009, pp. 27-29.
[119] CPI, Chambre de première instance III, *Le Procureur c. Jean-Pierre Bemba Gombo*, compte-rendu d'audience, ICC-01/05-01/08-T-32-FRA ET WT, 22 novembre 2010, pp. 54-57.
[120] Article 3 de l'Accord CPI-ONU.

potentiellement ‘contaminer’ la logique de la justice pénale internationale »[121]. En témoigne une coopération du Conseil de sécurité variant sensiblement dans le temps suivant des critères obscurs, au point de se révéler parfois peu coopératif, même dans les cas où il a été à l’origine d’un renvoi d’une situation devant la CPI. Aussi est-ce par dépit que, dans la situation au Darfour, les juges devaient affirmer : « Lorsque le Conseil de sécurité (...) renvoie à la Cour la situation au Soudan parce qu’il considère qu’elle constitue une menace pour la paix et la sécurité internationales, on doit s’attendre à ce qu’il poursuive son action en prenant les mesures qu’il juge utiles s’il apparaît que le Soudan ne coopère pas avec la Cour aux fins de l’accomplissement du mandat que lui a confié le Conseil. Sinon, s’il n’y avait pas de suivi de la part du Conseil de sécurité, le renvoi par celui-ci d’une situation (...) n’atteindrait jamais son but ultime, à savoir mettre un terme à l’impunité. Un tel renvoi deviendrait alors vain »[122].

La CPI se trouve donc, dans ce contexte de forte politisation de sa procédure, dans une position bien embarrassante. Elle est même parfois obligée de s’autocensurer pour garantir la poursuite des procédures pendantes devant elle.

2.2. L’autocensure de la justice internationale pénale

La politisation immédiate et médiate est, répétons-le, la conséquence de l’absence d’une police propre qui rend la CPI dépendante de la coopération des États. Elle a pour conséquence non seulement d’affecter la procédure pénale internationale en rompant l’égalité des délinquants devant l’action publique, mais aussi de pousser la CPI à une autocensure nécessaire au maintien de la coopération de ses partenaires institutionnels que sont les États et le Conseil de sécurité des Nations Unies. Elle affecte ainsi la politique criminelle du Bureau du procureur, ainsi que, de manière générale, l’administration de la justice internationale pénale.

L’autocensure dans la politique criminelle du procureur

Émanant du procureur, l’autocensure aura comme principal effet d’éviter d’exercer des poursuites à l’égard des tenants du pouvoir disposés à coopérer aux fins de neutralisation de leurs adversaires politiques. L’exemple de Callixte Mbarushimana, opposant rwandais résidant en France avec le statut de réfugié, est assez éloquent à ce sujet. En effet, le 20 août 2010, le procureur saisissait la CPI d’une requête tendant à obtenir un mandat d’arrêt contre l’intéressé, pour des faits allégués de crimes de guerre et de crimes contre l’humanité supposément commis par les rebelles des Forces

---

[121] Frédéric MÉGRET, « La Cour pénale internationale comme objet politique », *op. cit.*, p. 124.
[122] CPI, Chambre préliminaire II, *Le Procureur c. Omar Hassan Ahmad Al Bashir*, décision relative à la requête du Procureur aux fins qu’il soit pris acte de la non-coopération de la République du Soudan, ICC-02/05-01/09-227-tFRA, 9 mars 2015, § 17.

démocratiques de libération du Rwanda dans les provinces du Kivu en RDC. Callixte Mbarushimana, qui était le secrétaire exécutif de ce groupe armé, avait hérité d'une partie des pouvoirs du président de ce mouvement après l'arrestation de ce dernier en 2009 et, à ce titre, pouvait être poursuivi pour lesdits faits allégués « en tant que coauteur au sens de l'article 25-3-a du Statut et, à titre subsidiaire, conjointement avec un groupe de personnes agissant de concert au sens de l'article 25-3-d du Statut »[123]. En réalité, dans cette affaire, on a pu déplorer que, « sans beaucoup d'éléments de preuve, et contre l'avis de ses principaux conseillers, [le procureur Luis Moreno Ocampo] cède à l'opportunité d'une arrestation facile sur le territoire français. L'objectif est aussi de gagner la sympathie de Paul Kagamé, qui joue un rôle fondamental au Kivu et en Ituri et protège certains des principaux responsables des exactions dans la région »[124]. Sur le même registre, le voyage du procureur à Abidjan, en juin 2011, a eu pour conséquence de sceller le sort de Laurent Gbagbo à la CPI. On peut de même citer sa rencontre, à Londres en janvier 2003, avec le président ougandais Yoweri Kaguta Museveni, qui a permis de concrétiser les poursuites à l'encontre des leaders de l'Armée de résistance du Seigneur[125].

Il s'agit là d'autant d'alliances douteuses conclues avec ceux-là mêmes dont les troupes sont accusées d'avoir commis de nombreux crimes relevant de la compétence de la CPI, qu'il s'agisse de l'Ouganda[126], de la Côte d'Ivoire[127] ou du Rwanda[128]. Dans le cas particulier de la Côte d'Ivoire, le procureur a poussé son autocensure à l'extrême, au point de circonscrire le cadre temporel de ses enquêtes à compter du 28 novembre 2010[129]. Il évitait ainsi de remonter – nonobstant la préalable déclaration d'acceptation de la compétence de la CPI par la Côte d'Ivoire – au 19 septembre 2002, une date qui aurait embarrassé le président ivoirien, Alassane Dramane Ouattara, en raison des crimes reprochés aux troupes rebelles placées sous son contrôle dans la partie nord du pays. L'autocensure du Bureau du procureur, dont on

[123] Voir CPI, Chambre préliminaire I, *Le Procureur c. Callixte Mbarushimana*, décision relative à la requête du Procureur aux fins de délivrance d'un mandat d'arrêt à l'encontre de Callixte Mbarushimana, 28 septembre 2010, ICC-01/04-01/10-1-tFRA, § 28.

[124] Juan BRANCO, *L'ordre et le monde : critique de la Cour pénale internationale*, *op. cit.*, pp. 183-184.

[125] Voir Benjamin N. SCHIFF, *Building the International Criminal Court*, Cambridge, Cambrige University Press, 2008, p. 198.

[126] Voir Dustin N. SHARP, *Rethinking Transitional Justice for the Twenty-First Century: Beyond the End of the History*, Cambridge, Cambridge University Press, 2018, pp. 53-54.

[127] Voir Eric STOVER, Victor PESKIN, Alexa KOENIG, *Hiding in Plain Sight: The Pursuit of War Criminals from Nuremberg to the War on Terror*, Oakland, University of California Press, 2016, p. 322.

[128] Voir Edward S. HERMAN, David PETERSON, *The Politics of Genocide*, New York, Monthly Review Press, 2011, p. 110.

[129] CPI, La Présidence, Décision assignant la situation en République de Côte d'Ivoire à la Chambre préliminaire II, ICC-02/11-1-tFRA, 20 mai 2011, p. 3.

pense qu'elle serait fondée sur la recherche de la coopération étatique[130], met ainsi gravement en cause son impartialité dans le cadre de sa politique criminelle.

D'un autre côté, ouvrir une enquête dans une « zone internationale de non-droit » suppose que le procureur soit prêt à engager un bras de fer avec les grandes puissances. Tout porte à croire que Luis Moreno Ocampo n'était pas prêt pour cette bataille. On lui reproche ainsi son inaction dans les situations en Palestine, en Afghanistan, en Colombie et en Géorgie, préférant « centrer ses derniers efforts sur le continent africain »[131]. De même, il lui est reproché d'avoir soigneusement évité de donner suite à de nombreuses communications qui lui étaient parvenues sur les crimes commis par les troupes alliées lors de la guerre d'Irak en 2003[132]. On peut relever, à l'actif de son successeur, Fatou Bensouda, la volonté de sortir de la caricature de l'« *African Criminal Court* », en décidant d'ouvrir des examens préliminaires allant au-delà de la seule sphère géographique du continent africain, à savoir en Afghanistan, en Colombie, au Gabon, en Guinée, en Irak/Royaume-Uni, en Palestine, aux Philippines, au Nigeria, en Ukraine et au Venezuela.

Trois de ces situations constitueront, à n'en pas douter, un véritable test d'émancipation du Bureau du procureur vis-à-vis des grandes puissances. Tout d'abord, la situation en Irak/Royaume-Uni porte sur « des mauvais traitements prétendument infligés à des détenus et 319 des meurtres illicites présumés imputés à des soldats britanniques en poste en Iraq entre 2003 et 2008 »[133]. Ensuite, la situation en Palestine met en cause les membres des forces israéliennes de défense soupçonnés d'avoir commis des attaques présumées dirigées contre des bâtiments résidentiels et des civils[134], des installations médicales et du personnel médical[135], des écoles de l'Office de secours et de travaux des Nations Unies pour les réfugiés de Palestine dans le Proche-Orient[136] et des biens et infrastructures de caractère civil[137]. Certes, la CPI peut exercer sa compétence dans ces deux situations, respectivement à la suite d'un déferement interne[138] ou d'un déferement étatique[139].

---

[130] Voir Dustin N. SHARP, *Rethinking Transitional Justice for the Twenty-First Century (...)*, *op. cit.*, p. 54.

[131] Juan BRANCO, *L'ordre et le monde : critique de la Cour pénale internationale*, *op. cit.*, p. 183.

[132] Voir Michael CONTARINO, Melinda NEGRÓN-GONZALES, « The International Criminal Court », *in* G. ZYBERI (ed.), *An Institutional Approach to the Responsibility to Protect*, Cambridge, Cambridge University Press, 2013, p. 421.

[133] CPI, Le Bureau du Procureur, *Rapport sur les activités menées en 2016 en matière d'examen préliminaire*, 14 novembre 2016, § 87.

[134] *Ibid.*, § 126.

[135] *Ibid.*, § 127.

[136] *Ibid.*, § 128.

[137] *Ibid.*, § 129.

[138] Il est peut probable que le Royaume-Uni, dont les soldats sont impliqués dans les crimes allégués, accepte de déférer cette situation en sa qualité d'État partie au Procureur de la CPI.

L'implication des États-Unis dans ces deux situations, respectivement comme partie belligérante et comme allié inconditionnel de l'État hébreu, constitue néanmoins un facteur politique que le Bureau du procureur devra affronter pour faire aboutir ces procédures. Enfin, s'agissant de la situation en Géorgie, celle-ci a déjà fait l'objet d'une demande d'ouverture d'enquête du procureur[140], autorisée par la Chambre préliminaire I le 27 janvier 2016[141]. L'implication de l'armée russe dans les crimes allégués[142] est un facteur de nature à interférer sur les enquêtes du procureur et à empêcher, par tous moyens, des poursuites de ses soldats devant la CPI. Peut-on penser que l'actuelle procureure est mieux préparée à ce combat politique d'ampleur ? La configuration actuelle du Conseil de sécurité, ainsi que la dépendance de la CPI vis-à-vis de la coopération des États, ne permettent pas de donner, à brève échéance, une réponse positive à cette question. La longueur des procédures en cours[143] laisse déjà présager des difficultés politiques sur ce terrain. L'issue de ces examens préliminaires permettra, à terme, de juger du degré d'émancipation vis-à-vis des grandes puissances, non seulement du procureur, mais aussi, de manière générale, de la justice internationale pénale.

Celui-ci pourrait néanmoins procéder à un déferement interne, en se saisissant *ex officio* sur le fondement l'article 15 du Statut de Rome.

139 Le Gouvernement palestinien a fait une déclaration d'acceptation de la compétence de la CPI en date du 1er janvier 2015 pour des crimes supposés avoir été commis dans les territoires palestiniens occupés depuis le 13 juin 2014. Il a, depuis le 2 janvier 2015, adhéré au Statut de Rome. Voir notamment, à cet égard, Catherine MAIA, « La Palestine et la Cour pénale internationale : retour sur une saga judiciaire », *L'Observateur des Nations Unies*, vol. 42, 2017, pp. 219-240.

140 CPI, Chambre préliminaire I, *Situation en Géorgie*, Corrected version of "Request for autorisation of an investigation pursuant to article 15", ICC-01/15-4, 13 October 2015, ICC-01/15-4-Corr, 16 octobre 2015.

141 CPI, Chambre préliminaire I, *Situation en Géorgie*, Decision on the Prosecutor's request for authorization of an investigation, ICC-01/15-12, 27 janvier 2016.

142 *Ibid.*, §§ 34 et 42.

143 À titre d'illustration, le procureur de la CPI a reçu l'autorisation d'ouvrir une enquête dans la situation ivoirienne le 3 octobre 2011 (Chambre préliminaire III, Decision pursuant to article 15 of the Rome Statute on the authorisation of an investigation into the situation in the Republic of Côte d'Ivoire, ICC-02/11-14, 3 octobre 2011). Quelques semaines plus tard, le 23 novembre 2011, le procureur demandait et obtenait de la CPI un mandat d'arrêt contre Laurent Gbagbo (Chambre préliminaire III, mandat d'arrêt à l'encontre de Laurent Koudou Gbagbo, ICC-02/11-01/11-1-tFRA, 23 novembre 2011). De même, dans les situations congolaise et ougandaise, les premiers mandats d'arrêt ont été délivrés respectivement 18 et 10 mois après l'ouverte de l'enquête. En revanche, dans la situation géorgienne, la procureure de la CPI a été autorisée à ouvrir une enquête de sa propre initiative le 27 janvier 2016, sans que, deux ans plus tard, aucun mandat d'arrêt n'ait été encore délivré. S'agissant des examens préliminaires, la situation en Colombie fait l'objet d'un examen préliminaire depuis juin 2004, soit depuis 14 ans en 2018.

L'autocensure dans l'administration de la justice internationale pénale

Une observation attentive du fonctionnement de la justice internationale pénale permet de constater que le procureur n'est pas, loin s'en faut, le seul à se préoccuper des conséquences politiques de ses décisions et à se comporter en conséquence. L'affaire *Barayagwiza* devant le Tribunal pénal international pour le Rwanda (TPIR) en a donné une belle illustration. En effet, constatant la violation des droits de la défense de Jean Bosco Barayagwiza, poursuivi pour génocide, complicité de génocide, entente en vue de commettre le génocide, incitation directe et publique à commettre le génocide et crimes contre l'humanité[144], la Chambre d'appel devait, par un arrêt du 3 novembre 1999, rejeter l'acte d'accusation avec arrêt définitif des poursuites, ordonner la mise en liberté immédiate de l'intéressé, ainsi que sa remise aux autorités camerounaises[145].

Comme on pouvait s'y attendre, un tel arrêt, qui ordonnait la fin des poursuites contre un individu soupçonné d'être un génocidaire, fut « extrêmement controversé »[146]. En réalité, le problème juridique posé était simple : la violation des droits de la défense peut-elle entraîner l'arrêt des poursuites ? Pour répondre à cette question, aucune difficulté ne se pose sur le plan juridique. L'arrêt des poursuites est non seulement possible, mais c'est aussi la seule issue si la violation alléguée a pour conséquence de rompre définitivement l'équité de la procédure. Confrontée à cette question, la CPI a donné une réponse juridique non équivoque : « Un procès équitable est l'unique moyen de rendre la justice. Si aucun procès équitable ne peut être conduit, l'objet de la procédure judiciaire est mis en échec et il convient de mettre un terme à la procédure »[147].

Cependant, dans l'affaire *Barayagwiza*, le contexte politique fit prendre une direction différente au TPIR. En effet, la demande en révision introduite par le procureur, « qui faisait valoir des arguments qui relevaient plutôt d'un 'réexamen' de l'affaire »[148], était fermement soutenue par le Gouvernement

---

[144] TPIR, *Le Procureur c. Jean-Bosco Barayagwiza*, acte d'accusation, ICTR-97-19-I, 22 octobre 1997.

[145] TPIR, Chambre d'appel, *Le Procureur c. Jean-Bosco Barayagwiza*, arrêt, ICTR-97-19-AR72, 3 novembre 1999, pp. 62-63.

[146] Sophie FREDIANI, « L'affaire *Barayagwiza* devant la Chambre d'appel du Tribunal pénal international pour le Rwanda : arrêt du 31 mars 2000 », *Afrilex*, vol. 1, 2000, p. 1.

[147] CPI, Chambre d'appel, *Le Procureur c. Thomas Lubanga Dyilo*, arrêt relatif à l'appel interjeté par Thomas Lubanga Dyilo contre la décision du 3 octobre 2006 relative à l'exception d'incompétence de la Cour soulevée par la défense en vertu de l'article 19-2-a du Statut, ICC-01/04-01/06-772-tFRA, 14 décembre 2006, § 37. Dans le même sens, voir également TPIY, Chambre d'appel, *Le Procureur c. Duško Tadić*, arrêt, IT-94-1-A, 15 juillet 1999, § 55.

[148] Hervé ASCENSIO, Raphaëlle MAISON, « L'activité des Tribunaux pénaux internationaux (2000) », *AFDI*, vol. 46, 2000, p. 294.

rwandais, qui menaçait clairement la Chambre d'appel de représailles en cas de décision défavorable[149]. La Chambre d'appel était-elle prête à confirmer sa précédente décision et à entrer ainsi en guerre ouverte contre un pays sans la coopération duquel ses activités étaient vouées à l'échec ? Elle décida finalement de jouer aux équilibristes, d'une part, en reconnaissant la violation des droits de la défense, d'autre part, en remplaçant la sanction d'arrêt des poursuites et de mise en liberté du suspect par une compensation financière en cas de verdict d'acquittement et de réduction de peine en cas de verdict de culpabilité[150]. Il s'agissait là, manifestement, d'une décision plus politique que juridique que le juge français Claude Jorda, alors président de la Chambre d'appel, devait pleinement assumer : « L'affaire *Barayagwiza* était un peu exceptionnelle. Il y avait de la raison d'État, je crois qu'il faut l'assumer, parce que je crois que, dans une juridiction pénale internationale, il faut assumer aussi la raison d'État »[151]. La raison d'État venait ainsi d'avoir raison du droit, l'éloignant politiquement du prétoire.

Rappelons également, devant la CPI, la courageuse décision des Chambres de première instance I et II de refuser le renvoi en RDC de quatre témoins détenus, temporairement transférés au centre de détention de la Cour et ayant demandé l'asile aux Pays-Bas. Devant le refus du Greffier de permettre la visite des avocats néerlandais aux quatre témoins détenus au motif qu'il devait préalablement en référer aux autorités congolaises, la Chambre de première instance II avait, sur un ton péremptoire, rejeté un tel moyen : « L'accord de coopération conclu avec les autorités congolaises ne saurait (...) prévaloir sur une application de l'article 93-7 du Statut compatible avec les droits de l'Homme internationalement reconnus »[152]. Cependant, face à la menace de cessation de coopération de la RDC, cette chambre fut contrainte d'adopter un ton plus conciliant[153], avant de se déclarer incompétente pour

---

149 TPIR, Chambre d'appel, *Le Procureur c. Jean-Bosco Barayagwiza*, arrêt (demande du Procureur en révision ou réexamen), ICTR-97-19-AR72, 31 mars 2000, p. 13.

150 *Ibid.*, p. 28.

151 Claude JORDA, « Commentaire », *in* H. RUIZ FABRI, J.-M. SOREL (dir.), *La preuve devant les juridictions internationales*, Paris, Pedone, 2007, p. 226.

152 CPI, Chambre de première instance II, *Le Procureur c. Germain Katanga et Mathieu Ngudjolo Chui*, compte-rendu d'audience, ICC-01/04-01/07-T-281-Red-FRA WT, 14 juin 2011, p. 33.

153 Dans une décision du 22 juin 2011, la Chambre de première instance II devait « regretter que les autorités de la RDC considèrent qu'elle a violé son mandat alors qu'elle s'efforçait de trouver une solution équilibrée à une situation imprévisible, sans précédent et aux implications juridiques apparemment antagonistes » (*Le Procureur c. Germain Katanga et Mathieu Ngudjolo Chui*, décision relative à la sécurité de trois témoins détenus ayant comparu devant la Cour (article 68 du Statut de Rome) et ordonnance visant à obtenir la coopération et l'aide de la République démocratique du Congo aux fins d'assurer leur protection en application de l'article 93-1-j du Statut, ICC-01/04-01/07-3033-tFRA, 22 juin 2011, § 37). Elle multipliera ainsi des phrases telles que : « la Chambre salue les efforts déployés par la RDC pour parvenir à une solution » (*ibid.*, § 37) ; ou encore : « la Chambre salue l'esprit de

examiner une demande de mise en liberté de trois de ces témoins après... sept mois de délibéré[154] !

On a vu également comment, privilégiant la coopération étatique aux droits de l'Homme, la Chambre d'appel devait ordonner le renvoi immédiat des témoins détenus en dépit de leur procédure d'asile pendante devant les juridictions néerlandaises. Et que dire des nombreuses situations où la Cour se montre « incapable de porter un discours construit sur les cycles de violences qu'elle tente de réprimer, et ne mentionne jamais les responsabilités mêlées dans les troubles actuels, y compris des grandes multinationales et des anciennes puissances coloniales »[155] ? Dans de tels contextes, la dénonciation, par les États africains, de la politisation et de la sélectivité des poursuites devant la CPI paraît légitime. Mais sont-ils eux-mêmes en mesure d'établir sur le continent une juridiction régionale exempte des mêmes griefs ? Rien n'est moins sûr. L'Afrique semble donc, sur ce point, mal partie.

II. La justice pénale régionale : l'Afrique est-elle mal partie ?

L'idée d'instaurer une justice pénale régionale africaine remonte aux années 1970 lors des débats sur la Charte africaine des droits de l'Homme et des peuples. L'idée fut alors rejetée pour cause de prématurité[156]. Elle a été relancée à l'occasion de l'exercice de la compétence universelle, qui a permis à certains États européens d'initier des poursuites contre des leaders africains. On peut citer, à titre d'illustration, les mandats d'arrêt lancés par la Belgique respectivement contre le ministre congolais des Affaires étrangères, Abdoulaye Yerodia Ndombasi, le 11 avril 2000, pour incitation à la haine raciale contre les Tutsis en août 1998[157], mais aussi contre l'ex-dictateur tchadien Hissène Habré, le 19 mai 2005, pour les chefs de crimes contre l'humanité, dont des actes de torture et de barbarie commis durant son mandat[158]. Dans le même ordre d'idées, on peut citer les mandats d'arrêt internationaux émis le 17 novembre 2006 par le juge d'instruction français

---

coopération dont témoigne la réaction des autorités de la RDC, laquelle aide considérablement la Cour à honorer les obligations que lui fait l'article 68 du Statut » (*ibid.*, § 41).

[154] CPI, Chambre de première instance II, *Le Procureur c. Germain Katanga*, décision relative à la demande de mise en liberté des témoins détenus DRC-D02-P-0236, DRC-D02-P-0228 et DRC-D02-P-0350, ICC-01/04-01/07-3405, 1er octobre 2013, p. 21. Pour des détails sur cette question, voir Ghislain M. MABANGA, *Le témoin assisté devant la Cour pénale internationale*, *op. cit.*, p. 448.

[155] Juan BRANCO, *L'ordre et le monde : critique de la Cour pénale internationale*, *op. cit.*, p. 184.

[156] Gerhard WERLE, Moritz VORMBAUM, « Creating an African Criminal Court », *op. cit.*, p. 15.

[157] Voir M. Cherif BASSIOUNI, *Crimes against Humanity: Historical Evolution and Contemporary Application*, Cambridge, Cambridge University Press, 2011, p. 641.

[158] Voir Sarah HANFFOU NANA, *La Cour africaine des droits de l'Homme et des peuples. Étude à la lumière de l'expérience européenne*, Saint-Denis, Connaissances et Savoirs, 2016, pp. 471-473.

Jean-Louis Bruguière contre neuf officiers rwandais pour leur implication supposée dans l'attentat du 6 avril 1994 contre l'avion du président rwandais Juvénal Habyarimana[159]. Enfin, le 6 février 2008, un juge d'instruction espagnol décernait 40 mandats d'arrêts internationaux contre des ressortissants rwandais, notamment pour crimes de guerre et crimes contre l'humanité supposément commis au Rwanda et en RDC à la suite du génocide et du conflit armé consécutifs à l'assassinat du président Juvénal Habyarimana[160].

L'arrestation en Allemagne, le 9 novembre 2008, puis l'extradition en France, de Rose Kabuye, chef du protocole du président rwandais Paul Kagamé[161], a convaincu l'UA de l'urgence de doter le continent d'une juridiction pénale internationale. Dès lors, la concrétisation d'une justice pénale régionale allait franchir un seuil important. Ainsi, par une décision du 4 février 2009, la Conférence des chefs d'État et de Gouvernement de l'UA demandait à la Commission de l'UA, « en consultation avec la Commission africaine des droits de l'Homme et des peuples et la Cour africaine des droits de l'Homme et des peuples, d'examiner les conséquences de la compétence qui serait reconnue à la Cour de juger les crimes internationaux, tels que le génocide, les crimes contre l'humanité et les crimes de guerre, et de faire rapport à la Conférence en 2010 »[162]. Les mandats d'arrêt décernés par la CPI contre Omar Al Bashir ont fini par précipiter le processus de création de la CPA.

C'est dans ce contexte que la Conférence des chefs d'État et de Gouvernement de l'UA adopta, le 27 juin 2014, le Protocole de Malabo, qui ajoute à la Cour africaine des droits de l'Homme et des peuples une section de droit international pénal[163], appelée ici la CPA. Elle apparaît donc comme une réponse à ce que l'UA considère comme une dérive de la CPI. Cependant, une telle réponse comporte des relents politiques, de sorte que la

---

159 Voir Célestin HITIMANA, *Rwanda : deux siècles de crimes contre l'humanité*, Paris, L'Harmattan, 2016, p. 20.

160 Voir Martin MENNECKE, « The African Union and Universal Jurisdiction », *in* C. CHERNOR JALLOH, I. BANTEKAS (eds.), *The International Criminal Court and Africa*, Oxford, OUP, 2017, p. 12.

161 Voir, à ce sujet, Chris Maina PETER, « You Can Run – But You Cannot Hide: African Rulers and the International Criminal Court », *in* C.R. MAJINGE (ed.), *Rule of Law through Human Rights and International Criminal Justice*, Newcastle, Cambridge Scholars Publishing, 2015, p. 281.

162 UA, Décision sur la mise en œuvre de la Décision relative à l'utilisation abusive du principe de compétence universelle, 12e session ordinaire, Addis-Abeba, Éthiopie, 1-3 février 2009, doc. Assembly/AU/Dec. 213(XII), p. 2. Voir notamment, à ce sujet : Gerhard WERLE, Moritz VORMBAUM, « Creating an African Criminal Court », *op. cit.*, p. 3 ; Sarah HANFFOU NANA, *La Cour africaine des droits de l'Homme et des peuples (...)*, *op. cit.*, pp. 473-476.

163 Voir Godfrey M. MUSILA, « The Role of the African Union in International Criminal Justice: Force for Good or Bad? », *in* E.A. ANKUMAH (ed.), *The International Criminal Court and Africa: One Decade On*, *op. cit.*, p. 332.

justice pénale régionale qu'elle engendre implique des contradictions (1) et des germes d'impuissance (2).

1. Les contradictions de la justice pénale régionale africaine

Les motivations immédiates et officielles du Protocole de Malabo apparaissent comme une réponse aux dérives de la CPI[164]. Il s'agissait, pour l'UA, d'innover là où la CPI avait failli (1.1). En réalité, l'institution d'une telle justice cache mal les motivations politiques des dirigeants africains[165], qui semblent trouver ici une belle occasion pour s'offrir un bouclier protecteur de leur pouvoir (1.2).

1.1. Une justice innovante

Le processus de création de la CPA a théoriquement été mis sur les rails dans le but d'éviter les reproches politiques faits à la CPI. Cependant, plutôt que de trouver des mécanismes de nature à contrer les interférences politiques dont a souffert la CPI, ses concepteurs se sont contentés d'élargir sa compétence, tant personnelle que matérielle.

Alors que la compétence personnelle de la CPI s'exerce exclusivement à l'égard des personnes physiques[166] âgées d'au moins 18 ans au moment des faits[167], le Protocole de Malabo innove en consacrant la responsabilité pénale des personnes morales. La CPA est donc compétente pour connaître des crimes commis par des personnes morales, à l'exception des États[168], dans l'hypothèse de l'existence d'une politique visant à commettre un crime relevant de sa compétence[169]. Tomberait ainsi sous le coup de la loi toute entreprise qui exploiterait illicitement les ressources naturelles d'un pays en guerre, ou qui financerait une faction rebelle aux fins de renverser un Gouvernement démocratiquement élu. On ne peut que saluer une telle initiative lorsqu'on sait que de nombreuses guerres sont menées à l'instigation ou avec l'appui de certaines multinationales, qui profitent de la déliquescence d'États faibles pour faire des affaires florissantes à bon marché[170].

---

[164] Voir Dire TLADI, « Immunities (Article 46A *bis*) », *in* G. WERLE, M. VORMBAUM (eds.), *The African Criminal Court: A Commentary on the Malabo Protocol*, *op. cit.*, p. 203.

[165] Voir Sarah HANFFOU NANA, *La Cour africaine des droits de l'Homme et des peuples (...)*, *op. cit.*, p. 481.

[166] Article 25-1 du Statut de la CPI.

[167] Article 26 du Statut de la CPI.

[168] Article 46C-1 du Statut de la Cour AJDH.

[169] Article 46C-2 du Statut de la Cour AJDH.

[170] Voir, notamment, sur cette question : Ben WUBS, *International Business and National War Interests*, Londres, Routledge, 2008, p. 3 ; Tanguy STRUYE DE SWIELANDE, *La politique étrangère américaine après la Guerre Froide et les défis asymétriques*, Louvain-la-Neuve, Presses universitaires de Louvain, 2003, pp. 295ss ; Providence NGOY WALUPAKAH, Sandra

Il ne faudrait cependant pas perdre de vue que, derrière ces multinationales, il y a des intérêts des grandes puissances, de sorte que le juge pénal régional risque, très vite, de se retrouver confronté aux rapports de force dont il n'est pas certain de sortir victorieux. Le spectre de politisation de la CPI par autocensure plane donc manifestement sur la CPA.

Par ailleurs, la compétence matérielle de la CPA couvre non seulement les crimes relevant de la compétence de la CPI, mais aussi un certain nombre de crimes spécifiques[171]. L'article 28A, § 1, consacré à la « Compétence internationale pénale de la Cour », est, en effet, ainsi libellé :

> « Sous réserve du droit de faire appel, la Section du droit international pénal de la Cour a compétence pour juger les crimes prévus ci-dessous : 1) Génocide ; 2) Crimes contre l'humanité ; 3) Crimes de guerre ; 4) Crime relatif au changement anticonstitutionnel de gouvernement ; 5) Piraterie ; 6) Terrorisme ; 7) Mercenariat ; 8) Corruption ; 9) Blanchiment d'argent ; 10) Traite des personnes ; 11) Trafic illicite de stupéfiants ; 12) Trafic illicite de déchets dangereux ; 13) Exploitation illicite des ressources naturelles ; 14) Le crime d'agression ».

On ne peut contester le fait que le terrorisme et la piraterie soient, aujourd'hui, monnaie courante en Afrique, au point d'apparaître, à maints égards, comme des enjeux sécuritaires[172]. On peut relever aussi que les nombreux conflits armés qui frappent le continent depuis plusieurs siècles[173], et qui justifient l'incrimination de l'agression, sont généralement soutenus par des multinationales intéressées par l'exploitation illicite des ressources naturelles des pays en guerre[174]. Les conflits armés ont, par ailleurs, conduit au développement du mercenariat, heureusement mis hors la loi par la Convention sur l'élimination du mercenariat en Afrique de 1977, destinée à « prendre toutes les mesures nécessaires pour éliminer du continent africain le fléau que constitue le mercenariat »[175]. Par ailleurs, la corruption et le blanchiment d'argent sont devenus un véritable fléau en Afrique[176]. La traite

---

MUYA MIYANGA, *Le droit de la guerre à l'épreuve du conflit armé en République démocratique du Congo*, Paris, Publibook, 2015, p. 50.

[171] Voir Godfrey M. MUSILA, « The Role of the African Union in International Criminal Justice (…) », *op. cit.*, p. 333.

[172] Voir Joseph Vincent NTUDA EBODE (dir.), *Terrorisme et piraterie : de nouveaux enjeux sécuritaires en Afrique centrale*, Yaoundé, Éditions universitaires d'Afrique, 2010.

[173] Sur cette question, voir : Alain TIREFORT (dir.), *Guerres et paix en Afrique noire et à Madagascar : XIXe et XXe siècles*, Rennes, Presses universitaires de Rennes, 2016 ; Bernard LUGAN, *Les guerres secrètes d'Afrique : des origines à nos jours*, Monaco, Rocher, 2013.

[174] Voir, sur ce sujet, Félicité Koura OWONA MFEGUE, *Les ressources naturelles dans les conflits armés en République démocratique du Congo*, Paris, L'Harmattan, 2012.

[175] Préambule.

[176] Voir : John Mukum MBAKU, *Corruption in Africa: Causes, Consequences, and Cleanups*, New York, Lexington Books, 2010 ; Kolawole OLANIYAN, *Corruption and Human Rights Law in Africa*, Oxford, Hart Publishing, 2014, pp. 93-102.

des personnes en général[177], et des enfants en particulier[178], sont également des sujets d'inquiétude pour l'avenir du continent africain. Comme tous les autres continents, l'Afrique est aussi concernée par le trafic de stupéfiants[179]. Le trafic illicite de déchets dangereux rappelle l'affaire du « Probo-Koala », du nom du pétrolier grec ayant accosté à Abidjan le 19 août 2006, avant la dissémination, sur différents sites, de déchets toxiques ayant officiellement entraîné le décès de huit personnes[180].

On peut cependant se demander s'il était nécessaire de doter le juge pénal régional d'une compétence matérielle aussi large, lorsqu'on sait que la plupart des crimes concernés sont prévus et punis par les codes pénaux nationaux. Bien plus, cette litanie d'incriminations aura nécessairement pour conséquence un encombrement suicidaire du rôle de la CPA dont on sait, par ailleurs, que l'UA a du mal à financer le fonctionnement. Le risque que la plupart de ces incriminations demeurent théoriques, sans jurisprudence conséquente, est donc bien réel.

L'institution d'un « crime relatif au changement anticonstitutionnel de gouvernement » vient répondre aux transformations violentes des régimes politiques[181], une pratique tellement répandue sur le continent[182] qu'il a été affirmé que, « *from independence through 2004, the sixteen West African States have experienced forty-four successful military-led coups, forty-three often-bloody failed coups, at least eighty-two coup plots* »[183]. La résurgence du phénomène en 2008 a poussé l'UA à adopter une décision condamnant fermement une telle pratique[184]. Le Protocole de Malabo vient donc compléter cette volonté politique. Mais l'article 28E du Statut de la CAJDH, qui définit le crime de changement anticonstitutionnel de gouvernement, va bien au-delà de l'incrimination des modes extraconstitutionnels d'accession

---

[177] Voir notamment Henri MÉDARD, Marie-Laure DERAT, Thomas VERNET, Marie-Pierre BALLARIN (dir.), *Traites et esclavages en Afrique orientale et dans l'océan indien*, Paris, Karthala, 2013.

[178] Voir notamment Sakinatou BELLO, *La traite des enfants en Afrique. L'application des conventions internationales relatives aux droits de l'enfant en République du Bénin*, Paris, L'Harmattan, 2015.

[179] Voir notamment Georges BERGHEZAN, *Panorama du trafic de cocaïne en Afrique de l'Ouest*, Louvain, Groupe de recherche et d'information sur la paix et la sécurité, 2012.

[180] Voir, à ce sujet, Bernard DUSSOL, Charlotte NITHART, *Le cargo de la honte : l'effroyable odyssée du Probo Koala*, Paris, Stock, 2010.

[181] Voir Marcel PRÉLOT, Jean BOULOUIS, *Institutions politiques et droit constitutionnel*, Paris, Dalloz, 1990, pp. 197-198.

[182] Voir Ademola ABASS, « Historical and Political Background to the Malabo Protocol », *op. cit.*, p. 18.

[183] Patrick J. MCGOWAN, « Coups and Conflict in West Africa, 1955-2004 », *Armed Forces and Society*, vol. 32, 2005, p. 1.

[184] UA, Décision sur la résurgence du fléau des coups d'État en Afrique, doc. Assembly/AU/Dec. 220 (XII), p. 1.

au pouvoir[185], en criminalisant tout refus d'alternance démocratique, ce qui englobe : « d) tout refus d'un Gouvernement en place de remettre le pouvoir au parti ou au candidat sorti vainqueur d'élections libres, justes et régulières ; e) tout amendement ou révision de la Constitution ou des instruments juridiques, considérés comme une violation des principes du changement démocratique de Gouvernement ou non conforme à la Constitution ; f) toute modification substantielle des lois électorales durant les six (6) mois précédant les élections sans le consentement de la majorité des acteurs politiques ».

Théoriquement, une telle disposition est de nature à sonner le glas des présidences à vie en Afrique. Elle plonge cependant le juge pénal régional au cœur même de la politique, terrain de jeu favori des leaders étatiques. Deux épreuves majeures d'émancipation l'attendent sur ce terrain. D'un côté, le juge devra être en mesure d'écarter ce crime lorsque les faits sont commis au préjudice d'un régime politique non démocratiquement élu et/ou qui se maintient par la force. On sait, en effet, que le recours à la force est parfois, malheureusement, la seule issue possible pour renverser légitimement un régime oppresseur[186]. D'un autre côté, le juge devra être en mesure de sanctionner un gouvernant qui, pour briguer un énième mandat constitutionnellement prohibé, déciderait de réviser, durant la période pré-électorale, la Constitution ou la loi électorale[187]. Or, l'article 46A *bis* du Statut de la CAJDH prévoit une immunité des gouvernants en exercice, de sorte qu'une telle incrimination n'a, en définitive, vocation à s'appliquer qu'aux gouvernants déchus. Elle a donc un effet dissuasif nul pour des gouvernants décidés à mourir au pouvoir par crainte de représailles pour les crimes commis durant leur mandat. Aussi, loin de redouter les conséquences d'une telle incrimination, il est à craindre qu'ils s'en servent comme bouclier pour réprimer toute tentative de renversement extraconstitutionnel de leur régime.

1.2. Une justice bouclier

Par sa Résolution sur la lutte contre l'impunité en Afrique du 20 avril 2016, la Commission africaine des droits de l'Homme et des peuples, « profondément préoccupée par les graves violations des droits de l'Homme

---

185 Parmi ceux-ci figurent : « a) un putsch ou un coup d'État militaire perpétré contre un gouvernement démocratiquement élu ; b) toute intervention de mercenaires visant à renverser un gouvernement démocratiquement élu ; c) toute intervention de dissidents armés ou de mouvements rebelles ou à travers l'assassinat politique destinée à renverser un gouvernement démocratiquement élu » (article 28E du Statut de la CAJDH).

186 Voir Ozan O. VAROL, *The Democratic Coup d'État*, Oxford, OUP, 2017, p. 37.

187 Tel a été le cas du Congolais Denis Sassou Nguesso le 25 octobre 2015 et du Rwandais Paul Kagamé le 18 décembre 2015. À ce sujet, voir Ghislain MABANGA, *Le principe de la continuité de l'État : issue de secours à la prohibition du troisième mandat ? Analyse critique de l'arrêt de la Cour constitutionnelle congolaise du 11 mai 2016*, Paris, L'Harmattan, 2016, pp. 31-32.

commises dans les différentes régions du continent africain », exhortait les États parties à la Charte africaine des droits de l'Homme et des peuples à « ratifier le Protocole sur les amendements du Protocole portant Statut de la Cour africaine de justice et des droits de l'Homme ». L'une des idées-forces de ce Protocole est précisément de « combattre l'impunité »[188]. Mais comment combattre l'impunité lorsque le Statut issu de ce Protocole consacre l'immunité de ceux-là mêmes qui sont à la base des nombreuses violations des droits de l'Homme et du droit humanitaire sur le continent[189] ? Une telle immunité revient, en réalité, à consacrer l'impunité[190]. En effet, en n'autorisant les poursuites que contre les anciens chefs d'État et de Gouvernement, l'UA a envoyé deux signaux négatifs vis-à-vis du leitmotiv de lutte contre l'impunité qu'elle entend emprunter à la CPI.

D'une part, une telle disposition n'encourage pas les dictateurs à quitter le pouvoir lorsque leur règne a été émaillé de crimes relevant de la compétence de la CPA. Et même s'ils se rendent coupables du crime de changement anticonstitutionnel de gouvernement par refus d'alternance démocratique, ils n'auront rien à craindre tant qu'ils contrôleront les forces armées pour mâter toute velléité insurrectionnelle. L'immunité accordée aux chefs d'État et de Gouvernement en exercice a donc vocation à produire des effets contraires à l'objectif de lutte contre l'impunité.

D'autre part, l'article 46A *bis* aura comme finalité de fragiliser l'efficacité et la crédibilité de la CPA. En effet, couverts par une impunité *de jure*, les dictateurs seront tentés de rééditer en toute quiétude la pratique de l'auto-référé[191] pour neutraliser leurs adversaires politiques. Auront-ils l'audace de déférer également au procureur des situations mettant en cause des multinationales et autres dirigeants étrangers les ayant placés au pouvoir ? Rien n'est moins sûr. Dans ces conditions, l'Afrique semble judiciairement mal partie[192], puisque la CPA aura vocation à se transformer, dans les faits, en un tribunal de règlement des comptes aux opposants et de protection des dictateurs. Quel crédit peut-on, dans ce contexte, accorder à une justice servant de bouclier aux principaux responsables des violations des droits de l'Homme décriées ? Pourquoi devrait-on substituer à la CPI une juridiction

---

188 Préambule du Statut de la CAJDH.

189 Article 46A *bis* du Statut de la CAJDH.

190 Voir Jutta BERTRAM-NOTHNAGEL, « A Seed for World Peace Growing in Africa: The Kampala Amendments on the Crime of Aggression and the Monsoon of Malabo », *in* E.A. ANKUMAH (ed.), *The International Criminal Court and Africa: One Decade On*, *op. cit.*, p. 368.

191 L'article 46F-1 du Statut de la CAJDH dispose, en effet, que « la Cour exerce sa compétence relativement à des crimes visés à l'article 28A conformément aux dispositions du présent Statut, si (…) un ou plusieurs des crimes commis sont soumis au procureur par un État partie ».

192 Il s'agit ici d'une expression empruntée à René DUMONT (*L'Afrique noire est mal partie*, Paris, Seuil, 1966).

régionale dont la procédure serait contaminée par les mêmes interférences politiques et qui porterait en elle les germes de sa propre impuissance ?

2. Les germes d'impuissance de la justice pénale régionale africaine

Rappelons que, si l'idée de la mise sur pied d'une justice pénale régionale en Afrique est assez ancienne, l'adoption du Protocole de Malabo de 2014 apparaît néanmoins comme une réponse à la critique de néo-colonialisme faite à la CPI[193]. En mettant en place une justice bouclier au profit des gouvernants, la CPA porte en elle des germes autodestructeurs dans la mesure où les gouvernants africains, enclins au refus du pouvoir contrôlé (2.1) et opposés à toute alternance démocratique (2.2), seront des vecteurs majeurs de paralysie de la justice pénale régionale par une interférence politique d'une ampleur peut-être plus importante encore que celle reprochée à la CPI.

2.1. Le refus du pouvoir contrôlé : *quis custodiet ipsos custodes* ?

Le parlementarisme, pour lequel de nombreux pays africains ont opté après l'indépendance par mimétisme institutionnel, a débouché sur des dérives qui se sont traduites par « l'avènement de régimes dictatoriaux ou, au moins, de type présidentialiste »[194]. La caractéristique principale de ce type de régime est le refus de tout partage du pouvoir, mais aussi de tout contrôle du pouvoir : « dans la mesure où il organise et consacre l'omnipotence d'un seul organe, et à vrai dire, d'un seul homme, le président de la République, cette forme de gouvernement a pour conséquence d'aliéner les pouvoirs des organes formellement habilités à tempérer ceux de l'exécutif au moyen du contrôle »[195]. Certes, dans les années 1990, nombre de pays africains ont organisé des conférences nationales ayant permis un regain d'espoir de démocratisation[196]. Cependant, parmi eux[197], seul le Bénin semble, à ce jour, avoir consolidé sa démocratie[198]. Les autres, rattrapés par leurs vieux démons autoritaires, sont gouvernés par des dirigeants constituant « un petit monde où l'immunité diplomatique des chefs d'État et le respect de leur rang sont des valeurs cardinales puisant aux sources du principe de

---

193 Voir Ademola ABASS, « Historical and Political Background to the Malabo Protocol », *op. cit.*, p. 15.

194 Philippe LAUVAUX, *Le parlementarisme*, Paris, PUF, 1997, p. 120.

195 Maurice KAMTO, *Pouvoir et droit en Afrique noire (...)*, *op. cit.*, p. 246.

196 Anne-Marie DILLENS, Emmanuel BABISSAGANA, « La justice inopportune ? Aux détours de l'amnistie », *in* Y. CARTUYVELS *et al.* (dir.), *Les droits de l'Homme, bouclier ou épée du droit pénal ?*, Bruxelles, Bruylant, 2007, p. 567. Pour approfondir cette question, voir Fabien EBOUSSI-BOULAGA, *Les conférences nationales en Afrique noire : une affaire à suivre*, Paris, Karthala, 2009.

197 Huit pays, au total, ont organisé de telles conférences : le Bénin, le Congo, le Gabon, le Mali, le Niger, le Tchad, le Togo et le Zaïre (actuelle RDC).

198 Voir Richard BANÉGAS, *La démocratie à pas de caméléon. Transition et imaginaires politiques au Bénin*, Paris, Karthala, 2003, p. 26.

souveraineté »[199]. Il est peu probable qu'ils puissent, en l'état, permettre l'avènement d'une justice pénale régionale indépendante qui menacerait leur pouvoir. Il suffit, pour cela, de constater que les leaders les plus mis en cause en matière de violation des droits de l'Homme sont aussi les plus critiques vis-à-vis de la CPI[200].

Dans ce contexte, deux attitudes sont possibles : soit empêcher la mise sur pied d'une justice pénale régionale indépendante, soit l'accepter pour l'apprivoiser. En effet, d'un côté, les dictateurs dont le règne est caractérisé par des graves violations des droits de l'Homme ont tout à craindre de l'institution d'une justice pénale régionale indépendante. Leur règne sans partage conduit inexorablement à des crimes de guerre[201] et des crimes contre l'humanité[202] pour réprimer toute velléité insurrectionnelle. La consolidation de leur pouvoir passe nécessairement par la corruption[203], ce qui, notamment, leur permet de provoquer un changement anticonstitutionnel de gouvernement par refus d'alternance démocratique[204]. Dans ces conditions, il est peu probable que des régimes majoritairement autocratiques puissent contribuer à l'avènement d'une juridiction pénale internationale indépendante en Afrique. N'ont-ils pas cherché à protéger un des leurs en décidant que Hissène Habré devait être jugé sur le continent africain[205] et non en Belgique, qui avait décerné contre lui un mandat d'arrêt en 2005 mais que le Sénégal a refusé d'exécuter[206] ? Dans tous les cas, ils ne semblent pas prêts à mettre sur pied la CPA. À ce jour, en effet, le Protocole de Malabo est loin d'atteindre les 15 ratifications nécessaires à son entrée en vigueur[207]. Certains sont d'ailleurs sceptiques sur le fait que ce seuil de 15 soit un jour atteint[208]. Lorsqu'on ajoute à ce manque de volonté politique les

---

[199] Juan BRANCO, *L'ordre et le monde : critique de la Cour pénale internationale*, *op. cit.*, pp. 136-137.

[200] C'est, notamment, le cas du Rwandais Paul Kagamé. Voir à ce sujet : Ovo Catherine IMOEDEMHE, *The Complementarity Regime of the International Criminal Court: National Implementation in Africa*, La Haye, Springer, 2017, pp. 131-132 ; Lionel NICHOLS, *The International Criminal Court and the End of Impunity in Kenya*, La Haye, Springer, 2015, p. 253.

[201] Article 28A-3 du Statut de la CAJDH.

[202] Article 28A-2 du Statut de la CAJDH.

[203] Article 28A-8 du Statut de la CAJDH.

[204] Article 28A-4 du Statut de la CAJDH.

[205] UA, Décision sur le procès d'Hissène Habré et l'Union africaine, 7e session ordinaire, Banjul, Gambie, 1-2 juillet 2006, doc. Assembly/AU/3 (VII), p. 127.

[206] Sur cette question, voir notamment : Rachidatou ILLA MAIKASSOUA, *La Commission africaine des droits de l'Homme et des peuples : un organe de contrôle au service de la Charte africaine*, Paris, Karthala, 2013, pp. 384-385 ; Ramona PEDRETTI, *Immunity of Heads of State and State Officials for International Crimes*, Leiden, Brill-Nijhoff, 2014, p. 227.

[207] Article 11-1 du Statut de la CAJDH.

[208] Voir Ademola ABASS, « Historical and Political Background to the Malabo Protocol », *op. cit.*, p. 13.

problèmes financiers qui gangrènent l'UA elle-même[209], on peut légitimement se demander si la CPA verra bien le jour[210]. Quand bien même elle viendrait à être effective, il est certain, en l'état actuel de la gouvernance du continent, que les chefs d'État et de Gouvernement auront préalablement pris des précautions pour obtenir une justice fantoche, sur la procédure de laquelle ils chercheront à interférer par des renvois politiques. Qui, en définitive, pourra contrôler le contrôleur dans les régimes autocratiques ? Personne, pas même le juge pénal régional.

2.2. Justice pénale et autocratie : une alchimie autodestructrice

La justice pénale ne saurait faire bon ménage avec des régimes autocratiques. Dans de tels contextes, le politique a nécessairement le dessus sur le judiciaire, avec pour conséquence la perte de toute indépendance de la justice. Tel a été le cas de l'Allemagne nazie où « les interventions politiques dans le domaine de la justice pénale ne se comptaient plus »[211]. On a ainsi pu affirmer, à juste titre, qu'« une société fondée sur une gouvernance dictatoriale instaure inévitablement une justice conforme aux principes de l'idée de dictature »[212]. Les mêmes causes produisant les mêmes effets, la place des gouvernements autoritaires comme acteurs de la justice internationale pénale ne pourrait avoir pour résultat de contribuer à l'édification d'une juridiction internationale pénale indépendante. Elle favorisera, bien au contraire, une justice bouclier pour les gouvernants, réprimant les opposants et consolidant le régime dictatorial. Ainsi, si des régimes démocratiques – comme les États-Unis d'Amérique – ont pu influer politiquement sur la procédure devant la CPI, rien ne permet d'affirmer que des régimes autoritaires ne tenteront rien de semblable vis-à-vis de la CPA. Dès lors, faire de tels régimes des acteurs de la justice pénale régionale serait bâtir une justice contenant des germes autodestructeurs, rendant problématique sa capacité de substitution à la CPI.

---

209 Sur cette question, voir : Sarah HANFFOU NANA, *La Cour africaine des droits de l'Homme et des peuples (...)*, *op. cit.*, p. 481 ; Ademola ABASS, « Historical and Political Background to the Malabo Protocol », *op. cit.*, p. 24.

210 À cet égard, il est significatif que la Conférence des chefs d'État et de Gouvernement, qui affirmait que « les crimes reprochés à Hissène Habré sont pleinement de la compétence de l'Union africaine » (Décision sur le procès d'Hissène Habré et l'Union africaine, 7e session ordinaire, Banjul, Gambie, 1-2 juillet 2006, doc. Assembly/AU/3 (VII), p. 127), est celle-là même qui, trois ans plus tard, lançait « un appel à tous les États membres de l'Union africaine, à l'Union européenne et aux pays et institutions partenaires, pour qu'ils apportent leurs contributions au budget du procès en versant directement ces contributions à la Commission de l'Union africaine » (Décision sur l'affaire Hissène Habré, 12e session ordinaire, Addis-Abeba, Éthiopie, 1-3 février 2009, doc. Assembly/AU/Dec.240(XII), p. 1).

211 Karl Dietrich BRACHER, *Hitler et la dictature allemande : naissance, structure et conséquences du national-socialisme*, Bruxelles, Complexe, 1995, p. 461.

212 Élie Phambu NGOMA-BINDA, *Principe de gouvernance politique éthique : et le Congo sera sauvé*, Louvain-la-Neuve, Academia-Bruylant, 2009, p. 92.

***

Il résulte des développements qui précèdent que la CPA ne saurait, en l'état, être considérée comme une alternative crédible à la CPI. Il y a fort à parier qu'elle sera affectée par les mêmes interférences politiques dont souffrent les procédures devant la CPI. Dans ce contexte, plutôt que d'entrer en guerre ouverte, les deux juridictions pénales internationales gagneraient à mutualiser leurs efforts pour parvenir à lutter réellement contre l'impunité en Afrique. Certes, le Protocole de Malabo ne prévoit expressément le principe de complémentarité qu'à l'égard de ses États parties et des communautés économiques régionales[213]. Néanmoins, son article 46L offre à la CPA un cadre suffisant de coopération avec la CPI : « La Cour a le droit de chercher à coopérer ou à se faire aider par les États non parties, les cours internationales et régionales et les partenaires de coopération de l'Union africaine et peut conclure des accords à cet effet »[214]. Sur les plans technique et logistique, l'expertise acquise depuis 2002 par la CPI, pour des crimes intervenant généralement lors de l'effondrement de l'ordre juridique d'un État déterminé, pourrait utilement profiter à la CPA pour des crimes, tels que le changement anticonstitutionnel de gouvernement, dont les poursuites sont de nature à prévenir un tel effondrement[215]. On pourrait ainsi concevoir que la CPA ne se préoccupe, en priorité, que des crimes spécifiques à l'Afrique, et coopère avec la CPI dans la poursuite du crime de génocide, des crimes de guerre et des crimes contre l'humanité, pour lesquels elle dispose d'une expertise avérée et d'une jurisprudence conséquente. Une telle coopération ne pourrait cependant totalement atteindre des résultats qu'en cas de profonde remise en cause du fonctionnement de la justice internationale pénale actuelle.

Le principal reproche fait à la CPI consiste essentiellement en l'interférence politique, immédiate et médiate, dans sa procédure, certains estimant que « le régime de Rome est un objet juridique et politique à ce point singulier au regard de l'histoire qu'il ne pouvait manquer de susciter des politiques juridiques affirmées de la part des grandes puissances »[216]. Ainsi, même si, théoriquement, « le procureur a la possibilité de refuser d'ouvrir une enquête s'il conclut qu'il n'y a pas de base raisonnable pour poursuivre quand bien même l'affaire aurait été déférée par le Conseil de sécurité ou un État »[217], les rapports de force sur l'échiquier international sont tels qu'il est naturellement enclin à adopter une attitude complaisante vis-à-vis des

[213] Article 46H-1 du Statut de la CAJDH.

[214] Article 46H-3 du Statut de la CAJDH.

[215] Voir Ademola ABASS, « Historical and Political Background to the Malabo Protocol », *op. cit.*, p. 26.

[216] Julian FERNANDEZ, *La politique juridique extérieure des États-Unis à l'égard de la Cour pénale internationale*, Paris, Pedone, 2010, p. 527.

[217] Sarah HANFFOU NANA, *La Cour africaine des droits de l'Homme et des peuples (...)*, *op. cit.*, p. 455.

grandes puissances, frustrant ainsi de nombreux États parties au Statut de Rome. L'action de ces grandes puissances, toutes non parties au Statut de Rome, a considérablement nui à l'objectif de lutte contre l'impunité que les rédacteurs de ce statut ont assigné à la CPI.

La dépolitisation de la procédure pénale internationale nécessite ainsi de gros chantiers, dont le premier consisterait à doter la CPI d'une police propre qui aurait, à l'instar des missions de maintien de la paix des Nations Unies, compétence pour opérer sur le territoire des États parties au Statut de Rome. Cette compétence lui permettrait de s'affranchir de l'instrumentalisation des régimes qui abusent de la technique de l'auto-référé pour consolider leur pouvoir. Un autre chantier concernerait la révision de la Charte des Nations Unies. La redéfinition des critères d'attribution des sièges permanents au Conseil de sécurité, de même qu'une meilleure représentation géographique au sein de cet organe, sont des éléments de nature à réduire les frustrations risquant de provoquer des retraits. Dans la même veine, il faudrait appuyer la proposition soutenant l'abolition du droit de véto pour les interventions de type humanitaire[218]. Enfin, un dernier chantier concernerait la révision du Statut de Rome, de manière à minimiser la portée de l'interférence procédurale en général, et de l'interférence médiate en particulier. À cet égard, on ne peut que regretter que, à ce jour, n'ait pas pu aboutir l'initiative sud-africaine, tendant à une révision de l'article 16 du Statut de Rome dans le sens de permettre à tout État concurremment compétent de saisir le Conseil de sécurité d'une requête en suspension d'une procédure ou de poursuites devant la CPI et de déférer la question à l'Assemblée générale en cas d'inaction du Conseil[219].

L'alchimie autodestructrice entre autocratie et justice pénale ne permet pas d'envisager positivement l'avenir de la justice pénale régionale africaine. L'image de justice bouclier qu'elle véhicule, doublée de ses improbables entrée en vigueur et financement, fait qu'elle apparaît, en réalité, comme une simple illusion d'optique destinée à pérenniser l'impunité des gouvernants autocrates. Son efficacité passe nécessairement par deux grands chantiers. D'une part, s'il est ratifié, le Protocole de Malabo requerra une révision pour lui ôter toute caractéristique de justice bouclier. L'article 46A *bis* du Statut de la CAJDH, qui consacre l'immunité des gouvernants en exercice, devrait être supprimé. D'autre part, la démocratisation des États parties à ce protocole constitue un gage essentiel pour la crédibilité de la CPA. En effet, l'imperfection de la CPI ne rend pas *per se* légitime l'existence de la CPA,

---

[218] William BOURDON, Emmanuelle DUVERGER, *La Cour pénale internationale : le Statut de Rome*, Paris, Seuil, 2000, p. 83.

[219] Voir William A. SCHABAS, *The International Criminal Court: A Commentary on the Rome Statute*, *op. cit.*, pp. 443-444.

tant il est vrai que « *that does not make the arrested 'thieves' innocent just because the other 'thieves' have not been arrested* »[220].

En conséquence, tant que la Conférence des chefs d'État et de Gouvernement sera en majorité composée des dictateurs, il est peu probable que la CPA voie le jour. Pour preuve, le 18 juillet 2016, le président de l'UA, le Tchadien Idriss Déby Itno, tentait, lors du 27e sommet de l'Union à Kigali, d'émouvoir l'opinion publique internationale par un appel solennel à la ratification du Protocole de Malabo : « Deux ans après l'adoption du Protocole de Malabo, nous constatons que seuls neuf (9) pays ont signé le Protocole et aucun État ne l'a ratifié. Pourtant, à chaque sommet de l'UA, nous ne cessons de dénoncer l'instrumentalisation de la CPI. Alors, soit nous devons cesser de nous plaindre des méthodes de la CPI, soit nous devons agir pour rendre opérationnelle la Cour africaine de justice et des droits de l'Homme pour juger les crimes relevant de la compétence de la CPI »[221]. À la date de ce discours, son auteur, qui est toujours au pouvoir en 2018, régnait sans partage à la tête de son pays depuis 26 ans. Il est accusé des crimes les plus graves non seulement dans son propre pays, mais aussi en Afrique centrale[222]. Alors qu'il fustigeait ses pairs méfiants envers le Protocole de Malabo, son propre pays ne l'avait pas ratifié, ce qui n'est pas de nature à démontrer sa volonté d'agir pour rendre opérationnelle la Cour africaine de justice et des droits de l'Homme. Assurément, le droit international pénal sera longtemps saisi par la politique !

---

220 Chris Maina PETER, « Fighting impunity: African States and the International Criminal Court », *op. cit.*, p. 16.

221 Communication du président en exercice de l'UA sur la ratification du Protocole de Malabo portant la création d'une Cour africaine de justice et des droits de l'Homme, 18 juillet 2016.

222 Voir Ésaïe TOÏNGAR, *Idriss Deby and the Darfur Conflict*, Jefferson, McFarland & Company, 2014, p. 1.

La compétence universelle en Afrique : conquêtes normatives et défis persistants

Jean-Baptiste HARELIMANA

La commission de crimes graves au regard du droit international[1] au cours des dernières décennies a justifié l'adoption d'engagements plus fermes, dont celui de ne plus laisser leurs auteurs impunis. La soif de justice universelle n'a cessé, depuis lors, de s'intensifier, en écho à l'affirmation de l'universalisme des droits de l'Homme. Au-delà de la seule réprobation morale universelle des crimes, il était nécessaire d'armer de la force du droit, et spécialement du droit pénal, cette condamnation[2]. En témoigne le mouvement vers l'institutionnalisation progressive de la justice internationale pénale, entamé par les tribunaux de Nuremberg et de Tokyo, relancé par la création des Tribunaux pénaux pour l'ex-Yougoslavie (TPIY) et pour le Rwanda (TPIR) et de tribunaux internationalisés, et poursuivi avec la création de la Cour pénale internationale (CPI). Contrairement aux autres juridictions pénales internationales ou mixtes, la CPI a une nature permanente fondée sur son traité institutif. Pour la première fois, le pouvoir juridictionnel d'une instance pénale internationale n'est pas lié à la commission de crimes, mais s'appuie sur le principe de légalité, au niveau aussi bien institutionnel que normatif[3].

---

[1] Selon les Principes de Princeton sur la compétence universelle de 2001, qui sont l'aboutissement d'une étude du droit international sur la question menée par des experts, « les crimes graves au regard du droit international comprennent : 1) la piraterie ; 2) l'esclavage ; 3) les crimes de guerre ; 4) les crimes contre la paix ; 5) les crimes contre l'humanité ; 6) le génocide ; et 7) la torture » (principe 2, § 1). Au regard de leur gravité, ces crimes sont imprescriptibles (principe 6). Prévue par la Convention de 1968 sur l'imprescriptibilité des crimes de guerre et des crimes contre l'humanité et par son pendant européen de 1974, l'imprescriptibilité a été consacrée par l'article 29 du Statut de la CPI.

[2] Les interactions entre le droit international pénal et le droit international des droits de l'Homme sont multiples. Bien que des liens temporels, matériels et fonctionnels existent dès leur genèse, ce n'est que dans les années 1980 que l'incitation à la lutte contre l'impunité a amené les juristes en droit international des droits de l'Homme à adopter une approche plus favorable au droit international pénal, y voyant un moyen de protéger les victimes contre les violations des droits de l'Homme et d'en finir avec l'impunité des responsables de crimes de masse.

[3] M. Cherif BASSIOUNI, *Introduction au droit pénal international*, New York, Transnational Publishers, 2003, pp. 178ss.

Néanmoins, toujours jaloux de leur souveraineté, les États ont octroyé à la CPI une compétence complémentaire, réaffirmant ainsi leur responsabilité première en matière pénale, étant entendu « qu'il est du devoir de chaque État de soumettre à sa juridiction criminelle les responsables de crimes internationaux »[4]. La répression des crimes est effectivement l'un des attributs caractéristiques de la souveraineté étatique. On pourrait même dire que la justice pénale est le dernier bastion où l'État peut prétendre être encore pleinement souverain. La loi pénale n'est justifiée que parce qu'elle émane de l'État détenteur du monopole de la violence légitime. Ainsi, pour Cesare Beccaria, le crime, en tant que rupture du pacte social, ne peut être châtié que sur le territoire où ce pacte a été rompu, les juges n'étant pas, selon sa formule, « les vengeurs du genre humain en général »[5]. Pour autant, avec la mondialisation, qui ne date pas d'aujourd'hui, on assiste à un phénomène qui accélère le temps, réduit les distances et ouvre les frontières. La criminalité n'est pas en reste et la figure du criminel en dehors des frontières nationales hante l'État. D'où l'utilité de la compétence universelle qui, par sa nature extraterritoriale, vise à combler le vide laissé par les États qui ne peuvent pas ou ne veulent pas traduire en justice les responsables de crimes internationaux, se révélant au fil des dernières décennies comme un instrument essentiel pour que la réponse judiciaire aux crimes internationaux soit intégrale[6]. En ce sens, dans l'affaire *Tadić*, la Chambre d'appel du TPIY affirme que « ce serait une parodie du droit et une trahison du besoin universel de justice si le concept de souveraineté de l'État pouvait être soulevé avec succès à l'encontre des droits de l'Homme »[7].

Pour l'Afrique, ravagée par des conflits armés et/ou des régimes d'oppression depuis des décennies, cette compétence universelle présente un intérêt tout particulier. Au cours de ces conflits ou des régimes d'oppression, des crimes odieux, tels que le crime de génocide, des crimes de guerre et des crimes contre l'humanité, ont été commis et ont fait des millions de victimes. Bien que l'Afrique ne puisse pas revendiquer la palme de l'exclusivité de

---

[4] Statut de la CPI, préambule. Le principe de complémentarité, affirmé dès le préambule, est consacré à l'article 1.

[5] Cesare BECCARIA, *Des délits et des peines*, Paris, Collin de Plancy, 1823, p. 228.

[6] En ce sens, Serge SUR observe que « la technique la plus efficace pour assurer l'ubiquité de la répression et la mise en procès des criminels qui violent en quelque lieu que ce soit le droit humanitaire est l'exercice par l'ensemble des États (…) d'une compétence pénale universelle » (« Le droit international pénal entre l'État et la société internationale », *in* M. HENZELIN, R. ROTH (dir.), *Le droit pénal à l'épreuve de l'internationalisation*, Paris, LGDJ, 2002, p. 50. Pour une étude théorique et historique du principe de l'universalité, voir Marc HENZELIN, *Le principe de l'universalité en droit pénal international. Droit et obligation pour les États de poursuivre et juger selon le principe de l'universalité*, Bâle/Bruxelles, Helbing & Lichterhahn/Bruylant, 2000.

[7] TPIY, Chambre d'appel, *Le Procureur c. Dusko Tadić*, arrêt relatif à l'appel de la défense concernant l'exception préjudicielle d'incompétence, IT-94-1, 2 octobre 1995, § 58.

tels crimes internationaux, l'impunité est restée un dénominateur commun sur tout le continent déchiré par les coups d'État et les conflits armés, privant les victimes de leur droit à la justice, tant il est vrai que les personnes soupçonnées de ces crimes ont rarement été tenues de rendre des comptes[8]. Plusieurs États africains constituent ainsi des refuges sûrs pour les responsables de crimes internationaux[9]. Or, devant l'ampleur et la nature systématique ou généralisée des crimes commis, particulièrement dans la région des Grands Lacs, comment ne pas éprouver frustrations et rancœurs ? D'autant plus que les auteurs soupçonnés de crimes internationaux peuvent être poursuivis sur la base de la compétence universelle par les pays africains, comme cela a été le cas – bien qu'assez rarement – en Europe[10].

Le principe de compétence universelle a fait couler beaucoup d'encre et donné lieu à des études approfondies et stimulantes[11]. Toutefois, sa

[8] À cet égard, Phakiso MOCHOCHOKO, directeur de la Division de la compétence, de la complémentarité et de la coopération du Bureau du procureur de la CPI, a proclamé : « *No other continent has paid more dearly than Africa for the absence of legitimate institutions of law and accountability, resulting in a culture of impunity. Events in Rwanda were a grim reminder that such atrocities could be repeated anytime. This served to strengthen Africa's determination and commitment to the creation of a permanent, impartial, effective and independent judicial mechanism to try and punish the perpetrators of these types of crimes whenever they occur* » (« Africa and the International Criminal Court », *in* E. ANKUMAH, E. KWAKWA (eds.), *African Perspectives on International Criminal Justice*, Accra, Africa Legal Aid, 2005, p. 249.

[9] Pour ne donner que quelques exemples, l'ancien chef d'État éthiopien Mengistu Hailé Mariam, condamné à mort par contumace dans son pays en 2008 pour les crimes de génocide, torture, exécutions illégales et disparitions forcées, vit en exil depuis 1991 au Zimbabwe. L'ancien chef d'État burkinabé Blaise Compaoré, renversé en 2014 est, depuis cette date, réfugié depuis en Côte d'Ivoire, bien que visé par plusieurs mandats d'arrêt internationaux, entre autres pour la répression de l'insurrection populaire ayant provoqué sa chute. De même, l'ancien président centrafricain François Bozizé, renversé en 2013 et réfugié en Ouganda, est sous le coup d'un mandat d'arrêt international émis par la justice de son pays en 2013. À l'exception des anciens chefs d'État Hosni Moubarak pour l'Égypte et de Laurent Gbagbo pour la Côte d'Ivoire – respectivement jugés par la justice de son pays pour le premier et par la CPI pour le second –, nombreux sont ceux qui, à l'instar de Blaise Compaoré, François Bozizé, Prince Johnson et Yahya Jammeh, vivent exil dans des pays qui refusent de les extrader en raison du manque de confiance dans les institutions judiciaires nationales concernées.

[10] De manière emblématique, les poursuites liées au génocide rwandais sur la base du principe de la compétence universelle ont été lancées dans divers pays européens (Allemagne, Belgique, Espagne, Finlande, France, Norvège, Pays Bas, Royaume-Uni, Suède, Suisse), étant ainsi marquées par l'exclusion de l'Afrique. Voir notamment à cet égard Jean-Baptiste JEANGÈNE-VILMER, « La compétence universelle à l'épreuve des crises diplomatiques », *Revue de science criminelle et de droit pénal*, vol. 71, 2016, pp. 701-724.

[11] Parmi une littérature abondante, voir notamment : Aisling O'SULLIVAN, *Universal Jurisdiction in International Criminal Law: The Debate and the Battle for Hegemony*, Londres, Routledge, 2017 ; Ana PEIRÓ LLOPIS, La compétence universelle en matière de crimes contre l'humanité, Bruxelles, Bruylant, 2003 ; M. Cherif BASSIOUNI, Edward M. WISE, *Aut Dedere Aut Judicare: The Duty to Extradite or Prosecute in International Law*, Dordrecht, Nijhoff, 1995 ; Henri-D. BOSLY, Damien VANDERMEERSCH, *Génocide, crime*

définition, sa portée et ses conditions d'application comportent des zones d'indétermination[12]. Si la portée de la compétence universelle a été restreinte en raison d'une utilisation politique abusive, la nécessité de convenir d'une définition claire et d'une conception partagée demeure à l'ordre du jour de la Commission juridique de l'Assemblée générale de l'ONU, après six années de travail[13].

D'après la définition donnée par l'Institut de droit international dans une résolution de 2005 : « La compétence universelle en matière criminelle, en tant que titre additionnel de compétence, comprend la compétence d'un État de poursuivre tout suspect et de le punir s'il est reconnu coupable, indépendamment du lieu de la commission des crimes et sans avoir égard à un lien de nationalité active ou passive, ou à d'autres fondements de

contre l'humanité et crimes de guerre face à la justice : les juridictions internationales et les tribunaux nationaux, Bruylant, Bruxelles, 2010 ; Mitsue INAZUMI, *Universal Jurisdiction in Modern International Law: Expansion of National Jurisdiction for Prosecuting Serious Crimes under International Law*, Antwerpen, Intersentia, 2005 ; Antonio CASSESE, Mireille DELMAS-MARTY, *Juridictions nationales et crimes internationaux*, Paris, PUF, 2002 ; Robert CRYER, *Prosecuting International Crimes*, Cambridge, Cambridge University Press, 2005 ; Stephen MACEDO (ed.), *Universal Jurisdiction: National Courts and the Prosecution of Serious Crimes under International Law*, Philadelphia, University of Pennsylvania Press, 2004 ; Emnet GEBRE, « Le principe de la compétence universelle des juridictions pénales nationales : entre mythe et réalité », *Revue du droit public et de la science politique en France et à l'étranger*, vol. 133, 2017, pp. 705-749 ; Danial Rezai SHAGHAJI, « Les crimes de *jus cogens*, le refus de l'immunité des hauts représentants des États étrangers et l'exercice de la compétence universelle », *RQDI*, vol. 28, 2015, pp. 143-171 ; Télesphore ONDO, « La compétence universelle en Afrique : essai d'analyse », *Revue de droit international et de droit comparé*, vol. 88, 2011, pp. 53-120 ; David CHILSTEIN, « Compétence universelle et justice pénale internationale : observations sur les ressorts d'une articulation complexe », *in Le droit pénal*, Paris, Dalloz, 2010, pp. 119-130 ; Anne LAGERWALL, « Que reste-t-il de la compétence universelle au regard de certaines évolutions législatives récentes ? », *AFDI*, vol. 55, 2009, pp. 743-763 ; Patrick BAUDOUIN, « La compétence universelle et les problèmes liés à son application », *in* N. ANDERSSON, D. LAGOT (dir.), *La justice internationale aujourd'hui : vraie justice ou justice à sens unique ?*, Paris, L'Harmattan, 2009, pp. 37-46 ; Géraud de LA PRADELLE, « La compétence universelle », *in* H. ASCENSIO, E. DECAUX, A. PELLET (dir.), *Droit international pénal*, Paris, Pedone, 2000, pp. 1169-1179.

[12] À l'occasion de l'arrêt du 14 février 2002 rendue dans l'affaire du *Mandat d'arrêt du 11 avril 2000* ayant opposé la RDC à la Belgique, la CIJ a été critiquée – tant par la doctrine que par certains de ses juges (voir l'opinion individuelle du président de la CIJ, le juge Guillaume, l'opinion individuelle commune des juges Higgins, Kooijmans et Buergenthal, ainsi que la déclaration du juge Ranjeva) –, pour avoir évité de se prononcer sur la validité de la compétence universelle du point de vue du droit international. On peut toutefois observer que, ce faisant, la CIJ a laissé la porte ouverte à l'évolution d'un concept dont la validité ne recueillait pas, au moment de sa décision, le consensus au sein de la communauté internationale.

[13] Voir notamment AGNU, *Portée et application du principe de compétence universelle, Rapport du secrétaire général*, A/72/112, 22 juin 2017.

compétence reconnus par le droit international »[14]. Cette définition repose sur le fait que tout État peut exercer sa compétence pénale sans qu'il ait de lien avec le crime commis[15]. On parle alors de définition négative de la compétence universelle. Cette définition démarque la compétence universelle des critères classiques de compétence pénale reconnus en droit international, que sont la compétence territoriale (critère du lieu où le crime a été commis), la compétence personnelle active ou passive (critère de la nationalité de l'auteur supposé ou de la victime du crime) et la compétence réelle (critère de l'atteinte aux intérêts supérieurs de l'État portée par les faits incriminés). Cette définition négative doit, par ailleurs, être complétée par un élément positif, à savoir la nature odieuse des crimes poursuivis au titre de la compétence universelle[16], laquelle heurte la conscience humaine et relève, à ce titre, de la responsabilité de l'ensemble des États.

Au fil des siècles, il est certain que le paysage a beaucoup changé avec la création de plusieurs juridictions pénales internationales et internationalisées. Aussi, le principe de compétence universelle a-t-il dû s'adapter aux besoins et aux exigences d'une société internationale toujours en évolution. Une prise de conscience des victimes et des ONG, notamment réactivée par l'affaire du général Pinochet (1998-2006)[17], a été nécessaire pour que le mécanisme de compétence universelle devienne un véritable outil au service de la lutte contre l'impunité.

D'ores et déjà, la compétence universelle est reconnue dans divers instruments internationaux. Elle se retrouve également dans différentes législations

---

[14] INSTITUT DE DROIT INTERNATIONAL, Session de Cracovie 2005, Dix-septième Commission, *La compétence universelle en matière pénale à l'égard du crime de génocide, des crimes contre l'humanité et des crimes de guerre*, § 1.

[15] Dans le *Rapport du Groupe d'experts techniques ad hoc de l'Union africaine et de l'Union européenne sur le principe de la compétence universelle* de 2009, la compétence universelle est définie comme « l'affirmation par un État de sa compétence pour juger d'infractions pénales qui auraient été commises sur le territoire d'un autre État par des ressortissants d'un autre État contre des ressortissants d'un autre État, lorsque l'infraction alléguée ne constitue pas une menace directe pour les intérêts vitaux de l'État qui affirme sa compétence. En d'autres termes, la compétence universelle équivaut à la revendication, par un État, du droit d'engager des poursuites dans des circonstances où aucun des liens traditionnels que constituent la territorialité, la nationalité, la personnalité passive ou le principe de compétence réelle (ou de protection), n'est présent au moment où l'infraction alléguée est commise » (CONSEIL DE L'UNION EUROPÉENNE, doc. 8672/1/09 Rev. 1, 16 avril 2009, p. 7).

[16] Cet aspect est notamment mis en exergue dans le Rapport du Projet Mapping des Nations Unies concernant les violations les plus graves des droits de l'Homme et du droit international humanitaire commises entre mars 1993 et juin 2003 sur le territoire de la République démocratique du Congo, publié en 2010, selon lequel la compétence extraterritoriale ou juridiction universelle « est fondée sur la nature et la gravité du crime commis » (p. 476).

[17] Si cette affaire visant un ancien chef d'État chilien n'a pas offert le procès retentissant que certains espéraient, elle a montré la détermination des juges nationaux à utiliser les moyens juridiques à leur disposition afin que des crimes internationaux ne restent pas impunis.

étatiques africaines qui en organisent le régime juridique, s'inscrivant de la sorte dans un mouvement de renforcement des positions africaines sur la scène internationale. Elle entraîne inévitablement plusieurs questions. Comble-t-elle une lacune dans la construction d'un système global de justice ? Avec elle, les États africains participent-ils, en tant que sujets de droit international, à la réforme du système normatif interétatique reposant initialement sur des concepts eurocentriques ? Sommes-nous en présence d'une tendance à long terme ? Quelles sont les enjeux et les difficultés liés à cette reprise en main des États du champ pénal ? Afin d'apporter des éléments de réponse, il apparaît nécessaire d'analyser la genèse de la compétence universelle (I), avant d'en scruter les points de force et de faiblesse à la lumière de la pratique juridictionnelle actuelle en Afrique (II).

I. Les sources de la compétence universelle en Afrique

La compétence universelle est d'abord apparue en droit international coutumier, notamment pour combattre les actes de piraterie (1). Longtemps en sommeil, elle est redécouverte après la Seconde Guerre mondiale et connaît une phase d'expansion avec son inscription dans diverses conventions internationales (2) qui traduisent la reconnaissance par les États parties de la nécessité de réprimer des comportements violant des intérêts communs.

1. Les sources coutumières

La détermination du caractère coutumier d'une norme de droit international est une opération s'avérant plus ou moins délicate selon les domaines de réglementation et le degré de consensus suscité parmi les États. Elle implique, selon l'article 38 du Statut de la Cour internationale de Justice (CIJ), « la preuve d'une pratique générale acceptée comme étant le droit », autrement dit la démonstration de deux éléments : un élément matériel, tiré d'une pratique inter-étatique réitérée par un nombre représentatif d'États, et un élément psychologique, impliquant la conviction des États de se conformer au droit international en suivant ladite pratique.

Le crime de piraterie maritime est très souvent invoqué comme le précédent pour lequel une compétence universelle peut être exercée par les États depuis des temps immémoriaux, sur une base coutumière, de manière incontestée[18].

---

[18] La philosophie de l'obligation *aut dedere aut judicare* (extrader ou punir), qui entretient un lien étroit avec la compétence universelle, se retrouve dans l'œuvre de plusieurs auteurs classiques. Ainsi, Hugo GROTIUS affirmait : « Lorsqu'il en est requis, un État doit soit punir le coupable comme il le mérite, soit le remettre entre les mains de l'État requérant » (*Le droit de la guerre et de la paix*, Amsterdam, Pierre de Coud, 1724, vol. I, p. 640). De même, pour Emmerich DE VATTEL, « si la justice de chaque État doit en général se borner à punir les crimes commis dans son territoire, il faut excepter de la règle ces scélérats, qui, par la qualité et la fréquence habituelle de leurs crimes, violent toute sûreté publique et se déclarent les ennemis du genre humain. Les empoisonneurs, les assassins, les incendiaires de profession peuvent être exterminés partout où on les saisit, car ils attaquent et outragent toutes les

Les pirates, considérés comme des ennemis du genre humain, peuvent être jugés par les tribunaux de tous les pays[19]. Dès 1927, dans le cadre de l'affaire du *Lotus* jugée par la Cour permanente de justice internationale (CPJI), le juge Moore citait, dans son opinion individuelle, le principe de compétence universelle appliqué dans les hypothèses de piraterie : « Dans le cas de ce qui est connu sous le nom de piraterie du droit des gens, il a été concédé une compétence universelle, en vertu de laquelle toute personne inculpée d'avoir commis ce délit peut être jugée et punie par tout pays sous la juridiction duquel elle vient à se trouver (...). Bien qu'il y ait des législations qui en prévoient la répression, elle est une infraction au droit des gens ; et étant donné que le théâtre des opérations du pirate est la haute mer, où le droit ou le devoir d'assurer l'ordre public n'appartient à aucun pays, il est traité comme un individu hors-la-loi, comme l'ennemi du genre humain – *hostis humani generis* – que tout pays, dans l'intérêt de tous, peut saisir et punir »[20]. Il ressort en filigrane que la compétence universelle existe en droit coutumier pour les crimes les plus graves de l'ordre juridique international, afin que les États coopèrent pour empêcher et pour punir de tels crimes, en traduisant en justice ou en extradant leurs auteurs soupçonnés.

Au-delà de cet exemple emblématique, qui est désormais consacré en droit conventionnel[21], la compétence universelle est également reconnue pour bien d'autres crimes, tels que les crimes de guerre, les crimes contre l'humanité, l'esclavage, l'apartheid ou encore la torture, autant de crimes prohibés en droit coutumier et communément admis comme faisant partie du *jus cogens*[22].

---

nations, foulant aux pieds les fondements de leur sûreté commune » (*Le droit des gens ou les principes de la loi naturelle*, Londres, 1758, livre I, chap. 19, § 233).

[19] Voir notamment M. Cherif BASSIOUNI, « Universal Jurisdiction for International Crimes: Historical Perspectives and Contemporary Practice », *Virginia Journal of International Law*, vol. 42, 2001, p. 99.

[20] CPJI, *Lotus* (France c. Turquie), arrêt du 7 septembre 1927, *Série A*, n° 10, p. 70, opinion individuelle du juge Moore.

[21] La piraterie maritime, infraction ancienne de droit coutumier, a été codifiée par la Convention sur le droit de la mer de Montego Bay de 1982, entrée en vigueur en 1996, laquelle prévoit que : « Tout État peut, en haute mer ou en tout autre lieu ne relevant de la juridiction d'aucun État, saisir un navire pirate ou capturé par des pirates, et appréhender les personnes et saisir les biens se trouvant à bord » (article 105). La Convention de Montego Bay a été complétée par deux accords dits d'application, tandis que la jurisprudence internationale est venue préciser ses modalités d'application. Par ailleurs, certains aspects de la piraterie, lorsqu'elle est commise en temps de guerre, entrent dans le champ du règlement des conflits armés et constituent des crimes de guerre.

[22] Concernant la détermination des normes de *jus cogens*, voir notamment : Catherine MAIA, « Le juge international au cœur du dévoilement du droit impératif : entre nécessité et prudence », *Revue de droit international, de sciences diplomatiques et politiques*, vol. 83, 2005, pp. 1-36. Parmi ces normes, certaines ont un caractère absolu. Il en va ainsi de l'interdiction de la torture, comme l'a reconnu le TPIY dans l'affaire *Furundzija* (jugement du 10 décembre 1998, §§ 153-157). Concernant la nature absolue de certaines normes impératives, voir notamment Catherine MAIA, « De la signification des clauses de non-dérogation en matière d'identification des droits

Ceux-ci sont désormais également consacrés par la source conventionnelle, pour laquelle certains États, notamment africains, ont une préférence[23].

Si le Statut de la CPI, auquel une majorité d'États africains sont parties[24], est venu codifier les normes coutumières en la matière, celles-ci ne sont pas figées et peuvent continuer à évoluer indépendemment de l'existence d'un *instrumentum* conventionnel. À l'égard des États africains tiers audit Statut, et compte tenu du climat actuel de méfiance de nombre de dirigeants africains à l'encontre de la CPI, la répression pénale gagnerait en efficacité si le principe de complémentarité régissant les rapports entre cette juridiction pénale internationale et les juridictions pénales internes était accompagné par « l'universalité des compétences nationales »[25]. De fait, une généralisation de la compétence universelle pour les graves incriminations du Statut de la CPI serait de nature à prévenir tout espace d'impunité en débordant les frontières du système pénal national, réalisant par là même une certaine désétatisation de la justice pénale.

À cet égard, il est indéniable que le droit international pénal, dans sa formation, son évolution et son application, s'inscrit dans une dynamique universaliste et que l'entrée en fonctionnement de la CPI avec une compétence complémentaire à celle des États, pourrait favoriser le développement de la competence universelle comme mécanisme d'articulation normatif et

---

de l'Homme impératifs », *in* R. BEN ACHOUR, S. LAGHMANI (dir.), *Les droits de l'Homme : une nouvelle cohérence pour le droit international ?*, Paris, Pedone, 2008, pp. 39-62.

[23] Comme indiqué par le *Rapport du Groupe d'experts techniques ad hoc de l'Union africaine et de l'Union européenne sur le principe de la compétence universelle* de 2009 : « L'étude des approches législatives de la compétence universelle dans les législations nationales des États membres de l'Union africaine montre que la compétence à l'égard des crimes graves de portée internationale est exercée en vertu du droit international coutumier (par exemple au Cameroun, en République démocratique du Congo, en Éthiopie et en Afrique du Sud) et de traités auxquels ces États sont parties (par exemple au Botswana, au Cameroun, en Éthiopie, au Kenya, au Ghana et au Malawi) » (*op. cit.*, § 15). Certains États comme le Burkina-Faso, par exemple, rejettent toutefois l'existence d'un principe de compétence universelle coutumier, à l'exception de certains crimes pour lesquels ce mécanisme ne ferait plus débat : « Si l'esclavage, la traite des esclaves et la piraterie relèvent à l'évidence du droit international coutumier et sont ainsi assujettis à la compétence universelle, tel n'est pas le cas d'autres crimes qui souvent font l'objet de poursuites sur cette base. Par exemple, l'obligation universelle de réprimer des crimes comme le génocide, la torture, les crimes de guerre et les violations des droits de l'Homme est une obligation conventionnelle et ne justifie pas l'exercice de la compétence universelle » (AGNU, Sixième Commission, Portée et application du principe de compétence universelle, Point 84 de l'ordre du jour, Compte-rendu analytique de la 13e séance, 2009, A/C.6/64/SR.13, p. 5).

[24] Au 31 mars 2018, sur les 123 États parties au Statut de Rome de la CPI, 33 appartiennent au groupe des États d'Afrique.

[25] Philippe COPPENS, « Compétence universelle et justice globale », *Annales de droit de Louvain*, vol. 64, 2004, p. 48.

juridictionnel permettant « *a more widely available means of accountability* »[26].

De nos jours, nombreux sont les États africains consacrant dans leur législation nationale le mécanisme de la compétence universelle pour le génocide, les crimes contre l'humanité et les crimes de guerre. Tel est, entre autres, le cas de la République démocratique du Congo (RDC), du Congo, de l'Éthiopie, du Ghana, du Rwanda, du Sénégal et de l'Afrique du Sud. C'est l'introduction du principe *aut dedere aut judicare*, dont le caractère coutumier est cependant toujours débattu[27], qui permet l'application de la compétence universelle et qui consolide, de la sorte, la poursuite universelle des crimes internationaux.

Précisons également que si la compétence universelle peut être établie unilatéralement par un État qui se dote volontairement, à cet effet, de lois nationales fixant des critères autonomes, comme l'ont fait tout spécialement la Belgique ou l'Espagne[28], sur le fondement du droit coutumier[29], la pratique démontre que c'est généralement dans le cadre d'obligations internationales résultant de la ratification de traités que se fonde une telle compétence. En définitive, tandis que la source coutumière aménage la faculté pour les États d'exercer une compétence universelle, la source conventionnelle prévoit une obligation pour certains crimes.

2. Les sources conventionnelles

2.1. Au niveau international

Diverses conventions internationales contiennent des dispositions relatives à la compétence universelle. On peut les classer en deux catégories : d'une part, celles imposant aux États parties d'étendre leurs lois aux infractions commises en dehors de leur territoire national par des étrangers à l'encontre

---

[26] Bruce BROOMHALL, « Towards the Development of an Effective System of Universal Jurisdiction for Crimes under International Law », *New England Law Review*, vol. 35, 2001, p. 407.

[27] Voir à cet égard les travaux de la CDI, « Obligation d'extrader ou de poursuivre (*aut dedere aut judicare*) », 64e session, 2012, chapitre IX, pp. 119-125.

[28] Voir Damien VANDERMEERSCH, « La compétence universelle », *in* A. CASSESE, M. DELMAS-MARTY (dir.), *Juridictions nationales et crimes internationaux*, Paris, PUF, 2002, p. 602.

[29] Dans son étude de référence sur le droit international humanitaire coutumier, le Comité international de la Croix rouge (CICR) a soutenu qu'en droit coutumier, les États ont le droit de conférer la compétence universelle à leurs tribunaux nationaux en matière de crimes de guerre, sans tenir compte du fait de savoir si ces crimes ont été commis lors de conflits armés internationaux ou non internationaux. Jean-Marie HENCKAERTS, Louise DOSWALD-BECK (dir.), *Droit international humanitaire coutumier, Volume I : Règles*, Bruxelles, Bruylant, 2006, règle 157, pp. 801-806.

d'étrangers, d'autre part, celles autorisant les États parties à inclure cette compétence dans leur ordonnancement interne[30].

La compétence universelle obligatoire, correspondant à la première catégorie, procède de la ratification de certains traités. Tel est le cas de la Convention de Genève de 1929 pour la répression du faux monnayage (article 9). Tel est le cas également des quatre Conventions de Genève de 1949, complétées ensuite par leur Protocole additionnel I de 1977, qui sont venus donner son véritable envol au mécanisme de compétence universelle. Selon une formulation identique, il est prévu que :

> « Les Hautes Parties contractantes s'engagent à prendre toute mesure législative nécessaire pour fixer les sanctions pénales adéquates à appliquer aux personnes ayant commis, ou donné l'ordre de commettre, l'une ou l'autre des infractions graves à la présente Convention.
>
> Chaque Partie contractante aura l'obligation de rechercher les personnes prévenues d'avoir commis, ou d'avoir ordonné de commettre, l'une ou l'autre de ces infractions graves, et elle devra les déférer à ses propres tribunaux, quelle que soit leur nationalité. Elle pourra aussi, si elle le préfère, et selon les conditions prévues par sa propre législation, les remettre pour jugement à une autre Partie contractante intéressée à la poursuite, pour autant que cette Partie contractante ait retenu contre lesdites personnes des charges suffisantes »[31].

Bénéficiant d'une ratification quasi-universelle, ces textes imposent aux États parties l'obligation de doter leurs tribunaux de la compétence pour poursuivre et juger les personnes soupçonnées de violations graves du droit international humanitaire. Conformément au principe *aut dedere aut judicare*, les États parties sont ainsi contraints soit de juger eux-mêmes les auteurs soupçonnés des violations, soit de les extrader vers un autre État partie disposé à les juger ou de les transférer vers une juridiction internationale[32].

De manière similaire, divers autres instruments internationaux imposent aux États parties de conférer à leurs tribunaux nationaux une compétence

---

30 Voir Antoine BAILLEUX, *La compétence universelle au carrefour de la pyramide et du réseau : de l'expérience belge à l'exigence d'une justice pénale transnationale*, Bruxelles, Bruylant, 2005, p. 22.

31 Selon une formulation identique pour les quatre Conventions de Genève de 1949 et le Protocole I de 1977, respectivement en leurs articles 49, 50, 129, 146 et 85, § 1.

32 En prévoyant une compétence universelle pour punir les infractions graves aux règles humanitaires, les Conventions de Genève s'éloignent ici des règles traditionnelles de droit pénal donnant compétence aux États uniquement pour les actes commis sur leur territoire ou par leurs nationaux. Elles ne se limitent pas à permettre la poursuite des personnes suspectées d'avoir commis des crimes de guerre, mais imposent aux États de telles poursuites, quels que soient la nationalité des suspects et des victimes et le lieu des violations, d'où l'obligation corollaire de mettre en place une législation nationale adéquate.

universelle pour juger les responsables des violations graves de leurs normes. Tel est notamment le cas de la Convention de La Haye de 1954 pour la protection des biens culturels en cas de conflit armé (article 28) et de son Protocole II de 1999 (article 17), de la Convention de 1961 sur les stupéfiants (article 36), de la Convention de 1973 contre l'apartheid (articles 4 et 5), de la Convention de 1984 contre la torture et autres peines ou traitements cruels, inhumains ou dégradants (article 5, § 2) ou encore, plus récemment, de la Convention de 2006 pour la protection de toutes les personnes contre les disparitions forcées (article 11, § 1).

La compétence universelle facultative, correspondant à la deuxième catégorie, autorise les États parties à étendre leur législation. On trouve dans cette catégorie des traités aussi divers que la Convention internationale sur l'élimination et la répression du crime d'apartheid de 1973 ou la Convention contre le trafic illicite de stupéfiants et substances psychotropes de 1988.

Selon les termes de la Convention unique sur les stupéfiants de 1961, telle que modifiée par le Protocole de 1972 portant amendement de la Convention unique sur les stupéfiants : « Les infractions graves précitées [concernant notamment la production, la fabrication, la détention, la mise en vente, l'importation et l'exportation de stupéfiants], qu'elles soient commises par des nationaux ou des étrangers, seront poursuivies (...) par la Partie sur le territoire de laquelle l'infraction a été commise, ou par la Partie sur le territoire de laquelle le délinquant se trouvera si son extradition n'est pas acceptable conformément à la législation de la Partie à laquelle la demande est adressée, et si le délinquant n'a pas déjà été poursuivi et jugé » (article 36, § 2, a, iv).

Des formulations proches se retrouvent dans bien d'autres instruments internationaux. Ainsi, conformément aux diverses conventions sectorielles des Nations Unies visant à lutter contre le terrorisme[33], chaque État Partie a compétence pour les infractions, entre autres, de financement du terrorisme ou d'attentats à l'explosif, dès lors que l'auteur présumé de l'infraction se trouve sur son territoire et qu'il n'opte pas pour son extradition vers un autre État Partie ayant établi sa compétence conformément aux dispositions de ces conventions.

La Convention de 1970 pour la répression de la capture illicite d'aéronefs dispose que : « Tout État contractant prend également les mesures nécessaires pour établir sa compétence aux fins de connaître de l'infraction dans le cas où l'auteur présumé de celle-ci se trouve sur son territoire et où ledit État ne l'extrade pas (...) » (article 4, § 2). Depuis l'adoption de cette Convention, on observe que la compétence universelle devient la règle de

[33] Depuis 1963, 19 conventions internationales ont été adoptées en vue de prévenir les actes de terrorisme (http://www.un.org/fr/counterterrorism/legal-instruments.shtml).

référence pour la répression des actes de terrorisme international. Ainsi, la Convention sectorielle suivante de 1971 pour la répression d'actes illicites dirigés contre la sécurité de l'aviation civile prévoit que : « Tout État contractant prend également les mesures nécessaires pour établir sa compétence aux fins de connaître des infractions prévues (...), dans le cas où l'auteur présumé de l'une d'elles se trouvent sur son territoire et où ledit État ne l'extrade pas (...) » (article 5, § 2).

Enfin, il est possible qu'un même traité combine compétence universelle obligatoire et compétence universelle facultative. Il en va ainsi de la Convention des Nations Unies contre la corruption de 2003. D'un côté, elle prévoit qu'un État Partie doit établir sa compétence lorsque l'auteur présumé se trouve sur son territoire et ne l'extrade pas au motif qu'il est l'un de ses ressortissants. D'un autre côté, elle prévoit que chaque État Partie peut établir sa compétence lorsque l'auteur présumé de l'infraction se trouve sur son territoire et n'est pas extradé en raison de sa qualité de réfugié politique ou du refus de sa demande d'extradition pour un motif humanitaire.

2.2. Au niveau africain

Le continent africain n'est pas resté en marge de la consécration de la compétence universelle, en l'occurence au travers d'instruments conventionnels régionaux.

Cette consécration est ancienne, puisqu'on la retrouve dans la Convention de l'Organisation de l'Unité Africaine (OUA) de 1977 sur l'élimination du mercenariat en Afrique, selon laquelle : « Chaque État contractant s'engage à prendre les mesures nécessaires pour punir conformément à l'article 7 de la présente convention, tout individu trouvé sur son territoire et qui aurait commis l'infraction [de mercenariat] définie à l'article 1er de la présente convention, s'il ne l'extrade pas vers l'État contre lequel l'infraction a été commise » (article 8).

De même, la Convention de l'OUA de 1999 sur la prévention et la lutte contre le terrorisme prévoit que : « Les États parties s'engagent à prendre toutes les mesures légales pour prévenir et combattre les actes terroristes, conformément aux dispositions de la présente Convention, ainsi que de leurs législations nationales respectives et ils devront en particulier : (...) arrêter les auteurs d'actes terroristes et les traduire en justice, conformément à la législation nationale, ou les extrader conformément aux dispositions de la présente Convention ou du traité d'extradition signé entre l'État qui sollicite l'extradition et l'État saisi d'une demande d'extradition, et en l'absence d'un tel traité, faciliter l'extradition des personnes soupçonnées d'avoir perpétré des actes terroristes, dans la mesure où la législation nationale en vigueur autorise une telle procédure » (article 4, § 2, h). En outre, en termes de compétence : « Chaque État Partie est compétent pour connaître des actes terroristes visés à l'article premier lorsque : a) l'acte est commis sur son territoire ou en dehors de son territoire s'il est réprimé par sa législation nationale et si l'auteur de l'acte est arrêté sur son territoire » (article 6, § 4, a) ; et : « Chaque État Partie devra également prendre les mesures qu'il juge nécessaires pour établir sa compétence à connaître des actes visés (...) au cas où l'auteur présumé se trouve sur son territoire et n'est pas extradé vers un État Partie qui a établi sa compétence à connaître de tels actes (...) » (article 6, § 4).

Des dispositions analogues se retrouvent dans la Convention africaine de 2003 contre la corruption laquelle précise que « les États parties s'engagent à : (...) adopter des mesures législatives nationales en vue de réprimer les auteurs de faux témoignages et de dénonciations calomnieuses contre des personnes innocentes dans les procès de corruption et infractions assimilées » (article 5, § 7) et que « chaque État partie est compétent pour connaître des actes de corruption et d'infractions assimilées lorsque : (...) c) l'auteur présumé de l'infraction se trouve sur son territoire et n'est pas extradé vers un autre pays ; d) l'infraction, bien que commise en dehors de sa juridiction, affecte, du point de vue de l'État partie, ses intérêts vitaux, ou lorsque les conséquences ou les effets délétères et nuisibles de ces infractions ont un impact sur cet État partie » (article 13, § 1).

II. L'ancrage de la compétence universelle en Afrique

Face au phénomène d'internationalisation de la criminalité, le droit pénal international a connu un essor remarquable qui s'est également étendu à l'Afrique. Plus spécifiquement, la compétence universelle a pénétré dans le discours institutionnel, dans le corpus juridique et dans le contentieux aussi bien de l'UA (1) que des États (2). Si la progression du mécanisme s'est faite de manière progressive, elle est aussi contrastée, car à l'orée d'une zone grise de conflit potentiel entre le principe de la souveraineté des États et de la non-ingérence dans leurs affaires internes, d'une part, et le respect des droits de l'Homme et du droit humanitaire et la lutte contre l'impunité pour les crimes internationaux, d'autre part.

1. Par l'Union africaine

Consciente des enjeux politiques de la compétence universelle, l'UA a su s'imposer et s'affirmer comme un acteur essentiel dans l'encadrement juridique de la compétence universelle.

Rappelons que la lutte contre l'impunité est l'un des principes fondateurs de l'organisation panafricaine. En ce sens, l'article 4(h) de son Acte constitutif de 2000 prévoit que l'Union peut « intervenir dans un État membre sur décision de la Conférence, dans certaines circonstances graves, à savoir : les crimes de guerre, le génocide et les crimes contre l'humanité ». Cette disposition établit ainsi le fondement de la pratique de l'UA relativement à la mise en œuvre de la compétence universelle en vue de réprimer les crimes internationaux. Elle autoriserait l'UA, après le Sénégal en 2006, à imposer à l'un de ses États membres qu'il exerce sa compétence universelle à l'égard de tels crimes.

Sur ce point, les États africains ont adopté plusieurs positions communes dans le cadre de l'UA. Ainsi, lors de la 11e session ordinaire de la Conférence de l'Union africaine, qui s'est tenue en 2008 à Sharm El-Sheikh (Égypte), l'UA a reconnu, dans sa Décision sur le rapport relatif à l'utilisation abusive du principe de compétence universelle, « que la compétence universelle est un principe du droit international, dont le but est de s'assurer que les individus qui commettent des crimes graves tels que les crimes de guerre et les crimes contre l'humanité, ne le fassent pas dans l'impunité et qu'ils soient traduits devant la justice »[34]. Mais l'UA met aussi en garde contre les dérives d'une utilisation abusive de ce mécanisme qui constitue une « violation flagrante de la souveraineté et de l'intégrité territoriale » des États et produit « un impact négatif sur le développement économique, politique et social des États »[35].

Lors de la 21e session ordinaire du Conseil exécutif de l'UA, qui s'est tenue en 2012 à Addis-Abeba (Éthiopie), le Conseil a adopté une Décision sur la Loi nationale type de l'Union africaine sur la compétence universelle en matière de crimes internationaux. Cette Loi nationale type a pour finalité d'inciter les États africains à adopter ou à renforcer leurs législations nationales de compétence universelle pour punir les crimes internationaux que sont le génocide, les crimes contre l'humanité et les crimes de guerre[36]. Tout en exhortant les États membres de l'UA à incorporer ces dispositions dans leur système judiciaire national, elle invite également la Commission à rechercher des moyens pour renforcer la capacité des États dans l'accomplissement des missions fixées.

Ces dernières années, la multiplication d'affaires concernant des Africains, dont plusieurs dirigeants, anciens ou en exercice, initiées par la justice de certains États européens, ont provoqué des conflits bilatéraux entre les pays concernés, dont certains ont été soumis à la Cour internationale de Justice

[34] UA, Assembly/AU/Dec. 243 (XIII), doc. Assembly/AU/11 (XIII), § 3.
[35] *Ibid.*, § 5-iii.
[36] UA, EX.CL/Dec.708(XXI), doc. EX.CL/731(XXI)c, articles 7-9. La Loi nationale type de l'UA prévoit l'application des immunités des représentants étatiques étrangers (préambule), mais aussi le droit à un procès équitable et des mesures de réparation pour les victimes de crimes internationaux (article 2). Si l'État sur lequel se trouve le suspect détient la priorité pour engager les poursuites (article 4), la présence dudit suspect sur le territoire étatique n'est pas requise pour l'exercice de la compétence universelle (article 3).

(CIJ)[37]. C'est dans le but d'apaiser ces tensions, que la question de la compétence universelle a été examinée au cours de plusieurs réunions ministérielles entre l'UA et l'Union européenne (UE). En dépit du rapport d'un groupe d'experts UA-UE rendu en 2009 dans le but de clarifier les compréhensions respectives des deux parties quant au principe de compétence universelle, l'UA a maintenu sa volonté d'assurer le suivi de cette question au sein des Nations Unies, en vue d'y défendre les intérêts du continent. La question de la portée et de l'utilisation de la compétence universelle, est actuellement à l'ordre du jour de la Sixième Commission de l'Assemblée générale, qui connaît des débats tendus mettant en exergue les profondes divisions émaillant les relations internationales depuis un certain nombre d'années autour de l'application de ce mécanisme dont les délégations africaines dénoncent la sélectivité.

L'absence d'un solide consensus au niveau international de ce que constitue le principe de compétence universelle n'a guère favorisé son adoption au niveau des ordonnancements juridiques nationaux.

2. Par les législateurs africains

Une analyse de droit comparé du système législatif des pays africains montre que si plusieurs pays prévoient la compétence universelle à l'égard notamment des violations graves des Conventions de Genève de 1949 et des crimes réprimés par le Statut de la CPI – avec une préférence marquée pour une compétence conditionnelle ou relative par opposition à une compétence pure ou absolue[38] –, d'autres ne l'ont pas consacrée. Par ailleurs, les pays organisant la compétence universelle la fondent sur le principe de territorialité, de sorte que les juges nationaux ne pourront juger que si l'auteur présumé d'un crime ou ses victimes sont sur le territoire de l'État du for ou si l'auteur présumé d'un crime est extradé sur le territoire de l'État du for. Toutefois, parmi les pays prévoyant la compétence universelle, peu l'exercent effectivement. Les juridictions nationales sont ainsi diversement outillées, ce qui est de nature à permettre aux criminels de mettre en œuvre une véritable stratégie de « dumping pénal ».

---

[37] Voir CIJ : *Mandat d'arrêt du 11 avril 2000* (République démocratique du Congo c. Belgique), arrêt du 14 février 2002 ; *Questions concernant l'obligation de poursuivre ou d'extrader* (Belgique c. Sénégal), arrêt du 20 juillet 2002.

[38] Force est de constater que les conditions dont les États assortissent l'exercice de leur compétence universelle rendent compte du fait que, bien que l'action pénale soit menée au nom de la communauté internationale, le processus judiciaire est, lui, exercé concrètement par un État coexistant avec une pluralité d'entités égales, ce qui illustre le principe de dédoublement fonctionnel cher à Georges SCELLE (*Précis de droit des gens. Principes et systématique*, Paris, Sirey, vol. I, 1932, pp. 43, 54-56, 217 et 1934, vol. II, pp. 10, 319, 450). Aussi, les États ayant opté pour une compétence universelle conditionnelle, d'application plus limitée, l'ont fait non pas tant pour des considérations juridiques, mais surtout en réponse aux pressions politiques de leurs pairs.

Ainsi, les tribunaux de la RDC sont compétents pour les crimes relevant du Statut de la CPI, y compris la torture en tant que crime contre l'humanité ou crime de guerre commis à l'étranger, bien que nous n'ayons connaissance d'aucune affaire dans laquelle des plaintes ont été déposées[39].

De même, le Rwanda consacre la compétence universelle depuis sa réforme judiciaire de 2003. Sur cette base, sa Haute Cour est compétente pour statuer sur les accusations dirigées contre toute personne, y compris les étrangers, présente sur le territoire rwandais, pour avoir commis au Rwanda ou à l'étranger des infractions qualifiées de crimes à caractère international, tels que la torture, les traitements inhumains ou dégradants, le crime de génocide, les crimes contre l'humanité, les crimes de guerre. L'exercice des poursuites est cependant subordonné à la présence du suspect sur le territoire rwandais[40].

Au Burundi, le Code pénal dispose que « tout délit ou crime commis hors du territoire national par un Burundais ou un étranger est, sous réserve des conventions sur l'extradition, puni par la loi pénale du Burundi si l'auteur se trouve au Burundi ou si la victime a la nationalité burundaise et que le fait est puni par la législation du pays où l'infraction a été commise » (article 10).

En Ouganda, en vertu de l'*Ugandan International Criminal Court Act* de 2010, les juridictions nationales sont compétentes pour poursuivre les personnes soupçonnées d'avoir commis des crimes de guerre, des crimes contre l'humanité ou un crime de génocide, à condition qu'elles se trouvent sur le territoire national. Par ailleurs, le *Prevention and Prohibition of Torture Act* de 2012 dispose qu'une compétence peut être exercée si la torture est commise par « une personne qui se trouve actuellement en Ouganda ». Là encore, en l'absence de toute jurisprudence, il est difficile de savoir avec certitude comment serait interprétée cette disposition si un auteur présumé de torture commise à l'étranger se trouvait en Ouganda.

Par ailleurs, certains États africains limitent la portée de l'application de la compétence universelle dans leur juridiction nationale. C'est le cas du Mali, par exemple, qui n'accepte la compétence universelle qu'en ce qui concerne les crimes contre l'humanité, le génocide et le terrorisme. C'est le cas également du Togo qui, dans son Code pénal, contient des dispositions permettant aux tribunaux nationaux de juger certains crimes graves « commis sur le territoire national ou hors de celui-ci quels que soient la nationalité de l'auteur ou du complice et le lieu de commission de

[39] En 2015, l'adoption de la loi visant à la mise en œuvre du Statut de Rome au sein de la compétence civile ordinaire de la RDC a élargi de manière significative les mécanismes permettant de juger les crimes internationaux.

[40] L'article 195 du Code de procédure pénale rwandais vise « toute personne, y compris les étrangers, se trouvant sur le territoire rwandais ».

l'infraction » (article 155). Les infractions visées sont le génocide, les crimes de guerres, les crimes contre l'humanité et le crime d'apartheid.

De même, au Burkina Faso, les tribunaux nationaux peuvent exercer leur compétence universelle pour un nombre limité de crimes relevant du droit interne qui préoccupent également la communauté internationale, notamment le trafic de stupéfiants et la vente de substances psychotropes. À l'exception des crimes expressément spécifiés, ils ne peuvent exercer une compétence universelle que dans le cas où leur auteur présumé devient un ressortissant du Burkina Faso après la perpétration du crime. De plus, la Loi de la procédure de mise en œuvre du Statut de Rome de 2009 attribue une compétence universelle aux tribunaux burkinabè pour trois catégories de crimes internationaux, à savoir le génocide, les crimes de guerre et les crimes contre l'humanité, à l'exception d'autres crimes internationaux comme la torture, les disparitions forcées, les exécutions extrajudiciaires ou les crimes d'agression[41].

En dépit de ces diverses législations nationales prévoyant de manière plus ou moins ample la compétence universelle, pour l'heure, rares sont les pays à avoir ouvert des procédures sur cette base. Parmi eux figure l'Afrique du Sud qui, dès 2002, a été le premier pays africain à adopter, une loi de mise en œuvre du Statut de Rome de la Cour pénale internationale (*Implementation of the Rome Statute of the International Criminal Court Act*)[42]. Cette loi dispose que, « afin de garantir la compétence d'un tribunal sud-africain (...) toute personne qui commet un crime en dehors du territoire de la République est considéré comme ayant commis ce crime sur le territoire de la République si (...) cette personne, après avoir commis le crime, est présente sur le territoire de la République » (article 4, § 3, c)[43]. En vertu du principe de compétence universelle, les tribunaux sud-africains peuvent donc juger des crimes commis dans d'autres États. Les enquêtes peuvent être menées en l'absence du suspect. Toutefois, une enquête concernant des crimes internationaux commis hors du territoire national ne

---

[41] L'article 15 de la loi n° 052-2009/AN de 2009 portant détermination des compétences et de la procédure de mise en œuvre du Statut de Rome dispose que : « Les juridictions burkinabè sont compétentes pour connaître des crimes visés par la présente loi, indépendamment du lieu où ceux-ci auront été commis, de la nationalité de leur auteur ou de celle de la victime, lorsque la personne poursuivie est présente sur le territoire national ».

[42] Concernant l'Afrique du Sud, qui a décidé de se retirer de la CPI avant que sa décision ne soit jugée inconstitutionnelle, voir dans le présent ouvrage Manuel EYNARD, « Le recours à l'argumentation de droit international public pour la défense d'une politique étrangère de défiance : l'exemple du retrait sud-africain du Statut de Rome ».

[43] La loi sur la CPI a prévu, en outre, la création d'unités spécialisées au sein de la National Prosecuting Authority et des services de police pour enquêter et poursuivre ces crimes internationaux.

peut être ouverte que si l'État territorialement compétent n'est pas disposé à lancer les poursuites ou n'est pas en mesure de le faire.

En 2014, la Cour constitutionnelle sud-africaine a statué à l'unanimité que les services de police nationaux ont pour responsabilité d'enquêter sur les crimes de torture commis au Zimbabwe à l'encontre d'opposants politiques en 2007 et dénoncés par deux organisations non gouvernementales sud-africaines, lesquelles avaient fourni des informations détaillées sur les violations et établi que certains des suspects s'étaient rendus régulièrement en Afrique du Sud. En conséquence, elle a ordonné qu'une enquête soit ouverte le plus tôt possible. Selon la Cour constitutionnelle, « au regard des faits dans cette affaire, les engagements pris en vertu du droit international et du droit national doivent être respectés. Il ne saurait être considéré que nous tolérons l'impunité des auteurs soupçonnés de torture. Nous devons occuper la place qui nous revient de droit dans la communauté des nations, avec les obligations qui en découlent. Nous ne saurions être un refuge pour les personnes qui commettent des crimes contre l'humanité ». Elle ajoute cependant que « le devoir d'enquêter sur les crimes internationaux peut être limité par des considérations telles que les ressources allouées ». Aussi, avant d'exercer cette compétence universelle, les autorités compétentes doivent apprécier si l'ouverture d'une enquête concernant une allégation de crime international commis à l'étranger est raisonnable et possible dans les circonstances de l'espèce[44].

Au regard de la diversité des situations nationales et du manque de pratique, il est à espérer qu'une utilisation volontariste de la compétence universelle au moyen d'une législation modèle telle que celle proposée par l'UA

---

[44] *National Commissioner of The South African Police Service v. Southern African Human Rights Litigation Centre and Another*, CCT 02/14, 30 octobre 2014, §§ 80-81. En matière de torture, dans l'affaire des *Questions concernant l'obligation de poursuivre ou d'extrader* (Belgique c. Sénégal), la CIJ a affirmé que « le paragraphe 1 de l'article 7 [de la Convention contre la torture et autres peines ou traitements cruels, inhumains ou dégradants de 1984] impose à l'État concerné l'obligation de soumettre l'affaire à ses autorités compétentes pour l'exercice de l'action pénale, indépendamment de l'existence, au préalable, d'une demande d'extradition à l'encontre du suspect. C'est pour cela que le paragraphe 2 de l'article 6 oblige l'État à procéder immédiatement à une enquête préliminaire, aussitôt que le suspect se trouve sur son territoire. L'obligation de saisine des autorités compétentes, en vertu du paragraphe 1 de l'article 7, peut déboucher ou non sur l'engagement de poursuites en fonction de l'appréciation par celles-ci des éléments de preuve à leur disposition, relatifs aux charges qui pèsent sur le suspect » (§ 94). La CIJ précise néanmoins que : « En revanche, si l'État sur le territoire duquel se trouve le suspect est saisi d'une demande d'extradition dans l'un des cas prévus par les dispositions de la convention, il peut se libérer de son obligation de poursuivre en faisant droit à la demande d'extradition. Il en résulte que le choix entre l'extradition et l'engagement des poursuites, en vertu de la convention, ne revient pas à mettre les deux éléments de l'alternative sur le même plan. En effet, l'extradition est une option offerte par la convention à l'État, alors que la poursuite est une obligation internationale, prévue par la convention, dont la violation engage la responsabilité de l'État pour fait illicite » (§ 95).

permettra aux États membres, à l'avenir, de parler d'une même voix en matière de lutte contre l'impunité[45].

III. Défis et perspectives de la compétence universelle en Afrique

La compétence universelle est un principe autant acclamé que décrié. Mécanisme de lutte contre l'impunité, sa légitimité est parfois critiquée au regard des risques de tensions diplomatiques qu'elle peut faire naître entre les États. Assurément, une multitude de difficultés et d'obstacles doivent être surmontés, afin qu'une justice réellement universelle puisse être exercée.

Malgré la ratification par la plupart des États africains des instruments internationaux prévoyant la compétence universelle, une minorité d'entre eux ont transposé dans leur ordre juridique interne le mécanisme de la compétence universelle[46].

Dans de nombreux pays, les organes de poursuite et de jugement n'ont ni l'expertise ni les moyens suffisants pour traiter les dossiers de crimes internationaux. De fait, ces crimes exigent tout particulièrement une expertise en matière de droit pénal international et des droits de l'Homme pour apporter les éléments de preuve spécifiques, comme une attaque généralisée ou systématique, qui n'existe pas dans un contexte de crimes ordinaires. De même, l'exercice de la compétence universelle nécessite d'avoir les moyens suffisants pour gérer des contraintes particulières au niveau de la production, de la sauvegarde et de l'appréciation des preuves et de l'organisation du procès. La récolte des preuves est une démarche complexe, puisque la plupart des suspects et des témoins ne sont pas présents dans le pays où sont menées les poursuites. Il faut donc faire venir les témoins à l'audience, leur payer leur déplacement, les loger, surmonter les difficultés de traduction et leur assurer une protection, ce qui s'avère très exigeant en temps et en ressources.

Bien qu'il existe la possibilité pour les juges nationaux de se rendre sur place ou d'avoir recours à des commissions rogatoires ou institutions similaires, ces mesures peuvent s'avérer impossibles à mettre en place dans certaines situations, en raison de problèmes d'accès, de langue ou de compatibilité des systèmes et des traditions juridiques.

Par conséquent, une affaire fondée sur la compétence universelle risque de ne pas atteindre les standards requis en droit international pénal, à moins que

---

45 Voir Mutoy MUBIALA, « Chronique de droit pénal de l'Union africaine : vers une justice pénale régionale en Afrique », *Revue internationale de droit pénal*, vol. 83, 2012, pp. 547-557.

46 Voir le *Rapport du Groupe d'experts techniques ad hoc de l'Union africaine et de l'Union européenne sur le principe de la compétence universelle*, *op. cit.*, §§ 15ss.

l'État territorial ou de nationalité ne soit disposé à apporter son assistance. Or, il n'existe aucune obligation à ce que l'État territorial ou de nationalité apporte son assistance ou coopère[47].

L'impossible exercice de sa compétence territoriale par l'État où les faits ont été commis en raison de la destruction de son appareil judiciaire ou de la corruption de son Gouvernement, les difficultés des enquêtes dans un État tiers liées à la barrière de la langue, au contexte politique, à la distance et aux coûts financiers sont autant d'éléments qui peuvent entraver la mise en œuvre des poursuites.

La diversité des systèmes de procédure pénale est également à prendre en compte. Conformément aux deux traditions juridiques majeures dans le monde, ceux-ci sont traditionnellement distingués suivant qu'ils s'inspirent du modèle de *common law* anglo-saxon ou du modèle de *civil law* romano-germanique, voire des deux. D'une manière générale, les systèmes anglo-saxons se caractérisent par une enquête préliminaire dominée par la police, un système d'immédiateté des preuves lors des audiences, un jugement rendu par un jury et de décisions judiciaires ayant force exécutoire. À l'inverse, les systèmes continentaux se caractérisent par une enquête préliminaire dominée par un magistrat, un système de preuves plus souple, tempéré par le principe d'intime conviction, des juges du fond disposant du dossier d'instruction et une place centrale donnée à la loi. Des difficultés peuvent dès lors surgir liées à l'appartenance à des cultures juridiques différentes des États concernés par l'application de la compétence universelle, ainsi qu'à la méconnaissance réciproque des législations nationales.

En outre, les immunités attachées à la qualité officielle de certaines personnes peuvent s'avérer un obstacle à l'exercice de la compétence universelle, particulièrement en Afrique où il est accordé une grande importance aux immunités fonctionnelles et personnelles[48]. Les frictions normatives sont des difficultés éprouvées et exprimées par les États africains à l'égard de certaines règles du droit international pénal applicables devant la CPI, tout spécialement l'immunité. Devant la CPI, l'immunité, généralement accordée aux hautes autorités politiques de l'État par l'ordre constitutionnel,

---

[47] Voir notamment Robert ZIMMERMANN, *La coopération judiciaire internationale en matière pénale*, Berne, Stämpfli, 2009, pp. 9-10.

[48] Sur ce point, le *Rapport du Groupe d'experts techniques ad hoc de l'Union africaine et de l'Union européenne sur le principe de la compétence universelle* a indiqué que : « Dans au moins trois États membres de l'UA, à savoir la République démocratique du Congo, le Niger et l'Afrique du Sud, les immunités susceptibles de faire obstacle aux poursuites contre des personnalités publiques étrangères ont été abrogées en ce qui concerne les faits de génocide, les crimes contre l'humanité et les crimes de guerre » (*op. cit.*, § 17).

n'est pas opérante en vertu de l'article 27 du Statut de Rome[49]. Sur ce fondement, la CPI est habilitée à poursuivre n'importe quelle autorité étatique, présumée auteur de crimes relevant de sa compétence. Sur ce point, la CPI a eu l'occasion de rappeler qu'« en droit international, les immunités fonctionnelles fondées sur la qualité officielle ne sont pas prévues pour le bénéfice d'une personne en particulier mais reposent sur la nécessité d'éviter toute ingérence d'un État dans le fonctionnement et la souveraineté d'un autre État. En ratifiant le Statut, les États parties ont en fait accepté d'ôter toute pertinence aux immunités fondées sur la qualité officielle, y compris aux immunités que le droit international pourrait leur reconnaître autrement. Outre la formulation de l'article 27-2 du Statut, c'est là un corollaire nécessaire de l'obligation générale faite aux États parties de donner effet aux demandes de coopération que leur adresse la Cour, sauf lorsque des exceptions sont explicitement prévues dans le Statut »[50].

À cet égard, la Cour africaine de justice et des droits de l'Homme (non encore opérationnelle), décidée par l'UA en 2008 dans un contexte de défiance entre l'Afrique et la CPI, sera confrontée aux mêmes difficultés. Ce mécanisme régional de répression pénale internationale consacre effectivement, conformément à l'article 46 A de son Protocole, l'immunité des dirigeants en fonction. Non seulement cette disposition marque un net recul par rapport au Statut de la CPI, mais elle pose le problème de l'articulation de la répression au niveau africain et au niveau universel, le premier pouvant apparaître comme un abri pour des chefs d'État africains soucieux de rester au pouvoir le plus longtemps possible pour ne pas avoir à répondre de leurs crimes. Dans cette optique, les perspectives de cette Cour régionale, risquant de se transformer en un tribunal des opposants politiques rebelles, sont assez sombres.

***

Le principe de compétence universelle est actuellement au cœur de l'actualité en Afrique. Le rapide tour d'horizon que nous avons effectué permet de le constater sans ambages, tant au plan des sources qu'au plan de

---

[49] Article 27 du Statut de la CPI : « 1. Le présent Statut s'applique à tous de manière égale, sans aucune distinction fondée sur la qualité officielle. En particulier, la qualité officielle de chef d'État ou de Gouvernement, de membre d'un Gouvernement ou d'un Parlement, de représentant élu ou d'agent d'un État, n'exonère en aucun cas de la responsabilité pénale au regard du présent Statut, pas plus qu'elle ne constitue en tant que telle un motif de réduction de la peine. 2. Les immunités ou règles de procédure spéciales qui peuvent s'attacher à la qualité officielle d'une personne, en vertu du droit interne ou du droit international, n'empêchent pas la Cour d'exercer sa compétence à l'égard de cette personne ».

[50] CPI, Chambre préliminaire II, *Le Procureur c. Omar Hassan Ahmad Al-Bashir*, ICC-02/05-01/09, Décision rendue en application de l'article 87-7 du Statut de Rome concernant la non-exécution par l'Afrique du Sud de la demande que lui avait adressée la Cour aux fins de l'arrestation et de la remise d'Omar Al-Bashir, 6 juillet 2017, § 78.

l'ancrage du mécanisme dans le continent et dans les ordonnancements internes. Pour autant, les défis demeurent importants pour assurer une réaction judiciaire coordonnée à la commission de crimes internationaux dans un contexte où la pratique africaine de mise en œuvre de ce mécanisme est encore faible. Face à la méfiance suscitée par la CPI parmi de nombreux pays africains, qui lui reprochent d'être un outil des puissances occidentales pratiquant une politique de deux poids, deux mesures, le niveau régional peut devenir un cadre privilégié pour créer un climat de confiance favorable au développement d'une compétence universelle régionalisée de nature à répondre à l'aspiration légitime de justice des populations africaines.

En tout état de cause, sur le continent africain, en quête d'« un certain équilibre entre universalisme et régionalisme dans la répression pénale internationale »[51], la régionalisation du droit international pénal ne saurait aboutir à un affaiblissement du niveau de progrès réalisé dans la lutte contre la criminalité et l'impunité internationales, ce qui exigera de resserrer les conditions du recours à la compétence universelle et un usage responsable[52].

---

[51] Abdoulaye SOMA, « Le régionalisme africain en droit international pénal », *RGDIP*, vol. 120, 2016, p. 515.

[52] À cet égard, voir notamment AGNU, doc. A/RES/65/33, préambule, § 4.

Le recours à l'argumentation de droit international public pour la défense d'une politique étrangère de défiance : l'exemple du retrait sud-africain du Statut de Rome

Manuel EYNARD

L'État est, depuis toujours, amené à établir des relations diverses avec les acteurs de la vie internationale. Le XXe siècle a été porteur de deux dynamiques en ce sens. D'une part, on a pu observer une croissance qualitative et quantitative des acteurs, qui se sont largement diversifiés. D'autre part, les relations se sont juridicisées puis juridictionnalisées, au point d'aboutir à l'existence d'un ordre juridique international. Ce dernier comporte plusieurs singularités intrinsèques à sa nature même : un ordre, juridique, international, composé principalement d'États souverains. Le droit international, en tant qu'élément régulateur fondamental de cet ordre, est très imparfaitement sanctionné. Il est dans d'assez nombreux cas et depuis assez longtemps impunément violé. Il conserve pourtant une place de choix dans les relations qu'entretiennent les États avec les autres acteurs de la vie internationale. Ceci, au point qu'il se situe parfois au cœur de la défense d'une politique étrangère. Force est ainsi de constater que, en fonction des intérêts en présence, l'appréhension du droit international par les gouvernements – en particulier par les services juridiques des ministères des Affaires étrangères – revêt un caractère très variable. Le droit international public ne constitue alors plus une finalité régulatrice des actions et des omissions. Il est avant tout un moyen, celui de défendre juridiquement des intérêts étatiques.

Dernièrement, plusieurs États du continent africain ont engagé une procédure de retrait du Statut de Rome. D'autres ont indiqué, individuellement ou collectivement, leur intention de faire de même. Tous partagent une même volonté politique. En revanche, il existe une différence entre ceux qui, pour défendre leur position, ont soulevé des arguments éminemment politiques et ceux qui ont présenté une argumentation de droit international public. Cette contribution propose, après avoir présenté le développement d'un climat de défiance vis-à-vis du système du Statut de Rome (I), d'envisager comment celui-ci a conduit l'Afrique du Sud, la Gambie et le Burundi à souhaiter se retirer du Statut de Rome (II) – souhait qui s'est concrétisé pour ce dernier pays en 2017 – pour, enfin, étudier l'argumentation de droit international public défendue en ce sens par l'Afrique du Sud (III).

I. Le développement d'un climat de défiance vis-à-vis du système du Statut de Rome

Il est impossible d'aborder le thème de cette contribution sans préalablement mettre en exergue le climat de défiance qu'entretiennent certains pays du continent africain vis-à-vis du système du Statut de Rome. Le développement de ce climat passe principalement par la perception selon laquelle la justice rendue par la Cour pénale internationale (CPI) ne serait pas impartiale. L'Afrique du Sud affirme ainsi expressément, dans la note verbale de notification de sa décision de se retirer du Statut de Rome qu'elle a adressé au dépositaire, que la CPI « accorde une attention particulière aux États africains alors que des violations patentes sont commises par d'autres »[1]. Plus encore, elle « se livre à des traitements inégaux et injustes »[2].

L'état actuel des faits laisse raisonnablement croire en l'existence effective de cette attention particulière, qui ne peut exclusivement résulter du nombre important d'États parties africains[3]. Sur onze situations en cours devant elle, neuf sont relatives à des crimes commis sur le territoire d'États africains[4]. Toutefois, sur ces onze situations, cinq émanent d'une demande expresse d'États africains, vis-à-vis de leur propre territoire. Il s'agit, successivement, de l'Ouganda, de la République démocratique du Congo, de la République centrafricaine (I et II), ainsi que du Mali. Deux situations ont été initiées à la demande du Conseil de sécurité des Nations Unies : le Soudan, puis la Libye. Enfin, quatre situations ont été initiées directement par la CPI : le Kenya, la Côte d'Ivoire, la Géorgie, puis dernièrement le Burundi.

Il convient également d'observer que la CPI mène actuellement des examens préliminaires sur les territoires des États suivants : Afghanistan, Colombie, Gabon, Guinée, Irak/Royaume-Uni, Nigeria, Palestine[5], Philippines, Ukraine

---

[1] ONU, Secrétariat, Notification dépositaire, C.N.786.2016.TREATIES-XVIII.10, 25 octobre 2016, p. 2.

[2] *Idem.*

[3] On en compte actuellement 33 par rapport à l'Asie-Pacifique qui compte 19 États ou l'Amérique latine qui compte 28 États.

[4] Côte d'Ivoire, Kenya, Libye, Mali, Ouganda, République centrafricaine I, République centrafricaine II, République démocratique du Congo, Soudan.

[5] Cette situation inclut également Israël. Voir par exemple : Eugene KONTOROVICH, « Israel/Palestine: the ICC's Uncharted Territory », *JICJ*, vol. 11, 2013, pp. 979-999 ; Yael RONEN, « Israel, Palestine and the ICC: Territory Uncharted but Not Unknown », *JICJ*, vol. 12,

et Vénézuela. Ces examens, au-delà de prouver l'existence d'un intérêt de la CPI sur des territoires qui se situent en dehors du continent africain, impliquent des individus de diverses nationalités. Par exemple, dans le cadre de la situation en Afghanistan, qui se situe officiellement dans la dernière phase procédurale d'évaluation des intérêts de la justice[6], le procureur évoque expressément des « actes présumés commis par des membres des forces armées américaines et de la *Central Intelligence Agency* »[7]. De manière plus générale, ce sont les ressortissants des États parties ayant pris part à la Force internationale d'assistance et de sécurité, placée ultérieurement sous le contrôle opérationnel de l'Organisation du traité de l'atlantique nord (OTAN), qui pourraient être inquiétés, soit : l'Albanie, l'Australie, la Bosnie-Herzégovine, la Bulgarie, le Danemark, l'Estonie, la Géorgie, la Lettonie, la Lituanie, la Pologne, la République tchèque, la Roumanie, ainsi que le Royaume-Uni. Autre exemple, dans le cadre de la situation en Irak, l'examen préliminaire porte « notamment sur l'analyse des crimes présumés attribués aux forces armées du Royaume-Uni déployées en Irak entre 2003 et 2008 »[8]. Par ailleurs, les situations géorgienne[9] et ukrainienne[10] pourraient amener des ressortissants russes devant la CPI. L'avenir des situations susmentionnées est donc déterminant pour le climat de défiance qui s'est installé. Il est ainsi crédible de placer un espoir raisonnable dans l'édiction d'une politique pénale plus universelle, perfectionnée par l'actuel procureur de la CPI. Ses toutes prochaines décisions en ce domaine seront constitutives d'une impulsion qui pourrait aboutir au retour de la confiance dans la CPI.

Au-delà de cet espoir, il convient de mettre en exergue un point trop souvent oublié de la doctrine, selon lequel tout État partie au Statut de Rome peut

---

2014, pp. 7-25 ; Manuel EYNARD, « La relation juridique entre la Palestine et le procureur de la Cour pénale internationale », *in* T. GARCIA (dir.), *La Palestine : d'un État non membre de l'Organisation des Nations Unies à un État souverain ?*, Paris, Pedone, 2016, pp. 95-127.

[6] CPI, Bureau du procureur, *Rapport sur les activités menées en 2016 en matière d'examen préliminaire*, 14 novembre 2016, pp. 45-55.

[7] *Ibid.*, p. 49. Ceci sans compter les erreurs reconnues, telle que celle du bombardement d'un hôpital. Voir en ce sens : Manuel EYNARD, « Afghanistan-États-Unis : bombardement de l'hôpital de Médecins sans frontières à Kunduz », *RGDIP*, vol. 120, 2016, pp. 71-72.

[8] CPI, Bureau du procureur, « Le procureur de la Cour pénale internationale, Fatou Bensouda, procède à un nouvel examen préliminaire de la situation en Irak », communiqué de presse, 13 mai 2014. Voir par exemple : Manuel EYNARD, « La Cour pénale internationale procède à un nouvel examen préliminaire de la situation en Irak », *RGDIP*, vol. 118, 2014, pp. 668-671 ; ou du même auteur « Royaume-Uni : les suites du Rapport Chilcot : l'étau se resserre-t-il autour de Tony Blair ? », *RGDIP*, vol. 120, 2016, pp. 896-899.

[9] Voir, par exemple, Manuel EYNARD, « Géorgie-Russie : suites données aux crimes allégués sur le territoire géorgien », *RGDIP*, vol. 120, 2016, pp. 391-392.

[10] La CPI examine les évènements qui se sont déroulés à Maïdan, ainsi qu'en Crimée. Voir CPI, Bureau du procureur, *Rapport sur les activités menées en 2016 en matière d'examen préliminaire*, 14 novembre 2016, pp. 34-45.

déférer toute situation au procureur de la CPI[11]. En effet, bien que ce cas de figure ne se soit pas produit à ce stade de l'histoire de la CPI, il aurait été possible pour l'Afrique du Sud de déférer la situation de son choix au procureur. Le même argument s'applique à la Gambie, qui n'a jamais déféré de situation à la CPI, tandis qu'elle affirmait que « *there are many Western countries, at least 30, that have committed heinous war crimes* »[12]. La pratique consistant à ce qu'un État défère à la CPI sa propre situation n'était pas au cœur de l'intention des rédacteurs du Statut de Rome. En outre, plusieurs autres alternatives aux retraits du Statut auraient été possibles, notamment au travers du principe de complémentarité, dont l'application va être prochainement profondément transformée pour les États membres de l'UA[13].

II. L'institutionnalisation de la défiance : sur les routes des retraits du Statut de Rome

Depuis la délivrance, le 4 mars 2009, du 1er mandat d'arrêt à l'encontre du président du Soudan, Omar Hassan Ahmad Al Bashir, faisant suite à la première saisine de la CPI par le Conseil de sécurité des Nations Unies[14], plusieurs États africains ont progressivement menacé de se retirer du Statut de Rome, sans jamais passer à l'acte. Les déplacements d'Omar Al Bashir ont fréquemment cristallisé le problème existant[15], qui s'est développé et institutionnalisé au niveau de l'UA[16]. Cette dernière a adressé, à plusieurs reprises, une requête au Conseil de sécurité visant à ce que celui-ci demande à la CPI de suspendre ses enquêtes et poursuites en vertu de l'article 16 du Statut de Rome[17], concernant tant la situation soudanaise que les situations libyenne et kényane. Le Conseil de sécurité a répondu défavorablement à chacune de ces demandes, nourrissant la défiance de certains États, qui envisageaient de plus en plus sérieusement de se retirer du Statut de Rome.

---

[11] L'article 14, § 1, du Statut de Rome dispose : « Tout État partie peut déférer au procureur une situation dans laquelle un ou plusieurs des crimes relevant de la compétence de la Cour paraissent avoir été commis, et prier le procureur d'enquêter sur cette situation en vue de déterminer si une ou plusieurs personnes identifiées devraient être accusées de ces crimes ».

[12] « Gambia withdraws from International Criminal Court », *Al Jazeera*, 26 octobre 2016.

[13] Voir notamment Manuel EYNARD, « L'élargissement de la compétence de la Cour africaine de justice et des droits de l'Homme », *RGDIP*, vol. 119, 2015, pp. 640-641.

[14] ONU, Conseil de sécurité, Résolution 1593 du 31 mars 2005.

[15] Voir notamment Manuel EYNARD, « L'annulation du voyage en Indonésie de Omar Hassan Al Bashir », *RGDIP*, vol. 119, 2015, pp. 654-655.

[16] UA, Assemblée, Decision on the Report of the Commission on the Meeting of African States Parties to the Rome Statute of the International Criminal Tribunal (ICC), Assembly/AU/Dec.245 (XIII), 1er juillet 2009, § 10. Voir notamment : Jacky Fung WAI NAM, « Jurisdictional Conflicts between the ICC and the African Union: Solution to the Dilemma », *Denver Journal of International Law and Policy*, vol. 44, 2015, pp. 41-66 ; Manuel EYNARD, « La crise entre l'Union africaine et la Cour pénale internationale », *RGDIP*, vol. 118, 2014, pp. 145-147.

[17] UA, Conseil exécutif, Décision sur la mise en œuvre des décisions de l'Assemblée relatives à la Cour pénale internationale, EX.CL/670 (XIX), 1er juillet 2011, §§ 3 et 6.

Il convient toutefois de nuancer le propos : il n'existe pas, aujourd'hui, d'« exode africain »[18]. Il n'existe pas non plus de retrait de l'Afrique du Statut de Rome mais, plus exactement, trois notifications de retrait, adressées en 2016 au dépositaire du Statut par trois Gouvernements d'États se situant sur le continent africain : l'Afrique du Sud, le Burundi, puis la Gambie. Il s'agit d'une première dans l'histoire de la justice internationale pénale, car c'est la première fois qu'il est donné à un État la possibilité de se retirer. Outre l'argument principal selon lequel la justice rendue par la CPI ne serait pas impartiale, ces États fondent leur décision sur un populisme anticolonialiste, soutenu par le recours à la compétence universelle par certains États activistes en matière de justice internationale pénale. Force est de constater également que les décisions gambienne et burundaise revêtent un caractère éminemment conjoncturel, lié à la situation de ces États auprès de la CPI[19]. Il faut, en ce sens, relever les récentes déclarations du nouveau président Adama Barrow, succédant à Yahya Jammeh en janvier 2017, déclarant que la Gambie « *is working on rejoigning the International Criminal Court* »[20]. Cette déclaration a conduit la Gambie à « annuler » sa notification de retrait, avec effet immédiat[21]. Bien que dans une situation différente, l'Afrique du Sud a décidé de « révoquer » son instrument de retrait du Statut de Rome, le 7 mars 2017, avec effet immédiat[22]. La question de savoir dans quelle mesure un État partie au Statut peut annuler les effets juridiques produits par sa notification de retrait n'est pas prévue par le Statut, ni par la Convention de Vienne sur le droit des traités de 1969.

La conjoncture de la déposition des instruments de retrait du Statut n'enlève toutefois rien à la réalité de la défiance qui persiste. Les retraits du Statut ont ainsi été salués à l'occasion de la conférence de l'UA de 2017, en tant que « *pioneer implementers of the Withdrawal Strategy* »[23]. Cette « stratégie de retrait », adoptée par l'UA malgré des réserves multiformes[24], fait l'objet

---

[18] La presse écrite a souvent employé des termes qui ne retranscrivent pas la réalité, comme c'est le cas du mot « exode ».

[19] S'agissant du Burundi, voir notamment Manuel EYNARD, « Burundi : vers la justiciabilité des violences », *RGDIP*, vol. 120, 2016, pp. 609-611. S'agissant de la Gambie, voir Catherine MAIA, « L'ONU se félicite de l'annulation par la Gambie de sa décision de retrait de la CPI », *Multipol*, 16 février 2017.

[20] « Gambia to return to ICC, Commonwealth says Barrow », *The Point*, 8 février 2017.

[21] ONU, Secrétariat, Notification dépositaire, C.N.62.2017.TREATIES-XVIII.10, 10 février 2017, p. 1.

[22] ONU, Secrétariat, Notification dépositaire, C.N.121.2017.TREATIES-XVIII.10, 7 mars 2017, p. 1.

[23] UA, Assemblée, Décision sur la Cour pénale internationale, EX.CL/1006 (XXX), 30-31 janvier 2017, § 6. Des réserves ont été exprimées par le Cap Vert, le Nigeria, ainsi que le Sénégal, à propos de la totalité du texte de cette décision.

[24] *Idem*. Outre les réserves susmentionnées portant sur la totalité de la décision, le Malawi, la Tanzanie, la Tunisie et la Zambie ont souhaité disposer de plus de temps pour étudier ladite

d'une annexe confidentielle qui en détaille le contenu[25]. Le document décrit le contexte de la défiance, ayant abouti à l'établissement d'un Comité *ad hoc* des ministres des Affaires étrangères des États membres de l'UA, en vue de développer une stratégie de retrait du Statut de Rome. Le document indique également les implications juridiques du retrait, notamment s'agissant des droits internes[26]. Le titre du document induit en erreur : il ne s'agit pas d'une « stratégie de retraits massifs »[27], comportant des instructions et un agenda. Il s'agit d'une analyse plutôt constructive, qui met en perspective des questions controversées, afin « d'être considérée par les États membres »[28]. Chacun de ces derniers est d'ailleurs encouragé à aller vers un retrait individuel, tant « *further research on the idea of collective withdrawal, a concept that has not yet been recognized by international law, is required in order to seek out additional guidance regarding the potential emergence of a new norm of customary international law* »[29].

L'institutionnalisation de la défiance passe également par l'Assemblée des États parties au Statut de Rome. À l'occasion de sa 12e session, un « débat spécial sur l'inculpation de chefs d'État et de Gouvernement en exercice et ses conséquences sur la paix, la stabilité et la réconciliation »[30] a été

stratégie. Pour sa part, le Liberia a émis une réserve quant au paragraphe de la décision visant l'adoption de ladite stratégie.

25 UA, Assemblée, Withdrawal Strategy Document (Draft 2), 12 janvier 2017, p. 15.

26 Il est remarquable que l'UA ait préparé, en annexe du document décrivant la stratégie de retrait, une analyse des dispositions constitutionnelles pertinentes de chaque État membre en vue d'une somme de retraits individuels du Statut de Rome.

27 « African Leaders Plan Mass Withdrawal from International Criminal Court », *The Gardian*, 31 janvier 2017.

28 UA, Assemblée, Withdrawal Strategy Document (Draft 2), 12 janvier 2017, § 8. On notera toutefois, outre de nombreuses réserves, que selon l'article 23, § 2, de l'Acte constitutif de l'UA, « tout État membre qui ne se conformerait pas aux décisions et politiques de l'Union peut être frappé de sanctions notamment en matière de liens avec les autres États membres dans le domaine des transports et communications, et de toute autre mesure déterminée par la Conférence dans les domaines politique et économique ». Le caractère obligatoire de la décision adoptée par l'Assemblée de l'UA ne saurait toutefois se dégager des seules attributions de l'organe. La CIJ a eu l'occasion de préciser qu'il convient de déterminer dans chaque cas si le pouvoir d'imposer une obligation a été, en fait, exercé. Voir CIJ, *Conséquences juridiques pour les États de la présence continue de l'Afrique du Sud en Namibie (Sud-Ouest africain) nonobstant la Résolution 276 (1970) du Conseil de sécurité*, avis consultatif du 21 juin 1971, *Recueil 1971*, § 114. Par conséquent, les termes employés dans le document annexé à la décision sont déterminants. Ils ne transcrivent pas d'injonctions, tout comme ceux employés par le paragraphe 8 de la décision elle-même. Il n'existe donc pas, pour les États membres de l'UA, d'obligation de se retirer du Statut de Rome.

29 UA, Assemblée, Withdrawal Strategy Document (Draft 2), 12 janvier 2017, § 21. Il est intéressant de relever que l'UA envisage que la création d'une telle norme passe nécessairement par un processus coutumier.

30 CPI, Assemblée des États parties, Débat spécial demandé par l'Union africaine sur l'inculpation de chefs d'État et de Gouvernement en exercice et ses conséquences sur la paix, la stabilité et la réconciliation, ICC-ASP/12/61, 27 novembre 2013.

organisé, à la demande de l'UA, sept jours après le refus du Conseil de sécurité des Nations Unies de demander à la CPI de suspendre ses enquêtes et poursuites dans la situation kényane[31]. La toute dernière Assemblée des États parties au Statut a également organisé une réunion publique au sujet de « la relation qu'entretiennent l'Afrique et la Cour pénale internationale »[32], 68 jours avant la décision de l'UA d'adopter sa « stratégie de retrait ».

III. Le recours sud-africain à l'argumentation de droit international public

L'Afrique du Sud, qui a également dénoncé l'absence d'impartialité dans la justice rendue par la CPI, a en outre développé une argumentation de droit international public pour la défense de sa politique étrangère de retrait. Dans la note verbale qu'elle a adressée en ce sens au dépositaire du Statut de Rome, elle déplore l'existence d'« obligations antagoniques »[33] s'imposant à elle, à savoir, d'un côté, l'obligation d'arrêter Omar Al Bashir en application du Statut de Rome et, d'un autre côté, l'obligation de lui assurer l'immunité en vertu de l'Accord de siège de l'UA, de la Convention générale sur les privilèges et immunités de l'Organisation de l'unité africaine (OUA)[34], ainsi que du droit international coutumier. Le recours à une telle argumentation, particulièrement lorsqu'elle est exprimée au sein d'une note verbale, est singulier. En effet, la présentation d'une explication écrite, juridique ou non, n'était pas nécessaire[35]. Logiquement, il existe une forte probabilité pour que le recours à un élément qui n'est pas nécessaire soit motivé par la poursuite d'un ou de plusieurs objectifs. Bien qu'il soit délicat de supputer ceux-ci, trois d'entre eux semblent apparaître clairement : être mieux compris par les autres acteurs de la vie internationale ; renforcer la place du droit international dans les relations internationales[36] ; ainsi que légitimer une

---

[31] ONU, Conseil de sécurité, Projet de résolution du Conseil de sécurité des Nations Unies portant sur la paix et la sécurité en Afrique, S/2013/660, 15 novembre 2013, § 1. Le projet de résolution, porté conjointement par l'Azerbaïdjan, le Burundi, l'Éthiopie, le Gabon, le Ghana, le Kenya, le Maroc, Maurice, la Mauritanie, la Namibie, le Rwanda, le Sénégal, le Togo et l'Ouganda a recueilli 7 voix pour (Azerbaïdjan, Chine, Maroc, Pakistan, Rwanda, Russie, Togo), 0 voix contre et 8 abstentions (Argentine, Australie, États-Unis d'Amérique, France, Guatemala, Luxembourg, République de Corée, Royaume-Uni).

[32] CPI, Assemblée des États parties, Résumé informel du président au sujet de la relation qu'entretiennent l'Afrique et la Cour pénale internationale, ICC-ASP/15/36, 24 novembre 2016.

[33] ONU, Secrétariat, Notification dépositaire, C.N.786.2016.TREATIES-XVIII.10, 25 octobre 2016, p. 2.

[34] OUA, Convention sur les privilèges et immunités de l'Organisation de l'unité africaine, CAB/LEG/24.2/13, 25 octobre 1965.

[35] On notera d'ailleurs que les notes verbales des autres États qui se sont retirés ne contiennent aucune explication.

[36] Pour Robert KOLB, les États dont la puissance est limitée défendent une politique juridique de renforcement du rôle du droit dans les relations internationales (*Réflexions sur les politiques juridiques extérieures*, Paris, Pedone, 2015, p. 9).

politique étrangère controversée, tant au niveau interne qu'international. Il est alors question de la fonction de légitimation du droit international public, comme moyen de la diplomatie[37].

L'analyse juridique ci-après se concentre sur l'argumentation sud-africaine de droit international public. Il s'agit, principalement, de vérifier l'assertion du caractère contradictoire des obligations liant l'Afrique du Sud en tant que partie au Statut de Rome. Les problématiques posées dans le cadre de l'ordre juridique interne sud-africain ne seront donc pas abordées[38]. Rappelons, tout d'abord, qu'actuellement, selon le Statut de Rome, les immunités attachées à la qualité officielle d'une personne n'empêchent pas la CPI d'exercer sa compétence[39]. En revanche, pour exercer sa compétence, la CPI a fréquemment besoin de la coopération des États[40]. Cette dernière est, par principe, obligatoire[41] mais souffre de deux exceptions concernant la renonciation à l'immunité et le consentement à la remise, qu'il convient d'étudier.

1. L'exception posée par l'article 98, § 1, du Statut de Rome

Dans un premier temps, la CPI ne peut poursuivre l'exécution d'une demande de remise ou d'assistance qui contraindrait l'État requis à agir de façon incompatible avec les obligations qui lui incombent en droit international en matière d'immunité. Il s'agit de l'une des branches de

---

[37] Julian FERNANDEZ, « Un enjeu et un moyen de la diplomatie des États », *Questions internationales*, vol. 49, 2011, pp. 12-21.

[38] La Haute Cour de Gauteng de la République sud-africaine a statué, le 22 février 2017, dans l'affaire entre l'Alliance démocratique et le ministre des Relations et de la Coopération internationales, que l'approbation du Parlement d'Afrique du Sud devait être obtenue avant que l'instrument de retrait du Statut de Rome puisse être déposé auprès des Nations Unies. La Haute Cour a donc conclu, en l'espèce, à l'inconstitutionnalité et à la non-validité de l'instrument de retrait sud-africain déposé le 19 octobre 2016. Les juges sud-africains avaient précédemment statué que le Gouvernement sud-africain avait agi en violation de la Constitution et de la loi d'adaptation nationale du Statut de Rome (*Implementation of the Rome Statute of the ICC Act*, n° 27, 2002, en particulier son article 4, § 2) en refusant d'arrêter Omar Al Bashir à Pretoria.

[39] L'article 27, § 2, du Statut de Rome dispose que : « Les immunités ou règles de procédure spéciales qui peuvent s'attacher à la qualité officielle d'une personne, en vertu du droit interne ou du droit international, n'empêchent pas la Cour d'exercer sa compétence à l'égard de cette personne ». Le Kenya a soumis une proposition d'amendement de l'article 27 du Statut afin d'inclure la disposition suivante : « Les chefs d'État en fonctions, leurs suppléants et toute personne exerçant ces fonctions, ou habilitée à exercer ces fonctions, peuvent être exemptés de poursuites pour la durée de leur mandat restant à courir ». Voir CPI, Assemblée des États parties, *Rapport du groupe de travail sur les amendements*, ICC-ASP/13/31, 7 décembre 2014, p. 16.

[40] Si chacune des personnes accusées par la CPI venait volontairement faire face à son procès dans la salle d'audience à La Haye, la Cour n'aurait pas à émettre de demandes de coopération visant l'arrestation d'individus.

[41] Le chapitre IX du Statut de Rome portant sur la coopération internationale et l'assistance judiciaire débute par l'article 86 intitulé « Obligation générale de coopérer ».

l'argumentation juridique développé par l'Afrique du Sud, selon laquelle « la relation entre États parties et États non parties continue d'être régie par le droit international coutumier qui accorde aux chefs d'État une immunité *ratione personae* »[42]. Or, la Cour a statué que « *customary international law creates an exception to Head of State immunity when international courts seek a Head of State's arrest for the commission of international crimes* »[43]. Pour arriver à cette solution, elle base son raisonnement judiciaire sur un arrêt de la CIJ, à propos duquel plusieurs de ses juges ont pourtant exprimés des opinions individuelles et dissidentes fortes[44]. Aussi, la CPI ajoute-t-elle que « l'article 27 du Statut s'applique de la même manière aux chefs d'États non parties au Statut, qu'ils soient ou non en exercice, dès lors que la Cour peut exercer sa compétence »[45]. Cette interprétation d'un droit international coutumier en mouvement, bien que contraire à la position adoptée par l'Afrique du Sud, est celle qui prévaut en l'espèce[46].

Par ailleurs, nonobstant l'état actuel du droit international coutumier, la CPI affirme que « le Conseil de sécurité des Nations Unies a implicitement levé les immunités dont jouissait Omar Al Bashir en vertu du droit international »[47], du fait de la résolution par laquelle il a déféré la situation soudanaise à la CPI[48]. Cette interprétation induit plusieurs questions

---

[42] ONU, Secrétariat, Notification dépositaire, C.N.786.2016.TREATIES-XVIII.10, 25 octobre 2016, p. 2.

[43] CPI, Chambre préliminaire II, *Le Procureur c. Omar Hassan Ahmad Al Bashir, Décision relative à la coopération de la République démocratique du Congo concernant l'arrestation et la remise d'Omar Al Bashir à la Cour*, ICC-02/05-01/09-195-tFRA-Corr, 9 avril 2014, § 43.

[44] La CIJ précise qu'« un ministre des Affaires étrangères ou un ancien ministre des Affaires étrangères peut faire l'objet de poursuites pénales devant certaines juridictions pénales internationales dès lors que celles-ci sont compétentes. Le TPIY et le TPIR, établis par des résolutions du Conseil de sécurité adoptées en application du chapitre VII de la Charte des Nations Unies, ainsi que la future CPI instituée par la Convention de Rome de 1998, en sont des exemples » (*Mandat d'arrêt du 11 avril 2000* (République démocratique du Congo c. Belgique), arrêt du 14 février 2002, *Recueil 2002*, § 61).

[45] CPI, Chambre préliminaire I, *Le Procureur c. Omar Hassan Ahmad Al Bashir, Rectificatif à la Décision rendue en application de l'article 87-7 du Statut de Rome relativement au manquement par la République du Malawi à l'obligation d'accéder aux demandes de coopération que lui a adressées la Cour aux fins de l'arrestation et de la remise d'Omar Hassan Ahmad Al Bashir*, ICC-02/05-01/09-139, 13 décembre 2011, § 36.

[46] L'Afrique du Sud étant partie au Statut, elle est soumise au régime juridique de l'article 119, § 2 du Statut de Rome, qui dispose que « tout différend relatif aux fonctions judiciaires de la Cour est réglé par décision de la Cour ».

[47] CPI, Chambre préliminaire II, *Le Procureur c. Omar Hassan Ahmad Al Bashir, Décision relative à la coopération de la République démocratique du Congo concernant l'arrestation et la remise d'Omar Al Bashir à la Cour*, ICC-02/05-01/09-195-tFRA-Corr, 9 avril 2014, § 29.

[48] Le Conseil « *décide que le Gouvernement soudanais* et toutes les autres parties au conflit du Darfour doivent coopérer pleinement avec la Cour et le procureur et leur apporter toute l'assistance nécessaire conformément à la présente résolution et, tout en reconnaissant que le Statut de Rome n'impose aucune obligation aux États qui n'y sont pas parties *demande instamment à tous les États* et à toutes les organisations régionales et internationales

juridiques. D'une part, une telle décision de levée d'immunité peut-elle être adoptée implicitement ? On peut raisonnablement penser que non. D'autre part, le Conseil de sécurité des Nations Unies dispose-t-il d'un tel pouvoir ? En tant qu'organe d'une organisation internationale établie par un traité, le Conseil de sécurité est assujetti à certaines limites constitutionnelles, aussi larges que puissent être ses pouvoirs, tels que définis par le cadre de l'organisation. Selon le Tribunal pénal international pour l'ex-Yougoslavie, « ces pouvoirs ne peuvent pas, en tout état de cause, excéder les limites de la compétence de l'Organisation dans son ensemble, pour ne pas mentionner d'autres limites spécifiques ou celles qui peuvent découler de la répartition interne des pouvoirs au sein de l'Organisation »[49]. La Charte des Nations Unies rappelle justement que « dans l'accomplissement de ses devoirs, le Conseil de sécurité agit conformément aux buts et principes des Nations Unies »[50]. En l'occurrence, jamais l'objet et le but d'un traité international n'ont été aussi larges et divers. Ceci, au point qu'il est possible de répondre que le Conseil dispose du pouvoir de lever des immunités, dans la mesure où il peut adopter « toutes mesures propres à consolider la paix du monde »[51]. Dans le même temps, les décisions du Conseil sont soumises aux « principes de la justice et du droit international »[52], ce qui nous ramène au droit international coutumier applicable en ce domaine et, partant, à l'interprétation susmentionnée qu'a adoptée la CPI. Ce point juridique controversé a été vivement critiqué par l'UA, laquelle a déclaré que « *the effect of being legally bound by a decision of the UNSC to a Statute that a country have not even ratified is not acceptable* »[53].

2. L'exception posée par l'article 98, § 2, du Statut

La seconde exception prévoit que la CPI ne peut poursuivre l'exécution d'une demande de remise qui contraindrait l'État requis à agir de façon incompatible avec les obligations qui lui incombent en vertu d'accords internationaux. C'est également l'une des branches de l'argumentation juridique développée par l'Afrique du Sud. Cette dernière invoque spécifiquement l'Accord de siège de l'UA, ainsi que la Convention générale sur les privilèges et immunités de l'OUA. Tout d'abord, s'agissant du premier – qui n'est malheureusement pas disponible dans le domaine public – les immunités garanties concernent exclusivement le territoire de

---

concernées de coopérer pleinement » (souligné par l'auteur). Voir ONU, Conseil de sécurité, Résolution 1593 du 31 mars 2005, § 2.

[49] TPIY, Chambre d'appel, *Le Procureur c. Dusko Tadic*, arrêt relatif à l'appel de la défense concernant l'exception préjudicielle d'incompétence, IT-94-1-AR72, 2 octobre 1995, § 28.

[50] Charte de l'ONU, article 24, § 2.

[51] Charte de l'ONU, article 1, § 2.

[52] Charte de l'ONU, article 1, § 1.

[53] UA, Assemblée, Withdrawal Strategy Document (Draft 2), 12 janvier 2017, § 4.

l'Éthiopie[54]. L'Accord n'est donc pas pertinent pour la situation juridique de l'Afrique du Sud, bien que celle-ci tente de s'en prévaloir[55]. Considérant que la probabilité de survenance d'une telle erreur d'analyse de la part d'un pays comme l'Afrique du Sud est très faible, on peut raisonnablement supposer que celle-ci soit intentionnelle. Il s'agit d'un élément significatif d'une approche instrumentale du droit international public, comme si le recours à des instruments juridiques internationaux – fussent-ils non applicables – pouvait légitimer une politique étrangère incompatible avec les valeurs que l'État affirme défendre.

Ensuite, la Convention susmentionnée, parfaitement applicable, définit le régime juridique des immunités conférées aux représentants des États membres de l'UA[56] auprès des organes principaux et subsidiaires, des Commissions spécialisées de l'OUA et des conférences convoquées par l'Organisation. Ce régime juridique, très détaillé, confère des immunités assez larges[57], « même après que ces personnes auront cessé d'être des représentants des États membres »[58]. La seule exception prévue par la Convention consiste à ce que lesdites immunités soient levées par l'État membre[59]. Pour autant, l'Afrique du Sud se retrouve-t-elle effectivement à devoir respecter deux obligations contradictoires comme elle le prétend ? La réponse à cette question doit s'articuler en trois temps.

Tout d'abord, l'Afrique du Sud doit garantir les immunités aux divers représentants des États membres de l'UA, donc à ceux du Soudan. Dans le même temps, elle a ratifié un instrument juridique international selon lequel les immunités qui s'attachent à la qualité officielle d'une personne n'empêchent pas la CPI d'exercer sa compétence à l'égard de cette

---

[54] Accord de siège de l'Union africaine, 25 avril 2008, article 15.

[55] L'article 2 de l'accord de siège, intitulé « *Purpose and Scope of the Agreement* », précise que l'accord « *shall regulate matters relating to or arising out of the establishment and functioning of the Commission and its relationship with the Government, in the territory of the Federal Democratic Republic of Ethiopia* ».

[56] La Convention précise que « le terme 'représentant' est considéré comme se rapportant à tous les délégués suppléants, conseillers, experts techniques et secrétaires de délégation ». Voir OUA, Convention sur les privilèges et immunités de l'Organisation de l'unité africaine, CAB/LEG/24.2/13, 25 octobre 2965, article V (6).

[57] *Ibid.*, article V (1).

[58] *Ibid.*, article V (2).

[59] La Convention précise ainsi que : « Les privilèges et immunités sont accordés aux représentants des États membres non à leur avantage personnel, mais en vue d'assurer l'exercice de leurs fonctions à l'égard de l'Organisation de l'unité africaine dans l'indépendance. Par conséquent, les États membres ont non seulement le droit, mais le devoir de lever l'immunité de leurs représentants dans tous les cas où ils estiment que l'immunité empêcherait que la justice suive son cours et que l'immunité peut être levée sans porter atteinte à la cause pour laquelle elle a été accordée » (*ibid.*, article V (4)).

personne[60]. La contradiction semble inévitable. Pourtant, les questions juridiques soulevées par les immunités ne sont pas les mêmes en matière de compétence juridictionnelle et en matière de coopération internationale. C'est d'ailleurs pourquoi elles font l'objet d'un traitement différencié au sein du Statut de Rome[61]. Par conséquent, nonobstant les décisions du Conseil de sécurité, l'Afrique du Sud ne s'est pas retrouvée à devoir respecter des obligations contradictoires, dans la mesure où elle remplit les conditions de l'une des exceptions prévues par le Statut, du fait de ses obligations au titre de la Convention générale sur les privilèges et immunités de l'OUA. Ainsi, la CPI a commis une erreur manifeste d'interprétation lorsqu'elle a statué que « *the unavailability of immunities with respect to prosecutions by international courts applies to any act of cooperation by States which forms an integral part of those prosecutions* »[62]. La CPI a effectivement confondu l'exercice de sa compétence avec l'exécution d'une demande de coopération, pourtant bien distincts au sein du Statut de Rome.

Ensuite, une autre catégorie d'obligations entre dans le champ d'application de l'article 98, § 2, du Statut : les décisions de l'UA, qui constituent des « obligations en vertu d'accords internationaux ». Très tôt, l'UA a apporté un soutien univoque à Omar Al Bashir[63]. Cette position a été rappelée à plusieurs reprises[64], y compris tout dernièrement en ces termes : « *the need for all Member States to continue to comply with the Assembly Decisions on the warrants of arrest issued by the ICC against President Al Bashir of The Sudan pursuant to Article 23 (2) of the Constitutive Act of the African Union and Article 98 of the Rome Statute of the ICC* »[65]. Ici également, au titre des actes unilatéraux adoptés par l'UA, l'Afrique du Sud peut se prévaloir de l'exception prévue par le paragraphe 2 de l'article 98 du Statut en matière de

---

[60] Statut de Rome, article 27, § 2.

[61] Voir les articles 27 et 98 du Statut de Rome.

[62] CPI, Chambre préliminaire I, *Le Procureur c. Omar Hassan Ahmad Al Bashir, Rectificatif à la Décision rendue en application de l'article 87-7 du Statut de Rome relativement au manquement par la République du Malawi à l'obligation d'accéder aux demandes de coopération que lui a adressées la Cour aux fins de l'arrestation et de la remise d'Omar Hassan Ahmad Al Bashir*, ICC-02/05-01/09-139, 13 décembre 2011, § 44.

[63] UA, Assemblée, Decision on the Report of the Commission on the Meeting of African States Parties to the Rome Statute of the International Criminal Tribunal (ICC), Assembly/AU/Dec.245 (XIII), 1er juillet 2009, § 10.

[64] UA, Assemblée, Décision sur la Cour pénale internationale, Assembly/AU/Dec.590 (XXVI), 30-31 janvier 2016, § 3.

[65] UA, Assemblée, Décision sur la Cour pénale internationale, EX.CL/1006 (XXX), 30-31 janvier 2017, § 2. Des réserves ont été exprimées par le Cap Vert, le Nigeria, ainsi que le Sénégal à propos de la totalité du texte de cette décision.

coopération dans un contexte d'immunité, ce qui n'empêche pas la Cour d'exercer sa compétence au titre de l'article 27 du Statut[66].

Enfin, dans le cas de figure où le Conseil de sécurité défère une situation à la Cour, ce qui est le cas du Soudan, la problématique est différente. En effet, les obligations internationales n'ont pas la même nature ni la même portée si elles émanent de l'application du Statut de Rome ou d'une résolution du Conseil de sécurité des Nations Unies. La Cour a adopté un raisonnement confus sur cette problématique, concluant que le déferement d'une situation par le Conseil de sécurité induit l'application du Statut[67]. Pourtant, le mandat de la Cour consiste à interpréter la totalité du Statut et, ainsi, à donner sens à chacune de ses dispositions, et non pas uniquement à celles qui soutiennent des conclusions favorables à un objectif politique, même lorsque celui-ci est louable. Il eût été plus juste de se référer au dispositif de la résolution pertinente du Conseil de sécurité, qui peut imposer des obligations en matière de coopération à tous les États, parties ou non parties au Statut, plutôt que de tenter de construire un régime juridique à l'intérieur du système du Statut de Rome. En définitive, pour l'Afrique du Sud, il existe une nuance entre les immunités d'Omar Al Bashir dans le cadre de l'obligation de coopérer procédant du Statut de Rome[68] ou dans celui de l'obligation de coopérer imposée par la résolution adoptée par le Conseil de sécurité[69]. Cette dernière prévaut obligatoirement[70] et, partant, élude le problème prétendument posé par le respect d'obligations internationales contradictoires.

---

[66] Pour une approche critique, voir Dire TLADI, « The ICC Decisions on Chad and Malawi: On Cooperation, Immunities, and Article 98 », *JICJ*, vol. 7, 2009, pp. 333-352.

[67] Voir en ce sens Hervé ASCENCIO, Rafaëlle MAISON, Chloé BERTRAND, « L'activité des juridictions pénales internationales (2008-2009) », *AFDI*, vol. 55, 2009, pp. 338-339 (les auteurs indiquent que « maniant l'ambiguïté avec une certaine dextérité, la chambre cherche ainsi à construire à l'intérieur du droit de la CPI un régime juridique spécifique découlant des résolutions du Conseil de sécurité »). Voir également : CPI, Chambre préliminaire I, *Le Procureur c. Omar Hassan Ahmad Al Bashir, Rectificatif à la Décision rendue en application de l'article 87-7 du Statut de Rome relativement au manquement par la République du Malawi à l'obligation d'accéder aux demandes de coopération que lui a adressées la Cour aux fins de l'arrestation et de la remise d'Omar Hassan Ahmad Al Bashir*, ICC-02/05-01/09-139, 13 décembre 2011, § 36 ; CPI, Chambre préliminaire I, *Le Procureur c. Omar Hassan Ahmad Al Bashir, Décision relative à la requête de l'Accusation aux fins de délivrance d'un mandat d'arrêt à l'encontre d'Omar Hassan Ahmad Al Bashir*, ICC-02/05-01/09-3-tFRA, 4 mars 2009, §§ 40, 41 et 45.

[68] Obligation pouvant souffrir plusieurs exceptions, notamment celle relative à l'application de la Convention générale sur les privilèges et immunités de l'OUA.

[69] Il convient toutefois de mettre en exergue qu'une ambiguïté demeure lorsque le Conseil de sécurité « demande instamment » à tous les États de coopérer pleinement avec la CPI. Voir ONU, Conseil de sécurité, Résolution 1593 du 31 mars 2005, § 2.

[70] L'article 25 de la Charte des Nations Unies dispose que « Les membres de l'Organisation conviennent d'accepter et d'appliquer les décisions du Conseil de sécurité conformément à la présente charte », tandis que l'article 103 dispose que, « en cas de conflit entre les obligations

Il convient d'établir une distinction claire : la défiance existant envers le système du Statut de Rome n'implique pas nécessairement de défiance envers le projet de justice internationale pénale. En outre, malgré son degré avancé d'institutionnalisation, cette défiance n'est pas partagée par tous. Elle n'emporte pas, à ce stade, de conséquence sur l'œuvre africaine dans la pénalisation du droit international. L'exemple du retrait de l'Afrique du Sud du Statut de Rome, par l'argumentation juridique qu'il contient, rappelle que le droit international public conserve une place importante dans les relations internationales et constitue un moyen de défendre une politique étrangère. Nous avons tenté de démontrer le caractère erroné de cette argumentation, au point que l'on peut se demander si celle-ci ne constitue pas une façade visant la légitimation d'une décision politique qui n'est pas totalement assumée. Cette démonstration rappelle que « les États n'utilisent pas le droit international uniquement comme norme de conduite, mais aussi comme justification mouvante d'une politique »[71].

---

des membres des Nations Unies en vertu de la présente Charte et leurs obligations en vertu de tout autre accord international, les premières prévaudront ».

[71] Robert KOLB, *Réflexions sur les politiques juridiques extérieures*, *op. cit.*, p. 6.

Justice pénale internationale et sécurité collective en Afrique

Nabil HAJJAMI

Procéder à une rétrospective de la justice internationale pénale en Afrique suppose nécessairement de s'interroger sur les liens que celle-ci entretient avec la sécurité collective. Ces liens sont de toute évidence complexes et, ces trois dernières décennies, un nombre considérable de crises ayant spécifiquement concerné le continent africain ont entremêlé des problématiques de nature politique, militaire, sécuritaire, humanitaire et judiciaire.

La justice internationale pénale a, pendant longtemps, été perçue comme une émanation ou un prolongement de la sécurité collective[1]. Selon cette logique, le temps de la justice pénale interviendrait au terme de la crise sécuritaire. La vocation de cette justice reconstructive serait, essentiellement, d'assurer que la violence politique ne renaisse pas sur les braises d'un conflit « mal » réglé, en raison des ressentiments générés par la soustraction à la justice d'auteurs de crimes perpétrés pendant ledit conflit[2]. Ainsi, initialement conçue comme un *moyen* de préserver la paix et la sécurité internationales, la justice pénale s'est-elle progressivement muée en véritable objectif autonome. La lutte contre l'impunité constitue, à l'heure actuelle, une *fin* en soi[3]. La justice pénale n'est plus seulement conçue comme un moyen au service de la paix, mais comme un objectif à atteindre en tant que tel.

L'autonomie acquise par la justice internationale pénale par rapport à la sécurité collective explique et nourrit les rapports existant entre ces deux objets, ces deux projets. Cela dit, avant d'entamer plus en avant l'analyse de ces rapports, il paraît utile de cerner les contours de ce à quoi renvoient respectivement la sécurité collective et la justice internationale pénale. La

---

[1] Voir Anne-Laure CHAUMETTE, « La Cour pénale internationale et le maintien de la paix », *in* J. FERNANDEZ, X. PACREAU (dir.), *Statut de Rome de la Cour pénale internationale : commentaire article par article*, Paris, Pedone, 2012, pp. 65-75.

[2] Anne-Cécile ROBERT, « Justice internationale, politique et droit », *Le Monde diplomatique*, mai 2003, p. 28.

[3] Federico ANDREU-GUZMAN, « Impunité et droit international : quelques réflexions historico-juridiques sur la lutte contre l'impunité », *Mouvements*, vol. 53, 2008, pp. 54-60.

sécurité collective désigne l'idée de « système » au sein duquel des États, ou groupes d'États, s'associent par la voie conventionnelle, afin d'assurer leur défense mutuelle[4] ou le respect de valeurs communes[5]. Ce système, s'il est fondé sur de complexes équilibres institutionnels[6], repose sur une idée *a priori* simple : en son sein, l'agression de l'un suppose l'agression de tous. Dans le cadre de la Charte de l'ONU[7] – laquelle consacre le système de sécurité collective universel le plus abouti que l'humanité ait connu – l'emploi de la force est prohibé et, hors cas de légitime défense, seul le Conseil de sécurité est habilité à autoriser une action armée[8]. Dans ce système, la paix ne résulte pas seulement de l'absence de guerre interétatique. La pratique des Nations Unies admet que la sécurité collective embrasse des enjeux qui ne sont pas exclusivement militaires. Les violations massives des droits de la personne ou les pandémies peuvent ainsi constituer des menaces contre la paix et la sécurité internationales.

La sécurité universelle n'absorbe pas absolument la sécurité régionale dans la mesure où le système des Nations Unies a ceci de particulier qu'il préserve l'autonomie des espaces régionaux par rapport à l'organisation universelle[9]. Il laisse aux organisations et organismes régionaux la faculté d'ériger leur propre système de sécurité collective, pourvu que ceux-ci respectent le cadre fixé par le chapitre VIII de la Charte[10]. Les États du continent africain se sont ainsi dotés, dans le cadre de l'Union africaine (UA), d'un Conseil de paix et de sécurité chargé « de promouvoir la paix, la sécurité et la stabilité en Afrique »[11].

Pour sa part, l'objet du droit international pénal se rapporte, fondamentalement, à la protection de valeurs considérées comme essentielles par la collectivité. La doctrine admet, sans grand débat d'ailleurs, que

---

[4] Jean SALMON (dir.), *Dictionnaire de droit international public*, Bruxelles, Bruylant, 2001, pp. 1024-1025.

[5] John P. GRANT, J. Craig BARKER (eds.), *Parry and Grant Encyclopaedic Dictionary of International Law*, Oxford, OUP, 2009, p. 105.

[6] Michel VIRALLY évoque, au sujet de la Charte de l'ONU, des équilibres « constitutionnels ». Pour une analyse de ces équilibres, voir Michel VIRALLY, *L'Organisation mondiale*, Paris, Armand Colin, 1972, pp. 102-117.

[7] Le but premier des Nations Unies est de « maintenir la paix et la sécurité internationales et à cette fin : prendre des mesures collectives efficaces en vue de prévenir et d'écarter les menaces à la paix et de réprimer tout acte d'agression ou autre rupture de la paix » (Charte de l'ONU, article 1, § 1).

[8] Olivier CORTEN, « La sécurité collective, un rêve contrarié », *Le Monde diplomatique*, septembre 2005, p. 17.

[9] Marc PERRIN DE BRICHAMBAUT, « Les Nations Unies et les systèmes régionaux », *in* SFDI, *Le chapitre VII de la Charte des Nations Unies*, Paris, Pedone, 1995, p. 17.

[10] Olivier CORTEN, *Le droit contre la guerre*, Paris, Pedone, 2014, pp. 546ss.

[11] UA, *Protocole relatif à la création d'un Conseil de paix et de sécurité de l'Union africaine*, 9 juillet 2002, article 3, a).

« l'idée fondamentale à la base du droit pénal est l'idée de protection ou de défense de l'ordre social propre à tout groupement »[12]. Ainsi rapportées à ce qu'elles ont d'essentiel, la justice internationale pénale et la sécurité collective convergent donc vers un même objectif de défense de valeurs essentielles à un ordre social donné. On peut même considérer – bien que certains auteurs éprouvent à cet égard des doutes[13] – que la première s'imbrique dans la seconde. Le droit international pénal permet de prévenir et de punir des infractions d'une gravité telle qu'elles menacent la paix et la sécurité internationales.

Au-delà, toutefois, de cette finalité commune, justice internationale pénale et sécurité collective sont incarnées par des institutions distinctes. Celles-ci sont mues par des logiques propres qui peuvent parfois entrer en tension ou en contradiction. C'est dans ce contexte que s'inscrit, plus généralement, la double dialectique entre paix et justice[14], politique et judiciaire[15]. L'objet de la présente contribution est d'identifier, au sein de la pratique observée sur le continent africain, les interactions – ou bien, pourrait-on dire, « les zones de frictions » – existant entre la sécurité collective et la justice internationale pénale.

Confronter ces deux objets revient, d'abord, à confronter des dynamiques contradictoires. La présente analyse a comme objectif de démontrer que la justice internationale pénale et la sécurité collective en Afrique sont traversées par de profondes tensions, à la fois structurelles et conjoncturelles. Celles-ci, une fois identifiées, constituent des grilles de lecture permettant de comprendre une partie des difficultés que rencontre la justice internationale pénale à durablement ancrer sa légitimité sur le continent africain. Aussi, et pour le montrer, l'examen de deux dialectiques articulera notre étude : celle de l'universalisation contre la régionalisation (I), puis celle de la politisation contre la judiciarisation (II).

I. Universalisation contre régionalisation

L'objet du présent développement est d'identifier deux processus opposés qui, depuis le milieu des années 1990, travaillent en profondeur la justice internationale pénale et la sécurité collective en Afrique. Leur identification permettra de mieux comprendre certains des enjeux – et difficultés – que traverse le continent africain en matière de sécurité et de justice internationale.

---

[12] Hervé ASCENSIO, Emmanuel DECAUX, Alain PELLET (dir.), *Droit international pénal*, Paris, Pedone, 2012, p. 26.

[13] Maria Luisa CESONI, Damien SCALIA, « Juridictions pénales internationales et Conseil de sécurité : une justice politisée », *RQDI*, vol. 25, 2012, p. 51.

[14] Jean-Baptiste JEANGÈNE-VILMER, *Pas de paix sans justice ? Le dilemme de la paix et de la justice en sortie de conflit armé*, Paris, Presses de Sciences Po, 2011.

[15] Julie SAADA, « La justice pénale internationale, entre idéaux et justification », *Revue Tiers Monde*, vol. 205, 2011, pp. 47-64.

Ces deux processus sont l'universalisation de la justice internationale pénale et la régionalisation de la sécurité collective en Afrique. Ces deux tendances structurelles se heurtent de front, ce qui génère des tensions (A). Elles rencontrent également, l'une et l'autre, de fortes résistances (B).

1. Des dynamiques opposées

La sécurité collective et la justice internationale pénale sont, à l'origine, profondément imbriquées. La seconde constitue, dans une large mesure, le prolongement de la première. Une distanciation s'est toutefois progressivement opérée entre ces deux objets. Cet éloignement procède d'une dynamique centrifuge, en ce sens qu'elle désigne deux objets gravitant autour d'un axe avec, cependant, une irrésistible tendance à s'en éloigner. Les dynamiques qui génèrent une tension entre la sécurité collective et la justice pénale en Afrique sont, d'abord, celles de l'universalisation et de la régionalisation.

Depuis l'avènement de la Cour pénale internationale (CPI), la justice internationale pénale suit, en effet, une puissante dynamique d'universalisation. La création d'une véritable cour criminelle ayant compétence pour les crimes les plus graves, lesquels, pour reprendre les termes de la Commission du droit international « intéressent la communauté internationale dans son ensemble »[16], procède de cette logique. La dynamique d'universalisation s'inscrit à rebours du développement de juridictions pénales internationales *ad hoc* ou spécialisées, pratique – au demeurant controversée[17] – augurée avec le Tribunal pénal international pour l'ex-Yougoslavie[18]. Cette universalisation constitue un processus tant institutionnel – *via* la création d'une cour dont la compétence territoriale n'est *a priori* pas circonscrite à une situation déterminée – que normatif, avec l'amorce d'une véritable réflexion sur l'unité du droit international et sur l'interaction entre le droit international pénal et d'autres branches du droit des gens. L'universalisme s'avère, en somme, être une pièce centrale du système pénal international[19], lequel est tout entier fondé sur les « ambitions universalistes du droit international pénal »[20]. La CPI constitue

---

[16] CDI, *Projet de Statut d'une Cour criminelle internationale et commentaires y relatifs*, New York, ONU, 1994, p. 28.

[17] Voir, par exemple, les critiques formulées *in* ONU, A/CN.4/SR.2300, 25 mai 1993, p. 17.

[18] Si l'on met, bien entendu, de côté la création des Tribunaux de Nuremberg et de Tokyo, respectivement en 1945 et en 1946.

[19] CPI, ICC-ASP/15/19, *Rapport du Bureau sur le Plan d'action pour parvenir à l'universalité et à la mise en œuvre intégrale du Statut de Rome de la Cour pénale internationale*, 10 novembre 2016.

[20] Voir Herman Blaise NGAMENI, *La diffusion du droit international pénal dans les ordres juridiques africains,* Paris, L'Harmattan, 2017, p. 201.

même un projet « cosmopolite »[21] se situant à la confluence de la philosophie morale et du droit[22].

À rebours de cette dynamique d'universalisation, la sécurité collective fait, dans le cadre africain, l'objet d'un puissant processus de régionalisation. De sa création en 1963 jusqu'au milieu des années 1990, l'Organisation de l'Unité Africaine (OUA) a fait le choix de sous-traiter les questions de sécurité collective par des organisations sous-régionales, telles que la CÉDÉAO[23], ou – surtout – de les externaliser vers les Nations Unies. Comme l'écrit Paul D. Williams, l'organisation avait alors décidé de fixer « *its priority as conflict prevention, arguing that primary responsibility for peacekeeping in Africa lay with the UN* »[24]. La perpétration du génocide au Rwanda, puis les conflits au Liberia et en Sierra Leone ont toutefois entraîné, chez les opinions publiques et les gouvernants africains, une douloureuse prise de conscience quant aux insuffisances de cette stratégie.

Rejetant collectivement la logique d'externalisation qui jusqu'alors prévalait, les États africains ont affiché une volonté de réappropriation de la sécurité régionale, par l'élaboration de leur propre système de sécurité collective. Ce volontarisme se matérialise dans la formule « *African solutions to African problems* », laquelle a été développée par la doctrine juridique africaine, en particulier anglophone[25]. Cette expression – qui sonne presque comme un slogan politique[26] – trouve son fondement juridique dans le principe de subsidiarité, en vertu duquel des solutions adoptées par des instances se trouvant au plus près d'une crise seraient, logiquement, les mieux à même d'aboutir à son règlement durable.

---

[21] Antonio CASSESE, « From Nuremburg to Rome: From *Ad Hoc* International Criminal Tribunals to the International Criminal Court », *in* A. CASSESE, P. GAETA, J. JONES (eds.), *The Rome Statute of the International Criminal Court: A Commentary*, Oxford, OUP, 2002, p. 18.

[22] Sur cette question, voir Olivier DE FROUVILLE (dir.), *Le cosmopolitisme juridique*, Paris, Pedone, 2015.

[23] Les crises en Sierra Leone et au Liberia en constituent la plus significative illustration. Voir Jeremy LEVITT, « Humanitarian Intervention by Regional Actors in Internal Conflicts: The Cases of ECOWAS in Liberia and Sierra Leone », *Temple International and Comparative Law Journal*, vol. 12, 1998, pp. 333-375.

[24] Paul D. WILLIAMS, « The Peace and Security Council of the African Union: Evaluating an Embryonic International Institution », *Journal of Modern African Studies*, vol. 47, 2009, p. 605.

[25] Bjorn MOLLER, *The African Union as Security Actor: African Solutions to African Problems?*, Crisis States Research Centre Working Papers Series n° 2, vol. 57, août 2009.

[26] Paul D. WILLIAMS, « Keeping the Peace in Africa: Why 'African' Solutions Are Not Enough », *Ethics and International Affairs*, vol. 22, 2008, pp. 309-329.

Cette vision a abouti à la mise en place, le 25 mai 2004, du Conseil de paix et de sécurité de l'Union africaine[27]. Le Protocole portant création de cet organe, adopté par les chefs d'État et de Gouvernement membres de l'UA le 9 juillet 2002, souligne la nécessité de « renforcer la capacité [de l'Organisation] à faire face au fléau des conflits sur le continent et à assurer que l'Afrique, à travers l'Union africaine, joue un rôle de premier plan dans la restauration de la paix, de la stabilité et de la sécurité sur le continent »[28]. Le Conseil est érigé en pièce centrale du nouveau système de sécurité collective africain. L'enjeu sécuritaire est, à cet égard, envisagé comme un prisme privilégié d'intégration régionale panafricaine. Pour les partisans du Protocole, l'objectif est de ne plus confier le destin sécuritaire de l'Afrique aux seules Nations Unies, lesquelles prennent, de leur point de vue, des décisions qui sont commandées par des intérêts autres que ceux strictement africains[29]. Cette défiance à l'égard de l'organisation universelle est nourrie par l'absence d'État africain parmi les membres permanents du Conseil de sécurité de l'ONU. Pour d'ailleurs en comprendre toutes les implications, la création du Conseil de paix et de sécurité de l'UA doit être lue de façon combinée avec les débats qui ont, entre 2002 et 2005, concerné la réforme du Conseil de sécurité. Était alors évoquée la possibilité d'octroyer un ou plusieurs sièges permanents à des États africains[30]. L'adoption du Protocole, en 2004, doit donc être comprise comme un signal adressé aux États membres de l'ONU ; signal selon lequel l'Afrique est disposée à prendre en main son propre destin sécuritaire si les Nations Unies s'obstinent à lui refuser la place qu'elle estime devoir occuper au Conseil de sécurité. Pour toutes ces raisons, on peut dire, avec Yves Alexandre Chouala, que la création du Conseil de paix et de sécurité de l'UA dénote une « tendance à l'africanisation forte de la recherche et de la sauvegarde de la sécurité collective »[31].

Les différentes situations conflictuelles et post-conflictuelles observées sur le continent africain montrent que la justice internationale pénale et la sécurité collective sont indissociables. Or, tandis que la justice internationale pénale marque une tendance forte à l'universalisation, la sécurité collective en Afrique s'inscrit au contraire dans une nette dynamique de régionalisation. Ainsi identifiée, cette tension entre universalisation et régionalisation

---

[27] Delphine LECOUTRE, « Le Conseil de paix et de sécurité de l'Union africaine, clef d'une nouvelle architecture de stabilité en Afrique ? », *Afrique contemporaine*, vol. 212, 2004, pp. 131-162.

[28] UA, Protocole relatif à la création d'un Conseil de paix et de sécurité de l'Union africaine, adopté à Durban le 9 juillet 2002, préambule.

[29] Ademola ABASS, « Africa », *in* J. GENSER, I. COTLER (eds.), *The Responsibility to Protect: The Promise of Stopping Mass Atrocities in our Time*, Oxford, OUP, 2012, pp. 122-129.

[30] UA, Ext./EX.CL./2(VII), Position commune africaine sur la réforme des Nations Unies : « Le consensus d'Elzuwini », 7-8 mars 2005, p. 7.

[31] Yves Alexandre CHOUALA, « Puissance, résolution des conflits et sécurité collective à l'ère de l'Union africaine : théorie et pratique », *AFRI*, vol. 6, 2005, p. 305.

constitue une grille de lecture permettant d'expliquer tant les résistances observées, en Afrique, à l'égard de la justice internationale pénale que la crise de légitimité que rencontre le système de maintien de la paix élaboré par l'UA.

Cette tension se traduit également en termes de discours sur le droit. Les discours dominants – dans le sens où il s'agit des plus audibles dans les cercles diplomatiques africains – se rapportant respectivement à la justice internationale pénale et à la sécurité collective se heurtent de front.

En matière de sécurité collective, le discours des chefs d'État et de Gouvernement africains se révèle, à l'analyse, *proactif, offensif et résolument panafricaniste*. Il repose tout entier sur l'idée que le continent serait désormais prêt à assumer sa pleine responsabilité dans la préservation de la paix régionale. L'organisation africaine entend ainsi se prévaloir d'un véritable « mandat de maintien de la paix et de la sécurité en Afrique incombant au Conseil de paix et de sécurité de l'Union africaine »[32]. Cette posture rhétorique, qui s'inscrit dans le registre de la responsabilisation, postule des relations égalitaires fondées sur l'existence d'obligations et de responsabilités réciproques entre l'Afrique et le Conseil de sécurité de l'ONU.

Le discours est très différent en matière de justice internationale pénale. À rebours de ce qui vient d'être observé pour la sécurité collective, les déclarations des chefs d'État et de Gouvernement africains mobilisent, avec d'ailleurs une inégale pertinence[33], un discours structuré autour d'arguments anti-impérialistes[34] et/ou anticolonialistes[35]. Selon cette posture, la Cour pénale internationale n'aurait d'universelle que l'apparence. Cette institution – et, par extension, le droit international pénal – ne seraient, en réalité, que des instruments néocoloniaux permettant de maintenir les États africains dans une situation de subjugation[36]. Ce discours, qui mobilise une rhétorique de victimisation et non de responsabilisation, se fonde sur les inégalités de fait entre États occidentaux et États africains. Dans ce contexte, la CPI est perçue

---

[32] ONU, S/2010/392, Lettre datée du 20 juillet 2010, adressée à la présidente du Conseil de sécurité par les représentants permanents du Gabon, du Nigeria et de l'Ouganda auprès de l'Organisation des Nations Unies, 21 juillet 2010, § 2.

[33] Frédéric MÉGRET, « Cour pénale internationale et néocolonialisme : au-delà des évidences », *Études internationales*, vol. 45, 2014, pp. 27-50.

[34] Aboubacar Sidiki DIOMANDÉ, « La Cour pénale internationale : justice à double vitesse ? », *Revue de droit public*, vol. 4, 2012, pp. 1013-1030.

[35] Voir les prises de positions rapportées *in* Jean-Baptiste JEANGÈNE-VILMER, « Union africaine *versus* Cour pénale internationale : répondre aux objections et sortir de la crise », *Études internationales*, vol. 45, 2014, pp. 5-26.

[36] Pour une analyse de cet argument, voir Anne-Charlotte MARTINEAU, « La justice pénale internationale, l'Afrique et le refoulé colonial », *Champ pénal/Penal Field*, vol. 13, 2016.

et présentée comme un instrument utilisé par les premiers pour asservir les seconds. En définitive, le discours des États africains se rapportant à la justice internationale pénale peut être considéré comme *réactif, défensif et résolument anticolonialiste*. En ce sens, il s'inscrit dans un registre tout à fait distinct, sinon opposé, à celui sur la sécurité collective en Afrique.

Bien qu'indissociables, justice internationale pénale et sécurité collective sont donc, sur le continent africain, mues par deux dynamiques opposées. La puissante propension à l'universalisme du droit international pénal se heurte aux fortes velléités régionalistes du système de sécurité collective panafricain.

La mise en lumière de cette tension concourt à expliquer non seulement la schizophrénie des discours africains dominants – lesquels oscillent continuellement entre postures de victimisation et de responsabilisation – mais également les difficultés structurelles qu'ont les institutions se rapportant au droit international pénal ou à la sécurité collective d'asseoir leur légitimité en Afrique.

2. Des dynamiques contrariées

Le tableau précédemment brossé comporte une part de simplification. Chacune des dynamiques ci-dessus présentées rencontre des obstacles et doit, par conséquent, être nuancée. Les aspirations régionalistes de la sécurité collective africaine se heurtent à de sérieuses difficultés sur le terrain. Les conditions de déploiement de la Mission de l'Union Africaine en Somalie (AMISOM) sont, à cet égard, symptomatiques des difficultés opérationnelles auxquelles doit faire face l'organisation. À la suite du déploiement de cette mission, l'UA appela, à de multiples occasions, le Conseil de sécurité de l'ONU à autoriser la mise en place d'une mission des Nations Unies prenant le relais de l'AMISOM. Dès septembre 2007, le Ghana, État présidant alors l'organisation, fit savoir que « malgré ses efforts constants en matière de paix », l'UA ne pouvait pas, « vu l'ampleur des défis en Somalie »[37], assumer seule la gestion financière et logistique de la crise.

L'Union a cependant essuyé un refus, les Nations Unies s'étant déclarées réticentes à s'engager dans le déploiement d'une mission en Somalie « qui engloutirait (…) d'énormes ressources »[38], jugeant cette option à « haut-risque »[39] et politiquement inopportune[40]. Cet exemple, particulièrement

---

[37] CENTRE D'ACTUALITÉ DE L'ONU, « Débat général : les propositions des chefs d'État et de Gouvernement », 25 septembre 2007.

[38] S/2009/210, *Rapport spécial sur la Somalie présenté par le secrétaire général en application de la Résolution 1863 (2009) du Conseil de sécurité*, 16 avril 2009, §§ 56-57.

[39] SECURITY COUNCIL, *Somalia: Update Report*, 8 décembre 2010, pp. 3-4.

[40] Le Conseil de sécurité a créé, par la Résolution S/RES/2102 (2013) du 3 juin 2013, la Mission d'assistance des Nations Unies en Somalie (MANUSOM), laquelle a vocation à

significatif, montre bien que les prétentions de l'Afrique au régionalisme, en matière de maintien de la paix et de protection des populations civiles, sont contrariées par les difficultés matérielles et logistiques endémiques auxquelles l'organisation est confrontée. En d'autres termes, en matière de sécurité collective, l'UA n'a probablement pas les moyens des ambitions affichées par son discours résolument régionaliste et panafricaniste.

L'universalisme du droit international pénal s'avère lui aussi contrarié. Concernant plus spécifiquement la CPI, Serge Sur évoque d'ailleurs « une universalité virtuelle mais plus que douteuse »[41]. On sait effectivement que de nombreux États – et certainement pas des moindres – refusent avec persistance d'adhérer au Statut de Rome. Si l'attention a longtemps été portée sur la réticence de certains des États membres permanents du Conseil de sécurité à rallier le Statut de Rome[42], le regard est aujourd'hui essentiellement dirigé vers les États africains, dont la politique à l'égard de la CPI constitue la menace la plus immédiate à son aspiration universaliste[43].

La fronde – conduite par l'Afrique du Sud, le Burundi et la Gambie – a été avalisée par la Conférence de l'Union africaine lors de son 26e sommet (Addis-Abeba, 30-31 janvier 2016). À cette occasion, l'Union a préconisé l'établissement d'une « stratégie globale [prenant] en compte le retrait collectif de la CPI »[44]. Cette stratégie, de laquelle un nombre non négligeable d'États africains a souhaité se désolidariser[45], a été adoptée lors du 28e sommet de l'Union, les 30 et 31 janvier 2017[46]. En raison de considérations internes à l'Afrique du Sud, la perspective d'un retrait de cet État paraît, du moins temporairement, s'éloigner[47]. La décision du Burundi fait cependant craindre aux partisans de la Cour le spectre du précédent. Car, depuis le 27

apporter un soutien au Gouvernement fédéral somalien aux fins de consolider la paix (§ 2). Elle ne se substitue toutefois nullement à l'AMISOM et n'est pas autorisée à employer la force (S/RES/2358 (2017), 14 juin 2017).

[41] Serge SUR, « Vers une Cour pénale internationale : la Convention de Rome entre les ONG et le Conseil de sécurité », *RGDIP*, vol. 103, 1999, p. 31.

[42] Voir notamment Julian FERNANDEZ, *La politique juridique extérieure des États-Unis à l'égard de la Cour pénale internationale*, Paris, Pedone, 2010.

[43] Voir sur cette question Jean-Louis ATANGANA AMOUGOU, « La perspective du retrait des États africains du traité de Rome », *in Réciprocité et universalité : sources et régimes du droit international des droits de l'Homme. Mélanges en l'honneur du professeur Emmanuel Decaux*, Paris, Pedone, 2017, pp. 263-279.

[44] UA, doc. EX.CL/952 (XXVIII), *Décision sur la Cour pénale internationale*, 30-31 janvier 2016, § 10, iv).

[45] Il s'agit du Bénin, du Botswana, du Burkina Faso, de Cap-Vert, de la Côte d'Ivoire, de la Gambie, du Lesotho, du Liberia, de Madagascar, du Malawi, du Mozambique, du Nigeria, du Sénégal, de la Tanzanie, de la Tunisie et de la Zambie.

[46] UA, doc. EX.CL/1006 (XXX), *Décision sur la Cour pénale internationale*, 30-31 janvier 2017, § 8.

[47] Hannah WOOLAVER, « Unconstitutional and Invalid: South Africa's Withdrawal from the ICC Barred (For Now) », *EJIL: Talk!*, 27 février 2017.

octobre 2017, cet État est officiellement la première partie contractante à avoir activé la clause de retrait énoncée à l'article 127 du Statut de Rome.

À la lecture de la Stratégie de retrait établie par l'UA, on peut de nouveau constater que les questions de maintien de la paix sont mobilisées – parfois instrumentalisées – au service des critiques adressées à la CPI[48]. L'idée sous-tendue par ce type de critiques est assez classique et peut se résumer comme suit : l'action de la CPI, à supposer même qu'on admette qu'elle soit commandée par d'authentiques idéaux de justice et de lutte contre l'impunité, serait conduite au mépris ou dans l'ignorance des réalités locales ou régionales. Elle serait donc, en certaines hypothèses, inadaptée, voire contreproductive.

Au soubassement de ce discours figure, de nouveau, la tension entre la prétention de l'Afrique au régionalisme sécuritaire et l'aspiration de la CPI à l'universalisme judiciaire. Dans ce contexte, la Stratégie établie par l'UA semble, *a priori*, vouloir atténuer cette tension en réconciliant justice pénale et sécurité collective. Elle postule qu'une justice pénale authentiquement régionale entrerait en meilleure synergie avec la sécurité collective régionale panafricaine. À contre-courant des dynamiques observées, l'Union préconise de « *enhance the regionalization of international criminal law* »[49]. En parallèle, la stratégie envisage que l'Union se réapproprie les mécanismes universels de sécurité collective. Partant du principe que les intérêts des membres permanents du Conseil de sécurité « *are not always in line with those of Africa, thereby leading to a perception of a double standard against African States* »[50], l'Union préconise une réforme substantielle de cet organe[51], afin que l'Afrique y occupe la place qu'elle mériterait.

L'équation, telle que posée par l'UA, part de la prémisse très discutable que sécurité régionale et justice internationale pénale devraient nécessairement se situer au même échelon pour entrer en synergie. Ainsi – et se situant du point de vue africain – la stratégie fixée par l'UA tente soit de « régionaliser » la justice internationale pénale (afin que celle-ci entre en cohérence avec la sécurité collective panafricaine), soit « d'universaliser » la sécurité collective africaine (pour que celle-ci ait davantage de prise sur la justice internationale universelle pénale).

---

[48] Comme le fait observer une partie de la doctrine, « la fronde de pays africains contre la CPI présuppose que les poursuites faites par la Cour seraient une menace à la paix et à la sécurité » (Maman Aminou A. KOUNDY, « L'abandon des charges dans l'affaire relative à la situation au Kenya : affaiblissement ou opportunité pour la Cour pénale internationale », *La Revue des droits de l'Homme*, vol. 11, 2017, p. 5.

[49] UA, *Withdrawal Strategy Document*, 12 janvier 2017, § 8.

[50] *Ibid.*, § 3.

[51] *Ibid.*, §§ 31-32.

C'est notamment dans ce contexte de défiance à l'égard de la CPI qu'a été créée la Cour pénale spéciale pour la République centrafricaine. Sa création, qui a reçu le plein soutien du Conseil de paix et de sécurité de l'Union africaine[52], questionne les modalités de l'articulation d'une juridiction spéciale avec la CPI, en particulier au regard du principe de complémentarité[53]. Au demeurant, la création de cette nouvelle juridiction spécialisée constitue un rejet clair d'un « modèle » unique de justice internationale pénale telle que l'incarne la CPI, ce qui contrarie nettement son aspiration à l'universalisme.

En définitive, ces lignes ont cherché à montrer que la tension entre l'universalisme et le régionalisme peut constituer une grille de lecture expliquant un certain nombre des difficultés que rencontre la justice internationale pénale universelle – qui reste dans une très large mesure incarnée par la CPI – à asseoir sa légitimité sur un continent africain dont les dynamiques institutionnelles sont, au contraire, orientées vers la construction d'un régionalisme panafricain en matière de maintien de la paix.

Bien entendu, cette grille d'analyse ne saurait, à elle seule, expliquer l'ensemble des difficultés rencontrées par la CPI en Afrique. Il ne faudrait donc pas lui accorder une importance excessive. D'autres tensions travaillent en profondeur les rapports entre la justice internationale pénale et la sécurité collective en Afrique. Aux côtés de la dialectique régionalisme/universalisme, figure également celle opposant la judiciarisation à la politisation.

II. Judiciarisation contre politisation

La dialectique de la paix et de la sécurité en Afrique est indissociable de celle de la politisation contre la judiciarisation. Il est devenu un lieu commun d'affirmer que la justice internationale pénale ferait l'objet d'une « instrumentalisation » à des fins politiques en Afrique[54]. Le présent propos prendra le parti d'examiner la tension entre le politique – incarné par le Conseil de sécurité de l'ONU – et le judiciaire – incarné par la CPI – sans l'aborder sous l'angle de l'instrumentalisation. On envisagera, dans une perspective technique et critique, deux hypothèses, chacune illustrée par des exemples tirés de la pratique africaine.

La première hypothèse est celle selon laquelle la tension entre judiciaire et politique génèrerait des interactions normatives qui ne seraient pas

---

[52] UA, doc. PSC/PR/COMM (DCCXXXVII), *Communiqué du Conseil de paix et de sécurité*, 21 novembre 2017, § 10.

[53] Patryk I. LABUDA, « The Special Criminal Court in the Central African Republic: Failure or Vindication of Complementarity? », *JICJ*, vol. 15, 2017, pp. 175-206.

[54] Sur cette question, voir Jean-Baptiste JEANGÈNE-VILMER, « Union africaine *versus* Cour pénale internationale : répondre aux objections et sortir de la crise », *op. cit.*, pp. 5-26.

foncièrement problématiques du point de vue juridique. De ces interactions, pourraient même naître des émulations entre justice internationale pénale et sécurité collective (A). La seconde hypothèse consiste à envisager cette tension comme autant d'interférences entre les différents corpus de règles que sont le *jus contra bellum* et le droit international pénal. Ces interférences seraient elles-mêmes créatrices de dissonances et de fragmentations entre différentes branches du droit international[55]. Ainsi, une même notion – telle que le « crime contre l'humanité » – pourrait-elle avoir un sens différent selon qu'on l'envisage du point de vue de l'un ou l'autre de ces corpus. La tension entre judiciaire et politique provoquerait même, en certaines hypothèses, des conflits de normes, en ce que le maintien de la paix et la lutte contre l'impunité prescriraient aux États des comportements juridiquement incompatibles (B).

1. Des émulations normatives ?

Les liens existant entre la sécurité collective et la justice internationale pénale génèrent des interactions entre le judiciaire et le politique, dont on sait qu'elles prêtent le flanc à un nombre considérable de critiques[56]. Il faut bien entendu avoir conscience que ces questionnements s'inscrivent dans un cadre axiologique résolument situé. Il n'y a, en effet, « empiètement » qu'à partir du moment où l'on transpose les modèles de justice interne au niveau international et que l'on raisonne en prenant pour référence les systèmes nationaux communs aux démocraties libérales, dans lesquels l'autorité judiciaire est rigoureusement distincte de l'autorité exécutive.

Cette précaution admise, il paraît peu contestable que la montée en puissance du droit international pénal a sensiblement modifié la façon dont le Conseil de sécurité envisage les menaces contre la paix et la sécurité internationales résultant de violations graves des droits de la personne et du droit humanitaire. Le point de basculement peut, à cet égard, être situé à la fin des années 1990. Avant cette date, et pour ne retenir que des exemples concernant le continent africain, le Conseil constatait l'existence de violations des droits de la personne sans véritable formalisme. Surtout, il n'existait dans son chef aucun pouvoir de constatation d'infractions pénales internationales. Ainsi, lors de la création du Tribunal pénal international pour

---

[55] Le terme « fragmentation » est ici entendu dans le sens que lui octroie la Commission du droit international, laquelle considère que « le droit international est un système juridique. Ses règles et principes (c'est-à-dire ses normes) opèrent en relation avec d'autres règles et principes et devraient être interprétés dans le contexte de ces derniers » (CDI, *Conclusions des travaux du Groupe d'étude de la fragmentation du droit international : difficultés découlant de la diversification et de l'expansion du droit international*, 2006, § 1).

[56] Voir, par exemple, Daphna SHRAGA, « Politics and Justice: The Role of the Security Council », *in* A. CASSESE (ed.), *The Oxford Companion to International Criminal Justice*, Oxford, OUP, 2009, p. 168.

le Rwanda, le Conseil ne s'est arrogé aucun pouvoir de qualification pénale, puisqu'il s'est limité à faire état d'« informations selon lesquelles des actes de génocide et d'autres violations flagrantes, généralisées et systématiques du droit international humanitaire ont été commis au Rwanda »[57].

Il en est de même concernant les résolutions autorisant l'emploi de la force à des fins de protection humanitaire en Afrique : les violations des droits de la personne observées sur le terrain font à cette époque l'objet, de la part du Conseil de sécurité, d'une appréciation factuelle et non d'une qualification juridique. La Résolution 794 (1992), autorisant l'emploi de la force en Somalie, fait en ce sens état de « violations massives du droit international humanitaire »[58]. La Résolution 929 (1994), relative à la situation au Rwanda, indique pour sa part la perpétration de « massacres systématiques et de grande ampleur de la population civile »[59]. La Résolution 1080 (1996), portant sur la situation au Zaïre, autorise les États à user de tous les moyens nécessaires pour « soulager dans l'immédiat les souffrances des personnes déplacées, des réfugiés et des civils »[60]. Dans ce contexte, la seule qualification juridique qui existait – et prévalait – ne concernait pas tant les crimes – infractions pénales internationales – commis par les belligérants que l'existence d'une « menace contre la paix », au sens de l'article 39 de la Charte[61]. Cette façon de procéder avait pour conséquence de *juridiquement* cantonner le rôle du Conseil de sécurité au domaine de la sécurité collective et de l'exclure du champ du droit international pénal.

À partir des années 2000, les compétences du Conseil de sécurité se sont élargies et, comme un fleuve sortant de son lit pour ne jamais y revenir, ont débordé de leur cadre initial sans que la légalité de cette pratique n'ait fait l'objet d'une véritable discussion[62]. Alors que rien dans la Charte ne l'y autorisait *a priori*, le Conseil a investi le champ du droit international pénal en s'arrogeant le droit de constater la commission d'infractions pénales internationales. La diffusion du droit international pénal dans le droit de la sécurité collective s'est opérée de façon progressive. Dans les résolutions adoptées entre 1990 et 2000, les violations du droit international humanitaire constatées par le Conseil l'étaient, on l'a dit, au travers d'expressions se

---

57 S/RES/955 (1994), 8 novembre 1994, préambule.

58 S/RES/794 (1992), 3 décembre 1992, préambule.

59 S/RES/929 (1994), 22 juin 1994, préambule.

60 S/RES/1080 (1996), 15 novembre 1996, § 3.

61 Pour de plus amples développements sur cette question, voir Nabil HAJJAMI, *La responsabilité de protéger*, Bruxelles, Bruylant, 2013, p. 465.

62 La question de l'investissement, par le Conseil de sécurité, du champ du droit international pénal peut être rapprochée de celle de l'extension de la notion de « menace contre la paix » (voir sur ce point l'étude de référence de Jean-Marc SOREL, « L'élargissement de la notion de menace contre la paix », *in* SFDI, *Le chapitre VII de la Charte des Nations Unies*, *op. cit.*, pp. 3-57). Elle ne lui est toutefois pas réductible.

situant, d'une certaine façon, en dehors du langage juridique. On pouvait alors régulièrement retrouver, sous la plume du Conseil, des formules s'indignant, par exemple, de la perpétration de « tueries massives »[63] ou de « massacres systématiques »[64].

Le Conseil a cependant très vite amorcé un processus d'appropriation du « langage »[65] du droit international pénal. Le 7 septembre 2000, « réuni au niveau des chefs d'État et de Gouvernement à l'occasion du Sommet du Millénaire afin d'examiner la nécessité d'assurer au Conseil de sécurité un rôle effectif dans le maintien de la paix et de la sécurité internationales, en particulier en Afrique », celui-ci a affirmé que « les auteurs de crimes contre l'humanité, de crimes de génocide, de crimes de guerre et d'autres violations graves du droit international humanitaire [devaient] être traduits en justice »[66]. La tendance du Conseil de sécurité à appréhender des situations humanitaires à travers le prisme d'infractions de droit international pénal – plutôt que de simples constatations factuelles de violation du droit humanitaire – s'est par la suite accélérée et l'entrée en vigueur du Statut de Rome, le 1er juillet 2002, a été un catalyseur de ce processus.

Il est désormais courant que le Conseil constate lui-même la commission de crimes de guerre ou de crimes contre l'humanité. Ainsi a-t-il observé, parmi de nombreux exemples, que « certains des actes [commis au Mali] peuvent constituer des crimes au regard du Statut de Rome »[67] ou, au sujet de la crise en République centrafricaine, que « certains de ces actes pourraient constituer des crimes au regard du Statut de Rome de la Cour pénale internationale »[68].

Il ne fait plus guère de doute actuellement que le Conseil de sécurité influence considérablement l'application et l'interprétation du droit international pénal, et ce, en particulier à l'aune des précédents africains. Le droit international pénal et le droit de la sécurité collective ont un réel potentiel de fertilisation réciproque. Le premier permet, dans une certaine mesure évidemment, de canaliser le second, en ce qu'il conduit le Conseil de sécurité, saisi d'une crise humanitaire, à sortir de l'appréciation factuelle et purement discrétionnaire d'une situation pour aller au-delà et procéder à sa qualification juridique. Le second peut, en théorie du moins, assortir le premier des mécanismes de contrainte nécessaires à son effectivité.

---

63 S/RES/827 (1993) 25 mai 1993, préambule.
64 S/RES/929 (1994), 22 juin 1994, préambule.
65 Sur le langage emprunté au droit international pénal dans les résolutions du Conseil de sécurité, voir Jennifer TRAHAN, « The Relationship between the International Criminal Court and the UN Security Council: Parameters and Best Practices », *Criminal Law Forum*, vol. 24, 2013, pp. 417-473.
66 S/RES/1318 (2000), 7 septembre 2000, § 6.
67 S/RES/2100 (2013), 25 avril 2013, préambule.
68 S/RES/2127 (2013), 5 décembre 2013, préambule.

Au-delà toutefois de cette émulation réciproque, il arrive que les interactions entre droit de la sécurité collective et droit international pénal se muent en véritables frictions, lesquelles soulèvent un certain nombre de difficultés. Là aussi, un précédent concernant le continent africain permettra de l'illustrer.

2. Des interférences normatives ?

La diffusion du « langage » du droit international pénal dans les résolutions du Conseil de sécurité s'est opérée au prix de diverses difficultés essentiellement liées au caractère politique de cet organe. Dans son action, celui-ci recherche, en effet, le compromis politique, bien plus que l'absolue cohérence juridique[69]. L'analyse de la Résolution 1970 (2011), relative au déferement à la CPI de la situation en Libye, permet de le montrer. Cette résolution, pour laquelle on sait que chaque mot fit l'objet de négociations et de compromis, énonce en effet que les « attaques systématiques *et* généralisées actuellement commises en Jamahiriya arabe libyenne contre la population civile pourraient constituer des crimes contre l'humanité »[70]. Or, par cette affirmation, le Conseil de sécurité prend une certaine liberté avec les termes du Statut de Rome, dont l'article 7, § 1, définit le crime contre l'humanité comme une attaque généralisée *ou* systématique[71]. En retenant la conjonction de coordination « et », les termes de la Résolution 1970 (2011) paraissent suggérer que, pour être constitutifs d'un crime contre l'humanité, les caractères généralisé et systématique des attaques devraient être cumulatifs, plutôt qu'alternatifs[72].

Un tel langage doit être repositionné dans son contexte. Lorsque le Conseil de sécurité insiste sur le caractère à la fois généralisé et systématique des attaques conduites contre les civils en Libye, il cherche essentiellement à mettre en exergue la gravité des attaques constatées sur le terrain et, par extension, l'acuité de la menace contre la paix liée à la crise libyenne. On sait que telle n'est pas l'acception du crime contre l'humanité admise en droit international pénal. Pour la CPI, « les adjectifs 'généralisé' et 'systématique' figurant dans le chapeau de l'article 7 du Statut sont présentés sous la forme d'une alternative. En conséquence, si elle conclut au caractère généralisé de l'attaque, [la Cour] n'est pas tenue d'examiner si l'attaque était également systématique »[73]. Cet exemple permet de montrer que le crime

---

[69] Karine BANNELIER, Théodore CHRISTAKIS, « Acteur vigilant ou spectateur impuissant ? Le contrôle exercé par le Conseil de sécurité sur les États autorisés à recourir à la force », *RBDI*, vol. 37, 2004, p. 507.

[70] S/RES/1970 (2011), 26 février 2011, préambule (italiques ajoutés).

[71] Statut de Rome de la CPI, 17 juillet 1998, article 7, § 1.

[72] Voir sur cette question Daryl ROBINSON, « Defining 'Crimes Against Humanity' at the Rome Conference », *AJIL*, vol. 93, 1999, pp. 43-57.

[73] CPI, Chambre préliminaire II, *Décision rendue en application des alinéas a) et b) de l'article 61-7 du Statut de Rome, relativement aux charges portées par le Procureur à*

contre l'humanité ne renvoie pas à la même réalité juridique selon qu'il est considéré par le Conseil de sécurité dans un contexte de *jus contra bellum* ou par la CPI dans le cadre du droit international pénal.

La Résolution 1970 (2011) interroge également quant à la mesure dans laquelle l'appréciation portée par le Conseil de sécurité sur une situation peut empiéter sur les prérogatives de la CPI. Car lorsque le Conseil affirme, dans le cadre de sa mission de maintien de la paix, que les actes commis en Libye « pourraient constituer des crimes contre l'humanité »[74], ne préjuge-t-il pas l'appréciation judicaire que la CPI pourrait avoir de cette même situation[75] ?

Pour parer à ce reproche, le Conseil utilise le conditionnel : la formulation retenue permet ainsi, formellement du moins, d'éviter que l'appréciation politique du Conseil de sécurité – laquelle s'inscrit dans le registre du maintien de la paix et de la sécurité internationales – n'empiète sur l'appréciation judiciaire de la CPI, qui, pour sa part, intervient dans le cadre d'un procès pénal se voulant impartial.

La Résolution 1973 (2011), adoptée quelques semaines après la Résolution 1970 (2011) alors que la Libye plongeait dans la crise, abandonne toutefois cette précaution terminologique. Le Conseil y affirme que les attaques perpétrées contre les civils « *peuvent* constituer des crimes contre l'humanité »[76]. Il serait naïf de considérer le passage du conditionnel à l'indicatif comme un simple détail. La distinction rigoureuse entre la compétence de constatation politique du Conseil et la compétence de qualification judiciaire de la Cour, induite par l'usage du conditionnel dans la Résolution 1970 (2011) est ici abandonnée pour des considérations de maintien de la paix. En soulignant, de façon affirmative, que des crimes contre l'humanité ont effectivement lieu, les rédacteurs de la résolution ont comme dessein de resserrer l'étau sur le régime libyen en mettant l'exergue sur la gravité des exactions commises par celui-ci.

Certes, on pourra opposer à cet empiètement que le Conseil de sécurité se borne à déférer une situation et ne désigne individuellement aucun responsable, ce qui donc ne préjugerait aucunement l'appréciation que la CPI porterait sur l'affaire. Et c'est au demeurant au Bureau du procureur, dans le cadre d'une enquête préliminaire menée en toute diligence, d'établir si des charges peuvent être retenues contre des personnes soupçonnées

---

l'encontre de Jean-Pierre Bemba Gombo, ICC-01/05-01/08, 20 juin 2009, § 82. Voir également Yann JUROVICS, « Article 7 », *in* J. FERNANDEZ, X. PACREAU (dir.), *Statut de Rome de la Cour pénale internationale : commentaire article par article*, *op. cit.*, pp. 466-467.

74 S/RES/1970 (2011), 26 février 2011, préambule.

75 Jennifer TRAHAN, « The Relationship between the International Criminal Court and the UN Security Council: Parameters and Best Practices », *op. cit.*, pp. 417-473.

76 S/RES/1973 (2011), 17 mars 2011, préambule (italiques ajoutés).

d'infractions pénales internationales dans le cadre du Statut de Rome. Dans un monde où nulle organisation n'évolue en vase clos, il serait toutefois assez peu réaliste de soutenir que le pouvoir de pseudo-qualification pénale que s'arroge le Conseil de sécurité n'influence en aucune mesure le regard que la CPI porte sur une situation donnée.

Au-delà, enfin, de ces interférences, peut-il arriver que les zones de friction entre maintien de la paix et droit international pénal se muent en véritables conflits de normes ? C'est précisément ce qui a été discuté dans une affaire récemment portée à l'examen de la CPI.

La paix et la justice peuvent-elles commander aux États des obligations juridiques contradictoires ? C'est en substance ce qu'a soutenu l'Afrique du Sud lorsque la CPI fut saisie du manquement des autorités sud-africaines à leurs obligations découlant du Statut de Rome. L'affaire trouve son origine dans le refus de l'Afrique du Sud, État membre de la CPI, d'arrêter et de remettre à la Cour le président du Soudan, faisant l'objet d'un mandat d'arrêt émis par la Cour, alors même que ce dernier se trouvait sur le territoire sud-africain à l'occasion du sommet de l'UA de Johannesburg du 7 au 15 juin 2015. Dans ce contexte, les autorités sud-africaines ont fait valoir que le droit international des immunités faisait obstacle à l'exécution du mandat délivré par la Cour, dès lors que ce mandat concernait un chef d'État non partie au Statut de Rome.

Dans sa décision en date du 6 juillet 2017, la Cour estime qu'il n'y avait nul conflit entre droit international pénal et droit international des immunités. La CPI affirme que « l'Afrique du Sud a manqué aux obligations que lui impose le Statut en n'exécutant pas la demande d'arrestation et de remise à la Cour d'Omar Al-Bashir alors qu'il se trouvait sur son territoire entre le 13 et le 15 juin 2015 »[77].

Cette décision, dont le raisonnement paraît parfaitement justifié, résulte d'une lecture combinée de l'article 27 du Statut (relatif au défaut de pertinence des immunités découlant de la qualité officielle) et de son chapitre IX, portant sur les obligations de coopération souscrites par les États parties. Elle se fonde également sur l'idée selon laquelle la Résolution 1593 (2005)[78], en déférant la situation au Soudan à la CPI[79], aurait eu pour

---

[77] CPI, Chambre préliminaire II, *Décision rendue en application de l'article 87-7 du Statut de Rome concernant la non-exécution par l'Afrique du Sud de la demande que lui avait adressée la Cour aux fins de l'arrestation et de la remise d'Omar Al-Bashir*, ICC-02/05-01/09, 6 juillet 2017, p. 56.

[78] Sur cette résolution, voir Florian AUMOND, « La situation au Darfour déférée à la CPI : retour sur une résolution 'historique' du Conseil de sécurité », *RGDIP*, vol. 112, 2008, pp. 111-134.

[79] S/RES/1593 (2005), 31 mars 2005, § 1.

conséquence d'obliger Khartoum à coopérer avec celle-ci[80]. En raison de l'autorité que revêt une résolution adoptée sur la base du chapitre VII de la Charte de l'ONU, le Soudan doit être considéré, pour tout ce qui concerne les actes mentionnés dans ladite résolution, comme un État « virtuellement partie » au Statut[81].

Au vu des déclarations d'un certain nombre de chefs d'États africains, l'affaire Al-Bashir cristalliserait les contradictions entre paix et justice[82]. La teneur de la déclaration de l'UA, consécutive au refus du Conseil de sécurité de donner une suite favorable à la demande d'activation de la clause de suspension des poursuites de l'article 16 du Statut à l'égard du président Al-Bashir, permet de l'illustrer[83].

Il est, à cet égard, significatif de noter que, pour sa défense, l'Afrique du Sud faisait valoir que la non-arrestation du président soudanais, le 13 juin 2015, n'était pas tant une problématique d'immunité qu'une « *peace versus justice issue* »[84]. L'Afrique du Sud soulignait également que sa position s'expliquait par « *the leading role of peacemaker that [it] play on the continent* »[85]. Du point de vue sud-africain, il était donc nécessaire, pour les efforts en faveur de la paix, que le président soudanais siégeât à la table des négociations du sommet de l'UA hébergé par l'Afrique du Sud[86].

On demeurera pour le moins circonspect face à ce type d'argument. L'opposition récurrente entre paix et justice paraît être un prétexte – et non une raison – à la non-coopération de certains États africains avec la CPI. Affirmer que l'action de la Cour aggraverait les conflits plutôt qu'elle les apaiserait paraît assez discutable. L'insécurité existait dans certaines régions en Afrique bien avant que la justice pénale ne s'en mêle. Les responsables des crimes commis durant les conflits sont avant tout les belligérants qui s'adonnent, en connaissance de cause, à de telles exactions, en particulier contre les civils. C'est une étrange inversion des responsabilités que d'imputer à la justice internationale pénale la prolongation de ces conflits. Et le chantage, selon lequel la justice internationale pénale devrait, totalement ou partiellement, s'éclipser de certains confits sous peine de voir les

---

[80] *Ibid.*, § 2.

[81] CPI, Chambre préliminaire II, *Décision rendue en application de l'article 87-7 du Statut de Rome concernant la non-exécution par l'Afrique du Sud de la demande que lui avait adressée la Cour aux fins de l'arrestation et de la remise d'Omar Al-Bashir*, ICC-02/05-01/09, 6 juillet 2017, § 87.

[82] Phil CLARK, « Can Africa Trust International Justice? », *The Guardian*, 16 juillet 2009.

[83] UA, doc. EX.CL/1006 (XXX), *Décision sur la Cour pénale internationale*, 30-31 janvier 2017, § 2, ii.

[84] CPI, ICC-02/05-01/09-T-02-ENG, p. 84.

[85] *Ibid.*, p. 40.

[86] *Idem.*

potentiels accusés refuser toute sortie de crise et s'adonner, avec d'autant plus d'ardeur, à des exactions contre les civils ne saurait être accepté. Admettre un tel chantage reviendrait à contredire tous les principes qui se trouvent au soubassement de la lutte contre l'impunité.

Dans le prolongement de la décision de la CPI du 6 juillet 2017, on peut proposer une réflexion prospective sur les mécanismes incitant les États à remplir, avec diligence, leurs obligations à l'égard la CPI. On pourrait, par exemple, envisager que les groupes régionaux à l'ONU, parmi lesquels figurent majoritairement des États parties au Statut de Rome – comme c'est le cas pour le Groupe des États d'Afrique – s'engagent à ne pas porter la candidature au siège de membre non permanent du Conseil de sécurité (P-10) d'États pour lesquels la CPI aurait constaté un manquement à leur obligation de coopération.

Cela supposerait certes, de la part des États africains porteurs d'une telle initiative, des efforts diplomatiques considérables. Mais elle permettrait de réaffirmer, avec force, l'engagement continu de certains États du continent africain en faveur de la Cour, engagement occulté ces dernières années par l'activisme politique d'un petit nombre, très audible, de Gouvernements ouvertement hostiles à la CPI. Cette proposition, qui n'impliquerait aucune modification formelle de la Charte, aurait de surcroît l'intérêt de réaffirmer le lien fondamental existant entre le respect du droit, la lutte contre l'impunité et le maintien de la paix. Et peut-être pareille initiative pourrait-elle aider à renouer ce cercle vertueux durement éprouvé par le cynisme de certains chefs d'États en Afrique.

II.
Expériences africaines de justice transitionnelle

L'Afrique et les commissions internationales d'enquête sur les violations des droits de l'Homme, du droit humanitaire et du droit international pénal

Mutoy MUBIALA[*]

Depuis 1992, l'Organisation des Nations Unies (ONU) a déployé une cinquantaine de commissions et de missions internationales d'enquête à travers le monde, appuyées par le Haut-Commissariat des Nations Unies aux droits de l'Homme (HCDH)[1]. Plusieurs de ces commissions, dont celles dotées d'une mission d'identification d'auteurs de violations graves des droits de l'Homme, du droit humanitaire et du droit international pénal, ont contribué aux développements récents du droit international pénal, en particulier à travers le développement et le fonctionnement de la justice internationale pénale. La moitié au moins de ces commissions et missions d'enquête a été déployée en Afrique[2]. Pour sa part, dans le contexte de l'émergence de la justice pénale régionale en Afrique, l'Union africaine (UA) a également déployé des commissions d'enquête de même type. L'objet de cette étude consiste à examiner et évaluer le rôle joué respectivement par les commissions d'enquête de l'ONU, d'une part (I), et de l'UA, d'autre part (II), en vue d'identifier les défis et les perspectives des commissions d'enquête africaines dans le processus de régionalisation de la justice internationale pénale.

I. Les commissions d'enquête de l'ONU en Afrique

Plusieurs commissions internationales d'enquête déployées par l'ONU en Afrique ont joué un rôle de catalyseur dans la création et le fonctionnement des mécanismes de justice internationale pénale. Il convient de mentionner,

---

[*] Les vues exprimées dans la présente étude sont personnelles à l'auteur et n'engagent ni les différentes commissions internationales d'enquête qu'il a servies, ni le Haut-Commissariat des Nations Unies aux droits de l'Homme.

[1] Voir HCDH, *Commissions d'enquête et missions d'établissement des faits sur le droit international des droits de l'Homme et le droit humanitaire international humanitaire : orientations et pratiques*, New York/Genève, 2015, pp. 127-156.

[2] *Idem.*

en premier lieu, le rôle de précurseur joué par la commission d'experts sur le Rwanda dans la création du Tribunal pénal international pour le Rwanda (TPIR) puis, en second lieu, l'action de la commission internationale d'enquête sur le Darfour dans la saisine de la Cour pénale internationale (CPI) par le Conseil de sécurité de l'ONU.

1. La commission d'experts sur le Rwanda (1994)

En vue d'enquêter sur les violations graves du droit international humanitaire perpétrées durant le conflit rwandais en 1994, le Conseil de sécurité a établi la commission d'experts sur le Rwanda, aux termes de sa Résolution 935 (1994) du 1er juillet 1994[3]. La commission d'experts a mené ses enquêtes de septembre à décembre 1994. S'étant inspirée de l'expérience de la commission d'experts sur l'ex-Yougoslavie, dont les travaux ont abouti à la création du Tribunal pénal international pour l'ex-Yougoslavie (TPIY), la commission d'experts sur le Rwanda a recommandé, dans son rapport préliminaire, l'élargissement du mandat de cette juridiction aux faits survenus au Rwanda en 1994[4]. Pour des raisons d'ordre pratique tenant à la recherche d'une justice de proximité, le Conseil de sécurité a établi une juridiction distincte, le TPIR, mais liée au TPIY à travers un procureur et une chambre d'appel communs. Cette jonction a été commandée par le souci de réduire sensiblement les dépenses financières et d'assurer une cohérence jurisprudentielle[5]. Ce faisant, la commission d'experts sur le Rwanda a contribué au développement de la justice internationale pénale.

À la suite de la commission d'experts sur le Rwanda, plusieurs mécanismes d'établissement des faits ont été créés. Certains d'entre eux ont recommandé la création de juridictions pénales *ad hoc* sur le modèle du TPIY[6] et/ou de juridictions hybrides sous l'égide de l'ONU. D'abord pour des raisons financières, la commission d'experts sur le Rwanda n'a pas donné suite à ces recommandations. Ensuite, elle a répondu que la CPI, établie notamment pour éviter la prolifération de tribunaux pénaux *ad hoc* internationaux, pouvait prendre en charge la plupart des faits sur lesquels ces mécanismes

---

[3] La Commission était composée de trois juristes africains : M. Atsu Koffi Amega (Togo), président ; Mme Habi Dieng (Guinée) et le professeur Salifou Fomba (Mali), membres.

[4] Voir ONU, *Rapport préliminaire de la commission indépendante d'experts établie conformément à la Résolution 935 (1994) du Conseil de sécurité*, S/1994/1125, 4 octobre 1994, p. 30 (§ 142). Voir aussi Lyal S. SUNGA, « The Commission of Experts on Rwanda and the Creation of the International Criminal Tribunal for Rwanda: A Note », *Human Rights Law Journal*, vol. 16, 1996, pp. 121-124.

[5] Mutoy MUBIALA, « Le Tribunal international pour le Rwanda : vraie ou fausse copie du Tribunal pénal international pour l'ex-Yougoslavie ? », *RGDIP*, vol. 99, 1995, pp. 926-927.

[6] Voir notamment en ce sens HCDH, *Rapport du Projet Mapping concernant les violations les plus graves des droits de l'Homme et du droit international humanitaire commises entre mars 1993 et juin 2003 sur le territoire de la République démocratique du Congo*, Genève, août 2010.

ont enquêté. Cet argument a été avancé par l'ONU, en particulier en ce qui concerne les situations en République démocratique du Congo et, plus récemment, en République centrafricaine. Du reste, certaines commissions internationales d'enquête de l'ONU déployées en Afrique ont contribué à l'action de la CPI en Afrique. C'est, en particulier, le cas de la commission internationale d'enquête sur le Darfour.

2. La commission internationale d'enquête sur le Darfour (2004)

La plupart des commissions internationales d'enquête déployées par l'ONU en Afrique ont été chargées, en plus de l'établissement des faits, d'identifier les auteurs soupçonnés de crimes internationaux en vue de leur poursuite et jugement. Dans le cadre de ce nouveau mandat « parajudiciaire », plusieurs de ces commissions ont recommandé la saisine de la CPI par le Conseil de sécurité. Dans un cas au moins, celui du Darfour, le Conseil de sécurité a donné une suite favorable à la recommandation de la commission internationale d'enquête l'invitant à saisir la CPI de la situation, conformément à l'article 13-b du Statut de Rome[7].

La recommandation de la commission internationale d'enquête sur le Darfour a finalement conduit à l'inculpation du président Omar el-Béchir et d'autres responsables politiques du Soudan par la CPI pour crimes de guerre et crimes contre l'humanité. Cette inculpation est, comme on le sait, à l'origine du conflit entre la CPI et l'UA[8]. Cette dernière a demandé au Conseil de sécurité de suspendre l'action engagée dans le cadre de cette procédure, afin de donner une chance aux efforts de paix en cours dans la région du Darfour. Cette requête est restée vaine, ce qui a directement conduit à une suspicion de l'UA à l'égard des commissions d'enquête de l'ONU. La décision de l'UA de déployer ses propres commissions d'enquête au Darfour et au Soudan du Sud procède de cette méfiance.

II. Les commissions internationales d'enquête de l'Union africaine

En raison de ses relations conflictuelles avec la CPI, l'UA a établi deux commissions internationales d'enquête, en plus de mécanismes de type

---

[7] Voir notamment : Mutoy MUBIALA, « L'affaire du Darfour devant la Cour pénale internationale », *in* S. DOUMBÉ-BILLÉ (dir.), *Justice et solidarité*, Bruxelles, Bruylant, 2012, pp. 29-36 ; et, du même auteur, « The Historical Contribution of International Fact-Finding Commissions », *in* M. BERGSMO, W.L. CHEAH, P. YI (eds.), *Historical Origins of International Criminal Law*, vol. 4, Bruxelles, Torkel Opsahl Academic EPublisher, 2015, pp. 513-552.

[8] Concernant les implications de ce conflit pour la mise en œuvre de la justice pénale internationale en Afrique, voir : Martyna FALKOWSKA, Agatha VERDEBOUT, « L'opposition de l'Union africaine aux poursuites contre Omar Al Bashir. Analyse des arguments juridiques avancés pour entraver le travail de la Cour pénale internationale et leur expression sur le terrain de la coopération », *RBDI*, vol. 45, 2012, pp. 201-235 ; Mutoy MUBIALA, « L'Afrique et la justice pénale internationale », *Congo-Afrique*, vol. 54, 2015, pp. 246-258.

judiciaire (Chambres extraordinaires africaines au sein du système judiciaire sénégalais et section de droit international pénal de la Cour africaine de justice et des droits de l'Homme). Il s'agit respectivement du Panel de haut niveau sur le Darfour et de la Commission internationale d'enquête sur le Soudan du Sud.

1. Le Panel de haut niveau sur le Darfour (2009)[9]

En réponse à l'inculpation du président soudanais, Omar el-Béchir, et en vue de s'approprier la lutte contre l'impunité en Afrique, l'UA a créé et déployé le Panel de haut niveau sur le Darfour. Dirigé par l'ancien président sud-africain Thabo Mbeki[10], son mandat consiste à examiner, de manière approfondie, la situation au Darfour et à soumettre des recommandations sur le meilleur moyen de répondre effectivement et globalement aux problèmes de responsabilité (*accountability*) et de lutte contre l'impunité, d'une part, et de contribuer à la paix, au dialogue et à la réconciliation, d'autre part. Installé officiellement en février 2009, le Panel a soumis son rapport final au président de la Commission de l'UA le 8 octobre 2009, qui l'a aussitôt transmis au Conseil de paix et de sécurité. Ce dernier a approuvé ce rapport lors de sa 207e réunion au sommet à Abuja (Nigeria), le 29 octobre 2009. Comme l'a souligné le représentant de l'UA à l'occasion de la Consultation régionale sur la justice transitionnelle organisée par l'ONU, à Kampala, en novembre 2013 :

> « *One of the most significant contributions by the AU [African Union] to the field of transitional justice in Africa was the report by African Union High Level Panel of Darfur [...]. Its report, issued in 2009, recommended a series of transitional justice mechanisms and processes in Sudan, such a truth and reconciliation commission, a hybrid court, an increased role of women in resolving conflicts and traditional justice processes* »[11].

Au-delà de la situation spécifique du Darfour, les recommandations du Panel ont été adressées à tout le continent africain, comme il ressort de son rapport :

> « *The AUPD [African Union High-Level Panel on Darfur], whilst responding specifically to the situation in Darfur, made generic recommendations on integrated justice and reconciliation responses for*

---

[9] Cette section est largement basée sur une étude antérieure de l'auteur : Mutoy MUBIALA, « Vers un instrument régional africain sur la justice transitionnelle », *Études interculturelles*, vol. 8, 2014, pp. 110-121.

[10] Les autres membres du Panel étaient les anciens présidents Abdulsami Abubakar (Nigeria) et Pierre Buyoya (Burundi), Ahmed M. El Sayed, Florence N.M. Mumba, Kabir A. Mohammed et Rakiya A. Oumar. Le Panel était assisté d'une équipe d'experts et de fonctionnaires de l'UA.

[11] UA, « Statement by the Her Excellency Dr. Aisha L. Abdullahi (Amb.) Commissioner for Political Affairs, African Union Commission, at Regional Consultation on Transitional Justice in Africa », Kampala, 6 novembre 2013, p. 5 (document inédit).

Africa as a whole (...). The AUPD Report espouses a number of key transitional justice principles relevant to the African context and which should underpin a comprehensive approach for dealing with the past, including, inter alia*: a) the urgency to pursue peace through inclusive negotiations, rather than force military struggles. This should include acknowledgement of past and ongoing suffering by victims, and attention to regional and international dimensions of the conflict. It emphasized the need to investigate serious crimes and put in place measures to prevent the commission of future crimes, as well as preserve evidence for later proceedings and adopt measures of witness protection to encourage victims of sexual crimes to come forward; b) suspension of hostilities and protection of civilians to provide enabling conditions for participation in dialogue and the search for meaningful peace and justice, including a permanent ceasefire, demobilization and comprehensive security arrangements; c) broader understanding of justice to encompass processes of achieving healing, equality, reconciliation, obtaining compensation and restitution, and establishing the rule of law* »[12].

Ces recommandations du Panel de haut niveau sur le Darfour ont été endossées, en mai 2011, par le Panel des sages de l'UA qui, à son tour, a recommandé leur transformation en un document africain sur la justice transitionnelle. Le projet de ce document a été annexé au rapport du colloque organisé par le Panel des Sages, en mai 2011[13]. Il a été examiné, par la suite, au cours de plusieurs conférences et séminaires régionaux organisés sous la facilitation du Centre for the Study of Violence and Reconciliation de Nairobi. Le projet de Cadre politique de l'UA sur la justice transitionnelle, issu de ces consultations, comporte plusieurs volets, dont l'un sur la justice internationale pénale venant formaliser la doctrine de la « compétence régionale » de l'UA en droit international pénal. Cette doctrine découle d'une décision du sommet de l'UA à Banjul, en juillet 2006, de ne pas extrader Hissène Habré vers la Belgique, mais – à défaut pour l'Union de disposer d'une cour pénale régionale – de le faire juger par le Sénégal, au nom de l'Afrique, étant entendu que les crimes internationaux comme le génocide, les crimes de guerre et les crimes contre l'humanité relèvent de la compétence de l'UA, conformément à l'article 4(h) de son Acte constitutif.

La création des Chambres africaines extraordinaires (CAE) au sein du système judiciaire sénégalais pour juger les auteurs des crimes commis au Tchad entre le 7 juin 1982 et le 1er décembre 1990, ainsi que l'adoption du Protocole de Malabo portant amendements du Statut de la Cour africaine de

---

12 CENTRE FOR THE STUDY OF VIOLENCE AND RECONCILIATION, *Africa Transitional Justice Police Framework: Expert's Consultation Report, Annex: African Union Draft Transitional Justice Policy Framework (ATJF)*, Rev. 1, Pretoria, 12-13 mars 2012, pp. 4-5.

13 PANEL DES SAGES DE L'UNION AFRICAINE, « Peace, Justice and Reconciliation in Africa: Opportunities and the Challenges in the Fight against Impunity », *The African Series*, 2013, pp. 65-66.

justice et des droits de l'Homme pour la création d'une section de droit international pénal au sein de cette Cour, sont deux jalons successifs de la mise en œuvre, au plan institutionnel, de cette doctrine[14].

Le Panel de haut niveau sur le Darfour a joué un véritable rôle de catalyseur dans ce processus. En effet, le projet de Cadre politique de l'UA sur la justice transitionnelle, directement issu des recommandations du Panel de haut niveau sur le Darfour, prescrit les principes directeurs suivants, concernant la répression des crimes internationaux perpétrés en Afrique et les rôles respectifs de la CPI et des cours régionales, sous-régionales et nationales africaines à cet égard :

> « *F.3.1. International Criminal Court*
>
> *The entry into force of the Rome Statute of the International Criminal Court in 2002 establishing the first permanent court tasked with adjudicating international crimes has been a pivotal achievement in the struggle against impunity for international crimes. The ICC is complementary to domestic criminal jurisdictions as a case is admissible before the ICC only when a State is unwilling or genuinely unable to carry out the investigation or prosecution of these crimes. It is the court of last resort.*
>
> *F.3.1.1. Complementarity*
>
> *The principle of complementarity implies that in line with this, national states have the primary responsibility to investigate, prosecute and bring to judgement perpetrators of serious crimes, such as genocide, crimes against humanity and war crimes. The principle of complementarity envisages a system in which continental, regional and national jurisdictions take the lead in the investigations and prosecution of international crimes* »[15].

Un autre élément important contenu dans le projet de Cadre politique de l'UA, repris des recommandations du Panel de haut niveau sur le Darfour est la possibilité de la mise en œuvre différenciée de la paix et de la justice. En effet, dans plusieurs situations post-conflit en Afrique, les artisans de la paix et les parties au conflit se sont trouvés face à un « dilemme » sur la priorité à accorder à l'un des deux aspects. Le projet de Cadre politique de l'UA réaffirme la complémentarité des deux dimensions. Toutefois, dans certaines circonstances, il dispose que l'on peut rechercher, dans un premier temps, un accord de paix, avant de poursuivre, dans un second temps, les auteurs

---

[14] Voir, en particulier : Mutoy MUBIALA, « Vers une justice pénale régionale en Afrique », *Revue internationale de droit pénal*, vol. 83, 2012, pp. 549-557 ; et, du même auteur, « L'élargissement du mandat de la Cour africaine de justice et des droits de l'Homme aux affaires de droit international pénal », *Revue internationale de droit pénal*, vol. 85, 2014, pp. 749-758.

[15] UA, « African Union Transitional Justice Framework (ATJF) », Addis-Ababa, 2016, p. 19.

soupçonnés de violations des droits de l'Homme. Cela admis, le document exclut toute impunité pour des abus graves de ces droits et, consécutivement, l'amnistie pour de tels abus[16].

La recherche du leadership africain dans la mise en œuvre de la justice internationale pénale en Afrique, ainsi que l'application différenciée de la paix et de la justice, principes ayant émergé des travaux du Panel de haut niveau sur le Darfour – autrement dit d'un mécanisme d'établissement des faits – ont largement influé sur la création et le fonctionnement de la commission internationale d'enquête de l'UA sur le Soudan du Sud.

2. La commission internationale d'enquête sur le Soudan du Sud (2013)

Ayant acquis son indépendance à la suite de sa scission d'avec le Soudan, en juillet 2011, le Soudan du Sud a plongé dans une guerre civile caractérisée par des violations graves et massives des droits de l'Homme et du droit international humanitaire. Dans ce contexte, le Conseil des droits de l'Homme a examiné la situation sud-soudanaise. Alors qu'il s'apprêtait à décider la création d'une commission internationale d'enquête dans ce pays, le Conseil a été pris de court par la décision de l'UA de déployer une commission régionale d'enquête, les discussions pour la mise en place d'une commission d'enquête ONU/UA n'ayant pas abouti. Cette décision de la Commission de l'UA, faisant suite à une demande présentée par le Conseil de paix et de sécurité de l'UA, fut toutefois saluée par le président du Conseil des droits de l'Homme de l'ONU comme « une étape importante vers la responsabilité et la prévention des abus des droits de l'Homme »[17].

Selon les termes du communiqué de la Commission de l'UA du 30 décembre 2013, la commission d'enquête sur le Soudan du Sud a été chargée des missions suivantes :

> « *a) Establish the immediate and remote causes of the conflict;*
>
> *b) Investigate violations and other abuses of international human rights law and international humanitarian law in South Sudan by all parties from 15 December 2013;*
>
> *c) Establish facts and circumstances that may amount to such violations and of the crimes perpetrated;*
>
> *d) Compile information based on these investigations and in so doing assist in identifying perpetrators of such violations and abuses, point to their*

[16] Mutoy MUBIALA, « L'Afrique et la justice pénale internationale », *op. cit.*, p. 119.
[17] ONU, « Situation of Human Rights in South Sudan », PRST 25 (A/HRC/25/234), 24 mars 2014, p. 2.

possible criminal responsibility with a view to ensuring accountability for those responsible (...) »[18].

Établie le 6 mars 2014, la commission d'enquête est présidée par l'ancien président du Nigeria, Olusegun Obasanjo, les autres membres étant les professeurs Mahmood Mamdani et Pacifique Manirakiza, Bineta Diop, et la juge Sophie Akuffo. La commission d'enquête a été assistée par une équipe technique mise à sa disposition par la Commission de l'UA. Elle a soumis son rapport final au sommet des chefs d'État et de gouvernement de l'UA, en janvier 2015. Lors du sommet, il a été décidé de ne pas rendre public ce rapport, afin de ne pas compromettre les négociations de paix concernant le Soudan du Sud. Cette position a non seulement contrarié l'ensemble des membres de la commission d'enquête, mais aussi les organisations de défense des droits de l'Homme, qui ont réclamé la publication immédiate dudit rapport[19].

Cette décision de ne pas publier le rapport final de la commission d'enquête sur le Soudan du Sud est une application du principe susmentionné relatif à la mise en œuvre différenciée de la paix et de la justice. Elle constitue toutefois un précédent dangereux pour l'indépendance des commissions internationales d'enquête de l'UA, la lutte contre l'impunité en Afrique et la crédibilité de la justice pénale régionale émergente. En effet, la publication de son rapport par une commission internationale d'enquête est un élément important de manifestation de son indépendance. En ce sens, comme le souligne un document publié par le Haut-Commissariat des Nations Unies aux droits de l'Homme : « généralement, les rapports des commissions/missions doivent être rendus publics. Leur publication contribue à l'enregistrement historique des événements, renforce les appels en faveur de l'obligation de rendre compte et promeut la mise en œuvre des recommandations »[20].

En ce qui concerne le cas spécifique du Soudan du Sud, le Haut-Commissariat des Nations Unies aux droits de l'Homme a procédé au déploiement d'une mission onusienne d'établissement des faits dans ce pays en octobre 2015, suivant le plan initial du Conseil des droits de l'Homme de l'ONU.

C'est seulement le 27 octobre 2015 que la Commission de l'UA a rendu public le rapport, soit un an après sa soumission par la commission d'enquête au Conseil de paix et de sécurité de l'UA, lequel a approuvé cette

---

[18] UA, *Final Report of the AU Commission of Inquiry on South Sudan: Executive Summary*, Addis-Abéba, 15 octobre 2014, p. 2.

[19] David K. DENG, « The Silencing of the AU Commission of Inquiry on South Sudan », *Sudan Tribune*, 13 mai 2015.

[20] HCDH, *Commissions d'enquête et missions d'établissement des faits sur le droit international des droits de l'Homme et le droit humanitaire international humanitaire : orientations et pratiques*, *op. cit.*, p. 103.

publication lors de sa 547e réunion, le 26 septembre 2015, à New York, en marge de la session de l'Assemblée générale des Nations Unies[21]. Bien qu'elle ait établi qu'il y a des bases raisonnables de penser que de graves violations des droits de l'Homme et du droit international humanitaire ont été commis au Sud-Soudan par des personnes appartenant aux deux parties au conflit et qu'elle ait recommandé la création d'une cour hybride pour la poursuite et le jugement de leurs auteurs soupçonnés[22], la commission d'enquête a adopté une approche de mise en œuvre différenciée de la paix et de la justice, en recommandant ce qui suit :

> « *152. The Commission's discussion of the relationship between peace and justice concluded that while they should be conceived as complementary, comparative experience shows that the two notions are often in tension, and that the context in which relevant processes unfold is critical: while some contexts allow for reconciliation processes and justice, particularly criminal justice measures to be undertaken at the same time, multiple factors in other contexts, sequencing offers an alternative approach that responds to the imperatives of justice and the need to reconcile and establish stability in post conflict societies.*
>
> *153. Having considered the specific context of South Sudan, the Commission recommends that consideration should be given to sequencing of peace and justice, with the result that certain aspects of justice allow for the establishment of basic conditions, including restoring stability in South Sudan and strengthening of relevant institutions. This should facilitate necessary reform of the criminal justice system in order to implement some of the Commission's recommendations on accountability. These necessary reforms to civilian and military justice should, in the context of broader institutional reforms, facilitate the institution of reconciliation measures* »[23].

Ce faisant, la commission d'enquête sur le Soudan du Sud s'est inspirée de la solution préconisée par le Haut Panel d'experts sur le Darfour, endossée dans la version initiale du projet de document-cadre de l'UA sur la justice transitionnelle en Afrique[24].

***

Le processus de régionalisation de la justice internationale pénale en Afrique n'a pas épargné les mécanismes d'établissement des faits. Les activités de ceux-ci étant désormais très liées à celles des mécanismes judiciaires, il était inévitable que l'UA en fasse un instrument au service de la justice pénale

---

[21] UA, « The African Union Releases the Report of the AU Commission of Inquiry on South Sudan », *Press Release*, 27 octobre 2015.

[22] UA, « Final Report of the African Commission of Inquiry on South Sudan: Executive Summary », 15 octobre 2014, pp. 21-23.

[23] *Ibid.*, p. 26.

[24] UA, « African Union Transitional Justice Framework (ATJF) », Addis-Ababa, 2016.

régionale émergente en Afrique. Mieux, c'est un mécanisme d'établissement des faits, à l'instar du Panel de haut niveau de l'UA sur le Darfour, qui a posé les bases normatives et opérationnelles de la justice transitionnelle en Afrique, y compris la justice internationale pénale. Pour cette dernière, le projet de cadre politique de l'UA sur la justice transitionnelle formule deux principes directeurs : le leadership régional et l'application différenciée de la paix et de la justice. La mise en œuvre de ces principes a été expérimentée dans le cas de la commission internationale de l'UA sur le Soudan du Sud. Cette expérience a démontré les limites de ces principes dues à la politisation.

L'inefficacité des commissions d'enquête régionales a eu pour conséquence la reprise par l'ONU de son leadership dans ce domaine en Afrique. Ainsi, le Conseil des droits de l'Homme a institué, en 2016, une commission sur le Soudan du Sud et une commission internationale d'enquête sur le Burundi. De même, en janvier 2018, le secrétaire général des Nations Unies a nommé les membres de la commission internationale d'enquête sur le Mali, faisant suite à plusieurs résolutions du Conseil de sécurité[25] relatives à la mise en oeuvre de l'Accord de paix d'Alger du 20 juin 2015.

Il est hautement souhaitable de tirer les leçons de l'échec des commissions d'enquête africaines pour développer une coopération avec l'ONU dans l'établissement de commissions conjointes UA/ONU. Il existe, en la matière, un précédent intéressant avec la commission d'enquête conjointe ONU/OUA sur le Togo, établie en 2000 pour enquêter sur les allégations d'exécutions extrajudiciaires, sommaires et arbitraires rapportées par Amnesty International. Ce type de commission, à laquelle nous avons participé en tant que membre du secrétariat, est susceptible de contribuer efficacement au renforcement et à la crédibilité des commissions d'enquête régionales comme élément constitutif de la justice pénale régionale naissante en Afrique.

[25] Voir, en particulier, les résolutions suivantes du Conseil de sécurité : 2227 (2015), 2295 (2016) et 2364 (2017).

Les commissions vérité : maillon faible de la lutte contre l'impunité en Afrique ?

Emmanuel GUEMATCHA

Les commissions vérité sont des organes non judiciaires, officiels et temporaires, mis en place pour enquêter sur des exactions à grande échelle, et parfois pour contribuer à la réconciliation et au rétablissement d'une paix sociale durable[1]. Généralement créées au sein d'États confrontés à un passé marqué par une dictature ou un conflit armé, les commissions vérité ont connu une expansion rapide pendant les décennies 1980, 1990 et 2000[2]. Si aucune région du monde n'a été épargnée par le phénomène des commissions vérité, c'est en Afrique qu'il s'est le plus développé.

La première commission vérité voit le jour en Ouganda, en 1974[3]. Dans les années 1980, le Zimbabwe, puis l'Ouganda une seconde fois, créent des commissions vérité[4]. La création de la commission vérité sud-africaine, en 1995, marque un tournant majeur sur le continent africain et au-delà[5]. Depuis

---

[1] Pour plus de détails sur la définition des commissions vérité, voir notamment : *Rétablissement de l'état de droit et administration de la justice pendant la période de transition dans les sociétés en proie à un conflit ou sortant d'un conflit*, Rapport du secrétaire général, doc. ONU, S/2004/616, 23 août 2004 ; Priscilla B. HAYNER, *Unspeakable Truths: Transitional Justice and the Challenge of Truth Commissions*, New York, Routledge, 2011, p. 19 ; Mark FREEMAN, *Truth Commissions and Procedural Fairness*, Oxford, OUP, 2006, pp. 14-18.

[2] À ce sujet, voir : Priscilla B. HAYNER, « Fifteen Truth Commissions, 1974 to 1994: A Comparative Study », *Human Rights Quarterly*, vol. 16, 1994, pp. 597-655 ; et, du même auteur, « Truth Commissions: A Schematic Overview », *RICR*, vol. 88, 2006, pp. 295-310.

[3] Uganda, Commission of Inquiry into the Disappearances of People in Uganda since 25 January 1971: Charter, Legal Notice n° 2 of 1974.

[4] Pour le Zimbabwe, le décret portant création de la commission en 1983 n'est pas accessible. Des informations relatives à ce décret sont néanmoins disponibles dans ARTICLE 19, *'Who Wants to Forget?' Truth and Access to Information about past Human Rights Violations*, November 2000, pp. 22-23. Pour l'Ouganda, voir *The Commission of Inquiry Act Legal Notice n° 5*, 16 mai 1986.

[5] Afrique du Sud, Promotion of National Unity and Reconciliation Act, n° 34, 1995. Mark FREEMAN estime, à ce sujet, qu'il y a un avant et un après commission vérité sud-africaine (*Truth Commissions and Procedural Fairness*, *op. cit.*, p. 26).

les années 1990 et jusqu'à ce jour, la création de commissions vérité se multiplie en Afrique et concerne plusieurs États : Tchad[6], Maroc[7], République démocratique du Congo[8], Côte d'Ivoire[9], Sierra Leone[10], Liberia[11], Ghana[12], Togo[13], Kenya[14], Burundi[15], Mali[16], Île Maurice[17], Burkina Faso[18], Nigeria[19], Tunisie[20], Égypte[21]. La mise en place d'une commission vérité est envisagée en Libye[22]. Elle a été proposée pour le Soudan[23], la République centrafricaine[24], la Guinée Bissau[25] et le Soudan du Sud[26].

---

[6] Tchad, Décret n° 014/P.CE/CJ/90 portant création de la commission d'enquête sur les crimes et détournements commis par l'ex-président, ses co-auteurs et/ou complices, 29 décembre 1990.

[7] Maroc, Dahir n° 1.04.42 du 19 safar 1425 portant approbation des Statuts de l'Instance Équité et Réconciliation, 10 avril 2004.

[8] République démocratique du Congo, Loi n° 04/018 portant organisation, attributions et fonctionnement de la commission vérité et réconciliation, 30 juillet 2004.

[9] Côte d'Ivoire, Ordonnance n° 2011-167 portant création, attributions, organisation et fonctionnement de la commission dialogue, vérité et réconciliation, 13 juillet 2011.

[10] Sierra Leone, The Truth and Reconciliation Commission Act 2000, Supplement to the Sierra Leone Gazette, vol. CXXXI, n° 9, 10 février 2000.

[11] Liberia, An Act to Establish Truth and Reconciliation Commission of Liberia, 12 mai 2005.

[12] Ghana, The National Reconciliation Commission Act, Act 611, 11 janvier 2002.

[13] Togo, Décret n° 2009/046/PR portant création de la commission vérité, justice et réconciliation, 25 février 2009.

[14] Kenya, Truth, Justice and Reconciliation Commission Bill, 9 mai 2008.

[15] Burundi, Loi n° 1/18 du 15 mai 2014 portant création, mandat, composition, organisation et fonctionnement de la commission vérité et réconciliation, 15 mai 2014.

[16] Mali, Ordonnance n° 2014-003/P-RM portant création de la commission vérité, justice et réconciliation, 15 janvier 2014, et Décret n° 2014-0013/P-RM portant organisation et modalités de fonctionnement de la commission vérité, justice et réconciliation, 15 janvier 2014.

[17] Mauritius, Truth and Justice Commission Act, 22 août 2008.

[18] Burkina Faso, Loi organique n° 003-2015/CNT portant attributions, composition, organisation et fonctionnement de la commission de la réconciliation nationale et des réformes, 23 janvier 2015 (voir l'article 4 qui traite de la sous-commission vérité, justice et réconciliation nationale).

[19] Nigeria, Instrument Constituting Judicial Commission of Inquiry for the Investigation of Human Rights Violations, 8 juin 1999.

[20] Tunisie, Loi organique 2013-53 relative à l'instauration de la justice transitionnelle et à son organisation, 24 décembre 2013 (sur la commission vérité, voir le Titre II intitulé « De l'instance de la vérité et de dignité »).

[21] Le texte portant création de la commission d'établissement des faits n'étant pas accessible, voir à ce sujet le *Rapport du Groupe de travail sur l'Examen périodique universel*, Égypte, doc. ONU A/HRC/28/16, 24 décembre 2014, § 11.

[22] Libye, Law n° 29 on Transitional Justice, 2 décembre 2013.

[23] *Rapport de la Commission internationale d'enquête sur le Darfour au secrétaire général*, doc. ONU, S/2005/60, 1er février 2005, § 617.

[24] *The International Commission of Inquiry on the Central African Republic Final Report*, doc. ONU S/2014/928, 6 décembre 2014, p. 26.

Sur la quarantaine de commissions vérité recensées dans le monde[27], l'Afrique en a produit près de la moitié. Le continent africain apparaît ainsi comme un véritable laboratoire d'expérimentation des commissions vérité. On ne peut s'en étonner. Il a connu, et continue de connaître, des situations de troubles, de conflits armés et de dictatures. Comme ailleurs, des crimes internationaux, des violations graves des droits de l'Homme et du droit international humanitaire ont été commis. La création de commissions vérité est une réponse des États africains à ces exactions qui, dans un État de droit, relèvent en principe des autorités judiciaires chargées de la lutte contre l'impunité. Les commissions vérité africaines n'étant pas des institutions judiciaires, leur utilisation comme réponse à des exactions graves pose la question de leur place dans le cadre de la lutte contre l'impunité.

La création des commissions vérité a souvent été perçue comme un moyen de soustraire de la sphère judiciaire l'examen de crimes graves. Les commissions vérité sont généralement envisagées dans des périodes marquées par une demande et une forte pression sociales, une transition politique ou des contraintes de l'après-conflit armé. Ces périodes sont particulièrement volatiles et fragiles, parce que la reprise du conflit armé n'est pas exclue, les dirigeants déchus restent puissants, les personnes soupçonnées d'avoir perpétré des crimes détiennent encore le pouvoir et le système judiciaire est inexistant, inadapté ou corrompu. Face aux risques ou à l'impossibilité de poursuivre ou de juger, les commissions vérité sont apparues comme une troisième voie, entre l'oubli et les poursuites judiciaires[28]. L'inexistence d'un projet de mise en œuvre des responsabilités sur le plan judiciaire au moment de leur création et après leurs travaux suggérait sans aucun doute qu'elles ne jouaient aucun rôle dans la lutte contre l'impunité[29]. Dans un contexte de réduction de la sphère de la lutte

---

[25] UA, Conseil de paix et de sécurité, 255e réunion, Addis-Abeba (Éthiopie), 23 décembre 2010, doc. UA PSC/PR/COMM.2(CCLV), p. 1.

[26] Salva KIIR, Riek MACHAR, « South Sudan Needs Truth, Not Trials », *New York Times*, 7 juin 2016. Riek Machar, le vice-président du Soudan du Sud, a contesté l'article après sa publication, affirmant n'avoir pas été consulté sur son contenu.

[27] Voir notamment à ce sujet les listes proposées par : l'UNITED STATES PEACE INSTITUTE, *Truth Commission Digital Collection* ; et Priscilla B. HAYNER, *Unspeakable Truths*, *op. cit.*, pp. xi-xii et 256-262.

[28] Voir, par exemple, Richard J. GOLDSTONE, « Past Human Rights Violations: Truth Commissions and Amnesties or Prosecutions », *Northern Ireland Legal Quarterly*, vol. 51, 2000, pp. 164-173.

[29] Littéralement, l'impunité signifie l'absence de sanction. Est impuni celui qui n'est pas sanctionné après avoir commis une faute. Logiquement, lutter contre l'impunité signifie lutter contre l'absence de sanction. Il apparaît évidemment un lien intrinsèque entre la lutte contre l'impunité et la responsabilité, l'établissement de cette dernière donnant de la consistance à la première. Voir la définition de l'impunité donnée par le rapport établi par Louis JOINET : « L'impunité se définit par l'absence, en droit ou en fait, de la mise en cause de la responsabilité pénale des auteurs de violations des droits de l'Homme, ainsi que de leur

contre l'impunité aux procédures judiciaires, les commissions vérité africaines ne pouvaient être considérées comme des instruments de lutte contre l'impunité, c'est-à-dire comme des organes poursuivant, jugeant et condamnant, sur le plan civil ou pénal, des personnes. Les commissions vérité ougandaises (1974 et 1986) et zimbabwéenne (1983) n'ont pas été créées pour juger et établir des responsabilités pénales ou civiles. Il en est de même pour la commission vérité sud-africaine, même si l'idée originale de la « carotte » – dire toute la vérité pour obtenir l'amnistie – et du « bâton » – sous peine de poursuites – au cœur de cette commission laissait une fenêtre ouverte à d'éventuelles poursuites[30].

Cette mise à l'écart des procédures judiciaires au profit des commissions vérité a parfois eu une résonnance particulière en Afrique. Assimilables à un retour à une conception de la justice dite « africaine », les commissions vérité ont été présentées comme une déclinaison moderne de l'« arbre à palabres », mode ancien et traditionnel de résolution des conflits en Afrique[31]. La sublimation de ce mode alternatif a connu sa plus haute expression lors de la création et des travaux de la commission vérité sud-africaine. Plusieurs auteurs ont vanté les vertus des « valeurs traditionnelles africaines », de la réconciliation, du rejet de tout comportement vindicatif et d'une vengeance qui seraient contraires à la culture africaine de l'*ubuntu*, conception empreinte d'humanité selon laquelle tous les êtres humains sont liés et sont des êtres humains à travers d'autres êtres humains[32]. Avec en toile de fond l'idée d'*ubuntu* – terme tiré des langues autochtones sud-

---

responsabilité civile, administrative ou disciplinaire, en ce qu'ils échappent à toute enquête tendant à permettre leur mise en accusation, leur arrestation, leur jugement et, s'ils sont reconnus coupables, leur condamnation à des peines appropriées, y compris à réparer le préjudice subi par leurs victimes », *Question de l'impunité des auteurs de violations des droits de l'Homme (civils et politiques)*, doc. ONU, E/CN.4/Sub.2/1997/20/Rev.1, 2 octobre 1997, Annexe II.

30 Voir à ce sujet : Promotion of National Unity and Reconciliation Act, *op. cit.* ; Jeremy SARKIN, *Carrots and Sticks: The TRC and the South African Amnesty Process*, Anvers, Intersentia, 2004.

31 Voir à ce sujet Mutoy MUBIALA, « The Contribution of African Human Rights Traditions and Norms to United Nations Human Rights Law », *Human Rights and International Legal Discourse*, vol. 4, 2010, p. 227.

32 *Truth and Reconciliation Commission of South Africa Report*, vol. I, 1995, p. 127, § 85 : « *Ubuntu, generally translated as 'humaneness', expresses itself metaphorically in* umuntu ngumuntu ngabantu – *'people are people through other people'. In the words of Constitutional Court Justice Makgoro: 'Its spirit emphasises respect for human dignity, marking a shift from confrontation to conciliation'* ». Pour plus de détails sur l'*ubuntu*, voir, par exemple : Mark SANDERS, « Transition and Transformation: Human Rights and Ubuntu in Antjie Krog's Writings after the Truth and Reconciliation Commission », *in* S.A. MCCLENNEN, A. SCHULTHEIS MOORE (eds.), *The Routledge Companion to Literature and Human Rights*, New York, Routledge, 2016, pp. 319-320 ; Justice Pius LANGA, « South Africa's Truth and Reconciliation Commission », *The International Lawyer*, vol. 34, 2000, p. 353.

africaines et signifiant « humanité »[33] –, la mise en place de commissions vérité en Afrique serait l'expression d'une conception africaine de la justice qui, loin des débats judiciaires houleux et du contradictoire, privilégierait le rétablissement de la dignité des victimes, la réconciliation et le pardon à l'offenseur reconnaissant sa faute. La reconnaissance de la faute par le bourreau et le pardon accordé par la victime deviennent des éléments du credo de la réconciliation recherchée par certaines commissions vérité africaines comme la commission sud-africaine. Par conséquent, l'idée d'une sanction judiciaire prononcée par des tribunaux étant exclue, la lutte contre l'impunité ne semblait pas avoir de place dans le cadre des travaux des commissions vérité.

Toutefois, l'évolution du contenu de l'expression « lutte contre l'impunité » place les commissions vérité au cœur de celle-ci. Dans son rapport sur l'impunité publié en 1997, Louis Joinet fait référence à des droits dont le respect est nécessaire dans le cadre de la lutte contre l'impunité : le droit à la vérité (déclinaison du droit de savoir), le droit à la justice et le droit à réparation[34]. Dans ce rapport, les commissions vérité sont élevées au rang d'instruments contribuant à la lutte contre l'impunité, parce qu'elles facilitent la réalisation du droit à la vérité[35]. Nouveau maillon de la chaîne de la lutte contre l'impunité, les commissions vérité apparaissent comme des organes nécessaires et indispensables. Cependant, en Afrique, elles n'échappent pas aux critiques soulignant leurs limites dans ce domaine. L'examen du triptyque droit à la vérité (I), droit à réparation (II) et droit à la justice (III) montre que les commissions vérité africaines ne contribuent que très partiellement à la lutte contre l'impunité en Afrique.

I. Le droit à la vérité et les commissions vérité africaines

Le droit à la vérité implique que la vérité sur les crimes du passé soit recherchée et divulguée[36]. Les commissions vérité africaines ont joué et jouent un rôle essentiel dans la recherche et la divulgation de la vérité concernant les crimes du passé. Ce rôle est toutefois confronté à de nombreuses limites auxquelles il convient de remédier.

---

[33] Anne-Marie DILLENS, Emmanuel BABISSAGANA, « La justice inopportune ? Aux détours de l'amnistie », *in* Y. CARTUYVELS, H. DUMONT, F. OST, M. VAN DE KERCHOVE, S. VAN DROOGHENBROECK (dir.), *Les droits de l'Homme, bouclier ou épée du droit pénal ?*, Bruxelles, Facultés Universitaires Saint-Louis/Bruylant, 2005, p. 585.

[34] Voir *Question de l'impunité des auteurs de violations des droits de l'Homme (civils et politiques)*, *op. cit.*

[35] *Ibid.*, principe 5.

[36] Sur le droit à la vérité, voir par exemple les études suivantes du Haut-Commissariat des Nations Unies aux droits de l'Homme : *Étude sur le droit à la vérité*, doc. ONU, E/CN.4/2006/91, 8 février 2006 ; doc. ONU, A/HRC/5/7, 7 juin 2007 ; doc. ONU, A/HRC/12/19, 21 août 2009 ; doc. ONU, A/HRC/15/33, 28 juillet 2010.

1. Des commissions vérité généralistes et spécialisées

Dans le cadre de la recherche de la vérité, un examen du mandat et du travail des commissions vérité conduit à distinguer deux types de commissions vérité : les commissions vérité généralistes et les commissions vérité spécialisées.

Plusieurs commissions vérité africaines sont généralistes. Leurs actes constitutifs ne restreignent pas le champ des crimes qui feront l'objet de leurs enquêtes. Ils renvoient à des expressions génériques comme « violations des droits de l'Homme », « violations du droit international humanitaire », « crimes », « actes de violence », etc. Les commissions vérité d'Afrique du Sud, du Kenya, du Togo, du Ghana, du Tchad, de la Sierra Leone, du Mali, du Nigeria, de l'Ouganda (1986), du Liberia, de la Côte d'Ivoire et de la République démocratique du Congo peuvent être considérées comme des commissions vérité africaines généralistes[37]. Cependant, il existe des variantes dans cette catégorie.

Premièrement, certains actes constitutifs des commissions vérité africaines spécifient qu'elles doivent enquêter sur des violations graves. C'est le cas, par exemple, de la loi qui crée la commission vérité sud-africaine, de l'ordonnance qui crée la commission vérité malienne et de la loi qui envisage une commission vérité en Libye[38]. La référence à un seuil de gravité laisse explicitement entendre que toutes les violations ne feront pas l'objet d'enquêtes. En Afrique du Sud et en Libye, les actes créateurs des commissions vérité définissent la gravité et énumèrent les exactions visées[39]. D'autres actes constitutifs, comme celui de la commission vérité malienne ne donnent pas de définition de la gravité, laissant à la commission le soin de fixer elle-même les limites de sa compétence matérielle.

Deuxièmement, les commissions vérité généralistes n'enquêtent pas forcément sur les mêmes types d'exactions. D'un point de vue général, elles ont certes toutes examiné des violations des droits civils et politiques. Parmi les violations de ces droits, celles du droit à la vie et celles relatives aux atteintes à

---

[37] Voir les actes constitutifs de ces commissions vérité cités dans les notes ci-dessus.

[38] Afrique du Sud, Promotion of National Unity and Reconciliation Act, *op. cit.*, chapitre 2, § 3-1-a ; Mali, Ordonnance n° 2014-003/P-RM, *op. cit.*, article 2 ; Libye, Law n° 29 on Transitional Justice, *op. cit.*, article 7.

[39] En Afrique du Sud, la Promotion of National Unity and Reconciliation Act prévoit que « *gross violation of human rights' means the violation of human rights through (a) the killing, abduction, torture or severe ill-treatment of any person; or (b) any attempt, conspiracy, incitement, instigation, command or procurement to commit an act referred to in paragraph (a)* ». En Lybie, la loi n° 29 définit, en son article 7, l'expression « *severe and systematic violations* » *comme suit :* « *violating human rights through murder, abduction, physical torture or confiscation or damage of funds, if committed by an order of an individual acting out of a political motive. It also means the violation of the fundamental rights in a manner that results in severe physical or moral consequences* ».

l'intégrité physique des personnes occupent une place de choix. Mais, rares sont les commissions vérité africaines qui, comme celles de Sierra Leone et du Kenya, ont explicitement décidé de prendre en considération les violations des droits économiques, sociaux et culturels[40]. La commission libérienne a, quant à elle, examiné des crimes économiques[41] et la commission tchadienne des détournements de deniers publics[42], sans faire de référence explicite aux violations des droits économiques, sociaux et culturels. La commission vérité sierra-léonaise est allée encore plus loin en intégrant dans le cadre juridique de ses enquêtes les violations des droits-solidarité dits de la troisième génération. Elle indique, dans son rapport, qu'elle enquêtera sur les violations du droit au développement et du droit à la paix[43].

Ne disposant pas des caractéristiques de ce champ matériel relativement élargi, d'autres commissions vérité africaines sont spécialisées. Elles enquêtent exclusivement sur des violations spécifiques. C'est la conséquence d'une restriction explicitement posée par leurs actes constitutifs. Au Maroc et en Ouganda (1974), les actes constitutifs des commissions vérité prévoyaient qu'elles enquêteraient sur les disparitions des personnes[44]. La commission vérité marocaine a, en plus des disparitions des personnes, été chargée d'enquêter sur la détention arbitraire[45]. En Île Maurice, la commission vérité a enquêté sur l'esclavage et la servitude au travail[46].

Le champ des enquêtes des commissions vérité africaines tend moins à se rétrécir qu'à s'élargir. La plupart des commissions vérité africaines sont généralistes. Mais, qu'elles soient spécialisées ou généralistes, toutes envisagent les deux dimensions du droit à la vérité.

2. Une vérité collective et individuelle

La publication des rapports des commissions vérité africaines favorise l'accès aux informations sur des crimes et des violations des droits de l'Homme et du droit international humanitaire. Les commissions vérité africaines contribuent

---

[40] Voir : *Report of the Truth and Reconciliation Commission of Sierra Leone*, *Witness to Truth*, Accra, vol. I, 2004, chap. 1, p. 38, § 54 ; Kenya, *Report of the Truth, Justice and Reconciliation Commission*, 2013, vol. IV, 2013, chap. 1, pp. 48ss.

[41] Liberia, *Report of the Truth and Reconciliation Commission*, Monrovia, 2009 (voir le titre III intitulé « Economic Crimes and the Conflict, Exploitation and Abuse »).

[42] *Les crimes et détournements de l'ex-président Habré et de ses complices. Rapport de la commission nationale d'enquête du ministère tchadien de la Justice*, Paris, L'Harmattan, 1993, pp. 210ss.

[43] *Report of the Truth and Reconciliation Commission of Sierra Leone*, *op. cit.*, chap. 1, p. 38, § 54.

[44] Voir : Maroc, Dahir n° 1.04.42 du 19 safar 1425, *op. cit.*, articles 5 et 9 ; Uganda, Charter, Legal Notice n° 2 of 1974, *op. cit.*

[45] Maroc, Dahir n° 1.04.42 du 19 safar 1425, *op. cit.*

[46] Mauritius, Truth and Justice Commission Act, *op. cit.*

à la réalisation du droit à la vérité dans sa dimension collective et sa dimension individuelle[47]. Elles exposent généralement un récit globalisant, rapportent des évènements historiques, analysent les causes, le contexte, les circonstances des exactions, leur *modus operandi* et leurs conséquences, et accordent ainsi une importance particulière à la dimension collective du droit à la vérité[48]. La quasi-totalité des commissions vérité africaines vont au-delà de ce récit globalisant en soulignant les expériences individuelles des victimes directes et de leurs proches. Très significatif de cette tendance, elles établissent parfois des listes de victimes. Les commissions vérité de Sierra Leone et d'Afrique du Sud ont, par exemple, dressé de longues listes nominatives de victimes, mettant au jour les exactions subies[49]. Aussi, la dimension individuelle du droit à la vérité est, dans une certaine mesure, prise en considération. En embrassant les deux dimensions du droit à la vérité, les commissions vérité africaines permettent aux victimes de connaître la vérité. Cependant, cette connaissance reste limitée.

3. Les limites de la vérité des commissions vérité

On pourrait arguer, à la décharge des commissions vérité africaines, que la vérité relève d'une perfection hors de portée. Au regard de la durée et des moyens limités des commissions vérité[50], de l'ampleur des crimes perpétrés sur le territoire des États africains, il est indiscutable qu'une commission vérité ne peut enquêter sur toutes les violations. Par exemple, bien que les femmes ou les enfants aient toujours été des catégories de victimes particulières dans les États africains en proie aux dictatures ou aux conflits armés, plusieurs commissions vérité africaines, comme celles du Tchad et de l'Ouganda (1974) par exemple, n'insistent pas sur cette victimisation singulière.

Cependant, les limites constatées dans la recherche et la divulgation de la vérité tirent leur source moins des insuffisances intrinsèques des commissions vérité que du comportement des autorités politiques des États africains. Les limites les plus évidentes sont généralement liées à la restriction du mandat des commissions vérité. Par exemple, en mandatant une commission vérité pour n'enquêter que sur les disparitions en Ouganda, sur la détention arbitraire et les disparitions forcées au Maroc, alors même

---

[47] Sur ces dimensions du droit à la vérité, voir notamment HCDH, *Étude sur le droit à la vérité*, *op.cit.*, pp. 10-11, §§ 35-36.

[48] Voir, par exemple, les rapports des commissions vérité de Sierra Leone, d'Afrique du Sud, du Kenya et du Liberia qui sont très détaillés : *Report of the Truth and Reconciliation Commission of Sierra Leone*, *op. cit.* ; *Truth and Reconciliation Commission of South Africa Report*, *op. cit.* ; Kenya, *Report of the Truth, Justice and Reconciliation Commission*, *op. cit.* ; Liberia, Report of the Truth and Reconciliation Commission, 1er juillet 2009.

[49] Voir : *Report of the Truth and Reconciliation Commission of Sierra Leone*, *ibid.*, vol. II, chap. 5 ; *Truth and Reconciliation Commission of South Africa Report*, *op. cit.*, vol. VII.

[50] Priscilla B. HAYNER, *Unspeakable Truths*, *op. cit.*, pp. 210-218.

que de nombreux rapports et informations font état de la commission d'autres crimes sur le territoire de ces États[51], les autorités politiques restreignent *de facto* et *de jure* les investigations de la commission vérité. La commission vérité rend alors un rapport limité, parce qu'elle n'aura pas pu enquêter sur tous les cas relevant de son mandat et parce qu'elle aura éludé des violations graves non prévues dans son mandat.

La publication et la diffusion de la vérité recherchée, et par là-même la satisfaction du droit à la vérité, ne sont pas toujours garanties. D'une part, certaines autorités politiques décident de ne pas rendre public les rapports des commissions vérité. Par exemple, malgré l'achèvement des travaux des commissions vérité de la République démocratique du Congo et du Zimbabwe[52], leurs rapports sur les violations commises ne sont toujours pas facilement accessibles. D'autre part, lorsqu'il est publié, le rapport ne fait pas systématiquement l'objet d'une diffusion auprès de la population concernée. On a ainsi relevé qu'en Sierra Leone, le rapport de la commission vérité n'avait pas été suffisamment diffusé malgré les efforts consentis par celle-ci[53].

Dans plusieurs États africains, il y a donc des raisons de douter de l'impact significatif des commissions vérité sur le respect du droit à la vérité dans le cadre de la lutte contre l'impunité. Certains éléments peuvent être pris en compte pour améliorer cette situation.

Premièrement, cet impact ne peut être positif que si la vérité consignée dans le rapport de la commission est publiée et diffusée. L'intégration de pans importants du rapport dans les manuels et l'enseignement de l'histoire ainsi établie, devraient figurer dans les programmes scolaires des États sur les territoires desquels des crimes ont été commis. Une génération qui grandit en ayant conscience des crimes du passé et du lourd tribut payé aura moins tendance à répéter ces crimes. Une génération qui grandit empreinte et inondée de préjugés et des clivages du passé, faute de vérité recherchée,

---

[51] S'agissant de l'Ouganda, parmi la littérature abondante qui raconte les atrocités commises par le régime d'Idi Amin Dada après sa prise du pouvoir en 1971, voir par exemple Stephen C. ROPP, Kathryn SIKKINK (eds.), *The Power of Human Rights: International Norms and Domestic Change*, New York, Cambridge University Press, 1999, pp. 41-42. S'agissant du Maroc, voir par exemple le *Rapport du Comité des droits de l'Homme*, « Maroc », doc. ONU A/46140, 1991, pp. 60-70. Les deux documents font référence à plusieurs violations des droits de l'Homme (civils et politiques) et vont bien au-delà des violations visées par le mandat des commissions vérité ougandaise (1974) et marocaine.

[52] Le rapport de la commission ivoirienne, achevé en 2014, a tardé à être publié, suscitant les critiques notamment du Comité des droits de l'Homme. À cet égard, voir les recommandations du Comité des droits de l'Homme qui, dans ses Observations finales concernant le rapport initial de la Côte d'Ivoire, exhortait le Gouvernement ivoirien à rendre public ce rapport (doc. ONU, CCPR/C/CIV/CO/1, 28 avril 2015, § 7), lequel sera finalement publié en 2016 (Commission dialogue, vérité et réconciliation, *Rapport final*).

[53] ATLAS PROJECT, *Transitional Justice in Sierra Leone: Analytical Report*, juillet 2010, p. 23, § 77.

établie, diffusée et enseignée, aura une forte probabilité de récidive de ce passé. L'inscription de la vérité dans la conscience collective et la lutte contre l'impunité passent inéluctablement par l'éducation.

Deuxièmement, cet impact dépend de la conservation des archives des travaux des commissions vérité. Proposé en 1997 par Louis Joinet dans son rapport relatif à l'impunité[54], cet élément, au-delà de la rareté de l'information à ce sujet, ne semble pas occuper une place importante dans la plupart des pays africains qui ont créé des commissions vérité[55]. Pourtant, les archives éventuellement accumulées par les commissions vérité sont le témoin du passé. Leur protection et leur mise à disposition du public, en dehors des informations confidentielles relatives aux victimes, constituent un pan de l'œuvre de vérité, qui ne s'achève certainement pas avec la publication des travaux de la commission vérité.

Troisièmement, la recherche de la vérité sur les crimes perpétrés ne doit pas s'arrêter après la publication du rapport d'une commission vérité[56]. Le rapport doit inciter à en savoir davantage, surtout lorsque les victimes le réclament. L'entreprise de vérité, qui sert à stigmatiser un passé imprégné d'horreurs, doit être une quête permanente, parce qu'elle permet de prendre conscience des erreurs du passé tout en ayant des vertus réparatrices.

II. Le droit à réparation et les commissions vérité africaines

Le droit à réparation est intrinsèquement lié aux activités des commissions vérité africaines. Il reste toutefois confronté à de nombreux obstacles.

1. La mise en œuvre du droit à réparation dans le cadre des commissions vérité africaines

En droit international, plus particulièrement dans le domaine des droits de l'Homme et du droit international humanitaire, il existe plusieurs formes de réparation : la restitution, l'indemnisation, la réhabilitation, la satisfaction et

---

[54] Voir le rapport de Louis JOINET, *Question de l'impunité*, *op. cit.*, § 25.

[55] Voir notamment, à ce sujet, Briony JONES, Ingrid OLIVEIRA SILVA KELLER, Sandra RUBLI, *Archives for a Peaceful Future: Case Descriptions*, Swisspeace, 2014, qui font le constat de la difficulté d'accéder à l'information et révèlent l'incertitude caractérisant le sort réservé aux archives des commissions vérité africaines comme celles de la RDC (p. 4), du Ghana (p. 6), du Liberia (p. 7) et de l'Ouganda, (p. 18). En revanche, malgré les problèmes qui subsistent, les auteurs estiment que des efforts ont été consentis au Maroc (p. 9) et en Sierra Leone (pp. 10-11) pour la conservation et l'utilisation des archives des commissions vérité marocaine et sierra-léonaise.

[56] Voir, par exemple, les observations du Comité des droits de l'Homme sur le rapport de l'Afrique du Sud. Malgré les travaux de la commission vérité sud-africaine, le Comité recommande l'intensification des efforts pour « enquêter sur les violations graves des droits de l'Homme documentées par la Commission », CDH, Observations finales concernant le rapport initial de l'Afrique du Sud, doc. ONU CCPR/C/ZAF/CO/1, 27 avril 2016, § 13.

les garanties de non répétition[57]. Parmi ces formes de réparation, la satisfaction est celle qui entretient le plus un lien direct avec les activités et les travaux des commissions vérité africaines. Il s'agit d'une forme générique de réparation dans laquelle on classe la reconnaissance d'une violation, la recherche et la divulgation de la vérité[58]. Ces thématiques sont au cœur des commissions vérité. Par conséquent, toutes les commissions vérité africaines qui interrogent les victimes, recherchent la vérité et publient un rapport, participent directement à la réalisation du droit à réparation.

Dans ce cadre, au-delà des aspects strictement juridiques, on prête aux commissions vérité des vertus thérapeutiques, cathartiques et réparatrices[59]. En principe, une victime à qui on donne l'occasion de raconter ce qu'elle a vécu, une victime qui parle, une victime qui découvre ce qui s'est passé, une victime dont le mal vécu est reconnu, est une victime dont le processus de guérison s'amorce. Ainsi, du point de vue de la victime individuelle, le processus réparateur commence au moment où la commission vérité lui donne la possibilité de s'exprimer. Il se poursuit lorsque la commission vérité rend public son rapport. Cette divulgation de la vérité est un acte de reconnaissance de faits parfois déjà connus par la victime individuelle. Simultanément, la reconnaissance des crimes ainsi que la recherche et la divulgation de la vérité dans des contextes de violence généralisée participent au droit à réparation d'une victime particulière : la société. Les commissions vérité africaines constituent un traitement électrochoc aux effets cathartiques dans une société déchirée par des clivages. Cette dimension collective de l'effet réparateur des commissions vérité a été soulignée, par exemple, à l'occasion des travaux de la commission vérité sud-africaine[60]. Elle peut être élargie aux commissions vérité sierra-léonaise, libérienne, marocaine, kényane et d'autres, qui, comme la commission sud-africaine, ont donné la parole aux victimes dans le cadre d'auditions, souvent publiques, et publié des rapports détaillés.

Si, par le déroulement de leurs activités, les commissions vérité africaines peuvent déjà constituer une forme de réparation, c'est pour l'avenir qu'elles participent le plus au droit à réparation. Les recommandations proposées

---

[57] Sur les formes de réparation, voir la Résolution 60/147 de l'Assemblée générale des Nations Unies, « Principes fondamentaux et directives concernant le droit à un recours et à réparation des victimes de violations flagrantes du droit international des droits de l'Homme et de violations graves du droit international humanitaire », 16 décembre 2005, point IX sur les « Réparation du préjudice subi ».

[58] *Ibid.*, § 22.

[59] Voir, par exemple, à ce sujet : Priscilla B. HAYNER, *Unspeakable Truths*, *op. cit.*, pp. 145ss ; Holly L. GUTHREY, *Victim Healing and Truth Commissions: Transforming Pain through Voice in Solomon Islands and Timor Leste*, Cham, Springer, 2015, pp. 29ss.

[60] Jeremy SARKIN, « Truth and Reconciliation Commission », *Commonwealth Law Bulletin*, vol. 42, 1997, p. 529.

dans leurs rapports contiennent des mesures de réparation dont la responsabilité de la mise en œuvre incombe généralement aux États qui les ont créées. On y trouve des formes de réparation diverses : restitution, compensation financière, mesures de réhabilitation, satisfaction (notamment excuses), et garanties de non répétition[61]. Certaines commissions vérité vont plus loin en prévoyant des modalités pratiques d'octroi des réparations proposées. Suivant les cas, elles désignent les débiteurs de ce droit, mettent en place un ordre de priorité pour les bénéficiaires des réparations, proposent des idées de sources de financement, prévoient l'organe ou les organes chargés de l'exécution du programme de réparation[62], etc.

Ces caractéristiques des commissions vérité africaines permettent de les considérer comme des outils qui facilitent la mise en œuvre d'une justice réparatrice. Il s'agit d'une justice réparatrice endogène parce qu'intrinsèquement, les commissions vérité portent en elles, grâce à leurs activités et travaux, les prémices de la réparation. Il s'agit d'une justice réparatrice exogène parce que, se tournant vers l'avenir, elles organisent la mise en œuvre de formes de réparation qu'elles ne peuvent réaliser et qui nécessitent l'intervention d'un acteur extérieur, l'État en l'occurrence. Vus sous le prisme des commissions vérité, la justice réparatrice et le droit à réparation constituent les deux faces d'une même médaille, celle de la nécessité de rétablir les victimes dans leur dignité en réparant ce qu'elles ont subi. Ce magnifique tableau du rôle que jouent les commissions vérité

---

[61] Pour plus de détails sur les réparations proposées par les commissions africaines, voir notamment : Afrique du Sud, *Truth and Reconciliation Commission of South Africa Report*, *op. cit.*, pp. 170-195 ; Maroc, Commission nationale pour la vérité, l'équité et la réconciliation, *Synthèse du rapport final (résumé)*, 2006, p. 18, et Instance équité et réconciliation, *Rapport final*, Publications du Conseil consultatif des droits de l'Homme, vol. III, 2010 ; Kenya, *Report of the Truth, Justice and Reconciliation Commission*, *op. cit.*, pp. 97-124 ; Île Maurice, *Report of the Truth and Justice Commission*, vol. I, 2011, pp. 394-396 ; Liberia, *Report of the Truth and Reconciliation Commission, Consolidated Final Report*, vol. II, 2009, pp. 377-381 ; Nigeria, *Human Rights Violations Investigations Commission: Aka Oputa Panel Report*, vol. VI, 2002, pp. 46-52 et vol. VII, 2002, p. 55 ; Sierra Leone, *Report of the Truth and Reconciliation Commission of Sierra Leone*, *op. cit.*, vol. II, chap. 4 ; Tchad, Commission d'enquête sur les crimes et détournements commis par l'ex-président, ses co-auteurs et/ou complices, *Rapport de la Commission nationale d'enquête du ministère tchadien de la Justice*, *op. cit.*, p. 98 ; Togo, *Rapport final de la Commission vérité, justice et réconciliation*, 2012, pp. 213-260 ; Ouganda (1986), *The Report of the Commission of Inquiry into Violations of Human Rights*, 1994, chap. 13, pp. 590 et 627-628 ; Côte d'Ivoire, Commission dialogue, vérité et réconciliation, *Rapport final*, *op. cit.*, pp. 88-90.

[62] Pour davantage d'informations sur les modalités pratiques proposées par les commissions vérité africaines, voir : Afrique du Sud, *Truth and Reconciliation Commission of South Africa Report*, *op. cit.*, pp. 312-315 ; Maroc, Synthèse du rapport final (résumé), *op. cit.* ; Kenya, *Report of the Truth, Justice and Reconciliation Commission*, *op. cit.*, pp. 102-122 ; Liberia, *Report of the Truth and Reconciliation Commission*, *op. cit.* ; Sierra Leone, *Report of the Truth and Reconciliation Commission of Sierra Leone*, *op. cit.*, pp. 247-270 ; Togo, *Rapport final de la Commission vérité, justice et réconciliation*, *op. cit.*, pp. 221-243.

africaines dans le domaine de la réparation perd généralement de son éclat lorsqu'on s'en approche de plus près.

2. Limites dans la mise en œuvre du droit à réparation

Premièrement, le lien intrinsèque qui existe entre le droit à réparation et les activités des commissions vérité entraîne une conséquence : si toutes les activités d'une commission vérité participent à la réalisation du droit à réparation, chaque fois que ces activités connaissent des difficultés ou rencontrent des obstacles, la réalisation du droit à réparation des victimes s'en trouve mise à mal. La capacité des commissions vérité à réparer en recherchant la vérité, en donnant la parole aux victimes et en mettant au jour la vérité est souvent remise en cause. On évoque, suivant les cas, plusieurs facteurs parmi lesquels la non-publication du rapport de la commission vérité et la non-reconnaissance officielle des exactions commises, les attentes déçues de victimes qui en témoignant pensent que la commission vérité changera leur vie et mettra fin à leurs souffrances, les risques d'un nouveau traumatisme parce que la commission vérité aura pris à la légère le processus de guérison des victimes et négligé l'importance d'une prise en charge psychologique après le témoignage de victimes particulièrement fragiles[63]. Ce risque de nouveau traumatisme peut être accru lorsque la victime est confrontée à son bourreau[64]. Dans ces situations, la victime, loin d'être réparée et guérie, rechute. Sa douleur est d'autant plus vive qu'il y a eu chez elle, à un moment, une espérance.

Deuxièmement, l'absence de mise en œuvre des recommandations des commissions vérité en matière de réparation est généralement décriée. Si l'accès aux informations relatives à cette mise en œuvre n'est pas toujours aisé, l'examen de quelques cas africains laisse pressentir que le pourcentage des recommandations des commissions vérité mises en œuvre reste très faible. Au Ghana, après les travaux de la commission vérité, le Gouvernement a affirmé, en 2012, avoir indemnisé des victimes et permis à certaines d'entre elles de récupérer leurs biens[65]. Mais le retard accusé dans l'octroi des réparations recommandées par la commission vérité en 2004 et son impact sur les victimes ont été soulignés[66]. De même, en Sierra Leone,

---

[63] Voir Priscilla B. HAYNER, *Unspeakable Truths*, *op. cit.*, pp. 152-153, qui évoque le cas sud-africain.

[64] Dans le cas sierra-léonais, on a parfois évoqué la peur de témoigner de certaines victimes pendant les auditions publiques de la commission vérité, à cause de la présence d'auteurs soupçonnés de crimes. Voir Tim KELSALL, « Truth, Lies, Ritual: Preliminary Reflections on the Truth and Reconciliation in Sierra Leone », *Human Rights Quarterly*, vol. 27, 2005, p. 386.

[65] CDH, *Rapport du Groupe de travail sur l'Examen périodique universel*, Ghana, doc. ONU A/HRC/WG.6/14/GHA/1, 10 août 2012, § 108.

[66] Nahla VALJI, *Ghana's National Reconciliation Commission: A Comparative Assessment*, International Center of Transitional Justice, septembre 2006, pp. 25-26.

en dépit des efforts consentis et du financement international, le Programme de réparation a d'abord accusé de nombreux retards[67] avant d'être mis en œuvre[68] et de connaître, de nouveau, plusieurs insuffisances[69]. Au Liberia, si le Gouvernement affirme avoir mis en place une « Feuille de route pour la réconciliation », afin d'appliquer les « recommandations de la commission vérité et réconciliation les plus compatibles avec la justice réparatrice »[70], la mise en œuvre des réparations proposées reste un défi à relever. En Afrique du Sud, si un programme de réparation a été mis en place pendant et après les travaux de la commission vérité[71], il demeure que ce programme a connu beaucoup de retard[72]. Il a également fait l'objet de critiques, notamment au sujet de la limitation de la liste des victimes indemnisables à celles identifiées par la commission vérité[73]. En dépit de l'adoption d'un programme de réparation au Maroc, les mêmes problèmes sont apparus au moment de son application[74].

D'autres États n'ont tout simplement pas, ou pas encore, envisagé de programme national de réparation. Des victimes sont toujours en attente de réparations, notamment au Tchad, au Zimbabwe, en République démocratique du Congo et en Côte d'Ivoire, même si, dans ce dernier cas, la remise d'un rapport de la commission nationale pour la réconciliation et

[67] AMNESTY INTERNATIONAL, *Sierra Leone: Getting Reparations Right for Survivors of Sexual Violence*, novembre 2007, p. 22.

[68] CDH, *Assistance à la Sierra Leone dans le domaine des droits de l'Homme. Rapport du Haut-Commissaire des Nations Unies aux droits de l'Homme*, doc. ONU A/HRC/13/28, 12 février 2010, § 44.

[69] CDH, Observations finales concernant le rapport initial de la Sierra Leone, ONU CCPR/C/SLE/CO/1, 17 avril 2014. Le Comité des droits de l'Homme constate que de nombreuses victimes n'ont toujours pas reçu de réparations et encourage le Gouvernement sierra-léonais à « poursuivre ses efforts pour faire en sorte que toutes les victimes sur son territoire soient enregistrées et reçoivent une réparation adéquate » (§ 8).

[70] CDH, *Rapport du Groupe de travail sur l'Examen périodique universel*, Liberia, doc. ONU A/HRC/WG.6/22/LBR/1, 18 février 2015, § 31.

[71] CDH, *Rapport du Groupe de travail sur l'Examen périodique universel*, Afrique du Sud, doc. ONU A/HRC/8/32, 23 mai 2008, § 30, qui fait référence à l'indemnisation financière de 30 000 rands sud-africains versés à plusieurs victimes.

[72] Christopher J. COLVIN, « Overview of the Reparations Program in South Africa », *in* P. DE GREIFF (ed.), *The Handbook of Reparations*, New York, OUP, 2006, pp. 189 et 200-203.

[73] À ce sujet, voir par exemple le rapport *South African Coalition for Transitional Justice, Comments on the Draft Regulations Published by the Department of Justice Dealing with Reparations for Apartheid Era Victims*, 8 juin 2011. Voir également CDH, Observations finales concernant le rapport initial de l'Afrique du Sud (2016), *op. cit.*, § 13, qui encourage l'Afrique du Sud à mettre en œuvre les recommandations de la commission vérité et à « assurer une réparation appropriée à toutes les victimes ».

[74] COMITÉ CONTRE LA TORTURE, Examen des rapports présentés par les États parties en application de l'article 19 de la Convention : observations finales, Maroc, doc. ONU CAT/C/MAR/CO/4, 21 décembre 2011, § 29. Le rapport s'inquiète des informations relevant le caractère inéquitable des réparations versées et le fait que certaines victimes n'ont pas été indemnisées.

l'indemnisation des victimes semble donner une impulsion à la mise en œuvre d'un programme de réparation[75].

La pauvreté des États africains et leur manque de ressources financières sont invoqués comme des raisons expliquant les insuffisances accumulées dans l'exécution des recommandations des commissions vérité en matière de réparation. Dans des États ravagés par un conflit armé, comme la Sierra Leone et le Liberia, deux États également confrontés à la catastrophe sanitaire provoquée par le virus Ébola, il est évident que la mise en œuvre d'un programme de réparation est plus que problématique. Il convient cependant de relativiser l'argument tiré de l'absence de ressources en Afrique, eu égard aux richesses naturelles de nombreux États africains. L'absence de volonté politique est généralement au cœur de la non mise en œuvre des réparations proposées par les commissions vérité. La lourdeur de l'administration publique de plusieurs États africains constitue parfois un obstacle majeur. Il faut y ajouter l'absence de réflexion ou de stratégie nationales claires sur les questions majeures que posent souvent les situations post-conflit ou post-dictature. La levée des obstacles au droit à réparation incombe aux États africains qui ont créé les commissions vérité.

La recherche de la vérité aux vertus réparatrices ne s'achevant pas avec les travaux d'une commission vérité, l'État doit mettre en place un processus de suivi[76]. La continuation de la recherche de la vérité est une nécessité pour les victimes dont les cas n'ont pas été résolus par la commission vérité. La mise en œuvre des recommandations des commissions vérité africaines dans le domaine des réparations est nécessaire. L'État africain ne doit pas se réfugier derrière l'argument de la pauvreté et l'absence de ressources financières pour dénier aux victimes leur droit à réparation.

D'une part, certaines formes de réparation n'exigent pas de l'État l'engagement de ressources financières importantes. Des actes de réparation symboliques comme la présentation d'excuses, le baptême d'une rue ou d'une école en souvenir d'une victime ou d'un massacre, l'adoption d'une journée de commémoration, l'établissement de certificats de décès pour permettre aux proches d'une victime de récupérer des biens confisqués, n'ont pas un coût financier important. Dans le même ordre d'idées, bien des problèmes relatifs à l'octroi de réparations sont structurels. Ils constituent le reflet d'une administration et de pouvoirs publics inefficaces et mal organisés. Une réflexion et une stratégie nationales qui incluent la participation des acteurs publics et de la société civile, une meilleure réallocation des personnels, une réorganisation de l'administration publique,

---

[75] Voir le site internet de la commission.

[76] HCDH, *Les instruments de l'état de droit dans les sociétés sortant d'un conflit : les commissions de vérité*, doc. HR/PUB/06/1, 2006, p. 32.

la lutte contre la corruption, des instructions données aux fonctionnaires et un contrôle de la mise en œuvre de ces instructions sont à même de créer des conditions favorables à la mise en œuvre de plusieurs mesures réparatrices.

D'autre part, on ne peut nier que certaines formes de réparation exigent des ressources financières de l'État. Des ressources financières sont nécessaires notamment pour les indemnisations, la réhabilitation et la mise en place des structures sociales ou de santé destinées à la prise en charge de certaines victimes, l'édification de monuments dédiés aux victimes, la construction d'écoles dans des zones ou régions particulièrement touchées par la répression pendant le conflit armé ou la dictature, etc. Cependant, même dans ces situations, l'État africain pauvre n'est pas complètement désarmé. À ce titre, il convient de distinguer deux situations.

La première est celle dans laquelle le budget de l'État africain prévoit déjà des fonds alloués à certains secteurs concernés par les mesures réparatrices, notamment la justice, la santé, l'éducation, les travaux publics, etc. Si l'État qui sort d'un conflit armé ou d'une dictature est souvent confronté à des problèmes économiques, il n'en demeure pas moins que le budget de l'État africain, aussi déficitaire qu'il soit, prévoit parfois des dépenses susceptibles de combler certaines attentes des victimes en matière de réparation. C'est la mise en œuvre des dispositions de lois budgétaires étatiques, dans un environnement public parfois gangrené par la corruption et les détournements de deniers publics, qui est problématique. Par conséquent, l'État africain qui a l'obligation de réparer en mobilisant ses ressources financières doit faire un inventaire de celles immédiatement disponibles. Il doit également s'interroger sur l'absence d'effectivité des dispositions de lois de finances, en luttant notamment contre la corruption et en corrigeant les dysfonctionnements de l'administration publique qui font obstacle à la réalisation des réparations proposées par les commissions vérité.

La seconde situation est celle dans laquelle l'État a effectivement besoin de ressources financières. On l'a vu, certains États africains qui ont créé des commissions vérité sortent d'un conflit armé et/ou d'une dictature et vivent une situation économique difficile. Cependant, il convient de ne pas minimiser la création de ressources au niveau national. Dans une période post-conflit, le rapport d'une commission vérité et les propositions de réparation et de reconstruction peuvent être une excellente occasion de réflexion sur la création des richesses nationales et les revenus générés par l'exploitation des ressources naturelles dont les États africains regorgent. Toutefois, l'État africain ayant créé une commission vérité nécessite aussi fréquemment une aide extérieure pour répondre aux besoins en matière de réparation. L'aide, d'un point de vue général et au-delà du domaine des réparations proposées par les commissions vérité, ne manque pas le plus souvent. Plusieurs organisations internationales et non gouvernementales interviennent généralement dans les États africains en transition. Elles proposent des services ou le financement de projets qui peuvent contribuer à la mise en œuvre des réparations proposées par les commissions vérité[77].

Mais une question qui dépasse largement le cadre étroit du droit à réparation se pose, celle de l'utilisation des fonds ainsi alloués et, surtout, de l'évaluation de leur impact. Même si les institutions internationales effectuent généralement des vérifications et des contrôles, il n'est pas vain de s'interroger sur l'efficacité des financements extérieurs. L'absence de stratégie nationale claire avant et après les travaux de plusieurs commissions vérité africaines peut laisser libre cours à des pratiques éparses et parfois désordonnées des institutions internationales et des organisations non gouvernementales. Si les projets ne manquent pas d'audace et permettent souvent de combler des besoins, leur mise en œuvre et l'accord de financements divers et variés laisse craindre des doublons – financements d'un même secteur par des bailleurs de fonds internationaux différents – et une absence de cohérence générale entraînant soit le gaspillage et la dilapidation des ressources, soit une absence de transparence sur l'utilisation des ressources financières allouées ou, finalement, une inefficacité préjudiciable à la mise en œuvre des mesures réparatrices, et plus globalement au développement de ces États. Ici, une harmonisation des actions, à laquelle l'État africain doit activement participer, s'avère souvent nécessaire pour opérer un lien, lorsque cela est possible, entre les financements extérieurs et la mise en œuvre des mesures réparatrices. Cette harmonisation doit ensuite rencontrer l'action de l'État. Cette action inclut au moins une vision d'ensemble dans le cadre d'un projet global qui prend en compte, d'une part, les apports des différents fonds alloués et des projets financés par l'extérieur et, d'autre part, l'intégration des recommandations des commissions vérité en matière de réparation. La nécessité d'une vision et d'un projet global de l'État africain, et la mise en œuvre des réparations dans ce cadre, apparaissent comme des conditions *sine qua non* de l'effectivité des réparations dans le cadre de la lutte contre l'impunité, tout comme de l'établissement des responsabilités sur le plan judiciaire.

III. Le droit à la justice et les commissions vérité africaines

Dans le cadre de la lutte contre l'impunité, le droit à la justice, comportant l'établissement des responsabilités sur le plan judiciaire, est sans doute celui dont la mise en œuvre est la plus problématique lorsqu'on évalue la contribution des commissions vérité à la lutte contre l'impunité en Afrique. On peut critiquer les commissions vérité, qui ne sont pas des organes

---

[77] Voir, par exemple, le rapport de l'OCDE *Le financement des États en transition : vers une meilleure réponse*, septembre 2010.

juridictionnels, en évoquant les évolutions du droit international et le nécessaire établissement de la responsabilité pénale des individus en cas de perpétration de crimes internationaux comme le génocide, les crimes contre l'humanité, les crimes de guerre et la torture. Il n'en demeure pas moins que, dans la pratique, les commissions vérité sont très souvent des alternatives aux poursuites pénales. La question est plutôt de savoir dans quelles proportions les commissions vérité constituent des alternatives : alternatives partielles dans les cas où des poursuites judiciaires sont mises en œuvre contre des personnes « sélectionnées », ou alternatives totales lorsque les commissions vérité sont censées, explicitement ou implicitement, clore tout débat ultérieur sur l'opportunité des poursuites. L'examen de cette question à travers les actes constitutifs des commissions vérité africaines et leurs rapports publics montre une grande diversité.

Les actes constitutifs de plusieurs commissions vérité sont silencieux sur la question de leur contribution à l'établissement de la responsabilité individuelle[78]. D'autres commissions vérité africaines peuvent avoir les mains liées, parce que leurs actes constitutifs leur interdisent tout rôle juridictionnel[79]. Enfin, certains actes constitutifs incluent dans le mandat des commissions vérité africaines un rôle à jouer dans le domaine de l'établissement des responsabilités individuelles[80]. En ce qui concerne leurs

---

[78] Voir les actes constitutifs des commissions vérité créées en Algérie, en Côte d'Ivoire, au Mali, au Tchad, en Ouganda (1986) et en Sierra Leone, *op. cit.* Dans le cas de la Sierra Leone, toutefois, même s'il n'est pas fait référence à d'éventuelles poursuites dans le texte, la commission vérité est chargée d'examiner la question de l'impunité, partie III, § 6, al. 1, de la Sierra Leone Truth and and Reconciliation Commission Act, *op. cit.*

[79] C'est le cas au Maroc où le Dahir n° 1.04.42 du 19 safar 1425 portant approbation des Statuts de l'Instance Équité et Réconciliation prévoit : « Les attributions de l'Instance Équité et Réconciliation sont non judiciaires et n'invoquent pas la responsabilité individuelle dans les violations » (article 6). C'est aussi le cas pour la Commission vérité de la République démocratique du Congo, dont l'acte créateur, la Loi n° 04/018 portant organisation, attributions et fonctionnement de la commission vérité et réconciliation, prévoit : « La Commission n'a pas de pouvoir judiciaire » (article 2, al. 2). Cependant, cette loi semble se contredire lorsqu'elle indique que la Commission peut « établir les responsabilités individuelles et celles des institutions étatiques, des personnes morales et des groupes privés » (article 6, al. 1-b). La commission a pour objectif de « faire reconnaître les responsabilités individuelles et collectives des torts et des crimes commis et en faire obtenir réparation » (article 7, i). La commission doit également « identifier les auteurs et dégager les responsabilités individuelles et/ou collectives dans l'accomplissement desdits crimes et violations » (article 8, e).

[80] En Afrique du Sud, on compte, parmi les fonctions de la commission vérité, l'identification des personnes impliquées dans les violations sur lesquelles elle enquête (Promotion of National Unity and Reconciliation Act, *op. cit.*, § 4, a, iii, iv, v). La Commission n'accorde l'amnistie à un individu pour certains actes ayant une motivation politique qu'à la condition que celui-ci révèle toute la vérité sur les faits (*ibid.*, § 4, c). Ce dispositif législatif signifie *a contrario* que toute personne qui refuse de dire toute la vérité peut être poursuivie par la justice sud-africaine. Au Burkina Faso, la sous-commission vérité, justice et réconciliation nationale de la commission de la réconciliation nationale et des réformes a notamment pour

rapports publics, plusieurs commissions vérité africaines recommandent des poursuites[81]. D'autres commissions, comme les commissions sierra-léonaise et marocaine, ne les recommandent pas.

---

mission de « proposer tout moyen susceptible de contribuer (...) à la justice » (Loi organique n° 003-2015, *op. cit.*, article 4). Au Ghana, la commission doit « *investigate the context in which and the causes and circumstances under which the violations and abuses occurred and identify the individuals, public institutions, bodies, organisations, public office holders or persons purporting to have acted on behalf of any public body responsible for or involved in the violations and abuses* » (National Reconciliation Commission Act, *op. cit.*, section 4 (b)). Au Kenya, la commission doit « *identify any persons who should be prosecuted for being responsible or involved in human rights and economic rights violations and abuses* » et faire des recommandations en ce qui concerne la « *prosecution of persons responsible for or involved in human rights and economic rights violations and abuses* » (Truth, Justice and Reconciliation Commission Bill, *op. cit.*, section 6 (f) et (k)). Au Togo la commission est chargée d'« identifier, à la suite d'enquêtes et d'investigations, les auteurs (...) et autres responsables [des] violences et violations des droits de l'Homme » et de « faire au Gouvernement des recommandations portant sur le sort à réserver aux auteurs des violations des droits de l'Homme les plus graves » (Décret n° 2009/046/PR, *op. cit.*, article 2). En Tunisie, l'instance Vérité et Dignité doit inclure dans son rapport final « la détermination des responsabilités » (Loi organique 2013-53, *op. cit.*, article 67). En Ouganda (1974), la commission a pour rôle de déterminer « *whether there are any individuals or organisations of persons whether within or outside Uganda who are criminally responsible for the disappearances or deaths of the missing persons and what should be done to the persons criminally responsible for such disappearances or deaths* » (Ouganda, Commission of Inquiry into the Disappearances of People in Uganda since 25 January, 1971, *op. cit.*, 1re partie de la loi, point (e)). Au Liberia, le rapport de la commission doit « *be detailed on all aspects of the TRC's work, investigations, hearings, findings and recommendations for prosecution* » (An Act to Establish Truth and Reconciliation Commission of Liberia, *op. cit.*, article X, section 44).

[81] Voir : Afrique du Sud, *Truth and Reconciliation Commission of South Africa Report*, *op. cit.*, p. 309 (pour la Commission, « *where amnesty has not been sought or has been denied, prosecution should be considered where evidence exists that an individual has committed a gross human rights violation* ») ; Kenya, *Report of the Truth, Justice and reconciliation Commission*, *op. cit.*, vol. IV, pp. 161ss (la commission fournit une liste de personnes accusées de violations spécifiques et fait des recommandations ; ces dernières renvoient dans plusieurs cas à celles faites en 2008 par la commission kényane des droits de l'Homme qui, dans son rapport *On the Brink of the Precipice: A Human Rights Account of Kenya's Post-2007 Election Violence*, pp. 10-11, recommandait des poursuites) ; Liberia, *Report of the Truth and Reconciliation Commission*, *op. cit.*, vol. II, pp. 347-358 et 370-371 (la commission dresse des listes de personnes devant être poursuivies) ; Nigeria, Human Rights Violations Investigations Commission, *op. cit.*, vol. VII, pp. 52-53 (la commission demande à la justice nigériane de poursuivre les enquêtes sur les cas qu'elle lui a transmis et recommande des poursuites dans d'autres affaires qu'elle cite) ; Tchad, Commission d'enquête sur les crimes et détournements commis par l'ex-président, ses co-auteurs et/ou complices, *op. cit.*, p. 98 (la commission recommande d'engager des poursuites contre les auteurs de génocide et de crimes contre l'humanité) ; Togo, *Rapport final de la Commission vérité, justice et réconciliation*, *op. cit.*, p. 211 (la commission recommande des poursuites et promet de fournir une liste de personnes à poursuivre) ; Ouganda (1986), *The Report of the Commission of Inquiry into Violations of Human Rights*, 1994, chapitre 13, pp. 590 et 625-627 (la commission recommande des

Dans le domaine d'une contribution au droit à la justice, les situations des différentes commissions vérité africaines ne sont donc pas identiques. Cependant, la mise en œuvre effective des poursuites et, éventuellement, l'utilisation de leurs travaux, permet de mesurer l'influence qu'elles ont pu avoir sur le droit à la justice. Liés aux États africains ayant créé des commissions vérité, des poursuites et des procès ont parfois eu lieu dans le cadre de procédures pénales internationales, internationalisées et nationales. Les travaux des commissions vérité africaines semblent avoir joué un rôle très modeste dans leur mise en œuvre.

1. Les commissions vérité africaines et les poursuites pénales au niveau international

L'Afrique constitue un véritable champ d'expérimentation de la justice internationale pénale depuis sa réactivation dans les années 1990. Deux juridictions pénales internationales se sont penchées sur des crimes internationaux commis sur le continent : le Tribunal pénal international pour le Rwanda (TPIR) et la Cour pénale internationale (CPI). Le développement de la justice internationale pénale et la création des commissions vérité en Afrique constituent donc, depuis le début des années 1990, deux phénomènes parallèles[82]. Les commissions vérité et les juridictions pénales internationales examinent des exactions de même nature. Dans ce contexte, la question de la contribution des commissions vérité africaines aux procédures pénales internationales se pose.

Le TPIR n'a pas entretenu de lien avec une commission vérité. Au Rwanda, une commission nationale pour l'unité et la réconciliation prévue par l'Accord d'Arusha[83] a bien été créée[84] et a rendu un rapport[85]. Mais, cette commission diffère fondamentalement des commissions vérité dans la mesure où la recherche de la vérité n'est pas au cœur de son mandat[86]. En outre, cette commission est devenue une commission permanente en 2002[87],

---

poursuites et affirme, entre autres, qu'elle a transmis une liste de personnes à poursuivre aux autorités judiciaires).

[82] Voir Xavier PHILIPPE, « La justice transitionnelle : une nouvelle forme de justice ? », *L'Observateur des Nations Unies*, vol. 14, 2003, p. 109, qui traite de ce parallèle d'un point de vue général et non limité à l'Afrique.

[83] Article 24 de l'Accord de paix d'Arusha entre le Gouvernement de la République rwandaise et le Front patriotique rwandais, 4 août 1993.

[84] Rwanda, Loi n° 03/99 du 12 mars 1999.

[85] COMMISSION NATIONALE POUR L'UNITÉ ET LA RÉCONCILIATION, *Rapport annuel des activités de la commission nationale pour l'unité et la réconciliation*, mars 1999-juin 2000.

[86] Selon l'Accord d'Arusha de 1993, son rôle est de « préparer le débat national sur l'unité et la réconciliation nationales » et de « préparer et diffuser une information éducative destinée à la population et visant l'unité et la réconciliation nationales » (article 24).

[87] Rwanda, Loi n° 35/2002 du 14 novembre 2002.

s'éloignant définitivement d'une caractéristique essentielle des commissions vérité, la limitation de leurs travaux dans le temps.

La question de la relation entre la CPI et les commissions vérité africaines présente un certain intérêt. Plusieurs commissions vérité ont été créées, ou sont envisagées, dans des États africains dont la situation a été, ou est actuellement, examinée par la Cour pénale internationale. C'est le cas du Kenya, du Mali, de la Côte d'Ivoire, de la République démocratique du Congo, de la Libye, de l'Ouganda et de la République centrafricaine.

En lien avec les commissions vérité, la question de la complémentarité entre les juridictions nationales et la CPI s'est parfois posée. Plusieurs auteurs se sont interrogés sur la possibilité pour la CPI de juger irrecevable une affaire, d'écarter l'ouverture d'une enquête ou l'engagement de poursuites en se fondant sur les critères de recevabilité de l'article 17 du Statut de la CPI ou les intérêts de la justice de l'article 53 du même texte, en cas de création d'une commission vérité par l'État concerné[88]. La pratique actuelle de la CPI montre que les commissions vérité africaines ne sont pas des organes nationaux susceptibles de constituer le fondement de l'irrecevabilité ou d'une décision de ne pas enquêter ou de ne pas poursuivre. Des enquêtes et des poursuites de la CPI ont eu lieu au Kenya, en Côte d'Ivoire, en RDC et au Mali malgré la création de commissions vérité dans ces États.

En ce qui concerne la contribution des commissions vérité aux enquêtes et aux poursuites de la CPI, elle est quasiment nulle à ce jour. Les commissions vérité ougandaises ont rendu leurs rapports dans les années 1970 et 1990, avant la création de la CPI et l'entrée en vigueur du Statut de Rome. Pour les autres États, les travaux en cours ou publiés par les commissions vérité africaines n'ont pas joué un rôle apparent dans les jugements et les décisions rendus par la CPI. La situation pourrait évoluer à l'avenir, surtout s'il y a une multiplication de situations d'États où interviennent la CPI et une commission vérité. Ce bilan de l'impact des commissions vérité africaines sur les juridictions pénales internationales diffère de celui des commissions vérité africaines sur les juridictions pénales internationalisées ou hybrides.

---

[88] Voir notamment à ce sujet : Stahn CARSTEN, « Complementarity, Amnesties and Alternative Forms of Justice: Some Interpretative Guidelines for the International Criminal Court », *JICJ*, vol. 3, 2005, pp. 695-720 ; Richard J. GOLDSTONE, Nicole FRITZ, « 'In the Interests' of Justice and Independent Referral: The ICC Unprecedented Powers », *Leiden Journal of International Law*, vol. 13, 2000, pp. 655-667 ; Henry LOVAT, « Delineating the Interests of Justice », *Denver Journal of International Law and Policy*, vol. 35, 2007, pp. 275-286 ; Darryl ROBINSON, « Serving the Interests of Justice: Amnesties, Truth Commissions and the International Criminal Court », *European Journal of International Law*, vol. 14, 2003, pp. 481-505.

2. Les commissions vérité africaines et les juridictions pénales internationalisées ou hybrides

A ce jour, deux juridictions pénales hybrides ont été créées en Afrique : le Tribunal spécial pour la Sierra Leone (TSSL) et les Chambres africaines extraordinaires (CAE). Les deux juridictions ont examiné des crimes commis en Sierra Leone et au Tchad, deux États qui ont créé des commissions vérité.

Dans le cas sierra-léonais, les travaux de la commission vérité n'ont pas joué un rôle dans la création du TSSL. La commission vérité sierra-léonaise était prévue par l'Accord de paix de Lomé signé par le Gouvernement sierra-léonais et les rebelles en 1999[89]. Elle a été mise en place par une loi adoptée par le Parlement sierra-léonais en 2000[90]. Le TSSL a quant à lui été créé en 2002 par un Accord entre les Nations Unies et le Gouvernement sierra-léonais à la suite d'une demande de l'ancien président sierra-léonais qui, face à la recrudescence des violences dans son pays, avait sollicité l'aide des Nations Unies[91]. Créés dans des contextes différents, le TSSL et la commission n'étaient pas liés par un accord de coopération. La coexistence des deux institutions a parfois été problématique : tentative controversée d'une audition par la commission vérité de personnes inculpées et détenues par le TSSL, débats sur la possibilité pour le TSSL d'obtenir par la contrainte des informations collectées par la commission vérité, craintes d'une inculpation par le TSSL en cas de témoignage devant la commission vérité, etc[92]. Toutefois, ces problèmes n'ont pas été un obstacle au

---

[89] Article 26 de l'Accord de Lomé de 1999.

[90] Sierra Leone Truth and Reconciliation Commission Act, *op. cit.*

[91] Voir : Accord entre l'Organisation des Nations Unies et le Gouvernement sierra-léonais sur la création d'un Tribunal spécial pour la Sierra Leone, 16 janvier 2002 ; Lettre datée du 12 juin 2000 adressée aux Nations Unies par le président de la République de Sierra Leone, Alhaji Ahmad Tejan Kabbah, doc. ONU, S/2000/786, 10 août 2000.

[92] Pour plus d'éléments à ce sujet, voir les articles suivants de William SCHABAS, ancien membre de la commission vérité sierra-léonaise : « A Synergic Relationship: The Sierra Leone Truth Commission and the Special Court for Sierra Leone », *in* W.A. SCHABAS, S. DARCY (eds.), *Truth Commissions and the Courts : The Tension between Criminal Justice and the Search for the Truth*, Dordrecht, Kluwer Academic Publishers, 2004, pp. 3-54 ; « Internationalized Courts and their Relationship with Alternative Accountability Mechanisms: The Case of Sierra Leone », *in* C.P.R. ROMANO, A. NOLLKAEMPER, J.K. FLEFFNER (eds.), *Internationalized Criminal Courts and Tribunals. Sierra Leone, East Timor, Kosovo, and Cambodia*, Oxford, OUP, 2004, pp. 157-180 ; « La commission vérité et réconciliation pour la Sierra Leone », *Droits fondamentaux*, vol. 3, 2003, pp. 113-127 ; « La place de la coutume dans les travaux des commissions vérité, justice et réconciliation : le cas de la Sierra Leone », *in* P. TAVERNIER, J.-M. HENCKAERTS, *Droit international coutumier : enjeux et défis contemporains*, Bruxelles, Bruylant, 2008, pp. 149-158 ; « La relation entre les commissions vérité et les poursuites pénales : le cas de la Sierra Leone », *in* H. ASCENSIO, E. LAMBERT-ABDELGAWAD, J.-M. SOREL (dir.), *Les juridictions pénales internationalisées (Cambodge, Kosovo, Sierra Leone, Timor Leste)*, Paris, Société de

fonctionnement des deux institutions. Elles ont pu mener à bien leurs mandats respectifs. Des extraits du rapport public de la commission vérité sierra-léonaise ont été utilisés dans le cadre du procès de Charles Taylor devant le TSSL. Il s'agissait de conclusions statistiques sur les travaux de la commission vérité sierra-léonaise, d'éléments sur la création et la méthodologie de la commission, d'un tableau présentant des éléments quantitatifs sur des auteurs de crimes par sexe et les relations entre groupes d'auteurs de crimes[93]. Le jugement rendu dans l'affaire Taylor par la Chambre d'instance du TSSL cite à plusieurs reprises le rapport de la commission vérité sierra-léonaise comme pièce à convictions lorsqu'il traite de questions générales comme le début du conflit armé[94], ou lorsqu'il fait référence à la question de la recevabilité des extraits du rapport de la commission[95]. Même s'il ne s'agit pas d'éléments décisifs ayant permis l'établissement de la responsabilité pénale de l'ancien chef d'État libérien, le cas sierra-léonais apprend que les travaux d'une commission vérité peuvent jouer un rôle inattendu dans le cadre d'un procès pénal devant une juridiction hybride.

Dans le cas tchadien, la commission vérité a rendu son rapport en 1992, quelques mois après la fuite de l'ancien président de cet État, Hissène Habré, et son exil au Sénégal[96]. Recherchant la mise en œuvre de la responsabilité de l'ancien chef d'État pour les violations des droits de l'Homme commises par son régime, notamment la torture, des victimes déposent plusieurs plaintes contre lui au Sénégal et en Belgique. Pendant quelques années, plusieurs décisions sont rendues aux niveaux national[97] et international[98] sans jamais

---

législation comparée, 2006, pp. 209-240 ; « The Relationships between Truth Commissions and International Courts : The Case of Sierra Leone », *Human Rights Quarterly*, vol. 25, 2003, pp. 1035-1066.

93 TSSL, Chambre de première instance II, *The Prosecutor v. Charles Ghankay Taylor*, Decision on Prosecutor Motion for Admission of Extracts of the Report of the Truth and Reconciliation Commission of Sierra Leone, 2003-1-T-737, 19 février 2009, §§ 39-42.

94 TSSL, Chambre de première instance II, *The Prosecutor v. Charles Ghankay Taylor*, Judgement, 2003-01-T, 18 mai 2012, § 18, note 58.

95 *Ibid.*, § 201, note 471. Charles Taylor a été reconnu coupable et condamné à 50 ans de prison. La décision a été confirmée en appel, TSSL, Chambre d'appel, *The Prosecutor v. Charles Ghankay Taylor*, Judgement, 2003-03-01-A, 26 septembre 2013.

96 Commission d'enquête sur les crimes et détournements commis par l'ex-président, ses co-auteurs et/ou complices, *Rapport de la commission nationale d'enquête du ministère tchadien de la Justice*, *op. cit.*

97 Les juges sénégalais se sont déclarés successivement compétents, puis incompétents, pour poursuivre et juger. Voir l'arrêt de la Cour de Cassation sénégalaise n° 14 du 20 mars 2001. Cet arrêt reprend toute la procédure : Hissène Habré avait été, dans un premier temps, inculpé par un juge d'instruction sénégalais ; la Chambre d'accusation, puis la Cour de cassation, ont ensuite jugé que les juridictions sénégalaises étaient incompétentes. L'arrêt de la Cour de cassation considère qu'en cas de torture, de peines et de traitements inhumains et dégradants, « aucun texte de procédure ne reconnaît une compétence universelle aux juridictions sénégalaises en vue de poursuivre et de juger ». Après une demande d'extradition de l'ancien

aboutir à un procès de l'ancien président. Après la décision de la Cour internationale de justice le condamnant pour non-respect de la Convention de 1984 contre la torture[99], le Sénégal signe un accord avec l'UA en vue de la constitution des Chambres africaines extraordinaires (CAE), chargées de juger les personnes ayant commis des crimes contre l'humanité, des crimes de guerre et le crime de torture au Tchad entre 1982 et 1990[100].

A l'occasion des procédures engagées par les CAE, le rapport de la commission vérité tchadienne refait surface. Dans la phase d'instruction, les juges utilisent des éléments du rapport et y font référence dans l'ordonnance de renvoi de l'ancien président du Tchad devant la Chambre africaine extraordinaire d'assises[101]. Dans la phase du procès, l'ancien président de la commission vérité est auditionné publiquement[102]. Le jugement rendu par la Chambre africaine extraordinaire d'assisses consacre des développements à

---

président par la Belgique, les juges sénégalais se sont déclarés également incompétents pour se prononcer sur cette requête : Sénégal, Cour d'Appel, Chambre d'accusation, arrêt n° 138 du 25 novembre 2005.

[98] Le Comité contre la torture a constaté qu'en refusant d'extrader ou de juger l'ancien président, le Sénégal ne respectait pas ses obligations prévues par la Convention de 1984 contre la torture et les peines et autres traitements cruels, inhumains et dégradants : communication n° 181/2001 présentée par Suleymane Guengueng et autres contre le Sénégal, CAT/C/36/D/181/2001, 17 mai 2006. Dans son arrêt du 18 novembre 2010, la Cour de Justice de la CÉDÉAO exige du Sénégal qu'il respecte les droits de l'ancien président, *Hissein Habré c. République du Sénégal*, rôle général n° ECW/CCJ/APP/07/08, arrêt n° ECW/CCJ/JUD/06/10.

[99] CIJ, *Questions concernant l'obligation d'extrader ou de poursuivre* (Belgique c. Sénégal), arrêt du 20 juillet 2012. Le Sénégal a été condamné en raison de son refus d'extrader ou de juger Hissène Habré.

[100] Accord entre le Gouvernement de la République du Sénégal et l'UA pour la création des CAE au sein des juridictions sénégalaises, 22 août 2012.

[101] Voir CAE, Chambre d'instruction, ordonnance de non-renvoi partiel, de mise en accusation et de renvoi devant la Chambre africaine extraordinaire d'assises, 15 février 2015, p. 21 (les juges font référence à la description de la Direction de la documentation et de la sécurité (DDS), police politique de l'ancien président, par un ancien directeur de cette police), p. 22 (le rapport de la commission est utilisé pour décrire la DDS), p. 23 (les juges mentionnent les différentes auditions effectuées par la commission et les éléments rapportés par les personnes auditionnées), pp. 31-32 (les juges décrivent des lieux de détention en se fondant sur le rapport de la commission), p. 117 (les juges se fondent sur des exhumations faites par la commission vérité), p. 123 (ils font référence à un procès-verbal d'audition d'un ancien membre de la police politique d'Hissein Habré concernant le lien entre les crimes commis et les ordres reçus directement de l'ancien chef de l'État tchadien), pp. 134 et 136 (les juges décrivent les formes de torture pratiquées par l'ancienne police politique et détaillées par la commission), p. 139 (ils présentent la liste des tortionnaires établie par la commission vérité tchadienne), pp. 158-162 et 165-166 (ils font référence aux procès-verbaux d'anciens responsables de la DDS et à leur rôle dans le cadre de l'établissement de la responsabilité), p. 167 (ils utilisent un procès-verbal du rapport de la commission vérité dans la perspective de l'établissement de la responsabilité de l'ancien président du Tchad).

[102] Voir l'audition de Mahamat Hassan Abakar, ancien président de la commission vérité tchadienne.

l'admission du rapport de la commission vérité tchadienne comme preuve. Si la Chambre précise que le rapport de la commission a été « examiné à la lumière de l'ensemble des preuves », elle indique que les travaux de la commission tchadienne « sont globalement fiables »[103] et y fait référence à de nombreuses reprises dans le jugement. Dans le cas tchadien, le travail d'une commission vérité vieille d'une vingtaine d'années a été mobilisé dans le cadre d'une procédure pénale[104].

S'inscrivant également dans ce registre du lien entre les commissions vérité et les juridictions hybrides en Afrique, la commission vérité libérienne a recommandé la création d'une telle juridiction pour juger les personnes présumées responsables des crimes sur lesquels elle a enquêté[105]. Le Liberia n'a pas créé la juridiction proposée.

Même si l'utilisation des travaux des commissions vérité africaines n'est pas décisive et s'inscrit dans un faisceau d'autres indices ou de preuves, il n'en demeure pas moins que l'existence de ces travaux peut tendre à mobiliser les victimes, qui peuvent décider de les utiliser à l'appui de leurs plaintes, notamment au niveau national.

3. Les commissions vérité africaines et les poursuites au niveau national

L'information sur la contribution des commissions vérité aux poursuites au niveau national n'est pas facilement accessible dans plusieurs États africains où la jurisprudence, d'un point de vue général, n'est pas toujours mise à la disposition du public. Cependant, une observation de la situation de plusieurs États africains où les commissions vérité ont été créées montre une quasi-inexistence de poursuites en application de recommandations d'une commission vérité africaine[106]. L'Afrique du Sud, où des poursuites pénales ont eu lieu après le travail de la commission vérité, fait figure d'exception dans ce domaine[107]. Mais les poursuites pénales engagées en Afrique du Sud

---

103 Chambre africaine extraordinaire d'assises, *Ministère public c. Hissein Habré*, jugement du 30 mai 2016, §§ 250-251.

104 L'ancien président a été reconnu coupable de crimes de torture, de crimes contre l'humanité et de crimes de guerre (*ibid.*, §§ 1819-2289) et condamné à une peine de prison à perpétuité. Cette condamnation a été confirmée en appel par la Chambre africaine extraordinaire d'appel, *Ministère public c. Hissein Habré*, arrêt du 27 avril 2017, § 568.

105 *Report of the Truth and Reconciliation Commission*, vol. II, *op. cit.*, pp. 347ss.

106 Voir, par exemple, le tableau réalisé par Priscilla B. HAYNER, *Unspeakable Truths*, *op. cit.*, pp. 280-284.

107 Pour plus d'informations sur ces poursuites, voir Ole BUBENZER, *Post-TRC Prosecutions in South Africa. Accountability for Political Crimes after the Truth and Reconciliation Commission's Amnesty Process*, Leiden, Nijhoff, 2009.

n'avaient généralement pas un lien direct avec les recommandations de la commission vérité sud-africaine[108].

C'est dans le cadre de la compétence universelle et d'une justice pénale nationale à l'étranger que des poursuites ont parfois lieu après les travaux des commissions vérité africaines. Par exemple, si après les travaux de la commission vérité tchadienne l'ancien président du Tchad est jugé par une juridiction internationalisée, on ne peut oublier que les premières procédures visant à le traduire en justice ont été nationales[109]. Dans le même ordre d'idées, deux personnes citées dans le rapport de la commission vérité libérienne comme ayant participé à la perpétration de crimes graves ont été arrêtées en Belgique[110] et en Suisse[111], après que des plaintes eurent été déposées contre elles. La suite donnée aux deux affaires renseignera sur l'éventuel impact des travaux de la commission vérité libérienne. Même si elles ont parfois lieu à l'extérieur, ces tentatives de poursuites permettent de placer la question de la lutte contre l'impunité au sein du continent africain après les travaux d'une commission vérité.

Au final, si les enquêtes des commissions vérité contribuent à mettre au jour les violations graves et peuvent influencer la mise en œuvre des poursuites judiciaires, la contribution des commissions vérité africaines à la mise en œuvre des poursuites pénales est plutôt très faible. Il est vrai que l'exigence d'un lien direct entre les travaux d'une commission vérité et la justice pénale n'est pas toujours pertinente, les commissions vérité étant avant tout des organes non judiciaires. Il est également vrai que même le système judiciaire le plus performant n'est pas capable de juger toutes les personnes accusées d'avoir perpétré les violations graves ayant fait l'objet d'enquêtes par des

---

[108] Voir, à ce sujet, Priscilla B. HAYNER, *Unspeakable Truths*, *op. cit.*, p. 281. Voir également les Observations finales du Comité des droits de l'Homme concernant le rapport initial de l'Afrique du Sud en 2016, *op. cit.* Le Comité y note « avec préoccupation que les recommandations de la commission n'ont pas été pleinement mises en œuvre, en particulier s'agissant des poursuites à engager contre les auteurs », et encourage l'Afrique du Sud à poursuivre et punir ces auteurs (§§ 12-13).

[109] Voir *supra* les poursuites dans le cadre des juridictions internationalisées.

[110] Il s'agit de Martina Johnson. Voir le communiqué de presse de l'ONG CIVITAS MAXIMAS, « Martina Johnson, ancienne commandante libérienne du NPFL, arrêtée et inculpée en Belgique pour crimes de guerre et crimes contre l'humanité », 18 septembre 2014. Pour sa mise en cause par la commission vérité libérienne, voir *Rapport de la commission vérité libérienne, Consolidated Final Report*, *op. cit.*, p. 351 (nom n° 57). La commission la classe dans sa liste des « *most notorious perpetrators* » et recommande que des poursuites pénales soient engagées contre ces personnes.

[111] Il s'agit d'Alieu Kosiah. Voir CIVITAS MAXIMA, *2015 Annual Report*, p. 28. Pour sa mise en cause par la commission vérité libérienne, voir *Rapport de la Commission vérité libérienne, Consolidated Final Report*, *op. cit.*, p. 361 (nom n° 26). La commission la classe dans sa liste des personnes pour lesquelles elle recommande des sanctions publiques en raison de leur rôle pendant le conflit armé libérien.

commissions vérité africaines. Cependant, l'absence de poursuites pénales sélectives et visant au moins les principaux responsables de ces violations amoindrit le travail des commissions vérité et le rôle qu'elles sont appelées à jouer dans le cadre de la lutte contre l'impunité.

En Afrique, les commissions vérité sont des instruments qui ne peuvent constituer un « maillon fort » de la lutte contre l'impunité que si d'autres actions sont mises en œuvre. Elles doivent être accompagnées d'un effort supplémentaire de révélation et de divulgation de la vérité après leurs travaux. Les réparations et les réformes qu'elles proposent doivent être effectives. Des poursuites judiciaires, visant au moins les principaux responsables des crimes graves constatés, doivent avoir lieu. Dans le cadre de la lutte contre l'impunité en Afrique, seule, une commission vérité n'est rien.

L'expérience sud-africaine de la justice transitionnelle : la réalité confirme-t-elle le mythe ?

Jacques B. MBOKANI

La justice transitionnelle renvoie à « l'éventail complet des divers processus et mécanismes mis en œuvre par une société pour tenter de faire face à des exactions massives commises dans le passé, en vue d'établir les responsabilités, de rendre la justice et de permettre la réconciliation »[1]. Elle repose sur trois piliers ou mécanismes majeurs : (i) la recherche ou l'établissement de la vérité, dans sa dimension individuelle et collective, concernant les abus du passé[2], laquelle recherche est généralement l'œuvre des commissions de vérité ou d'autres organes similaires[3] ; (ii) les réparations au profit des victimes des abus du passé, réparations dont les différentes dimensions ont été précisées et détaillées dans la Résolution 60/147 de 2005 de l'Assemblée générale de l'ONU[4] ; et (iii) les sanctions (pénales ou non pénales) contre les responsables des abus ou crimes du passé.

---

[1] *Rétablissement de l'état de droit et administration de la justice pendant la période de transition dans les sociétés en proie à un conflit ou sortant d'un conflit*, Rapport du secrétaire général, doc. ONU S/2004/616, 23 août 2004, § 8. Pour une approche plus spécifique de la justice transitionnelle, voir Anne-Marie LA ROSA, Xavier PHILIPPE, « Transitional Justice », *in* V. CHETAIL (ed.), *Post-Conflict Peacebuilding: A Lexicon*, Oxford, OUP, 2009, pp. 369-370.

[2] Sur le droit à la vérité, voir : *Rapport de Mme Diane Orentlicher, Experte indépendante chargée de mettre à jour l'Ensemble de principes pour la lutte contre l'impunité*, additif consacré à l'*Ensemble de principes actualisé pour la protection et la promotion des droits de l'Homme par la lutte contre l'impunité*, doc. ONU E/CN.4/2005/102/Add.1, 8 février 2005, en particulier les principes 2 et 3 ; *Promotion et protection des droits de l'Homme : étude sur le droit à la vérité, Rapport du Haut-Commissariat des Nations Unies aux droits de l'Homme*, doc. E/CN.4/2006/91, 8 février 2006, § 7 ; Yasmin NAQVI, « The Right to the Truth in International Law: Fact of Fiction? », *RICR*, vol. 88, 2006, pp. 245-273.

[3] Sur les Commissions vérité, voir AMNESTY INTERNATIONAL, *Vérité, justice et réparation : créer une commission vérité efficace*, Londres, 11 juin 2007, p. 1.

[4] Résolution 60/147 du 16 décembre 2005, portant sur les Principes fondamentaux et directives concernant le droit à un recours et à réparation des victimes de violations flagrantes du droit international des droits de l'Homme et de violations graves du droit international humanitaire, § 24. Voir également Marco SASSÒLI, « Reparation », *in* V. CHETAIL (ed.), *op. cit.*, pp. 279-290.

Concernant les sanctions pénales, celles-ci consistent en la répression des crimes du passé, c'est-à-dire le châtiment de ceux qui en sont responsables. Elles font intervenir des tribunaux pénaux, ceux-ci pouvant être nationaux, internationaux ou internationalisés ou mixtes. S'agissant des sanctions non pénales, celles-ci comprennent, d'une part, des formes modernes dont les plus connues sont les lois de lustration ou de *vetting*, c'est-à-dire celles permettant d'écarter des fonctions publiques des individus contre lesquels on ne dispose d'aucune preuve tangible de culpabilité dans la commission des crimes du passé, mais que les hautes fonctions occupées dans le régime précédent responsable des abus rendent suspects quant à leur moralité pour continuer à assumer des charges publiques[5]. Elles comprennent, d'autre part, des formes traditionnelles de responsabilisation comme les « juridictions » *gacaca* au Rwanda[6], l'institution des *Bashingantaye* au Burundi[7] ou encore des *Mato Oput* en Ouganda[8]. Dans la plupart des cas, il s'agit de modes de règlement des conflits inspirés des traditions ancestrales africaines.

Les trois piliers de la justice transitionnelle ainsi décrits sont censés œuvrer de manière complémentaire, de sorte que le fait de privilégier l'un aux dépens des autres peut compromettre le résultat final escompté. La place de l'amnistie – c'est-à-dire ce pardon juridique qui a pour effet d'enlever rétroactivement aux faits leur caractère infractionnel et de consacrer

---

[5] Voir ASSEMBLÉE PARLEMENTAIRE DU CONSEIL DE L'EUROPE, Résolution 1096 (1996) relative aux mesures de démantèlement de l'héritage des anciens régimes totalitaires communistes, 27 juin 1996, § 11. Pour une étude détaillée des lois de lustration, voir Monika NALEPA, « Lustration », *in* M.C. BASSIOUNI (ed.), *The Pursuit of International Criminal Justice: A World Study on Conflicts, Victimisation and Post-Conflict Justice*, Anvers, Intersentia, 2010, pp. 735-778.

[6] Voir la Loi organique *Gacaca* n° 16/2004. Il faudra noter que les tribunaux *gacaca* ont fait l'objet de certaines critiques de la part des Nations Unies (voir notamment Comité des droits de l'Homme, Observations finales sur le Rwanda, doc. ONU CCPR/C/RWA/CO/3, 19 mars 2009, § 17).

[7] Sur cette institution, voir Christine DESLAURIER, « Le 'bushingantaye' peut-il réconcilier le Burundi ? », *Politique africaine*, n° 92, décembre 2003, pp. 76-96.

[8] Voir le point 1 (relatif aux définitions) de l'Accord de paix de Juba (*Agreement on Accountability and Reconciliation between the Government of the Republic of Uganda and the Lord's Resistance Army/Movement*, signé à Juba (Soudan), le 29 juin 2007. L'Accord de Juba définit les institutions traditionnelles comme le « Tonu ci Koka », qui renvoie à un rite traditionnel pratiqué par les membres du groupe ethnique des Madi pour réconcilier les parties en conflit après un processus d'entière responsabilisation. Cette même institution se trouve aussi chez les Langi, sous la désignation de « Kayo Cuk », et les Acholis, sous le nom de « Mato Oput ». Il y a également le « Culo Kwor », qui renvoie à la compensation destinée à l'expiation pour homicide, telle que pratiquée dans la culture des Acholis et des Lango, et toute autre forme de réparation pour tout autre objectif, à la suite d'une entière responsabilisation.

l'impunité de leurs auteurs[9]– est très controversée comme instrument de la justice transitionnelle, en particulier lorsqu'elle concerne des crimes graves, tels que le génocide, les crimes contre l'humanité et les crimes de guerre[10].

De nos jours, lorsqu'on parle de la justice transitionnelle, on pense aussitôt à l'expérience sud-africaine au lendemain du régime d'apartheid où l'on avait décidé non pas d'engager des poursuites contre les responsables des crimes, mais de leur accorder une amnistie dite conditionnelle en échange de la vérité, faisant ainsi de l'amnistie un instrument de justice transitionnelle. Il ressort, par exemple, des travaux préparatoires au Statut de Rome de la Cour pénale internationale (CPI) que beaucoup de délégations étatiques avaient en tête cette expérience lorsqu'elles ont proposé que dans des situations comparables à celle de l'Afrique du Sud, la CPI ne puisse pas exercer sa compétence[11]. C'est, par ailleurs, cette expérience que l'on a implicitement tenté d'appliquer au Darfour lorsqu'on lit attentivement le rapport du Groupe de haut niveau de l'Union africaine (UA) sur le Darfour, groupe d'ailleurs présidé par l'ancien président sud-africain, Thabo Mbeki[12]. Il faudra, enfin, observer que l'image élogieuse véhiculée autour de l'expérience de la justice transitionnelle sud-africaine, expérience revêtant finalement le caractère d'un véritable mythe, s'explique en partie par l'attribution en 1993 du prix Nobel de la paix à ceux qui en ont été les principaux artisans, à savoir Nelson Mandela et Frederik de Klerk, en hommage à leur travail pour l'élimination pacifique du régime de l'apartheid et pour l'établissement des fondations d'une Afrique du Sud nouvelle et démocratique[13]. Fredrick de Klerk, que Nelson Mandela avait qualifié en 1991 de « produit de l'apartheid » et de « dirigeant d'un régime illégitime, discrédité et minoritaire »[14], devint ainsi l'un des « *human rights advocates who have actively participated in the struggle against the apartheid regime in South Africa* », à en croire le président du Comité du prix Nobel dans son discours de circonstance[15].

---

[9] Marc VERDUSSEN, « L'amnistie, un pardon juridique gravé dans la mémoire collective », *in Liber Amicorum Henri-D. Bosly : loyauté, justice et vérité*, Bruxelles, La Charte, 2009, pp. 437-442.

[10] Yasmin NAQVI, « Amnesty for War Crimes: Defining the Limits of International Recognition », *RICR*, vol. 85, 2003.

[11] Voir : Michael P. SCHARF, « The Amnesty Exception to the Jurisdiction of the International Criminal Court », *Cornell International Law Journal*, vol. 32, 1999, p. 521 ; Darryl ROBINSON, « Serving the Interests of Justice: Amnesties, Truth Commissions and the International Criminal Court », *EJIL*, vol. 14, 2003, p. 482.

[12] Voir *Darfour, la quête de la paix, de la justice et de la réconciliation, Rapport du Groupe de haut niveau de l'Union africaine sur le Darfour*, PSC/AHG/2(CCVII), 29 octobre 2009, § 266.

[13] Voir le discours prononcé à cette occasion par Francis SEJERSTED, président du Comité du prix Nobel (discours disponible sur le site internet www.nobelprize.org).

[14] Propos reproduits dans le film documentaire de Joël CALMETTES, « Nelson Mandela, au nom de la liberté », sorti le 7 février 2012.

[15] Discours précité de 1993 de Francis SEJERSTED.

Cependant, au-delà des discours élogieux autour de cette expérience, des résultats concrets auxquels elle a conduit et des prises de position de certains organes des Nations Unies à son sujet, l'on est amené à se demander si, en fin de compte, ce mythe correspond à la réalité. Dans les lignes qui suivent, nous nous proposons de commencer par passer en revue certains faits marquants de la période de l'apartheid, afin de prendre la mesure des abus commis en Afrique du Sud à cette époque (I). Nous rappellerons ensuite, les idées fondamentales sur lesquelles reposait la transition politique sud-africaine et qui sont à l'origine de l'institution de la commission vérité et réconciliation, la « CVR » (II). Nous poursuivrons par l'analyse et l'interprétation des résultats concrets auxquels cette Commission est parvenue en les confrontant aux idées de base ayant constitué le point de départ de cette expérience (III). Nous terminerons, enfin, par le regard des Nations Unies et, plus particulièrement, celui des organes internationaux de protection des droits de l'Homme, sur cette expérience (IV).

I. L'ampleur des abus de l'ère de l'apartheid et leur possible qualification juridique

L'histoire de la République sud-africaine est caractérisée par l'institution de la discrimination raciale dans le cadre de ce qui a été appelé la politique d'« apartheid ». Le texte juridique qui passe pour fondateur de l'apartheid est la *Population Registration Act* (Loi d'enregistrement de la population) de 1950. Ce texte avait défini trois groupes raciaux (blancs, coloureds, noirs) et établi les critères d'appartenance raciale de chaque personne. La politique d'apartheid était ainsi légalement instituée à travers tout un arsenal de lois discriminatoires favorisant une minorité de personnes de race dite « blanche » (ci-après les « blancs »), originaire d'Europe (« Afrikaners »), au préjudice du reste de la vaste majorité de la population composée de personnes de race dite « noire » (ci-après les « noirs »), auxquels il faut ajouter les Indiens, et les métis[16].

[16] En plus du *Population Registration Act* de 1950, il y a eu d'autres mesures législatives relatives à la ségrégation raciale, dont : le *Group Areas Act* (1950), destiné à redessiner dans toutes les villes d'Afrique du Sud des zones de résidences et d'activités réservées aux différents groupes raciaux ; le *Prevention of Illegal Squatting Act* (1951), qui autorisait le ministre des Affaires indigènes à expulser tout fermier noir résidant « illégalement » sur une ferme blanche et, par-là même, à éliminer les derniers « points noirs » (*black spots*) des zones blanches ; le *Reservation of Separate Amenities Act* (1953), qui a légalisé l'inégalité en instituant des accès, des services et des espaces différents dans les lieux publics (bancs, ascenseurs, entrée des bâtiments administratifs, bureau de poste, cimetières, etc.) ou en réservant l'admission à certains lieux (jardins publics, hôtels, restaurants, piscines, etc.) à tel ou tel groupe.

La politique d'apartheid présentait d'étranges ressemblances avec les lois de Nuremberg de 1935[17], qui ont conduit à l'une des plus grandes tragédies de l'histoire de l'humanité et dont les principaux responsables ont été jugés et punis par le Tribunal militaire international de Nuremberg, entre 1945 et 1946. À cet égard, il est intéressant de relever le parallélisme entre apartheid et nazisme établi par le président du Comité du prix Nobel de la paix lors de l'attribution dudit prix à Nelson Mandela et à Frederick de Klerk :

> « *After the Second World War and the fall of the Hitler regime, racism as a system was thoroughly discredited. The general trend was to remove institutionalised racial barriers at the same time as the old colonial empires were being dismantled. But just when this was the general trend, South Africa chose to move in the opposite direction. From 1948 onwards, the apartheid regime was consolidated and systematically, through legislation and organisational forms, developed into a brutal regime of oppression based on criteria of race alone. Thus, it also became the symbol of a particularly debasing form of oppression. The apartheid regime gave racism a face* »[18].

L'institution de l'apartheid en Afrique du Sud a généré des actes de violence graves contre ses opposants réels ou supposés. Ainsi, plusieurs actes de persécutions, de disparitions forcées, de tortures, d'exécutions sommaires, des massacres contre les militants anti-apartheid durant l'ère de l'apartheid ont eu lieu[19]. Il a même été rapporté l'existence d'un étrange programme appelé « Projet Coast », actif de 1981 à 1993, qui, semble-t-il, visait à contrôler la démographie de la population noire d'Afrique du Sud en créant des armes bactériologiques ne s'attaquant qu'à la population d'origine africaine. Selon certains médias, ce programme était placé sous la

---

[17] Les lois de Nuremberg désignent trois textes adoptés par le Reichstag, à l'initiative d'Adolph Hitler, au cours d'une session parlementaire tenue à Nuremberg, le 15 septembre 1935. Elles sont constituées par la loi sur le drapeau du Reich, la loi sur la citoyenneté du Reich et la loi sur la protection du sang allemand et de l'honneur allemand.

[18] Discours précité de 1993 de Francis SEJERSTED.

[19] Quatre massacres sont généralement cités : (i) le massacre de Sharpeville survenu le 21 mars 1960, qui coûta la vie à 69 personnes et fit 178 blessés parmi ceux qui manifestaient contre l'obligation du port du « pass » ou passeport intérieur (voir le document S/4279 et add. 1 du 25 mars 1960 relatif à la plainte formulée par 29 États membres des Nations Unies sur ledit massacre, plainte adressée au président du Conseil de sécurité, et la résolution 134 (1960) de ce dernier du 1er avril 1960) ; (ii) le massacre de Soweto, survenu le 16 juin 1976, qui coûta la vie à environ 176 écoliers, qui fit 1 139 blessés et entraîna plus de 1 300 arrestations parmi ceux qui avaient osé manifester pacifiquement contre la décision arbitraire des autorités chargées de l'éducation bantoue d'imposer l'afrikaans comme langue d'enseignement pour plusieurs matières au programme des écoles secondaires (*Rapport spécial du Comité spécial contre l'apartheid sur le massacre de Soweto et ses répercussions*, doc. ONU A/31/22/Add.1, 3 août 1976, § 16) ; (iii) le massacre de Mamelodi, survenu le 21 novembre 1985, ayant coûté la vie à au moins 13 manifestants ; et, enfin, (iv) le massacre d'Uitenhage, survenu le 21 mars 1985, à la suite de la répression brutale d'une manifestation pacifique (voir la Déclaration du président du Conseil de sécurité du 22 mars 1985, doc. ONU S/17050).

responsabilité directe du docteur Wouter Basson, médecin personnel du président sud-africain Pieter Botha, et visait, entre autres, à créer une sorte de « bombe noire » c'est-à-dire une arme chimique raciste consistant dans une molécule mortelle, sensible à la mélanine qui pigmente la peau des noirs et qui était censée être une arme d'extermination ethniquement sélective[20]. Le « *Project Coast* » rappelait ainsi étrangement les activités du tristement célèbre médecin nazi, le docteur Joseph Mengele, connu pour ses terribles expériences médicales pratiquées sur les détenus du camp d'Auschwitz[21]. Le docteur Wouter Basson, sur lequel nous reviendrons plus tard, était d'ailleurs surnommé par la presse le « *Doctor Death* », ou encore le « docteur Mengele sud-africain ». Notons, par ailleurs, que, comme pour assumer son intention de ne pas respecter les droits de l'Homme internationalement reconnus, l'État sud-africain s'était abstenu, durant la période de l'apartheid, de ratifier les conventions de protection des droits de l'Homme[22].

L'ampleur, la gravité et le mobile politique de ces actes permettent de les qualifier de véritables crimes contre l'humanité, voire d'actes de génocide[23], si l'on s'en tient à la définition de ces crimes telle qu'elle a été codifiée par le Statut de Rome. La politique d'apartheid elle-même a, plus tard, été qualifiée de crime contre l'humanité en vertu du droit coutumier, tant par la CVR[24] que par la Cour constitutionnelle sud-africaine[25].

---

[20] Voir notamment Sophie BOUILLON, « Afrique du Sud : le fantôme du docteur Folamort », *Libération*, 27 mai 2012.

[21] Sur l'étendue des activités du docteur Mengele et de ses collègues, voir Bruno HALIOUA, *Le procès des médecins de Nuremberg : l'irruption de l'éthique médicale moderne*, Paris, Vuibert, 2007. Voir également le film documentaire d'Emil WEISS, Criminal Doctors, Auschwitz, de 2013.

[22] La consultation de la base de données des Nations Unies sur l'état des ratifications des traités internationaux (treaties.un.org), permet de vérifier que c'est seulement le 10 décembre 1998 que la République d'Afrique du Sud a ratifié les textes suivants : le Pacte international relatif aux droits civils et politiques, la Convention contre la torture et autres peines ou traitements cruels, inhumains ou dégradants, la Convention sur l'élimination de toutes les formes de discriminations raciales, la Convention pour la prévention et la répression du crime de génocide. Le 12 janvier 2015, elle a également ratifié le Pacte international relatif aux droits économiques, sociaux et culturels. Cependant jusqu'à la date du 31 décembre 2017, elle n'était partie ni à la Convention sur l'élimination et la répression du crime d'apartheid, ni à la Convention sur l'imprescriptibilité des crimes de guerre et des crimes contre l'humanité.

[23] Voir à ce propos Miles JACKSON, « A Conspiracy to Commit Genocide: Anti-Fertility Research in Apartheid's Chemical and Biological Weapons Programme », *JICJ*, vol. 13, 2015, pp. 933-950.

[24] Voir *Truth and Reconciliation Commission of South Africa Report*, vol. 1, 1998, pp. 94-104. Pour parvenir à cette conclusion, la CVR s'est fondée sur : (i) les diverses résolutions de l'Assemblée générale et du Conseil de sécurité des Nations Unies qui ont condamné l'apartheid en tant que crime contre l'humanité ; (ii) la Convention sur l'imprescriptibilité des crimes de guerre et des crimes contre l'humanité ; (iii) les travaux de la Commission du droit international relatifs au projet de Code des crimes contre la paix et la sécurité de l'humanité et ceux portant sur la responsabilité de l'État pour fait internationalement illicite ; (iv) l'arrêt *Barcelona Traction*

Face à la répression brutale par le Gouvernement sud-africain de tout mouvement de contestation, les militants anti-apartheid – politiquement encadrés par l'*African National Congress* (ANC) et le *Pan African Congress* (PAC) et pratiquement soutenus par la communauté internationale – ont renoncé à la lutte non armée pour créer une branche armée, l'*Umkontho we Sizwe* (fer de lance de la nation)[26]. Les membres de ce groupe armé se sont livrés à plusieurs actes de sabotage contre les intérêts des blancs et, parfois, à des actes criminels, tels que le meurtre, la torture, les disparitions forcées contre les militants pro-apartheid ou leurs complices (réels ou supposés) tombant dans leurs filets et ont, à ce titre, été considérés comme des terroristes. Les membres de l'ANC ont, par ailleurs, entrepris de tisser des contacts extérieurs en vue, apparemment, de renverser par la force le régime en place. C'est dans ce cadre que Nelson Mandela et dix de ses compagnons furent arrêtés, jugés notamment pour complot (*conspiracy*), et condamnés à l'emprisonnement à vie, lors du célèbre procès de Rivonia qui s'est déroulé entre octobre 1963 et juin 1964 devant la Haute Cour du Transvaal. Relevons, toutefois, que l'ampleur des affrontements entre les militants anti-apartheid et les forces gouvernementales n'avait pas atteint un niveau tel que l'on puisse parler de guerre civile ou de conflit armé non international au sens du droit des conflits armés. Par ailleurs, en raison des rapports très inégaux des forces en présence, les crimes imputés aux militants anti-apartheid étaient sans commune mesure avec ceux que commettaient les forces gouvernementales, plus que jamais déterminées à imposer par la violence la politique d'apartheid en usant de tous les moyens étatiques. La fin de la Guerre Froide et les pressions, tant internes qu'internationales, pour mettre fin à l'apartheid ont poussé les acteurs politiques sud-africains à négocier une fin pacifique dudit régime et à adopter une Constitution intérimaire destinée à régir la période de transition politique du régime d'apartheid vers celui d'une démocratie multiraciale.

---

de la CIJ de 1970 (§ 32) ; (v) la décision *Tadić* du TPIY de 1997 (§ 622) ; de même que (vi) certains éléments spécifiques des crimes contre l'humanité – en particulier la persécution pour un motif racial, politique ou religieux –, tels qu'établis par les juridictions nationales, notamment en France (affaires *Barbie* et *Touvier*) et au Canada (affaire *Finta*).

[25] Cour constitutionnelle sud-africaine, *S. v. Basson*, affaire n° CCT 30/03, arrêt du 10 mai 2004, § 37 : « *It is also clear that the practice of apartheid constituted crimes against humanity and some of the practices of the apartheid Government constituted war crimes* ».

[26] Dans le manifeste du 16 décembre 1961 de *Umkhonto We Sizwe*, les fondateurs de cette organisation clandestine, associée à l'ANC, affirmaient : « Le pacifisme de notre mouvement a été pris pour une faiblesse : les politiques non violentes du peuple ont donné le feu vert à des actes de violence de la part du Gouvernement. Le refus de recourir à la force a été interprété par le Gouvernement comme une invitation à l'utilisation de la force contre notre peuple sans crainte de représailles. Les méthodes de l'*Umkhonto We Sizwe* marquent une rupture avec le passé » (Boutros BOUTROS-GHALI, *Les Nations Unies et l'apartheid* : 1948-1994, New York, ONU, 1995, p. 241).

II. Les idées de base de la transition politique sud-africaine

Dans l'extrait pertinent de l'épilogue à la Constitution intérimaire de 1993, les rédacteurs de cette Loi fondamentale affirment que son adoption « pose la fondation solide sur laquelle le peuple d'Afrique du Sud [compte] transcender les divisions et les luttes du passé qui ont engendré de graves violations des droits de l'Homme, la transgression des principes d'humanité au cours de conflits violents, et un héritage de haine, de peur, de culpabilité et de vengeance ». Ils déclarent également être en mesure de faire face à ces divisions et luttes « sur la base d'un besoin de compréhension et non de vengeance, d'un besoin de réparation et non de représailles, d'un besoin d'*ubuntu* et non de victimisation ». Selon eux, « afin de promouvoir cette réconciliation et cette reconstruction, l'amnistie sera accordée pour les actes, omissions et infractions liés à des objectifs politiques et commis au cours des conflits du passé ». Rappelons que l'amnistie, dans l'esprit des Sud-africains, éteignait la responsabilité tant pénale que civile des auteurs, et consacrait donc leur impunité pure et simple. L'idée même de cette amnistie venait des responsables du régime d'apartheid issus du Parti national (PN) qui avaient exigé une amnistie générale. Les opposants à ce régime, et tout particulièrement les membres de l'*African national Congress* (ANC), s'y étaient opposés, mais le compromis finalement trouvé a été celui d'une immunité des poursuites en échange de la vérité[27].

L'application de cet aspect de l'accord politique a été précisée par la loi sur la promotion de la réconciliation et de l'unité nationale votée par le Parlement sud-africain en 1995, loi par laquelle a été instituée la CVR. Selon cette loi, la CVR se voit confier le pouvoir de décider au cas par cas de l'octroi d'une amnistie aux personnes ayant commis des actes criminels associés à des motifs politiques, et ce, pour autant qu'ils aient révélé toute la vérité sur leur participation dans la commission des crimes (« *full disclosure of all relevant facts* »)[28]. La section 20 de cette loi fournit de manière détaillée les critères de l'acte amnistiable. En pratique, la CVR « a défini comme 'politique', donc éligible à l'amnistie, une action [ou une omission] commise sur instruction d'une organisation politique reconnue ou dans la poursuite de ses objectifs »[29]. En définissant ainsi l'acte amnistiable, la loi

---

[27] Voir : Michael P. SCHARF, « The Amnesty Exception (...) », *op. cit.*, p. 510 ; Xavier PHILIPPE, « L'amnistie devant le juge constitutionnel : à propos de trois décisions de la Cour constitutionnelle sud-africaine relatives aux limitations de ses effets : CCT 91/08 *Wybrand du Toit v. Minister for Safety and Security*, CCT 54/09 *Ryan Albutt v. Centre for the Study of Violence and Reconciliation and Others*, CCT 23/10 *The Citizen PTY and others v. Robert John McBride* », *Revue de droit constitutionnel appliqué*, vol. 2, 2013, pp. 225-236.

[28] Loi sur la promotion de la réconciliation et de l'unité nationale de 1995 (ou loi sur la CVR), section 20-1.

[29] André DU TOIT, « La Commission vérité et réconciliation sud-africaine : histoire locale et responsabilité face au monde », *Politique africaine*, n° 92, décembre 2003, p. 108.

sur la CVR ne limitait pas l'application de ses dispositions aux seuls crimes de droit commun. Elle l'étendait implicitement aux actes susceptibles d'être qualifiés de crimes contre l'humanité, puisque l'un des critères de ces derniers consiste dans le fait qu'ils doivent avoir été commis « en application ou dans la poursuite de la politique d'un État ou d'une organisation ayant pour but une telle attaque »[30], aspect qui a généré quelques critiques[31].

Dans l'affaire *The Azanian People's Organisation (Azapo) et autres c. le président de la République sud-africaine* (ci-après affaire *Azapo*)[32], la Cour constitutionnelle sud-africaine avait avancé plusieurs arguments pour justifier le recours à cette amnistie dans le cadre de la transition politique en Afrique du Sud. Trois arguments méritent d'être relevés à cet égard. Premièrement, la Cour a estimé que cette amnistie, bien que limitant le droit d'accès des victimes aux juridictions par rapport aux crimes dont elles ont souffert, était autorisée par la Constitution elle-même. Cela, d'autant plus que la loi sur la CVR, qui règlementait l'octroi de cette amnistie, n'était qu'une mise en œuvre de l'épilogue de la Constitution intérimaire de 1993. La Cour a aussi estimé que cette amnistie était nécessaire pour connaitre la vérité sur les abus du passé, vérité qui n'était connue que des seuls auteurs d'actes criminels, que recherchaient désespérément les victimes individuelles, et dont la société sud-africaine tout entière avait besoin pour parvenir à l'unité et la réconciliation nationales[33]. Enfin, la Cour, se situant dans le cadre du droit international général et, plus spécifiquement, de la pratique des États en matière d'amnistie édictée dans un contexte de transition politique, a soutenu qu'il n'existait pas une interdiction absolue de telles mesures. À l'appui de sa position, elle s'est notamment référée à certaines expériences latino-américaines (Argentine, El Salvador et Chili) au cours desquelles des amnisties générales ont été accordées dans le cadre d'une transition politique[34]. On relèvera, toutefois, que la pertinence d'un tel argument demeure fort discutable, puisque la Cour a visiblement omis d'indiquer que ces expériences avaient été invalidées par la Cour interaméricaine des droits de l'Homme et par le Comité des droits de l'Homme des Nations Unies au moment où elle rendait son arrêt[35].

---

30 Article 7-2-a du Statut de Rome.

31 Louise MALLINDER, « Amnesties », *in* M.C. BASSIOUNI (ed.), *The Pursuit of International Criminal Justice (...)*, *op. cit.*, p. 889.

32 Cour constitutionnelle sud-africaine, *Azanian People's Organisation (Azapo) and others v. President of the Republic of South Africa*, affaire n° CCT 17/96, 25 juillet 1996 (ci-après arrêt *Azapo*), § 14.

33 Arrêt *Azapo*, §§ 16-21.

34 *Idem*, § 24.

35 Pour la Cour interaméricaine des droits de l'Homme, voir les affaires suivantes : *Alicia Consuelo Herrera et al. c. Argentine*, 2 octobre 1991, § 41 ; *Santos Mendoza et al. c. Uruguay*, 2 octobre 1992, § 51 ; *Catalan Lincoleo c. Chile*, 16 avril 2001, §§ 51-57. Voir

III. Les résultats concrets

Les résultats concrets de la transition politique sud-africaine peuvent être abordés sur les plans politique, économique et social. Ils peuvent surtout être évalués au regard des travaux de la CVR. Sur le plan politique, la transition sud-africaine a permis l'instauration pacifique d'une démocratie multiraciale avec l'élection du tout premier noir, Nelson Mandela, à la présidence de la République d'Afrique du Sud, le 27 avril 1994. À Nelson Mandela ont succédé d'autres noirs, à savoir Thabo Mbeki, Kgalema Motlanthe, puis Zacob Zuma, tous membres de l'ANC. Cependant, loin d'appliquer une politique de *vetting* ou des lois de lustration, la présidence de Nelson Mandela a été caractérisée par un partage du pouvoir politique avec ses anciens adversaires politiques qui avaient imposé la politique d'apartheid dans le pays, c'est-à-dire les anciens oppresseurs, au nom de la réconciliation nationale. Les cas les plus connus sont ceux de l'ancien président Frederick de Klerk, qui devint le deuxième vice-président de la République d'Afrique du Sud jusqu'en 1996, et des juges de la Cour constitutionnelle ayant rendu l'arrêt *Azapo*. Il faut d'ailleurs rappeler que, même après la fin officielle de l'apartheid, l'appareil judiciaire est globalement resté entre les mains de ceux qui ont appliqué, sans état d'âme, les lois racistes et ségrégationnistes sous l'ère de l'apartheid, ce qui a fini par entacher l'image de la justice dans certains procès emblématiques ainsi qu'on le verra plus loin.

Sur le plan économique, jusqu'en 2005, peu de progrès ont été réalisés dans le domaine de la redistribution des terres, 80 % des surfaces cultivables demeurant toujours entre les mains des blancs[36]. En outre, même si l'extrême pauvreté a reculé (22 % de la population en 2009 contre 31 % en 1995), les inégalités se sont accrues, l'Afrique du Sud devenant l'un des pays les plus

---

également en doctrine : John DUGARD, « Is the Truth and Reconciliation Process Compatible with International Law? An Unanswered Question », *South African Journal on Human Rights*, vol. 13, 1997, pp. 258-368 ; Sherrie L. RUSSELL-BROWN, « Out of the Crooked Timber of Humanity: The Conflict between South Africa's Truth and Reconciliation Commission and International Human Rights Norms Regarding 'Effective Remedies' », *Hastings International and Comparative Law Review*, vol. 26, 2003, pp. 227-263 ; Claudia MARTIN, « Catching Up with the Past: Recent Decisions of the Inter-American Court of Human Rights Addressing Gross Human Rights Violations Perpetrated During the 1970-1980s », *Human Rights Law Review*, vol. 7, 2007, pp. 777-792 ; Anja SEIBERT-FOHR, *Prosecuting Serious Human Rights Violations*, Oxford, OUP, 2009, pp. 51-111 ; Laurence BURGORGUE-LARSEN, « Le bannissement de l'impunité : décryptage de la politique jurisprudentielle de la Cour interaméricaine des droits de l'Homme », *Revue trimestrielle des droits de l'Homme*, vol. 89, 2012, pp. 3-42.

36 Voir Valérie HIRSCH, « Expropriation du premier fermier blanc », *Radio France Internationale*, 2 novembre 2005.

inégalitaires au monde. Ce sont surtout les blancs qui se sont enrichis, leurs revenus progressant plus deux fois plus que ceux des noirs[37].

Quant au travail réalisé par la CVR, il faut rappeler que celle-ci était subdivisée en trois Comités – à savoir le Comité de l'amnistie, le Comité des violations des droits de l'Homme et le Comité des réparations et réhabilitations – et qu'elle était présidée par l'archevêque anglican Desmond Tutu, prix Nobel de la paix en 1984. Après pratiquement trois années de travail, la CVR a rendu, le 29 octobre 1998, un rapport en cinq volumes au président de la République. Ce rapport contenait des recommandations sur les réformes institutionnelles à entamer en Afrique du Sud. Mais le point le plus intéressant de l'activité de la CVR porte principalement sur le sort réservé tant aux responsables des crimes de l'apartheid (les *perpetrators*) qu'aux victimes.

1. Le sort réservé aux responsables des crimes de l'ère de l'apartheid

À la clôture de ses travaux en 2001, la CVR avait reçu entre 7 094[38] et 7 116[39] demandes d'amnistie pour lesquelles elle n'a répondu favorablement qu'à 1 160 d'entre elles[40], soit près de 16 % de requérants[41]. Louise Mallinder, confirmant par ailleurs ces chiffres[42], explique que la différence entre le nombre de requérants et le nombre d'amnistiés semble tenir au fait que plusieurs personnes ont essayé de faire passer pour « politiques » des crimes qui ne l'étaient pas, dans le but d'obtenir une amnistie[43]. Il apparaît ainsi que, finalement, très peu de personnes ont été effectivement amnistiées.

Ce résultat est cependant singulier lorsqu'on le confronte aux origines sociopolitiques des requérants. Une étude a démontré, à cet égard, que la majorité des demandes émanait de personnes liées à l'ANC, que quelques centaines seulement provenaient d'anciens membres des forces de sécurité ou du Gouvernement, et que dans cette dernière catégorie, quelques dizaines venaient de personnes qui étaient réellement haut placées dans la hiérarchie de

---

[37] Voir notamment « Afrique du Sud : le pays le plus inégalitaire au monde », *20 minutes*, 25 septembre 2009 (« L'écart est particulièrement marquant entre les noirs et les blancs. Depuis la fin de l'apartheid en 1994, le revenu mensuel moyen des noirs a progressé de 37,3 % (de 615,36 rands – 56 € – en 1995 à 845 rands – 78 € – en 2009). Sur la même période, le revenu des blancs a grimpé de 83,5 % (de 4 436 rands – 408 € – à 8 141 rands – 750 €) »).

[38] Voir AMNESTY INTERNATIONAL, HUMAN RIGHTS WATCH, *Afrique du Sud, vérité et justice : un processus inachevé*, Londres, 2003, p. 7.

[39] Louise MALLINDER, « Amnesties », *op. cit.*, p. 890.

[40] Voir AMNESTY INTERNATIONAL, HUMAN RIGHTS WATCH, *Afrique du Sud, vérité et justice (...)*, *op. cit.*, p. 7.

[41] Louise MALLINDER, « Amnesties », *op. cit.*, p. 890.

[42] *Idem.*

[43] *Idem.*

commandement[44]. Un autre point particulier, d'après la même étude, tient au fait que « la plupart des demandes (approximativement 80 %) provenaient de personnes déjà accusées, reconnues coupables ou condamnées pour crime – ce sont elles qui avaient le plus à gagner du processus d'amnistie et très peu à perdre »[45]. Une analyse statistique des demandes d'amnistie permet de déduire que cette dernière englobe « les individus poursuivis en justice et accusés de crimes sous le régime d'apartheid plutôt que les auteurs des actes les plus abominables »[46]. Par ailleurs, « dans la majorité des auditions, les requérants étaient noirs, pauvres et surtout prêts à tout pour sortir de prison »[47]. Au regard de ces éléments, il est fort probable que, même au sein des individus ayant effectivement été amnistiés (16 %), la majorité était composée de noirs, de pauvres et d'individus déjà condamnés en justice. L'octroi d'une amnistie aux individus déjà judiciairement condamnés pousse à s'interroger sur la pertinence de l'argument avancé par la Cour constitutionnelle sud-africaine dans l'arrêt *Azapo*, vu précédemment, pour justifier l'amnistie, à savoir l'idée d'une amnistie en échange de la vérité[48]. En effet, si la majorité des personnes amnistiées avait déjà été condamnée en justice, cela implique que la vérité recherchée avait été établie par la voie judiciaire. Il n'était donc plus nécessaire de recourir à l'amnistie pour la connaitre.

Concernant concrètement le sort réservé aux responsables des crimes graves (crimes contre l'humanité) perpétrés pour imposer l'apartheid et qui n'ont pas été amnistiés, on constate que dans l'un des volumes de son rapport final, la CVR a fustigé l'absence de remords de certains hauts dirigeants de l'apartheid, en particulier les anciens présidents Pieter Botha et Frederick de Klerk, ainsi que l'ancien ministre de la Défense, le général Magnus Malan, lors de leurs déclarations devant elle. S'agissant spécifiquement de l'ancien président Pieter Botha, la CVR a notamment mis en évidence « *the irony in the fact that the man who took the state into the realms of criminality should have himself chosen to incur a criminal record at the hands of its democratic successor has not been lost on the Commission* »[49]. Pourtant, Pieter Botha qui était au sommet de la machine étatique sous l'apartheid n'a été ni amnistié, puisqu'il n'en avait pas fait la demande, ni poursuivi, tout au moins en tant que supérieur hiérarchique. Cela, malgré son rôle dans la mise en œuvre de la politique de l'apartheid et malgré le témoignage accablant à sa charge dans le procès de l'une des personnalités les plus sombres de l'histoire de l'apartheid, le colonel Eugène de Kock sur lequel on reviendra. On peut en dire autant de

[44] Amy ROSS, « Les politiques de vérité ou la vérité sur les politiques ? Amérique latine et Afrique du Sud : leçons d'expériences », *Politique africaine*, n° 92, décembre 2003, p. 33.
[45] *Idem.*
[46] *Idem.*
[47] *Idem.*
[48] Arrêt *Azapo*, §§ 16-21.
[49] *Truth and Reconciliation Commission of South Africa Report*, vol. 1, 1998, p. 19.

l'ancien président Frederick de Klerk. Quant au général Magnus Malan, qui a fait l'objet de poursuites, on verra plus tard comment son procès a été bâclé et s'est finalement soldé par un acquittement controversé.

Le Haut-Commissariat des droits de l'Homme des Nations Unies avait déclaré que « l'accord prévoyant l'amnistie en échange de la vérité ne serait efficace qu'en présence d'une réelle menace de poursuites, ce qui inciterait les coupables à se présenter »[50]. Cependant, l'appareil judiciaire sud-africain ne pouvait pas représenter une telle menace. Il faut, à cet égard, rappeler que, durant l'apartheid, les tribunaux étaient perçus comme un instrument au service de la politique de ségrégation. La CVR avait, à ce propos, relevé la complaisance de certaines catégories professionnelles – notamment les parlementaires, les professeurs d'université, les avocats et leurs barreaux, les procureurs, les policiers ou encore les juges – qui étaient toutes acquises à la cause de l'apartheid[51]. Elle a donné l'exemple du barreau de Pretoria, qui refusait aux diplômés noirs l'accès à la profession d'avocat[52]. Après la fin officielle de l'apartheid, l'appareil judiciaire a continué à être perçu comme portant les stigmates de la ségrégation[53]. Il semble même que « l'une des raisons de la constitution de la [CVR] en Afrique du Sud était de pallier les insuffisances d'un système judiciaire acquis à l'apartheid »[54] et que, même si cette Commission peut être considérée comme ayant rempli son mandat, plus de 600 magistrats ont fui le pays[55], laissant ainsi un important vide dans le personnel judiciaire.

Concernant la question du manque de confiance populaire dans l'efficacité de la justice sud-africaine, Johnny de Lange, député de l'ANC et président du Comité Justice, a reconnu que son parti recherchait un moyen pour régler les exactions commises par le régime précédent en dehors du système judiciaire existant : « Le système judiciaire était un vrai problème... C'était tout le système, la police, la justice... Nous n'allions pas remettre l'ensemble du processus [d'investigation des violations] aux mains de cette mauvaise

---

50 HCDH, *Les instruments de l'État de droit dans les sociétés sortant d'un conflit : les commissions de vérité*, doc. HR/PUB/06/1, 2006, p. 12.

51 *Truth and Reconciliation Commission of South Africa Report*, vol. 4, 1998, p. 102.

52 *Ibid.*, p. 101.

53 Voir : Howard VARNEY, Jeremy SARKIN, « Failing to Pierce the Hit Squad Veil: An Analysis of the Malan Trial », *South African Journal of Criminal Justice*, vol. 10, 1997, p. 142 ; Paul GREADY, Lazarus KGALEMA, « Magistrates under Apartheid: A Case Study of the Politicization of Justice and Complicity in Human Rights Abuse », *South African Journal on Human Rights*, vol. 141, 2003, p. 144 ; Hennie KOTZÉ, « Mass and Elite Attitudes towards the Criminal Justice System in South Africa: How Congruent? », *South African Journal of Criminal Justice*, vol. 38, 2003, pp. 38-56.

54 Roland MARCHAL, « Justice internationale et réconciliation nationale : ambiguïtés et débats », *Politique africaine*, n° 92, décembre 2003, p. 12.

55 *Idem.*

structure. Ces institutions étaient les mêmes qu'avant… »[56]. Relevons, en outre, que les juges ont refusé de coopérer avec la CVR, soi-disant pour préserver leur indépendance[57]. Il est à craindre qu'un tel appareil répressif ait été loin de représenter une réelle menace contre ceux qui ne coopéraient pas avec la CVR pour obtenir une amnistie.

Cette crainte a d'ailleurs été confirmée en pratique au regard de certaines procédures engagées contre les anciens responsables de l'apartheid. À cet égard, on peut observer que la CVR avait recommandé des poursuites contre des individus auxquels l'amnistie n'avait pas été accordée et à l'égard desquels il existait des preuves solides établissant leur responsabilité dans les crimes de l'apartheid. En application de cette recommandation, le Gouvernement sud-africain avait mis en place une unité au sein du bureau du directeur national du ministère public à qui avait été confiée la responsabilité d'enquêter sur ces cas[58]. Il apparaît toutefois que, depuis 1998, très peu de progrès ont été enregistrés dans l'activité de cette unité, en raison du manque de moyens et de la priorité accordée par le Gouvernement à la lutte contre la criminalité violente dont le niveau demeure élevé dans le pays[59]. Les recommandations de la CVR ont donc débouché sur très peu de poursuites effectives[60].

Parmi les rares poursuites engagées, dans la plupart des cas, celles-ci se sont soldées par des acquittements controversés en raison de la manière dont l'affaire a été instruite par le ministère public sud-africain. Le procès intenté contre le général Magnus Malan, ancien ministre de la Défense, et 19 autres coaccusés, en constitue une illustration[61]. L'affaire tire son origine du meurtre de 13 personnes survenu en janvier 1987, à Durban, au domicile d'un militant de l'*United Democratic Forces* (UDF), un des partis d'opposition allié de l'ANC. Ce massacre avait été perpétré dans le cadre de l'opération « Marion », décidée au plus haut niveau de l'État et ayant impliqué le Conseil de sécurité de l'État (*State Security Council*). Aux yeux

---

[56] Interview de Johnny DE LANGE, en mai 1997, cité par Amy ROSS, « Les politiques de vérité (…) », *op. cit.*, p. 25.

[57] *Rapport CVR*, vol. 4, p. 108 : « The Commission deplores and regrets the almost failure of the magistracy to respond to the Commission's invitation, the more so considering the previous lack of formal independence of magistrates and their dismal record as servants of the apartheid state in the past. They and the country lost an opportunity to examine their role in the transition from the oppression to democracy ».

[58] Voir : AMNESTY INTERNATIONAL, HUMAN RIGHTS WATCH, *Afrique du Sud, vérité et justice (...)*, *op. cit.*, p. 12 ; AMNESTY INTERNATIONAL, *Vérité, justice et réparation (...)*, *op. cit.*, p. 22.

[59] AMNESTY INTERNATIONAL, *Afrique du Sud, vérité et justice (...)*, *op. cit.*, p. 12.

[60] Louise MALLINDER, « Amnesties », *op. cit.*, p. 891.

[61] Durban and Coast Local Division of the Supreme Court of South Africa, *S. v. Peter Msane and Nineteen Others*, affaire n° CC1/96, 1996. Voir notamment sur cette affaire : AMNESTY INTERNATIONAL, *Afrique du Sud. Le système de justice pénale et la protection des droits humains : le rôle du ministère public*, Londres, février 1998, p. 20.

de beaucoup d'observateurs, ce procès était le plus grand procès jamais intenté contre les politiciens et les membres des forces de sécurité pour des crimes commis pendant l'ère de l'apartheid. Il représentait un enjeu central pour le déroulement du travail de la CVR dans la mesure où les acquittements auxquels il pouvait donner lieu (ce qui fut d'ailleurs le cas) signifieraient que les responsables des crimes, et plus particulièrement les militaires, qui attendaient l'issue du procès pour se décider à demander l'amnistie, ne seraient plus incités à le faire, puisqu'ils ne ressentiraient plus de pression sur eux. Cependant, comme on le sait, ce procès s'est soldé par des acquittements. En conséquence, très peu de vérité a pu être dévoilée sur l'implication des politiciens et des membres des forces de sécurité dans les activités criminelles de l'ère de l'apartheid mais, surtout, ceux qui ne coopéraient pas avec la CVR ne craignaient plus les poursuites éventuelles auxquels ils pouvaient être confrontés[62].

À l'affaire *Malan et autres*, on peut également ajouter celle du Docteur Wouter Basson, le « Mengele sud-africain », dont on a parlé. En effet, les poursuites contre ce médecin se sont soldées par un acquittement controversé en raison notamment des doutes qui planaient sur l'impartialité du juge qui a siégé dans cette affaire[63]. Après son acquittement, ce médecin a continué à exercer sa profession de médecin à Cape Town. Ce n'est que près de 11 après son acquittement que Wouter Basson a été déclaré coupable de violation de l'éthique médicale par le Conseil de l'ordre des médecins en raison de ses activités dans le Project Coast et a été interdit d'exercer la profession médicale. D'autres affaires peuvent également être mentionnées comme l'affaire « Mbambo » et l'affaire dite du « fusil-mitrailleur », analysées par Amnesty International[64].

Une exception à signaler est, toutefois, celle de l'affaire du colonel Eugène de Kock, un ancien chef de la tristement célèbre unité secrète de la police (commando antiterroriste), basée à Vlakplass, qui était responsable de kidnappings, de tortures et d'assassinats de militants anti-apartheid, dans les années 1980 et le début des années 1990, et dont les victimes étaient principalement des membres de l'ANC. Eugène de Kock a été jugé et reconnu coupable en août 1996 de 6 meurtres et 83 autres crimes et

---

62 Howard VARNEY, Jeremy SARKIN « Failing to Pierce the Hit Squad Veil », *op. cit.*, pp. 141-142.

63 Voir les arrêts de la Cour constitutionnelle sud-africaine dans l'affaire *S. v. Basson* (affaire n° CCT 30/03), rendus respectivement le 10 mai 2004 et le 9 septembre 2005. Sur cette affaire, voir Mia SWART, « The Wouter Basson Prosecution: The Closest South Africa Came to Nuremberg? », *Zeitschrift für ausländisches öffentliches Recht und Völkerrecht*, vol. 68, 2008, pp. 209-226.

64 Voir AMNESTY INTERNATIONAL, *Afrique du Sud. Le système de justice pénale et la protection des droits humains : le rôle du ministère public*, Londres, 1998, pp. 17-22.

condamné à 212 ans pour crimes contre l'humanité[65]. Toutefois, le 30 janvier 2015, Eugène de Kock a été libéré de prison après 20 années de détention, le ministre de la Justice ayant jugé bon de lui accorder une liberté conditionnelle dans l'intérêt de la réconciliation nationale. Cette exception vient ainsi confirmer le fait que le système de justice pénale sud-africain ne représentait pas une réelle menace contre ceux qui refusaient de coopérer avec la CVR.

Finalement, que reste-t-il de l'idée de base à l'origine de l'amnistie en Afrique du Sud ? Rappelons que cette idée était celle d'un pardon que les victimes de l'apartheid, c'est-à-dire les noirs, les Indiens et autres « personnes de couleurs », accordaient aux responsables de cette politique, c'est-à-dire principalement les blancs[66]. Ce pardon était censé être accordé au nom de l'*ubuntu*, en vue de permettre l'unité et la réconciliation nationales. Ainsi, on aurait pu s'attendre logiquement à ce que les responsables de l'apartheid (les blancs) soient les plus nombreux à bénéficier de cette amnistie d'autant plus que ce sont eux qui en étaient à l'origine. Le fait que ce fut plutôt les militants anti-apartheid (noirs et pauvres), autrement dit les victimes de la ségrégation, qui en ont majoritairement bénéficié pousse à se demander si le processus n'a pas été détourné de son but. Par ailleurs, selon l'argument de la « supériorité morale » des militants anti-apartheid défendu par le président de la CVR[67], ceux qui ont utilisé la force pour renverser un système injuste, ou simplement s'y sont opposés, sont « moralement supérieurs » à ceux qui ont utilisé cette force pour le soutenir. Aussi, dans le contexte sud-africain, et sans vouloir nécessairement justifier les crimes imputés aux militants anti-apartheid, il est difficile de comprendre que ceux qui ont combattu la politique d'apartheid, en recourant à des moyens infractionnels, soient les principaux bénéficiaires des mesures d'amnistie, tandis que les principaux responsables de ce régime inique s'en soient tirés plus ou moins à bon compte.

2. Le sort réservé aux victimes des crimes de l'ère de l'apartheid

Le Comité des réparations, qui était l'un des trois comités institués par la loi créant la CVR, a recueilli les demandes de réparation de la part d'au moins 22 000 victimes[68] en faveur desquelles il a émis des recommandations

---

[65] Voir : AMNESTY INTERNATIONAL, HUMAN RIGHTS WATCH, *Afrique du Sud, vérité et justice (...)*, *op. cit.*, pp. 10-11 ; AMNESTY INTERNATIONAL, *Afrique du Sud. Le système de justice pénale (...)*, *op. cit.*, pp. 17-22.

[66] Michael P. SCHARF, « The Amnesty Exception (…) », *op. cit.*, p. 510.

[67] Desmond TUTU (dir.), *Amnistier l'apartheid : travaux de la Commission vérité et réconciliation*, Paris, Seuil, 2004, p. 111.

[68] Selon Warren BUFORD et Hugo VAN DER MERVE, ce chiffre ne semble toutefois pas représentatif du nombre total de victimes. Les auteurs relèvent, par exemple, que : « Le RRC [Comité de réparation et de réhabilitation de la CVR] s'est appuyé sur la liste des victimes

détaillées. Pour les 22 000 victimes, la CVR a émis cinq sortes de recommandations : les provisions d'urgence pour réparation ; les programmes de réadaptation des communautés ; les réparations symboliques ; les réformes institutionnelles ; ainsi qu'une allocation de réparations individuelles[69]. Ces formes de réparation méritent quelques explications.

Les provisions d'urgence pour réparation (*urgent interim reparation*) étaient destinées à venir en aide aux personnes ayant un besoin urgent, en leur garantissant un accès aux services et facilités appropriés. Les victimes semblent avoir reçu le paiement d'un seul montant de 2 000 à 7 500 rands[70].

Les programmes de réadaptation des communautés (*community rehabilitation programmes*) étaient destinés à favoriser la guérison des blessures communautaires. Sur cette question, la Commission dit avoir travaillé de concert avec les ministères concernés dans la préparation des propositions pour la création des services et activités fondés sur les communautés et destinés à promouvoir la cicatrisation et l'identification des individus et des communautés affectés par les violations des droits de l'Homme[71]. Ces programmes pouvaient consister en des mesures de réparation incluant la démilitarisation nationale, le replacement des personnes déplacées, la réinsertion des auteurs de délits et de leur famille, la mise en place de services d'aide psychologique et de centres de formation[72].

Les réparations symboliques et/ou mesures légales et administratives (*symbolic reparation/legal and administrative measures*) comprenaient des mesures destinées à rétablir la dignité des victimes et des survivants des

---

ainsi désignées par le Comité des droits de l'Homme, liste qui, au moment de la parution du rapport final, était 'close', laissant ainsi de côté beaucoup de demandes ». Ces mêmes auteurs estiment qu'aujourd'hui « nombreuses sont les personnes qui se sentent exclues du processus, parce qu'elles ont manqué la date limite ou parce qu'elles ont été mal informées du règlement », et que « la [CVR] a parfois eu du mal à retrouver les victimes après leur audience » (« Les réparations en Afrique australe », *Cahiers d'études africaines*, n° 173-174, 2004, p. 277).

[69] Voir *Rapport CVR*, vol. 5 (notamment le chapitre 5, « Reparation and Rehabilitation Policy », pp. 170-195).

[70] *Rapport CVR*, vol. 5, p. 175 (« *Urgent interim reparation is assistance for people in urgent need, to provide them with access to appropriate services and facilities. It is recommended that limited financial resources be made available to facilitate this access* »). Voir également : Warren BUFORD, Hugo VAN DER MERVE, « Les réparations en Afrique australe », *op. cit.*, p. 275 ; AMNESTY INTERNATIONAL, HUMAN RIGHTS WATCH, *Afrique du Sud, vérité et justice (...)*, *op. cit.*, p. 9.

[71] *Rapport CVR*, vol. 5, p. 175, § 30 : « *The Commission consulted with relevant Government ministries in preparing its proposals for the establishment of community-based services and activities, aimed at promoting the healing and recovery of individuals and communities that have been affected by human rights violations* ».

[72] Voir : *Rapport CVR*, vol. 5, p. 176 ; Warren BUFORD, Hugo VAN DER MERVE, « Les réparations en Afrique australe », *op. cit.*, p. 275.

violations des droits de l'Homme et à faciliter les processus communautaires de commémoration de la douleur et de célébration des victoires du passé. Elles pouvaient consister en des mesures telles que la délivrance de certificats de décès, des exhumations, la célébration de nouveaux enterrements et de nouvelles cérémonies, la suppression sur les casiers judiciaires de la mention des actes commis pour des motifs politiques, le changement de nom de rues et l'organisation de cérémonies « culturellement appropriées »[73]. Les réformes institutionnelles, quant à elles, comprenaient des mesures administratives, juridiques et institutionnelles destinées à la prévention de la répétition des violations des droits de l'Homme[74].

Le montant des allocations de réparations individuelles (*individual reparation grants*) était calculé en fonction de trois éléments : la reconnaissance des souffrances occasionnées par les atteintes aux droits humains, la possibilité d'accès aux services et infrastructures, et la couverture des dépenses courantes en fonction des conditions socioéconomiques[75]. Cette allocation a été évaluée entre 17 000 et 23 000 rands par an pour une période de six ans. Le rapport final de la CVR a estimé le coût total de ces allocations à 477,4 millions de rands (47,74 millions $) par an, soit 2 864 400 000 rands (286,44 millions $) sur six ans, sur la base d'un nombre de victimes éligibles évalué à 22 000[76].

Puisque le mandat de la CVR consistait à formuler des recommandations, et non à mettre en œuvre la politique des réparations, tâche incombant au Gouvernement, il est intéressant de rechercher la suite que ce dernier leur a réservée. À ce propos, on constate que, de manière générale, les réparations non financières n'ont pas posé de sérieux problèmes[77]. Il en est allé autrement en ce qui concerne les réparations financières, et tout particulièrement les allocations de réparations individuelles et les provisions d'urgence, dont la mise en œuvre est demeurée incertaine.

Concernant d'abord, l'allocation de réparations individuelles, il faut rappeler que la CVR avait recommandé une somme entre 17 000 et 23 000 rands par an pour une période de six ans. Cependant, le Gouvernement a, quant à lui, annoncé qu'il « acquitterait un paiement de 30 000 rands, versé en une fois,

---

[73] Voir : *Rapport CVR*, vol. 5, p. 175 ; Warren BUFORD, Hugo VAN DER MERVE, « Les réparations en Afrique australe », *op. cit.*, p. 275 ; AMNESTY INTERNATIONAL, HUMAN RIGHTS WATCH, *Afrique du Sud, vérité et justice (...)*, *op. cit.*, p. 8.
[74] Voir *Rapport CVR*, vol. 5, p. 176.
[75] Voir Warren BUFORD, Hugo VAN DER MERVE, « Les réparations en Afrique australe », *op. cit.*, p. 276.
[76] Voir sur ce point : *Rapport CVR*, vol. 5, p. 185 ; AMNESTY INTERNATIONAL, HUMAN RIGHTS WATCH, *Afrique du Sud, vérité et justice (...)*, *op. cit.*, p. 9.
[77] AMNESTY INTERNATIONAL, HUMAN RIGHTS WATCH, *Afrique du Sud, vérité et justice (...)*, *op. cit.*, p. 9.

par personne ou par famille désignée comme 'victime' de violations flagrantes des droits de l'Homme (pendant la période 1960-1994) par la [CVR] »[78]. Toutefois, les modalités de ce paiement n'ont jamais été clarifiées. Bien plus, le Gouvernement a, par la suite, été confronté à un dilemme entre assurer le financement du programme d'indemnisation pécuniaire des victimes individuelles, tel que proposé par la CVR, ou assurer le financement de la reconstruction et du développement. Dans un discours prononcé en 2003 par le président Thabo Mbeki, celui-ci a affirmé qu'« une réponse intégrée et complète au rapport de la [CVR] devrait s'intéresser au défi continu de la reconstruction et du développement : renforcer la démocratie et la culture des droits de l'Homme, garantir une bonne gouvernance et la transparence, intensifier la croissance économique et les programmes sociaux, améliorer la sécurité des citoyens et contribuer à la construction d'un ordre du monde humain et juste »[79]. On le voit, le Gouvernement semble avoir opté pour le financement de la reconstruction et du développement du pays, d'autant plus qu'à ce jour les modalités du paiement des allocations restent incertaines[80].

Concernant ensuite, les provisions d'urgence pour réparations, un fonds présidentiel a été créé afin de gérer leur paiement. Toutefois, comme le relève une étude conjointe d'Amnesty International et de Human Rights Watch, « [b]ien que 300 millions de rands – soit environ 65 millions d'euros selon le taux en vigueur en décembre 1997 – aient été affectés à ce programme, seuls 48 370 000 – soit environ cinq-millions d'euros selon le taux en vigueur en novembre 2001 – ont été versés en novembre 2001 à 17 100 requérants (sur un total de 20 563) qui avaient, dans la plupart des cas, reçu chacun une somme comprise entre 2 000 et 3 000 rands »[81]. On constate ainsi une certaine réticence, du côté du Gouvernement, à mettre en œuvre les recommandations de la CVR relatives aux réparations financières. Pourtant, comme l'a affirmé la CVR, les réparations appropriées et les mesures de réhabilitation sont essentielles au processus de réconciliation[82] ; sans elles, il ne peut y avoir ni guérison, ou du moins cicatrisation, ni réconciliation tant au niveau individuel qu'au niveau communautaire. Dans le contexte sud-africain, les réparations étaient essentielles d'abord pour rééquilibrer la répartition des richesses du pays. En effet, une infime partie

---

[78] Warren BUFORD, Hugo VAN DER MERVE, « Les réparations en Afrique australe », *op. cit.*, p. 266.

[79] *Ibid.*, p. 267.

[80] Voir Catherine JENKINS, « After the Dry White Season: The Dilemmas of Reparation and Reconstruction in South Africa », *South African Journal on Human Rights*, vol. 16, 2000, p. 476.

[81] AMNESTY INTERNATIONAL, HUMAN RIGHTS WATCH, *Afrique du Sud, vérité et justice (...)*, *op. cit.*, p. 9.

[82] Voir le paragraphe 5 du préambule de la loi sur la CVR : « the Constitution states that there is a need for understanding but not for vengeance, a need for reparation but not for retaliation, a need for *ubuntu* but not for victimization ».

de la population (les blancs), en raison de sa couleur de peau, avait tiré profit de la politique de l'apartheid, en s'appropriant de vastes étendues de terres et en accédant à l'éducation aux dépens d'une couche importante, et même majoritaire de la population sud-africaine, martyrisée en raison, là encore, de sa couleur de peau. Les réparations étaient également essentielles pour contrebalancer les effets de l'amnistie, dès lors que cette dernière n'était pas respectueuse des droits des tiers. L'amnistie en question avait effectivement pour résultat d'éteindre la responsabilité tant pénale que civile des responsables des crimes. Elle privait ainsi les victimes de leur droit de réclamer réparation des dommages soufferts directement contre ceux qui en étaient responsables[83]. Il était donc important que l'État sud-africain assume cette responsabilité.

Il ne faut d'ailleurs pas se voiler la face sur les attentes réelles des victimes. S'il est vrai que leurs intérêts n'étaient pas toujours de réclamer le châtiment des responsables des crimes de l'ère de l'apartheid, il serait erroné de penser qu'ils se limitaient simplement au besoin de narrer leurs malheurs devant la CVR et de recevoir des excuses de la part des autorités publiques. Plusieurs études témoignent de la fausse modestie que les victimes affichaient en public alors que, dans les sessions closes, leurs revendications étaient essentiellement matérielles et/ou financières[84]. Leurs témoignages en privé

---

[83] Voir *Rapport CVR*, vol. 5 : « *Victims of human rights abuses have suffered a multiplicity of losses and therefore have the right to reparation* » ; « *Without adequate reparation and rehabilitation measures, there can be no healing and reconciliation, either at an individual or a community level* » (p. 170, ajoutant ainsi l'aspect communautaire de la réparation). Le rapport précise néanmoins : « *In addition, in the context of the South African Truth and Reconciliation Commission, reparation is essential to counterbalance amnesty. The granting of amnesty denies victims the right to institute civil claims against perpetrators. The Government should thus accept responsibility for reparation* » (p. 170).

[84] Voir Amy ROSS, « Les politiques de vérité (…) », *op. cit.*, pp. 29-31. Cette auteure fait allusion à une analyse réalisée par le Centre d'étude de la violence et de la réconciliation de Johannesburg, une ONG travaillant avec les victimes de violence, en général, et celles ayant participé à la CVR, en particulier. Selon cette ONG, « la majorité de ceux qui avaient été entendus par la Commission était mécontente du manque de suites données à leur audition » (*ibid.*, p. 31). Un des membres de cette ONG, Tchoki Mofokeni, qui avait organisé une série d'ateliers pour les victimes ayant témoigné devant la CVR, aurait ainsi indiqué que « 80 % des personnes interrogées étaient déçues de l'institution et de son processus », rapportant les propos désabusés de certaines victimes se plaignant en ces termes : « On s'est servi de nous » (nous avons donné nos histoires et nous n'avons rien reçu en retour) ; « On veut les ossements ; on a besoin d'une maison » (nous sommes allés à la Commission parce qu'on croyait qu'elle pourrait nous aider… Nous avons raconté nos histoires dans l'espoir de trouver les restes d'un parent disparu, ou de recevoir une aide financière) ; « Nous voulons parler de réparations plus que de réconciliation » (*ibid.*, p. 31). Par ailleurs, selon un membre de la CVR, « les gens avaient placé des attentes matérielles considérables dans celle-ci : en public, à la télévision, les gens sont très humbles, ils demandent qu'on leur fasse des excuses. Mais ensuite, dans les sessions de clôture, tous, sans exception, demandent une maison ! » (*ibid.*, p. 29). Ces propos auraient été confirmés par Trudy de Ridder, l'unique thérapeute désigné par la CVR : « J'entends dire par les commissaires que les victimes viennent témoigner et

révèlent, en réalité, une déception, voire une frustration, face à tout le processus dit de réconciliation et de cicatrisation des blessures du passé. Ainsi, en n'accordant pas les réparations ou en les retardant, c'est la cicatrisation effective des blessures du passé qui est rendue difficile, avec le risque d'engendrer le sentiment qu'il n'y a pas eu de justice et que la CVR, comme le Gouvernement sud-africain, avaient davantage la préoccupation de soulager les coupables plutôt que les victimes[85].

IV. Le regard des Nations Unies

Par le passé, les Nations Unies ont encouragé des transitions politiques dans lesquelles étaient proclamées des amnisties couvrant des crimes de droit international[86]. L'expérience généralement citée à cet égard, et qui est contemporaine à celle de l'Afrique du Sud, est le cas d'Haïti[87]. Cette approche n'a toutefois pas duré. En effet, dès 1994, le premier président du Tribunal pénal international pour l'ex-Yougoslavie (TPIY), le juge Antonio Cassese, s'exprimait en ces termes lors de la présentation du Règlement de procédure et de preuve dudit tribunal : « *no one should be immune from prosecution for crimes such as these, no matter useful their testimony may otherwise be. This will apply to both testimonial and use immunity. The degree of cooperation received from an accused will, however, be taken into account as a mitigating factor in sentencing* »[88]. C'est, dans une certaine mesure, en application de cette approche que le TPIY a, plus tard, rejeté la requête de Radovan Karadžić. Celui-ci plaidait l'incompétence du tribunal dès lors que, selon lui, l'accord passé avec le négociateur américain, Richard

---

disent qu'elles ne réclament que des excuses, mais, en petit comité, elles disent toutes qu'elles veulent une maison… La plupart des gens veulent des compensations matérielles. C'est pour cela que la majorité des personnes vient à la [CVR] » (*ibid.*, p. 29). Voir également Warren BUFORD, Hugo VAN DER MERVE, « Les réparations en Afrique australe », *op. cit.*, qui rapportent des faits similaires confirmant la fausse grandeur d'âme de la part des victimes : « Bien que certains aient fait remarquer (avec une certaine satisfaction) que les victimes avaient présenté 'des demandes de réparations extrêmement modestes' lors des audiences de la [CVR], la plupart des victimes interrogées en privé plaçaient l'argent et l'indemnisation en tête de leurs priorités et besoins » (*ibid.*, p. 278).

85 Voir Warren BUFORD, Hugo VAN DER MERVE, « Les réparations en Afrique australe », *op. cit.*, p. 268.

86 Voir Carsten STAHN, « United Nations Peace-Building, Amnesties and Alternative Forms of Justice: A Change in Practice? », *RICR*, vol. 84, 2002, pp. 191-205.

87 Voir Michael P. SCHARF, « Swapping Amnesty for Peace: Was There a Duty to Prosecute International Crimes in Haiti? », *Texas International Law Journal*, vol. 31, 1996, pp. 1-41.

88 Voir Statement by the President [of the ICTY] Made at a Briefing to Members of Diplomatic Missions, doc. ONU IT/29, 11 février 1994, reproduit *in* V. MORRIS, M.P. SCHARF (eds.), *An Insider's Guide to the Criminal Tribunal for the Former Yugoslavia*, vol. 2, Irvington-on-Hudson, Transnational Publishers, 1994, p. 652.

Holbrooke, lui accordait une immunité des poursuites en échange de son retrait des activités politiques dans les Balkans[89].

Dans la continuité de la position du premier président du TPIY exprimée en 1994, les Nations Unies ont ensuite changé leur approche quant au recours à l'amnistie dans les transitions politiques. L'une des manifestations les plus notables de ce changement nous est offert par le contexte de la signature, en 1999, de l'Accord de paix de Lomé entre le Gouvernement sierra-léonais et les forces rebelles du Front uni pour la révolution. En effet, lors de la signature de cet accord, les Nations Unies ont exprimé leurs réserves sur le fait de cautionner une transition politique dans laquelle était convenue une amnistie couvrant des crimes de droit international[90]. Comme on le sait, cette réserve a permis la création, plus tard, du Tribunal spécial pour la Sierra Leone (TSSL) en vertu d'un accord entre l'ONU et le Gouvernement sierra-léonais. Dans sa jurisprudence, ce tribunal a, lui aussi, confirmé le fait que l'amnistie, fut-elle édictée dans le cadre d'un accord de paix, ne pouvait pas couvrir des crimes de droit international, tels que les crimes contre l'humanité et les crimes de guerre[91]. Les autres manifestations de ce changement d'approche des Nations Unies quant aux amnisties édictées dans les accords de paix ou les contextes de transitions politiques sont perceptibles dans les divers rapports du secrétaire général de l'Organisation[92].

Concernant spécifiquement l'expérience sud-africaine de la justice transitionnelle, on peut déceler une désapprobation implicite du recours à l'amnistie dans le rapport de la Commission internationale d'enquête sur le Darfour établie en application de la Résolution 1564 (2004) du Conseil de

---

[89] Voir TPIY : Chambre de première instance, *Le Procureur c. Karadžić, Decision on Accused's Second Motion for Inspection and Disclosure: Immunity Issue*, IT-95-5/18-PT, 17 décembre 2008, §§ 17 et 25 ; Chambre de première instance, *Le Procureur c. Karadžić*, Décision relative à la demande concernant l'accord Holbrooke, présentée par l'accusé, IT-95-5/18-PT, 8 juillet 2009 ; Chambre d'appel *Le Procureur c. Karadžić*, Décision relative à l'appel interjeté par Radovan Karadžić contre la décision relative à la demande concernant l'accord Holbrooke, IT-95-5/18-AR73.4, 12 octobre 2009, §§ 35 et 40-41.

[90] Voir : *Septième rapport du secrétaire général sur la mission d'observation des Nations Unies en Sierra Leone*, doc. ONU S/1999/836, 30 juillet 1999, § 7 ; *Rapport du secrétaire général sur l'établissement d'un Tribunal spécial pour la Sierra Leone*, doc. ONU S/2000/915, 4 octobre 2000, § 23.

[91] Voir TSSL, Chambre d'appel : *Le Procureur c. Kallon et Kamara, Decision on Challenge to Jurisdiction: Lomé Accord Amnesty*, SCSL-2004-15-AR72(E) et SCSL-2004-16-AR72(E), 13 mars 2004, §§ 67 et 69 ; *Le Procureur c. Kondewa, Decision on Lack of Jurisdiction/Abuse of Process: Amnesty provided by the Lomé Accord*, SCSL-2004-14-AR72(E), 25 mai 2004, § 2.

[92] Voir notamment : *Rapport du secrétaire général sur la justice transitionnelle*, *op. cit.*, §§ 10, 21, 32, 40, 64 ; *Rapport du secrétaire général sur le développement de la médiation et le renforcement des activités d'appui y relatives*, doc. ONU S/2009/189, 8 avril 2009, §§ 36-37 ; *Rapport annuel sur le renforcement et la coordination de l'action des Nations Unies dans le domaine de l'état de droit*, doc. ONU A/64/298, 17 août 2009, § 41.

sécurité[93]. Dans ce rapport, en effet, après avoir conclu à l'existence de motifs permettant de croire que des crimes de guerre et des crimes contre l'humanité ont été commis au Darfour et proposé les voies et moyens pour poursuivre et punir les responsables de ces crimes (notamment par le renvoi de la situation du Darfour devant la CPI et le renforcement des capacités du système judiciaire national soudanais), la Commission a jugé opportun de recommander, à titre complémentaire, entre autres, la création d'une commission de vérité. À cet égard, la Commission affirme avoir « examiné la manière dont un certain nombre de commissions pour la vérité et la réconciliation ont procédé à l'égard des personnes ayant commis des crimes »[94], ce qui suppose l'expérience sud-africaine. Au terme de cet examen, la Commission a déconseillé le recours à des commissions de vérité qui proposeraient (ou décideraient d'accorder) une amnistie aux responsables des crimes de droit international car, selon elle, ce type d'amnistie contrevient au droit international[95]. Ce qu'elle a, par contre, estimé conforme au droit international est le recours à des commissions de vérité où « certains témoins assignés à comparaître et contraints de s'incriminer se sont vu accorder l''immunité de [poursuites] judiciaires' ['*use immunity*'], c'est-à-dire qu'ils ont reçu l'assurance que les faits qu'ils révèleraient à la commission pour la vérité et la réconciliation ne pourraient pas être retenus contre eux dans un procès pénal »[96]. Il s'agit ici d'une hypothèse où « les auteurs [des crimes font] des aveux complets, mais reçoivent en contrepartie l'assurance limitée que leur déposition devant la commission ne sera pas retenue contre eux dans un procès pénal »[97]. Selon la Commission, « la société n'est toutefois pas pour autant impuissante à l'égard de ces personnes, puisqu'elles [peuvent] toujours être poursuivies sur la base d'éléments autres que leur déposition devant la commission pour la vérité et la réconciliation »[98]. Même si la Commission internationale d'enquête ne le dit pas ouvertement, sa recommandation implique une condamnation implicite de l'expérience sud-africaine quant au recours à l'amnistie pour des crimes graves.

Concernant cette dernière, c'est en des termes clairs que le Comité contre la torture s'est exprimé lors de l'examen du premier rapport périodique présenté par l'Afrique du Sud en application de l'article 19 de la Convention contre la torture de 1984. En effet, dans ses conclusions et recommandations,

---

[93] *Rapport de la Commission internationale d'enquête sur le Darfour au secrétaire général. Rapport établi en application de la Résolution 1564 (2004) du Conseil de sécurité, en date du 18 septembre 2004*, doc. ONU S/2005/60, 1er février 2005, § 618.

[94] *Idem.*

[95] *Idem.*

[96] *Idem.*

[97] *Idem.*

[98] *Idem.*

le Comité commence par noter avec satisfaction « le travail remarquable de la Commission vérité et réconciliation et le rôle qu'elle a joué dans la transition pacifique qui s'est opérée dans l'État partie ». Mais elle constate « que des personnes responsables d'actes de torture sous le régime d'apartheid continuent de bénéficier d'une impunité de fait et que les victimes n'ont pas toutes été indemnisées ». En conséquence, s'appuyant sur les articles 12 et 14 de la Convention contre la torture, le Comité conclut que l'État sud-africain « doit envisager de traduire en justice les personnes responsables de l'institutionnalisation de la torture comme instrument d'oppression et de perpétuation de l'apartheid, et d'indemniser correctement toutes les victimes » et que cet État « doit également envisager d'autres moyens de rendre les auteurs d'actes de torture commis sous le régime d'apartheid responsables de ces actes, et combattre ainsi l'impunité »[99]. Il est intéressant de noter ici que l'impunité qui est décriée par le Comité n'est pas celle des personnes qui ont combattu le régime d'apartheid en commettant éventuellement des infractions à la législation sud-africaine. Le Comité vise clairement les responsables de l'institutionnalisation de la torture comme instrument de maintien du régime d'apartheid.

Dans le même esprit que le Comité des droits de l'Homme, le Haut-Commissariat des Nations Unies aux droits de l'Homme a invité les États qui seraient tentés d'importer le modèle sud-africain à une grande prudence, dans la mesure où « bien que la validité de l'amnistie proclamée par la République d'Afrique du Sud n'ait pas été vérifiée par un organe international des droits de l'Homme, on peut se demander si, en tout état de cause, elle résisterait à un examen approfondi au vu des normes juridiques élaborées par des organes comme le Comité des droits de l'Homme, la Commission interaméricaine ou la Cour des droits de l'Homme »[100]. En réalité, la réponse à cette question avait déjà été donnée en 2006 par le Comité contre la torture dans ses observations finales relatives à l'Afrique du Sud.

***

Au regard de ce qui précède, il apparait que le mythe entretenu autour de l'expérience sud-africaine de la justice transitionnelle ne correspond pas exactement à la réalité. À beaucoup d'égards, ce mythe repose sur une exaltation des idées de base qui constituaient le point de départ de cette expérience, sans que l'on se soucie de ce qui s'est effectivement passé par la suite à la lumière des travaux de la CVR. Dire que cette expérience traduit

---

[99] Comité contre la torture, *Examen des rapports présentés par les États parties en application de l'article 19 de la Convention, Conclusions et recommandations du Comité contre la torture : Afrique du Sud*, doc. ONU CAT/C/ZAF/CO/1, 7 décembre 2006, § 18.

[100] HCDH, *Les instruments de l'État de droit dans les sociétés sortant d'un conflit : amnisties*, doc. ONU HR/PUB/09/1, 2009, p. 33.

une réconciliation entre deux communautés – l'une ayant opprimé l'autre pendant un demi-siècle ; l'autre ayant accepté au nom de l'*ubuntu* non pas d'exiger le châtiment des coupables de la répression mais de leur accorder un pardon moyennant un travail de mémoire – est un angélisme qui n'est pas conforme à la réalité.

Certes, l'Afrique du Sud a connu une transition politique, sans effusion de sang, d'un régime raciste et oppresseur à un régime de démocratie multiraciale. Cette dimension est non négligeable lorsqu'on observe l'instabilité politique de beaucoup de pays africains, notamment en République démocratique du Congo depuis la fin de la présidence de Joseph Désiré Mobutu, en République centrafricaine, ou encore dans les pays d'Afrique du Nord secoués par le vent du printemps arabe. On doit également reconnaître à sa juste valeur l'importance du travail de mémoire accompli par la CVR sud-africaine, l'occasion qu'elle a offerte aux victimes de raconter les peines endurées et d'obtenir, par cette voie, une forme de reconnaissance de leurs souffrances, tout comme la qualité des recommandations qu'elle a formulées en faveur d'une société sud-africaine plus juste et plus équitable, même si la mesure dans laquelle ces recommandations ont effectivement été mises en application par le Gouvernement reste encore à établir.

Toutefois, en parlant d'une transition politique « pacifique », on doit admettre qu'il ne s'agit là que d'une « paix négative » consistant dans l'absence d'une violence directe et organisée entre les groupes humains ou entre les populations. Or, la paix ne peut se résumer à une dimension « négative ». Elle comprend également une dimension « positive », plus ambitieuse et plus durable que la paix négative. Cette paix positive implique une coopération et une intégration entre les différents groupes, afin de s'attaquer aux causes des conflits, et invite, par ailleurs, à combattre non seulement la violence directe, mais aussi et surtout les violences culturelle et structurelle[101]. À cet égard, l'impunité des crimes de l'apartheid, l'absence de réparations effectives en faveur des victimes des abus et les inégalités sociales qui perdurent à ce jour peuvent être assimilées à une forme de brutalité culturelle structurelle susceptible de ramener à tout moment la violence directe en Afrique du Sud, d'où la distance qu'il convient d'observer par rapport à l'expérience sud-africaine de la justice transitionnelle.

Par ailleurs, le modèle sud-africain ne peut, de nos jours, être exporté sans poser quelques problèmes juridiques. Il faut, en effet, rappeler qu'au moment où l'État sud-africain décidait de recourir à l'amnistie pour permettre sa

---

[101] Johan GALTUNG, *Peace, War and Defense: Essays in Peace Research*, vol. 1, Copenhague, Ejlers, 1975, p. 29.

transition politique, il n'était pas lié par les conventions internationales de protection des droits de l'Homme. Un État qui aurait ratifié de telles conventions (et ils sont de plus en plus nombreux) et qui appliquerait ce modèle aurait des difficultés à se conformer aux obligations internationales d'enquête et de poursuites des auteurs des violations graves et systématiques des droits de l'Homme.

III.
Expériences africaines des tribunaux pénaux *ad hoc* internationaux et internationalisés

Paix et justice : éléments centrafricains d'une problématique incertaine de justice dans un objectif de paix

Jean-François AKANDJI-KOMBÉ

Paix et justice sont, à en croire les autorités et personnalités centrafricaines, ainsi que les représentants de la communauté internationale, les préoccupations premières de tous et un puissant moteur d'action en République centrafricaine (RCA). Quoi de plus logique, et même de plus désirable, dans ce pays ravagé sporadiquement par les crises politico-militaires depuis 2002, et dont la dernière en date, ouverte en 2013, se poursuit encore avec son cortège de tueries de masse, de violations continues des droits humains, ainsi que de déplacements des populations, à l'intérieur du pays comme vers les pays étrangers, à commencer par ceux qui lui sont limitrophes (Cameroun, Congo Brazzaville, RDC, Soudan et Tchad) ?

Cette préoccupation n'est pas seulement théorique. Elle s'est traduite par un ensemble d'actions et de réalisations concrètes, de sorte qu'il existe effectivement aujourd'hui une multiplicité d'instruments destinés à réaliser les impératifs de justice et de paix (ainsi que de réconciliation nationale, associée à la paix). Les principaux sont : outre la Cour pénale internationale (CPI) saisie à deux reprises en 2004 puis en 2014, la Cour pénale spéciale (CPS), la Commission vérité, justice, réconciliation et réparation (Commission VJRR), le programme Désarmement, démobilisation, réinsertion, rapatriement (DDRR), le programme Réconciliation nationale (RN) et la réforme du système de sécurité. À cela, il convient d'ajouter les différentes initiatives de paix entreprises sous les dénominations les plus diverses : accord, pacte, entente, plan de paix, initiative de paix, ou encore feuille de route. Ce foisonnement de dispositifs ne va pas sans soulever des interrogations. Outre celles portant sur l'efficacité, actuelle ou potentielle, de ces dispositifs pris séparément, il y a celles portant sur les articulations voulues et organisées entre eux. S'y ajoute un questionnement sur le rapport – si rapport il y a – entre les impératifs de référence, à savoir la justice et la paix. C'est à la réponse à cette dernière interrogation que la présente contribution est consacrée. Plus précisément, on s'attachera à mesurer la place faite à l'exigence de justice dans les considérations de sortie de crise.

Si l'on se réfère au passé, où les demandes de justice étaient systématiquement neutralisées au nom des nécessités de pacification et de réconciliation, la question est de savoir s'il y a, cette fois-ci, renversement de la problématique de sortie de crise ou, à tout le moins, inflexion de celle-ci. Elle est aussi accessoirement de savoir dans quelle mesure peut prospérer la puissante dynamique de justice amorcée avec la mise en place d'une juridiction d'un genre nouveau en Centrafrique, à savoir la CPS chargée d'enquêter, d'instruire et de juger les violations graves des droits humains et du droit international humanitaire commis sur le territoire de la République centrafricaine depuis le 1er janvier 2003[1]. Répondre à cette question implique de commencer par dresser un état des lieux des différentes initiatives et instruments destinés à sortir de la crise (I), pour ensuite analyser les problématiques posées par la paix et la justice en République centrafricaine (II).

I. État des lieux des différentes initiatives récentes

Comme souligné précédemment, la République centrafricaine s'est avérée être un terrain de prédilection pour les processus de paix, se concrétisant par maints accords et plans de paix, aux dénominations les plus diverses. Pour nous concentrer sur la période la plus récente, les seuls plans de paix qui seront envisagés ici sont ceux de l'après régime de la Séléka, c'est-à-dire ceux qui ont vu le jour à partir de décembre 2013. Même sur cette courte période, les initiatives et accords sont extraordinairement foisonnants. Pour les besoins de cette présentation, on s'en tiendra aux apparences, en distinguant les initiatives procédant de l'extérieur de celles portées par des institutions centrafricaines. On verra plus loin que même cette propension à laisser la main à l'extérieur est aussi, à certains égards, un choix politique centrafricain.

1. Les initiatives formellement extérieures

Les initiatives extérieures sont nombreuses. On en retiendra ici les principales, celles dont les acteurs se réclament ou continuent de se réclamer, à savoir l'Accord de Brazzaville, l'Accord de Nairobi, l'Initiative africaine de paix et l'Entente de Sant'Egidio.

---

[1] Sur la Cour pénale spéciale centrafricaine, voir : Jean-François AKANDJI-KOMBÉ, *La Cour pénale spéciale de la République centrafricaine : quel projet de justice ?*, Paris, IpaP, 2017 ; Jean-François AKANDJI-KOMBÉ, Catherine MAIA, « La Cour pénale spéciale centrafricaine : les défis de la mise en place d'une justice pénale internationalisée en République centrafricaine », *RBDI*, vol. 50, 2017, pp. 129-154 ; Catherine DENIS, « Juridictions pénales 'hybrides', un impact durable est-il possible ? Le cas de la Cour pénale spéciale en République centrafricaine », *RBDI*, vol. 50, 2017, pp. 155-165 ; Patryk I. LABUDA, « The Special Criminal Court in the Central African Republic: Failure or Vindication of Complementarity? », *Journal of International Criminal Justice*, vol. 15, 2017, pp. 175-206 ; Jules GUILLAUMÉ : « La Cour pénale spéciale en République centrafricaine : un modèle novateur de justice internationale ? », *in* J. FERNANDEZ (dir.), *Justice pénale internationale*, Paris, CNRS Éditions, 2016, pp. 279-302.

1.1. L'Accord de Brazzaville, juillet 2014

L'Accord de Brazzaville, dit « Accord de cessation des hostilités en République centrafricaine », a été signé le 23 juillet 2014 dans la capitale congolaise, à l'issue de ce qu'on a appelé le « Forum de Brazzaville » (13-23 juillet). L'initiative de la réunion qui a débouché sur ce texte est due au Président Denis Sassou Nguesso, agissant alors en sa qualité de médiateur international dans la crise centrafricaine. Officiellement, le Forum a vu la participation de 169 centrafricains, représentants de l'Exécutif de la Transition, des groupes armés, des partis et associations politiques, de la société civile, des syndicats, de la plateforme des confessions religieuses, de la diaspora, de la presse privée, ainsi que des personnalités politiques indépendantes.

Pour autant, l'Accord de Brazzaville se présente, non pas comme un accord national entre toutes les parties prenantes au Forum, mais plutôt comme une entente entre les seuls ex-combattants et éléments armés centrafricains, les représentants des autorités de la transition, ainsi que ceux de la société civile et religieuse faisant office de simples témoins (accord conclu « en présence de » ces derniers).

Sur le fond, le texte issu du Forum de Brazzaville s'analyse, pour l'essentiel, en un engagement général de cessez-le-feu assorti des mesures destinées à le rendre effectif et durable[2]. La problématique de justice n'y est pas abordée directement, mais elle n'en est pas moins présente , de manière simplement sous-jacente comme il sera vu plus loin.

1.2. L'Accord de Nairobi, avril 2015

Plutôt que sur un accord, c'est sur un ensemble d'actes qu'a débouché le processus de négociations enclenché à Nairobi à la demande expresse du médiateur international de la crise centrafricaine, le président congolais, Denis Sassou Nguesso, et sous la facilitation du président kényan, Uhuru Kenyatta[3]. Un premier accord a été signé le 22 janvier 2015, suivi d'un autre signé le 7 avril, soit à la veille du dialogue inter-centrafricain dénommé Forum national de Bangui. Deux déclarations d'engagement datées du 14 avril ont également été signées par les anciens présidents Bozizé et Djotodjia, chacun s'engageant pour son compte à respecter la feuille de route de la transition. Quant aux accords, et spécialement celui du 7 avril qui est censé faire foi, il est signé par les représentants du mouvement armé dit ex-Séléka[4], en sa branche FPRC (Front populaire pour la renaissance de la

[2] Cet engagement n'a guère été suivi d'effet, les principaux groupes armés censés être liés l'ayant dénoncé, notamment au prétexte du défaut de représentativité des signataires ayant agi en leurs noms.

[3] Voir le préambule de l'accord.

[4] Il s'agit de Noureddine Adam, Mustapha Sabone et Batoul Achta.

Centrafrique), d'une part, et par des chefs anti-Balaka[5], d'autre part, et ce, en présence du chef d'État kényan, Uhuru Kenyatta, des médiateurs[6] et de représentants de la société civile centrafricaine[7].

Par son contenu, l'Accord de Nairobi du 7 avril 2015, dénommé « Accord sur le cessez-le-feu et la cessation des hostilités entre les ex-Séléka et les anti-Balaka de la République centrafricaine » est plus dense, voire plus ambitieux que l'Accord de Brazzaville. En effet, au-delà des engagements de cessez-le-feu et des mesures d'accompagnement, celui-ci organise la désescalade militaire, la démobilisation, le désarmement, la réintégration et la réinsertion des combattants. À l'égard de la programmation de la stratégie nationale de DDRR, cet accord reste, à ce jour, un des documents présentant la plus grande cohérence interne. En outre, les parties prennent des engagements en matière de protection et de promotion de la paix, afin d'assurer la sauvegarde de la population civile et de faciliter le retour à la libre circulation. Surtout, l'Accord de Nairobi prévoit un profond remaniement du cadre juridique et institutionnel national, avec l'établissement d'un nouveau régime de transition dont les premiers marqueurs sont l'adoption d'une nouvelle Charte constitutionnelle[8] et la mise en place d'une nouvelle Autorité nationale de transition.

Ici, comme dans l'Accord de Brazzaville, les enjeux de justice ne sont pas évoqués. Ils n'en sont pas moins présents de manière sous-jacente. On y reviendra.

1.3. L'Initiative africaine de paix, septembre 2016–juillet 2017

Parmi les initiatives extérieures, celle émanant de l'Union africaine (UA) occupe sans conteste une place à part, tant par l'ambition de son contenu que par le long et sinueux chemin de maturation ayant conduit à sa concrétisation finale, à savoir la Feuille de route pour la paix et la réconciliation en République centrafricaine, adoptée à Libreville le 17 juillet 2017[9].

Long et sinueux, le parcours qui a mené à la Feuille de route l'est assurément. En témoigne notamment le discours de présentation de ce

---

[5] Il s'agit de Joachim Kokaté, Maxime Mocome et Côme Azounou.

[6] Il s'agit de Kenneth Otiato Marende, médiateur en chef, et du lieutenant général Njuki Mwaniki, médiateur en chef adjoint. À noter aussi la présence d'un représentant spécial du Gouvernement kényan, en la personne de l'ambassadeur Zaddock M. Syong'oh.

[7] Il s'agit d'Alexis Ngoya, Ali Mahamat Issa, Mahamat Ibrahim et El Mackine Mansour Ben.

[8] Dans l'accord, c'est de révision de la Charte nationale de transition qu'il s'agit (article 3). Toutefois, dans la mesure où, dans l'esprit des parties à l'Accord de Nairobi, ce pouvoir de révision est sans limite, notamment sur le plan matériel, on peut parler d'adoption d'une nouvelle Charte.

[9] Le texte de la Feuille de route est reproduit dans Jean-François AKANDJI-KOMBÉ, *La Cour pénale spéciale de la République centrafricaine : quel projet de justice ?*, *op. cit.*, pp. 237-247.

document, prononcé le 18 mars 2017 devant le Conseil de sécurité des Nations Unies par Hacen Lebatt, conseiller spécial du nouveau président de la Commission africaine pour les Affaires politiques et stratégiques[10]. À l'origine de cette Feuille de route se trouve une offre de médiation de l'Organisation de la coopération islamique (OCI), faite en marge de la réunion de l'Assemblée générale de l'ONU en septembre 2016 au président centrafricain, Faustin Archange Touadera, et au président tchadien, Idriss Deby Itno, alors président en exercice de l'UA. Les réticences soulevées par la dimension confessionnelle – islamique – de l'organisation porteuse, considérée comme potentiellement contre-productive dans le contexte centrafricain, ont fini par avoir raison de cette première démarche, d'où la décision de la transformer en initiative africaine. Cette décision fut prise à Ndjamena, le 10 novembre 2016, par les présidents Touadera et Deby Itno. Elle sera confirmée le 31 janvier 2017 par une décision du sommet des chefs d'État et de gouvernement de l'UA officialisant l'endossement de l'initiative par cette organisation.

L'Initiative, qualifiée d'« africaine », n'en renvoie pas moins, dans les faits, à une pluralité d'acteurs : l'UA bien sûr, mais aussi la Communauté économique des États de l'Afrique centrale (CEEAC) et la Conférence internationale sur la région des Grands Lacs (CIRGL)[11]. Ces acteurs institutionnels sont incarnés par des personnalités, tous chefs d'État dans la région : Idriss Deby Itno du Tchad pour l'UA, Ali Bongo du Gabon pour la CEEAC et José Eduardo dos Santos de l'Angola pour la CIRGL ; auxquelles vient s'ajouter Denis Sassou Nguesso du Congo, en sa qualité de médiateur international dans la crise centrafricaine. Il est à peu près certain que l'élaboration de l'initiative s'est trouvée complexifiée par cette diversité institutionnelle, augmentée par les ambitions régionales des différents intervenants présidentiels.

Dès le départ, il était entendu que la conclusion d'un accord de paix et de réconciliation serait le principal aboutissement de l'initiative. Aussi, l'élaboration du document dénommé « Initiative », ainsi que de son instrument de mise en œuvre appelé « Feuille de route » supposait la réalisation d'un préalable : l'établissement d'un dialogue entre les parties concernées, suivies de négociations sur le contenu dudit accord. Tant l'UA et la CEEAC, à travers leurs représentations en RCA, que la CIRGL, ont ainsi entrepris de prendre contact avec les divers groupes armés, pour favoriser le

[10] À noter qu'Hacen Lebatt avait assumé auparavant les fonctions d'envoyé spécial de l'Union africaine en République centrafricaine.

[11] Ne sont pas mentionnés les partenariats internationaux hors Afrique, lesquels ont gagné en effectivité au long du processus, à savoir les Nations Unies, l'Union européenne et l'Organisation internationale de la Francophonie, pour l'essentiel.

dialogue entre eux, d'une part, et pour faciliter la discussion entre eux et l'exécutif (tout spécialement le président Touadera), d'autre part.

Le processus qui, de ce point de vue, est allé le plus loin est celui conduit par le président angolais d'alors, José Eduardo dos Santos. Il a donné lieu à deux réunions parallèles, l'une le 14 décembre 2016 dans la province angolaise de Benguéla pour ce qui concerne les composantes de l'ex-Séléka, l'autre le 28 décembre à Luanda pour ce qui est des groupes anti-Balaka. Deux documents ont été établis et adoptés à l'issue de ces réunions, avec vraisemblablement l'intention de les transformer ultérieurement en un accord formel, ce qui paraissait d'autant plus réalisable que ces textes, tout en étant séparés, étaient rédigés en des termes quasiment identiques. Ces documents ont fait l'objet de discussions approfondies entre les trois composantes de l'initiative africaine. Ils en disent long sur l'esprit du processus africain. Il faudra donc y être attentif, même s'ils n'ont pas immédiatement connu le destin qui leur était réservé selon toute probabilité, à savoir celui d'un accord en bonne et due forme.

À défaut de concrétisation d'un accord dans ce contexte, les composantes africaines de l'initiative ont décidé, à partir de l'Angola, de concentrer leurs efforts sur la rédaction d'une feuille de route. C'est celle-ci qui sera adoptée à Libreville le 17 juillet 2017, par les trois composantes africaines de l'initiative (l'UA, la CEEAC et la CIRGL) et par le Gouvernement centrafricain, sous la dénomination de « Feuille de route pour la paix et la réconciliation en République centrafricaine ». Depuis lors, cet instrument a fait l'objet d'une démarche internationale d'adhésion, ainsi que d'une vaste campagne tendant à l'imposer comme cadre unique pour la recherche de la paix en RCA.

Sur le fond, cette Feuille de route, à la différence d'autres feuilles de route que le pays a connues, ne se présente pas comme un ensemble de mesures bien identifiées à mettre en œuvre dans des délais déterminés. Il s'agirait plutôt d'un document politique de cadrage, qui fixe des objectifs et des résultats à atteindre (point 2), pose les principes devant guider l'action pour la paix (point 3), identifie les parties prenantes centrafricaines au dialogue pour la paix (point 4) et, enfin, fixe un cadre institutionnel pour la facilitation du dialogue et la coordination des efforts de paix entrepris (point 5). L'ensemble ainsi organisé est dirigé vers un seul et même objet : permettre des négociations qui déboucheront sur un accord de paix et de réconciliation nationale. Aussi, n'est-on pas surpris de voir les concepteurs de cette Initiative la qualifier de « pré-accord entre les parties qui consacrent leur engagement pour les principes » figurant dans le texte (point 1.14 de la Feuille de route). Sans être absentes de cette perspective, les préoccupations de justice y occupent une position dont on verra plus loin qu'elle est, pour le moins, paradoxale.

1.4. L'entente de Sant'Egidio, juin 2017

S'il a fallu presque un an pour faire aboutir l'Initiative africaine, la dernière démarche internationale à ce jour, à savoir l'Entente de Sant'Egidio[12], s'est jouée en deux semaines seulement, même si les responsables de cette communauté revendiquent un travail de fond de nombreux mois auprès des groupes armés.

La démarche de Sant'Egidio présente, par rapport aux diverses démarches extérieures, une autre différence qui mérite qu'on s'y arrête : elle est la seule à être portée par une organisation non gouvernementale (ONG), en l'occurrence à caractère confessionnel[13]. En effet, la Communauté de Sant'Egidio est une association de fidèles de l'Église catholique rattachée au Vatican. Fondée à Rome, en 1968, au lendemain du concile Vatican II dont elle met en œuvre les prescriptions visant à étendre la réflexion de l'Église aux questions de société (telles que la modernité, le pluralisme culturel, les questions éthiques, la guerre, la dignité de la personne humaine, etc.)[14], la Communauté de Sant'Egidio a entrepris de contribuer, et ce depuis les années 1990, à la résolution des conflits par la médiation. Elle s'est ainsi illustrée, entre autres, dans les conflits du Mozambique (1990-1992), de l'Algérie (1995), du Guatemala (1996), du Kosovo (1996-1998), de l'Albanie (1997), de la Bosnie-Herzégovine (2001) et du Burundi (2001).

S'agissant de la RCA, si cette organisation a été à l'œuvre dès le début du conflit, c'est avec l'Accord politique pour la paix en République centrafricaine, dit « Entente de Sant'Egidio », signé le 19 juin 2017 à Rome après trois jours d'âpres négociations, qu'elle a apporté sa contribution la plus importante, en s'instituant comme médiateur direct entre le Gouvernement centrafricain et les groupes armés.

L'initiative de la réunion de Rome revient formellement à la Communauté de Sant'Egidio, même si celle-ci précise avoir agi « en lien avec la présidence de la République centrafricaine et les Nations Unies »[15].

---

[12] Document reproduit dans Jean-François AKANDJI-KOMBÉ, *La Cour pénale spéciale de la République centrafricaine : quel projet de justice ?*, *op. cit.*, pp. 248-253.

[13] Comparativement, l'OCI, également à connotation confessionnelle, est une organisation inter-gouvernementale.

[14] Voir, en particulier, le texte du IIe concile œcuménique du Vatican *Gaudium et Spes*, sur « l'Église dans le monde de ce temps », promulguée par Paul VI, alors évêque de Rome, le 8 décembre 1965.

[15] Voir les propos de Mauro Garofalo, responsable du bureau international de la communauté catholique, recueillis par Laurence DESJOYAUX dans « Sant'Egidio : 'Cet accord de paix est un pas très important pour la Centrafrique' », *La Vie*, 20 juin 2017.

L'organisation de cette réunion en deux semaines à peine, s'est avérée quelque peu précipitée, sans doute en raison de la double concurrence pressante de l'initiative africaine en voie d'aboutissement, d'une part, et de l'initiative parlementaire de paix qui montait en puissance, d'autre part. Les principaux acteurs invités étaient les organisations dites « politico-militaires » et le Gouvernement centrafricain. S'agissant des premières, 13 sur les 14 qui opéraient alors sur le terrain en Centrafrique ont répondu présentes[16]. Le Gouvernement, quant à lui, était représenté par le ministre des Affaires étrangères, Charles Armel Doubane, accompagné d'un conseiller du président de la République, Charles-Isidore-Alphonse Dibert. Outre ces deux parties, étaient représentées aussi, à titre de témoignage, la MINUSCA[17] et les principales institutions de l'État et de la société centrafricaine, à savoir l'Assemblée nationale[18], les partis politiques KNK, URCA, RPR et MLPC[19], l'Église catholique[20] et la Coordination des organisations musulmanes de Centrafrique[21].

L'Entente de Sant'Egidio se décline en volets politique, sécuritaire, économique, humanitaire et social. L'élément central en est l'engagement des groupes armés à un cessez-le-feu immédiat, engagement qui sera battu en brèche moins de 24 heures après la signature de l'entente. Les autres mesures touchent principalement au programme DDRR, aux modalités de la réinsertion sociale, professionnelle et politique des membres des groupes armés, à la justice (alternative), à la liberté de circulation, de transhumance et de commerce, ainsi qu'à la restauration de l'autorité de l'État.

En somme, l'Entente de Sant'Egidio ambitionnait d'être l'accord de paix tant recherché ou, du moins, d'en constituer les prémisses. Il n'est pas exclu que la démarche de la Communauté de Sant'Egidio ait été entreprise pour se placer au centre du processus africain alors en cours de finalisation, la Feuille de route de l'initiative africaine étant signée un mois plus tard.

---

[16] Seul le groupe 3R, dirigé par Sidiki Abass, était absent à Rome.

[17] La Mission multidimensionnelle intégrée des Nations Unies pour la stabilisation en Centrafrique était représentée, au plus haut niveau, par le représentant spécial du Secrétaire général des Nations Unies en RCA, Parfait Onanga-Anyanga.

[18] Représentée par le deuxième vice-président de l'institution, Timoléon Baikoua.

[19] Représentés respectivement par Bertin Béa (secrétaire général KNK), Anicet Georges Dologuélé (président URCA), Ferdinand Alexandre Nguendet (président RPR) et Martin Ziguélé (président MLPC).

[20] Le cardinal Dieudonné Nzapalainga était représenté par Godefroy Mokamanede. La signature par ce dernier de l'Entente a été controversée, le cardinal lui-même ne reconnaissant pas à son représentant ce pouvoir.

[21] Représentée par Ibrahim Hassan Freide, chargé de communication de la Coordination.

2. Les initiatives ou instruments au plan national

Ainsi qu'indiqué plus haut, l'essentiel des initiatives de paix en Centrafrique sont portées par des États tiers et des organisations étrangères. Si les organisations nationales ne sont pas pour autant restées inactives, leurs actions ont été éparses.

2.1. Quelle(s) initiative(s) de sortie de crise de la part de l'exécutif ?

Après les élections de 2016 marquant le retour à l'ordre constitutionnel, l'exécutif centrafricain – Président de la République et Gouvernement compris – n'a pas entrepris d'élaborer un plan de paix. Cela ne signifie pas nécessairement que celui-ci manquerait de vision ou de stratégie en la matière, mais seulement que, par la force des choses, cette vision et cette stratégie ne sont pas lisibles d'emblée. Il n'est pas à exclure que ce défaut de problématique d'ensemble soit voulu, notamment pour laisser une marge au président de la République et au Gouvernement, lesquels peuvent dès lors naviguer plus aisément, du principe d'inclusion à l'exigence de justice par exemple, selon les moments et les interlocuteurs.

Depuis peu, se structure un discours de justification tendant à convaincre que l'absence d'initiative spécifique ne signifie pas absence de plan. L'argumentation développée s'appuie sur la conférence inter-centrafricaine organisée en avril 2015 en vue de trouver une solution à la crise. Ce Forum de Bangui, à travers deux de ses éléments – à savoir l'Accord sur les principes de désarmement, démobilisation, réintégration et rapatriement (DDRR) et d'intégration dans les corps en uniforme de l'État centrafricain, conclu entre le Gouvernement de transition et les groupes armés, ainsi que le Pacte républicain pour la paix, la réconciliation nationale et la reconstruction en République centrafricaine[22] –, a établi le seul plan de paix légitime qui soit et que le Gouvernement s'emploie à mettre en œuvre, sous le contrôle du Comité de suivi dudit forum. Point ne serait donc besoin de formuler un autre plan de paix. À vrai dire, cette argumentation n'est pas des plus convaincantes. On se doit donc d'aller outre et d'essayer d'identifier les éléments de l'approche présidentielle et gouvernementale.

L'appel et le soutien aux initiatives extérieures

La première donnée caractéristique de la démarche de l'exécutif centrafricain est d'en appeler à l'extérieur. Le président Touadéra, qui ne s'en est d'ailleurs jamais caché, l'a confirmé notamment dans une interview en 2017, affirmant

[22] Documents annexés au Rapport général du Forum national de Bangui.

qu'« à l'évidence, nous ne pourrons résoudre la crise centrafricaine qu'avec le soutien de partenaires étrangers, et notamment régionaux »[23].

C'est d'abord vers des chefs d'État de la sous-région qu'une fois investi le chef de l'exécutif centrafricain s'est tourné pour demander assistance avec, pour interlocuteur privilégié, le président du Tchad, Idriss Deby Itno. Des nombreuses rencontres entre les deux chefs d'État en 2016, à Ndjaména, va ressortir la décision de confier, d'abord à l'OCI, puis à l'UA, dont Idriss Deby Itno assurait alors la présidence, le soin d'élaborer un plan de sortie de crise.

Parallèlement, le président centrafricain demandait à son homologue angolais, José Eduardo dos Santos, de favoriser la conclusion d'un accord de paix avec les groupes armés. C'est là l'origine des réunions, évoquées plus haut, de Benguéla et de Luanda de décembre 2016. Cette demande, il est vrai, n'a jamais été formalisée, ni assumée. Reste qu'il peut difficilement être soutenu que le président Touadéra et le Gouvernement centrafricain aient pu être ignorants d'un processus qui a nécessité l'organisation, à partir de Bangui, du transport des chefs anti-Balaka vers l'Angola. D'ailleurs, le président centrafricain a bien effectué, début janvier 2017, une brève visite à Luanda pour s'enquérir des résultats des réunions en question[24]. Il suit de là que l'Initiative africaine de paix est bien née sur sollicitation centrafricaine. Il en va à peine différemment de l'Entente de Sant'Egidio.

Les instruments internes : DDRR, RSS, RCPCA

L'autre donnée caractéristique de la démarche de l'exécutif est le caractère fragmenté de l'approche de sortie de crise, lequel ajoute aux initiatives extérieures une pluralité d'instruments internes.

Les instruments endogènes développés par l'exécutif centrafricain sont principalement de deux ordres. Il s'agit, d'une part, du programme DDRR et, d'autre part, de la Réforme du système de sécurité (RSS). Ce à quoi s'ajoute la stratégie de Réconciliation nationale (RN) qui ne présente toutefois pas une spécificité remarquable. Ces éléments sont repris dans le Plan national de relèvement et de consolidation de la paix (RCPCA)[25] rédigé en vue de la conférence des bailleurs de fonds de Bruxelles de novembre 2016.

---

[23] Propos recueillis par Jules CRÉTOIS dans « Faustin-Archange Touadéra : 'Nous ne pourrons résoudre la crise en Centrafrique qu'avec le soutien de partenaires étrangers' », *Jeune Afrique*, 25 septembre 2017.

[24] Voir Bienvenue Marina MOULOU-GNATHO, « Centrafrique : le président Touadera invité en Angola après le passage des leaders de groupes armés hostiles au DDRR », *Réseau des journalistes pour les droits de l'Homme*, 11 janvier 2017.

[25] Pour le document de référence du Plan, voir *République centrafricaine : Plan national de relèvement et de consolidation de la paix 2017-2021*, 6 novembre 2016. Les documents relatifs au DDRR et à la RSS n'ont, en revanche, pas été rendus publics.

Les deux premiers instruments précités sont de type classique en Afrique. En RCA, ils ont été initiés bien avant le retour à l'ordre constitutionnel. Ainsi, et même si un document de référence a été formalisé en décembre 2016, le processus DDRR actuellement en œuvre a été lancé par l'accord conclu au terme du Forum national de Bangui en 2015, faisant suite à ceux lancés en 2003 et 2008. Même chose pour la RSS, lancée sous la présidence de Catherine Samba-Panza, après l'échec de premières amorces remontant à 2007-2008[26]. Sans qu'on puisse les qualifier de plans de paix à proprement parler, les programmes en question participent bien de cette dynamique : le DDRR, en favorisant une désescalade de l'insécurité et un retour « à la normale », moyennant un désarmement des membres des groupes armés, l'organisation de leur réinsertion socio-professionnelle, en RCA ou dans les pays d'origine s'agissant des mercenaires, et l'organisation d'un contrôle rigoureux des armements dans la société ; la RSS, en restructurant les différentes forces de sécurité, afin d'en expurger les tares dont elles ont été imprégnées au fil des ans et des régimes (tribalisme, clientélisme, corruption, etc.) et de les ramener à leurs missions constitutionnelles de protection du territoire et des citoyens.

Or, on ne peut conduire ces processus sans se déterminer à l'égard des enjeux de justice. Ceux-ci se retrouvent en effet, et en premier lieu, au cœur même des problématiques du DDRR et de la RSS, notamment à travers les questions d'éligibilité au processus DDRR, de traitement des personnes non éligibles, de conditions de mise en œuvre du rapatriement, mais aussi, s'agissant plus spécifiquement de la RSS, des conditions de recrutement et d'exercice. Mais ces enjeux de justice se retrouvent également au centre de la conception du pilotage desdits processus. Pour le dire autrement, le type d'organes mis en place, la composition de ces organes et leurs attributions tels qu'ils ont été fixés, à titre principal, par les trois décrets datés du 2 juillet 2016[27], sont nécessairement révélateurs de la place que le président de la République, et accessoirement le Gouvernement, accordent à la lutte contre l'impunité et, donc, de l'articulation entre celle-ci et le dialogue politique avec les groupes armés. À noter que ces approches se projettent aussi dans le document RCPCA, le premier des trois piliers de ce plan présenté aux

---

[26] Voir notamment Marta MARTINELLI, Emmanuel KLIMIS, *La réforme du secteur de la sécurité en République centrafricaine : quelques réflexions sur la contribution belge à une expérience originale*, Bruxelles, GRIP, 2009.

[27] Décret n° 16.284 portant organisation et fonctionnement de la coordination du Programme national de désarmement, démobilisation, réintégration et rapatriement (DDRR) et du processus de la Réforme du secteur de sécurité (RSS) et de la Réconciliation nationale (RN) à la présidence de la République centrafricaine ; Décret n° 16.286 portant création du Comité stratégique du DDRR, de la RSS et de la RN ; Décret n° 16.285 portant création du Comité technique du DDRR, de la RSS et de la RN.

bailleurs de fonds concernant précisément le soutien à la paix, à la sécurité et à la réconciliation.

2.2. L'initiative parlementaire pour un plan de paix en République centrafricaine

La seule démarche centrafricaine globale, construite et publique reste, à ce jour, l'Initiative parlementaire pour l'adoption d'un plan de paix en République centrafricaine[28], votée à l'unanimité en tant que recommandation par l'Assemblée nationale, le 26 mai 2017.

Les raisons de l'intervention de la représentation nationale sur ce terrain sont assurément multiples. En premier lieu, on observera que le retour à la sécurité et à la libre circulation sur la totalité du territoire a, dès le départ, été considéré comme un enjeu majeur par la nouvelle Assemblée nationale élue, au point qu'avant même sa première session ordinaire, elle a demandé, et obtenu du chef d'État, la convocation d'une session extraordinaire, qu'elle a dénommé « session d'urgence nationale »[29]. Cette préoccupation demeurera constante[30] et s'accroîtra même au fur et à mesure de la détérioration de la situation sur le terrain. En second lieu, on observera également que l'Assemblée nationale a été d'emblée formellement écartée du traitement des questions touchant au programme DDRR et à la RSS par le seul fait du rattachement à la présidence de la République des structures en charge de ces dossiers[31]. En troisième et dernier lieu, doivent être encore mentionnées la prédominance des initiatives extérieures et, surtout, l'orientation prise par celles-ci.

L'Initiative parlementaire se présente, en ce qui concerne son contenu, à la fois comme un document de principes-cadres et un document de déclinaison technique. Il comporte d'ailleurs les deux parties. La première partie du document est consacrée à l'énoncé de trois principes qui, de l'avis de l'Assemblée, doivent structurer et guider à la fois la définition d'une feuille

---

[28] Texte reproduit dans Jean-François AKANDJI-KOMBÉ, *La Cour pénale spéciale de la République centrafricaine : quel projet de justice ?*, *op. cit.*, pp. 254-261.

[29] Cette session extraordinaire, qui s'est tenue du 27 juin au 1er juillet 2016, s'est achevée par l'adoption de la première recommandation de l'Assemblée nationale au Gouvernement sur la question de la sécurité, recommandation restée lettre morte.

[30] Se traduisant principalement par : l'audition par le Bureau de l'Assemblée nationale des ministres compétents en matière de sécurité, de justice et de relations extérieures, le 24 août 2016 ; l'interpellation des mêmes ministres au début du mois de novembre 2016 ; l'interpellation du ministre français de la défense, Jean-Yves Le Drian, le 31 octobre 2016 ; l'interpellation du vice-secrétaire général des Nations Unies, Jan Elliasson, le 3 novembre 2016 ; un échange en plénière sur les enjeux sécuritaires avec le vice-président de la Banque mondiale, Makhtar Diop, le 11 mars 2017.

[31] Si la Constitution de 2016, comme celles qui l'ont précédée, soumet le Gouvernement au contrôle de l'Assemblée nationale, elle exclut tout contrôle parlementaire à l'égard du président de la République.

de route, l'élaboration d'un plan de paix, la conduite de négociations devant aboutir à un accord de paix et la mise en œuvre dudit accord de paix. Y sont exposés aussi les éléments de conduite impliqués par ces principes. Les principes dont il s'agit ont trait à la place à accorder aux recommandations du Forum national de Bangui, au rôle à jouer par les institutions centrafricaines (et, corrélativement, par les institutions internationales et étrangères), ainsi qu'à la prise en compte des victimes du conflit et de leurs attentes en matière de justice et de réparation. Sur cette base, la seconde partie du document, dédiée aux mesures techniques, se charge d'expliciter les solutions concrètes à retenir ou à exclure quant à l'organisation de l'accord de paix, à la mise en place d'un comité national des victimes, au nécessaire cessez-le-feu, à l'institution d'un « volontariat de la paix », à la médiation, à l'agenda des négociations, à la justice, au traitement réservé aux combattants étrangers, au retour des réfugiés et déplacés et à la mise en place de comités de paix et de réconciliation.

2.3. Les contributions de la société civile

On aurait tort de penser que la société civile centrafricaine est restée à l'écart de ce mouvement de recherche des chemins de la paix. Plus extravertis, et peut-être plus frondeurs que jamais, les organisations et les citoyens centrafricains rivaliseraient plutôt de suggestions et de propositions. L'internet donne bien à voir cette compétition des investissements, voire des surinvestissements politiques autour des questions de la sécurité, de l'autorité de l'État, de la justice, etc. Il n'est cependant pas certain qu'il faille prendre ce qui se passe dans cet espace virtuel comme référence ici, car ce qu'on peut y apercevoir est, dans l'ensemble, assez peu structuré, fréquemment non suivi dans le temps et ne correspond que rarement à des dynamiques collectives.

La société civile dont il sera question ici est la société civile structurée et, pour tout dire, institutionnalisée. En RCA, elle se subdivise essentiellement en quatre ensembles : les organisations représentatives de corps sociaux et professionnels (syndicats, organisations de jeunes, de femmes, de minorités, etc.) ; les partis et mouvements politiques ; les organisations de protection des droits de l'Homme ; et les organisations à caractère religieux dont, à titre principal, la plateforme des confessions religieuses.

La contribution de la société civile en ce qui concerne la sortie de crise a été, dans les premiers temps du retour à l'ordre constitutionnel[32], de nature

[32] Avant cette période, et même avant la transition conduite par Catherine Samba-Panza, la société civile s'était remarquablement illustrée en proposant des voies de sortie de crise, qui touchaient à la sécurité, à l'aide humanitaire, à l'économie, aux droits de l'Homme et à la lutte contre l'impunité.

essentiellement réactive. À l'exception des structures politiques (partis et mouvements), dont on pouvait légitimement attendre, en raison de leur participation aux élections présidentielles, qu'elles présentent un projet de société, il n'est guère surprenant que ces organisations se soient bornées à réagir aux propositions présentées par ailleurs. Néanmoins, au fur et à mesure, ces réactions sont devenues plus substantielles et plus coordonnées sur le fond. Différents facteurs contextuels paraissent avoir poussé à cette cristallisation. Parmi eux, on peut mentionner l'Initiative africaine de paix, du moins les orientations initiales du projet. La consultation, en avril 2017, des organisations centrafricaines par la représentation de l'UA à Bangui sur ces orientations a eu pour effet immédiat de créer dans la société civile ce qu'on a alors appelé un « front anti-amnistie »[33], en suscitant des prises de position publiques tous azimuts, allant du Réseau des ONG de défense des droits de l'Homme à la plateforme des confessions religieuses. L'autre facteur de cristallisation est la CPS elle-même, et plus particulièrement le processus de consultation-information qui a accompagné la mise en place de l'institution et son opérationnalisation. Du fait de ce processus, des rencontres régulières sont organisées depuis plusieurs mois entre les membres de la Cour et les différentes composantes de la société centrafricaine, qu'elles soient directement intéressées aux activités futures de la Cour (cas notamment des juges, avocats, policiers, responsables des associations de victimes ou de défense des droits de l'Homme) ou non. Ces réunions ont pris un tour systématique depuis la prestation de serment des premiers membres de la juridiction, début juillet 2017.

Depuis peu, ces organisations de la société civile sont devenues plus proactives, celles-ci présentant, sinon de véritables plans de sortie de crise, du moins des contributions dans cette perspective, prenant principalement la forme de *memoranda*. Les partis politiques, qui en ont une pratique ancienne, ont été les premiers, dans la période récente, à recourir à ce procédé du *memorandum*, en particulier avec celui du 2 juin 2017 remis au Gouvernement et signé par 19 leaders de partis et mouvements politiques. D'autres suivront, suscités par la visite en Centrafrique, en octobre 2017, du secrétaire général des Nations Unies, António Guterres. Les textes les plus remarquables remis au plus haut fonctionnaire de l'ONU l'ont été par les partis de la majorité présidentielle, par ceux de l'opposition démocratique et par la plateforme des confessions religieuses. Tous ces textes traitent, parmi les questions considérées comme importantes dans la perspective de la paix, de la justice, et ce, dans des termes auxquels il faut maintenant s'intéresser.

---

[33] Voir Sylvestre SOKAMBI, « Centrafrique : un front anti-amnistie prend forme dans le pays », *Réseau des journalistes pour les droits de l'Homme*, 24 avril 2017.

II. Analyse : problématiques de paix et justice

De l'ensemble des initiatives précédemment signalées, il ne ressort pas une conception univoque de la place de la justice dans le processus de sortie de crise ou de paix en RCA. Bien que chaque document se présente à cet égard comme singulier, il est toutefois possible de ramener les différentes approches à deux figures-types aux déclinaisons variées : « paix en contrepartie de l'impunité » et « paix au travers de la justice »[34].

1. L'option de la « paix en contrepartie de l'impunité »

Il faut bien en convenir, la tendance la plus caractéristique des stratégies de paix en RCA, y compris au cours de la période la plus récente, est à la promotion de l'impunité et, partant, à l'exclusion de la justice des éléments d'édification de la paix, ou à tout le moins à sa marginalisation.

De cette tendance, les pré-accords de Benguéla et de Luanda de décembre 2016 constituent un modèle-type, raison pour laquelle, bien qu'il ne s'agisse que de pré-accords, et donc de textes non voués à application, il faut s'y appesantir. Cela permettra de mieux saisir les orientations des instruments qui gouvernent véritablement le processus de sortie de crise et qui se présentent comme des déclinaisons plus mesurées de ces pré-accords quant à la place faite aux considérations de justice.

1.1. Un modèle-type : les pré-accords de Benguéla et de Luanda

Les pré-accords approuvés à Benguéla et à Luanda par les représentants Séléka, d'une part, et anti-Balaka, d'autre part, font figure de modèle. En effet, on y trouve développés, avec une clarté et une précision qu'on ne retrouve nulle part ailleurs, non seulement le projet d'impunité, mais aussi les éléments qui en forment le support nécessaire.

Éléments du modèle

Les pré-accords de Benguéla-Luanda sont fondamentalement construits dans l'esprit de subordonner la cessation des hostilités à la satisfaction d'un ensemble de revendications des groupes armés. En cela, ils s'inscrivent dans l'exact sillage des accords antérieurs, de Nairobi à Bangui en passant par Brazzaville. On a là une différence fondamentale avec un processus tel que celui de la Colombie, où le cessez-le-feu, sans condition, a été décidé

---

[34] Dans le contexte centrafricain, Mauro Garofalo, responsable des relations internationales de la Communauté de Sant'Egidio, a exprimé le balancement entre ces deux pôles avec une lucidité remarquable : « Il y a une tendance générale qui reflète les positions du Forum national de Bangui, soutenu par les Nations Unies, et qui est favorable à la tolérance zéro. Face à cette position, il y a une approche que je définirais de régionale et qui est moins rigide à ce sujet » (propos recueillis par Joshua MASSARENTI dans « La paix et la justice doivent marcher main dans la main, mais il faut du temps », *Le Pays*, 17 juillet 2017.

unilatéralement par les FARC en 2016. Il va sans dire que cette conditionnalité est déterminante et qu'elle a vocation à structurer l'ensemble des clauses de l'accord envisagé, et ce, à partir des revendications des groupes armés qui constituent, dès lors, la référence centrale.

La paix ainsi conçue est d'abord conditionnée par l'association des groupes armés à la gestion du processus et, potentiellement, à l'exercice du pouvoir étatique. Dans les pré-accords, cette conception se manifeste par le fait que la conduite du processus est confiée à un organe, un comité de suivi en l'occurrence, où doivent siéger des représentants des groupes armés aux côtés de représentants du Gouvernement[35]. Plus important encore, l'organe en question se voit reconnaître un champ d'intervention des plus étendus, ce qui conduit à faire d'emblée participer les groupes armés à des pans essentiels de l'action gouvernementale : la mise en œuvre du DDRR, mais aussi des programmes économiques jugés prioritaires pour le pays. On voit ainsi que la participation de ces groupes à la gestion de la chose publique est bel et bien dans la logique même du processus. Que ces groupes soient ensuite formellement appelés à intégrer le Gouvernement ne saurait surprendre. L'essentiel est dans un certain état d'esprit, que les pré-accords traduisent à la perfection : les chefs des groupes armés et les hauts responsables qui leur sont associés y sont qualifiés de « partenaires fiables de la reconstruction, de la paix et de la réconciliation ».

Pour être en cohérence avec la position ainsi conférée aux groupes armés à partir de leurs principaux responsables, mais aussi avec la conditionnalité évoquée plus haut, l'approche des enjeux de justice ne pouvait être que minimaliste, voire biaisée. Là encore, les pré-accords de Benguéla-Luanda expriment de la manière la plus claire des intentions qui, jusqu'alors, avançaient plutôt masquées. On y retrouve, entièrement prises en compte, les revendications centrales des groupes armés, à savoir : la garantie d'une levée des sanctions internationales frappant les responsables de ces groupes ou leurs inspirateurs, l'engagement de mettre en place un statut d'ancien chef d'État, l'amnistie des crimes de guerre et la mise en place d'un mécanisme souple de vérité, justice et réconciliation.

Compréhension du modèle : les enjeux

Pour mieux saisir la portée des mesures envisagées, il convient de revenir au texte des pré-accords de Benguéla-Luanda dont le rapport à la justice appelle quelques remarques.

---

[35] Il est prévu aussi que siègent dans ce comité les représentants de différents États et organisations internationales (ONU, UA, CEEAC, Médiation internationale, OCI, UE, France, États-Unis, Chine). Ces participations, qui sont une revendication des groupes armés, ont pour effet objectif de minorer le poids du Gouvernement, celui-ci n'étant qu'une composante parmi tant d'autres, égale à chaque groupe armé représenté.

En premier lieu, on doit relever que le rapport qui est établi dans cette approche de la paix ne l'est pas entre réconciliation nationale, d'un côté, et justice, de l'autre, comme on a coutume de le souligner, mais plutôt entre co-administration, voire co-gouvernement, et justice. Autrement dit, l'intérêt premier poursuivi à travers cette marginalisation de la justice n'est pas de favoriser l'apaisement des tensions entre les communautés, ni de permettre que prospère le réapprentissage d'une vie commune entre des groupes humains qui se sont affrontés jusque-là. De cela, qui représenterait une démarche de réconciliation nationale véritable, il n'est pas question dans les pré-accords considérés ; pas davantage que dans les accords qui ont été conclus jusque-là entre le Gouvernement et les groupes armés. Si les enjeux de justice sont ainsi écartés c'est, en définitive, au profit des seuls chefs de guerre et inspirateurs du conflit, et au profit d'une solution de partage avec eux du pouvoir. En écrivant cela, on ne doute nullement des effets positifs que pourrait avoir, pour la collectivité toute entière, la réussite de cette équation : avec la cessation des hostilités, ce serait la fin des exactions de toutes natures subies par la population. Mais, précisément, que l'avantage attendu soit celui-ci fixe clairement les termes de la transaction dont les pré-accords sont porteurs : l'impunité et le pouvoir contre la fin des massacres, des viols, des pillages, des destructions de biens, etc. Le choix est là, et là seulement, et non, comme il est prétendu trop souvent, entre une justice réputée génératrice de tension ou de conflit et le rétablissement d'une cohésion sociale, d'une paix publique et privée, ainsi que d'un « vivre ensemble » dont les principaux protagonistes n'ont que faire.

En deuxième lieu, les auteurs des textes ici envisagés et de tous les autres rédigés sur le même principe auront beau jeu de rétorquer que les pré-accords de Benguéla-Luanda ne constituent nullement une négation de la justice, puisqu'ils prescrivent la mise en place d'une commission vérité, justice et réconciliation et consacrent, dans cette perspective, la nécessité de faire toute la lumière sur les crimes commis et les responsabilités. C'est un fait. Mais comment ne pas voir que la justice n'est ainsi consacrée que moyennant la neutralisation de ce qui fait sa force, à savoir la sanction ? Et qui peut jurer que cette justice comporte bien, par ailleurs, des garanties raisonnables de « vérité » ?

Enfin, dernière observation, la logique des pré-accords de Benguéla-Luanda, qu'on retrouve dans tous les accords conclus antérieurement en RCA, est proprement une logique de table-rase. Tout se passe comme si le pays dans lequel est censé s'appliquer ce texte n'était régi par aucune règle supérieure à la volonté des groupes armés, ni soumis à aucune obligation de droit international. Ainsi, n'hésite-t-on pas à s'engager à amnistier des crimes, tels les crimes de guerre, qui ont pour caractéristique tant en droit positif centrafricain qu'en droit international de ne pas être amnistiables. Ainsi, envisage-t-on aussi la participation des anciens chefs militaires au pouvoir et la transformation des organisations armées en partis politiques comme si les interdictions constitutionnelles qu'on a signalées plus haut n'existaient pas. Même le projet d'un statut pour les anciens chefs d'État, que l'on retrouve au point 7 des pré-accords de Benguéla, jure avec la Loi fondamentale centrafricaine.

1.2. Déclinaisons (tempérées) du modèle

L'exclusion de la justice n'est que rarement aussi ostensible et aussi assumée que dans les pré-accords Benguéla-Luanda. Il n'y a guère que dans l'Accord de Nairobi de 2015 que les parties – ex-Séléka et anti-Balaka – avaient osé réclamer l'amnistie, avant d'y renoncer dans la version définitive du texte.

Dans la plupart des cas, ce qu'on observe est plutôt une sorte d'entre-deux : une lutte contre l'impunité affirmée comme objectif, y compris dans sa dimension judiciaire de répression pénale, mais dont la mise en œuvre concrète est réservée – soit repoussée dans le temps, soit atténuée en intensité –, le tout au nom d'un impératif de paix jugé plus urgent et plus dirimant. En suivant cette ligne, il faudrait admettre qu'il y a, du point de vue opératoire, un temps de l'urgence, pour la paix et la réconciliation, et un autre temps plus long et moins exigeant, qui est celui de l'œuvre de justice. Voilà en tout cas ce qui est soutenu, sans que cela suffise à masquer le risque, qui est évident : celui que ce deuxième temps, en plus d'être théorique, ne reste que virtuel.

Cette problématique est celle de l'Entente de Sant'Egidio et, dans une moindre mesure, celle de l'Initiative africaine, cette dernière étant actuellement la pièce maîtresse de l'ensemble, englobant les autres démarches et les instruments internes du DDRR et de la RSS.

La combinaison paix et justice dans l'Accord de Sant'Egidio

L'Accord de Sant'Egidio de juin 2017 a connu un commencement de mise en œuvre quant à ses structures d'opérationnalité. De fait, un comité de suivi a rapidement été mis en place au cours de l'été 2017, mais l'accord lui-même n'a guère reçu d'application et n'a pas vocation à s'appliquer de manière autonome. En effet, outre qu'il s'est trouvé battu en brèche d'emblée sur le point crucial du cessez-le-feu, le processus de Sant'Egidio est dorénavant intégré à l'Initiative africaine. Aussi, s'agissant de l'approche des questions de paix en rapport avec la justice, ne peut-on se référer qu'au texte.

Sur le fond, si le texte de l'Accord de Sant'Egidio diffère des pré-accords de Benguéla-Luanda en ce que les parties ne reprennent pas à leur compte l'exigence d'amnistie pour les crimes liés aux crises successives, il n'en reproduit pas moins la même logique structurelle, foncièrement opposée à l'effectivité de la lutte contre l'impunité.

Cela transparaît d'abord de la conception même de la justice. De fait, celle-ci est toute entière réduite à un processus de « vérité, justice et réconciliation », dont le trait principal est de n'être pas contraignant. Ainsi, ledit processus n'a-t-il vocation à déboucher que sur un simple rapport, remis au président de la République et exposé devant l'Assemblée nationale. De plus, la Commission vérité, justice et réconciliation n'est pas, dans le texte, habilitée à préconiser des mesures à caractère punitif, mais seulement des mesures libérales à l'égard des auteurs, co-auteurs ou complices de crimes, telles que leur réinsertion socio-professionnelle, la libération de ceux d'entre eux qui seraient détenus et l'adoption d'une loi de réconciliation nationale censée apaiser les esprits et contribuer à la stabilité nationale. C'est dans le même esprit que le Gouvernement centrafricain et le représentant spécial du secrétaire général des Nations Unies en Centrafrique s'engagent à entamer une consultation sur la levée des sanctions pour les personnalités centrafricaines relevant du comité de sanctions du Conseil de sécurité et qu'il est fait mention de la grâce présidentielle[36].

Dans ces conditions, comment voir dans la référence aux recommandations du Forum national de Bangui en matière de justice, à la CPI et à la CPS autre chose qu'une simple pétition de principe, voire l'éloge cynique du vice à la vertu ? Et cela, d'autant plus quand on constate que le reste du dispositif de sortie de crise tend plutôt à amplifier ces « libéralités », en prévoyant entre autres : la création d'emplois réservés aux ex-combattants (à travers les travaux à haute intensité de main d'œuvre) ; la prise en charge alimentaire et en matière de soins des mêmes ex-combattants et de leur famille (pendant le DDRR) ; une aide au retour dans la vie professionnelle civile pour ceux qui le souhaitent ; un accompagnement des ex-combattants désirant se reconvertir ou rechercher une meilleure qualification, notamment par l'organisation de formations techniques spécifiques et par l'octroi de bourses d'études ; ou encore la transformation des groupes politico-militaires en partis politiques légaux.

En somme, les acteurs de la crise se voient traiter, non pas en fonction de leurs actes passés, et donc comme des suspects de crimes, mais exclusivement, selon les termes de l'Entente de Sant'Egidio, comme des parties prenantes à la reconstruction. Tout dans le texte donne à penser qu'ainsi positionnés, la nation leur doit une plus grande considération qu'aux

---

[36] Il est assez vraisemblable que l'amnistie aurait été retenue parmi les solutions si l'Assemblée nationale centrafricaine n'avait pas exclu une telle loi par une délibération antérieure du 26 mai 2017 ayant conduit au vote de l'Initiative parlementaire pour l'adoption d'un plan de paix en République centrafricaine.

victimes de leurs crimes et exactions, lesquelles victimes ne sont nulle part visées dans leur ensemble. C'est ainsi, par exemple, que les parties se bornent, s'agissant des réfugiés et des déplacés, à recommander aux autorités politiques de faciliter leur retour.

La combinaison paix et justice dans le cadre de l'Initiative africaine de paix

À première vue, on peut craindre que l'Initiative africaine pour la RCA, spécialement à travers sa Feuille de route adoptée à Libreville le 17 juillet 2017, soit coulée dans le même moule, traditionnel en Centrafrique, d'une paix excluant la justice. On y retrouve, en effet, les principaux ingrédients de cette problématique classique que l'on expérimente dans le pays de conflit en conflit.

Ainsi note-t-on, pour commencer, qu'en énonçant les objectifs de la démarche africaine de paix, les auteurs de l'Initiative reprennent à leur compte, dans une formulation plus générale il est vrai, la plupart des éléments signalés précédemment : nécessité d'œuvrer à une implication volontaire des groupes armés dans la dynamique inclusive de construction nationale, réduction des conclusions du Forum national de Bangui aux recommandations relatives à la lutte contre les disparités entre les régions, insistance sur un DDRR à conduire selon les principes de fraternité, de justice, de l'inclusion et de la cohésion nationale et, d'une manière générale, place éminente faite à un dialogue politique dont on connaît, en Centrafrique, les potentialités neutralisantes pour la justice.

Il en va de même lorsque l'on observe que l'Initiative intègre, en l'état, des dispositifs qui comportent depuis toujours le même type de potentialités dans le pays. On songe ici, en particulier, au processus de DDRR. Les constats à l'égard de ce programme n'ont guère varié au fil des années. À celui de son inefficacité, c'est-à-dire de son inaptitude à régler les conflits armés en cours et à prévenir les crises, on est forcé d'ajouter le constat, de fond, d'une construction trompeuse, prétendument adossée à certains principes quand, en réalité, elle en sert d'autres. On y est forcé, parce que c'est précisément ce que montre le fonctionnement de l'actuel programme.

D'un côté, les documents de référence du DDRR sont des plus clairs et des plus fermes en ce qui concerne le sort des personnes présumées avoir commis des crimes graves. « Le programme », peut-on lire, « s'inscrit dans le cadre de la lutte contre l'impunité. Lors du processus de criblage, tout membre de groupe armé identifié comme ayant commis des crimes de guerre ou des crimes contre l'humanité sera exclu du processus et restera à la disposition de la justice »[37]. Mais, d'un autre côté, c'est une autre logique qui est déployée en pratique, celle du dialogue avec les groupes armés, qui implique la mise en place de mesures de confiance s'analysant dans les faits en des mesures de protection contre d'éventuelles poursuites judiciaires : l'exécution des mandats d'arrêt à l'encontre des membres des groupes armés et, surtout, de leurs chefs est suspendue ; la libre circulation de ces personnes est assurée (et même favorisée par les moyens de la MINUSCA) ; des garanties de non arrestation et de non poursuite sont données et appliquées.

Qui plus est, de par leur conception même, les programmes DDRR/RSS/RN, permettent à de telles personnes, à commencer par celles qui inspirent et planifient les crimes, d'être associées à la définition des orientations de la nation en matière de paix, de sécurité, et même de développement économique. La question est, dès lors : une telle logique peut-elle se concilier avec celle de justice pour les victimes et pour la nation ? La réponse est assurément non. Car, qui peut croire qu'un juge puisse avoir raison d'un tel dispositif de promotion et de protection des criminels ? Et qui peut croire qu'un criminel inséré dans un tel dispositif d'influence soit enclin à souscrire à des problématiques d'avenir faisant place au droit des victimes à la justice et à une juste réparation ?

En bref, parce que l'Initiative africaine intègre un tel dispositif, on peut être enclin à la considérer comme porteuse d'une logique de « paix en contrepartie de l'impunité ». On peut y être enclin aussi en constatant que la lutte contre l'impunité, qui se présente dans le texte comme un des principes structurants de l'Initiative, y reçoit une formulation plutôt ambiguë, qui est la suivante : « Reconnaissance que l'impunité n'a jamais constitué une solution durable aux crises récurrentes en RCA et l'engagement à respecter la lutte contre les graves violations des droits humains et du droit humanitaire international et à l'examen de toutes les options pertinentes à cet égard, notamment celles tirées du complexe conceptuel de la justice transitionnelle »[38].

Pour autant, l'Initiative africaine et sa Feuille de route ne peuvent être objectivement confondus dans leur approche avec l'Accord de Sant'Egidio, en particulier sur la question de la justice. On remarque, en premier lieu, que l'approche africaine se veut plus ouverte, d'abord quant à sa forme. Là où les acteurs de Sant'Egidio avaient choisi un accord de paix, document fermé

---

[37] *Document de stratégie du PNDDRR* tel qu'adopté par le Comité consultatif et de suivi du DDRR le 4 novembre 2016 et validé par le Comité stratégique DDRR/RSS/RN à la même date, p. 4. Voir aussi PRÉSIDENCE DE LA RÉPUBLIQUE CENTRAFRICAINE, *Programme national de désarmement, démobilisation, réintégration et rapatriement (PNDDRR),* document de référence, décembre 2016, p. 11.

[38] Point 3.1-g de la Feuille de route. À cela, on ajoutera le fait que, dans le même document, on insiste assez curieusement sur le respect de la présomption d'innocence (point 3.1-e).

censé cristalliser un compromis d'ores et déjà trouvé pour un retour immédiat à la paix, les acteurs africains ont opté pour une démarche dynamique, conduisant par étapes vers un accord de paix, et donc vers une solution de sortie de crise. Ce choix n'est pas neutre. Il a permis que soient pris en compte les différents points de vue qui se sont exprimés tout le long du processus d'élaboration de la Feuille de route. Ainsi, d'une position initiale acquise aux thèses du « tout dialogue inclusif », et par conséquent opposée à un traitement judiciaire et punitif des crimes commis pendant la crise, on a pu aboutir, pour la première fois en RCA, à l'engagement des partenaires africains et des principaux protagonistes centrafricains à examiner « toutes les options pertinentes » pour lutter contre les graves violations des droits humains et du droit humanitaire international. Désormais, la justice transitionnelle – autrement dit le processus vérité-justice-réconciliation-réparation – n'est qu'une voie parmi d'autres. Assurément, la vive réaction unanime de la société civile centrafricaine, signalée plus haut, contre une mouture de texte qu'elle a perçue comme organisant l'impunité, n'est pas étrangère à cette évolution, de même que les positions fermement anti-amnistie prises par l'Assemblée nationale de RCA en mai 2017.

En second lieu, il est intéressant de noter que cette méthode de la concertation ouverte est restée celle de l'Initiative africaine, même après l'adoption de la Feuille de route de Libreville en juillet 2017. C'est ainsi, notamment, que se sont engagés au cours de l'été 2017 des discussions entre, d'une part, le président de l'Assemblée nationale de la République centrafricaine, Abdou Karim Meckassoua et, d'autre part, le Président en exercice de l'UA, Alpha Condé, ainsi que le président de la Commission de l'UA, Moussa Faki. On peut voir dans ces discussions la concrétisation de l'intention manifestée au point 4.4 de la Feuille de route de Libreville, selon laquelle « l'initiative africaine prendra en compte les propositions pertinentes de l'Initiative parlementaire pour la paix, sollicitera les contributions des acteurs politiques, consultera la société civile centrafricaine et se mettra à l'écoute des victimes ».

L'objet de ces discussions était l'enrichissement de la Feuille de route de l'Initiative africaine par la prise en compte des préoccupations parlementaires nationales exprimées dans le texte adopté par l'Assemblée nationale centrafricaine en mai 2017 dont, en particulier, la pleine implication des victimes dans le processus de paix et la lutte résolue contre l'impunité des auteurs, co-auteurs et complices des violations graves du droit international. Ces discussions ont abouti à la décision, prise lors de la réunion de haut niveau de New York du 19 septembre 2017, d'agréger la démarche parlementaire centrafricaine à l'Initiative africaine. Le communiqué final de cette réunion s'est fait l'écho de cette décision en ces termes : « [Les participants] se sont félicités de la décision du Panel, dans un souci de cohérence et en partenariat stratégique et opérationnel avec les Nations Unies, d'y agréger toutes les démarches et initiatives en cours, y compris l'initiative parlementaire et de la société civile, et d'inviter tous leurs promoteurs à se mobiliser ensemble autour de cette initiative devenue désormais commune »[39].

De ce qui précède, on retiendra que si l'Initiative a pu apparaître à certains moments de sa construction comme une énième déclinaison de la problématique « paix en contrepartie de l'impunité », tel n'est plus le cas. Elle constituerait même plutôt une passerelle vers un renouvellement de la manière de penser la paix en faisant de la justice une de ses composantes essentielles. Une « passerelle vers », un pont fragile par conséquent, car il ne faut pas perdre de vue que ceci est le fruit d'une évolution qui reste encore à concrétiser et à consolider.

2. L'option de la « paix au travers de la justice »

Disons-le d'emblée : caractériser la voie alternative à « la paix en contrepartie de l'impunité » comme étant celle de « la paix au travers de la justice » serait clairement un abus de langage, voire un non-sens politique et pratique si cette expression devait être prise au pied de la lettre. La justice ne saurait, dans un contexte comme celui de la RCA, être le seul instrument du retour à la paix. L'enjeu tient plutôt à ce que cet élément ne soit pas oublié au profit des autres leviers de paix. Comprise ainsi, cette voie est une option qui correspond à certaines des approches de paix conçues par les Centrafricains et pour la RCA.

À ce stade, il faut prendre ces démarches strictement pour ce qu'elles sont, à savoir de simples intentions, même si, dans l'intérêt des victimes et dans celui d'une paix durable, on peut souhaiter que ces intentions se concrétisent pleinement et rapidement.

2.1. Approches centrafricaines

Les approches centrafricaines se singularisent avant tout par une affirmation sans ambiguïté de la nécessité de faire justice aux victimes des différents conflits qu'a connu la RCA. Ainsi, les tenants de cette ligne entendent non seulement que lumière (vérité) soit faite sur les faits et les responsabilités, mais aussi que les criminels soient punis, ce qui implique que la lutte contre l'impunité prenne une forme judiciaire, selon les canons du droit criminel ou pénal. Ainsi, ils entendent, par ailleurs, que le processus répressif soit engagé sans tarder, et qu'il soit concomitant aux efforts de réconciliation nationale.

---

[39] Le texte intégral du communiqué final est reproduit dans les *Conclusions de la réunion de haut niveau sur la situation politique, sécuritaire et humanitaire en République centrafricaine*, New York, ONU, 19 septembre 2017.

Dans sa déclaration du 26 octobre 2017 remise au secrétaire général des Nations Unies, la Plateforme des confessions religieuses en Centrafrique (PCRC) exprime cela par une exigence de « justice pour tous » (point 1) et de « traduction devant les instances judiciaires des auteurs ou co-auteurs de crime » (point 19). Pour les partis politiques se réclamant de l'opposition démocratique, s'exprimant à travers leur mémorandum du 25 octobre 2017[40], les propositions de sortie de crise devraient s'articuler notamment sur « l'exigence de justice rejetant toute idée d'amnistie, afin que les auteurs des crimes de guerre et des crimes contre l'humanité soient traduits à bref délai devant les juridictions nationales et internationales, pour permettre aux victimes d'avoir réparation » (point 8). Quant à l'Assemblée nationale, tenant pour évidente la nécessité de promouvoir la répression judiciaire des crimes ou, plus largement, le traitement judiciaire des exactions commises, elle insiste sur certains éléments, à savoir l'exclusion de l'amnistie, l'exigence de procès équitables et l'importance de la réparation des préjudices subis par les victimes.

Il va de soi que, sauf à demeurer de simples pétitions de principe, ces affirmations d'exigence de justice ne suffisent pas. Pour pouvoir espérer infléchir le cours des événements, il faudrait aller au-delà et lier dispositif de justice et dispositif de dialogue puisque, comme il a été montré, c'est précisément à travers les dispositions prises dans ce dernier domaine qu'on aboutit à la neutralisation des mécanismes de lutte contre l'impunité.

On touche ici au point faible de la plupart des projets dont il est question. En même temps, comment reprocher aux simples citoyens qui composent la société civile de ne pas concevoir une politique globale de sortie de crise quand ceux-ci ont précisément élu des représentants pour ce faire ? Mais alors, est-on plus avancé avec les partis politiques ? Pas sûr. Le fait est que sur la question des configurations du dialogue compatibles avec les exigences de la justice, ceux-ci ne formulent guère de propositions, se focalisant surtout sur les thématiques classiques relatives au mandat de la MINUSCA, à la lutte contre l'insécurité et les trafics, au contrôle des frontières et au retour des réfugiés[41].

En définitive, c'est encore dans l'Initiative parlementaire pour l'adoption d'un plan de paix et dans les débats qu'elle a suscités qu'on trouve les idées les plus avancées à cet égard. Deux propositions en particulier retiennent

[40] Il est remarquable que, dans leur propre mémorandum, les partis se réclamant de la majorité présidentielle se bornent à appeler à ce que justice soit rendue aux victimes « notamment en accélérant l'opérationnalisation de la Cour pénale spéciale », tout en mettant cet appel en lien avec les impératifs de réconciliation nationale.
[41] Sur ces différents points, les convergences sont notables entre partis de la majorité et partis de l'opposition démocratique, si on se reporte aux *memoranda* d'octobre 2017.

l'attention, en ce qu'elles tendent à modifier l'équilibre des forces dans le dialogue censé déboucher à un accord global de paix.

La première proposition consiste à réclamer pour les institutions légitimes de l'État que leur soit donnée la place qui leur revient dans le processus, autrement dit une place de premier ordre. Ainsi que l'énonce l'Initiative dans le deuxième de ses trois principes structurants, « la conduite du processus de paix et la recherche de solutions, notamment institutionnelles, doivent être respectueuses de l'ordre constitutionnel centrafricain ». De là, l'idée de fixer les principes de cadrage du dialogue pour la paix dans une loi proposée par le Gouvernement et adoptée par le Parlement. C'est dans cet esprit que, à la veille de la réunion de haut niveau de New York du 19 septembre 2017 sur la situation en RCA, le Bureau de l'Assemblée nationale a demandé que la Feuille de route de l'Initiative africaine soit soumise pour approbation à cette institution. Sans suite. L'autre mode d'implication des institutions légitimes consisterait, selon l'initiative parlementaire, à faire fonctionner les mécanismes constitutionnels d'information et de contrôle pour assurer le suivi du processus et des négociations, quitte à adapter ces mécanismes aux particularités de ce type de négociation. Cette piste ne semble pas, à l'heure actuelle, avoir plus de succès que la première.

La deuxième proposition tendant à modifier l'équilibre des forces qui participent au dialogue consiste à appeler à une implication directe des victimes dans le processus de paix. Proposition neuve s'il en est, tant en RCA que sur le continent africain dans son ensemble. Proposition structurante aussi, d'abord, par son effet potentiel sur le contenu et le résultat des négociations, car on peut parier que les revendications des groupes armés et les promesses du Gouvernement, et donc les compromis qui s'en suivent, seront sensiblement différents suivant qu'ils sont émis ou réalisés en présence ou non des victimes ou de leurs représentants. Proposition structurante encore par l'effet attendu sur la société dans son ensemble, car la désignation de ces représentants présuppose, dans l'esprit des parlementaires, une organisation des victimes au plan local et au plan national, organisation qui doit les mettre à même de participer à la définition et à la mise en œuvre des mesures de retour à la paix, de retour des réfugiés et déplacés et de reconstruction économique et sociale. Cette proposition, là aussi, reste sur la table.

Il est, à cet égard, intéressant de noter que la question de la place des victimes donne lieu à de sourdes luttes de pouvoir et de leadership qui ne sont pas sans lien avec le rapport entre justice et paix. En atteste un débat récent, qui a culminé lors d'un atelier organisé début septembre 2017 à Bangui, autour du projet gouvernemental de fusion des comités locaux de paix et de réconciliation et des comités de victimes. Pour les associations de victimes, la fusion proposée aboutirait à un traitement politique des revendications de ces victimes, avec le risque que les considérations de réconciliation nationale soient privilégiées par rapport aux revendications de justice et de réparation. Raison pour laquelle elles se sont opposées et continuent à s'opposer au projet.

Quoiqu'il en soit, redonner le leadership du processus de paix aux autorités légitimes de l'État et impliquer les victimes : voilà deux pistes qui, si elles étaient suivies, permettraient à coup sûr d'inscrire l'action de justice dans un environnement général plus favorable que par le passé, parce que non dominé et verrouillé par les magnats du crime.

En rapport avec cette option de « paix au travers de la justice » et, par conséquent, avec les projets qui vont dans ce sens, se pose une autre question, tout aussi importante : celle de l'exclusivité ou non de l'approche judiciaire. Il s'agit, en somme, de savoir s'il y a lieu d'en appeler aux modalités de justice alternative du type commission vérité, justice, réconciliation et réparation et, si oui, comment articuler cette justice-là avec la dynamique de répression pénale incarnée en priorité par la CPS.

Ces questions ne sont assurément pas ignorées par les pouvoirs publics. Mieux encore, il n'est pas exagéré de dire qu'il y a, sur ce point, un consensus des institutions nationales pour appliquer cette partie-là des recommandations du Forum national de Bangui. Côté exécutif, le président centrafricain Faustin-Archange Touadéra a, très tôt après sa prise de fonction, indiqué que la mise en place de cette commission était prioritaire, et a promis dans son discours devant l'Assemblée nationale du 22 septembre 2017, que ceci se ferait dans les trois mois. De son côté, l'Assemblée nationale a inclus les préoccupations relatives à cette modalité de justice dans son initiative de paix. Partant du postulat que cette modalité de justice était nécessaire, la représentation nationale a préconisé une claire répartition du contentieux entre elle et la CPS, et a appelé à une réflexion pour définir les contours d'un « modèle centrafricain de justice alternative ». La proposition d'enrichissement de la Feuille de route de l'initiative va un peu plus loin sur ce dernier point, en suggérant que cette réflexion aborde notamment la question de l'échelle des sanctions substitutives, y compris civiles et politiques, telles que la suspension ou la déchéance des droits civiques et politiques, en tenant compte de la coopération des personnes concernées à la manifestation de la vérité.

À ces manifestations d'intention s'ajoutent des éléments concrets qui permettent de dire que la concrétisation de cette idée de justice est en marche. On note ainsi que plusieurs missions ont été diligentées par les ministères compétents dans les pays ayant une expérience en la matière en

2016 et 2017, en même temps que des séminaires d'information étaient organisés à Bangui et en province pour se familiariser avec ce type d'institution. Mais, surtout, un comité technique a été créé par décret du président de la République en septembre 2017, avec pour mission de faire, dans les trois mois, des propositions en ce qui concerne l'institution de la future Commission VJRR.

Que le processus de création de cette Commission soit ainsi bien avancé, on ne peut que s'en réjouir. Mais toute inquiétude n'est pas pour autant levée. Pareille inquiétude est justifiée aujourd'hui en ce qui concerne deux points importants : l'adaptation au contexte centrafricain du mécanisme qui sera mis en place, d'une part, et l'articulation de celui-ci avec la CPS, d'autre part.

Sur le premier point, il importe de souligner qu'on ne pourra pas se contenter, comme c'est souvent la tentation, de faire en RCA une réplique des tribunaux *gacaca* du Rwanda, des commissions vérité et réconciliation de Sierra Leone ou d'Afrique du Sud, de la Commission dialogue, vérité et réconciliation de Côte d'Ivoire, ou encore des commissions vérité, justice et réconciliation du Mali ou du Togo. La vérité est qu'il n'y a pas, en la matière, de modèle global et que chaque expérience est spécifique. Aussi ne pourra-t-on pas faire l'économie d'inventer un modèle centrafricain de justice alternative. Une telle adaptation est d'autant plus souhaitable que l'efficacité du dispositif en dépend. En effet, la justice servie par une institution du type de la commission envisagée ne repose pas sur les mêmes bases que la justice ordinaire de l'État. Ainsi, ne se conçoit-elle pas comme répressive à la manière des juridictions pénales, dont la CPS. Il s'agit là d'un point de différenciation capital, qui signifie que cette justice alternative n'a pas vocation à faire appel à la capacité de contrainte physique de l'État. Sa force résidera plutôt dans l'adhésion des parties prenantes, qui se reconnaissent dans son principe, dans ses règles, et même dans les sanctions qui peuvent être infligées. Ce sera d'autant plus le cas si cette justice est construite comme une justice communautaire, l'efficacité de la sanction reposant alors, en dernier ressort, sur la mobilisation d'une contrainte sociale propre à la communauté considérée. C'est dire donc que, pour que la future Commission centrafricaine vérité, justice, réconciliation et réparation – voire le système de Commissions, ce qui est encore possible – remplisse efficacement sa fonction dans la lutte contre l'impunité, il est nécessaire qu'elle prenne source dans les cultures et les mœurs de Centrafrique. Cela rend nécessaire d'identifier les éléments pertinents dans ces cultures et mœurs, de retenir ceux des éléments qui servent les objectifs visés et de penser leur opérationnalisation. Ce nécessaire travail d'adaptation-appropriation n'a pas été réalisé jusqu'à présent. Il reste à espérer que dans le court temps qui est le sien, le Comité technique pour la Commission VJRR saura y pourvoir.

Sur le deuxième point, celui du rapport entre cette Commission et la CPS, on n'est pas moins en attente de réponses claires. Il s'agit, pour l'essentiel, de savoir comment seront réparties les affaires entre justice traditionnelle et justice alternative, selon quels principes et par qui. Selon la réponse apportée à ces questions, on peut neutraliser l'une ou l'autre dimension de justice, marginaliser l'une par rapport à l'autre, ou promouvoir une articulation équilibrée. De ces réponses dépendra aussi, *in fine*, le sentiment de justice chez les victimes, suivant que les principaux responsables des crimes commis en Centrafrique pourront ou ne pourront pas échapper à leur juste châtiment. On mesure ainsi combien ces questions, en apparence très techniques, sont d'une importance capitale dans la perspective de la lutte contre l'impunité.

En se référant précisément à cette perspective, et du point de vue des rapports avec la CPS, certaines options paraissent devoir être exclues.

Il en va ainsi de celle selon laquelle il reviendrait à la Commission VJRR d'opérer le tri. Elle est à écarter principalement pour la raison évidente qu'elle ferait de la logique extra-judiciaire la logique directrice de l'ensemble, avec le risque, non négligeable eu égard aux précédents en Centrafrique, que les logiques de réconciliation nationale, et donc d'impunité, l'emportent sur l'exigence de justice. Ce n'est pas un hasard si cette solution était précisément celle qui avait les préférences des négociateurs de Benguéla-Luanda. À cela, il faudrait ajouter une difficulté technique, liée au fait que cette Commission commencerait à agir en un temps où la CPS aura vraisemblablement déjà émis ses premiers actes de poursuite. Devrait-on alors considérer ces actes comme susceptibles d'être remis en cause ?

Devrait aussi être écartée la solution qui consisterait à laisser chaque organe – CPS d'un côté et Commission VJRR de l'autre – décider de manière autonome de ce qui relèverait de sa compétence. Ceci parce que, nécessairement, les compétences sont appelées à se recouper, les faits et actes à purger étant les mêmes. Et ce recoupement étant inévitable, les conflits d'attribution le seront aussi. Cela n'est pas souhaitable.

Ne restent plus, eu égard à l'objectif de lutte contre l'impunité, que deux options entre lesquelles on peut souhaiter que le législateur choisisse à l'occasion de la loi établissant la Commission VJRR. La première serait d'instituer un organe-filtre, chargé spécifiquement, en amont[42], de distribuer

---

[42] Ceci pour éviter la problématique de conflits, telle qu'on la connaît aujourd'hui à travers le Tribunal des conflits, chargé d'arbitrer le partage des compétences entre le juge administratif et le juge judiciaire. Une telle problématique ne serait pas exempte de tensions entre les

les cas. Bien entendu, pour qu'un tel système puisse fonctionner efficacement, il importerait de définir précisément la composition de l'instance filtre comme il convient – en y faisant participer des membres de la CPS par exemple – et de fixer *a priori* les principes de répartition des dossiers ou des affaires. L'autre option serait de procéder par priorisation d'un système par rapport à l'autre. Dans pareille optique, il serait souhaitable que cette priorité revienne à la CPS. De la même manière que celle-ci peut attirer à elle certaines affaires et en faire juger d'autres par les juridictions ordinaires, elle pourrait renvoyer à la Commission VJRR. Cette option n'implique pas nécessairement que la Commission reçoive de la seule CPS les cas à traiter. Elle se satisferait parfaitement d'un système dans lequel la Commission peut être saisie ou peut se saisir directement de certains cas, pourvu que la CPS ait la possibilité de faire valoir sa compétence et donc de dessaisir la Commission.

2.2. Approche internationale : la Résolution 2387(2017) du Conseil de sécurité

Avec le Résolution 2387(2017) du Conseil de sécurité en date du 15 novembre 2017, il est possible d'affirmer que la justice est plus que jamais présente dans l'approche de paix des Nations Unies en RCA. On a ainsi, avec les orientations qui précèdent, une conjonction favorable.

Cette résolution, dont l'objet principal est le renouvellement du mandat de la MINUSCA, est intervenue dans un contexte particulier qui n'est probablement pas sans lien avec le recentrage autour de l'exigence de justice.

Le fait est que, depuis le retour à l'ordre constitutionnel en RCA, la situation sécuritaire n'a cessé de se détériorer. Les groupes armés ont progressivement étendu leur contrôle sur plus de 80 % du territoire, soit 14 préfectures sur les 16 que compte le pays, réduisant d'autant le périmètre de l'autorité de l'État. Cette expansion s'est accompagnée de combats de plus en plus violents entre les factions armées et d'attaques de plus en plus meurtrières et destructrices contre les populations civiles (des dizaines de milliers de morts depuis décembre 2013), entraînant par ailleurs des déplacements massifs de ces populations (plusieurs centaines de milliers de personnes). Fait nouveau, les attaques, meurtrières elles aussi, se sont multipliées contre les forces des Nations Unies et contre les humanitaires. De cette situation générale plus que préoccupante, se présentant comme un défi lancé à la communauté internationale, le secrétaire général des Nations Unies, António Guterres, devait en prendre la mesure concrète lors de sa visite en RCA, fin octobre 2017. Il a aussi pu mesurer combien la défiance était grande dans la

---

institutions. Or, la RCA d'aujourd'hui n'a pas besoin de cela en plus. Et, surtout, la cause d'une justice pour les victimes n'a rien à y gagner.

population à l'égard de forces internationales jugées globalement inefficaces quant à la protection des civils, voire pour partie de connivence, et a pu enregistrer les appels pressants, venant de toutes parts, à une révision du mandat de la MINUSCA afin de le rendre plus robuste.

C'est précisément dans cette perspective que se place la Résolution 2387(2017). Le mandat de la MINUSCA est prorogé d'un an (jusqu'au 15 novembre 2018) et son effectif est augmenté (de 900 hommes d'armes). Surtout, ce mandat se présente, au moins dans le texte, comme plus musclé que par le passé. D'une manière générale, il est prescrit à la MINUSCA de « créer des conditions qui permettent de réduire durablement la présence de groupes armés et la menace qu'ils représentent en adoptant une approche globale et une position proactive et robuste, sans préjudice des principes fondamentaux du maintien de la paix » (§ 39). En ce qui concerne la protection de la population civile, les mesures envisagées sont plus précises et supposent une MINUSCA plus incisive. En effet, celle-ci doit « prendre des mesures actives, en appui aux autorités centrafricaines, pour anticiper, écarter et répondre efficacement à toute menace grave ou crédible à l'encontre de la population civile et, à cet égard, améliorer les systèmes d'alerte précoce, tout en maintenant un déploiement préventif et une présence mobile, flexible et robuste, et en organisant des patrouilles actives, en particulier dans les zones à haut risque » (§ 42-a-ii).

Dans ce qui apparaît comme une volonté de la communauté internationale de relever le défi lancé par les groupes armés en RCA, la justice, incarnée tout particulièrement par la CPS, ne pouvait qu'occuper une place de choix. Un pan entier de la Résolution 2387(2017) lui est consacré, plus substantiel que dans les résolutions précédentes. À vrai dire, on ne peut s'empêcher de discerner une forme d'impatience à voir enfin l'œuvre de justice s'accomplir, le Conseil de sécurité « réaffirm[ant] qu'il faut d'urgence traduire en justice tous les auteurs de violations du droit international humanitaire et des droits de l'Homme et d'atteintes à ces droits, quel que soit leur statut ou leur appartenance politique » (§ 24). Ce sentiment ne peut qu'être conforté en constatant que l'appel à une lutte résolue contre l'impunité déborde largement des considérations reproduites ci-dessus, et donc du chapitre dédié à la justice, celle-ci faisant désormais figure de question d'intérêt transversal, concernant tout autant le chapitre du processus politique, celui des droits de l'Homme, celui de l'exploitation illicite et du trafic des ressources naturelles, que celui de l'extension de l'autorité de l'État.

Il est intéressant aussi de noter que cette impatience s'accompagne, pour la première fois, de la considération du Conseil de sécurité selon laquelle la réconciliation nationale passe par la justice, et donc que la seconde est un moyen de réalisation de la première. C'est là le sens de la « demande [faite] aux autorités centrafricaines de prendre, sans délai et à titre prioritaire, des mesures concrètes visant à renforcer les institutions judiciaires et à lutter contre l'impunité, *afin de contribuer à la stabilisation et la réconciliation*, notamment en rétablissant l'administration de l'appareil judiciaire, du système de justice pénale et du système pénitentiaire dans tout le pays, en démilitarisant les prisons, en remplaçant progressivement les forces armées centrafricaines grâce au recrutement de personnel pénitentiaire civil et en veillant à permettre à tous d'accéder à une justice impartiale et équitable » (§ 16)[43].

On ne peut mieux dire l'exigence de la justice dans la perspective de paix en RCA, même si, on est fondé à attendre, avant toute satisfaction définitive, la confirmation des intentions exprimées dans cette résolution sur le terrain.

[43] Nous soulignons.

Après la fermeture : le tribunal pénal international pour le Rwanda peut-il être un Nuremberg pour l'Afrique ?

Alain-Guy SIPOWO

La notion de bilan est en vogue quand il s'agit d'évaluer l'action des institutions internationales. Il se conclut presque systématiquement par un appel à la réforme. Tel est aujourd'hui le cas des Nations Unies en général. Mais d'autres organismes internationaux n'y échappent guère, surtout pas les juridictions pénales internationales au nombre desquelles le Tribunal pénal international pour le Rwanda (TPIR), institué au lendemain du génocide qui a eu lieu au Rwanda d'avril à juillet 1994, pour en juger les auteurs soupçonnés.

Il n'était pas en fonction que certains commentateurs s'étaient déjà engagés à en faire une évaluation. Il s'agissait probablement d'une approche statique de la notion de bilan, entendu comme une introspection dans les structures de la juridiction pour rendre compte de l'état d'une situation, et donc, en l'occurrence, de l'état de santé même de l'institution appelée à juger d'un phénomène dont l'ampleur paraissait inégalée et inégalable. Pour autant, même du point de vue statique, au sens de l'inventaire de quelque chose ou d'une situation, le bilan traduit nécessairement une tension entre deux extrémités.

Le bilan est le point de départ qu'il convient de fixer au préalable pour envisager en connaissance de cause un point d'arrivée souhaité, une finalité convenue. Qu'il soit permis de penser au bilan de santé nécessaire pour identifier le mal dont souffre le patient, afin de lui prodiguer les soins adéquats, ou encore au bilan financier d'une entreprise qui indiquera à ses actionnaires les perspectives de croissance et, le cas échéant, les décisions qu'il conviendra de prendre pour anticiper les éventuelles difficultés. Ce bilan-diagnostic, les juridictions pénales internationales instituées par le Conseil de sécurité des Nations Unies au début des années 1990 pour l'ex-Yougoslavie[1] et pour le Rwanda[2] l'ont connu dès leur début. Ce type de bilan a surtout donné lieu à la mise en évidence de pathologies variées

[1] CSNU, Résolution 827 (1993) du 25 mai 1993.
[2] CSNU, Résolution 955 (1994) du 8 novembre 1994.

touchant autant leur fonctionnement que le droit applicable. Au bout du compte, ces tribunaux ont été l'objet d'améliorations constantes de la part de leur créateur, le Conseil de sécurité des Nations Unies. En témoignent la redéfinition de leurs mandats respectifs, les réformes successives des règles de procédure et les incessantes reconfigurations institutionnelles.

Au moment de la fermeture du TPIR, officiellement entamée le 1er juillet 2012 pour être achevée fin 2015[3], une extériorisation de ces transformations appelle à poser la question du bilan dynamique ou, plus précisément, ce que nous appellerons le bilan-performance. Dans la mesure où le bilan-diagnostic est le préalable à une finalité définie, par exemple, atteindre le meilleur état de santé physique ou financier possible et, dans le cas du TPIR, accroître son efficacité, la question se pose de savoir si l'objectif poursuivi a été atteint. Le bilan-performance s'entend, à cet égard, du « résultat d'une action, d'une opération d'ensemble »[4]. L'action ou l'opération dont il s'agit n'est pas le processus du bilan-diagnostic en soi, mais les conséquences ou les résultats que ce bilan a pu produire. Au lieu de l'inventaire de la structure du Tribunal, qui se prononce sur ses conditions de succès, c'est l'inventaire du résultat obtenu qui préoccupe le bilan-performance et qui interroge la réalité ou non du succès. Celui-ci est avant tout déterminé par les finalités de l'institution dont on évalue la contribution, mais également par les moyens et les ressources dont elle a pu disposer pour ce faire.

Dans cette logique, le président du TPIR de 2003 à 2007, le norvégien Erik Møse, affirmait que le bilan complet du Tribunal ne pourrait être fait qu'une fois qu'il aura conclu toutes les affaires dont il était saisi[5]. Il y a dans cette affirmation un véritable souci de performance. Cette performance apparaît quantitative au premier abord, dans la mesure où le président entendait lier l'apport du Tribunal au nombre des affaires qu'il conclurait. Mais, implicitement, il semble également que les effets véritables de son action doivent attendre que le jugement d'un nombre conséquent d'auteurs soupçonnés du génocide ait été réalisé, ce qui établit un lien étroit entre la performance quantitative et la performance qualitative.

La présente contribution, en allant au-delà de la performance quantitative du TPIR, qui n'est pas moins appréciable, au regard de la mutation de ses objectifs initiaux, impose, sur le plan qualitatif, une rétrospective avec un processus historique similaire : Nuremberg. Poser la question de savoir si le TPIR peut être un Nuremberg pour l'Afrique revient à se demander si, en dépit des critiques qu'on peut adresser à ce Tribunal, l'histoire retiendra un quelconque apport de sa part à l'édification de la société africaine, comme

---

[3] CSNU, Résolution 1966 (2010) du 22 décembre 2010.

[4] *Dictionnaire Larousse* (en ligne).

[5] Erik MØSE, « Main Achievements of the ICTR », *JICJ*, vol. 3, 2005, p. 920.

Nuremberg a forgé la justice internationale pénale aujourd'hui incarnée par la Cour pénale internationale (CPI)[6].

L'intérêt d'une telle recherche nous apparaît indéniable, compte tenu notamment de la fronde africaine contre la CPI, appelée à faire figure d'institution internationale permanente en matière de lutte contre l'impunité des crimes les plus graves. Si l'œuvre du TPIR est porteuse d'un quelconque sens pour l'Afrique, ne vaudrait-il pas mieux encourager le projet de chambre criminelle au sein de la Cour africaine des droits de l'Homme ou des initiatives locales telles qu'on en voit avec les Chambres extraordinaires africaines et la Cour pénale spéciale de la République centrafricaine ? À tout le moins, la critique du TPIR est assurément une opportunité pour les initiatives subséquentes de se perfectionner et pour les sociétés concernées d'être éduquées aux valeurs fondamentales véhiculées par ces institutions internationales ou supranationales.

Il ne s'agira pas de l'évocation d'une affaire ou d'un cas particulier, encore que Nuremberg ait été jugé par les protagonistes de l'époque comme une justice exemplaire du point de vue des facilités accordées aux accusés pour se défendre. C'est de l'analyse et de la mise en perspective de l'ensemble de l'œuvre du TPIR dont il est ici question : du sens que cette œuvre peut revêtir pour une communauté donnée, étant entendu que sa création se fondait sur une finalité transcendant des cas spécifiques, à savoir contribuer à rétablir la paix et la réconciliation nationales[7].

Le rapprochement du TPIR avec Nuremberg peut être établi sur deux points : les échecs et les succès. Comme pour son illustre prédécesseur, il conviendrait de ne pas jeter le bébé avec l'eau du bain quand vient le moment de répondre à la question : que retenir de l'œuvre du TPIR ? Les deux processus peuvent, en effet, être d'autant mieux posés en miroir qu'en dépit de la critique qui a pu être faite contre Nuremberg, la communauté internationale en a tiré des principes pour définir un ordre international dans lequel les valeurs de dignité humaine retrouvaient une prégnance remise en cause par un cycle effroyable de violences. On devrait retenir du TPIR un bilan similaire. Mais bien que ce Tribunal puisse être considéré comme un Nuremberg pour l'Afrique dans ses échecs (I), ses succès restent toutefois à transformer, pour la société rwandaise en particulier et pour l'Afrique en général (II).

---

[6] Le Statut de Rome de la CPI, adopté le 17 juillet 1998, est entré en vigueur le 1er juillet 2002.

[7] Voir notamment Leila N. SADAT, « The Legacy of the International Criminal Tribunal for Rwanda », *in* C. RIZIKI MAJINGE (ed.), *Rule of Law through Human Rights and International Criminal Justice: Essays in Honour of Adama Dieng*, Newcastle upon Tyne, Cambridge Scholars Publishing, 2015, pp. 128-140.

I. Le TPIR : un Nuremberg par ses échecs

La création du TPIR procède d'une volonté du Conseil de sécurité des Nations Unies de faire jouer un rôle à la justice dans la résolution du conflit rwandais. Ce choix n'est pas en soi contestable, puisque la justice contribue depuis des temps immémoriaux à la résolution des conflits humains et sociétaux et même, au niveau international, au règlement des différends entre États[8]. La difficulté est ailleurs, à savoir, comment, en tant que justice répressive, intervenant après l'éclatement du conflit en violences, le TPIR peut-il contribuer à la résolution de celui-ci ?

En général, la justice répressive remplit deux fonctions au regard du recours à la violence dans la société : empêcher son apparition, à travers la prévention, et assurer sa répression, au moyen de sanctions pénales. Elle ne s'attaque ainsi pas, à titre principal, aux divergences originelles (les motifs pour lesquels les acteurs se disputent), dont l'escalade peut se traduire en violence, cette mission relevant d'autres institutions.

Il est toutefois accepté que la fonction répressive de la justice puisse incidemment être le véhicule d'un message à destination des protagonistes du conflit comme de la société en général et, à ce titre, exercer une influence sur les causes primitives ayant donné naissance à la violence. Le Conseil de sécurité a épousé cette conception en exprimant sa conviction, dans la Résolution 955 de 1994 créant le TPIR, que la poursuite et le jugement des atrocités commises au Rwanda « contribueraient au processus de réconciliation nationale ainsi qu'au rétablissement et au maintien de la paix ».

Au sens littéral, ces objectifs ne constituent pas la fonction première du Tribunal qui est de poursuivre les criminels de guerre. Ces objectifs traduisent l'espoir des promoteurs du TPIR que l'œuvre du Tribunal apportera le rétablissement de la paix, son maintien, ainsi que la réconciliation nationale. Dès lors que nous admettons la capacité du droit pénal à communiquer des valeurs, il ne nous apparaît plus nécessaire de nous interroger sur le point de savoir si le lien entre la justice, la paix et la réconciliation nationale était approprié. L'opérationnalisation de ce lien nous semble être une préoccupation beaucoup plus cruciale. À ce sujet, on ne peut pas dire que le Conseil de sécurité ait réussi son pari. Car, en concevant le TPIR comme un tribunal post-conflit, il en a fait une institution réactionnaire (1), biaisant de ce fait son fonctionnement et son œuvre (2).

1. Une institution réactionnaire

Le TPIR fut un « tribunal-alibi ». Un alibi désigne un prétexte, une excuse. Dans le cas qui nous intéresse, le mot « excuse » décrirait mieux la notion de

---

[8] Voir l'article 33 de la Charte de l'ONU sur les modalités de règlement pacifique des différends.

« tribunal de conscience ». Lorsque le Conseil de sécurité adopte en 1994 la Résolution 955, la communauté internationale, pour ne pas dire le Conseil en question, a échoué à prévenir et surtout à mettre un terme aux massacres au Rwanda. Le TPIR apparaît ainsi dans sa conception comme l'expression des remords d'une communauté internationale tentant de rattraper une faute qu'on ne lui pardonne pas et qu'elle ne se pardonne pas. La création du Tribunal s'en est trouvée grandement marquée. Il s'agit d'une institution profondément réactionnaire, tant par son fondement juridique (1.1), que par la délimitation de sa compétence (1.2).

1.1. Un fondement juridique masquant un désir de revanche

La conviction du Conseil de sécurité que les poursuites engagées par le TPIR participeraient au rétablissement et au maintien de la paix est moins une certitude qu'une instrumentalisation de son pouvoir par le biais de l'institution de la justice, afin de réaliser par cette dernière ce qu'il aurait dû accomplir par son action. Il ne s'agit pas du débat houleux de la constitutionnalité et de la légalité du Tribunal[9]. Ce qui est en jeu est l'opportunité d'agir à travers le régime de la sécurité collective lorsqu'il existait d'autres voies possibles. L'argument légaliste, selon lequel les mesures de rétablissement et de maintien de la paix n'impliquant pas le recours à la force sont discrétionnaires pour le Conseil de sécurité[10], n'exclut pas que celui-ci fasse preuve de jugement au moment de décider de leur emploi. Or, alors qu'il existait une autre voie que le langage et l'autorité sécuritaires du chapitre VII de la Charte des Nations Unies, le Conseil a choisi d'emprunter ce chemin qui a donné au TPIR le visage d'une justice militaire.

À ce titre, ce Tribunal apparaissait imposé, plus qu'il n'était accepté. Avec le Tribunal pénal pour l'ex-Yougoslavie (TPIY), c'était la première fois qu'on assistait à la mise sur pied de juridictions répressives par une décision autoritaire d'un organisme international. À l'exception des tribunaux de Nuremberg et Tokyo, les instances juridictionnelles régionales et internationales contemporaines ont été créées dans le strict respect des principes cardinaux du droit international, dont celui du consentement et de l'égalité souveraine des États[11]. La création du TPIR sur la base du chapitre VII de la Charte onusienne par le Conseil de sécurité marque le retour du

---

[9] Voir, à cet égard : TPIR, Chambre de première instance II, *Le Procureur c. Joseph Kanyabashi*, décision sur l'exception d'incompétence de la défense, ICTR-96-15-T, 18 juin 1997 ; TPIY, Chambre d'appel, *Le Procureur c. Dusko Tadic*, arrêt relatif à l'appel de la défense concernant l'exception préjudicielle d'incompétence, IT-94-1, 2 octobre 1995.

[10] Voir TPIR, Chambre de première instance II, *Le Procureur c. Joseph Kanyabashi, Décision sur l'exception d'incompétence de la défense*, ICTR-96-15-T, 18 juin 1997, § 27.

[11] Voir : John PHILPOT, « Le Tribunal pénal international pour le Rwanda : la justice trahie », *Études internationales*, vol. 17, 1996, p. 829 ; Lison NÉEL, « Échecs et compromis de la justice pénale internationale (note) », *Études internationales*, vol. 29, 1998, p. 97.

paradigme de Nuremberg : absence de permanence, non-implication d'une plus large partie de la communauté internationale, justice des vainqueurs, le Tribunal ayant été institué à la demande du Gouvernement rwandais, partie victorieuse de la guerre[12].

L'argument de l'urgence, selon lequel une action rapide s'imposait, n'est guère plus convaincant. Le Tribunal doit être situé dans le cadre de la réaction. En précipitant celle-ci, le Conseil s'est laissé emporter par la « colère » et le sentiment de revanche, plutôt que par l'apaisement et le désir de réconciliation. Rien ne l'empêchait d'agir par le biais du chapitre VI, qui l'habilite à recommander les solutions appropriées pour le règlement pacifique des différends[13]. Lorsque ces recommandations s'inscrivent dans la volonté d'empêcher que la prolongation d'une situation de désaccord ne menace le maintien de la paix et la sécurité internationale, les États sont tout autant contraints de les mettre en œuvre que s'il s'agissait de mesures entreprises au titre du chapitre VII. Ils sont contraints non par une modalité spécifique de règlement des différends, mais par l'objectif de trouver une solution pacifique, notamment à travers des moyens qui préservent l'égalité souveraine des États et le consensualisme. Le Tribunal spécial pour la Sierra Leone, bien que poursuivant des objectifs similaires à ceux du TPIR[14] – à savoir la réconciliation nationale et le maintien de la paix – a été créé précisément sur la base du chapitre VI pour s'assurer que soient prises en compte, autant que possible, les préoccupations, les opinions et les demandes de l'État sur le territoire duquel les crimes avaient été commis[15].

Sans aller jusqu'à exiger l'implication de l'Assemblée générale des Nations Unies, autre alternative à l'autoritarisme du Conseil de sécurité[16], la légitimité d'une juridiction internationale est gage de son autorité et de sa crédibilité. Or, la création du TPIR en tant qu'organe subsidiaire du Conseil de sécurité écorne cette crédibilité à plus d'un titre. D'une part, le Tribunal a été créé pour assumer les fonctions du Conseil en matière de maintien de la paix[17]. D'autre part, quoiqu'ait pu dire le TPIR de son indépendance vis-à-vis de son créateur[18], le maintien de la paix est une action politique qui ne peut être conduite en toute objectivité. En insérant ainsi le TPIR dans le cadre du chapitre VII, le Conseil lui ôtait sa neutralité et son impartialité, ainsi que l'illustre d'ailleurs sa compétence arbitrairement délimitée.

---

[12] John PHILPOT, « Le Tribunal pénal international pour le Rwanda (…) », *op. cit.*, p. 830.
[13] Charte de l'ONU, articles 36 et 37.
[14] Voir CSNU, Résolution 1315 (2000) du 14 décembre 2000.
[15] Micaela FRULLI, « The Special Court for Sierra Leone: Some Preliminary Comments », *Economic Journal of International Law*, vol. 11, 2000, p. 860.
[16] John PHILPOT, « Le Tribunal pénal international pour le Rwanda (…) », *op. cit.*, p. 829.
[17] *Idem.*
[18] TPIR, Chambre de première instance II, *Le Procureur c. Joseph Kanyabashi, Décision sur l'exception d'incompétence de la défense*, ICTR-96-15-T, 18 juin 1997, §§ 37ss.

1.2. Une compétence arbitrairement délimitée

La construction de la compétence du TPIR n'a pas rendu service à la recherche de la vérité sur laquelle les Rwandais bâtiraient la réconciliation nationale. Au contraire, elle est marquée par la volonté de réhabiliter les Tutsis et de rendre les Hutus responsables du génocide, démarche contreproductive tant pour la prévention de nouveaux conflits, et donc de nouveaux crimes, que pour la réconciliation, le rétablissement et le maintien de la paix.

La compétence temporelle du Tribunal fut indûment raccourcie de manière à laisser croire et faire dire à l'histoire que le conflit rwandais se situait entre le 1er janvier et le 31 décembre 1994[19]. Cette compétence a empêché le Tribunal de s'intéresser aux causes profondes du conflit, qu'il faut situer dans l'échec de la minorité tutsi au référendum sur l'indépendance de 1959 et le départ de nombre d'entre eux en exil, notamment en Ouganda voisin. Par la suite, ils s'y sont constitués en rébellion sous l'appellation de Front patriotique rwandais (FPR) et ont attaqué le Rwanda de l'extérieur ou ont été attaqués par le Gouvernement en place.

L'attaque la plus rapprochée du génocide, outre les affrontements de 1959, 1963, 1964 et 1973, est celle déclenchée par la *Rwandese Patriotic Army* (RPA) et l'armée ougandaise (*National Resistance Army*) contre le Rwanda, le 1er octobre 1990[20]. Cette agression a ouvert le cycle des violences interethniques, dont le génocide de 1994 est le point culminant consécutivement à l'attentat contre l'avion du président d'origine hutu, Juvénal Habyarimana. Dès lors, comme l'a affirmé John Philpot, « la population hutue privée de ses leaders, s'est sentie encerclée et menacée d'être éliminée »[21]. Sans vouloir justifier l'injustifiable, il est constant qu'au cours de ce conflit et après la prise de Kigali par le FPR, des crimes ont été commis des deux côtés[22]. Une compétence temporelle aussi restreinte que celle fixée par le Statut du TPIR n'en tient cependant pas compte.

La conséquence de cette compétence taillée sur mesure est dangereuse, si ce n'est pour le maintien de la paix, qui doit se nourrir de l'actualité du conflit[23], du moins pour l'entreprise de justice. En effet, la compétence

---

[19] Statut du TPIR, article 1.

[20] Voir : John PHILPOT, « Le Tribunal pénal international pour le Rwanda (...) », *op. cit.*, p. 831 ; Peter ERLINDER, « The UN Security Council *Ad Hoc* Rwanda Tribunal: International Justice or Judicially-Constructed 'Victor's Impunity'? », *De-Paul Journal for Social Justice*, vol. 4, 2010, p. 169.

[21] John PHILPOT, « Le Tribunal pénal international pour le Rwanda (...) », *op. cit.*, p. 832.

[22] Voir notamment Peter ERLINDER, « The UN Security Council *Ad Hoc* Rwanda Tribunal (...) », *op. cit.*, pp. 192-194.

[23] Voir Lison NÉEL, « Échecs et compromis de la justice pénale internationale (note) », *op. cit.*, p. 97.

oriente incidemment les poursuites contre les personnes d'origine hutue, au mépris du principe d'égalité devant la justice[24]. Le Statut prend parti pour l'idée que le génocide constitue le point de départ de la crise rwandaise, dont les Hutus sont les planificateurs et les exécutants[25]. Il ignore la période antérieure, au cours de laquelle les Hutus comme les Tutsis se sont combattus, avec à la clé la commission d'actes de génocide et de crimes de guerre ou autres crimes contre l'humanité. Aussi, contrairement au TPIY, dont la compétence temporelle avait été laissée ouverte pour tenir compte du fait que le conflit était en cours, le Conseil de sécurité a arbitrairement limité la compétence du TPIR au 31 décembre 1994, alors même que des crimes de vengeance ont été commis après l'accession au pouvoir du FPR[26] et que les violences se sont étendues aux pays voisins bien après 1994[27].

La compétence personnelle du Tribunal se limitait au jugement des résidents du Rwanda à l'époque des faits ou de citoyens rwandais vivant dans les pays tiers[28]. Le Conseil de sécurité entendait ainsi exclure du champ de compétence du TPIR les crimes commis par les individus non rwandais à l'extérieur du Rwanda[29]. La mise en place du Tribunal est, de fait, partie du présupposé de la commission d'un génocide contre les Tutsis, de sorte que – en dépit de la neutralité de la définition de la compétence personnelle –, il est apparu en pratique que seuls des Hutus (à l'exception d'un Belge)[30], ont été

---

[24] Ce principe est consacré notamment par le Pacte international relatif aux droits civils et politiques de 1966 (article 14, § 1) et par la Charte africaine des droits de l'Homme et des peuples de 1981 (article 3).

[25] C'est dans ses jugements que le TPIR a rétabli l'équilibre en refusant, par exemple, dans l'affaire *Militaire I* ou *Bagosora et al.* (ICTR-98-T), de condamner injustement quatre officiers militaires hauts gradés, généralement considérés comme les planificateurs du génocide. Voir, à cet égard, Peter ERLINDER, « The UN Security Council *Ad Hoc* Rwanda Tribunal (…) », *op. cit.*, pp. 152-153.

[26] Voir notamment John PHILPOT, « Le Tribunal pénal international pour le Rwanda (…) », *op. cit.*, p. 837. Le secrétaire général de l'ONU estima, cependant, que les crimes des Tutsis n'avaient pas été commis avec l'intention d'éliminer les Hutus (Lettre de Boutros BOUTROS-GHALI du 4 octobre 1994, en annexe au *Rapport préliminaire de la Commission d'experts indépendants établie conformément à la Résolution 935 (1994) du Conseil de sécurité*, S/1994/1125, 6 octobre 1994).

[27] Voir : Luc REYDAMS, « The ICTR Ten Years On: Back to the Nuremberg Paradigm? », *JICJ*, vol. 3, 2005, p. 980 ; Rory CARROLL, « Genocide Tribunal 'Ignoring Tutsi's Crimes' », *The Guardian*, 13 janvier 2005.

[28] Statut du TPIR, article 1.

[29] John PHILPOT, « Le Tribunal pénal international pour le Rwanda (…) », *op. cit.*, p. 832.

[30] George Henri Yvon Joseph Ruggiu, journaliste belge à la radio RTLM au moment du conflit, a plaidé coupable pour les accusations d'incitation directe et publique à commettre le génocide et de persécution en tant que crime contre l'humanité : TPIR, Chambre de première instance I, *Le Procureur c. Georges Ruggiu*, ICTR-97-32-I, jugement, 1er juin 2000, § 24.

poursuivis devant le Tribunal[31]. L'implication étrangère, qu'il s'agisse de la Belgique, des États-Unis ou de l'Ouganda, n'a ainsi pas été investiguée[32].

En réalité, la compétence matérielle du Tribunal réduisait le conflit rwandais à un affrontement entre auteurs hutus et victimes tutsis. Le mandat du Tribunal plaçait en tête de sa liste de crimes le génocide, auquel étaient ajoutées les « autres violations du droit international humanitaire », comme si on ne voulait pas les nommer. Et, quand il a fallu définir les crimes contre l'humanité, les rédacteurs du Statut y ajoutèrent un critère supplémentaire, à savoir que les actes constitutifs de crimes contre l'humanité devaient être commis pour des motifs discriminatoires, notamment en raison de l'appartenance raciale, nationale, ethnique ou tout autre motif illégitime. Cette exigence, qui n'existait pas à Nuremberg, pas davantage que dans le Statut du TPIY, rapprochait les crimes contre l'humanité du crime de génocide[33]. Bien qu'en pratique ce critère ait été écarté comme ne relevant pas de la définition coutumière des crimes contre l'humanité, il n'en demeure pas moins qu'il a exercé une influence sur les stratégies de poursuite des procureurs du TPIR, dont toutes les inculpations comportèrent au moins le crime de génocide, à l'exception de certains plaidoyers de culpabilité[34].

En outre, en ne visant que les violations du *jus in bello*, le Conseil de sécurité s'est uniquement saisi des effets du conflit. Or, les causes profondes de ce dernier reposaient, entre autres, sur la guerre d'agression du FPR contre le Gouvernement hutu. S'il revient au droit humanitaire d'être neutre vis-à-vis des belligérants, rien ne s'oppose à la répression des violations du *jus ad bellum*, comme en témoigne l'incrimination de l'agression dans les Statuts de Nuremberg puis de Rome[35]. L'histoire du conflit montre que les principes du droit humanitaire ne furent pas les seules règles violées au Rwanda. On peut ajouter la violation de l'interdiction du recours à la force[36], l'appui du Gouvernement ougandais à la rébellion tutsi dirigée par le FPR

[31] Voir : Erik MØSE, « ICTR », *in* A. CASSESE (ed.), *The Oxford Companion to International Criminal Justice*, Oxford, OUP, 2009, p. 355 ; Peter ERLINDER, « The UN Security Council *Ad Hoc* Rwanda Tribunal (…) », *op. cit.*, p. 137.

[32] Voir : John PHILPOT, « Le Tribunal pénal international pour le Rwanda (…) », *op. cit.*, p. 837 ; Peter ERLINDER, « The UN Security Council *Ad Hoc* Rwanda Tribunal (…) », *op. cit.*, p. 195 (l'auteur souligne que les responsables américains et de hauts fonctionnaires de l'ONU avaient connaissance que des crimes de guerre, des crimes contre l'humanité et possiblement le génocide avaient été commis par les forces du FPR).

[33] Luc REYDAMS, « The ICTR Ten Years On: Back to the Nuremberg Paradigm? », *op. cit.*, p. 980.

[34] Erik MØSE, « ICTR », *op. cit.*, p. 355.

[35] Voir : le Statut du Tribunal militaire international annexé à l'Accord concernant la poursuite et le châtiment des grands criminels de guerre des Puissances européennes de l'Axe et le Statut du Tribunal international militaire, Londres, 8 août 1945, article 6-a ; le Statut de Rome de la CPI, articles 5 et 8 *bis*.

[36] Charte de l'ONU, article 2, § 4.

ayant été amplement documenté[37]. Il en va de même de la violation des règles de l'Organisation de l'unité africaine protégeant la souveraineté et l'intégrité territoriale des États membres[38].

En somme, les droits de l'Homme autant que la légalité internationale et régionale avaient été violés. Et pas n'importe quelle légalité, puisqu'il s'agissait des règles interdisant le recours à la force, domaine dans lequel le Conseil de sécurité possède une responsabilité principale[39]. Un souci réel pour le rétablissement et le maintien de la paix, et surtout pour la prévention des conflits, justifiait la sanction de telles atteintes. Cela aurait non seulement garanti la stabilité du Rwanda et inspiré le respect du droit international dans la région des Grands Lacs si souvent fragilisée par des conflits, mais aurait, en outre, permis d'« éclairer le monde sur les importantes questions de fait et de droit qui sont en jeu »[40]. On ne peut que regretter l'absence de sanction des violations du *jus ad bellum*, qui garantit à certains leaders de cette région des Grands Lacs l'impunité totale lorsqu'ils engagent des guerres d'agression contre des pays voisins. Il suffit de penser au rôle joué par le Rwanda et l'Ouganda dans les conflits successifs de la République démocratique du Congo, qui se sont eux aussi soldés par de nombreuses violations des droits de l'Homme[41].

2. Un fonctionnement et une contribution discrédités

Le TPIR n'a pas seulement été handicapé, en théorie, par son mandat politiquement orienté. Dans la pratique, son fonctionnement a souvent été sapé par les interférences politiques (2.1), ce qui délégitime et discrédite son œuvre (2.2).

2.1. Un fonctionnement politisé

La notion d'interférence sied particulièrement à la démonstration, ceci dans la mesure où, sur le plan formel, l'indépendance et l'impartialité du TPIR étaient garanties. C'est le cas, en particulier, du Bureau du procureur du Tribunal, lequel devait agir de manière indépendante, comme un organe autonome au sein du Tribunal, et ne pas rechercher ou recevoir d'instructions d'aucun Gouvernement ou de toute autre source[42]. Toutefois,

---

[37] Gérard PRUNIER, *The Rwanda Crisis: History of a Genocide*, Kampala, Fountain Publishers, 1999, p. 100.

[38] Voir : Charte de l'OUA de 1963, article III, § 3 (principe du respect de la souveraineté et de l'intégrité territoriale des États membres) ; Charte de l'UA de 2000, articles 3 (b) et 4 (a).

[39] Charte de l'ONU, article 24, § 1.

[40] John PHILPOT, « Le Tribunal pénal international pour le Rwanda (…) », *op. cit.*, p. 833.

[41] Voir : CIJ, *Activités armées sur le territoire Congo (République démocratique du Congo c. Ouganda)*, arrêt du 19 décembre 2005, *Recueil 2005*, p. 168 ; Gérard PRUNIER, *The Rwanda Crisis: History of a Genocide*, *op. cit.*, p. 382.

[42] Statut du TPIR, article 15, § 2.

le TPIR étant un organe subsidiaire du Conseil de sécurité, le Tribunal devait sa réussite à l'organe politique le plus puissant du système des Nations Unies, ainsi qu'au soutien de ses membres permanents. Seul le Conseil avait le pouvoir d'amender le Statut, d'utiliser son pouvoir coercitif pour obtenir la coopération des États récalcitrants, et même de nommer le procureur[43]. Dans ces divers champs d'intervention, le Conseil de sécurité n'a pas toujours agi avec objectivité, ce qui a naturellement terni l'apparence de justice censée caractériser le TPIR.

Le pouvoir législatif du Conseil de sécurité s'est illustré de manière importante dans l'élaboration de la stratégie de fin d'existence du TPIR. Après à peine 8 ans de fonctionnement, le Tribunal était sommé, par la Résolution 1503 (2003) du Conseil de sécurité, d'envisager la conclusion de ses travaux. La résolution indiquait alors que les enquêtes devaient être bouclées à la fin 2004, les procès en première instance à la fin 2008, et l'ensemble des travaux du Tribunal en 2010[44]. Elle approuvait également la stratégie d'achèvement des travaux du TPIY, sur lequel devait prendre exemple le TPIR, notamment afin d'atteindre l'objectif d'enquête de 2004. Elle limitait la compétence personnelle aux personnes présumées avoir la responsabilité la plus lourde dans les crimes, les auteurs intermédiaires et subalternes devant être renvoyés devant les juridictions nationales[45]. Le souci de renforcer les systèmes judiciaires nationaux apparaissait comme un prétexte cachant mal les effets pervers d'une telle stratégie.

D'une part, si le Conseil avait réellement une telle préoccupation, il aurait simplement dû s'atteler d'abord à la reconstruction de ces systèmes nationaux, afin qu'ils soient capables de poursuivre les crimes internationaux, y compris les personnes de haut rang. Un système national de justice véritable devrait, nous semble-t-il, avoir la capacité de juger sur un pied d'égalité.

D'autre part, les procureurs des divers tribunaux *ad hoc* et aujourd'hui de la CPI, ont systématiquement interprété la notion de « personnes qui portent la responsabilité la plus lourde dans les crimes » comme renvoyant aux gouvernants politiques et militaires[46]. Cette interprétation entraîne, sous-couvert de la recherche d'efficacité, de l'économie des ressources limitées de

[43] Statut du TPIR, article 15, § 4.

[44] CSNU, Résolution 1503 (2003) du 28 août 2003, § 7. Voir également TPIR, *Rapport sur la stratégie d'achèvement des travaux du Tribunal pénal international pour le Rwanda au 5 mai 2015*, Doc ONU S/2015/340, 15 mai 2015, § 1.

[45] CSNU, Résolution 1503 (2003) du 28 août 2003, préambule, §§ 7 et 8.

[46] Voir Fannie LAFONTAINE, Alain-Guy TACHOU SIPOWO, « Le débat paix/justice après 10 ans de Cour pénale internationale : une réévaluation à la lumière de la stratégie de poursuite limitée aux plus hauts responsables », *in* D. BERNARD, D. SCALIA (dir.), *Vingt ans de justice internationale pénale*, Bruxelles, La Charte, 2014, p. 223.

la justice internationale, une politisation inévitable, d'autant que les tribunaux pénaux internationaux sont institués par des organes politiques au sein desquels dominent les puissances occidentales. En effet, le succès d'une stratégie de poursuite axée sur les plus hauts dirigeants dépend aussi d'un rapport de forces politiques dans lequel le tribunal international peut se trouver instrumentalisé. De fait, si le *momentum* politique a permis le renvoi devant la justice internationale de hauts responsables comme Slobodan Milosevic et Charles Taylor, l'intérêt du Bureau du procureur du TPIR pour le rôle joué par la rébellion dirigée par Paul Kagame avant, pendant et après 1994 n'a jamais abouti à une décision de poursuivre. Pour un tribunal international qui a comme buts, outre le châtiment des criminels, la réconciliation nationale ou la restauration des victimes, le plus haut responsable n'est pas toujours le ministre ou le chef militaire vivant loin dans la capitale du pays, mais le bourreau vivant dans le voisinage immédiat des victimes[47].

Dans la foulée de la reconfiguration de la compétence personnelle du Tribunal, le Conseil de sécurité a décidé de nommer un procureur pour chacune des juridictions *ad hoc*[48]. Solution des plus logiques dans la perspective de la conclusion des travaux, ce choix n'était pas moins dicté par les critiques véhémentes du Gouvernement rwandais à l'encontre de la procureure d'alors, Carla Del Ponte, qui s'intéressait depuis 2000 aux crimes du FPR. Du fait de l'influence américaine, son mandat n'a pas été renouvelé en 2003[49]. Son successeur, Hassan Jalloh, n'est jamais allé de l'avant avec ce dossier[50]. La raison tient, en partie, au choix fait par le Conseil de sécurité du principe de l'opportunité des poursuites, qui laisse une large discrétion au procureur dans la décision d'initier des enquêtes et d'inculper des personnes, contrairement au principe de la légalité des poursuites, qui obligerait le procureur à poursuivre dès qu'il existe des éléments de preuve soutenant l'inculpation. En vertu du Statut du TPIR, seule la décision d'enquêter ou de poursuivre, et non la décision de ne pas poursuivre, est sujette à un contrôle judiciaire. Le principe de discrétion ouvre ainsi la porte à l'arbitraire et aux interférences politiques. C'est dans cette logique que les États-Unis ont pu influencer le choix des personnes poursuivies devant les tribunaux pénaux internationaux *ad hoc*[51].

---

[47] *Ibid.*, p. 233.
[48] CSNU, Résolution 1503 (2003) du 28 août 2003, § 8.
[49] Voir Peter ERLINDER, « The UN Security Council *Ad Hoc* Rwanda Tribunal (…) », *op. cit.*, p. 138.
[50] Voir Filip REYNTJENS, « Constructing the Truth, Dealing with Dissent, Domesticating the World: Governance in Post-Genocide Rwanda », *African Affairs*, vol. 110, 2011, p. 20.
[51] Peter ERLINDER, « The UN Security Council *Ad Hoc* Rwanda Tribunal (…) », *op. cit.*, p. 144.

Hassan Jalloh a eu l'occasion de s'exprimer sur les critères orientant sa politique des poursuites. Il a déclaré que sa discrétion était déterminée par son appréciation de la preuve et du droit, mais que d'autres facteurs et influences entraient aussi en ligne de compte[52]. Il ne s'est pas explicitement prononcé sur les raisons pour lesquelles il ne poursuivait pas les auteurs des crimes du FPR. On peut seulement déduire qu'il ne les considérait pas suffisamment graves, puisque la Résolution 1503 (2003) du Conseil de sécurité dictait une sélection des affaires fondée sur ce critère. Hassan Jalloh a estimé, dans une tribune en 2005, que les cas les plus graves concernaient les cas de génocide[53]. Cette affirmation est aussi contestable que celle où il livre sa lecture de la situation au Rwanda comme étant une guerre de libération au cours de laquelle le FPR a renversé le Gouvernement hutu pour mettre un terme au génocide[54]. Ainsi, les crimes du FPR sont-ils clairement blanchis.

Enfin, le Conseil de sécurité n'a pas toujours fait preuve de fermeté à l'encontre du Rwanda lorsque celui-ci adoptait à l'égard du TPIR une politique clairement obstructionniste[55]. Cette obstruction a posé des problèmes de coopération en matière de transfert de témoins au Tribunal et d'accès à la preuve documentaire. Ces difficultés ont surgi lorsque le procureur a décidé d'étendre ses enquêtes aux membres du FPR. En 2002, le TPIR n'était pas en mesure de tenir certains de ses procès, le Gouvernement rwandais s'opposant au transport des témoins à Arusha. Il a fallu des tractations américaines, couplées à la renonciation de la procureure Carla Del Ponte de poursuivre les auteurs soupçonnés du FPR et la promesse du Rwanda de conduire lui-même les enquête concernant ces derniers, pour que la coopération avec le TPIR soit finalement rétablie[56]. Les enquêtes ouvertes par le Rwanda n'aboutiront, toutefois, qu'à des condamnations légères et seront aussitôt abandonnées après le départ forcé de Carla Del Ponte.

Le cas le plus illustratif de l'interférence du Rwanda intervint, sans doute, en 1999, lorsque la chambre d'appel, pour des raisons d'irrégularité procédurale, décida de ne pas confirmer les accusations portées contre Jean Bosco Barayagwiza. Le Gouvernement rwandais menaça clairement de prendre d'autres mesures si la chambre ne reconsidérait pas sa décision[57]. Aussitôt dit, aussitôt fait : le visa d'entrée au Rwanda fut refusé à la procureure Carla Del

---

[52] Voir Luc REYDAMS, « The ICTR Ten Years On: Back to the Nuremberg Paradigm? », *op. cit.*, p. 985.

[53] Hassan B. JALLOH, « Prosecutorial Discretion and International Criminal Justice », *JICJ*, vol. 3, 2005, p. 145.

[54] *Ibid.*, p. 156.

[55] Voir notamment INTERNATIONAL CRISIS GROUP, « Tribunal pénal international pour le Rwanda : pragmatisme de rigueur », Nairobi/Bruxelles, 26 septembre 2003, p. 8.

[56] *Idem.*

[57] Voir « Rwanda Slams Decisions to Free Jean-Bosco Barayagwiza », *Hirondelle News Agency*, 6 novembre 1999.

Ponte et les témoins empêchés de témoigner au TPIR[58]. Le Tribunal international fléchira finalement en décidant, sur la base de motifs discutables, de confirmer les charges portées contre Jean Bosco Baragwiza[59].

Pour pragmatiques qu'ont pu être certaines concessions faites par le TPIR aux principaux acteurs politiques, tels que le Rwanda et le Conseil de sécurité des Nations Unies, lesquels ont interféré de manière notable dans son fonctionnement, on ne peut s'empêcher de s'interroger sur les conséquences de la politisation du Tribunal international sur sa contribution la plus attendue, à savoir la réconciliation nationale au Rwanda. Dans les développements qui suivent, on verra que l'œuvre du TPIR a pu être discréditée du fait des choix politiques contestables discutés ci-dessus, mais aussi du fait des défis qui caractérisent l'opérationnalisation du lien entre justice et réconciliation nationale.

2.2. Une contribution discréditée

Il apparaît séduisant de lier la justice à la réconciliation nationale, mais encore faut-il être en mesure d'opérationnaliser ce lien, de sorte qu'il produise les résultats escomptés. En la matière, la contribution du TPIR à la réconciliation nationale au Rwanda est discréditée sur plusieurs points.

L'incapacité d'attribuer une responsabilité individuelle sans imputer une responsabilité collective constitue une critique importante de son œuvre. Les tenants du lien entre justice et réconciliation nationale postulent qu'il est indispensable d'éviter de condamner le groupe dans son ensemble en raison de l'appartenance si l'on souhaite que le projet de pacification sociale réussisse[60]. La justice pénale doit donc être en mesure de distinguer entre responsabilité individuelle et responsabilité collective. Cet objectif est difficile à réaliser en droit international pénal pour des raisons évidentes. Les crimes internationaux sont massifs, tant du point de vue des victimes que de leurs auteurs. Pour cette raison, le TPIR n'a pas été en mesure de rendre un jugement de condamnation sans désigner le groupe auquel appartenait le suspect comme ayant une certaine responsabilité dans les crimes. La jurisprudence se réfère abondamment aux Hutus et aux Interahamwe comme les auteurs du génocide.

De cette observation, une préoccupation corrélative surgit. La réconciliation dont il est question est-elle possible si, dans le cadre d'une responsabilité

---

[58] Voir « ICTR Prosecutor to Ask for Review of Appeal Court decision, as Rwanda Refuses her a Visa », *Hirondelle News Agency*, 22 novembre 1999.

[59] Filip REYNTJENS, « Constructing the Truth, Dealing with Dissent (...) », *op. cit.*, p. 19.

[60] Jean-Marie KAMATALI, « The Challenge of Linking International Criminal Justice and National Reconciliation: The Case of the ICTR », *Leiden Journal of International Law*, vol. 16, 2003, p. 118.

collective, un seul individu est identifié comme devant subir les conséquences des agissements du groupe ? Il y a un danger d'autant plus grand à ne pas rendre également justice pour ce groupe que la politique de ne poursuivre que les plus hauts responsables (les dirigeants politiques) conduit à ce que les personnes avec lesquelles les victimes doivent continuer à vivre sont les Hutus, les Interahamwe et la population locale désignés comme les auteurs du génocide. Pour les crimes collectifs, ne faudrait-il pas envisager une responsabilité collective si le but de la justice est, par ailleurs, de rechercher la réconciliation nationale ?

En droite ligne de cette considération, il convient de souligner, comme autre lacune de la justice du TPIR, sa fonction exclusive de rétribution, qui apparaît inadaptée à la nature des crimes jugés. La justice rétributive correspond à l'individualisation du crime et de la responsabilité. Elle est appropriée dans le cadre d'un rapport intersubjectif d'un individu à un autre. Or, les crimes internationaux bouleversent une communauté et une société dans son ensemble. Il est alors préférable de privilégier la justice de restauration, laquelle implique la reconstruction des liens entre le criminel, la victime et la communauté. Il a même été soutenu que, dans ces cas, c'est cette communauté qui devrait prendre sur elle la responsabilité du trauma pour parvenir à la réconciliation[61]. La justice du TPIR a clairement nié ces principes lorsqu'elle a exclu à la fois la victime et la société rwandaise de son processus.

En effet, une autre limite de la justice internationale pénale est la dépossession des communautés concernées des crimes soufferts. Cette dépossession se traduit de plusieurs manières : l'éloignement des institutions administrant cette justice, au mépris de l'idée que la réconciliation nationale doit être un processus qui s'enracine dans la société concernée ; une politique pénale dominée par les valeurs internationales, ce qui donne l'impression que les valeurs de la société rwandaise ne comptent pas et nourrit, de ce fait, le sentiment d'un impérialisme culturel. La divergence en matière de politique pénale entre le TPIR et le Rwanda a conduit à des situations où les cerveaux du génocide jugés à Arusha recevaient des peines moins lourdes, tandis que les exécutants jugés au Rwanda étaient condamnés à des peines maximales.

Enfin, la dépossession s'est également manifestée par l'exclusion du Rwanda du processus de pardon dont peuvent bénéficier les personnes condamnées au bout d'une certaine période. En vertu du Statut du TPIR, il ne peut y avoir de pardon et de commutation de sentence que sur décision de l'État sur le territoire duquel le condamné purge sa peine en consultation

---

[61] *Ibid.*, p. 126.

avec le Tribunal[62]. La question se pose, dès lors, de savoir qui du pays d'exécution de la peine, du Tribunal ou du Rwanda a la légitimité de pardonner ? Le fait que la communauté internationale dans son ensemble soit également touchée par les crimes justifie-t-il l'exclusion totale de la société rwandaise, y compris lorsqu'il s'agit, par ailleurs, de permettre la réconciliation entre ses membres ?

En tout état de cause, les limites et les critiques qui peuvent être soulevées contre l'œuvre du TPIR n'empêchent pas d'examiner de près son apport à la diffusion des valeurs fondamentales qui sont à l'origine du système actuel de justice internationale pénale. Tel est le sens des développements qui suivent.

II. Le TPIR : un Nuremberg dont l'œuvre reste à transformer

La fermeture du TPIR marque-t-elle la fin de l'histoire sur les atrocités commises au Rwanda ? L'erreur serait de considérer qu'avec les jugements du TPIR, la vérité a été dite et l'histoire écrite. Il convient, à notre sens, de penser que le moment est venu pour la communauté internationale, les institutions régionales et la société rwandaise, de travailler à la transformation de ce que le TPIR a pu connaître comme succès. Faute d'être parvenu à la réconciliation effective au Rwanda ou à la pacification totale de la région des Grands Lacs, il faut retenir du TPIR sa contribution à la fonction d'expressivité du droit international pénal, à savoir l'affirmation ou la réaffirmation de normes cardinales de l'ordre international. Après avoir examiné quelques uns des enseignements du TPIR (1), nous verrons qu'en l'état actuel leur succès ne tient qu'à la transformation qu'en feront les sociétés africaines en général et la société rwandaise en particulier (2).

1. De quelques enseignements en guise d'héritage

Évoquer l'héritage du TPIR pose la question de l'empreinte que cette institution lèguera à la postérité, d'où l'apparition de la notion d'héritage (*legacy* en anglais) dans le discours politique et juridique sur les tribunaux pénaux internationaux. Comme l'a fait remarquer Viviane E. Dittrich avec pertinence, l'héritage n'est pas un concept juridique, « mais plutôt une attente ou une revendication vis-à-vis des tribunaux »[63]. La notion pose le legs en miroir au légataire dans la perspective de sa disparition, comme l'est désormais le TPIR[64]. Pour en pérenniser l'œuvre et l'existence, que faudra-t-il retenir de cette institution, au risque qu'elle tombe dans l'oubli et qu'elle apparaisse à la conscience collective comme n'ayant pas existé ? Le TPIY évoquait, en 2011, son héritage comme « ce que le Tribunal va transmettre

---

62 Statut du TPIR, article 27.

63 Viviane E. DITTRICH, « La Cour spéciale pour la Sierra Leone et la portée de son héritage », *Études internationales*, vol. 45, 2014, p. 89.

64 *Ibid.*, p. 90.

aux successeurs et autres »[65]. Le TPIR laisse, à notre sens, deux principes en héritage à l'Afrique : le principe de la responsabilité des gouvernants (1.1) et le principe du respect de la dignité humaine et culturelle (1.2).

1.1. La gouvernance politique comme responsabilité

Pour imparfaite que son œuvre puisse être, le TPIR laisse en héritage une règle qui, affirmée depuis Nuremberg, était tombée en désuétude jusqu'au début des années 1990 : « Le fait que l'auteur d'un acte qui constitue un crime de droit international a agi en qualité de chef d'État ou de Gouvernement ne dégage pas sa responsabilité en droit international »[66]. Il ne s'agit pas simplement d'une règle qui établit une égalité de traitement entre les hauts dirigeants politiques poursuivis devant la justice internationale et les autres catégories d'accusés. La règle de l'absence de pertinence de la qualité officielle implique, principalement sur le plan de la détermination de la sentence, des conséquences fort particulières. Cette règle induit précisément que la responsabilité des plus hauts dirigeants n'est pas exclusivement juridique ; elle est bien plus, à savoir politique, voire éthique, ainsi que l'illustre opportunément le cas Jean Kambanda, le premier ministre rwandais condamné à la perpétuité par le TPIR.

Dès le mois d'avril 1994, Jean Kambanda, un banquier de formation, prenait la tête du Gouvernement rwandais de transition sous lequel le génocide et autres crimes de droit international furent commis au Rwanda. Arrêté au Kenya, il plaida coupable pour les actes d'accusation de génocide et de crimes contre l'humanité portés contre lui, reconnaissant « avoir en sa qualité de premier ministre, incité, aidé et encouragé des préfets, des bourgmestres et des membres de la population à commettre des massacres et des assassinats de civils, en particulier des Tutsis et des Hutus modérés »[67]. Fondé sur un désir de contribuer à la réconciliation nationale au Rwanda, mais aussi sur le dessein inavoué d'obtenir la clémence du Tribunal, ce plaidoyer, dont la validité fut confirmée en appel[68], n'en a pas moins abouti à l'une des sentences les plus sévères de l'échelle des peines du TPIR.

---

[65] TPIY, *Assessing the Legacy of the ICTY: Background Paper*, 23-24 février 2003 (notre traduction).

[66] CDI, Principes du droit international consacrés par le Statut du Tribunal de Nuremberg et dans le jugement de ce Tribunal, reproduits dans l'*Annuaire de la Commission du droit international*, 1950, vol. II, principe III. Voir également le Statut du TPIR, article 6, § 2 : « La qualité officielle d'un accusé, soit comme chef d'État ou de Gouvernement, soit comme haut fonctionnaire, ne l'exonère pas de sa responsabilité pénale et n'est pas un motif de diminution de la peine ».

[67] TPIR, Chambre d'appel, *Jean Kambanda c. Le Procureur*, ICTR-97-23-A, 19 octobre 2000, § 118.

[68] *Ibid.*, § 126.

La décision de la chambre de première instance apparaît comme un véritable sermon contre un individu qui a dévoyé sa fonction officielle et la confiance placée en lui par la population rwandaise. Les juges du procès notent que « au moment où ces crimes ont été commis, Jean Kambanda était premier ministre et partageait avec les membres de son Gouvernement la responsabilité du maintien de la paix et de la sécurité au Rwanda. Jean Kambanda a abusé de son autorité et de la confiance de la population civile »[69]. Ce fait semble d'autant plus lourd de conséquence aux yeux de la Chambre qu'il contrebalance le principe selon lequel le plaidoyer de culpabilité est, en principe, une circonstance atténuante justifiant une diminution de la peine. Au contraire, celle-ci considère que l'ancien premier ministre « a failli à l'obligation qui lui était faite de prendre toutes les mesures nécessaires et raisonnables pour empêcher ses subordonnés de commettre des crimes contre la population. L'abus d'autorité ou de confiance est généralement considérée comme une circonstance aggravante », assène-t-elle[70].

En vérité, si le défaut de mesures nécessaires et raisonnables pour empêcher les crimes relève clairement de l'ordre de l'obligation juridique au titre de la responsabilité du supérieur hiérarchique, le respect du lien de confiance et la sanction de l'abus d'autorité semblent n'avoir de fondement qu'éthique. Le TPIR se fait donc le gardien d'un ordre moral, affirmant vouloir assurer par sa peine « le maintien d'une société juste, paisible et sûre »[71]. Il juge, par conséquent, que par dessus tous les facteurs à évaluer pour la détermination de la peine « les crimes commis sont d'autant plus inacceptables que, occupant les fonctions de premier ministre, Jean Kambanda avait le devoir et le pouvoir de protéger la population du Rwanda et d'y maintenir l'ordre et la sécurité et a failli à sa mission »[72]. Ainsi, les hautes fonctions officielles de l'accusé excluent toute possibilité d'atténuation de la peine[73].

Le raisonnement du TPIR a eu une portée toute particulière lorsque le Tribunal spécial pour la Sierra Leone (TSSL) s'en est inspiré à l'occasion du jugement de l'ancien président libérien Charles Taylor, poursuivi pour son soutien aux multiples rébellions auxquelles on a imputé de nombreux crimes dans le contexte du conflit qui a secoué la Sierra Leone pendant plus d'une décennie. La position de haut dirigeant peut avoir des implications tant dans la commission des crimes que lorsqu'il s'agit d'imposer une peine. En tant que complice des crimes de guerre et crimes contre l'humanité, le seul fait

---

[69] TPIR, Chambre de première instance I, *Le Procureur c. Jean Kambanda*, ICTR-97-23-S, 4 septembre 1998, § 44.
[70] *Idem.*
[71] *Ibid.*, § 58.
[72] *Ibid.*, § 61.
[73] *Ibid.*, § 62.

pour l'accusé d'avoir été en position d'autorité a donné aux diverses forces rebelles le soutien moral, l'approbation et l'encouragement nécessaires pour entretenir l'effort de guerre. Le TSSL en a conclu que cela constituait une contribution substantielle à la commission des crimes[74]. Il a également jugé que, au titre de la planification de tels crimes, le fait pour l'accusé d'avoir été en position de chef d'État et membre d'un comité sous-régional de négociation de la paix le prédisposait à posséder l'élément psychologique de ce mode de responsabilité, puisqu'à cette position « *the accused was continuously receiving detailed reports of the atrocities* »[75].

Le contexte géopolitique particulier du conflit sierra-léonais a accentué la manière dont la position d'autorité pouvait jouer comme circonstance aggravante dans l'affaire *Charles Taylor*. Le TSSL s'est montré sévère. Mettant de côté la finalité de réconciliation nationale, il a préféré inscrire son processus d'imposition de la peine dans l'objectif primordial de rétribution et de dissuasion[76]. Ainsi, quoique la jurisprudence antérieure ait conclu que la complicité dans les crimes internationaux impliquait une peine moins sévère, l'accusé écopa d'une peine d'emprisonnement de 50 ans. Deux circonstances particulières ont ajouté à la gravité des crimes et justifié cette sentence.

D'une part, le caractère extraterritorial des actes reprochés était constitutif de la violation du principe de non-intervention, cela d'autant qu'ils impliquaient un chef d'État[77]. Charles Taylor était, en effet, accusé d'avoir soutenu des groupes rebelles sur le territoire de l'État voisin, la Sierra Leone. Or, bien que la sanction de l'interdiction du recours à la force ne figurât pas dans le Statut du TSSL, ce dernier se servit de la sentence pour l'imposer.

D'autre part, l'accusé était un acteur clé du processus de paix au niveau sous-régional. Aussi, le TSSL en a déduit que l'abus d'autorité et de confiance dont il était l'auteur avait été commis non seulement à l'égard de sa population, mais aussi de la communauté internationale qui avait placé en lui les espoirs de paix[78]. Pour le TSSL, il était de son devoir d'user de son titre pour promouvoir la paix et la stabilité dans la sous-région et non pour soutenir le conflit[79]. Or, bien au contraire, son rôle avait prolongé le conflit et la souffrance infligée à un peuple voisin[80].

---

[74] TSSL, Chambre de première instance II, *Prosecutor v. Charles Taylor*, SCSL-03-01-T, Judgement, 18 mai 2012, § 6945.
[75] *Ibid.*, § 6969.
[76] TSSL, Chambre de première instance II, *Prosecutor v. Charles Taylor*, SCSL-03-01-T, Sentencing Judgement, 30 mai 2012, § 79.
[77] *Ibid.*, § 27.
[78] *Ibid.*, § 97.
[79] *Idem.*
[80] *Ibid.*, § 98.

En somme, en fonction des circonstances, la responsabilité des plus hauts dirigeants peut être accrue. L'affaire *Charles Taylor* témoigne du cas où les chefs d'État sont aussi comptables de l'ordre régional et international. À d'autres niveaux de l'échelle des responsabilités, la position d'autorité soit de membre du Gouvernement, de chef de police ou de commandant, induit une aggravation de la peine lorsqu'en rompant la confiance ou en abusant du pouvoir, la position de l'accusé emportait un devoir de protéger et de défendre des victimes[81].

1.2. Le respect de la dignité humaine et de l'identité culturelle

La société africaine se caractérise par le paradoxe qu'elle renferme une mosaïque humaine et culturelle des plus riches et diversifiées, mais ne jouissant pas toujours de la protection et du respect auxquels elle est en droit de s'attendre de la part de ses membres et de ses dirigeants. Au palmarès des régions où la dignité humaine et l'identité culturelle sont les plus à risque, l'Afrique n'est pas loin de faire la course en tête. La cohésion sociale et communautaire a tendance à y supplanter toute expression véritable de libertés individuelles et publiques, comme en témoigne l'inclinaison de la Charte africaine des droits de l'Homme et des peuples vers la prééminence de la collectivité sur l'individu[82]. Il convient de retenir de l'existence du TPIR deux enseignements à cet égard. Tant le groupe que l'individu méritent protection, car dans les circonstances exceptionnelles du génocide, l'un peut autant être en danger que l'autre.

La construction de la notion de génocide est ici digne d'intérêt. Le TPIR, à travers les affaires *Akayesu* et *Kambanda*, a produit les premières jurisprudences sur cette question depuis Nuremberg[83]. Par là même, il donnait vitalité et force juridique à la Convention pour la prévention et la répression du crime de génocide de 1948 qui n'avait, jusque-là, pas été appliquée[84]. En plus d'affirmer le caractère coutumier de l'interdiction du

---

[81] *Ibid.*, § 29.

[82] Voir notamment Mutoy MUBIALA, « Charte africaine des droits de l'Homme et des peuples et cultures africaines », *RQDI*, vol. 12, 1999, p. 199.

[83] Voir TPIR : Chambre de première instance I, *Le Procureur c. Akayesu*, ICTR-96-4-T, 2 septembre 1998 ; Chambre d'appel, *Jean Kambanda c. Le Procureur*, ICTR-97-23-A, 19 octobre 2000.

[84] Voir : Fannie LAFONTAINE, Alain-Guy TACHOU SIPOWO, « The Contribution of International Criminal Justice to Sustainable Peace and Development », *in* S. JODOIN, M.-C. CORDONIER SEGGER (eds.), *Sustainable Development, International Criminal Justice, and Treaty Implementation*, Cambridge, Cambridge University Press, 2013, p. 220 ; Larissa J. VAN DEN HERIK, *The Contribution of the Rwanda Tribunal to the Development of International Law*, Leiden, Nijhoff, 2005, p. 270.

génocide en droit international[85], le jugement *Akayesu* livre une définition de groupe protégé d'une portée juridique et sociétale significative.

Le TPIR était, en effet, confronté à la situation où il n'était pas possible d'envisager la majorité hutue et la minorité tutsie comme constituant des groupes distincts. Qu'il s'agisse de leur nationalité, de leur race, de leur religion ou de leur ethnie, ceux-ci partageaient des caractéristiques communes, bien que l'histoire coloniale en eût décidé autrement et que cela fut perpétué après les indépendances par la majorité hutu au pouvoir[86]. Dans une telle circonstance, le TPIR a choisi d'appliquer un critère subjectif pour déterminer le groupe protégé, à savoir que les membres d'un groupe ou ceux qui s'attaquent à ces derniers en raison de leur appartenance au groupe se considèrent ou les considèrent comme différents. Ainsi, des décennies de discrimination – autant par la tradition de la descendance patriarcale que par la loi, comme celle requérant la mention du groupe ethnique ou de l'ethnie sur la carte d'identité – avaient conduit les Tutsis à être vus comme un groupe stable, permanent et distinct[87]. Par la suite, le TPIR statuera que l'identification du groupe doit tenir compte non seulement de la preuve produite, mais également du contexte politique, social et culturel[88]. Il se gardera donc d'énoncer des critères objectifs, qui auraient eu l'effet pervers de renforcer l'idée que les groupes hutus et tutsis sont distincts[89].

Clairement, cette conception, pour critiquée qu'elle ait pu être[90], entretient l'idée de mosaïque culturelle. Une objectivation de l'identification du groupe pourrait impliquer une hiérarchisation des valeurs et des cultures et, ainsi, institutionnaliser le rejet de la différence. Or, la perception subjective du je/nous n'est pas en soi dangereuse si elle ne conduit pas à la négation du toi/vous. Elle participe, au contraire, de l'identité, au sens de processus d'individualisation qui, dans bien des circonstances, définit le cadre de la liberté et de l'autonomie. La définition du groupe par le TPIR est donc elle-même une reconnaissance de l'imbrication de l'individu et du collectif, dans la mesure où en n'évoquant pas l'immutabilité de l'appartenance au groupe,

---

[85] TPIR, Chambre de première instance I, *Le Procureur c. Akayesu*, ICTR-96-4-T, 2 septembre 1998, § 495.

[86] Laurence R. HELFER, « *Prosecutor v. Akayesu*, Case ICTR-96-4-T: International Criminal Tribunal for Rwanda, September 2, 1998 », *AJIL*, vol. 93, 1999, pp. 195-196.

[87] TPIR, Chambre de première instance I, *Le Procureur c. Akayesu*, ICTR-96-4-T, 2 septembre 1998, § 7.8.

[88] TPIR, Chambre de première instance I, *Le Procureur c. Rutaganda*, ICTR-96-3-T, jugement et sentence, 6 décembre 1999, §§ 56-57.

[89] Voir Fannie LAFONTAINE, Alain-Guy TACHOU SIPOWO, « The Contribution of International Criminal Justice (…) », *op. cit.*, p. 221.

[90] Voir notamment Guglielmo VERDIRAME, « The Genocide Definition in the Jurisprudence of the *Ad Hoc* Tribunals », *International and Comparative Law Quaterly*, vol. 49, 2000, p. 592.

elle laisse supposer que, comme par le passé dans la société rwandaise, les migrations d'un groupe à l'autre continueront de se produire.

La même affaire *Akayesu* est riche d'enseignements lorsque le Tribunal analyse l'acte de viol. Celui-ci est sanctionné comme une forme de torture, ce qui met en évidence la dimension collective de certaines souffrances pouvant, de prime abord, être considérées comme individuelles. Dans le contexte de la guerre, et encore plus du génocide, le TPIR a reconnu que le viol et la torture sont des crimes contraires à la dignité personnelle et poursuivant certaines fins comme « l'intimidation, la dégradation, l'humiliation, la discrimination, la punition, le contrôle et la destruction de la personne »[91]. Il n'y a, à cet égard, pas plus parlant que le concept de crimes contre l'humanité pour rendre compte de la dimension collective du viol. En d'autres mots, souvent reconnu comme une arme de guerre, le viol est aussi une arme de génocide (au sens de destruction d'un groupe protégé) et une arme contre l'humanité dès lors qu'il implique la négation de ce qui fait l'appartenance de l'individu à l'espèce humaine.

En évoquant dans la même affaire la notion plus large de violence sexuelle pour capter le concept indéfini d'« autres actes inhumains », le TPIR a admis que, dans bien des cas, l'atteinte à l'autonomie sexuelle, et donc à l'intégrité physique et à la dignité personnelle, peut prendre de nombreuses autres formes[92]. Il traçait ainsi la voie à la reconnaissance du mariage forcé, de la prostitution forcée, des mutilations génitales et autres formes de violence sexuelle par le TSSL et la CPI[93]. Faisant également sauter le verrou de l'existence de l'intention discriminatoire dans la définition des crimes contre l'humanité[94], la jurisprudence du TPIR a mis au centre de la répression de ce crime le souci d'humanisation des victimes des pires atrocités. C'est dans la même veine qu'il convient d'inscrire la pénalisation, pour la première fois de l'histoire, de crimes de guerre dans un conflit armé non international[95].

En somme, même réactionnaire, la justice du TPIR, en reconnaissant les crimes commis au Rwanda en 1994, a contribué à rendre aux victimes la

---

[91] TPIR, Chambre de première instance I, *Le Procureur c. Akayesu*, ICTR-96-4-T, 2 septembre 1998, § 6.4.

[92] Laurence R. HELFER, « *Prosecutor v. Akayesu*, Case ICTR-96-4-T (...) », *op. cit.*, p. 199.

[93] Voir : TSSL, Chambre d'appel, *Prosecutor v. Brima, Kamara and Kanu*, Judgment, SCSL-2004-16-A, 22 février 2008, § 186 ; Statut de Rome de la CPI, article 7. Voir aussi TPIY, Chambre de première instance, *Le Procureur c. Brdanin*, jugement, IT-99-36-T, 3 avril 2007, § 544.

[94] Voir Larissa J. VAN DEN HERIK, *The Contribution of the Rwanda Tribunal (...)*, *op. cit.*, p. 270.

[95] Voir : Statut du TPIR, article 4 ; Larissa J. VAN DEN HERIK, *The Contribution of the Rwanda Tribunal (...)*, *op. cit.*, p. 274.

dignité et l'humanité qui leur avaient été enlevées par leurs bourreaux[96]. Mais, comme nous l'avons vu, du fait de la construction arbitraire de sa compétence, l'histoire ainsi écrite par ce Tribunal ne peut autrement être considérée que comme un symbole. Il revient aux héritiers de ce legs de lui donner l'amplitude qui fera de ce symbole une contribution significative pour la postérité.

2. De la gestion de l'héritage du TPIR

L'héritage légué par le TPIR est complexe. Sur le plan humain, l'existence du Tribunal a permis à des individus venant du monde entier de faire la rencontre de l'Afrique à travers l'histoire du génocide rwandais. Elle a ouvert les portes à plusieurs générations de juristes de multiples nationalités qui animent aujourd'hui, à divers titres, au niveau national ou international, le projet utopique de justice internationale pénale[97]. Avec le TPIY, le TPIR a également le crédit d'avoir accéléré la mise en place d'autres mécanismes de responsabilité pour les crimes internationaux à travers le monde. La CPI en constitue l'exemple le plus marquant[98]. Ce type d'héritage nous semble ne pas poser de problème de pérennité. Les divers tribunaux, qu'ils soient de nature mixte ou internationale, profitent largement de la jurisprudence du TPIR et du TPIY, tandis que l'entrée en vigueur de la CPI n'empêche pas que continuent de voir le jour des initiatives de justice *ad hoc* pour les crimes les plus graves. Aussi, l'héritage jurisprudentiel du TPIR est-il à l'œuvre dans la pratique de ces diverses instances.

Toutefois, la question de la transformation des sociétés rwandaise et africaine reste entière : transformation immédiate et transformation à long terme. La réconciliation nationale, le rétablissement et le maintien de la paix étaient les impacts escomptés, de même que l'établissement de l'État de droit à travers l'élimination de la culture de l'impunité. S'il y a un héritage qui doit être pérennisé – considérant les turbulences politiques et sociales auxquelles font face les sociétés africaines contemporaines –, c'est très certainement dans ces directions qu'il importe de chercher. Le TPIR doit être considéré comme une institution qui a envoyé un message de paix, de réconciliation et de lutte contre l'impunité. C'est un message qui se veut symbolique car, au regard des contraintes du contexte international, il ne lui était pas possible de faire plus. Son œuvre doit être poursuivie, ce qui pose la question des modalités.

---

[96] Voir François-Xavier NSANZUWERA, « The ICTR Contribution to National Reconciliation », *JICJ*, vol. 3, 2005, p. 946.

[97] Leila N. SADAT, *The Legacy of the International Criminal Tribunal for Rwanda*, Washington University in St. Louis, Legal Research Studies Paper n° 12-09-05, 2012, pp. 8-9.

[98] *Ibid.*, p. 10.

À notre avis, il importe d'inscrire l'œuvre du TPIR dans la perspective de programmes de justice transitionnelle orientés vers la paix et l'État de droit, puisqu'est en cause ici un pays sortant d'une situation de conflit et de violations graves des droits humains. D'après les Nations Unies, de tels programmes « favorisent le respect du principe de responsabilité, renforcent le respect des droits de l'Homme et sont essentiels pour créer dans la population l'esprit civique indispensable pour soutenir la réforme de l'État de droit, le développement économique et la gouvernance démocratique »[99]. Concrètement, ils incluent « à la fois des mécanismes judiciaires et des mécanismes non judiciaires, avec par exemple l'ouverture de poursuites judiciaires contre des individus, des réparations aux victimes, des commissions de la vérité, une réforme des institutions, des procédures de vérification des antécédents des personnels de sécurité et, le cas échéant, de licenciement »[100]. Nous insisterons sur le besoin de poursuivre la recherche de la vérité et la réparation (2.1) et d'engager un processus de réforme et de renforcement des capacités institutionnelles pour la pacification durable des sociétés en transition (2.2).

2.1. La poursuite de la recherche de la vérité et de la réparation des victimes

La réconciliation nationale n'est pas un objectif qui peut être atteint uniquement par le jugement des auteurs des crimes. Il est souvent discuté que la répression criminelle soit le meilleur moyen d'y parvenir. La raison est simple et bien exposée par Jean Hatzfeld : il y a ceux pour qui le génocide n'aura jamais de fin, et d'autres pour qui le pardon et la paix sont possibles, et ceci, qu'il s'agisse des victimes ou des bourreaux[101]. Ce qui importe dans une société n'est pas tant qu'on s'aime tous d'une manière fraternelle. Seul le respect mutuel peut catalyser l'ordre et la stabilité. Ainsi, au lieu de réconciliation nationale, il nous semble que la quête de vérité et la réparation des torts subis permettraient aux Rwandais, et aux sociétés africaines qui traversent des crises similaires, d'aller de l'avant. Comme cela a été reconnu en doctrine, « la guérison et le pardon sont profondément des actes individuels qui engagent la décision de chaque individu de pardonner – ou au moins d'accepter ce qui s'est produit – ou de rejeter le pardon comme une option »[102]. En aucun cas, l'oubli n'est une solution viable sur le long terme.

---

[99] *État de droit et justice transitionnelle dans les sociétés en situation de conflit ou d'après conflit*, Rapport du secrétaire général des Nations Unies, doc. ONU S/2011/634, 12 octobre 2011, p. 7.

[100] *Idem.*

[101] Voir Jean HATZFELD, *Into the Quick of Life. The Rwandan Genocide: the Survivors Speak*, Londres, Serpent's Tail, 2008.

[102] Leila N. SADAT, *The Legacy of the International Criminal Tribunal for Rwanda*, *op. cit.*, p. 17.

En réalité, au lieu d'une focalisation sur la réconciliation, qui doit être le produit d'un ensemble d'efforts conduits de manière cohérente, il conviendrait d'insister sur la vérité et la réparation, lesquelles, poursuivies avec bonne foi et sincérité, sont susceptibles de catalyser la réconciliation sur le long terme[103]. À cet égard, les juridictions pénales internationales, dont le TPIR, participent, en fonction de leurs caractéristiques propres, à en poser les jalons. Il est vrai que la vérité judiciaire est spécifique par sa nature, mais ce serait faire preuve de mauvaise foi que de nier son apport à l'établissement de la vérité historique sur le génocide rwandais. Les procès d'Arusha auront permis de dire, si ce n'est la vérité complète, l'une de ses dimensions à partir de laquelle le processus doit être poursuivi. Cette vérité judiciaire, aussi partielle soit-elle, n'en est pas moins crédible, à savoir qu'en 1994, au Rwanda, un génocide contre les Tutsis et les Hutus modérés a été commis et que ce génocide a été politiquement orchestré et exécuté. Il revient à d'autres initiatives et mécanismes de pousser la recherche plus loin pour interroger le pourquoi, apporter des réponses détaillées aux victimes et survivants quant au sort réservé à leurs proches et tenter de rapprocher ces derniers et leurs bourreaux dans une perspective de réconciliation nationale.

La réparation, à l'instar de la vérité, n'a certes pas occupé une place de premier plan dans le travail du TPIR, mais il convient de ne pas écarter trop vite l'apport de ses jugements à l'amorce d'une réparation des victimes et de leurs communautés. La compensation financière est une forme de réparation parmi d'autres. Si elle est absente dans la justice administrée par le TPIR, il est également admis que le simple fait de prononcer une condamnation peut apporter aux victimes un sentiment de réparation. Dans sa structure et sa finalité première de contribuer au rétablissement et au maintien de la paix, la mise en œuvre d'autres formes de réparation n'apparaissait pas s'harmoniser avec les structures et la nature du TPIR. Cela étant, ses textes fondamentaux renvoient aux juridictions nationales pour l'octroi de réparations pécuniaires. Il va sans dire que d'autres formes de réparation seraient mieux administrées dans le cadre d'un processus plus large de justice transitionnelle en tenant compte des aspirations des victimes.

La poursuite de la vérité et des réparations, dans les situations de conflit ou de post-conflit, est un processus complexe, mais surtout pluraliste. Dès lors que dans de telles situations – cumulant une diversité d'enjeux et de faits – il n'existe pas une vérité monolithique, ce sont des réparations multiformes qui sont à même de répondre à des aspirations de justice souvent variées, tant au niveau de la substance que de la forme. D'où une conception onusienne de la

[103] Peter ERLINDER, « The UN Security Council *Ad Hoc* Rwanda Tribunal (…) », *op. cit.*, p. 214 (« *Once there is truth, reconciliation at least has a chance* »).

justice transitionnelle fondée sur le pluralisme des acteurs, des processus et des solutions[104].

Dans une telle optique, l'accompagnement de la communauté internationale s'avère indispensable. Celle-ci peut être impliquée de diverses manières et à plusieurs niveaux. Soit qu'elle participe en amont ou concomitamment à recréer les conditions de développement économique préalables à l'amorce de tout processus de réformation, soit qu'elle se porte caution ou garante de l'intégrité des programmes de justice transitionnelle. L'ONU reconnaît que « les commissions de la vérité peuvent perdre rapidement leur crédibilité si elles ne sont pas correctement financées, planifiées et dirigées, ce qui mine la confiance même qu'elles sont censées rétablir »[105]. Il s'ensuit qu'elles gagnent à être accompagnées par des acteurs impartiaux de la communauté internationale, si on veut éviter le risque d'instrumentalisation, de politisation, d'échec, ou simplement que l'issue de leurs travaux ne soit biaisée.

Il se peut, toutefois, que certains aspects du processus de justice transitionnelle, notamment la répression des crimes graves, soient entièrement mis en œuvre par des acteurs étrangers lorsque le pays en transition ne peut ou ne veut pas poursuivre. Le soutien de la communauté internationale au processus de mise en place et de renforcement de l'État de droit est l'objet d'une stratégie onusienne. Les opérations de maintien de la paix contemporaines incluent nécessairement une telle composante, tandis que l'ONU a pris position de ne pas soutenir les accords de paix qui accordent des amnisties générales, quoique la responsabilité individuelle pour les crimes passés demeure inégalement traitée d'une situation à l'autre[106]. En tout état de cause, la communauté internationale ne doit pas s'approprier seule une démarche de justice transitionnelle, puisque son ancrage national peut lui assurer succès et légitimité.

L'expérience de la société rwandaise apparaît, pour le moins, décevante dans la poursuite de la vérité et de la réparation après le conflit de 1994. Le Gouvernement en place depuis lors, qui ne semblait solliciter la création du TPIR que pour assouvir sa soif de justice des vainqueurs[107], s'est toujours montré réfractaire à la découverte de la vérité sur l'ensemble du conflit, de même qu'il n'a, jusqu'ici, jamais véritablement envisagé la réparation satisfaisante des victimes et survivants. Peut-être le Rwanda est-il plus stable aujourd'hui, mais son implication dans la déstabilisation des pays voisins

---

104 Voir à cet égard *État de droit et justice transitionnelle (...)*, *op. cit.*

105 *Ibid.*, p. 8.

106 *Ibid.*, pp. 5-6.

107 Voir Peter ERLINDER, « The UN Security Council *Ad Hoc* Rwanda Tribunal (…) », *op. cit.*, p. 136.

pose de sérieux problèmes[108]. La plupart des observateurs l'identifient comme une dictature[109]. Pour les raisons politiques déjà évoquées, le TPIR n'a pas pu juger tous les protagonistes de la crise de 1994, lesquels incluent certains membres de l'appareil gouvernemental actuel. Une culture de l'impunité perdure[110]. Le Rwanda a poursuivi sur le terrain de la justice rétributive, en transformant les juridictions traditionnelles *gacaca* en machine de liquidation du passif génocidaire.

Les juridictions *gacaca* avaient pour objectifs tant de rendre justice que de renforcer la réconciliation et révéler la vérité sur le génocide[111]. Leurs caractéristiques fondamentales tenaient à ce que les juges ne soient pas professionnels, que les accusés ne soient pas représentés et que les débats soient tenus en plein air pour permettre aux membres de la population de s'exprimer et, ainsi, de faire éclore la vérité. De 2005 à 2012, ces juridictions ont entendu près de 2 millions d'affaires[112]. Le bilan apparaît pour le moins mitigé.

Les succès à retenir de ce processus spécial sont la participation communautaire, la rapidité compte tenu de l'ampleur des crimes à juger, et l'opportunité qu'eurent certains survivants d'avoir des informations sur le sort de leurs proches[113]. Par contre, les irrégularités qui ont émaillé le processus sont si grossières que le moindre apport qu'il a pu avoir pour le rapprochement des survivants et des bourreaux est à relativiser. Les observateurs des *gacaca* ont décrié l'impossibilité pour les accusés d'avoir une défense pleine et entière, ainsi que la corruption et l'intimidation des juges, témoins et victimes. De nombreux participants auraient choisi le silence au lieu de la vérité par crainte de représailles. Hormis quelques restitutions de biens, aucun programme de réparation à la hauteur des torts

---

108 Voir : *Addendum to the interim report of the Group of Experts on the Democratic Republic of the Congo concerning violations of the arms embargo and sanctions regime by the Government of Rwanda*, ONU doc. S/2012/348/Add.1, 27 juin 2012 ; Filip REYNTJENS, « Constructing the Truth, Dealing with Dissent (…) », *op. cit.*, p. 1.

109 Filip REYNTJENS, « Constructing the Truth, Dealing with Dissent (…) », *op. cit.*, p. 2.

110 Parmi les rapports et ouvrages épinglant le régime de Paul Kagame, voir notamment : Serge DESOUTER, Filip REYNTJENS, *Rwanda : les violations des droits de l'Homme par le FPR/APR : plaidoyer pour une enquête approfondie*, Working Paper, Université d'Anvers, juin 1995 ; Abdul Joshua RUZIBIZA, *Rwanda : l'histoire secrète*, Paris, Éditions du Panama, 2005 ; HCDH, *Democratic Republic of the Congo, 1993-2003: Report of the Mapping Exercise documenting the most serious violations of human rights and international humanitarian law committed within the territory of the Democratic Republic of the Congo between March 1993 and June 2003*, Genève, août 2010.

111 Voir notamment : HUMAN RIGHTS WATCH, *Rwanda: Justice After Genocide: 20 Years On*, New York, 28 mars 2014 ; REDRESS, AFRICAN RIGHTS, *Survivors and Post-Genocide Justice in Rwanda: Their Experiences, Perspectives and Hopes*, Londres/Kigali, novembre 2008, p. 2.

112 Le Service National des tribunaux *Gacaca* faisait état, en juin 2012, de 1 958 634 affaires de génocide (« *Gacaca* Courts in Rwanda », Kigali, juin 2012).

113 Voir HUMAN RIGHTS WATCH, *Rwanda: Justice After Genocide (...)*, *op. cit.*

commis n'a vu le jour. Les demandes de pardon étaient, semble-t-il, trop formelles pour être sincères et permettre la restauration des victimes.

Alors que le Rwanda était censé se fonder sur les jugements du TPIR pour bâtir une société plurielle, libre et démocratique, on assiste aujourd'hui à la fermeture de l'espace politique et à la militarisation du pays[114]. Non seulement toute quête de vérité sur le génocide est mal venue, mais le Gouvernement s'efforce d'imposer une vérité unique, voire tronquée, qui sert mieux, selon lui, les intérêts de l'unité nationale. Il a très tôt choisi de se défaire de la présence des institutions internationales des droits de l'Homme[115] et n'hésite pas à désigner *non grata* les organisations humanitaires, de défense des droits humains, chercheurs et journalistes étrangers s'ils émettent des opinions ou produisent des rapports mettant en cause la gouvernance du pays[116]. Il ne veut entendre parler ni d'accord de paix avec les forces rebelles[117], ni de recherches sur le génocide n'épousant pas ses propres théories[118]. En témoignent les relations tumultueuses avec la France à la suite de la décision d'un juge de ce pays, en 2006, d'émettre des mandats d'arrêt contre d'anciens membres du FPR soupçonnés d'avoir déclenché le conflit de 1994[119].

En somme, le Gouvernement actuel a entrepris d'écrire sa propre histoire du Rwanda, des Rwandais et du génocide. Il le fait par ses propres contre-rapports qui attribuent la seule responsabilité du génocide aux Hutus[120], par son refus obstiné d'interroger les forces révolutionnaires du FPR[121], par des *ingando* ou « camps de solidarité » dans lesquels les jeunes doivent s'imprégner de gré ou de force de cette vérité[122] et par l'élimination de toute dissidence, hutu ou tutsi[123]. Il est le gardien de la seule et unique vérité qui compte[124]. Une vérité qui

---

114 Voir Peter ERLINDER, « The UN Security Council *Ad Hoc* Rwanda Tribunal (…) », *op. cit.*, p. 146.
115 Voir Filip REYNTJENS, « Constructing the Truth, Dealing with Dissent (…) », *op. cit.*, pp. 3-4.
116 *Ibid.*, pp. 4-8.
117 *Ibid.*, p. 21.
118 Voir Bert INGELAERE, « Do We Understand Life After Genocide? Center and Periphery in the Construction of Knowledge in Postgenocide Rwanda », *African Studies Review*, vol. 53, 2010, pp. 49-50.
119 *Ibid.*, p. 23.
120 *Idem.*
121 *Ibid.*, pp. 26-27.
122 *Ibid.*, p. 31. Voir aussi : Saskia VAN HOYWEGHEN, « The Urgency of Land and Agrarian Reform in Rwanda », *African Affairs*, vol. 98, 1999, p. 392 ; Bert INGELAERE, *Does the Truth Pass Across the Fire Without Burning? Transitional Justice and its Discontents in Rwanda's Gacaca Courts*, Discussion Paper, Université d'Anvers, 2007 ; et du même auteur « Does the Truth Pass Across the Fire Without Burning? Locating the Short Circuit in Rwanda's *Gacaca* Courts », *The Journal of Modern African Studies*, vol. 47, 2009, pp. 507-528.
123 Voir : Bert INGELAERE, « Do We Understand Life After Genocide? (…) », *op. cit.*, p. 28 ; J. SWAIN, « The Riddle of the Rwandan Assassin's Trail », *The Sunday Times*, 4 avril 2004.

postule, par ailleurs, la négation de l'existence des groupes ethniques, la nouvelle politique étant de considérer qu'il n'y a ni Hutus ni Tutsis, mais uniquement des Banyarwandas. Or, dans les faits, en 2000, les Tutsis, qui constituaient 10 % de l'ensemble de la population, formaient 70 % de la classe dirigeante[125]. Cette statistique est prémonitoire d'une mise en garde fort opportune des Nations Unies : le refus d'apporter des réponses aux crimes du passé accroit le risque que les pays sortant d'un conflit replongent dans la violence[126]. Une politique niant systématiquement l'ethnicité ouvre, à notre avis, la porte à un génocide, qui peut être au moins qualifié de culturel. Une véritable réformation structurelle et politique s'impose.

2.2. Le devoir de réformation

En mettant au grand jour la responsabilité des gouvernants rwandais dans le génocide de 1994, le TPIR a pointé du doigt, par la même occasion, les faiblesses qui caractérisent l'organisation et la distribution du pouvoir dans la plupart des sociétés africaines. Pour sacrifier à l'un des piliers essentiels de la justice transitionnelle que constitue la garantie de non-répétition, c'est au renforcement institutionnel et normatif de l'État de droit qu'il convient de s'attaquer. Cela implique d'imprégner les structures de pouvoir d'une véritable culture de respect des droits fondamentaux de la personne, d'une part, et d'une culture démocratique fondée sur l'alternance pacifique au pouvoir, d'autre part. Le tout doit reposer sur le principe de responsabilité, qui est au cœur de la notion d'État de droit, telle qu'elle est définie par les Nations Unies :

> « [L'état de droit] désigne un principe de gouvernance en vertu duquel l'ensemble des individus, des institutions et des entités publiques et privées, y compris l'État lui-même, ont à répondre de l'observation de lois promulguées publiquement, appliquées de façon identique pour tous et administrées de manière indépendante, et compatibles avec les règles et normes internationales en matière de droits de l'Homme. Il implique, d'autre part, des mesures propres à assurer le respect des principes de la primauté du droit, de l'égalité devant la loi, de la responsabilité au regard de la loi, de l'équité dans l'application de la loi, de la séparation des pouvoirs, de la participation à la prise de décisions, de la sécurité juridique, du refus de l'arbitraire et de la transparence des procédures et des processus législatifs »[127].

On décèle dans cette définition une double signification de la notion d'État de droit. Celle-ci s'entend, sur le plan normatif, comme le respect tous azimuts dans une société de lois compatibles avec les droits de l'Homme

---

[124] Voir Johan POTTIER, *Re-Imagining Rwanda: Conflict, Survival and Disinformation in the Late Twentieth Century*, Cambridge, Cabmbridge University Press, 2002, p. 203.
[125] Voir Bert INGELAERE, « Do We Understand Life After Genocide? (…) », *op. cit.*, p. 30.
[126] *État de droit et justice transitionnelle (...)*, *op. cit.*, p. 4.
[127] *Rétablissement de l'état de droit et administration de la justice (...)*, *op. cit.*, p. 6.

internationalement garantis et, sur le plan institutionnel ou processuel, comme l'exigence de mécanismes et procédures commandant l'application de la loi.

L'importance de l'État de droit dans une société est de garantir la justice, qui est elle-même au fondement de la paix et de la stabilité des institutions sociales et politiques. En tant que principe de gouvernance, il s'agit d'un véritable moyen de prévenir et de résoudre les confits susceptibles de survenir dans la société. De fait, de la solidité des institutions politiques dépend la capacité de chaque société à contenir la violence qui peut éclater de la divergence des intérêts quant à l'exercice des droits de ses membres. La double acception de l'État de droit nous semble donc fort pertinente, puisqu'elle met en évidence les déficiences de l'élaboration de la règle de droit dans les sociétés africaines.

En effet, bien que cette règle de droit soit, en général, la résultante d'un rapport de force social et politique, il est déplorable que, en Afrique, la recherche de la justice devant la caractériser s'inverse systématiquement en faveur de la perpétuation de l'arbitraire et de l'injustice. Arbitraire, parce que la règle de droit, d'une manière outrancière, a tendance à renforcer toutes les structures de pouvoir (social, politique ou économique), plus qu'elle n'accroit et ne garantit l'espace d'autonomie et de liberté de la personne. Injustice aussi, parce que la règle de droit entretient et perpétue souvent les inégalités sociales, plus qu'elle ne les combat et les élimine. On en veut pour preuve la place marginale des femmes, des enfants et des plus vulnérables dans la société, ainsi que le non-respect flagrant des droits économiques, sociaux et culturels entretenu par une culture de la dilapidation des biens publics et par des crimes économiques à grande échelle.

En conséquence, dans un processus de justice transitionnelle et de consolidation de la paix, on ne saurait trop insister sur la prise en compte effective de ces enjeux, car qui dit renforcement de l'État de droit comme instrument de prévention et de résolution des conflits dit nécessité de s'attaquer à leurs causes premières[128]. Il convient, en effet, de reconnaître au sujet de l'héritage du TPIR, que « *key element of the ICTR's success lies, once again, in the need for economic development, educational programs and capacity building tasks* »[129]. Comme dans bien des situations sur le continent africain et ailleurs, l'une des causes profondes des crises politiques menant à des violations graves des droits de l'Homme réside dans la pauvreté sociale[130]. Une réformation visant à garantir la non-répétition des

---

[128] *Rétablissement de l'état de droit et administration de la justice (...), op. cit.*, § 4.
[129] Leila N. SADAT, *The Legacy of the International Criminal Tribunal for Rwanda, op. cit.*, p. 13.
[130] *Ibid.*, p. 16.

crimes du passé doit donc débuter en posant les jalons d'une société plus juste, plus libre et plus égalitaire.

Sur ce point, le cas du Rwanda laisse encore perplexe. Le Gouvernement de ce pays n'a entrepris des réformes visant la garantie des droits fondamentaux que lorsqu'il a été pressé, en raison de la stratégie d'achèvement des travaux du TPIR, de revoir certains éléments clés de sa gouvernance des droits de l'Homme s'il entendait que lui soient transférées certaines affaires que le Tribunal ne pourrait plus juger faute de temps. On compte, parmi ces réformes, l'abolition de la peine de mort[131]. Le TPIR semble, d'ailleurs, avoir été plus actif sur le terrain du renforcement des capacités de la société rwandaise que ne l'a été son propre Gouvernement[132]. Sur le plan international, le principe de responsabilité n'est pas non plus entièrement intégré dans l'approche nationale des crimes internationaux, puisque le Gouvernement rwandais se veut aujourd'hui un chef de file de l'opposition à la CPI dont il n'a pas ratifié le Statut[133]. En 2009, le Rwanda a été admis au sein du Commonwealth, malgré un rapport alarmant sur la situation des droits de l'Homme dans le pays[134].

L'autre déficience de la règle de droit en Afrique se rapporte notamment à sa « non-garantie », plus exactement à l'absence de sanction ou la faiblesse des mécanismes de responsabilisation. L'État de droit institutionnel ou processuel imposerait pourtant que toute violation de droits humains puisse faire l'objet d'une réparation adéquate selon un processus équitable conduit en toute indépendance et impartialité. Pour autant, la responsabilisation judiciaire seule ne saurait apporter toutes les réponses. Elle doit s'accompagner d'autres mécanismes de sanction fondés sur le principe de la séparation des pouvoirs ou du contrôle mutuel des pouvoirs garantissant la primauté du droit. Il n'y a pas de véritable séparation des pouvoirs entre l'exécutif et le judiciaire si, comme dans bien des pays africains, les juges affichent leur appartenance au parti au pouvoir[135]. Cela rend peu crédible leur contrôle de l'action gouvernementale.

---

[131] *Ibid.*, pp. 7-8.

[132] Voir Adama DIENG, « Capacity-Building Efforts of the ICTR: A Different Kind of Legacy », *Northwestern Journal of International Human Rights*, vol. 9, 2011, p. 406.

[133] Voir Leila N. SADAT, *The Legacy of the International Criminal Tribunal for Rwanda*, *op. cit.*, p. 17.

[134] Voir : COMMONWEALTH HUMAN RIGHTS INITIATIVE, *Rwanda's Application for Membership of the Commonwealth: Report and Recommendations of the Commonwealth Human Rights Initiative*, New Delhi, août 2009 ; Filip REYNTJENS, « Constructing the Truth, Dealing with Dissent (…) », *op. cit.*, p. 2.

[135] Voir Filip REYNTJENS, « Constructing the Truth, Dealing with Dissent (…) », *op. cit.*, p. 17.

L'État de droit doit fondamentalement être démocratique, c'est-à-dire basé sur le respect de la volonté du peuple. Celle-ci doit s'imposer aux trois branches du pouvoir étatique avec la même vigueur, afin que l'application de la règle de droit soit assurée. Les efforts de la communauté internationale insistent trop souvent sur les dimensions institutionnelles des réformes liées à la consolidation de l'État de droit. En première ligne figurent l'indépendance judiciaire et la séparation des pouvoirs. Il nous semble, cependant, que si la justice échoue à garantir les droits fondamentaux des citoyens face à des exécutifs puissants, il s'agit de l'arbre qui cache la forêt. La confiscation du pouvoir et le refus d'alternance sont, si ce n'est la cause première de l'émergence des conflits fratricides en Afrique, la cause immédiate qui plonge des sociétés entières dans le chaos. Comme l'a reconnu l'historien Henry Contamine, « il n'est pas sûr qu'il y ait d'autres causes aux guerres que des causes immédiates »[136]. Or, soit que les Gouvernements en place sont dans une logique de confiscation du pouvoir, soit que les populations insatisfaites sont prêtes à prendre le pouvoir par tous les moyens, le déficit démocratique est à l'origine des violations graves des droits de l'Homme observées dans les conflits africains. Il importe aujourd'hui que les initiatives en faveur de l'État de droit s'attaquent à cette épineuse problématique plutôt que de l'esquiver, au risque de faire de la construction de l'État de droit un processus cyclique à envisager au rythme des changements anticonstitutionnels de pouvoir.

***

La question de savoir si le TPIR peut être un Nuremberg pour l'Afrique est, au fond, un prétexte pour s'interroger sur les enseignements que peuvent tirer les sociétés africaines de l'œuvre d'une institution internationale dont la mission était le jugement du génocide rwandais, la pacification et la réconciliation nationales dans une société post-conflit. Nous avons commencé par montrer en quoi la comparaison avec Nuremberg est pertinente. Si ce dernier mécanisme n'a pas été en tout point exemplaire, il a au moins contribué de manière éclatante à l'édification de la justice internationale pénale, telle qu'elle existe aujourd'hui. Surtout, en affirmant solennellement le principe de la responsabilité des gouvernants, Nuremberg de même que Tokyo sont à l'origine de l'institutionnalisation de sociétés européennes et occidentales libres et démocratiques auxquelles aspirent bien des peuples d'autres coins de la planète.

Par ailleurs, une évaluation de l'œuvre du TPIR après sa fermeture est une entreprise féconde en une période où les rapports entre l'Afrique et la justice internationale (comme institution) sont marqués par la confrontation et le désamour. Si l'Afrique ne rejette pas ses valeurs, l'héritage du TPIR doit être

---

[136] Cité dans Stéphane BERN, *Secrets d'histoire 5*, Paris, Albin Michel, 2014, p. 294.

considéré avec sérieux, autant pour ses lacunes, qui seront à gommer dans les initiatives de justice transitionnelle à venir, que pour ses apports, qui ne seront de véritables succès que s'ils sont dûment transformés, ceci, tant par la poursuite de la recherche de la vérité et la réparation des victimes que par la construction et la consolidation de l'État de droit.

Les Chambres africaines extraordinaires au sein des tribunaux sénégalais : un traitement africain de l'affaire Hissène Habré

Kadidiatou HAMA NATAMA

Le XXIe siècle est marqué par l'essor de la justice internationale pénale avec la Cour pénale internationale (CPI)[1], juridiction pénale permanente à vocation universelle, et l'apparition de diverses juridictions internationalisées ou hybrides créées sur décision conjointe de l'ONU et du Gouvernement d'un État, comme les tribunaux spéciaux pour la Sierra Leone ou le Liban[2]. Déjà au cours du XXe siècle, la justice internationale pénale prenait forme à travers les tribunaux de Nuremberg et de Tokyo, puis les juridictions internationales *ad hoc* créées par décision du Conseil de sécurité des Nations Unies pour lutter contre l'impunité à la suite des crimes graves perpétrés en ex-Yougoslavie et du génocide au Rwanda[3].

Ratifié par la majorité des pays du monde (123 États parties), le Traité de Rome, qui institue la CPI, est entré en vigueur en 1998. La Cour est fonctionnelle depuis le 1er juillet 2002. Ayant largement ratifié le Traité de Rome (33 États sur les 54 États africains), les pays d'Afrique ont manifesté, dès les premières heures de la CPI, leur volonté de participer à cette aventure de la construction du droit international pénal. Dès lors, il est apparu que l'Afrique est devenue le terrain privilégié d'expérimentation de la nouvelle juridiction qui, en vingt ans, n'a pratiquement poursuivi que des Africains pour des crimes commis en Afrique[4].

---

[1] Le Statut de la CPI, adopté le 17 juillet 1998, est entré en vigueur le 1er juillet 2002.

[2] L'un et l'autre ont été créés par un accord : accord signé entre le Gouvernement libanais et l'ONU, le 23 janvier 2007, et accord signé entre le Gouvernement sierra léonais et l'ONU, le 16 janvier 2002.

[3] CSNU, Résolution 827 du 25 mai 1993 pour le TPIY et Résolution 955 du 8 novembre 1994 pour le TPIR.

[4] Voir les condamnations prononcées dans les affaires *Lubanga* et *Katanga*. Le 14 mars 2012, Thomas Lubanga a été déclaré coupable des crimes de guerre consistant en l'enrôlement et la conscription d'enfants de moins de 15 ans, et le fait de les faire participer activement à des hostilités armées (CPI, Chambre de première instance I, *Le Procureur c. Thomas Lubanga Dyilo*, ICC-01/04-01/06). Le 7 mars 2014, Germain Katanga a été déclaré coupable de quatre chefs de crimes de guerre

Face à ce constat, l'Afrique semble déchanter et clame haut et fort que la justice de la CPI est sélective. Désormais, ses rapports sont tendus avec cette juridiction internationale. La focalisation constatée des poursuites de la Cour à l'encontre quasi-exclusive de dirigeants ou d'anciens dirigeants africains n'arrange rien. Les conférences de l'Union africaine (UA) sont devenues le lieu d'expression du désamour à l'égard de la Cour[5]. Les défiances se sont multipliées lorsque des mandats d'arrêt internationaux ont été lancés en 2009 et 2010 à l'encontre du président soudanais Omar el-Béchir. Le transfèrement de l'ancien président ivoirien, Laurent Gbagbo, à la Haye a fait monter les tensions. Plusieurs dirigeants en Afrique voient en la CPI un instrument au service de la justice occidentale, tandis que la Cour est qualifiée par certains intellectuels africains de prolongement de la domination coloniale permettant à l'Occident, au nom de valeurs universelles, de maintenir sa domination sur ses anciennes colonies autrefois qualifiées de « zones non civilisées »[6].

Les Africains dénoncent ce qui est perçu comme une justice de deux poids, deux mesures[7], pointant le fait que des crimes sont commis partout dans le monde – comme en Irak ou en Syrie – sans que la CPI n'entame aucune poursuite, alors qu'elle s'en donne à cœur joie dès qu'il s'agit de crimes commis en Afrique. La légitimité de la CPI est, plus que jamais, controversée. Même si l'existence de négociations multilatérales ayant abouti à la ratification du Traité de Rome, fondement de la vocation universelle de la CPI, permet d'affirmer que le fait que cette juridiction soit essentiellement afrocentriste n'est que conjoncturel et non structurel, force est de constater que son instrumentalisation politique est difficile à refuter lorsqu'on examine notamment les cas de la Libye, du Kenya ou de la Côte d'Ivoire, qui ont fortement contribué à détériorer son image.

En dépit du rejet affiché de la politique criminelle du Bureau du procureur et des décisions de la CPI, les États africains ne sont pas, pour autant, opposés à l'existence d'un système pénal international. Il semble qu'ils y voient tout

---

et d'un chef de crime contre l'humanité commis lors d'une attaque lancée contre le village de Bogoro (RDC) en 2003 (CPI, Chambre de première instance II, *Le Procureur c. Germain Katanga*, ICC-01/04-01/07).

[5] Voir notamment : Conférence de l'UA, session extraordinaire, 12 octobre 2013, Décision sur les relations entre l'Afrique et la Cour pénale internationale (CPI), Ext/Assembly/AU/Dec.1(Oct.2013) ; Conférence de l'UA, 25e session ordinaire, 14-15 juin 2015, Décision sur le rapport de la commission sur la mise en œuvre des décisions antérieures relatives à la Cour pénale internationale, Assembly/AU/Dec.586(XXV).

[6] Anne-Charlotte MARTINEAU, « La justice pénale internationale, l'Afrique et le refoulé colonial », *Champ pénal/Penal Field*, vol. 13, 2016, § 8.

[7] Voir notamment Conférence de l'UA, 21e session ordinaire, 26-27 mai 2013, Décision sur la compétence internationale, la justice internationale et la Cour pénale internationale (CPI), doc. Assembly/AU/13(XXI).

de même une voie salutaire pour la sécurité et la paix, ainsi que pour la lutte contre l'impunité. Pour preuve, les Africains envisagent la création d'une Chambre pénale au sein d'une future Cour africaine de justice et des droits de l'Homme. En attendant de réaliser ce projet, la perspective à court terme est incarnée par le Protocole de Malabo de 2014, qui entend élargir la compétence de la Cour africaine des droits de l'Homme et des peuples pour lui attribuer le pouvoir de juger des crimes internationaux[8].

En réalité, c'est une alternative à la CPI qui est ainsi recherchée en Afrique. Conscients que les juridictions nationales sont souvent défaillantes, notamment en cas de crise politique, les Africains ne doutent pas que la lutte contre l'impunité puisse être menée par un tribunal indépendant, impartial et de nature internationale. Seulement, aux yeux des Africains, les tribunaux de l'ONU représentent une justice de vainqueurs, loin de la réalité du continent et n'ont pas su incarner leurs espoirs. À ce propos, le Tribunal pénal international pour le Rwanda (TPIR) a connu un bilan très mitigé pour, entre autres, ne pas avoir poursuivi certains criminels liés au pouvoir en place. De même, le Tribunal spécial pour la Sierra Leone (TSSL) n'a pas reçu l'assentiment unanime des Africains, parce qu'il ressemblait plus à une justice venue de l'extérieur se considérant au-dessus de celle rendue par les juridictions nationales. Dès lors que le seul budget du Bureau du procureur était supérieur à celui de la Cour suprême sierra léonaise, ce tribunal est apparu manifestement embarrassant[9].

C'est dans ce contexte qu'a surgi la question de la poursuite d'Hissène Habré, ancien chef d'État tchadien chassé du pouvoir en 1990 et réfugié au Sénégal. L'idée de créer des Chambres africaines extraordinaires (CAE) au sein des tribunaux sénégalais pour juger l'ancien dirigeant tchadien est le résultat d'une décennie de tractations politico-judiciaires. Avec la tenue de ce procès, qui s'est clos par le verdict d'appel du 27 avril 2017 condamnant Hissène Habré à la prison à perpétuité et à une réparation de 123 millions d'euros en faveur des victimes, il est incontestable que cette affaire constitue un apport non négligeable de l'Afrique au droit international pénal.

---

[8] Protocole portant amendements au Protocole portant Statut de la Cour africaine de justice et des droits de l'Homme du 27 juin 2014, dit Protocole de Malabo.

[9] Stephen RAPP, ancien procureur en chef du TSSL, a déclaré lors d'un entretien accordé au journal *Time* en 2009, peu de temps après son départ de la juridiction, qu'ils « menaient des plaidoiries dans une salle d'audience confortable avec des procès longs et des avocats bien payés. Chaque prisonnier avait sa cellule, pourtant ils avaient commis les pires crimes. Dans la prison locale non loin de là, on manquait presque de tout. [Si je devais] recommencer, je mettrais en place un tribunal intégré dans le système judiciaire national... et non pas un tribunal de 30 millions de dollars par an » (Sulakshana GUPTA, « Stephen Rapp: Obama's Point Man on War Crimes », *Time*, 14 septembre 2009, notre traduction).

Eu égard aux nombreuses études sur cette affaire[10], notre analyse sera menée sous l'angle spécifique des circonstances ayant conduit à la mise en place des CAE. Une telle approche a pour avantage de se focaliser sur la remarquable implication des institutions africaines dans la lutte contre l'impunité à travers la mise en place de cette juridiction. Ainsi, il s'agira, dans un premier temps, de démontrer que la construction du droit international pénal bénéficie d'une contribution des institutions africaines en amont de la naissance des Chambres extraordinaires africaines (I), puis, dans un second temps, de faire ressortir que cette contribution se décline également en aval de la tenue du procès *Habré* (II).

I. Une contribution au droit international pénal des institutions africaines en amont du procès *Habré*

Les institutions africaines – plus particulièrement l'UA, la Cour de Justice de la Communauté économique des États de l'Afrique de l'Ouest (CÉDÉAO) et l'État sénégalais – ont eu un rôle déterminant dans la mise en œuvre du procès *Habré*. C'est la raison pour laquelle la juridiction chargée de ce procès a été qualifiée de « justice faite par les Africains » et c'est ce qui la rend historique puisque, pour la première fois, un ancien chef d'État africain a été poursuivi devant une juridiction dans un autre État africain.

L'origine de cette affaire se trouve dans les crimes contre l'humanité, crimes de guerre et actes de torture, qui ont été commis entre 1982 et 1990 au Tchad sous la présidence de Hissène Habré. De nombreux rapports d'ONG de défense des droits de l'Homme et d'associations de défense des victimes attestent l'existence de telles atrocités[11]. Selon le rapport de la Commission d'enquête tchadienne de 1993, par exemple, il y aurait eu 3 780 morts en sus de 40 000 assassinats politiques sous le régime Habré[12].

---

[10] Voir notamment : Élise LE GALL, « Les Chambres africaines extraordinaires : le procès *Habré* », *in* J. FERNANDEZ (dir.), *Justice pénale internationale*, Paris, CNRS Éditions, 2016, pp. 263-277 ; Augustin NGUEFEU, « Les Chambres africaines extraordinaires pour la répression des crimes internationaux : embryon d'une instance juridictionnelle pénale africaine ? », *in* SADI, *L'Afrique et le droit international pénal*, Paris, Pedone, 2015, pp. 129-144 ; François SERRES, « Critique des Chambres africaines extraordinaires : le point de vue de l'avocat », *in* P. GRÉCIANO (dir.), *Justice pénale internationale : les nouveaux enjeux de Nuremberg à La Haye*, Paris, Mare & Martin, 2016 ; Raymond Ouigou SAVADOGO, « Les Chambres africaines extraordinaires au sein des tribunaux sénégalais : quoi de si extraordinaire ? », *Études internationales*, vol. 45, 2014, pp. 105-127.

[11] Voir notamment HUMAN RIGHTS WATCH, *Le jugement de Hissène Habré : le temps presse pour les victimes*, New York, 2007.

[12] *Les crimes et détournements de l'ex-président Habré et de ses complices : Rapport de la Commission d'enquête nationale du ministère tchadien de la Justice*, Paris, L'Harmattan, 1993, p. 17.

Après son renversement lors d'un coup d'État, Hissène Habré avait entamé une vie paisible au Sénégal, où il s'est réfugié en décembre 1990. Il a fallu attendre le 26 janvier 2000 pour que sept victimes déposent une plainte auprès d'un juge d'instruction de Dakar pour violation de la Convention contre la torture et autres peines ou traitements cruels, inhumains ou dégradants de 1984. C'est le début d'une longue saga judiciaire qui se terminera avec la condamnation de la Cour d'appel des CAE, le 27 avril 2017. Mais, entre cette première plainte et ce verdict, que de tractations politico-judiciaires !

La tentative de poursuivre Hissène Habré se heurte, dans un premier temps, au refus des tribunaux sénégalais. Selon la Cour d'appel de Dakar[13], confirmée en cassation[14], ceux-ci sont incompétents pour connaître des crimes commis à l'étranger par un étranger quelle que soit la nationalité des victimes. L'affaire aurait pu s'arrêter là, mais c'était sans compter sur la détermination des victimes à pousser à l'externalisation des poursuites au-delà du Sénégal. En effet, dans la foulée de la décision de la Cour de cassation de Dakar, des victimes résidant en Belgique saisissent le Tribunal de première instance de Bruxelles sur le fondement du principe de la compétence universelle[15] tandis que, le 18 avril 2001, d'autres victimes au Tchad se tournent vers le Comité des Nations Unies contre la torture, arguant la violation des articles 5, § 2[16], et 7[17] de la Convention contre la torture de 1984.

---

13 Arrêt de la Cour d'appel de Dakar du 4 juillet 2000.

14 Arrêt de la Cour de cassation du Sénégal du 20 mars 2001. La Cour y proclame qu' : « aucun texte de procédure ne reconnaît une compétence universelle aux juridictions sénégalaises en vue de poursuivre et de juger, s'ils sont trouvés sur le territoire de la République, les présumés requérants ou complices de faits [de torture] (…) lorsque ces faits ont été commis hors du Sénégal par des étrangers ; que la présence au Sénégal d'Hissène Habré ne saurait à elle seule justifi[er] les poursuites intentées contre lui ».

15 La compétence universelle peut être définie comme un « système donnant vocation aux tribunaux de tout État sur le territoire duquel se trouve l'auteur de l'infraction pour connaître de cette dernière, et ce, quel que soit le lieu de perpétration de l'infraction et la nationalité de l'auteur ou de la victime » (Anne-Marie LA ROSA, *Dictionnaire de droit international pénal*, Paris, PUF, 1998, p. 10). Voir également concernant ce concept Anne LAGERWALL, « Que reste-t-il de la compétence universelle au regard de certaines évolutions législatives récentes ? », *AFDI*, vol. 55, 2009, pp. 743-762.

16 Article 5, § 2 : « Tout État partie prend également les mesures nécessaires pour établir sa compétence aux fins de connaître desdites infractions dans le cas où l'auteur présumé de celles-ci se trouve sur tout territoire sous sa juridiction et où ledit État ne l'extrade pas conformément à l'article 8 vers l'un des États visés au paragraphe 1 du présent article ».

17 Article 7 : « 1. L'État partie sur le territoire sous la juridiction duquel l'auteur présumé d'une infraction visée à l'article 4 est découvert, s'il n'extrade pas ce dernier, soumet l'affaire, dans les cas visés à l'article 5, à ses autorités compétentes pour l'exercice de l'action pénale. 2. Ces autorités prennent leur décision dans les mêmes conditions que pour toute infraction de droit commun de caractère grave en vertu du droit de cet État. Dans les cas visés au paragraphe 2 de l'article 5, les règles de preuve qui s'appliquent aux poursuites et à la condamnation ne sont en aucune façon moins rigoureuses que celles qui s'appliquent dans les

Dès lors, les choses s'accélèrent. Le 19 septembre 2005, le juge belge délivre un mandat d'arrêt international assorti d'une demande d'extradition à l'encontre de l'ancien chef d'État installé au Sénégal. La demande d'extradition émanant de la Belgique rencontre cependant l'opposition de la justice sénégalaise, qui se fonde sur l'immunité de juridiction protégeant un président, même lorsqu'il n'est plus au pouvoir, pour se déclarer incompétente[18]. Les autorités sénégalaises annoncent alors, le 27 novembre 2005, leur intention de soumettre le problème de la juridiction compétente pour juger Hissène Habré devant l'UA[19]. Un grand pas est franchi, l'UA et la Cour de Justice de la CÉDÉAO décidant de veiller à ce que l'impérieuse nécessité de lutter contre l'impunité en Afrique s'affirme (1). Dans sa décision du 19 mai 2006, le Comité des Nations Unies épingle sévèrement le Sénégal, en concluant que ce dernier doit « soumettre la présente affaire à ses autorités compétentes pour l'exercice de l'action pénale ou, à défaut, dans la mesure où il existe une demande d'extradition émanant de la Belgique, de faire droit à cette demande, ou le cas échéant, à tout autre demande d'extradition émanant d'un autre État en conformité avec les dispositions de la Convention »[20]. La pression monte d'un cran, poussant le Sénégal à accepter de mettre en place des CAE au sein de ses tribunaux nationaux, permettant par la même voie au principe de la compétence universelle de retrouver sa place lorsque l'effectivité de la justice internationale pénale est en jeu (2).

1. L'impérieuse nécessité de mener la lutte contre l'impunité affirmée par l'Union africaine et la Cour de Justice de la CÉDÉAO

L'Acte constitutif de l'UA, adopté le 11 juillet 2000 à Lomé, pose les principes qui régissent le fonctionnement de l'Union. Parmi ces principes, les points (h) et (o) de l'article 4 proclament respectivement « [l]e droit de l'Union d'intervenir dans un État membre sur décision de la Conférence, dans certaines circonstances graves, à savoir : les crimes de guerre, le génocide et les crimes contre l'humanité » et le « [r]espect du caractère sacro-saint de la vie humaine et condamnation et rejet de l'impunité, des assassinats politiques, des actes de terrorisme et des activités subversives ».

À travers ces principes, il ressort que les États africains entendent œuvrer à la lutte contre l'impunité par des actions communes. Ils veulent s'accorder en matière de promotion des droits de l'Homme. C'est une innovation par rapport

---

cas visés au paragraphe 1 de l'article 5. 3. Toute personne poursuivie pour l'une quelconque des infractions visées à l'article 4 bénéficie de la garantie d'un traitement équitable à tous les stades de la procédure ».

[18] Arrêt de la Cour d'appel de Dakar du 15 novembre 2005.

[19] La question fut soumise effectivement à l'UA, lors du sommet de Khartoum du 24 janvier 2006.

[20] Comité contre la torture, *Souleymane Guengueng et autres c. Sénégal*, communication n° 181/2001, CAT/C/36/D/181/2001, décision du 17 mai 2006, § 10.

à son prédécesseur, l'Organisation de l'Unité Africaine, en ce que cet Acte constitutif marque la prise de conscience de l'Union de l'importance de maintenir la paix sur le continent. En effet, l'Afrique demeure le théâtre d'affrontements armés et les dirigeants africains veulent trouver une réponse à cette situation, une réponse qui soit adaptée aux réalités du continent, ce qui signifie une réponse qui provient d'eux-mêmes et non de l'extérieur. Au demeurant, lorsque la question du cas Habré surgit, le contexte africain est favorable à une prise en charge africaine du problème. Les dirigeants africains, ainsi que leurs peuples, ne veulent plus, au nom du respect de valeurs universelles de l'humanité, d'ingérences de puissances étrangères ou d'ingérences sous couvert de forces de l'ONU dans leurs territoires. Le besoin de régler les conflits était devenu un impératif pour les chefs d'États africains. À ce titre, en 1999, le secrétaire général de l'ONU, Kofi Annan, déclarait que « tant que l'Afrique ne sera pas venue à bout de ses conflits, les progrès resteront précaires même dans les pays éloignés du théâtre des hostilités »[21].

Conscients que le maintien de la paix passe, aussi, par la prévention des conflits et la lutte contre l'impunité, l'UA a répondu à la sollicitation du Sénégal sur le cas Habré en décidant, le 24 janvier 2006, de mettre en place un « Comité d'éminents juristes africains », afin « d'examiner tous les aspects et toutes les implications du procès d'Hissène Habré ainsi que les options disponibles pour son jugement »[22], et de soumettre un rapport à la prochaine session de l'Union, en juillet 2006. Par cet engagement, l'UA entendait rétablir la justice comme « l'action par laquelle le pouvoir judiciaire, une autorité, reconnaît le bon droit de quelqu'un, fait droit à sa réclamation »[23]. Au surplus, l'Union donnait des orientations à ce Comité sur la voie à suivre pour juger Hissène Habré. Elle indiquait qu'il était préférable de privilégier, dans la mesure du possible, un mécanisme africain de justice, échappant donc au contrôle des juridictions occidentales et respectant les normes internationales en matière de procès équitable. En cela, l'affaire *Habré* est le déclencheur de l'idée d'une juridiction pénale internationale permamente en Afrique. Le 2 juillet 2006, sur la base des recommandations du Comité de juristes, l'UA demandait au Sénégal de juger Hissène Habré « au nom de l'Afrique », en lui garantissant toute son assistance, ce que le président du Sénégal accepta[24].

---

[21] Kofi ANNAN « Afrique : plaidoyer pour un nouveau départ », *Jeune Afrique Économique*, n° 297, 1-14 novembre 1999, pp. 110-112.

[22] Décision sur le procès Hissène Habré et l'Union africaine, Assembly/AU/Dec.103 (VI), doc. Assembly/AU/8 (VI), adoptée par la 6e session ordinaire de la Conférence de l'UA tenue à Khartoum, du 23 au 24 janvier 2006.

[23] *Grand dictionnaire encyclopédique Larousse*, Paris, Larousse, tome 6, 1984, p. 5919.

[24] UA, *Rapport du Comité d'éminents juristes africains sur l'affaire Hissène Habré*, 2 juillet 2006.

L'acceptation du Sénégal est alors le prélude d'une avancée vers des actions judiciaires à l'encontre de l'ancien chef d'État tchadien. Comme pour prendre les devants, les avocats de ce dernier se tournent vers la Cour de Justice de la CÉDÉAO. Instituée en vertu des articles 6 et 15 du Traité de la CÉDÉAO, tel que révisé en 1993, cette Cour a connu une extension de ses compétences aux cas de violations des droits de l'Homme en 2005, avec l'adoption par les États membres d'un protocole complémentaire au Protocole de 1991[25]. Les actions devant la Cour de Justice de la CÉDÉAO pour des atteintes aux droits de l'Homme ne sont pas conditionnées par l'épuisement des voies de recours internes. Cette facilité d'accès a permis, dès 2009, à ce que de nombreuses allégations de violations des droits de l'Homme au sein des États membres de la CÉDÉAO soient connues par cette juridiction. Par ailleurs, avec le Protocole additionnel de 2005, la Cour peut être saisie, au-delà des institutions de la CÉDÉAO, par toute personne victime de violation des droits de l'Homme commises dans un État membre et par les tribunaux nationaux ou toute partie à une affaire, lorsque de tels tribunaux ou parties demandent que la Cour de la CÉDÉAO interprète, pour des raisons préliminaires, la signification d'un instrument juridique de la Communauté. C'est dire que l'assouplissement des conditions de saisine de cette juridiction en fait un instrument au service des droits des victimes en Afrique, ayant une place de choix parmi les autres instruments juridiques africains de protection des droits de l'Homme.

C'est à la faveur de ces facilités de saisine qu'Hissène Habré, se sentant menacé par les réformes entreprises par le Sénégal, a saisi la Cour de Justice de la CÉDÉAO en octobre 2008 pour demander que le Gouvernement sénégalais soit sommé de surseoir à sa volonté d'organiser un procès. Il accusait le Sénégal de violer, à travers les réformes susmentionnées, ses droits relatifs aux articles 7, § 2, de la Charte africaine des droits de l'Homme et des peuples et 11, § 2, de la Déclaration universelle des droits de l'Homme[26]. Dans sa décision du 18 novembre 2010, la Cour de Justice de la CÉDÉAO a constaté « l'existence d'indices concordants de probabilité de nature à porter atteinte aux droits de l'Homme de Monsieur Hissein Habré »[27], s'inquiètant par là même de la tenue d'un procès qui ne serait pas équitable. Aussi, invite-t-elle le Sénégal à prendre « toutes modalités propres à poursuivre et faire juger dans le cadre strict d'une procédure spéciale *ad hoc* à caractère international telle que pratiquée en droit international »[28].

---

[25] Le paragraphe 4 de l'article 3 du Protocole additionnel de 2005, qui a remplacé l'article 9 du Protocole relatif à la Cour de Justice de la CÉDÉAO, dispose : « La Cour est compétente pour connaître des cas de violation des droits de l'Homme dans tout État membre ».

[26] Cour de Justice de la CÉDÉAO, *Hissein Habré c. République du Sénégal*, ECW/CCJ/JUD/06/10, arrêt du 18 novembre 2010, § 42.

[27] *Ibid.*, § 61.

[28] *Idem.*

Cette décision a été considérée comme une victoire par la défense, qui y a vu une garantie des droits du suspect.

L'évolution du traitement du dossier Habré prend alors une nouvelle tournure. Le fait que le Sénégal soit obligé de modifier ses textes juridiques nationaux pour se conformer à ses obligations internationales découlant de la Convention des Nations Unies contre la torture ne lui permet pas, selon la Cour de Justice de la CÉDÉAO, de juger l'ancien président, puisqu'il violerait ainsi le principe de non-rétroactivité en droit pénal. Une telle position a été critiquée par les avocats des victimes, qui estimaient que Hissène Habré ne devait pas être jugé au regard du droit interne sénégalais, qui a intégré certains crimes internationaux avec ses réformes, mais au regard du droit international, qui sanctionne ces mêmes crimes. L'apport de cette décision de la Cour a été de trancher définitivement que le Sénégal ne pouvait pas juger Habré, mais que ce dernier pourrait être jugé sur le sol sénégalais par une « procédure spéciale *ad hoc* à caractère international ». Ainsi, l'exécution du mandat que le Sénégal tenait de l'UA ne pouvait passer que par la mise en place d'une juridiction spéciale *ad hoc* en dehors du cadre juridique strictement sénégalais pour ne pas violer les droits revendiqués par Hissène Habré.

L'UA s'est toutefois opposée, dès 2006, à ce qu'une juridiction internationalisée créée sous l'égide de l'ONU soit chargée de juger Hissène Habré. Prenant acte de la décision de la Cour de Justice de la CÉDÉAO, l'UA souhaitait inscrire définitivement le jugement de Hissène Habré dans les objectifs à atteindre sur le continent. En ce sens, la Conférence des chefs d'État et de Gouvernement de janvier 2011 a exprimé le souhait que la Commission de l'UA entreprenne « des consultations avec le Gouvernement du Sénégal afin de finaliser les modalités pour l'organisation rapide du procès de Hissène Habré au nom de l'Afrique »[29].

2. La place retrouvée du principe de la compétence universelle dans l'effectivité de la justice internationale pénale

L'incontournable rôle du Sénégal dans la mise en place des CAE pour juger l'affaire *Habré* est marqué particulièrement par la manifestation de la compétence universelle.

En effet, en se réfugiant au Sénégal, l'ancien président tchadien ne s'attendait pas à vivre des tourments judiciaires. Il pensait pouvoir compter

[29] Moussa SAMB, « État des lieux de la justice : réflexions sur une gouvernance en crise », *in* M.-C. DIOP (dir.), *Sénégal (2000-2012) : les institutions et politiques publiques à l'épreuve d'une gouvernance libérale*, Paris, Karthala, 2013, p. 370.

sur le président sénégalais Abdoulaye Wade qui ne voulait pas l'inquiéter[30]. Mais, en 2012, le vent du changement souffle, venant modifier le contexte politique sénégalais, avec l'élection à la charge présidentielle de Macky Sall. Ce dernier a aussitôt fait savoir, dans une interview accordée au journal *Jeune Afrique* en juin 2012[31], son intention de mener à terme les poursuites judiciaires contre Hissène Habré. Cette prise de position intervenait ainsi avant même que la Cour internationale de Justice (CIJ), entre-temps saisie par la Belgique pour condamner le Sénégal pour n'avoir ni extradé ni poursuivi Hissène Habré, ne se soit prononcée.

La décision rendue en juillet 2012 par la CIJ[32] peut s'analyser comme un ultimatum lancé au Sénégal pour juger ou extrader l'ancien président tchadien. En revanche, au regard de la chronologie des faits, il est important de noter que les États africains ont cherché et envisagé la voie judiciaire bien avant le verdict de la CIJ. Ce dernier n'est venu qu'accélérer une dynamique déjà présente sur le continent africain. Il faut dire que le cas Habré était une problématique africaine à laquelle l'État sénégalais, de même que l'UA, ont tenu à trouver une solution.

À cet égard, la Cour d'appel de Dakar, dans son arrêt du 4 juillet 2000 précité, avait lancé un appel au législateur sénégalais, afin qu'il prenne des mesures visant à la mise en œuvre effective du principe de la compétence universelle, par ces termes : « Considérant que le législateur sénégalais devrait parallèlement à la réforme entreprise dans le Code pénal apporter des modifications à l'article 669 du Code de procédure pénale en y incluant l'incrimination de torture, qu'en le faisant il se mettrait en harmonie avec les objectifs de la convention et reconnaîtrait par conséquent le principe de la compétence universelle »[33].

Après les importantes réformes législatives et constitutionnelles menées au Sénégal, qui ont abouti à l'insertion dans le droit interne des crimes internationaux prévus par le Statut de la CPI et à la consécration de la compétence universelle[34], un accord est signé entre l'UA et le Gouvernement

---

[30] Pour beaucoup, la victoire d'Abdoulaye Wade aux élections présidentielles en 2000 avait largement diminué les chances des Tchadiens d'obtenir justice sur le sol sénégalais. D'une part, en raison de sa position marquée contre tout jugement d'Hissène Habré au Sénégal, d'autre part, en raison des nombreuses anomalies qui avaient affecté le déroulement de l'instance dès lors qu'il arriva au pouvoir.

[31] « J'exclus d'office son extradition vers la Belgique » dit encore le président sénégalais. « Il n'y a aucune raison valable de ne pas le juger en Afrique » (Marwane BEN YAHMED, « Sénégal – Macky Sall : 'Avec moi, tout va changer' », *Jeune Afrique*, 3 juillet 2012).

[32] CIJ, *Questions concernant l'obligation de poursuivre ou extrader (Belgique c. Sénégal),* arrêt du 20 juillet 2012, *Recueil 2012*.

[33] Cité par la CIJ, *ibid.*, § 76.

[34] Voir : loi n° 2007-02 du 12 février 2007 modifiant le Code pénal et Code pénal sénégalais, articles 431-1 à 431-6 (concernant les crimes contre l'humanité, les crimes de guerre, le crime de

sénégalais, le 22 août 2012, permettant ainsi aux CAE de faire leur apparition au Sénégal dans la sphère de la justice internationale pénale.

Il convient de souligner que, dans ce contexte, la consécration de la compétence universelle caractérise l'attachement des Africains à la lutte contre l'impunité. Son acceptation est un événement majeur dans le processus ayant conduit le Sénégal à juger l'ancien président tchadien, s'agissant d'une étape indispensable pour fonder juridiquement la prise en charge du jugement de Hissène Habré par l'État sénégalais. En effet, la compétence universelle est une règle de droit qui permet qu'un État puisse poursuivre les auteurs de certains crimes, quel que soit le lieu où le crime a été commis, et sans égard à la nationalité des auteurs ou des victimes. Ainsi, elle déroge au principe de territorialité du droit pénal, en vertu duquel une personne est poursuivie et jugée par les autorités de l'État sur le territoire duquel l'infraction a été commise, conformément au droit en vigueur dans cet État. Elle diffère également des critères de compétence extraterritoriale par la diminution, voire la suppression, de tout lien de rattachement avec le pays du for[35].

L'ouverture du Sénégal à la compétence universelle est une avancée intéressante. En se conformant aux obligations découlant de la Convention contre la torture de 1984, des quatre Conventions de Genève de 1949 relatives au droit des conflits armés, et du Statut de Rome de la CPI dont il est membre[36], le Sénégal, au nom de la compétence universelle, se donne le pouvoir de juger un étranger pour des faits commis hors de son territoire. Cela, conformément au droit international établi depuis la jurisprudence de la Cour permanente de Justice internationale dans l'affaire du *Lotus*[37], selon laquelle un État doit avoir une compétence pour agir à l'égard d'une situation. C'est une victoire du droit international sur les considérations internes dont se prévalait l'arrêt de la Cour d'appel de Dakar du 4 juillet 2000 précité. En procédant ainsi, le Sénégal donne tout son intérêt à la compétence universelle, principe capable de garantir l'efficacité et l'effectivité du droit international

---

génocide et autres violations du droit international humanitaire) ; loi n° 2007-05 du 12 février 2007 modifiant le Code de procédure pénale relative à la mise en œuvre du Traité de Rome instituant la Cour pénale internationale et Code de procédure pénale sénégalais, article 669 (concernant la reconnaissance du principe de compétence universelle).

35 Damien VANDERMEERSCH, « La compétence universelle en droit belge », *in Poursuites pénales et extraterritorialité*, Bruges, La Charte, 2002, p. 41.

36 Raphaël TIWANG WATIO, « Réflexions sur les lois du 12 février 2007 portant modification du Code pénal sénégalais et mise en œuvre du Statut de la Cour pénale internationale », *Annuaire africain de droit international*, vol. 15, 2007, pp. 285-302.

37 CPJI, *« Lotus » (France c. Turquie)*, arrêt du 7 septembre 1927, *Série A*, n° 10.

pénal, alors même qu'il suscite tant de méfiance en raison de l'utilisation politique qu'il a pu connaître par le passé[38].

Qualifié d'acte de naissance des CAE, l'accord de 2012 entre le Sénégal et l'UA, composé d'un préambule et de 14 articles, pose les jalons du cadre juridique de la nouvelle juridiction. Au surplus, un statut de 37 articles lui est annexé pour préciser, notamment, le mode de création, la composition et le budget des Chambres. Le Sénégal a rapidement entériné cet accord dans son ordonnancement juridique, avec la loi de ratification du 19 décembre 2012 portant création des CAE au sein des juridictions sénégalaises. Puis s'en suit la loi n° 2012-29, du 28 décembre 2012, qui intègre lesdites Chambres à l'appareil juridictionnel sénégalais. Cette dernière loi vise à appliquer l'article 2 du Statut des Chambres, en vertu duquel chacune des quatre CAE est rattachée à une juridiction sénégalaise.

Outre cette contribution politique et législative, le Sénégal, qui héberge lesdites Chambres, a été d'un grand soutien logistique, avec la nomination des magistrats relevant du ressort de ses juridictions, la mise à disposition de salles d'audiences, ainsi que la protection des victimes et des témoins durant tout le procès. Grâce à ce soutien, les CAE commencèrent officiellement leurs travaux dès le 8 février 2013, soit moins de six mois après la signature de l'accord avec l'UA.

Au-delà du rôle qu'a incarné le Sénégal, son implication transcende le cadre strictement national, en raison de la nature et de la portée de cette affaire dans la sphère du droit international pénal.

II. Une contribution au droit international pénal des institutions africaines en aval du procès *Habré*

Fortes des circonstances de leur création, les CAE ont permis à l'Afrique de se faire une place, au plan mondial, parmi les instigateurs de la lutte contre l'impunité, mais surtout, de revendiquer sa capacité à mener cette lutte sans recours à des institutions extérieures. Vecteur de la solidarité africaine, elles sont une fierté pour la justice en Afrique, allant jusqu'à être considérées comme un exemple par les organisations de défense des droits de l'Homme. Si ces Chambres, créées pour juger l'ancien président tchadien, ont mérité un tel plébiscite, cela peut s'expliquer tant par leur nature atypique faisant d'elles le plus national des tribunaux à caractère international (1), que par l'importance particulière qu'elles ont accordée aux victimes (2).

---

[38] Entre autres, l'affaire *Pinochet* avait suscité des critiques concernant l'application de la compétence universelle. Voir à ce sujet Anne MUXAR, « Immunité de l'ex-chef d'État et compétence universelle : quelques réflexions à propos de l'affaire Pinochet », *Revue d'analyse juridique de l'actualité internationale*, décembre 1998.

1. Une nature atypique pour le plus national des tribunaux internationalisés

L'approche africaine de la pénalisation du droit international à travers les CAE touche, tout d'abord, le cadre juridique desdites Chambres, lequel n'est qu'une conséquence des circonstances politico-juridiques qui ont alimenté les riches débats autour de la mise en place de cette juridiction.

Tandis que la doctrine a longtemps dit des Chambres extraordinaires au sein des tribunaux cambodgiens qu'elles étaient les plus nationales des juridictions internationalisées – en raison tant de leur composition, marquée par une majorité de juges cambodgiens, que de leur installation au sein des tribunaux nationaux du Cambodge –, ce qualificatif est désormais attribué aux Chambres africaines extraordinaires[39].

L'accord signé entre le Sénégal et l'UA, qui acte leur naissance, stipule que « [d]e caractère international, les Chambres africaines extraordinaires appliquent leur Statut, le droit pénal international, le Code pénal, le Code de procédure pénale sénégalais et les autres lois sénégalaises pertinentes »[40]. À cet égard, la particularité de ces Chambres par rapport aux autres juridictions mixtes précédentes – comme les Chambres extraordinaires du Cambodge, les Chambres pour crimes graves du Timor oriental, le Tribunal spécial pour la Sierra Leone ou le Tribunal spécial pour le Liban – qui toutes s'inscrivent dans un mouvement de décloisonnement et de fusion entre les pratiques interne et internationale du droit pénal, tient à la composition des Chambres et à leurs attributions relatives aux crimes poursuivis. Ces attributions comprennent, outre les crimes contre l'humanité et les crimes de guerre, la criminalisation de la torture et l'application du Code de procédure pénale sénégalais dans le déroulement du procès. Il en résulte que les CAE appliquent le droit international pénal et le droit international humanitaire. Elles incarnent, dans cette expérience, une évolution dans la répression des crimes contre l'humanité, puisqu'elles n'exigent pas que de tels crimes soient commis « en connaissance » de l'« attaque généralisée ou systématique lancée contre toute population civile », comme l'exige l'article 7, § 1, du Statut de la CPI. Cette démarcation se justifie par la prise en considération des réalités vécues au Tchad pendant la période concernée, c'est-à-dire de 1982 à 1990. C'est une spécificité importante des CAE dans la mesure où leur existence est postérieure aux crimes jugés, contrairement à la CPI dont l'existence est forcément antérieure aux faits incriminés dont elle

39 Voir Raymond Ouigou SAVADOGO, « Les Chambres africaines extraordinaires au sein des tribunaux sénégalais : quoi de si extraordinaire ? », *Études internationales*, vol. 45, 2014, pp. 105-127.

40 Article 1, § 4, de l'Accord entre le Gouvernement sénégalais et l'UA sur la création des CAE au sein des juridictions sénégalaises.

a connaissance. Dans le même ordre d'idées, c'est pour mieux prendre en compte les exactions commises sur le terrain, que l'article 7, § 2, (h), du Statut des CAE érige en crime de guerre les châtiments collectifs, ainsi que la menace de commettre des crimes de guerre.

Parmi les innovations du Statut des Chambres, figure encore, à l'article 8, la reconnaissance de la torture comme crime autonome, autrement dit en dehors de la possibilité de le rattacher à des crimes contre l'humanité ou à des crimes de guerre comme le fait le Statut de la CPI. En reprenant la définition de la torture faite par la Convention contre la torture de 1984, l'objectif est, une fois encore, de s'adapter au contexte des exactions commises, afin de mieux rendre justice aux victimes. Par ailleurs, le Statut des Chambres établit un lien entre l'auteur de l'acte de torture et son titre officiel (de haut fonctionnaire ou de chef d'État ou de Gouvernement) d'autant que, aux termes de l'article 10 du Statut des Chambres, la qualité officielle d'un accusé « ne l'exonère en aucun cas de sa responsabilité pénale au regard du présent Statut, plus qu'elle ne constitue en tant que telle un motif d'atténuation de la peine encourue ». Cela signifie clairement qu'il n'y a pas d'immunités qui vaillent devant les CAE. Tout comme dans le Statut de la CPI, la responsabilité pénale est individualisée dans celui qui a commis un crime visé par le champ de compétence du tribunal, voire dans un individu conjointement impliqué. Ainsi, le supérieur hiérarchique n'est-il pas exonéré s'il est prouvé qu'il savait ou avait des raisons de savoir que son subordonné commettait ou avait l'intention de commettre l'acte et qu'il n'a pas empêché ou puni ledit subordonné. À la différence du Statut de la CPI qui évoque le supérieur civil ou militaire, le Statuts des Chambres est plus large en ne précisant pas la notion de supérieur hiérarchique.

Enfin, le point qui a suscité des doutes quant au caractère réellement international de ces CAE porte sur leur composition. À ce sujet, la défense de Hissène Habré avait plaidé devant la Cour de Justice de la CÉDÉAO que les Chambres étaient « entre les mains »[41] du Sénégal et, par conséquent, qu'elles ne garantissaient pas un procès conforme aux standards internationaux. Pourtant, bien qu'intégrées dans le système judiciaire sénégalais, le caractère international des CAE est incontestable, en raison non seulement des crimes poursuivis, mais aussi de la participation de l'UA dans la nomination des juges dont au moins un doit être ressortissant d'un autre pays africain. Cette composition des Chambres faite de juges internationaux, c'est-à-dire de juges désignés par une instance internationale – telle l'ONU ou, dans le cas d'espèce, l'UA – est un critère irréfutable d'une juridiction à caractère international, bien qu'il puisse y avoir

[41] Cour de Justice de la CÉDÉAO, *Hissein Habré c. Les intervenants de la procédure*, mémoire en réplique sur la demande d'intervention, ECW/CCJ/JUD/APP/11/13, 2013 (non publié).

également des juges relevant du droit national. À cet égard, l'article 11 du Statut des Chambres, portant sur sa composition, indique que des juges de nationalité sénégalaise sont nommés par le président de la Commission de l'UA sur proposition du ministre de la Justice du Sénégal, de même que le procureur et ses adjoints, tandis que seuls les présidents des Chambres africaines extraordinaires d'assises et celui des Chambres africaines extraordinaires d'assises d'appel également nommés par le président de la Commission de l'UA sont des ressortissants d'un pays africain autre que le Sénégal.

Comme le soulignent les professeurs Robert Kolb et William Schabas, parmi les indicateurs du caractère international d'une juridiction, il doit y avoir, entre autres, outre l'application du droit international, l'implication de juges internationaux, l'existence d'un accord avec une organisation internationale pour sa création et une assistance internationale en matière financière[42]. Sur ce dernier aspect, il est à noter que l'article 32 du Statut des CAE spécifie que leur mise en place et leur fonctionnement sont financés par le budget approuvé par la table ronde du 24 novembre 2010, au-delà des ressources supplémentaires pouvant être mobilisées si besoin. Ainsi, dans une étude de 2016, Human Rights Watch[43] signalait que le Canada, la Suisse et le CICR avaient fourni une assistance technique, ce qui est la preuve que cette juridiction a bel et bien un caractère international, tout en ayant pour objectif de répondre aux cris de justice des victimes.

2. Une place singulière accordée aux victimes tout au long du procès

Dès le départ de l'affaire *Habré*, les victimes se sont démarquées en faisant entendre leur soif de justice, de Dakar à Bruxelles, en passant par Ndjamena. Sans leur mobilisation, il y a fort à parier que les choses n'auraient pas pris la même tournure. Leur détermination fut salutaire, car l'article 14 du Statut des Chambres africaines extraordinaires pose les « principes généraux relatifs à la participation des victimes en qualité de partie civile ».

Les termes de cette disposition lèvent toute équivoque quant à la place de la victime, à l'inverse de la CPI pour laquelle il est revenu à la jurisprudence de préciser que la victime était non pas une partie mais une participante à la

---

42 Voir : Robert KOLB, « Le degré d'internationalisation des tribunaux pénaux internationalisés », *in* H. ASCENCIO, E. LAMBERT-ABDELGAWAD, J.-M. SOREL (dir.), *Les juridictions pénales internationalisées (Cambodge, Kosovo, Sierra Leone, Timor Leste)*, Société de législation comparée, Paris, 2006, pp. 47-68 ; William A. SCHABAS, « Senegal's Chambres Africaines Extraordinaires to Judge Habré », *PhD studies in human rights*, 5 février 2013.

43 HUMAN RIGHTS WATCH, « Questions et réponses sur l'affaire *Hissène Habré* devant les Chambres africaines extraordinaires au Sénégal », 3 mai 2016.

procédure[44]. En leur permettant de se constituer partie civile, l'article 14 du Statut des CAE fait de la victime une partie au procès, leur donnant, en conséquence, accès au juge. Les victimes participent ainsi pleinement aux procédures à travers un représentant. Elles ont la possibilité de se constituer partie civile à tout moment de l'instruction, à la faveur du Code pénal sénégalais et du Code de procédure pénale sénégalais qui régissent la procédure devant lesdites Chambres. Cette intromission du droit interne dans le cadre d'une juridiction internationale est une avancée majeure, dans le sens où il s'agit de prendre en compte des règles nationales favorables pour les faire prévaloir dans l'élaboration de la justice internationale pénale. Si le fait que les victimes ne soient pas considérées comme une partie au procès devant la CPI a suscité beaucoup d'indignation, les auteurs du Statut des CAE ont fait le choix d'incorporer celles-ci dans le procès comme acteurs, dans le but de rendre effectif leur droit à la vérité et de permettre à la juridiction d'avoir une meilleure compréhension de leurs souffrances[45].

L'évolution apportée par les CAE est de démontrer qu'en matière de justice internationale pénale, ni les délais, ni le principe du procès équitable, ne s'opposent à ce que les victimes puissent être entendues comme une partie au procès, avec les mêmes droits procéduraux que la défense et l'accusation. Par ailleurs, en plus de la possibilité pour les victimes d'être partie au procès, celles-ci peuvent demander réparation. C'est ainsi que le verdict des Chambres africaines extraordinaires d'appel n'a pas omis de mentionner les réparations accordées.

À cet égard, les articles 27 et 28 du Statut desdites Chambres indiquent le droit à indemnisation, à restitution et à réhabilitation des victimes et la création d'un fonds au profit de celles-ci pour couvrir les frais y relatifs. Le verdict d'appel a été prononcé le 27 avril 2017. Reste à savoir s'il débouchera effectivement sur des réparations pour les victimes. Si les Chambres attendent sans doute les contributions de donateurs et la saisine des biens du coupable, il n'est pas impossible que les victimes soient dérisoirement indemnisées. À ce propos, bien que le plus important soit de parvenir à faire condamner les bourreaux, la question de la réparation gagnerait à être vue sous l'angle des réparations collectives ou d'utilité publique, au lieu d'indemnisations individuelles, à

---

[44] CPI, Chambre d'appel, *Le Procureur c. Thomas Lubanga Dyilo*, arrêt relatif aux appels interjetés par le procureur et la défense contre la décision relative à la participation des victimes rendue le 18 janvier 2009 par la Chambre de première instance I, ICC-01/04-01/06-1432-tFRA, 11 juillet 2008.

[45] Concernant l'importance de reconnaître une place aux victimes, voir notamment Marina Pena, « Un accès effectif à la justice ? La mise en œuvre des droits des victimes devant la Cour pénale internationale », *Actualité juridique pénale,* vol. 5, 2013, pp. 251-254.

l'instar des réparations octroyées par la Cour interaméricaine des droits de l'Homme en matière de torture[46].

Les CAE ont reçu l'assentiment des citoyens, mais aussi des dirigeants africains au regard de la coopération obtenue de la part des autres États. En effet, les Africains, en général, ont approuvé le fait que le jugement d'Hissène Habré ait eu lieu sur le sol africain, en plus du fait qu'il ait effectivement pu se tenir. Il n'y a eu nulle part sur le continent de dénonciations de la mise en place de cette juridiction par la société civile ou des organisations de défense des droits de l'Homme. Cela prouve qu'il y avait bien une soif de justice quant à la situation générée par le régime de l'ancien président Habré. L'avènement des CAE est une réponse aux attentes de l'Afrique en matière de protection des droits de l'Homme, dans un contexte où la méfiance s'est installée vis-à-vis de l'institution d'une Cour pénale internationale permanente à vocation universelle.

L'aboutissement du procès *Habré* est une fierté africaine. Ce cas est apparu comme une problématique africaine à laquelle il fallait trouver une solution africaine adaptée. Au demeurant, il a réveillé les consciences, aussi bien au Tchad que dans le reste du continent, puisqu'en Gambie un procès contre l'ancien président Yahya Jammeh n'est pas impossible à l'avenir.

***

À présent que l'affaire *Habré* est allée à son terme, la question est de savoir s'il a été trouvé une réponse aux défis africains en matière de justice internationale pénale ? L'Afrique veut-elle d'une justice calquée sur l'un de ses droits nationaux ? Est-ce que le droit international pénal peut être conçu comme un droit tributaire de droits nationaux ? Le droit international pénal ne saurait rester indifférent à la jurisprudence émanant des Chambres africaines extraordinaires. La place et l'héritage de ces Chambres dans l'histoire du droit international pénal pourraient se renforcer à travers la mise en œuvre d'une justice pénale régionale africaine, qui s'en inspirera fortement.

Demeure la question de savoir si le droit international pénal peut être un assemblage de droit régional pénal. Bernard Muna, avocat camerounais et ancien procureur adjoint près le TPIR, s'est demandé, eu égard aux critiques envers la CPI, si la solution consisterait à continuer de « déporter nos présumés criminels à l'état brut vers les systèmes judiciaires occidentaux plus modernes, afin que ces derniers nous renvoient des verdicts prêts à consommer » ou s'il faudrait « plutôt laisser les juges africains apprendre par

---

46 Voir Cour IADH : *Velásquez Rodríguez c. Honduras*, Réparations et dépens, arrêt du 21 juillet 1989 ; *Bámaca Velásquez c. Guatemala*, Réparations et dépens, arrêt du 22 février 2002 ; *Goiburú et autres c. Paraguay*, Fond, réparations et dépens, arrêt du 22 septembre 2006.

essai et erreur à juger leurs leaders politiques, de la même manière qu'ils jugent les justiciables ordinaires »[47]. À notre avis, l'usage qui sera fait de la justice « Habré » nous donnera la réponse à ces interrogations.

[47] Propos reproduits dans François SOUDAN, « CPI : quelle justice pour l'Afrique ? », *Jeune Afrique*, 25 février 2014.

IV.
Justice internationale pénale en Afrique : victimes et accusés

Le statut juridique de la victime devant la section du droit international pénal de la future Cour africaine de justice et des droits de l'Homme

Yves HAMULI KABUMBA*

En 2008, un projet de fusion de la Cour africaine des droits de l'Homme et des peuples (Cour ADHP)[1] et de la Cour de Justice de l'Union africaine[2] a été approuvé par l'Union africaine (UA)[3]. Cette fusion, non matérialisée à l'heure actuelle, vise à donner naissance à la Cour africaine de justice et des droits de l'Homme (CAJDH), compétente pour connaître des litiges relatifs à l'interprétation de l'Acte constitutif de l'UA et d'autres traités de l'UA, ainsi que des litiges relatifs aux droits de l'Homme. Le Protocole portant amendements au Protocole portant Statut de la Cour africaine de justice et des droits de l'Homme (Protocole CAJDH), adopté le 27 juin 2014 à Malabo par la Conférence des chefs d'État et de Gouvernement de l'UA[4], entend conférer à la future juridiction une compétence internationale pénale. L'adoption de ce Protocole, qui n'est pas encore entré en vigueur, constitue l'épilogue d'un parcours « législatif » dont les principaux acteurs sont, à côté de la Conférence des chefs d'État et de Gouvernement, le Comité d'éminents

---

* La présente contribution est une version remaniée et actualisée d'un article précédemment publié dans la *Revue de droit international et de droit comparé*, vol. 93, 2016, pp. 367-406.

1 Le Protocole relatif à la Charte africaine portant création de la Cour africaine des droits de l'Homme et des peuples, adopté le 10 juin 1998 et entré en vigueur le 25 janvier 2004, a été ratifié par 27 États africains, faisant de la Cour ADHP le seul organe judiciaire actuellement opérationnel à l'échelle du continent africain.

2 Le Protocole de la Cour de Justice de l'Union africaine, adopté le 11 juillet 2003 et entré en vigueur le 11 février 2009, a été ratifié par 16 États africains sans, toutefois que la Cour de Justice soit effective.

3 Voir le Protocole portant Statut de la Cour africaine de justice et des droits de l'Homme, adopté le 1er juillet 2008, comprenant en annexe le Statut de la Cour africaine de justice et des droits de l'Homme. Ce Protocole n'est pas encore en vigueur, faute d'avoir atteint le seuil des 15 ratifications requises.

4 Voir UA, Décisions, déclarations et résolution, Assembly/AU/Dec.529(XXIII), Décision sur les projets d'instruments juridiques, doc. Assembly/AU/8(XXIII).

juristes africains mis sur pied par l'UA[5], la Commission de l'UA, la Commission africaine des droits de l'Homme et des peuples (Commission ADHP), la Cour ADHP[6], ainsi que les ministres de la Justice et les procureurs généraux des États membres de l'UA[7].

Conformément à l'article 28A dudit Protocole, la CAJDH connaîtra, en ce qui concerne sa compétence internationale pénale, de quatorze crimes commis tant par les personnes physiques que par les personnes morales (les « entreprises »)[8] : a) le génocide ; b) les crimes contre l'humanité ; c) les crimes de guerre ; d) le crime relatif au changement anticonstitutionnel de gouvernement ; e) la piraterie ; f) le terrorisme ; g) le mercenariat ; h) la corruption ; i) le blanchiment d'argent ; j) la traite des personnes ; k) le trafic illicite de stupéfiants ; l) le trafic illicite de déchets dangereux ; m) l'exploitation illicite des ressources naturelles ; et n) le crime d'agression.

La longueur de cette liste des crimes aura probablement pour corollaire, entre autres, que la CAJDH aura affaire à un nombre très élevé de victimes. La nature de la plupart de ces crimes et la jurisprudence relative à la Charte africaine des droits de l'Homme et des peuples (Charte ADHP) concernant les violations massives des droits de l'Homme en Afrique constituent des indices supplémentaires à cet égard[9]. Les rédacteurs du Protocole CAJDH s'en doutaient, puisqu'ils indiquent dans le préambule dudit instrument que la Cour « complétera les institutions nationales, régionales et continentales

---

[5] Voir le *Rapport du Comité d'éminents juristes africains sur l'affaire Hissène Habré*, juillet 2006 (ci-après « Rapport éminents juristes »), §§ 34-35 et 39-41.

[6] Voir : *Rapport de la Cour africaine des droits de l'Homme et des peuples*, EX.CL/576(XVI), janvier 2010, § 16 ; UA, « Décision sur la mise en œuvre de la Décision relative à l'utilisation abusive du principe de compétence universelle », doc. Assembly/AU/3(XII), Assembly/AU/Dec.213 (XII), 1-3 février 2009 ; UA, « Décision sur le rapport de la Commission sur la réunion des États africains parties au Statut de Rome de la Cour pénale internationale (CPI) », doc. Assembly/AU/13(XIII), Assembly/AU/Dec.245 (XIII) Rev.1, 3 juillet 2009 ; UA, « Décision sur l'utilisation abusive du principe de compétence universelle », doc. EX.CL/606(XVII), Assembly/AU/Dec.292(XV), 27 juillet 2010.

[7] *Rapport de la réunion des ministres de la Justice/procureurs généraux sur les questions juridiques*, juillet 2012, EX.CL/731(XXI).

[8] D'après l'article 22 du Protocole CAJDH insérant l'article 46C dans le Protocole censé régir la future Cour africaine, disposition relative à la « responsabilité pénale des entreprises », « la Cour a compétence sur les personnes morales, à l'exception des États ».

[9] Voir, par exemple, Commission ADHP : *Social and Economic Rights Action Center (SERAC) and Center for Economic and Social Rights (CESR) v. Nigeria*, communication 155/96, 27 octobre 2001 ; *Institute for Human Rights and Development in Africa (pour le compte des réfugiés sierra-léonais en Guinée) c. Guinée*, communication 249/02, 7 décembre 2004 ; *Sudan Human Rights Organisation & Centre on Housing Rights and Evictions (COHRE) c. Soudan*, communications 279/03-296/05, 27 mai 2009 ; *Malawi African Association et autres c. Mauritanie*, communications 54/91-61/91-96/93-98/93-164/97_196/97-210/98, 11 mai 2000.

dans la prévention des violations sérieuses et massives des droits de l'Homme et des peuples ».

Le Protocole CAJDH prévoit dans des termes généraux un certain nombre de droits des victimes des crimes susmentionnés, en particulier le droit à la réparation, tout en laissant au Règlement intérieur de la Cour et aux différentes chambres le soin de fixer les modalités concrètes de leur mise en œuvre. Dans cette perspective, pour peu qu'il se prononce sur les suggestions émises dans la présente contribution, le Règlement intérieur pourrait revêtir une importance particulière pour le respect du principe de la sécurité juridique.

Si la doctrine s'intéresse progressivement à la compétence pénale de la CAJDH, la situation juridique de la victime ne retient pas encore son attention.

La présente contribution vise à examiner le statut juridique de la victime devant la Section du droit international pénal de la CAJDH, en mettant en exergue les insuffisances les plus significatives des dispositions relatives aux droits consacrés par ce Protocole, en suggérant des pistes de mise en œuvre effective de ces droits, dont pourraient s'inspirer les rédacteurs du Règlement intérieur de la CAJDH et les ordonnances des chambres, mais également en faisant état des droits reconnus aux victimes par les textes internationaux, droits qui ne figurent pas dans le Protocole CAJDH.

L'étude est divisée en deux parties. Dédiée à la notion de victime en droit international et à l'absence d'une définition de cette notion dans le Protocole CAJDH, la première partie comporte des pistes susceptibles d'être explorées au moment d'insérer une définition de la victime dans le Règlement intérieur de la CAJDH (I). La seconde partie est un passage en revue des différents droits reconnus aux victimes par la CAJDH, ainsi que de ceux consacrés par certains textes internationaux, mais que ne mentionne pas le Protocole (II). À cette fin, est analysée la teneur de ces droits, lesquels sont pour la plupart des énoncés sans contenu, afin de relever d'éventuelles carences des dispositions pertinentes et de suggérer des pistes de mise en œuvre effective desdits droits. L'échantillon des sources d'inspiration évoquées dans la présente contribution comprendra essentiellement l'article 31 du Protocole, censé régir la future Cour africaine[10], article que le Protocole CAJDH n'a pas

[10] Cette disposition, dont l'applicabilité en droit international pénal pourrait susciter des questionnements, se lit comme suit :
« 1. Dans l'exercice de ses fonctions, la Cour applique :
a) L'Acte constitutif [de l'UA] ;
b) Les traités internationaux, généraux ou spéciaux, auxquels sont parties les États en litige ;
c) La coutume internationale, comme preuve d'une pratique générale, acceptée comme étant le droit ;
d) Les principes généraux de droit reconnus universellement ou par les États africains ;

amendé, l'article 3-h de l'Acte constitutif de l'UA et le préambule du Protocole CAJDH[11].

I. Définition de la notion de victime

La victime occupe une place de choix dans bien des textes fondamentaux de l'UA, parmi lesquels les dispositions des articles 3-h et 4 de l'Acte constitutif de l'UA, dont le préambule du Protocole CAJDH se fait l'écho.

Ainsi, plus généralement, d'après le préambule et l'article 3-h de l'Acte constitutif de l'UA, celle-ci a pour objectif de « promouvoir et *protéger les droits de l'Homme* et des peuples conformément à la Charte africaine des droits de l'Homme et des peuples et aux autres instruments pertinents relatifs aux droits de l'Homme »[12].

En outre, l'article 4-h et l'article 4-o de l'Acte constitutif de l'UA, relatifs aux principes de fonctionnement de l'UA, lesquels sont, à côté de l'article 3-h, souvent invoqués par l'UA comme le fondement de la mise en place des juridictions pénales par celle-ci[13], disposent que « [l]'Union africaine fonctionne conformément aux principes suivants » : « (h) *Le droit de l'Union d'intervenir dans un État membre* sur décision de la Conférence, dans certaines *circonstances graves*, à savoir : *les crimes de guerre, le*

---

e) Sous réserve des dispositions du paragraphe 1 de l'article 46 du présent Statut, les décisions judiciaires et la doctrine des publicistes les plus qualifiés des différentes nations ainsi que les règlements, directives et décisions de l'Union comme moyen auxiliaire de détermination des règles de droit.

f) Toute autre loi pertinente à la détermination de l'affaire.

2. Le présent article ne porte pas atteinte à la faculté pour la Cour, si les parties sont d'accord, de statuer *ex aequo et bono* ».

[11] En dépit de ses efforts, l'auteur n'a pas trouvé le moindre compte-rendu analytique du Protocole CAJDH, encore moins de véritables travaux préparatoires détaillés de ce Protocole. Relevons que son préambule indique que l'UA a pour objectif de promouvoir et de protéger les droits de l'Homme conformément à la Charte ADHP et aux « autres instruments pertinents relatifs aux droits de l'Homme ». Par ailleurs, il reconnaît la contribution de la Commission ADHP, « pour la promotion et la protection des droits de l'Homme et des peuples depuis ses débuts en 1987 ». Si d'aucuns reprochent à la Commission ADHP une analyse insuffisante des normes et principes relatifs à la réparation, qui se traduirait par l'absence de théorisation de ces questions (Godfrey MUSILA, « The Right to an Effective Remedy under the African Charter on Human and Peoples' Rights », *African Human Rights Law Journal*, vol. 6, 2006, pp. 452, 458-459 et 464), il n'en demeure pas moins qu'elle a mis en lumière un certain nombre de principes qui intéressent la présente contribution et que la Cour ADHP a fait siens.

[12] Nous soulignons.

[13] Voir, par exemple, UA, Décision sur la mise en œuvre de la Décision relative à l'utilisation abusive du principe de compétence universelle, Assembly/AU/Dec. 213(XII) du 4 février 2009. Voir également le préambule de l'Avenant à l'Accord entre le Gouvernement de la République du Sénégal et l'Union africaine relatif au Statut des Chambres africaines extraordinaires pour la poursuite des crimes internationaux commis au Tchad durant la période du 7 juin 1982 au 1er décembre 1990.

génocide et les crimes contre l'humanité » et le « (o) Respect du caractère sacro-saint de la vie humaine et condamnation et *rejet de l'impunité* »[14].

Une abondante jurisprudence, analysée tout au long de la présente contribution, considère que les atteintes aux droits garantis par la Charte ADHP appellent réparation au bénéfice des victimes. De même, l'article 12 de la Convention de l'UA sur la protection et l'assistance aux déplacés internes en Afrique de 2009 (Convention de Kampala)[15] crée une obligation dans le chef des États parties de réparer les préjudices subis par les victimes du déplacement forcé.

Pour la mise sur pied d'un mécanisme judiciaire chargé de juger l'ex-président du Tchad, Hissène Habré, pour le compte de l'UA, cette dernière avait exigé expressément que soient pris en compte notamment l'« adhésion aux principes du rejet total de l'impunité » et l'« accès des victimes présumées et des témoins au procès »[16]. Enfin, dans le but d'élaborer un projet de cadre politique de l'UA pour la justice transitionnelle, l'Union a organisé des consultations, y compris avec des États membres, au cours desquelles la question de la réparation en faveur des victimes a été centrale[17].

Paradoxalement, en dépit de la place dédiée aux victimes dans les différents instruments et travaux susmentionnés, la notion de victime n'est pas définie par le Protocole CAJDH.

Le statut juridique des victimes – dont on sait qu'elles compteront souvent un très grand nombre de personnes – et les modalités de mise en œuvre de leurs droits devant la Section du droit international pénal de la CAJDH sont fortement tributaires de la définition qui sera attribuée au terme « victime ».

Les sources du droit applicable devant la CAJDH, visées à l'article 31 du Protocole censé régir la future Cour africaine, permettent de se faire une idée vague du contenu du concept de « victime », en laissant de nombreuses questions sans réponse. D'une manière générale, une victime s'entend d'« une personne qui, ayant subi un dommage du fait de la commission d'une infraction pénale [ou de tout fait illicite], s'est vu reconnaître cette qualité par une décision pénale définitive. Au sens large, la victime est une personne, physique ou morale qui se présente comme lésée par une infraction pénale [ou

[14] Nous soulignons.

[15] Adoptée le 23 octobre 2009 à Kampala, elle est entrée en vigueur le 6 décembre 2012.

[16] UA, Décision sur le procès d'Hissène Habré et l'Union africaine, EX.CL/Assembly/AU/8(VI), Assembly/AU/Dec.103 (VI), janvier 2005, § 3-a et e.

[17] Voir, par exemple, Commission de l'UA, *Consultation avec les États membres de l'Union africaine sur la justice transitionnelle : rapport de consultation*, septembre 2011.

par tout fait illicite], en avançant des éléments de nature à faire penser que sa prétention n'est pas dénuée de tout fondement »[18].

La Cour ADHP, c'est-à-dire la future Section des droits de l'Homme et des peuples de la CAJDH, a déjà fait sienne la définition prévue par le principe 8 des Principes fondamentaux et directives de l'ONU concernant le droit à un recours et à réparation de 2005[19], en proclamant qu' :

> « on entend par 'victimes' les personnes qui, individuellement ou collectivement, ont subi un préjudice, notamment une atteinte à leur intégrité physique ou mentale, une souffrance morale, une perte matérielle ou une atteinte grave à leurs droits fondamentaux, en raison d'actes ou d'omissions constituant des violations flagrantes du droit international des droits de l'Homme ou des violations graves du droit international humanitaire. Le cas échéant, et conformément au droit interne, on entend aussi par 'victimes' les membres de la famille proche ou les personnes à charge de la victime directe et les personnes qui, en intervenant pour venir en aide à des victimes qui se trouvaient dans une situation critique ou pour prévenir la persécution, ont subi un préjudice »[20].

En droit international, certaines définitions excluent de la qualité de victime les personnes morales[21], alors que d'autres – telles que celles que l'on trouve dans

---

[18] Jean-Paul DOUCET, *Dictionnaire de droit criminel*, sous le terme « victime » (en ligne).

[19] Il s'agit des Principes fondamentaux et directives concernant le droit à un recours et à réparation des victimes de violations flagrantes du droit international des droits de l'Homme et de violations graves du droit international humanitaire », adoptés par consensus par l'Assemblée générale de l'ONU, le 16 décembre 2005 (A/RES/60/147). Qualifiés d'« international bill of rights of victims » par le professeur Chérif BASSIOUNI, ces principes influencent déjà des instruments juridiques internationaux et internes (M. Chérif BASSIOUNI, « International Recognition of Victims' Rights », *Human Rights Law Review*, vol. 6, 2006, pp. 203 et 278-279 ; Theo VAN BOVEN, « Principes fondamentaux et directives des Nations Unies concernant le droit à un recours et à réparation des victimes de violations flagrantes du droit international des droits de l'Homme et de violations graves du droit international humanitaire », *United Nations Audiovisual Library of International Law*, 2010, pp. 6-7). La CPI et la CADHP s'approprient *expressis verbis* ces principes. Toutefois, le professeur Christian TOMUSCHAT qualifie lesdits principes de « *patchwork* » revêtant « *a purely hortatory character* » et qu'on ne saurait invoquer pour établir l'existence d'un véritable droit subjectif à la réparation (Christian TOMUSCHAT, « Reparation in Favour of Individual Victims of Gross Violations of Human Rights and International Humanitarian Law », *in* M. KOHEN, *La promotion de la justice, des droits de l'Homme et du règlement des conflits par le droit international. Liber amicorum Lucius Caflisch*, Leiden, Nijhoff, 2007, pp. 572 et 579-580.

[20] Cour ADHP, *Ayants droit de feus Norbert Zongo et autres c. Burkina Faso*, arrêt sur les réparations, 5 juin 2015, § 47.

[21] Voir, par exemple, l'article 2 du Règlement de procédure et de preuve du TPIY et l'article 24 de la Convention internationale pour la protection de toutes les personnes contre les disparitions forcées de 2006. Voir également : Comité contre la torture, Observation générale n° 3 (2012), § 3 ; Cour ADHP, *Ayants droit de feus Norbert Zongo, et autres c. Burkina Faso*, *op. cit.*, § 65 ; Theo VAN BOVEN, « Principes fondamentaux et directives des Nations Unies

les Statuts de la Cour pénale internationale (CPI), comptant 33 pays de l'UA parmi ses États parties, et des Chambres extraordinaires au sein des tribunaux cambodgiens (CETC) – reconnaissent cette qualité aux personnes morales[22].

En ce qui concerne la CAJDH, compte tenu des dispositions de l'article 22 du Protocole CAJDH insérant l'article 43A dans le Protocole censé régir la future Cour africaine[23] et compte tenu de la nature de certains des 14 crimes relevant de la compétence de cette Cour (dont la corruption, le blanchiment d'argent, le changement anticonstitutionnel de gouvernement, l'exploitation illicite des ressources naturelles et l'agression), lesquels frappent au premier chef l'État, l'on peut se demander si la CAJDH ne reconnaîtra pas aux États eux-mêmes la qualité de victime. Par exemple, l'article 28D-b-x du Protocole CAJDH punit, en tant que crime de guerre, « le fait de diriger intentionnellement des attaques contre des bâtiments consacrés à la religion, à l'enseignement, à l'art, à la science ou à l'action caritative, des monuments historiques, des hôpitaux et des lieux où des malades ou des blessés sont rassemblés, à condition qu'ils ne soient pas des objectifs militaires ». Or, en Afrique, nombre de ces bâtiments, monuments et hôpitaux appartiennent à l'État. D'ailleurs, devant la CPI, dont l'article 8-2-b-ix du Statut de Rome a une formulation identique à cette disposition, l'État peut avoir qualité de victime.

Toujours à propos du droit international, de nombreuses sources mettent en avant le fait que la victime peut être un individu ou un groupe de personnes[24] et qu'il peut s'agir d'une victime directe ou indirecte[25].

(...), *op. cit.*, pp. 3-4 ; M. Chérif BASSIOUNI, « International Recognition of Victims' Rights », *op. cit.*, p. 255.

22 Voir : règle 85-b du Règlement de procédure et de preuve de la CPI (les États et des organisations peuvent revendiquer réparation) ; CETC, Règlement intérieur (rev.9), tel que révisé le 16 janvier 2015, Glossaire, sous le vocable « victime ».

23 L'alinéa 5 dispose que « la Cour peut ordonner la saisie des biens et ressources acquis illégalement ou par un comportement criminel, et leur restitution à leur propriétaire légitime ou à un *État membre approprié* » (nous soulignons).

24 Voir pour l'Afrique : Commission ADHP, Résolution sur les lignes directrices et mesures d'interdiction et de prévention de la torture et des peines ou traitements cruels, inhumains ou dégradants en Afrique (Lignes directrices de Robben Island), adoptées en 2002 et approuvées par la Conférence des chefs d'État et de Gouvernement de l'UA en 2003, § 50 (« le statut de victimes devrait également être reconnu aux familles et aux communautés qui ont été touchées par la torture et les mauvais traitements infligés à l'un de leurs membres ») ; Charte ADHP de 1981 (article 21, § 2 : « En cas de spoliation, le peuple spolié a droit à la légitime récupération de ses biens ainsi qu'à une indemnisation adéquate ») ; Convention de l'Union africaine sur la protection et l'assistance aux personnes déplacées en Afrique de 2009 (article 11-5, reconnaissant les droits des communautés autochtones) ; Convention africaine sur la conservation de la nature et des ressources naturelles de 2003 (article XVII concernant les droits traditionnels et de propriété intellectuelle des communautés locales) ; Commission ADHP, Résolution sur la détérioration de la situation des populations autochtones dans certaines parties de l'Afrique, CADHP/RES.175 (XLVII1) 10, 24 novembre 2010). Voir dans

Au vu de ce qui précède, il serait souhaitable que le Règlement intérieur de la CAJDH lève des options, définisse clairement la notion de victime et régisse les preuves et la procédure requise pour acquérir la qualité de victime. Il conviendrait également que ce Règlement intérieur indique, conformément aux normes internationales, quelles personnes sont habilitées à réclamer réparation. Toute personne arrêtée ou condamnée par la CAJDH à la suite d'une erreur judiciaire grave de cette juridiction devrait avoir un droit à réparation.

II. Droits de la victime de crimes de la compétence pénale de la CAJDH

Évoquer le statut juridique de la victime de crimes de la compétence pénale de la CAJDH oblige à signaler que, s'agissant du droit des victimes d'actes criminels d'accéder à la justice et à un traitement équitable, l'ONU synthétise de nombreux instruments internationaux et régionaux contraignants, en recommandant l'amélioration de la capacité de l'appareil judiciaire de répondre aux besoins des victimes :

> « a) En informant les victimes de son rôle et des possibilités de recours qu'il offre, des dates et du déroulement des procédures et de l'issue de leurs affaires, spécialement lorsqu'il s'agit d'actes criminels graves et lorsqu'elles ont demandé ces informations ;
>
> b) En permettant que les vues et les préoccupations des victimes soient présentées et examinées aux phases appropriées des instances, lorsque leurs intérêts personnels sont en cause (...) ;
>
> c) En fournissant l'assistance voulue aux victimes pendant toute la procédure ;
>
> d) En prenant des mesures pour limiter autant que possible les difficultés rencontrées par les victimes, protéger au besoin leur vie privée et assurer leur sécurité, ainsi que celle de leur famille et de leurs témoins, en les préservant des manœuvres d'intimidation et des représailles ;

---

le cadre de l'ONU : Comité contre la torture, Observation générale n° 3 (2012), § 3 ; Pacte international relatif aux droits civils et politiques de 1966 (articles 1 et 27) ; Principes fondamentaux et directives concernant le droit à un recours et à réparation des victimes de violations flagrantes du droit international des droits de l'Homme et de violations graves du droit international humanitaire.

[25] Voir : CPI, Chambre d'appel, *Le Procureur c. Thomas Lubanga*, ordonnance de réparation (modifiée), ICC-01/04-01/06-3129-AnxA, 3 mars 2015, § 6 ; M. Chérif BASSIOUNI, « International Recognition of Victims' Rights », *op. cit.*, p. 243. La victime directe s'entend de « la personne qui a subi une atteinte à son intégrité physique ou mentale, une perte matérielle ou une atteinte à ses droits fondamentaux » (Theo VAN BOVEN, « Principes fondamentaux et directives des Nations Unies (…), *op. cit.*, p. 4). Les membres de la famille ou les personnes à charge de la victime directe sont souvent considérés comme des victimes indirectes (*idem*).

> e) En évitant les délais inutiles dans le règlement des affaires et dans l'exécution des décisions ou arrêts accordant réparation aux victimes »[26].

Le Protocole CAJDH reprend certaines de ces recommandations, mais reste silencieux sur d'autres, parfois fondamentales ou *sine qua non* pour la jouissance des droits qu'il reconnaît expressément aux victimes. La mise en œuvre des droits des victimes non repris dans ce Protocole, tels que le droit à l'information et le droit d'interjeter appel, risque ainsi de ne pas être financée.

Les développements qui suivent concernent, d'une part, les droits formellement reconnus aux victimes par le Protocole CAJDH : droit à l'aide juridique (1), droit d'exprimer des vues (2), droit à la protection (3) et droit d'obtenir réparation (4) et, d'autre part, les droits auxquels ce Protocole ne fait pas allusion (5).

1. Droit à l'aide et à l'assistance juridiques

Lors de l'examen du projet de Protocole CAJDH, au mois de juillet 2012, les ministres de la Justice et les procureurs généraux des États membres de l'UA avaient envisagé la « mise en place de fonds au profit des victimes et pour l'assistance juridique aux personnes accusées[27] ».

Le texte définitif du Protocole CAJDH, plus précisément son article 22 insérant l'article 46M dans le Protocole censé régir la future Cour africaine, dispose :

> « 1. La Conférence [des chefs d'État et de Gouvernement de l'UA] met en place par une décision un fonds d'affectation spéciale relevant de la Cour dans le but de porter aide et assistance juridiques et aux victimes de crimes ou violations des droits de l'Homme et de leurs familles.
>
> 2. La Cour peut donner l'ordre de transférer dans le fonds d'affectation spéciale, de l'argent ou tout autre bien acquis par l'entremise des amendes et des confiscations.
>
> 3. Le fonds d'affectation spéciale est géré conformément à des critères qui seront déterminés par la Conférence ».

L'article 22B du Protocole CAJDH semble suggérer que les autres formes d'aide, c'est-à-dire, non juridiques, seront fournies par l'Unité des victimes et témoins uniquement aux « témoins et *victimes qui apparaissent devant la*

---

[26] Déclaration des principes fondamentaux de justice relatifs aux victimes de la criminalité et aux victimes d'abus de pouvoir, adoptée par l'Assemblée générale de l'ONU dans sa Résolution 40/34 du 29 novembre 1985, § 6.

[27] *Rapport de la réunion des ministres de la Justice/procureurs généraux sur les questions juridiques*, juillet 2012, EX.CL/731(XXI), § 19.

Cour ainsi qu'aux (...) autres qui sont en danger *en raison des témoignages qu'ils font* »[28].

Traditionnellement, l'aide et l'assistance juridiques s'entendent d'une « forme particulière d'aide sociale, (...) diversifiée, qui comprend, sous un nom de regroupement, l'aide juridictionnelle (...) et l'aide à l'accès au droit, moyens complémentaires ou alternatifs offerts aux citoyens dont la situation justifie cette protection de connaître et faire valoir leurs droits devant les tribunaux ou les administrations »[29]. La Commission pour la prévention du crime et la justice pénale de l'ONU va en ce sens, s'agissant de la justice en cas de violence à l'encontre des enfants, en proclamant que « l'expression 'assistance juridique' s'entend des conseils, de l'aide et de la représentation juridiques en faveur (...) des victimes et témoins devant la justice pénale, qui sont fournis gratuitement à toute personne indigente ou lorsque l'intérêt de la justice l'exige. L'expression 'assistance juridique' recouvre en outre les notions d'éducation au droit, d'accès à l'information juridique et d'autres services fournis à toute personne par des modes alternatifs de règlement des litiges et des processus de justice réparatrice »[30].

Dans le cadre de la Cour ADHP, c'est bien de la représentation et de l'assistance judiciaires qu'il s'agit. Les requérants indigents peuvent être représentés ou assistés par un conseil aux frais de la Cour. Ces frais couvrent les dépenses liées aux voyages, à la représentation juridique, aux témoins, notamment les témoins experts, ainsi que l'indemnité journalière de subsistance.

A priori, l'on pourrait croire que l'aide et l'assistance juridiques prévues à l'article 22 du Protocole CAJDH, insérant l'article 46M dans le Protocole censé régir la future Cour africaine, devraient être comprises au sens de la Cour ADHP. Sauf que, à la différence des Chambres africaines extraordinaires (CAE)[31] et de la CPI (articles 75-2 et 79 du Statut de Rome) auprès desquelles un fonds au profit des victimes, différent de l'aide et de l'assistance juridiques, sert essentiellement à attribuer aux victimes des

---

[28] Nous soulignons.

[29] Gérard CORNU, *Vocabulaire juridique*, Paris, PUF, 2003, sous le vocable « aide juridique ». Voir également Jean SALMON (dir.), *Dictionnaire de droit international public*, Bruxelles, Bruylant, 2001, sous le vocable « assistance judiciaire » (où il est relevé que « dans certains pays on utilise (...) l'expression 'assistance (ou aide) juridique' pour désigner la consultation gratuite d'un avocat par des personnes impécunieuses »).

[30] Commission pour la prévention du crime et la justice pénale, *Rapport sur la vingt-troisième session (13 décembre 2013 et 12-16 mai 2014)*, E/2014/30 et E/CN.15/2014/20, p. 21.

[31] Article 28 du Statut des CAE, établies sur la base d'un accord conclu entre l'UA et le Sénégal afin de juger, pour le compte de l'UA, entre autres, Hissène Habré, ancien président du Tchad (décision Assembly/AU/Dec.127(VII), doc. Assembly/AU/3 (VII)), Banjul, 1-2 juillet 2006).

réparations en cas d'indigence du condamné, les dispositions de l'article 22 du Protocole CAJDH sont ambiguës.

S'il s'agit véritablement d'un fonds au profit des victimes, au sens des Statuts des CAE ou de la CPI, pourquoi avoir évité la formulation utilisée par les textes pertinents de ces deux juridictions qui ne prête pas à confusion ? Nous sommes d'avis que l'UA aurait dû, à tout le moins, préciser si ce fonds concerne uniquement l'aide et l'assistance juridiques, au sens des textes et de la pratique de la Cour ADHP, ou s'il s'étend aux réparations au profit des victimes.

Quoi qu'il en soit, hormis le produit des amendes et des confiscations recueilli à l'occasion des poursuites dirigées contre une personne, l'article 22 du Protocole CAJDH insérant l'article 46M dans le Protocole censé régir la future Cour africaine est muet à propos d'éventuelles sources permanentes devant alimenter ce fonds. L'aide et l'assistance juridiques, au sens des définitions mentionnées ci-devant, constituent un droit[32] et, à ce titre, devraient, comme dans le cas de la CPI, être prévues dans le budget de la CAJDH, plutôt que de relever d'un fonds dont le mode de financement n'est guère clair et rassurant. Pour des raisons pratiques, les règles d'attribution de l'aide et de l'assistance juridiques devraient être régies par le Règlement intérieur de la CAJDH ou par un règlement édicté par le Greffe après l'approbation des juges de la Cour. À cette fin, le régime juridique de l'aide juridique mis en place par la Cour ADHP peut constituer un point de départ.

2. Droit d'exprimer des vues et des préoccupations

D'après les recommandations de l'ONU, reprises *verbatim* par la Commission ADHP, le droit des victimes d'avoir accès à la justice induit « que les vues et les préoccupations des victimes soient présentées et examinées aux *phases appropriées des instances, lorsque leurs intérêts personnels sont en cause, sans préjudice des droits de la défense* »[33].

---

[32] Voir : Commission ADHP, Directives procès équitable et assistance judiciaire, *op. cit.*, point P (ci-après « Directives procès équitable et assistance judiciaire ») ; Comité de l'ONU contre la torture, Observation générale n° 3 (2012), § 10.

[33] Commission ADHP, Directives procès équitable et assistance judiciaire, *op. cit.*, point P-f-2 (nous soulignons), qui reprend la Déclaration des principes fondamentaux de justice relatifs aux victimes de la criminalité et aux victimes d'abus de pouvoir, en son article 6-b. Voir également : Principes fondamentaux et directives concernant le droit à un recours et à réparation des victimes de violations flagrantes du droit international des droits de l'Homme et de violations graves du droit international humanitaire de 2005, préambule ; Note d'orientation du secrétaire général de l'ONU, « Réparations pour les victimes de violences sexuelles commises en période de conflit », juin 2014, p. 2.

Si, devant les CAE et les Chambres extraordinaires au sein des tribunaux cambodgiens (CETC), la victime jouit du statut de partie civile[34] et que, devant la CPI, sa qualité est proche de celle de la partie civile (article 683)[35], devant la CAJDH, elle est un sujet passif qui, hormis un rôle éventuel de témoin, adresse des représentations à cette Cour uniquement dans deux hypothèses : dans la procédure d'ouverture d'une enquête *proprio motu* par le procureur, ainsi qu'au stade de la réparation.

En premier lieu, l'article 22 du Protocole CAJDH insérant l'article 46G dans le Protocole censé régir la future Cour africaine dispose que « si le Bureau du procureur conclut qu'il y a une base raisonnable pour procéder à une enquête, il soumet une demande d'autorisation pour une enquête, accompagnée de tout document d'appui à la Chambre préliminaire (...). Les victimes peuvent se faire représenter auprès de ladite Chambre, en application du Règlement de la Cour »[36].

Il serait souhaitable que le Règlement intérieur de la CAJDH précise qu'il est loisible aux victimes d'évoquer les crimes que le procureur entendrait exclure de son champ d'enquête, de manière à ce que la chambre préliminaire convaincue du bien-fondé de la requête des victimes instruise le procureur de les y inclure. Ce Règlement devrait, par ailleurs, indiquer la procédure à suivre par les victimes qui souhaitent adresser des représentations à la CAJDH.

En second lieu, l'article 20 du Protocole CAJDH dispose, s'agissant des réparations, qu'« avant de rendre une ordonnance, la Cour *peut* inviter et tenir compte des représentations ou au nom de la personne condamnée, des victimes, d'autres personnes intéressées ou des États intéressés »[37].

---

[34] Articles 14 et 25 du Statut des CAE et règle 23 *bis* du Règlement intérieur (rev.9) des CETC, tel que révisé le 16 janvier 2015.

[35] S'agissant du statut de la victime devant la CPI, voir notamment Yves HAMULI KABUMBA, *La preuve compatible avec les droits de l'accusé devant la Cour pénale internationale*, thèse de doctorat en sciences juridiques, Université Catholique de Louvain, 2013, pp. 98-100.

[36] L'expérience de la CPI à ce sujet témoigne de l'importance d'accorder aux victimes la possibilité d'adresser des représentations à la Cour. Voir, par exemple, CPI : Chambre préliminaire III, *Situation en République de Côte d'Ivoire*, Rectificatif à la Décision relative à l'autorisation d'ouverture d'une enquête dans le cadre de la situation en République de Côte d'Ivoire rendue en application de l'article 15 du Statut de Rome, ICC-02/11-14-Corr-tFRA, 15 novembre 2011 ; Chambre préliminaire II, *Situation en République du Kenya*, Décision relative à la demande d'autorisation d'ouvrir une enquête dans le cadre de la situation en République du Kenya rendue en application de l'article 15 du Statut de Rome », ICC-01/09-19-Corr-tFRA, 31 mars 2010.

[37] Nous soulignons.

Cette disposition semble laisser l'audition des victimes à l'appréciation de la CAJDH, alors que les normes internationales[38], en ce compris dans le cadre de l'UA[39], recommandent vivement le recueil des avis des victimes à propos de la réparation à accorder, c'est-à-dire, à adopter, tel que l'atteste la pratique la plus répandue, une approche participative[40].

3. Droit à la protection, à la sécurité et aux conseils

Le droit à la protection, à la sécurité et aux autres aides appropriées – tel que consacré par les articles 19 *bis*, 22B et l'article 22 du Protocole CAJDH insérant l'article 46A dans le Protocole censé régir la future Cour africaine – semble être réservé aux témoins et victimes qui comparaissent devant la CAJDH ainsi qu'aux personnes qui courent un risque en raison de leurs témoignages. En effet, l'article 22B-9-a du Protocole CAJDH se lit comme suit :

> « Le Greffier doit installer au Greffe (...) une Unité des victimes et témoins, qui prévoit, en consultation avec la Cour et le Bureau du procureur, selon le

---

[38] Voir : Principes directeurs relatifs aux enfants associés aux forces armées ou aux groupes armés de 2007 (principe 7.60) ; Ensemble de principes actualisé pour la protection et la promotion des droits de l'Homme par la lutte contre l'impunité, E/CN.4/2005/102/Add.1, 8 févier 2005 (principe 32) ; CPI, Chambre de première instance II, *Le Procureur c. Germain Katanga*, United Nations Joint Submission on Reparations, ICC-01/04-01/07-3550, 14 mai 2015, §§ 23-24 (ci-après « Observations ONU ») ; Note d'orientation du secrétaire général de l'ONU, *op. cit.*, pp. 1-2, 9, 12-14.

[39] Consulter les victimes est l'une des recommandations clés d'au moins 5 organes de l'UA. Voir : *Report of the Technical Experts' Consultation to Review the African Transitional Justice Policy Framework (ATJF)*, août 2013, p. 15 ; Commission ADHP, Résolution sur le droit à un recours et à réparation pour les femmes et les filles victimes de violence sexuelle, CADHP/Rés.111(XXXXII)07, 29 novembre 2007 (ci-après « Résolution femmes et filles »). Par ailleurs, s'agissant du Darfour (Soudan), les experts mandatés par l'UA ont recommandé que la réparation en faveur des victimes soit « *a process with full and active participation of the victims and their representatives* » (*Report of the African Union High Level Panel on Darfur (AUPD)*, doc. PSC/AHG/2(CCVII), 29 octobre 2009, § 266).

[40] Dans le cadre de la CPI, voir : Chambre d'appel, *Le Procureur c. Thomas Lubanga*, ordonnance de réparation (modifiée), ICC-01/04-01/06-3129-AnxA, 3 mars 2015, §§ 29-32 ; Chambre de première instance II, *Le Procureur c. Germain Katanga*, Order instructing the Registry to report on applications for reparations, ICC-01/04-01/07-3508, 27 août 2014. Voir également, en ce sens, un expert entendu par la CPI à propos du régime juridique de la réparation devant la Cour interaméricaine des droits de l'Homme (Consultant's Report on Reparations in the Inter-American Human Rights System, ICC-01/04-01/06-2806-Anx, 19 mars 2012, §§ 18-22). La jurisprudence naissante de la Cour ADHP consiste dans le chef de cette dernière à ne pas statuer d'office sur la réparation, mais à se prononcer à l'issue d'une procédure (souvent écrite) exclusivement dédiée à la réparation, procédure au cours de laquelle les victimes et l'État mis en cause présentent leurs moyens à travers des écritures (*Lohé Issa Konaté c. Burkina Faso*, requête 004/2013, arrêt du 5 décembre 2014, § 174 ; *Révérend Christopher R. Mtikila c. République-Unie de Tanzanie*, requête 011/2011, arrêt portant sur la réparation du 13 juin 2014 ; *Ayants droit de feus Norbert Zongo et autres c. Burkina Faso*, *op. cit.*, § 202 et § 203, points 6 et 7.

> cas, des mesures de protection et des dispositifs de sécurité, des conseils et autres aides appropriées au bénéfice des témoins et victimes qui apparaissent devant la Cour ainsi qu'au bénéfice des autres qui sont en danger en raison des témoignages qu'ils font. Le personnel de l'Unité comprend des experts en trauma ».

L'article 22 du Protocole CAJDH insérant l'article 46A dans le Protocole censé régir la future Cour africaine ajoute que « l'accusé a droit à un procès équitable et public, *sous réserve des mesures prises par la Cour pour la protection des victimes* et des témoins »[41].

Apparemment, les mesures de protection des victimes et des témoins relèvent de la compétence de la Chambre préliminaire qui, conformément à l'article 19 *bis* du Protocole CAJDH, « peut émettre des ordres (...) selon les besoins, pour garantir la protection et le secret des témoins et des victimes ».

Parmi les mesures de protection qui ont été prises par d'autres juridictions pénales internationales ou mixtes figurent : i) la réinstallation de la personne à protéger dans son pays ou dans un État tiers ; ii) le placement en résidence protégée ; iii) les patrouilles de police fréquentes et ; iv) l'anonymat avant la phase du procès, la distorsion de la voix, l'octroi d'un pseudonyme à la personne à protéger, ainsi que l'audition à huis clos[42].

Les dispositions pertinentes du Protocole CAJDH appellent au moins six observations, qui seront suivies de suggestions à propos du programme de protection à mettre en place.

En premier lieu, le champ de l'article 22B-9-a du Protocole CAJDH, qui reconnaît que les victimes peuvent jouir du statut de « victimes-témoins », ne devrait pas limiter le droit à la protection aux personnes « qui apparaissent devant la Cour [et aux] autres qui sont en danger en raison des témoignages ». Il devrait, à l'instar du Statut de la CPI[43] et des directives de la Commission ADHP[44], inclure expressément les victimes entendues par le procureur au stade de l'enquête. De fait, l'article 22A-7 du Protocole CAJDH investit le procureur du pouvoir d'interroger les victimes dans le cadre de l'enquête. Les personnes en danger en raison d'une telle audition devraient, dès lors, également être protégées.

---

[41] Nous soulignons.

[42] Voir CPI, Summary Report on the Seminar on Protection of Victims and Witnesses Appearing before the International Criminal Court, 24 novembre 2010. Voir aussi l'article 68 du Statut de Rome et les règles 87-88 du Règlement de procédure et de preuve de la CPI.

[43] Article 68 du Statut de Rome.

[44] Commission ADHP, Directives procès équitable et assistance judiciaire, *op. cit.*, point P-f-4.

En deuxième lieu, l'Unité des victimes et témoins devrait évaluer le risque avec le concours du procureur avant le déploiement d'enquêteurs sur le terrain et devrait jouer le rôle de conseiller unique de toute la CAJDH en matière de sécurité des victimes et des témoins. On évitera ainsi l'existence, au sein du Bureau du procureur, d'une unité séparée appliquant ses propres critères d'évaluation du risque et ses normes de mise en œuvre. Il s'agit là d'avoir une pratique cohérente et transparente car, comme le souligne l'Unité d'aide aux victimes et aux témoins de la CPI, « *predictability and transparency of the applied measures are an important factor in ensuring a fair and impartial system of witness protection* »[45].

En troisième lieu, il serait préférable que les dispositions du Protocole CAJDH précisent que, durant la phase du procès, les prérogatives reconnues à la Chambre préliminaire en matière de protection des victimes sont dévolues à la Chambre de première instance saisie de l'affaire.

En quatrième lieu, les chambres ne doivent pas perdre de vue les mesures compensatoires en faveur de l'accusé, qui sont nécessaires à la sauvegarde de l'équité du procès. Le Règlement intérieur de la CAJDH devrait codifier les mesures les plus emblématiques, en s'inspirant, entre autres, du Règlement de procédure et de preuve de la CPI et de la jurisprudence de celle-ci, ô combien riche en matière de conciliation de la protection des victimes avec les droits de la défense[46].

En cinquième lieu, comme nous le verrons, les victimes devraient bénéficier d'un droit d'interjeter appel des décisions relatives à leur protection.

Enfin, l'immunité d'enquête et de poursuite reconnue à certaines personnes par l'article 22 du Protocole CAJDH insérant l'article 46A *bis* dans le Protocole censé régir la future Cour africaine[47] aura pour effet d'exclure du bénéfice de la protection les victimes d'actes commis par les bénéficiaires d'immunité.

L'Unité des victimes et témoins devrait se doter d'un programme de protection, en gardant à l'esprit qu'un programme de protection inefficient mettrait en péril non seulement la vie et l'intégrité physique des victimes, mais également l'aboutissement des procès, le droit des victimes à la

---

[45] CPI, *Le Procureur c. Germain Katanga et Mathieu Ngudjolo*, Observations de l'Unité d'aide aux victimes et aux témoins relatives au système de protection des témoins et à la pratique de la 'réinstallation préventive', ICC-01/04-01/07-585, 12 juin 2008, §§ 5 et 60.

[46] Voir sur ce point Yves HAMULI KABUMBA, *La preuve compatible avec les droits de l'accusé (...)*, *op. cit.*, pp. 259-271.

[47] Il confère l'immunité à « un chef d'État ou de Gouvernement de l'UA en fonction, ou toute personne agissant ou habilitée à agir en cette qualité ou tout autre haut responsable public en raison de ses fonctions ».

réparation, ainsi que le droit de l'accusé d'être jugé dans un délai raisonnable et son droit au contradictoire.

Par conséquent, le programme à adopter devra être clair et conforme aux normes internationales. Il devra, par ailleurs, tenir compte des défis contemporains, tels que ceux auxquels la CPI, les tribunaux pénaux *ad hoc*, les tribunaux mixtes et le Comité international de la Croix-Rouge ont été confrontés, en particulier s'agissant de l'Afrique ou des Africains. À cette fin, l'Unité précitée mettra au point un programme de protection basé sur les quatre principes directeurs internationaux suivants : a) la confidentialité ; b) le partenariat, notamment avec le Bureau du procureur[48] et des acteurs publics et privés peuvant contribuer au renforcement ou à l'anéantissement des mesures de protection ; c) la neutralité ; ainsi que d) la transparence et la responsabilité[49].

Ce programme tiendra également compte de la spécificité de certaines victimes (enfants associés aux forces et groupes armés, victimes de violences sexuelles) et des normes internationales qui leur sont dédiées. Il devrait comprendre un protocole d'évaluation de la sécurité et de la santé de la victime avant, pendant et après son audition par le procureur ou sa comparution devant la CAJDH. Les critères d'admission au programme et de cessation de couverture par celui-ci devraient être fixés.

L'élaboration de ce programme requiert idéalement une concertation préalable avec des acteurs internationaux, tels que la CPI[50], l'Office des Nations Unies contre la drogue et le crime, le Haut-Commissariat des Nations Unies pour les réfugiés, le Comité international de la Croix-Rouge et certaines missions de l'ONU sur le terrain, mais également des acteurs sur le plan interne (organisations de la société civile et ONG).

À l'instar de celui de la CPI, le programme de protection de la CAJDH, juridiction qui ne dispose pas d'une police propre, sera tributaire de la coopération des États, des organisations internationales, voire des ONG et d'autres acteurs privés. Jusqu'en 2013, la CPI, qui compte 33 pays membres

[48] Les enquêteurs du Bureau du procureur doivent être formés afin de ne pas compromettre les mesures de sécurité.

[49] Voir, à propos de ces principes, Office des Nations Unies contre la drogue et le crime, *Bonnes pratiques de protection des témoins dans les procédures pénales afférentes à la criminalité organisée*, New York, 2009, pp. 53-58.

[50] S'agissant du système de protection des témoins devant la CPI, en général, et sur l'expérience africaine de la CPI dans la protection des témoins, en particulier, voir : INTERNATIONAL BAR ASSOCIATION, *Witnesses before the International Criminal Court*, Londres, juillet 2013, pp. 27-42 ; Chris MAHONY, *The Justice Sector Afterthought: Witness Protection in Africa*, Pretoria, Institute for Security Studies, 2010, pp. 14-57. Pour une analyse de ce système du point de vue d'un membre du Bureau du procureur de la CPI, voir Markus EIKEL, « Witness Protection Measures at the International Criminal Court: Legal Framework and Emerging Practice », *Criminal Law Forum*, vol. 23, 2012, pp. 97-133.

de l'UA parmi ses États parties, a conclu des accords de réinstallation des victimes et des témoins avec trois Gouvernements africains[51], en partie faute pour la majorité des États en Afrique de disposer d'un programme de protection viable et efficient[52]. La CAJDH aura besoin de conclure, en vertu de l'article 22 du Protocole CAJDH insérant l'article 46L dans le Protocole censé régir la future Cour africaine, des accords de réinstallation des victimes, ainsi que des accords visant à financer cette mesure. Il découle de ce qui précède que la CAJDH devrait encourager, d'une part, l'élaboration des programmes nationaux de protection, notamment en suggérant un programme type[53] et, d'autre part, l'adoption des lois internes de mise en œuvre du Statut de la CAJDH[54].

Pour clore l'examen de la protection des victimes, il n'est pas inutile de relever que l'installation d'une Unité des victimes et des témoins et la mise en œuvre des droits des victimes et des témoins impliquent un coût financier non négligeable. À titre indicatif, rien que dans les situations et affaires relatives aux crimes de génocide, crimes contre l'humanité et crimes de guerre, en 2013, une telle mission a coûté 5 785 300 € à la CPI, 7 202 200 € en 2014, et pourrait coûter 8 808 700 € en 2015[55].

En 2007, dans le cadre de la situation au Darfour, en prévision de l'annonce imminente d'une demande visant à la délivrance d'un mandat d'arrêt, la CPI a déboursé la somme de 400 000 € pour déplacer de la partie orientale du Tchad des témoins et des membres de leurs familles, soient 150 réfugiés, pour les installer dans un camp qu'elle avait dressé pour eux à Abéché (Tchad)[56].

---

[51] Voir Rapport de la Cour sur la coopération, ICC-ASP/12/35, 9 octobre 2013, § 30.

[52] À ce sujet, voir Chris MAHONY, *The Justice Sector Afterthought: Witness Protection in Africa*, *op. cit.*, p. 55.

[53] Une initiative similaire a été prise par les ministres de la Justice et les procureurs généraux des États membres de l'UA. Ceux-ci ont rédigé un Projet de loi nationale type de l'Union africaine sur la compétence universelle en matière de crimes internationaux, qui a été par la suite approuvé par le Conseil exécutif de l'UA (Décision sur la Loi nationale type de l'Union africaine sur la compétence universelle en matière de crimes internationaux, doc. EX.CL/731(XXI), juillet 2012). Voir aussi Rapport, instruments juridiques et recommandations des ministres de la justice/procureurs généraux, doc. EX.CL/731(XXI), juillet 2012.

[54] Les 66 recommandations de l'Assemblée des États parties au Statut de Rome en matière de coopération sont pertinentes à cet égard. Voir Résolution ICC-ASP/6/Res.2, annexe II, 2007.

[55] Projet de budget-programme pour 2015 de la Cour pénale internationale, ICC-ASP/13/10, 18 septembre 2014, p. 124.

[56] Voir : Assemblée des États parties, Projet de budget-programme pour 2008 de la Cour pénale internationale, ICC-ASP/6/8, 25 juillet 2007, §§ 41-42 ; Rapport sur l'exécution des programmes de la Cour pénale internationale pour l'année 2007, ICC-ASP/7/8/Add.1, 1er août 2008, §§ 9-10.

4. Droit d'obtenir réparation (*ubi jus ibi remedium*)

La réparation est une des clés de la stratégie de la réconciliation[57] dans une société en conflit ou post-conflit. Selon la jurisprudence de la Cour ADHP et de la Cour de Justice de la Communauté économique des États de l'Afrique de l'Ouest (CÉDÉAO)[58], ainsi que selon certains auteurs, le droit d'obtenir réparation est consacré par le droit international coutumier[59]. Partant, l'enjeu de la réparation sur le continent africain en proie à d'innombrables conflits et crimes internationaux est considérable.

Consacré au dédommagement des victimes, l'article 20 du Protocole CAJDH dispose que l'article 45 du Protocole censé régir la future Cour africaine sera libellé comme suit :

> « 1. Sans préjudice des dispositions du paragraphe (i) de l'article 28, la Cour doit établir, dans son Règlement intérieur des principes de dédommagement des victimes, notamment la restitution, le dédommagement et la réhabilitation. Sur cette base, lors de ses décisions, la Cour peut, soit sur demande ou à sa propre initiative, dans des circonstances exceptionnelles, déterminer l'ampleur et l'étendue de tout dommage, de toute perte ou de tout préjudice subi par les victimes et détermine les principes sur lesquels elle agit.
>
> 2. Pour ce qui concerne sa compétence pénale internationale, la Cour peut directement rendre une ordonnance contre une personne déclarée coupable, en précisant les compensations auxquelles ont droit les victimes, notamment la restitution, le dédommagement et la réhabilitation.
>
> 3. Avant de rendre une ordonnance, la Cour peut inviter et tenir compte des représentations ou au nom de la personne condamnée, des victimes, d'autres personnes intéressées ou des États intéressés ».

---

[57] Dans le cas du Darfour, voir *Report of the African Union High Level Panel on Darfur (AUPD)*, doc. PSC/AHG/2(CCVII), 29 octobre 2009, §§ 260, 262 et 265.

[58] La Cour de Justice de la CÉDÉAO est une juridiction qui a été créée par la Communauté économique des États de l'Afrique de l'Ouest afin de statuer, entre autres, sur des allégations de violation de la Charte ADHP au sein des États membres de cette organisation sous-régionale. Pour de plus amples détails, voir Yves HAMULI KABUMBA, « La répression internationale de l'esclavage : les leçons de l'arrêt de la Cour de Justice de la Communauté économique des États de l'Afrique de l'Ouest dans l'affaire *Hadijatou Mani Koraou c. Niger* (27 octobre 2008) », *RQDI*, vol. 21, 2008, pp. 31-37.

[59] Voir : Cour ADHP, *Révérend Christopher R. Mtikila c. République-Unie de Tanzanie*, *op. cit.*, § 27 ; Cour de Justice de la CÉDÉAO, *SERAP v. Federal Republic of Nigeria*, ECW/CCJ/JUD/18/12, arrêt du 14 décembre 2012, § 118 (« *the obligation of granting relief for the violation of human rights is a universally accepted principle* ») ; M. Chérif BASSIOUNI, « International Recognition of Victims' Rights », *op. cit.*, p. 218 ; Jean-Marie HENCKAERTS, Louise DOSWALD-BECK (dir.), *Droit international humanitaire coutumier*, vol. I, Bruxelles, Bruylant, 2006, pp. 698ss.

Remarquons que cette disposition n'utilise pas le terme « réparation » que l'on retrouve dans le Protocole censé régir la future Cour africaine[60] et dans certains instruments de l'UA[61], lui préférant indistinctement les termes « dédommagement » et « compensation ». L'on peut s'interroger sur le choix du terme dédommagement, que le Protocole CAJDH cite également parmi les formes de « dédommagement » !

De même, cette disposition, visiblement empruntée au libellé de l'article 75-1 du Statut de Rome, omet le terme « ayants droit » – que l'on retrouve dans les Statuts à la fois de la CPI et des CAE (article 28), ainsi que dans la jurisprudence de la Cour ADHP[62] et de la Commission ADHP[63] –, en laissant croire que l'ayant droit de la victime ne doit pas prétendre à la réparation.

L'article 20 précité exige, d'une part, que la CAJDH établisse dans son Règlement intérieur les principes directeurs de la réparation et les types de réparation, d'autre part, que les chambres précisent dans leurs ordonnances le mode de détermination de l'ampleur du préjudice. Matérialiser ces trois exigences est à ce point important que le professeur Cherif Bassiouni souligne, à la suite de la Commission ADHP[64], que « *providing victims with a right of reparation is (...) an empty victory if there is no corresponding mechanism to provide a victim with a forum to press a claim or obtain an award* »[65]. Ainsi, il est important que les principes devant guider les réparations soient clairement régis par le Règlement intérieur de la CAJDH. Selon qu'il conviendra, les chambres mettront au point, pour chaque affaire, un programme de réparation après avoir consulté ou fait consulter les victimes par le truchement du Greffe et, si elles le jugent utile, après avoir recueilli des observations de l'ONU ou d'autres organisations internationales ou non gouvernementales pouvant justifier d'une longue expérience dans ce

---

[60] Articles 28-h et 45.

[61] Voir : article 12 de la Convention de Kampala ; article 25 du Protocole à la Charte africaine des droits de l'Homme et des peuples relatif aux droits des femmes (adopté par la Conférence des chefs d'État et de Gouvernement de l'UA à Maputo, le 11 juillet 2003, et en vigueur depuis le 25 novembre 2005).

[62] Voir Cour ADHP, *Ayants droit de feus Norbert Zongo et autres c. Burkina Faso*, *op. cit. In casu*, la Cour ADHP ordonne réparation au bénéfice des ayants droit des défunts, estimant que seuls « les parents les plus proches de la victime » ayant « souffert le plus de la situation » ont droit à réparation, à savoir les conjoints, les enfants et les pères et mères des défunts, à l'exclusion des marâtres et des frères et sœurs (§§ 49-50 et 111).

[63] Voir, par exemple, Commission ADHP : *Association des victimes de violences postélectorales et Interights c. Cameroun*, communication 272/03, 25 novembre 2009, § 76-vi ; *Malawi African Association et autres c. Mauritanie*, communications 54/91-61/91-96/93-98/93-164/97_196/97-210/98, 11 mai 2000, § 83 et dispositif.

[64] Voir Commission ADHP : Déclaration et recommandations de Dakar sur le droit à un procès équitable, septembre 1999, § 8 ; *Sir Dawda K. Jawara c. Gambie*, communication 147/95-149/96, 11 mai 2000, § 74.

[65] M. Chérif BASSIOUNI, « International Recognition of Victims' Rights », *op. cit.*, p. 232.

domaine. Il incombera au Greffe d'exécuter ce programme et de rendre des comptes à la chambre chargée de l'affaire concernée.

Si l'on s'en tient aux obligations découlant de certains traités adoptés par l'UA[66] et à la recommandation de la Commission ADHP consistant en la mise en place de « programmes de réparation efficaces et accessibles »[67], la matérialisation du droit à réparation par la CAJDH implique dans le chef de cette dernière des normes juridiques claires concernant, entre autres, les quatre aspects suivants : a) les principes directeurs et les caractéristiques de la réparation ; b) les formes et modalités de réparation ; c) le mode d'évaluation de la réparation ; et d) la norme de la preuve en matière de réparation[68].

En premier lieu, les principes directeurs et caractéristiques de la réparation à insérer dans le Règlement intérieur de la CAJDH peuvent être empruntés notamment aux principes déjà entérinés par l'UA dans le cadre des traités africains et internationaux[69], aux travaux de la Commission ADHP[70], à la jurisprudence de la Cour ADHP[71] et de la Cour de Justice de la CÉDÉAO[72], aux principes formulés par l'ONU et largement acceptés[73], mais également à

---

66 S'agissant des femmes victimes de violations du droit à la vie et à l'intégrité physique, les articles 4-2-e et 4-2-f du Protocole de Maputo enjoignent les États à mettre en œuvre « des programmes en vue de la réhabilitation de celles-ci », ainsi que « des mécanismes et des services accessibles pour assurer (...), la réhabilitation et l'indemnisation [*reparation* dans la version anglaise !] effective des femmes victimes ».

67 Commission ADHP, Résolution femmes et filles, *op. cit.*, § 2.

68 Tous ces aspects font l'objet d'une étude séparée et détaillée, dédiée à la réparation en faveur des victimes dans le cadre de la Cour AJDH.

69 Voir, par exemple : articles 11, §§ 4 et 5, et 12 de la Convention de Kampala ; article 21 de la Charte ADHP ; articles 4 et 25 du Protocole de Maputo ; article 24-4 de la Convention internationale pour la protection de toutes les personnes contre les disparitions forcées ; article 14 de la Convention contre la torture et autres peines ou traitements cruels, inhumains ou dégradants de 1984 ; article 6 de la Convention pour l'élimination de toute forme de discrimination raciale de 1965. Sur les principes applicables s'agissant du choix de la réparation appropriée, voir Yves HAMULI KABUMBA, « Déterminer la réparation individuelle appropriée en droit international : cas des enfants et des femmes victimes de crimes à caractère sexuel », *Revue de droit africain*, vol. 85, 2018, pp. 3-35.

70 Voir, par exemple : Commission ADHP, Directives procès équitable et assistance judiciaire, *op. cit.*, point P-d et P-f-5 ; Déclaration et recommandations de Dakar sur le droit à un procès équitable, septembre 1999, § 8 ; Résolution femmes et filles, *op. cit.* ; Lignes directrices de Robben Island, *op. cit.*

71 Voir : *Révérend Christopher R. Mtikila c. République-Unie de Tanzanie*, *op. cit.*, §§ 29-40 ; *Ayants droit de feus Norbert Zongo et autres c. Burkina Faso*, *op. cit.*, §§ 19-111.

72 Voir, par exemple, Cour de Justice de la CÉDÉAO, *SERAP v. Federal Republic of Nigeria*, ECW/CCJ/JUD/18/12, arrêt du 14 décembre 2012, §§ 105, 109 et 121 ; *Djot Bayi and Others c. Nigeria*, ECW/CCJ/JUD/01/08, arrêt du 28 janvier 2009, §§ 45-46.

73 Voir, par exemple : les principes soutenus par l'ONU devant la CPI (*Le Procureur c. Germain Katanga*, Observations ONU, *op. cit.* ; *Le Procureur c. Thomas Lubanga*, United Nations Children's Fund, Submission on the Principles to be applied, and the procedure to be followed by the Chamber with regard to reparations, ICC-01/04-01/06-2878, 10 mai 2012, p. 625 (ci-après « Observations de l'UNICEF ») ; Principes fondamentaux et directives

la jurisprudence de la CPI qui, à ce jour et en la matière, concerne au premier chef, voire uniquement, des victimes africaines[74].

Parmi les principes directeurs et les caractéristiques de la réparation mis en évidence par ces instruments juridiques internationaux et régionaux, ainsi que par la jurisprudence, l'on peut citer le fait que la réparation doit être rapide, adéquate, disponible, effective, utile, pleine, équitable, intégrale et exempte de discrimination.

Pour la mise en œuvre aisée de ces principes, la CAJDH devrait fixer des délais à l'organe qui sera en charge de la participation des victimes et des réparations en leur faveur au cours de la période durant laquelle celui-ci s'acquittera de ses tâches, en particulier la mise sur pied d'un plan d'évaluation et d'exécution des réparations ordonnées par une chambre. Les méthodes de traitement de données relatives à la réparation devraient garantir la rapidité des réparations.

Parmi les difficultés éventuelles susceptibles de porter atteinte à l'effectivité de la réparation figurent l'impécuniosité du condamné et l'inexécution des décisions de la CAJDH sur le plan interne (national)[75], ainsi que d'autres

---

concernant le droit à un recours et à réparation des victimes de violations flagrantes du droit international des droits de l'Homme et de violations graves du droit international humanitaire de 2005, principes 19, 20 et 22 ; Comité de l'ONU contre la torture, Observation générale n° 3, §§ 5-6 ; Note d'orientation du secrétaire général de l'ONU, *op. cit.* ; Comité des droits de l'Homme, *Al Jilani Mohamed M'hamed Al Daquel c. Libye*, communication 1882/2009, CCPR/C/111/D/1882/2009, juillet 2014, § 8 ; Comité des droits de l'Homme, Observations finales du Comité des droits de l'Homme, Pérou, ONU, doc. CCPR/CO/70/PER, 15 novembre 2000, § 11 ; Comité pour l'élimination de la discrimination à l'égard des femmes, *AT c. Hongrie*, communication 2/2003, 26 janvier 2005, § 9.6.

[74] Voir CPI : Chambre d'appel, *Le Procureur c. Thomas Lubanga Dyilo*, ordonnance de réparation (modifiée), ICC-01/04-01/06-3129-AnxA, 3 mars 2015, §§ 44-48 ; Chambre d'appel, *Le Procureur c. Thomas Lubanga Dyilo*, Judgment on the appeals against the 'Decision establishing the principles and procedures to be applied to reparations' of 7 August 2012 with amended order for reparations (Annex A), and public annexes 1 and 2, ICC-01/04-01/06-3129, 3 mars 2015 ; Chambre de première instance II, *Le Procureur c. Germain Katanga*, Order instructing the Registry to report on applications for reparations, ICC-01/04-01/07-3508, 27 août 2014. Les règles 94 à 99 du Règlement de procédure et de preuve de la CPI peuvent également être édifiantes sur ces aspects.

[75] L'inexécution des recommandations de la Commission ADHP par les États est parlante. Voir Gino NALDI, « Reparations in the Practice of the African Commission on Human and Peoples' Rights », *Leiden Journal of International Law*, vol. 14, 2001, p. 692. Dans une étude se rapportant à la période entre 1993-2004, Frans VILJOEN et Lirette LOUW concluent que les États ont exécuté entièrement 14 % des recommandations de la Commission ADHP, que 30 % n'ont pas du tout été exécutées et 32 % l'ont été partiellement (« State Compliance with the Recommendations of the African Commission on Human and Peoples' Rights, 1994-2004 », *AJIL*, vol. 101, 2007, pp. 5-6). Interrogé le 16 janvier 2015 par *Radio France internationale*, à propos de l'inexécution des recommandations de la Commission ADHP dans l'affaire des personnes condamnées pour l'assassinat du président congolais Laurent-

difficultés parfois insurmontables des victimes à obtenir justice au niveau interne (national)[76]. En outre, l'immunité prévue à l'article 22 du Protocole CAJDH insérant l'article 46A *bis* dans le Protocole censé régir la future Cour africaine permettra au « suspect » qui en bénéficie d'organiser son insolvabilité, notamment faute d'enquête et de poursuites à son encontre (*periculum in mora*).

Nous sommes d'avis que l'UA et la CAJDH devraient explorer les cinq pistes suivantes : a) la poursuite de l'exécution des réparations par la CAJDH à la place de la victime[77] ; b) veiller à l'adoption des lois nationales de coopération avec la CAJDH ; c) la consécration de la dualité des régimes

---

Désiré Kabila (*Interights et autres c. République Démocratique du Congo*, communication 274/03 et 282/03, 28 mai 2014), aux termes desquelles la RDC devait réparer le préjudice causé aux victimes, le ministre congolais de l'information et porte-parole du Gouvernement a répondu que ces recommandations sont demeurées sans effets « parce que nous n'avons aucune instance au-dessus de la République démocratique du Congo, nous ne sommes pas sous tutelle de l'institution dont vous parlez [la Commission ADHP]. Nous sommes un pays indépendant. Notre justice est la seule qui puisse prendre des décisions de cette nature-là. Nous sommes très jaloux de notre autonomie ». L'entretien (fichier audio et sa transcription) est disponible en ligne.

[76] Sur cette question, voir : Cour de Justice de la CÉDÉAO, *SERAP v. Federal Republic of Nigeria*, ECW/CCJ/JUD/18/12, arrêt du 14 décembre 2012, §§ 110-112 ; Commission ADHP, *Social and Economic Rights Action Center (SERAC) and Center for Economic and Social Rights (CESR) v. Nigeria*, *op. cit.*, §§ 54, 58, 62, 66 et le dispositif ; M. Chérif BASSIOUNI, « International Recognition of Victims' Rights », *op. cit.*, pp. 237, 246 et 277 ; Godfrey MUSILA, « The Right to an Effective Remedy (…) », *op. cit.*, pp. 453, 456, 458, 464. S'agissant de l'inexécution des décisions condamnant la RDC, civilement responsable, à payer des indemnités aux victimes de crimes à caractère sexuel, voir Mission de l'Organisation des Nations Unies pour la stabilisation en République démocratique du Congo, « Avancées et obstacles dans la lutte contre l'impunité des violences sexuelles en République démocratique du Congo », avril 2014, en particulier le § 57. Paradoxalement, lors de l'élaboration du Statut de la CPI, la RDC avait suggéré l'insertion de la responsabilité civile de l'État dans ledit Statut (« Proposal by the Democratic Republic of Congo », ONU doc. A/AC.249/1998/WG.4/DP.38, 27 mars 1998).

[77] En vertu du principe de complémentarité proclamé par l'article 22 du Protocole CAJDH insérant l'article 46H dans le Protocole censé régir la future Cour africaine, on ne saurait laisser des victimes s'adresser à un État qui n'a pas les moyens ou la volonté de poursuivre les auteurs du préjudice. Dans le cadre de l'élaboration du Statut de Rome, un système qui obligerait les victimes à s'adresser aux juridictions internes pour faire exécuter les décisions de la CPI relatives à la réparation avait été débattu puis abandonné, notamment sous l'impulsion du Haut-Commissariat de l'ONU aux droits de l'Homme, en faveur de la création d'un système de réparation au sein de la Cour (voir, par exemple : Proposal of France, Article 45 *bis* « Compensation to victims », doc. A/AC.249/1997/WG.4/DP.3, 5 décembre 1997 ; Rapport de la réunion intersessions tenue du 19 au 30 janvier 1998 à Zutphen (Pays-Bas), doc. A/AC.249/1998/L.13, 4 février 1998, pp. 124-125 ; Report of the Preparatory Committee on the Establishment of an International Criminal Court, doc. A/CONF.183/2, 14 avril 1998, p. 61 ; The High Commissioner's Position Paper on the Establishment of a Permanent Criminal Court, 15 juin 1998, § 79 ; Rapport du groupe de travail sur les questions de procédure, doc. A/CONF.183/C.1/WGPM/L.2/Add.7, 13 juillet 1998, pp. 4-6.

de réparation[78] ; d) la mise en œuvre de la responsabilité civile de l'État[79] ; et e) la mise en place d'un véritable fonds au profit des victimes dédié à la réparation et, le cas échéant, la sollicitation de fonds extérieurs pertinents, tels que les fonds *ad hoc* de l'ONU.

En deuxième lieu, s'agissant des formes de réparation, le droit international prévoit une large gamme de mesures de réparation dont les plus pertinentes, dans le cadre d'un procès pénal international, sont l'indemnisation, la restitution, la réhabilitation et la satisfaction. L'énumération faite à l'article 20 du Protocole CAJDH s'inscrit dans la droite ligne du droit international en ce qu'elle n'est pas limitative. Une réparation pleine et effective est souvent une combinaison de ces mesures[80], étant entendu que l'avis des victimes doit être préalablement recueilli. Par ailleurs, certains instruments internationaux spécifiques à certaines victimes (les victimes d'une disparition forcée, d'un acte de torture, du terrorisme, de crimes à caractère sexuel[81] et les enfants) ou

---

78 À l'instar de l'article 75-6 du Statut de la CPI et de l'article 27 du Statut des CAE, le Protocole CAJDH devrait prévoir que la réparation allouée par cette Cour l'est « sans préjudice des droits que le droit interne ou le droit international reconnaissent aux victimes ». Une telle disposition était prévue dans l'un des projets de protocole qui ont débouché sur l'actuel Protocole CAJDH, projet dans lequel il était mentionné que « *[n]othing in this article shall be interpreted as prejudicing the rights of victims under national or international law* » (Exp/Min/IV/Rev.7, 2012, p. 34).

79 Il n'est pas contesté que le principe de la responsabilité civile de l'État est consacré par la Charte ADHP et par l'article 12 de la Convention de Kampala. Celui-ci est largement mis en évidence par la jurisprudence de la Cour ADHP et de la Cour de Justice de la CÉDÉAO, ainsi que par les travaux de la Commission ADHP.

80 Voir : *Le Procureur c. Germain Katanga*, Observations ONU, *op. cit.*, §§ 14 et 38 ; *Le Procureur c. Thomas Lubanga Dyilo*, ICC-01/04-01/06-3129-AnxA, *op. cit.*, § 70 ; Note d'orientation du secrétaire général de l'ONU, *op. cit.*, p. 2. La Commission ADHP recommande une telle combinaison. Voir : Commission ADHP, *Egyptian Initiative for Personal Rights et Interights c. République arabe d'Égypte*, communication 334/06, 1er mars 2011, dispositif ; Lignes directrices de Robben Island, *op. cit.*, § 50 ; « Résolution femmes et filles », *op. cit.* Voir cependant Cour ADHP, *Révérend Christopher R. Mtikila c. République-Unie de Tanzanie*, *op. cit.*, § 45 (un « arrêt [de la Cour ADHP] peut constituer en lui-même une forme suffisante de réparation pour le préjudice moral »).

81 Les crimes à caractère sexuel sont trop fréquents en Afrique, comme l'a constaté l'UA. Voir notamment : Peace and Security Council of the African Union, communiqué, PSC/PR/COMM.(CDLXI), 14 octobre 2014 ; High level consultation on preventing and responding to sexual violence in conflict, post-conflict countries and beyond, Addis-Abeba, 9-11 octobre 2013, p. 1. Voir également : Cour ADHP, Résolution de la Commission africaine des droits de l'Homme et des peuples sur les crimes commis contre les femmes en République démocratique du Congo, CADHP/RES.172 (XLVIII1), novembre 2010 ; Conférence internationale sur la région des Grands Lacs (ci-après « CIRGL »), Protocole sur la prévention et la répression de la violence sexuelle à l'égard des femmes et des enfants, 30 novembre 2006, préambule (mise sur pied en 2004, cette Conférence sous-régionale africaine destinée à promouvoir la paix, la sécurité, la stabilité et le développement dans la région des Grands Lacs est composée de 12 États, tous membres de l'UA ; la promotion des droits de l'Homme et la lutte contre les crimes internationaux font partie de ses principaux axes d'intervention). S'agissant du Darfour, voir *Report of the African Union High Level*

à certains dommages (cas des dommages environnementaux)[82] mettent l'accent sur certaines mesures plus que sur d'autres.

En ce qui concerne le choix entre une réparation sur une base individuelle ou une réparation de portée collective, il convient de relever qu'à la différence des CETC, qui autorisent uniquement des réparations collectives et morales[83], de la Cour de Justice de la CÉDÉAO, pour qui la réparation collective est l'unique réponse aux demandes de réparation d'un nombre élevé de victimes[84], et de la jurisprudence émergente de la CPI, qui privilégie les réparations collectives[85], la doctrine et la jurisprudence majoritaire d'autres organes soutiennent que les réparations individuelles et collectives sont complémentaires ; elles ne s'excluent pas[86]. De même, dans de nombreux cas, des organes internationaux et internes, essentiellement non

---

Panel on Darfur (AUPD), doc. PSC/AHG/2(CCVII), 29 octobre 2009, § 265 et Commission ADHP, *Sudan Human Rights Organisation & Centre on Housing Rights and Evictions (COHRE) c. Soudan*, communications 279/03-296/05, 27 mai 2009, § 178.

[82] Pour ce qui est du contenu de la réparation en la matière, voir notamment Déclaration des principes fondamentaux de justice relatifs aux victimes de la criminalité et aux victimes d'abus de pouvoir, *op. cit.*, § 10 ; Commission ADHP, *Social and Economic Rights Action Center (SERAC) and Center for Economic and Social Rights (CESR) v. Nigeria*, *op. cit.*, dispositif ; Cour de Justice de la CÉDÉAO, *SERAP v. Federal Republic of Nigeria*, *op. cit.*, § 121.

[83] Règles 23, 23 *bis* et 80 *bis* du Règlement intérieur (rev.9) des CETC, révisé le 16 janvier 2015.

[84] Voir Cour de Justice de la CÉDÉAO, *SERAP v. Federal Republic of Nigeria*, *op. cit.*, §§ 115-116.

[85] Chambre d'appel, *Le Procureur c. Thomas Lubanga Dyilo*, Judgment on the appeals against the 'Decision establishing the principles and procedures to be applied to reparations' of 7 August 2012 with amended order for reparations (Annex A), and public annexes 1 and 2, ICC-01/04-01/06-3129, 3 mars 2015, §§ 140-143 et 155. La juge Christine VAN DEN WYNGAERT a fait valoir qu'en raison de l'insuffisance de fonds, la CPI serait amenée à privilégier les réparations collectives et, qu'au final, « *reparations for victims risk being more symbolic than real* » (« Victims before international criminal courts: some views and concerns of an ICC trial judge », *Case Western Reserve Journal of International Law*, vol. 44, 2011, p. 491). Cependant, la règle 97 du Règlement de procédure et de preuve de la CPI prévoit que les victimes peuvent se voir accorder à la fois des réparations individuelles et collectives.

[86] Voir : Note d'orientation du secrétaire général de l'ONU, *op. cit.*, pp. 8-9 ; *Le Procureur c. Germain Katanga*, Observations ONU, *op. cit.*, § 22 ; *Le Procureur c. Thomas Lubanga*, Observations de l'UNICEF, *op. cit.*, p. 12, §§ 7 et 12 ; *Le Procureur c. Thomas Lubanga Dyilo*, ICC-01/04-01/06-3129-AnxA, *op. cit.*, § 33 (« *Individual and collective reparations are not mutually exclusive, and they may be awarded concurrently* ») ; *Le Procureur c. Germain Katanga*, Greffe, « Rapport relatif aux demandes en réparation, présenté en exécution de l'ordonnance rendue le 27 août 2014 par la Chambre de première instance II », ICC-01/04-01/07-3512-Anx1-tFRA-Red, 6 février 2015, §§ 94ss. Les mesures de réparation recommandées par la Commission ADHP dans les affaires concernant un nombre élevé de victimes sont éloquentes à ce sujet. Voir par exemple : *Malawi African Association et autres c. Mauritanie*, *op. cit.*, dispositif ; *Sudan Human Rights Organisation & Centre on Housing Rights and Evictions (COHRE) v. Sudan*, *op. cit.*, § 229.

judiciaires, mis sur pied pour concevoir et gérer des programmes de réparation concernant plusieurs milliers de victimes, ont presque exclusivement alloué à celles-ci une réparation à titre individuel[87]. L'on ne devrait pas perdre de vue que, à la différence de la CPI, la CAJDH sera compétente pour poursuivre des personnes morales, c'est-à-dire, en l'occurrence, des accusés *a priori* solvables.

En troisième lieu, pour ce qui est de l'évaluation de la réparation, il convient de remarquer que celle-ci est tributaire des contraintes liées, entre autres, à la nature du préjudice, à la disponibilité des preuves et au nombre de victimes[88]. Elle sera guidée, entre autres, par les principes de proportionnalité et de non-discrimination, et pourra faire appel aux services d'experts[89]. Dans le cas des dommages matériels quantifiables, la réparation consistera, en principe, en une valeur réelle[90]. Ainsi, s'agissant de la perte d'un bien immobilier, la CAJDH tiendra compte d'éléments tels que la

---

[87] Par exemple, la Commission d'indemnisation de l'ONU a octroyé des indemnisations à titre individuel d'une somme d'à peu près 11,7 milliards de dollars américains en réponse aux 2,7 millions de requêtes aux fins d'indemnisation (Linda TAYLOR, « The United Nations Compensation Commission », *in* C. FERSTMAN, M. GOETZ, A. STEPHENS (eds.), *Reparations for Victims of Genocide, War Crimes and Crimes against Humanity: Systems in Place and Systems in the Making*, Leiden, Nijhoff, 2009, pp. 197 et 213-214). Pour des cas similaires, notamment en Suisse, en Allemagne et en Bosnie-Herzégovine, voir Heike NIEBERGALL, « Overcoming Evidentiary Weaknesses in Reparation Claims Programmes », *in* C. FERSTMAN, M. GOETZ, A. STEPHENS (eds.), *Reparations for Victims of Genocide, War Crimes and Crimes against Humanity, op. cit.*, pp. 145-166. Au Maroc, l'Instance indépendante d'arbitrage (1999-2001) a indemnisé environ 3 700 victimes (HCDH, « Les instruments de l'État de droit dans les sociétés sortant d'un conflit. Programmes de réparation », 2008, p. 15, note 22).

[88] En ce qui concerne l'évaluation des préjudices moraux et matériels, voir Cour ADHP, *Ayants droit de feus Norbert Zongo et autres c. Burkina Faso, op. cit.*, §§ 61-62, 81-87, 91-93. Sur les principes applicables à l'évaluation des préjudices, voir également Yves HAMULI KABUMBA, « Le droit international et l'évaluation judiciaire du préjudice individuel subi par les enfants et les femmes victimes de violences sexuelles », *Revue pénitentiaire et de droit pénal*, vol. 4, 2016, pp. 859-883. S'agissant de l'évaluation de la réparation en cas de conscription ou d'enrôlement d'enfants voir, par exemple, les éléments cités par l'UNICEF, notamment la nature du préjudice, l'âge et le sexe de la victime au moment de l'enrôlement ou de la conscription (*Le Procureur c. Thomas Lubanga Dyilo*, Observations de l'UNICEF, *op. cit.*, p. 15, § 21).

[89] Dans le cas de la CPI, la règle 97 préconise le recours à « des experts compétents pour l'aider à déterminer l'ampleur du dommage, de la perte ou du préjudice causé aux victimes ou à leurs ayants droit et pour suggérer diverses options en ce qui concerne les types et modalités appropriés de réparation ».

[90] Voir : Cour de Justice de la CÉDÉAO, *Ebrimah Manneh c. Gambia*, ECW/CCJ/JUD/03-08, arrêt du 5 juin 2008, §§ 29-30 ; Cour de Justice de la CÉDÉAO, *Dr. Rose Mbatomon Ako c. West African Monetary Agency et autres*, ECW/CCJ/JUD/01/13, arrêt du 11 février 2013 ; Cour ADHP, *Ayants droit de feus Norbert Zongo et autres c. Burkina Faso, op. cit.*, §§ 91-94. Voir, cependant, Cour de Justice de la CÉDÉAO, *Ameganvi Manavi et autres c. Togo*, ECW/CCJ/JUD/09/11, arrêt du 7 octobre 2011 § 72 (cette cour décide qu'il sera alloué aux victimes une indemnité forfaitaire).

destination, la taille, l'âge et l'emplacement du bien. Pour ce qui est des préjudices corporels ou moraux, la CAJDH pourrait recourir à des experts[91]. En cas de décès ou d'une incapacité de travail permanente de la victime, une projection des gains que celle-ci pouvait raisonnablement et objectivement engranger peut être envisagée[92].

Lorsque les requêtes d'indemnisation impliquent un trop grand nombre de victimes, afin de déterminer la valeur de la réparation à allouer, la CAJDH peut s'inspirer de ce qu'il y aurait de mieux dans les méthodes de règlement des demandes massives de réparation utilisées par des organes arbitraux ou non arbitraux chargés de la réparation des préjudices générés par des crimes internationaux lesquels, à l'aide d'experts et d'outils électroniques, ont fait appel à des techniques telles que l'échantillonnage et la modélisation statistique[93]. À cet égard, la CAJDH ne devra pas perdre de vue les problèmes de conversion monétaire et d'inflation ou de dépréciation monétaire.

En dernier lieu, s'agissant de la preuve en matière de réparation, la victime doit généralement prouver à la fois son identité, le préjudice subi et son ampleur, la propriété ou le droit de jouissance d'un bien, la causalité entre les crimes établis par le jugement et le préjudice[94] et, parfois, le lien de famille avec la victime directe[95].

Les rédacteurs du Règlement intérieur de la CAJDH pourront tirer les enseignements relatifs à la preuve notamment de la jurisprudence de la CPI,

---

[91] Voir, en ce qui concerne certains éléments à prendre en considération dans l'évaluation de la réparation d'un préjudice moral, Cour ADHP, *Révérend Christopher R. Mtikila c. République-Unie de Tanzanie*, *op. cit.*, § 34. Dans l'affaire *Sikiru*, pour la réparation de tous préjudices confondus liés à une détention illégale, la Cour de Justice de la CÉDÉAO a alloué une indemnité forfaitaire (*Sikiru Alade v. The Federal Republic of Nigeria*, ECW/CCJ/JUD/10/12, arrêt du 11 juin 2012, § 63).

[92] Toutefois, dans le cas de décès, après avoir statué *ex aequo et bono*, la Cour ADHP a octroyé une indemnité forfaitaire aux ayants droit des défunts pour le préjudice moral et pour le préjudice matériel non clairement évalués par ces derniers (*Ayants droit de feus Norbert Zongo et autres c. Burkina Faso*, *op. cit.*, §§ 61-62 et 74-87).

[93] À ce sujet, voir Heike NIEBERGALL, « Overcoming Evidentiary Weaknesses (...) », *op. cit.*, p. 163. À propos de l'utilisation de ces techniques par la Commission d'indemnisation de l'ONU, voir Linda TAYLOR, « The United Nations Compensation Commission », *op. cit.*, pp. 212-213.

[94] Dans le cas de la CPI, voir *Le Procureur c. Thomas Lubanga Dyilo*, ICC-01/04-01/06-3129-AnxA, *op. cit.*, § 59 (les crimes établis doivent être la « cause immédiate » du préjudice subi par la victime). Dans le cadre des CETC, la causalité doit être directe (Règle 23 *bis* Règlement intérieur (rev.9) des CETC, révisé le 16 janvier 2015). D'après la Cour ADHP et la Cour de Justice de la CÉDÉAO, le préjudice doit avoir pour cause directe la violation établie des droits de la victime (Cour ADHP, *Révérend Christopher R. Mtikila c. République-Unie de Tanzanie*, *op. cit.*, §§ 30, 32 et 37 ; Cour de Justice de la CÉDÉAO, *Daouda Garba c. l'État du Bénin*, ECW/CCJ/JUD/01/10, arrêt du 17 février 2010, §§ 35 et 38).

[95] Cas des ayants droit du défunt (voir Cour ADHP, *Ayants droit de feus Norbert Zongo et autres c. Burkina Faso*, *op. cit.*).

des recommandations de l'ONU et de la jurisprudence de la Cour ADHP et de la Cour de Justice de la CÉDÉAO. En effet, tout en adoptant le principe de la liberté de la preuve ou « de la libre admissibilité des preuves », la Cour ADHP et la Cour de Justice de la CÉDÉAO laissent à la victime l'entièreté de la charge de la preuve[96]. En vertu du principe de la liberté de la preuve, la Cour ADHP s'affranchit des règles de preuve rigides relevant du droit interne, telles celles découlant des lois burkinabées lesquelles, dans les cas des ayants droit, assimilent la notion de victime à celle d'héritier de première ligne et qui, par conséquent, requièrent, entre autres, un certificat d'hérédité à titre de preuve de la qualité de victime[97]. Elle affiche, parfois, la même flexibilité en ce qui concerne la preuve du lien de causalité entre le préjudice moral et le fait illicite, lien que cette juridiction estime être une « conséquence automatique » du fait illicite, « sans qu'il soit besoin de l'établir autrement »[98]. En ce qui concerne le seuil ou la norme de la preuve, dans certaines affaires, la Cour de Justice de la CÉDÉAO a exigé une « *proof by preponderance of probability* » ou une « *reasonable probability* »[99].

La CPI, qui prône la flexibilité à cause des « difficultés auxquelles se heurtent les victimes pour obtenir des preuves étayant leur demande, en raison de la destruction ou de l'indisponibilité de telles preuves »[100], se contente, d'une part, du critère de la plus forte probabilité (*balance of probabilities*), par opposition à la preuve au-delà de tout doute raisonnable requise à propos de la responsabilité pénale et, d'autre part, de la « *sufficient*

---

96 Voir : Cour de Justice de la CÉDÉAO, *Daouda Garba c. l'État du Bénin*, ECW/CCJ/JUD/01/10, arrêt du 17 février 2010, §§ 34-41 (« il est de principe juridique établi que la partie qui réclame un droit doit le prouver en apportant des preuves par tout moyen », § 40) ; Cour ADHP, *Révérend Christopher R. Mtikila c. République-Unie de Tanzanie*, *op. cit.*, §§ 27-41 ; Cour ADHP, *Ayants droit de feus Norbert Zongo et autres c. Burkina Faso*, *op. cit.*, §§ 52-54, 81, 93-94 ; Cour de Justice de la CÉDÉAO, *SERAP v. Federal Republic of Nigeria*, *op. cit.*, §§ 94-96 (il est intéressant de relever que, dans cette affaire, en ce qui concerne l'existence du préjudice, la Cour fait appel à la preuve par présomption) ; Cour de Justice de la CÉDÉAO, *Sikiru Alade v. The Federal Republic of Nigeria*, *op. cit.*, §§ 46-47 et 54 ; Cour de Justice de la CÉDÉAO, *Mamadou Tandja c. S.E GEN Salou Djibo et l'État du Niger*, ECW/CCJ/JUD/05/10, arrêt du 8 novembre 2010, § 19.2.

97 Cour ADHP, *Ayants droit de feus Norbert Zongo et autres c. Burkina Faso*, *op. cit.*, §§ 45-46 et 52-54 (*in casu*, elle admet divers actes d'état civil « ou toute autre preuve équivalente »).

98 Cour ADHP, *Ayants droit de feus Norbert Zongo et autres c. Burkina Faso*, *op. cit.*, § 55. Voir cependant Cour ADHP, *Révérend Christopher R. Mtikila c. République-Unie de Tanzanie*, *op. cit.*, § 37.

99 Voir, par exemple, Cour de Justice de la CÉDÉAO : *Musa Saidykhan v. The Gambia*, ECW/CCJ/JUD/08/10, arrêt du 16 décembre 2010, §§ 28-41 et 45 ; *Femi Falana and Waidi Moustapha v. The Republic of Benin and others*, ECW/CCJ/JUD/02/12, arrêt du 24 janvier 2012, §§ 37-38.

100 CPI, Chambre de première instance I, *Le Procureur c. Thomas Lubanga Dyilo*, décision fixant les principes et procédures applicables en matière de réparations, ICC-01/04-01/06-2904tFRA, 7 août 2012, § 252.

proof», s'agissant de la preuve du lien causal[101]. L'ONU encourage, particulièrement en ce qui concerne les victimes de violences sexuelles commises lors d'un conflit armé, « l'adoption d'un niveau de preuve moins élevé que la norme qui est requise pour une condamnation au pénal »[102].

En cas d'un trop grand nombre de requêtes de réparation, la CAJDH pourrait étudier la possibilité de recourir avec précaution aux méthodes de règlement des demandes massives de réparation en droit international, notamment pour examiner la recevabilité, la pertinence et la valeur probante des preuves. D'une manière générale, ces méthodes consistent en l'adoption d'exigences probatoires flexibles, parfois proportionnellement à la hauteur du préjudice, en un rôle actif de l'organe chargé des réparations dans la recherche de la preuve, ainsi qu'en l'informatisation du processus d'examen de la preuve de manière à faire usage de techniques telles que l'échantillonnage[103].

Dans le cadre de la CAJDH, interroger les victimes, en vertu de l'article 22A-7 du Protocole CAJDH, offre au procureur l'occasion de réunir des preuves, sur la base d'informations reçues des victimes, qui pourront être utiles dans la phase de réparation. Si les victimes n'ont pas accès à ces preuves, il serait mieux indiqué que la CAJDH ordonne leur communication ou l'accès des victimes au dossier du procureur. L'obligation que fait peser la Convention de Kampala de 2009 sur les États parties de délivrer un certain nombre d'actes/titres juridiques aux personnes déplacées et le fait que, d'après cette convention, « la non-délivrance de ces documents ne doit en aucun cas entraver l'exercice de leurs droits »[104], sont d'autres aspects positifs à relever dans le registre des dispositifs visant à favoriser l'accès des victimes à la preuve.

Pour revenir au Règlement intérieur de la CAJDH, celui-ci devra préciser la langue de présentation des éléments de preuve[105]. Un budget dédié à la traduction et à l'interprétation en matière de réparation ne devrait pas être exclu.

---

[101] CPI, Chambre d'appel, *Le Procureur c. Thomas Lubanga Dyilo*, ICC-01/04-01/06-3129-AnxA, *op. cit.*, §§ 22 et 59.

[102] Note d'orientation du secrétaire général de l'ONU, *op. cit.*, p. 16.

[103] Voir : Heike NIEBERGALL, « Overcoming Evidentiary Weaknesses (…) », *op. cit.*, pp. 150-160 ; Linda TAYLOR, « The United Nations Compensation Commission », *op. cit.*, pp. 207-210. Dans le cadre de l'arbitrage international, voir Commission de réclamations Érythrée-Éthiopie (CREE), Final Award: Ethiopia's Damages Claims between The Federal Democratic republic of Ethiopia and The State of Eritrea, 17 août 2009, § 38.

[104] Article 13. Voir également les articles 11 et 12.

[105] Dans le cadre du Programme allemand de dédommagement du travail forcé (*German Forced Labour Compensation Programme*), géré, entre autres, par l'Organisation internationale pour les migrations, le traitement d'environ 380 000 demandes de réparation avait requis le recours à plus de 20 langues. Devant la CPI, la participation des victimes à la procédure et le processus de réparation en leur faveur obligent souvent cette juridiction à faire

En outre, dans tous les cas, en matière de réparation, le condamné doit avoir la possibilité de contester les preuves.

Enfin, l'immunité d'enquête et de poursuites reconnue à certaines personnes par l'article 22 du Protocole CAJDH insérant l'article 46A *bis* dans le Protocole censé régir la future Cour africaine est de nature à favoriser la disparition irrémédiable des preuves du fait du bénéficiaire de l'immunité ou par toute autre cause (*periculum in mora*). Cinq organes de l'UA[106] à qui celle-ci avait demandé, en 2013, d'examiner l'*African Transitional Justice Policy Framework*, semblent partager cet avis en ce qu'ils ont souligné, à l'issue d'une rencontre avec des experts, que « *timing is a crucial element when seeking accountability: it is easier to prosecute three months after the crime than it is thirty years after the fact, given evidentiary integrity – justice can be denied purely on the basis of a lack of witnesses or sufficient evidence to pursue prosecutions many years after a crime is committed* »[107].

5. Quelques droits absents du Protocole CAJDH

Toujours en ce qui concerne les victimes, sont absents du Protocole CAJDH le droit à l'information dans le chef d'une catégorie de victimes (1) et le droit d'interjeter appel (2).

5.1. Droit à l'information

Des victimes non informées ignorent à la fois l'existence de leurs droits, en particulier en matière de protection et de réparation, et les procédures prévues pour jouir de ces droits. Parmi les obstacles à l'accès des victimes de violences sexuelles à la réparation en Afrique, la Commission ADHP épingle « le manque d'information sur les services et l'accès à la justice »[108]. C'est la raison pour laquelle, à l'instar des textes internationaux[109] et régionaux[110], la

appel à d'autres langues que les langues de travail (français et anglais), en particulier à des langues africaines.

[106] Il s'agit de la Commission ADHP, du Parlement panafricain, de la Cour ADHP, du Conseil consultatif de l'UA sur la corruption et du Département des affaires politiques de la Commission de l'UA.

[107] *Report of the Technical Experts' Consultation (...)*, *op. cit.*, p. 15. D'autres sources confortent notre assertion. Par exemple, à propos des effets destructeurs du temps sur l'administration de la preuve, la CREE relève que « *conclusive proof of facts in a war that began eleven years ago often is not feasible* » (Final Award: Ethiopia's Damages Claims (…), *op. cit.*, § 34).

[108] Commission ADHP, « Résolution femmes et filles », *op. cit.*

[109] Voir : Règle 96 du Règlement de procédure et de preuve de la CPI (la jurisprudence y afférente est éloquente ; voir Chambre préliminaire II, *Le Procureur c. Bosco Ntaganda*, Decision Establishing Principles on the Victims' Application Process, ICC-01/04-02/06-67, 28 mai 2013, § 1116) ; Convention internationale pour la protection de toutes les personnes contre les disparitions forcées, préambule et article 24 ; CETC, Règle 12 *bis* du Règlement intérieur (rev.9), révisé le 16 janvier 2015 ; *Le Procureur c. Germain Katanga*, Observations ONU, *op. cit.*, § 25. Voir aussi : Principes fondamentaux et directives concernant le droit à un

Commission ADHP souligne, dans des directives et principes entérinés par les CAE et l'UA[111], que les victimes de la criminalité « doivent être informées des droits qui leur sont reconnus pour chercher à obtenir réparation par ces moyens »[112], notamment du rôle des cours et tribunaux « et des possibilités de recours qu'elles offrent, des dates et du déroulement des procédures et de l'issue de leurs affaires »[113]. Elles doivent, poursuit la Commission ADHP, également être informées de « l'existence de services de santé, ainsi que de services sociaux et d'autres formes d'assistance qui peuvent leur être utiles, et doivent y avoir facilement accès »[114].

En outre, à partir du moment où l'article 22A-7 du Protocole CAJDH confère au procureur le pouvoir d'interroger les victimes dans le cadre d'une enquête, celles-ci doivent être informées de leurs droits.

Paradoxalement, le Protocole CAJDH ne prévoit pas le droit à l'information au bénéfice des victimes, à l'exception de celles qui comparaissent devant la Cour et des personnes qui seraient en danger en raison des témoignages des victimes[115]. Il serait souhaitable que l'Unité des victimes et témoins soit investie de la mission générale de diffusion d'informations relatives aux droits de toute victime. Une autre option serait d'insérer de manière expresse cette tâche dans les attributions de l'unité du Greffe qui sera chargée de diffuser les renseignements au sujet de la CAJDH et des activités de celle-ci. En outre, le procureur devrait avoir l'obligation de porter à la connaissance des victimes leurs droits avant d'interroger ces dernières dans le cadre d'une enquête.

La mise en œuvre du droit à l'information pourrait engendrer un coût financier que la CAJDH ne devrait pas perdre de vue. Ce coût comprendra

---

recours et à réparation des victimes de violations flagrantes du droit international des droits de l'Homme et de violations graves du droit international humanitaire de 2005, principes 12 et 24 ; Protocole additionnel à la Convention des Nations Unies contre la criminalité transnationale organisée visant à prévenir, réprimer et punir la traite des personnes, en particulier des femmes et des enfants de 2005, art. 62-a.

110 L'UA et la CIRGL consacrent l'obligation pour les États de mettre en place un système d'information destiné aux femmes victimes de violences (pour l'UA, Protocole de Maputo, article 42-f ; pour la CIRGL, Protocole sur la prévention et la répression de la violence sexuelle à l'égard des femmes et des enfants, articles 24 et 68).

111 Voir, par exemple, le préambule de l'Avenant à l'Accord entre le Gouvernement de la République du Sénégal et l'UA relatif au Statut des CAE pour la poursuite des crimes internationaux commis au Tchad durant la période du 7 juin 1982 au 1er décembre 1990.

112 Commission ADHP, Directives procès équitable et assistance judiciaire, *op. cit.*, point P-d ; Commission ADHP, « Résolution femmes et filles », *op. cit.*

113 Commission ADHP, Directives procès équitable et assistance judiciaire, *op. cit.*, point P-f-1.

114 Commission ADHP, Directives procès équitable et assistance judiciaire, *op. cit.*, point P-m-2. S'agissant du droit des victimes d'être informées des conséquences de la pollution environnementale, voir Commission ADHP, *Social and Economic Rights Action Center (SERAC) and Center for Economic and Social Rights (CESR) v. Nigeria*, *op. cit.*, dispositif.

115 Protocole CAJDH, article 22B-9-a.

les frais nécessaires pour rendre l'information disponible dans les langues des victimes. À titre indicatif, les activités d'information et de sensibilisation ont coûté à la CPI 3 461 400 € en 2011[116], soit près de la moitié du budget de la Cour africaine dans sa configuration de la même année (9 389 615 US$), c'est-à-dire, avant l'adoption du Protocole CAJDH[117].

5.2. Droit d'interjeter appel

L'article 18 du Protocole CAJDH, relatif à la révision et à l'appel, réserve au procureur et à l'accusé le droit d'interjeter appel.

À la différence des CAE, dont le Statut a bénéficié de l'approbation de l'UA et qui reconnaissent aux victimes le droit d'interjeter appel quant aux intérêts civils (article 25), les dispositions du Protocole CAJDH relatives à l'appel ne font pas cas de la victime, alors que divers types de décisions concernant les intérêts directs des victimes seront rendues (cas des décisions concernant la protection des victimes, des décisions relatives à la réparation et des décisions du procureur d'ouvrir une enquête *proprio motu*) après avoir recueilli les observations des victimes.

Nous n'avons pas pu trouver une explication plausible au refus du droit d'appel aux victimes non satisfaites de ces décisions. Il serait plus indiqué d'accorder aux victimes le droit d'interjeter appel des décisions relatives à la réparation, comme c'est le cas devant la CPI[118], les CAE ou encore devant les CETC[119]. Ce droit devrait s'étendre aux autres décisions susmentionnées.

***

Il résulte de la présente contribution que, d'une manière générale, la reconnaissance théorique des droits des victimes devant la CAJDH ne fait pas de doute. Cependant, proclamer les droits des victimes est une chose, en assurer la matérialisation en est une autre. La déclaration des Chambres préliminaire et d'appel de la CPI, selon laquelle « le succès de la Cour est, dans une certaine mesure, lié au succès de son système de réparation »[120], est aussi valable dans le cas de la CAJDH. Non seulement le statut juridique de

---

[116] Projet de budget-programme pour 2012 de la Cour pénale internationale, ICC-ASP/10/10, 21 juillet 2011, p. 161.

[117] Max DU PLESSIS, « Implications of the AU Decision to Give the African Court Jurisdiction over International Crimes », *Paper*, n° 235, Pretoria, Institute for Security Studies, juin 2012, p. 9.

[118] Statut de la CPI, article 84-2.

[119] Règle 105 du Règlement intérieur (rev.9) des CETC, révisé le 16 janvier 2015.

[120] CPI, Chambre préliminaire I, *Le Procureur c. Thomas Lubanga Dyilo*, Décision relative à la décision de la Chambre préliminaire I du 10 février 2006 et à l'inclusion de documents dans le dossier de l'affaire concernant M. Thomas Lubanga Dyilo, ICC01/0401/068corr, 20 février 2006, § 136. Voir également CPI, Chambre d'appel, *Le Procureur c. Thomas Lubanga Dyilo*, ICC-01/04-01/06-3129-AnxA, *op. cit.*, § 3.

la victime devant cette juridiction manque de clarté par endroits et s'avère incomplet au regard des normes internationales, mais il requiert, en outre, des mesures d'application, aujourd'hui inexistantes.

Pour compléter ce statut et définir des mesures d'application des droits qui en découlent, il serait souhaitable que l'UA et la CAJDH s'imprègnent de la recommandation des organes de l'UA en matière de justice africaine, selon laquelle « *african system must correspond to the international system and take note of the minimum international standards and norms* »[121]. Le Comité d'éminents juristes africains, à qui l'UA avait demandé d'explorer les voies par lesquelles Hissène Habré devrait être jugé, était déjà allé dans ce sens, en soutenant que « tout le monde doit comprendre que l'Afrique doit travailler dans un environnement global et non de façon isolée. L'Afrique doit tenir compte des récents développements dans le domaine du droit pénal international comme les cas Pinochet, Taylor (...) l'ont démontré »[122].

À cet effet, l'UA et la CAJDH ne sauraient raisonnablement faire fi, d'une part, des principes et des recommandations internationaux, dont la plupart sont repris dans divers instruments africains et dans la jurisprudence africaine, d'autre part, de ce qu'il y a de mieux dans l'expérience des institutions qui ont mis en œuvre ces principes et ces recommandations sur le terrain africain, en particulier la CPI, ainsi que divers organismes et missions de l'ONU.

La présente contribution suggère *grosso modo* dix pistes, parmi d'autres, de nature à contribuer à la mise en œuvre effective des droits des victimes devant la CAJDH :

1) définir la notion de victime et mettre en place la procédure de reconnaissance de la qualité de victime ;

2) mettre au point un système efficace de protection des victimes et de participation de celles-ci aux diverses procédures, lorsque la CAJDH autorise une telle participation ;

3) inscrire au budget de la CAJDH l'aide et l'assistance juridiques en faveur des victimes et les assortir des règles d'attribution ;

4) rendre obligatoire la consultation des victimes en matière de réparation ;

---

[121] *Report of the Technical Experts' Consultation (...)*, *op. cit.*, p. 10. Dans ce sens, voir également : Convention de Kampala, article 12-2 ; Commission ADHP, *Egyptian Initiative for Personal Rights et Interights c. République arabe d'Égypte*, *op. cit.*, dispositif, point II.
[122] Rapport éminents juristes, *op. cit.*, § 12.

5) élaborer des principes de réparation clairs sur la base desquels les chambres décideront des réparations et, s'il le faut, établiront des programmes de réparation au cas par cas ;

6) consacrer la règle selon laquelle l'attribution d'une réparation à la victime a lieu sans préjudice d'autres droits qui lui sont reconnus en droit international ou en droit interne ;

7) créer un fonds au profit des victimes qui aura pour finalité de s'acquitter des réparations en cas d'insolvabilité du condamné ;

8) inscrire dans les instruments juridiques de la CAJDH les droits des victimes à interjeter appel et à être informées ;

9) renforcer les garanties d'exécution des décisions, jugements et arrêts de la CAJDH, particulièrement en matière de réparation ;

10) lever les obstacles à la matérialisation des droits des victimes, obstacles découlant de l'immunité prévue à l'article 22 du Protocole CAJDH insérant l'article 46A *bis* dans le Protocole censé régir la future Cour africaine.

En outre, l'UA devrait poursuivre ses efforts en vue du renforcement des systèmes judiciaires internes de ses États membres, de sorte à faire de la CAJDH une véritable instance complémentaire[123]. Pour ce faire, il serait souhaitable que l'UA s'assure que les normes liées au statut juridique de la victime soient clairement inscrites dans les législations nationales de ses États membres et que les structures appropriées de mise en œuvre soient opérationnelles.

Le dernier aspect à relever concerne les moyens financiers. La mise en œuvre des droits des victimes, en particulier leurs droits à une protection et à réparation, requiert des moyens financiers considérables, que le budget de la CAJDH devrait sérieusement prendre en compte. Pour l'heure, on peut s'interroger quant à la disponibilité des ressources financières requises, compte tenu des problèmes budgétaires de l'UA et de la grande dépendance financière de cette dernière vis-à-vis de l'extérieur.

---

[123] Le Comité d'éminents juristes africains de l'UA partage cet avis en faisant remarquer : « Il est nécessaire de renforcer les institutions nationales et régionales afin qu'elles protègent efficacement les droits de l'Homme sur leurs territoires. En particulier, il est nécessaire d'assurer une éducation appropriée en droits de l'Homme, et que les juges africains et toutes les structures responsables de l'application des lois aient de bonnes connaissances en droit pénal international afin qu'ils soient à même de prendre en charge de tels crimes internationaux » (Rapport éminents juristes, *op. cit.*, § 38).

Expérience de justice internationale pénale : perception de domination par d'anciens dominants

Damien SCALIA[*]

Le droit international pénal[1] représente, par excellence, le processus de criminalisation au niveau international. La question est ici de savoir quel empire apparaît sous l'appellation « droit international pénal » : qui est l'empereur ? Qui domine ? Et qui est dominé ?

En complément de la littérature issue des études critiques du droit, qui répond en tout ou en partie à cette question à travers l'analyse effectuée par divers courants (féministes, postmarxistes, post-colonialistes ou encore tiers-mondistes), nous avons voulu appréhender ces questions de manière empirique : que nous apprend l'expérience (c'est-à-dire, le fait pour une personne de vivre un fait social) de la justice internationale pénale ?

Dans la continuité de nos recherches empiriques, nous avons répondu à cette question à travers l'expérience d'un des acteurs principaux du procès international pénal : l'accusé. Plusieurs raisons justifient une telle étude empirique auprès des personnes jugées par les tribunaux pénaux internationaux pour crimes internationaux, c'est-à-dire les crimes de guerre, les crimes contre l'humanité et le génocide. D'une part, si de nombreuses recherches ont été réalisées auprès des victimes des crimes internationaux ou des populations qui ont vécu la guerre[2], peu de recherches se sont concentrées sur les accusés. Celles qui ont néanmoins été effectuées sont issues principalement des études en psychologie sociale, en histoire ou en sociologie et se sont concentrées presque uniquement sur le passage à l'acte, c'est-à-dire

[*] La présente contribution a été précédemment publiée dans le hors-série de décembre 2015 de la *Revue québécoise de droit international* consacré à « La justice pénale internationale comme projet politique et sélectif », pp. 15-33.

[1] Par ces termes, nous faisons référence au droit international pénal *stricto sensu*, c'est-à-dire le droit des crimes les plus graves jugés au niveau international.

[2] Voir : Guy ELCHEROTH, Dario SPINI, « Public Support for the Prosecution of Human Rights Violations in the Former Yugoslavia », *Peace and Conflict: Journal of Peace Psychology*, vol. 15, 2009, pp. 189-214 ; Sanja KUTNJAK IVKOVICH, John HAGAN, « Victimes Perceptions of the ICTY », conférence prononcée dans le cadre du congrès annuel de la Law and Society Association, à Montréal (Canada), en 2008.

la commission des crimes[3]. À quelques exceptions près, aucune étude sur l'expérience et le vécu de la justice internationale pénale n'a été réalisée auprès des accusés (acquittés[4] ou condamnés[5]). Les recherches menées sur la perception et les expériences de justice existent néanmoins au niveau national. De nombreuses études ont été menées sur la légitimité de la justice nationale[6], sa perception par les justiciables[7] ou encore l'expérience vécue[8].

Ainsi, c'est à travers l'expérience vécue par les accusés des Tribunaux pénaux internationaux pour l'ex-Yougoslavie (TPIY) et le Rwanda (TPIR) et leur perception de celle-ci, telle qu'exprimée dans les entretiens qu'ils ont accepté de nous accorder, que nous allons appréhender l'objet de notre étude. Nous l'abordons à travers ce que nous avons intitulé « la perception de domination par d'anciens dominants ». Nous employons ici l'expression « anciens dominants », car les personnes interviewées répondent, dans leur grande majorité, à un ou plusieurs types de domination : domination charismatique ou légale-rationnelle[9] (légitime ou non), domination illégitime ou domination totale. Ainsi, les individus que nous avons rencontrés œuvraient durant le conflit au Rwanda ou en ex-Yougoslavie dans différents cercles du pouvoir : certains étaient ministres dans des Gouvernements nationaux ou régionaux, arrivés au pouvoir de façon démocratique ou non ; certains étaient généraux d'armée (nous faisons ici directement référence aux travaux de Clément Martin et Christophe Pajon sur la « domination

---

[3] Voir : Christopher R. BROWNING, *Ordinary Men: Reserve Police Battalion 101 and the Final Solution in Poland*, New York, Harper-Collins Publishers, 1992 ; Harald WELZER, *Les exécuteurs : des hommes normaux aux meurtriers de masse*, Paris, Gallimard, 2007.

[4] Relevons tout de même une étude effectuée auprès de quelques acquittés : Barbara HOLÁ, Joris VAN WIJK, « Life after Conviction at International Criminal Tribunals : An Empirical Overview », *JICJ*, vol. 12, 2014, pp. 109-132.

[5] Voir Isabelle DELPLA, *La justice des gens : enquête dans la Bosnie des nouvelles après-guerres*, Rennes, Presses Universitaires de Rennes, 2014.

[6] Voir : Jonathan D. CASPER, Tom TYLER, Bonnie FISCHER, « Procedural Justice in Felony Cases », *Law & Society Review*, vol. 22, 1988, pp. 483-508 ; Jonathan JACKSON, Tom TYLER, « Future Challenges in the Study of Legitimacy and Criminal Justice », *in* J. TANKEBE, A. LIEBLING (eds.), *Legitimacy and Criminal Justice: An International Exploration*, Oxford, OUP, 2002, pp. 83-104 ; Edgar Allan LIND, Tom R. TYLER, *The Social Psychology of Procedural Justice*, New York, Plenum, 1988 ; Tom TYLER, *Why People Obey the Law: Procedural Justice, Legitimacy and Compliance*, New Haven, Yale University Press, 1990.

[7] *Ibid.*

[8] Voir : Marie-Sophie DEVRESSE, « Réflexivité, responsabilité et position du justiciable dans le processus pénal consenti », *in* F. DIGNEFFE, T. MOREAU (dir.), *La responsabilité et la responsabilisation dans la justice pénale*, Bruxelles, De Boeck-Larcier, 2006, pp. 367-374 ; Dan KAMINSKI, Michel KOKOREFF (dir.), *Sociologie pénale : système et expérience, pour Claude Faugeron*, Ramonville-Saint-Agne, Érès, 2004.

[9] Voir Max WEBER, *La domination*, Paris, La Découverte, 2013.

charismatique routinisée » dans l'armée française[10]) ; certains n'étaient qu'exécutants, gardiens de camps, tortionnaires ou meurtriers et avaient, de ce fait, une position dominante à l'égard de leurs victimes (telle qu'elle apparaît chez Hannah Arendt en relation avec le totalitarisme et la domination totale[11]).

Dans le discours (*a posteriori*, c'est-à-dire une fois les jugements définitifs rendus par les tribunaux pénaux internationaux) de ces personnes jugées pour crimes internationaux et relatant leur expérience pénale, trois principaux éléments apparaissent et permettent de mieux comprendre la justice internationale et le positionnement des accusés : tout d'abord, elles disent avoir été confrontées à une justice « des autres » (II), ensuite, elles analysent la justice internationale pénale principalement en termes politiques (III) et, enfin, elles se présentent comme boucs émissaires (ou, pour reprendre les termes de Christian-Nils Robert, « victimes-émissaires »[12]) (IV). Ces trois éléments viennent confirmer certaines recherches et théories mises en exergue par la doctrine – nous nous y réfèrerons. Cependant, avant de développer ces différents éléments, qu'il nous soit permis quelques propos liminaires relatifs au positionnement de notre recherche ainsi qu'à la méthodologie employée (I).

I. Propos liminaire

1. Positionnement épistémologique

Une approche empirique de l'expérience de la justice internationale pénale permet de l'éclairer d'un jour nouveau et de faire émerger une part de cette justice souvent oubliée par la littérature. En effet, la justice internationale pénale peut être vue comme un fait social dans lequel l'individu apparaît comme une vérité empirique[13]. Ce fait social est d'ailleurs construit par l'action de l'individu[14]. La justice internationale pénale peut aussi être appréhendée en tant que système (au sens luhmannien[15]), auquel cas la voix de

---

[10] Voir Clément MARTIN, Christophe PAJON, « Max Weber, le charisme routinisé et l'armée de l'air. L'éducation charismatique au sein d'une école d'officiers », *L'Année sociologique*, vol. 61, 2011, pp. 383-405.

[11] Voir Hannah ARENDT, *Le système totalitaire*, Paris, Seuil, 1995.

[12] Christian-Nils ROBERT, *L'impératif sacrificiel : au-delà de l'innocence et de la culpabilité*, Lausanne, Édition d'en Bas, 1986, p. 138.

[13] Voir : François DUBET, *Sociologie de l'expérience*, Paris, Seuil, 1994 ; et, du même auteur, *L'expérience sociologique*, Paris, La Découverte, 2007.

[14] Voir Albert OGIEN, *Sociologie de la déviance*, Paris, Presses Universitaires de France, 2012.

[15] Voir Niklas LUHMANN, *La légitimation par la procédure*, Québec, Les Presses de l'Université Laval, 2001 ; Álvaro PIRES, « La recherche qualitative et le système pénal. Peut-on interroger les systèmes sociaux ? », *in* D. KAMINSKI, M. KOKOREFF (dir.), *Sociologie pénale : système et expérience, pour Claude Faugeron*, Ramonville-Saint-Agne, Érès, 2004, pp. 173-198.

l'accusé peut être perçue comme voix du système dans une perspective de « système communicationnel » dans lequel l'entretien empirique apporte beaucoup[16]. Ainsi, comme l'énoncent Dan Kaminski et Michel Kokoreff, l'expérience « n'informe pas seulement sur la trajectoire, les représentations, les ruptures ou les pratiques des justiciables ; elle informe tout autant sur le fonctionnement du système pénal, ses points de fixation et ses points aveugles »[17] ; ou encore, selon les termes de Danilo Martuccelli et François de Singly, « le ressenti personnel doit être intégré systématiquement dans l'analyse : non seulement parce qu'il serait un 'niveau' de la réalité, mais parce qu'il nous donne tout simplement une autre compréhension des phénomènes »[18].

Ainsi, alors que les autres individus (tels que les victimes ou les juges par exemple) ont fait (ou font) l'objet d'études diverses[19], ce n'est pas le cas des accusés. Pourtant, ces derniers sont idéalement placés pour offrir une entrée vers l'évaluation, la compréhension et l'analyse du système international pénal[20]. La recherche a agi jusqu'ici comme si leur parole était moins légitime que la parole des autres acteurs de la justice internationale pénale. Si le discours que ces personnes produisent est souvent décrit comme la conséquence d'une stratégie (certains diront d'une stratégie de mensonge), il sied de relever que tous les acteurs de la justice ont une stratégie[21]. Dès lors, la question à laquelle nous nous confrontons n'est pas de savoir si les personnes que nous avons rencontrées disent la vérité. À cet égard, encore faudrait-il savoir ce qu'est la vérité et de quelle vérité nous parlons[22]. Pour

---

[16] Voir Álvaro PIRES, « La recherche qualitative et le système pénal (...) », *op. cit.*, p. 173. Voir aussi à ce propos Margarida GARCIA, « De nouveaux horizons épistémologiques pour la recherche empirique en droit : décentrer le sujet, interviewer le système et 'désubstantialiser' les catégories juridiques », *Les Cahiers du droit*, vol. 52, 2011, pp. 417-459.

[17] Dan KAMINSKI, Michel KOKOREFF (dir.), *Sociologie pénale : système et expérience, pour Claude Faugeron*, *op. cit.*, p. 12.

[18] Danilo MARTUCCELLI, François DE SINGLY, *Les sociologies de l'individu*, Paris, Armand Collin, 2009, p. 78.

[19] Sur les victimes, voir notamment : Stephen PARMENTIER, Mina RAUSCHENBACH, Elmar WEITEKAMP, « Repairing the Harm of Victims after Violent Conflict: Empirical Findings from Serbia », *International Review of Victimology* vol. 20, 2014, pp. 85-99 ; Nicholas JONES, Stephan PARMENTIER, Elmar WEITEKAMP, « Dealing with International Crimes in Post-War Bosnia: Looking through the Lens of the Affected Population », *European Journal of Criminology*, vol. 9, 2012, pp. 553-564. Sur les juges, voir notamment : Pierre-Yves CONDÉ, « Quatre témoignages sur la justice pénale internationale : entre ordre public international et politiques de justice », *Droit et société*, vol. 58, 2004, pp. 567-594.

[20] Voir : Marie-Sophie DEVRESSE, « Réflexivité, responsabilité et position du justiciable dans le processus pénal consenti », *op. cit.* ; Jeffrey Ian ROSS, Stephen C. RICHARDS, *Convict Criminology*, Boston, Cengage Learning, 2002.

[21] Par exemple, à propos des juges, voir Dan KAMINSKI, *Condamner : une analyse des pratiques pénales*, Paris, Érès, 2015.

[22] Voir Michel VAN DE KERCHOVE, « La vérité judiciaire : quelle vérité, rien que la vérité, toute la vérité ? », *Déviance et société*, vol. 24, 2000, pp. 95-101.

reprendre les termes de Paul Ricoeur, même « si nous voulons que la vérité soit au singulier (…) l'esprit de vérité est de respecter la complexité des ordres de vérité ; c'est l'aveu du pluriel »[23]. Les questions que nous abordons sont autres : que nous apprend le discours des accusés sur la justice internationale pénale ? Qu'est-ce qui amène la personne à dire ce qu'elle dit ? Son positionnement résulte, en effet, d'une expérience (de justice) qui doit être appréhendée et comprise ; c'est ce que nous analysons.

Ainsi, même s'il est possible de trouver dans le discours des personnes jugées par les tribunaux pénaux internationaux plusieurs des formes typiques de neutralisation de responsabilité et notamment la « condamnation des condamnants » telles que mises en exergue par Gresham M. Sykes et David Matza[24], une structure de pouvoir et de domination apparaît en filigrane de la justice internationale pénale ; une sorte de principe structurant vécu par les personnes jugées par les tribunaux pénaux internationaux et qui oblige à poser un autre regard sur le droit international pénal. Ce principe structurant, qui apparaît dans le discours des personnes avec lesquelles nous nous sommes entretenus, explique aussi leur positionnement.

De surcroît, découvrir la justice internationale pénale à travers le discours des accusés permet d'analyser l'impact qu'elle a sur eux. Les objectifs de cette justice sont multiples (rétribution, prévention générale, prévention spéciale, réhabilitation et réparation notamment[25]) et visent tous, dans certaines de leurs composantes, les personnes condamnées ; cette justice essaie d'avoir un impact sur elles. Or, le meilleur moyen pour connaître cet impact, c'est d'analyser le discours direct de ces personnes.

Enfin, il importe de préciser que notre approche ne cautionne ni ne remet en cause les crimes commis en ex-Yougoslavie et au Rwanda et qui ont conduit à la création des tribunaux pénaux internationaux. Parallèlement, il n'est pas non plus question de juger les personnes que nous avons rencontrées. Notre recherche vise uniquement à la compréhension du fonctionnement de la justice internationale pénale et du positionnement des personnes face à cette justice. La notion de crimes et de passage à l'acte n'est donc pas l'objet de cet exposé.

---

[23] Paul RICOEUR, *Histoire et Vérité*, Paris, Seuil, 1955, pp. 156 et 175.

[24] Gresham M. SYKES, David MATZA, « Techniques of Neutralization: A theory of Delinquency », *American Sociological Review*, vol. 22, 1957, pp. 664-670. Voir aussi Françoise DIGNEFFE, « Attribution de responsabilité et sentiment vécu de responsabilité : réflexions sur les contours de la responsabilité pénale à propos du génocide au Rwanda », *in* F. DIGNEFFE, T. MOREAU (dir.), *La responsabilité et la responsabilisation dans la justice pénale*, Bruxelles, De Boeck-Larcier, 2006, pp. 419-444.

[25] Voir Michel VAN DE KERCHOVE, « Introduction », *in* D. BERNARD, Y. CARTUYVELS, C. GUILLAIN, D. SCALIA, M. VAN DE KERCHOVE (coord.), *Fondements et objectifs des incriminations et des peines en droit européen et international*, Limal, Anthemis, 2013, p. 11.

2. Méthodologie

Notre développement se fonde sur deux recherches empiriques que nous avons menées successivement. Durant la première recherche, dix-huit entretiens avec des personnes jugées par le TPIY ont été réalisés[26] ; durant la seconde recherche, nous avons effectué trente-sept entretiens avec des personnes jugées par le TPIR[27]. Ces entretiens individuels semi-directifs ont été menés avec un traducteur, quand cela était nécessaire (de la langue d'origine du participant vers le français ou l'anglais). Quand cela était possible, les entretiens ont été menés dans un lieu choisi par les participants ; néanmoins, pour la plupart d'entre eux, les entretiens se sont déroulés en prison (sur le lieu d'incarcération où les participants exécutent leur peine). Les entretiens se sont déroulés sans surveillance auditive et, pour la majorité, sans surveillance visuelle. Parfois, les avocats des personnes interviewées ont souhaité être présents ; il n'a pu être possible de procéder autrement qu'en acceptant.

Ces entretiens ont abordé le processus international pénal dans son ensemble, de l'arrestation à l'exécution de la peine, ainsi que les questions de droit liées au cas d'espèce. Ils ont duré entre soixante et deux-cent-soixante-dix minutes. Avec l'accord des participants, la majorité des entretiens ont été enregistrés. Dans quelques cas, les participants n'ont pas voulu être enregistrés ; les entretiens ont alors été retranscrits manuellement par une prise de note. La plupart des entretiens ont ensuite été retranscrits *verbatim* et analysés. L'analyse s'est principalement inspirée de la méthode dite de la théorisation ancrée[28]. Nous citerons différentes parties des entretiens tout au long de notre contribution. L'anonymat oblige à référencer les entretiens ; ils le seront par une lettre (« Y » pour les personnes jugées par le TPIY et « R » pour les personnes jugées par le TPIR) et un chiffre permettant de les différencier dans chacune des catégories.

Alors que le TPIY a jugé les personnes provenant de toutes les parties au conflit qui ravagea l'ex-Yougoslavie, le TPIR n'a jugé que des Hutus accusés

---

[26] Cette recherche a été menée par l'auteur et par Mina RAUSCHENBACH, docteure en psychologie sociale. Elle s'est déroulée sous la supervision de Christian Staerklé, Paola Gaeta et Robert Roth, au sein des universités de Genève et de Lausanne. Elle a pu avoir lieu grâce au financement du Fonds national suisse de la recherche scientifique.

[27] Cette seconde recherche a été réalisée par l'auteur, en collaboration avec Marie-Sophie Devresse, professeure à l'Université Catholique de Louvain. Elle a été financée par le Fonds national suisse de la recherche scientifique.

[28] Voir : Barney G. GLASER, Anselm L. STRAUSS, *The Discovery of Grounded Theory: Strategies for Qualitative Research*, Londres, Aldine Transaction, 2006 ; Anne LAPERRIÈRE, « La théorisation ancrée (grounded theory) : démarche analytique et comparaison avec d'autres approches apparentées », *in* J. POUPART, J.-P. DESLAURIERS, L.-H. GROULX, A. LAPERRIÈRE, R. MAYER, A. PIRES (dir.), *La recherche qualitative : enjeux épistémologiques et méthodologiques*, Montréal, Gallimard, 1997.

d'avoir participé au génocide de 1994. Ainsi, les participants à notre recherche étaient, pour le TPIY, Serbes de Serbie, Serbes de Bosnie, Bosniaques ou Croates de Croatie, et, pour le TPIR, d'origine hutu[29]. Les participants étaient responsables politiques (au niveau national, régional ou local), hauts gradés militaires, responsables d'administration, mais aussi, à l'autre bout de la chaîne, combattants ou civils. Des personnes se trouvant au milieu de cette chaîne de commandement ou de décision ont aussi participé à la recherche. Seuls des hommes ont été interviewés[30]. Enfin, sur les cinquante-huit participants, neuf ont été acquittés, les autres ont été condamnés en vertu de la responsabilité du supérieur hiérarchique, de la responsabilité dite de l'« entreprise criminelle commune », ou pour avoir directement commis des crimes internationaux (ou avoir aidé à leur commission)[31].

Ces éléments méthodologiques précisés, venons-en à l'analyse de l'expérience des personnes jugées par les tribunaux pénaux internationaux.

II. Justice des « autres »

Les personnes jugées par les tribunaux pénaux internationaux ont une vision négative de cette justice. On pourrait penser que cette réaction est logique. Néanmoins, leur évaluation de la justice n'est pas la même avant et après le procès. En effet, ils disent avoir estimé avant leur expérience du processus pénal qu'ils allaient être confrontés à une justice internationale de haut rang, hors de tout soupçon (intégrant ainsi le discours majoritaire sur la justice internationale pénale), voire une justice qualifiée parfois d'« immanente », comparant les juges internationaux à des dieux[32]. Cependant, leurs attentes semblent avoir été déçues et l'expérience qu'ils ont vécue les amène à conclure qu'ils sont face à une justice qui, selon leurs termes, n'en est pas une. Ils témoignent ici de la véracité de résultats de recherches menées au niveau national, notamment par Jonathan D. Casper, qui démontrent que la différence entre les attentes et la réalité est un élément fondamental de la perception de la justice[33].

---

[29] Les participants se présentent comme tels.

[30] Seulement deux femmes ont été jugées par les tribunaux pénaux internationaux.

[31] Les formes de responsabilité sont énoncées aux articles 7-1 et 7-3 et aux articles 6-1 et 6-3 respectivement des Statuts du TPIY et du TPIR (Statut du Tribunal Pénal International pour l'ex-Yougoslavie, CSNU, Résolution 827(1993) et Statut du Tribunal Pénal International pour le Rwanda, CSNU, Résolution 955(1994)).

[32] Damien SCALIA, Mina RAUSCHENBACH, Christian STAERKLÉ, « Paroles d'accusés sur la légitimité de la justice pénale internationale », *Revue de sciences criminelles et de droit pénal comparé*, vol. 3, 2012, pp. 727-746.

[33] Jonathan D. CASPER, « Having their Day in Court: Defendant Evaluations of the Fairness of their Treatment », *Law & Society Review*, vol. 12, 1978, pp. 237-251.

Ainsi, ce participant, jugé par le TPIY, explique sa « déception » au commencement de son procès, alors même qu'il avait des espoirs avant sa première comparution :

> « I had hopes. I was watching it and my impression was that you can expect justice from there. They care about the truth. (…) But after the trial started, I was disgusted. There is no justice » (Y14).

La réalité ne rejoint pas les attentes. Dès lors, il sied de comprendre sur quels éléments se fonde la perception négative de la justice internationale pénale. Si nous avons pu souligner ailleurs le poids de la justice procédurale (ou « *procedural justice* »[34]), des comparaisons entre les différentes affaires, ainsi que des formes de responsabilité attribuées par la juridiction internationale[35], l'expérience d'une justice « des autres » est un élément primordial dans le discours des personnes jugées. Cette expérience peut être analysée à travers deux éléments : les personnes interviewées décrivent une justice rendue par « les autres » (1), qui utilise des concepts juridiques venus « d'ailleurs » (2). En l'espèce, si l'« autre » visé par les participants est l'ancien ennemi, celui contre qui ils se battaient durant le conflit armé pendant lequel des crimes internationaux ont été commis (nous y reviendrons par la suite lorsque nous aborderons la politisation de la justice internationale pénale), l'« autre » est aussi la communauté internationale.

1. Une justice rendue par les autres

En 2000, Pierre Hazan écrivait déjà que la justice internationale pénale est une justice « hors sol »[36]. Il visait alors principalement la localisation des tribunaux internationaux et, par-là, leur ancrage éloigné des cultures et environnements dans lesquels les crimes qu'ils doivent juger ont été commis. Cette présentation de la justice internationale pénale n'est pas partagée par toute la doctrine qui, en partie, estime que l'internationalisation du droit pénal est nécessaire dans un but d'uniformiser les normes face aux crimes « les plus graves ». Dans cette perspective, l'ancrage local et culturel ainsi que l'environnement ne peuvent jouer de rôle dans cette justice puisqu'elle est universelle.

Les personnes interviewées témoignent de la justesse de la première position. C'est ainsi que sont employés, tout au long des entretiens, des

---

[34] Tom TYLER, *Why People Obey the Law: Procedural Justice, Legitimacy and Compliance*, *op. cit.* Voir aussi : Tom TYLER, « What is Procedural Justice? Criteria Used by Citizens to Assess the Fairness of Legal Procedures », *Law & Society Review*, vol. 22, 1988, pp. 103-136 ; Jonathan JACKSON, Tom TYLER, « Future Challenges in the Study of Legitimacy and Criminal Justice », *in* J. TANKEBA, A. LIEBLING (eds.), *Legitimacy and Criminal Justice: An International Exploration*, Oxford, OUP, 2002, p. 83.

[35] Voir Damien SCALIA, Mina RAUSCHENBACH, Christian STAERKLÉ, « Paroles d'accusés sur la légitimité de la justice pénale internationale », *op. cit.*

[36] Pierre HAZAN, *La justice face à la guerre : de Nuremberg à la Haye*, Paris, Stock, 2000, p. 240.

pronoms mettant une distance avec les personnes qui les jugent : « notre cas » (Y6), « chez nous » (Y11). Une différence entre « eux » et « nous » est constamment mise en exergue ; elle leur permet de se distancier des juges, tout comme des victimes. Les personnes interviewées semblent ainsi définir leur identité par opposition aux « autres »[37].

Cette distance, qui place les juges en dehors du groupe auquel appartiennent les participants, se retrouve à tous les moments de la procédure pénale : au moment de l'arrestation (ils n'ont pas été arrêtés par des membres de leur groupe – et souvent dans un pays étranger), au moment du jugement et lors de l'exécution de la peine. Évoquant le TPIR, un des participants décrit les juges comme des personnes aveugles, puisqu'ils ne connaissent pas le Rwanda, ni le contexte dans lequel les crimes ont été commis :

> « On crée le tribunal, on y amène des étrangers. Des étrangers qui ne sont pas animés par cet esprit de la justice (...) Des étrangers qui ne connaissaient rien, rien de la psychologie des Rwandais. Quand un Tutsi me parle (...) s'il me raconte une histoire et qu'il vous raconte la même histoire, détrompez-vous, vous n'allez pas percevoir cette histoire comme je vais la percevoir (...) ; c'est dire que dans l'affaire des tribunaux, nous les Rwandais nous ne sommes jugés que par des étrangers et que moi j'appelle des personnes aveugles qui ne connaissent rien d'intrinsèque. (...) Tu as beau appliquer toutes les règles, tu ne peux pas connaître » (R11).

Un autre compare le TPIR avec les juridictions nationales et notamment les juridictions traditionnelles *gacaca*, estimant que « ces tribunaux disent tout » (R3) (contrairement au tribunal international). Ce constat démontre la position vécue par les participants à notre recherche. Ils estiment avoir été confrontés à un tribunal qui leur est extérieur, contrairement à la vision qu'ils ont des juridictions *gacaca*, qu'ils estiment culturellement et juridiquement ancrées et auxquelles ils s'identifient plus aisément. Alors même que de nombreuses critiques existent envers les juridictions *gacaca*, notamment en matière de droits de la défense[38] (ce que reconnaissent les participants à notre étude), les personnes jugées par le TPIR mettent en avant l'ancrage de ces juridictions.

L'expérience d'être confronté à une justice qui n'est pas celle des personnes jugées (c'est-à-dire qui n'est pas issue de leur groupe) a été mise en exergue par les recherches menées par Tomas Ståhl, Jan-Willem Prooijen et Riël

---

[37] Sur l'identité, voir Mina RAUSCHENBACH, Christian STAERKLÉ, Damien SCALIA, « Accused for Involvement in Collective Violence: The Discursive Reconstruction of Agency and Identity by Perpetrators of International Crimes », *Political Psychology*, vol. 37, 2016, pp. 219-235.

[38] Voir : HUMAN RIGHTS WATCH, *Justice compromise : l'héritage des tribunaux communautaires gacaca au Rwanda*, New York, 2011 ; Françoise DIGNEFFE, Jacques FIERENS (dir.), *Justice et gacaca : l'expérience rwandaise et le génocide*, Namur, Presses universitaires de Namur, 2003.

Vermunt relatives à la perception et au vécu des « *outgroup justice* » *versus* « *ingroup justice* ». Ces auteurs ont montré que, confrontées à une justice qualifiée de « hors du groupe », les personnes peuvent être plus affectées par la justice procédurale que face à une justice « du groupe »[39]. C'est en droit international pénal un élément crucial vu que la justice procédurale est primordiale pour les personnes que nous avons interviewées. La justice internationale pénale est, en outre, une justice étrangère : elle est rendue à des milliers de kilomètres, dans un pays qui n'est ni celui des accusés, ni celui des victimes, ni celui où se sont déroulés les crimes jugés. De surcroît, les juges sont perçus comme étrangers au(x) groupe(s) et au contexte dans lesquels les crimes ont été commis ; ils apportent d'ailleurs avec eux des concepts venus d'ailleurs.

2. Concepts venus d'ailleurs

Ce constat (d'avoir vécu ou de vivre une justice « des autres ») se double d'une dénonciation (implicite) de l'utilisation de concepts que les participants estiment n'être pas les leurs. L'utilisation de la parole et des termes juridiques dans les audiences du procès pénal est dénoncée dans la littérature relative à la justice pénale nationale[40] : cela permet de garder l'accusé à distance, de lui faire comprendre qu'il subit le procès et de montrer que le pouvoir est entre les mains des juges, des procureurs ou des avocats. Ces constats se retrouvent aussi dans les procès internationaux mais, plus fondamentalement, ce sont des concepts juridiques appliqués par les juridictions internationales qui semblent être une des pierres d'achoppement aux yeux des accusés ; ces concepts témoignent d'une absence d'ancrage contextuel, juridique et culturel du droit international pénal.

Ainsi en est-il, par exemple, de deux formes de responsabilité spécifiques au droit international pénal : la responsabilité du supérieur hiérarchique et l'entreprise criminelle commune. Ces concepts juridiques, que les personnes interviewées estiment être « occidentaux », ne correspondent pas à la réalité qu'ils disent avoir vécue. Comme nous avons pu l'écrire ailleurs, ces deux formes de responsabilité ne sont pas acceptées par les participants dont le discours souligne la contradiction entre leur vision de la justice et la justice pénale telle qu'elle est rendue au niveau international[41].

---

[39] Voir Thomas STÅHL, Jan-Willem VAN PROOIJEN, Riël VERMUNT, « On the Psychology of Procedural Justice: Reactions to Procedures of Ingroup vs. Outgroup Authorities », *European Journal of Social Psychology*, vol. 34, 2004, pp. 173-189.

[40] Voir : Antoine GARAPON, *L'âne portant des reliques : essai sur le rituel judiciaire*, Paris, Centurion, 1985 ; Roger GRENIER, *Le rôle d'accusé*, Paris, Gallimard, 1948.

[41] Damien SCALIA, Mina RAUSCHENBACH, Christian STAERKLÉ, « Paroles d'accusés sur la légitimité de la justice pénale internationale », *op. cit.*, p 741.

Au vu du format de la présente contribution, nous concentrons notre propos sur la responsabilité du supérieur hiérarchique, symptomatique en l'espèce de la perception des participants. De plus, cette forme de responsabilité a moins divisé la doctrine que l'entreprise criminelle commune[42] : les critiques principales concernent plus les éléments de définition de la responsabilité du supérieur hiérarchique que le principe même d'une telle responsabilité[43]. Cette responsabilité est énoncée aux articles 7-3 et 6-3 respectivement des Statuts du TPIY et du TPIR. Selon ces dispositions :

> « Le fait que l'un quelconque des actes visés aux articles 2 à 5 du présent Statut a été commis par un subordonné ne dégage pas son supérieur de sa responsabilité pénale s'il savait ou avait des raisons de savoir que le subordonné s'apprêtait à commettre cet acte ou l'avait fait et que le supérieur n'a pas pris les mesures nécessaires et raisonnables pour empêcher que ledit acte ne soit commis ou en punir les auteurs ».

Face à cette forme de responsabilité, les personnes interviewées sont très sévères, à l'image de ce participant qui estime que sa condamnation par le TPIY au titre de la responsabilité du supérieur hiérarchique ne reflète pas la réalité de son armée, mais celle des armées occidentales :

> « Pour clarifier encore plus, aujourd'hui tous les pays membres de l'OTAN, ils ont leurs militaires, leurs soldats qui se déplacent pour des missions différentes. Le commandant qui va, il sait exactement ce qu'il a comme équipement, qu'est-ce qu'il a, les effectifs, il sait tout, et quand il arrive sur place, il a son camp et il exerce ses responsabilités et il comprend parfaitement la situation. Mais, chez nous, c'était le contraire, chez nous, c'était des gens, des simples, des gens de base, qui étaient dans la position d'avoir des armes, ils étaient armés, les paysans, les ouvriers, tout le monde avait des armes. (...) [Ceux] qui étaient hors du corps, ce n'était pas à moi. (...) Donc la première erreur du procureur [était] que je représentais une autorité absolue (...) je ne représentais pas une autorité absolue » (Y1).

C'est ici le concept même de responsabilité du supérieur hiérarchique qui est remis en cause, non pas en termes juridiques, mais du fait qu'il ne correspond pas à la réalité vécue (à tout le moins telle qu'elle est expliquée par les participants à notre étude). Les participants mettent en exergue un fossé entre la réalité et le droit.

III. Une justice « politisée et impérialiste »

La justice internationale pénale est ensuite vécue comme une justice politisée. Aux critiques connues des milieux académiques et politiques et

---

42 Voir Olivier DE FROUVILLE (dir.), *Punir les crimes de masse : entreprise criminelle commune ou co-action ?*, Limal, Anthemis, 2012.
43 Voir Guénaël METTRAUX, *The Law of Command Responsibility*, Oxford, OUP, 2009.

partagées par les personnes jugées par les tribunaux pénaux internationaux que nous avons rencontrées, ces dernières ajoutent d'autres éléments fondamentaux. Ainsi, la politisation vécue par les accusés vise deux ensembles : une politisation de la justice par l'ancien ennemi : celui contre qui l'accusé combattait au moment de la guerre en ex-Yougoslavie ou au Rwanda (1) ; et une politisation par l'Occident ou les pays du nord (2). Ce constat oblige à poser la question de savoir si, tel que vécu par les accusés, le droit international pénal est un droit pénal de l'ennemi et occidental.

1. Un droit pénal de l'ennemi ?

La critique selon laquelle la justice internationale pénale est une justice de vainqueur est apparue très tôt. Ainsi, dès les jugements de Nuremberg et de Tokyo, des voix se sont élevées pour dénoncer une justice appliquée par les vainqueurs sur les vaincus, de la part des avocats de la défense[44], mais aussi très rapidement de la part des observateurs et de certains juges, à l'image du juge Pal[45] (qui a siégé au Tribunal militaire international pour l'Extrême-Orient). Cette critique n'était pas étonnante, puisque les tribunaux avaient pour mandat de ne juger que les membres de l'Axe, ainsi que l'énonçait l'article 6 du Statut du Tribunal de Nuremberg :

> « Le Tribunal établi par l'Accord mentionné à l'article 1er ci-dessus pour le jugement et le châtiment des grands criminels de guerre des pays européens de l'Axe sera compétent pour juger et punir toutes personnes qui, agissant pour le compte des pays européens de l'Axe, auront commis, individuellement ou à titre de membres d'organisations, l'un quelconque des crimes suivants »[46].

Si la compétence des Tribunaux *ad hoc* (pour l'ex-Yougoslavie et pour le Rwanda) n'est pas restreinte *ratione personae*, les faits ont démontré que seuls

---

[44] Tribunal militaire international de Nuremberg (1947), *Procès des grands criminels de guerre devant le Tribunal militaire international, Nuremberg 14 novembre 1945-1er octobre 1946*, Nuremberg, Secrétariat du Tribunal, tome I, 1949.

[45] Radhabinod PAL, « Dissenting opinion », *in International Military Tribunal for the Far East, The Tokyo Judgment, 29 April 1946-12 November 1948*, Amsterdam, University Press Amsterdam, tome I, 1948.

[46] Accord concernant la poursuite et le châtiment des grands criminels de guerre des Puissances européennes de l'Axe, 8 août 1945. Voir aussi l'article 1er de la Charte du Tribunal militaire international pour l'Extrême Orient (Tokyo) qui énonce : « *The International Military Tribunal for the Far East is hereby established for the just and prompt trial and punishment of the major war criminals in the Far East* ». En doctrine, voir aussi : David A. BLUMENTHAL, Timothy L.H. MAC CORMACK (dir.), *The Legacy of Nuremberg: Civilising Influence or Institutionalised Vengeance?*, Leiden, Nijhoff, 2007 ; Kim C. PRIEMEL, Alexa STILLER (eds.), *Reassessing the Nuremberg Military Tribunals: Transitional Justice, Trial Narratives and Historiography*, New York, Berghahn Books, 2012 ; Michael SALTER, *Nazi War Crimes: Intelligence Agencies and Selective Prosecution at Nuremberg*, New York, Routlegde-Cavendish, 2007.

les vaincus ont été jugés[47]. Ainsi, concernant le Rwanda[48], les membres du Front patriotique rwandais (FPR) (au sujet duquel de nombreux rapports démontrent les exactions commises[49]) n'ont jamais été jugés et ne le seront pas. D'ailleurs, lorsque la procureure du TPIR a annoncé qu'elle allait mener des enquêtes sur le FPR, celui-ci a dénoncé cette volonté et elle a subi d'importantes pressions[50]. Plusieurs mois plus tard, le mandat de la procureure n'a pas été renouvelé. Enfin, même s'il n'est pas ici l'objet d'aborder la Cour pénale internationale, mentionnons que seuls les perdants (les anciens ennemis) semblent devoir rendre des comptes : en Côte d'Ivoire, seuls Laurent et Simone Gbagbo et Charles Blé Goudé ont été arrêtés ; en République démocratique du Congo, seuls les opposants au pouvoir en place sont inquiétés (les premiers jugements de condamnation ont été prononcés à l'encontre de dirigeants de branches armées de groupe d'opposition, le Lord's Resistance Army[51] et la Force de résistance patriotique de l'Ituri[52]) ; en Ouganda, seuls les opposants voient des mandats d'arrêt décernés à leur encontre ; en Libye, encore, les seuls accusés sont le fils de Mouamar Kadhafi et Abdullah Al-Senussi, tous deux membres du Gouvernement déchu.

Ancien ennemi du vainqueur de la guerre (mais aussi ennemi de l'humanité), le vaincu est le seul qui est jugé par les juridictions internationales pénales. Comme expliqué par Francisco José Muñoz Conde, qui réfute par ailleurs le qualificatif de « droit pénal de l'ennemi » au droit international pénal, ce dernier « n'essaie pas simplement de punir les délinquants, mais aussi de lutter contre ses ennemis[53] » : les ennemis des dirigeants en place ou les ennemis des vainqueurs de la guerre (qui sont souvent les mêmes). Le droit international pénal devient l'arme d'après la victoire – celle qui achève celui déjà à terre. Ce n'est pas sans rappeler certaines caractéristiques du droit

---

[47] Voir : Thierry CRUVELLIER, *Le Tribunal des vaincus : un Nuremberg pour le Rwanda ?*, Paris, Calmann-Lévy, 2006 ; James GOW, Rachel KERR, Zoran PAJIC, *Prosecuting War Crimes: Lessons and Legacies of the International Criminal Tribunal for the Former Yugoslavia*, Londres, Routledge, 2013 ; Danilo ZOLO, *Victor's Justice: From Nuremberg to Baghdad*, Londres, Verso, 2009.

[48] Il est délicat de dire qu'il y a eu un gagnant en ex-Yougoslavie. Nous reviendrons sur ce point et les jugements du TPIY.

[49] Voir notamment : HUMAN RIGHTS WATCH, « Rwanda. La justice après le génocide : 20 ans plus tard », 28 mars 2014.

[50] Voir Carla DEL PONTE, *La traque, les criminels de guerre et moi*, Paris, Héloïse d'Ormesson, 2009. Voir aussi HIRONDELLE, « TPIR/Rwanda : Carla del Ponte raconte ses tentatives d'enquête sur le FPR », 2 avril 2008.

[51] CPI, Chambre de première instance I, *Le Procureur c. Thomas Lubanga Diylo*, ICC-01/04-01/06-2842, jugement rendu en application de l'article 74 du Statut, 14 mars 2012.

[52] CPI, Chambre de première instance II, *Le Procureur c. Germain Katanga*, ICC-01/04-01/07-3436, jugement rendu en application de l'article 74 du Statut, 7 mars 2014.

[53] Francisco José MUÑOZ CONDE, « Le droit pénal international est-il un 'droit pénal de l'ennemi' ? », *Revue de science criminelle et de droit pénal comparé*, vol. 1, 2009, pp. 19-30.

pénal de l'ennemi développé par Günther Jakobs[54] et dénoncé depuis par de nombreux auteurs[55]. Dans le droit pénal de l'ennemi, « on cherche à en finir avec ses ennemis par le droit »[56]. C'est ce qui est ressenti par les personnes jugées pour crimes internationaux par les tribunaux pénaux internationaux.

En effet, les personnes interviewées estiment que les tribunaux pénaux internationaux sont politisés, influencés, voire dirigés par leurs anciens ennemis. Ainsi, les personnes jugées par le TPIY estiment, selon leur origine, que le tribunal est politisé en leur défaveur. Voici quelques exemples de discours tenus à ce propos :

> « Je ne peux pas dire que le Tribunal dans son ensemble a fait des choses mauvaises, mais je dis seulement que les personnes de la chambre d'appel ont fait des choses mauvaises. À mon avis, c'est le résultat de la propagande croate, de la pression de l'État croate » (Y4).

> « Je dis, à propos de ma situation, les personnes qui ont rédigé l'acte d'accusation, elles ont été influencées par des lobbys, ils ont leurs propres intérêts. (...) Ma conclusion était qu'ils avaient besoin de faire un équilibre, vous savez, des deux côtés... Quand je parle de côtés, je veux dire le côté serbe et le côté bosniaque. (...) Donc mon impression était qu'ils voulaient nourrir ce lobby serbe, les lobbyistes et de les satisfaire par une voie : j'étais celui qui a massacré les Serbes » (Y6).

> « *Nobody can say that he is innocent from all three sides. But the Prosecutor wants to prove that only Serbs are guilty. It will not lead to peace, which is the alleged intention* » (Y14).

Les personnes jugées par le TPIR tiennent un discours identique, se fondant sur le fait qu'aucun responsable du Front patriotique rwandais (contre qui ils ont combattu de 1990 à 1994 et qui est aujourd'hui au pouvoir au Rwanda) n'a été jugé par le TPIR. Ainsi, elles dénoncent d'une part, une justice influencée par le pouvoir rwandais et, d'autre part, le fait qu'aucun ancien ennemi n'a été jugé :

---

[54] Günther JAKOBS, « Aux limites de l'orientation par le droit : le droit pénal de l'ennemi », *Revue de science criminelle et de droit pénal comparé*, vol. 1, 2009, pp. 7-18. La violation de plusieurs principes de droit pénal par le droit international pénal tend aussi à démontrer un rapprochement entre le droit international pénal et le droit pénal de l'ennemi.

[55] Voir : Jean-François DREUILLE, « Le droit pénal de l'ennemi : éléments pour une discussion », *Jurisprudence*, vol. 3, 2012, pp. 149-164 ; Geneviève GIUDICELLI-DELAGE, « Droit pénal de la dangerosité : droit pénal de l'ennemi », *Revue de science criminelle et de droit pénal comparé*, vol. 1, 2010, pp. 69-80. Voir aussi sur ce sujet le dossier dans la *Revue de science criminelle et droit pénal comparé* de 2010, ainsi que le dossier de la revue *Jurisprudence* de 2015.

[56] Francisco José MUÑOZ CONDE, « Le droit pénal international est-il un 'droit pénal de l'ennemi' ? », *op. cit.*, p. 22.

> « Au départ, c'est le Gouvernement qui faisait la liste de ceux qui devaient être arrêtés » (R3).
>
> « Et quand le Rwanda va mettre sa main sur le TPIR, parce qu'à un moment donné le Rwanda a mis sa main sur le TPIR… J'appelle ça mettre sa main, parce que, quand on a libéré Barayagwiza et que le Rwanda a dit niet !... Donc à partir de là, le Rwanda a mis sa main sur le TPIR » (R11).
>
> « C'est comme si les juges reçoivent des ordres de quelque part ; c'est un tribunal politique » (R5).
>
> « L'idée était bonne… mais le Tribunal n'a pas tenu compte des crimes commis par le FPR depuis 1990 » (R6).

Pour les personnes interviewées, ces constats sont le résultat d'une différence de traitement des affaires (en fonction de la provenance des accusés) de la part des tribunaux internationaux. Ainsi, le droit international pénal leur apparaît comme un droit pénal de et contre l'ennemi. Ces critiques rejoignent la littérature que nous avons exposée précédemment : il s'agit d'une justice des vainqueurs. La justice internationale pénale est décrite comme la poursuite de la guerre sur un autre terrain : le droit, dans l'enceinte de la salle d'audience. Ces constats renforcent et obligent le positionnement des accusés : la justice internationale pénale est un prolongement de la guerre, ils doivent se défendre.

2. Un droit des États puissants

Abordant le droit international pénal, les personnes interviewées dénoncent ce qui, selon elles, est un droit des États de l'Ouest imposé au reste du monde. Elles mettent en exergue principalement deux éléments : le fait qu'aucun dirigeant ou ressortissant des pays du nord n'a été jugé et le fait que ces tribunaux sont contrôlés par ces mêmes États. Rejoignant ici une lecture tiers-mondiste ou anticolonialiste du droit international pénal[57], les personnes interviewées jugées par le TPIY expliquent ainsi :

> « Les grandes puissances comme la Chine, la Russie ou les États-Unis sont d'accord sans signer. Elles n'ont aucune envie qu'on les soumette à ceci. C'est de cette façon que se comporte le TPIY. C'est une vision partisane. La Serbie a démarré une procédure contre l'OTAN pour des crimes semblables et bien plus graves que ceux qui m'ont été reprochés, ceux commis au Kosovo. Une commission a été créée dans ce but et a répété les accusations contre l'OTAN. C'est le bombardement d'un pont à cause d'une situation située à 1 000 km qu'était le Kosovo et des civils ont été visés. 33 000 tonnes

57 Voir Christophe GEVERS, « International Criminal Law and Individualism: An African Perspective », *in* C. SCHWÖBEL (ed.), *Critical Approaches to International Criminal Law: An Introduction*, New York, Routledge, 2014, p. 221. Voir aussi Christine SCHWÖBEL (ed.), *Critical Approaches to International Criminal Law: An introduction*, New York, Routledge, 2014.

d'explosifs ont été utilisées en Serbie par l'OTAN et les dommages sont estimés à 97 milliards » (Y11).

« On a fixé des pourcentages pour les poursuites, c'est de la mathématique. Ils s'en foutent des circonstances ; ce qui compte c'est 80 % de Serbes, 15 % de Croates et 5 % de Bosniaques. (...) Il y avait des jeux diplomatiques entre les soi-disant alliés et la même chose se répercute au niveau du tribunal. Il y a des tensions politiques dans les nominations des juges » (Y12).

« *That is why I have an impression that what went on there is not a law, is not a decision based on law, but it is some kind of a game by strong political forces that form the tribunal* » (Y8).

Quant aux personnes jugées par le TPIR, leur discours est tout aussi symptomatique, à l'image du participant R5 :

« Il y a des ingérences au TPIR de la part du FPR mais aussi de ses supporters. (...) Les Américains... Les juges c'est comme s'ils exécutent les ordres qui viennent des Américains, ou du FPR. (...) Je ne peux pas dire qu'il y a affaire de racisme, parce que parmi les juges il y a des Africains, il y a des noirs au TPIR. Il y a ceux qui peuvent peut-être penser que c'est ça, mais moi je dis que ce n'est pas ça... c'est plus des pressions du Gouvernement rwandais et de ses alliés. (...) Les TPI ne rendent compte qu'à ceux qui les payent. Alors que la justice nationale, même s'il y a certaines violations qui se font, rend compte au peuple, ils font la justice au nom du peuple. Si vous êtes juge et que vous êtes impartial c'est bon. Mais si vous êtes partial (...). Le résultat, parce que, le résultat finalement, on se rend compte que ce sont des jugements politiques, ce sont des tribunaux manipulés par les puissances. Pourquoi les Américains ne veulent pas que leur nationaux soient jugés par les tribunaux internationaux... parce qu'ils savent »[58].

Ce discours rappelle plusieurs critiques du droit international (pénal) émanant des États africains ou de l'Union africaine, ainsi que de la doctrine. En effet, lorsque la CPI a émis des mandats d'arrêt contre des chefs d'États africains (concernant d'abord le Soudan, puis le Kenya), l'Union africaine a dénoncé une Cour « raciste »[59] et appelé les États à ne pas collaborer avec elle[60]. Aussi, sans développer, une partie de la doctrine voit dans le droit

---

[58] Relevons ici que, malgré ces critiques, les personnes jugées par le TPIR estiment qu'un tribunal international est mieux que des juridictions nationales « aux ordres du pouvoir ».

[59] Voir Daniel FONTAINE, « Les Africains accusent la Cour pénale internationale de racisme », *RTBF.be*, 29 mai 2013.

[60] Voir « South Africa Reverses Decision on Arrest of Sudan's Al Bashir », *BBC*, 3 août 2009. Sur la CPI et l'Afrique, voir par exemple : Jacques B. MBOKANI, « La Cour pénale internationale : une cour contre les Africains ou une cour attentive à la souffrance des victimes africaines ? », *RQDI*, vol. 26, 2013, pp. 47-100.

international un nouveau modèle de colonialisme ou d'impérialisme, ce que Duncan Kennedy a appelé la « *Third Globalization* » par exemple[61].

IV. Une rhétorique du bouc émissaire

L'analyse du discours des personnes jugées par les tribunaux pénaux internationaux met, enfin, en exergue une rhétorique souvent utilisée : la rhétorique du bouc émissaire. Les personnes interviewées estiment être des victimes du système international pénal et, donc, de la politique et des relations internationales. L'analyse du droit international pénal par la théorie du bouc émissaire, fondée en outre sur l'expérience qu'en ont eu les accusés, ne se substitue pas à la façon dont on voit habituellement le système international pénal, mais elle l'éclaire d'un jour intéressant : « Les distorsions persécutrices et dominatrices (le bouc émissaire est sujet d'une persécution et de domination) sont en effet bien présentes, et elles ne sont pas incompatibles avec la vérité littérale de l'accusation et de la condamnation »[62].

Il est intéressant de relever cette rhétorique, car elle ne va pas de soi. De fait, comme nous le disions en introduction, les participants à notre recherche étaient pour la plupart des dirigeants politiques et se présenter comme bouc émissaires, même si cela permet de délégitimer la justice internationale qui les a jugés (et par-là de se placer dans une optique de neutralisation de responsabilité) n'est pas chose aisée. De surcroît, alors que nous aurions pu nous attendre à une différence de positionnement entre les condamnés et les acquittés, cette perception d'être un bouc émissaire s'exprime chez les premiers comme chez les seconds qui, pour beaucoup devant le TPIR, ne sont toujours pas libres malgré leur acquittement[63].

Une telle rhétorique correspond à n'en pas douter au rituel sacrificiel analysé par René Girard[64] et appliqué au droit pénal par Antoine Garapon[65] ou

---

[61] Duncan KENNEDY, « Three Globalizations of Law and Legal Thought: 1850-2000 », *in* D.M. TRUBEK, A. SANTOS, *The New Law and Economic Development: A Critical Appraisal*, Cambridge, Cambridge University Press, 2006, p. 63. Voir aussi : Catherine P. WELLS, « Thoughts on Duncan Kennedy's Third Globalization », *Comparative Law Review*, vol. 3, 2012, pp. 1-10 ; Rémi BACHAND, « Le droit international et l'idéologie 'droits-de-l'hommiste' au fondement de l'hégémonie occidentale », *RQDI (hors série)*, 2014, pp. 69-97.

[62] René GIRARD, *Le bouc émissaire*, Paris, Grasset, 1982, pp. 33-34.

[63] À ce propos, la situation des personnes acquittées par le TPIR est symptomatique : elles sont actuellement maintenues dans une maison à Arusha (Tanzanie), certaines depuis 10 ans, alors même qu'elles ont été innocentées et devraient pouvoir retourner auprès de leur famille. Voir, par exemple, Beth S. LYONS, « Acquitted but Still Not Free », *IntLawGrrls: Voices on International Law, Policy, Practice*, 19 mai 2014.

[64] Voir René GIRARD, *Le bouc émissaire*, *op. cit.*

[65] Antoine GARAPON, *L'âne portant des reliques (...)*, *op. cit.*, pp. 98-99.

Christian-Nils Robert[66]. En l'espèce, la théorie du bouc émissaire expose qu'il existe un « principe structurant caché »[67].

> « Ce droit, en tant qu'ensemble de règles formelles et matérielles destinées à l'établissement des comportements considérés comme préjudiciables à la société et des principes régissant l'organisation de sa mise en œuvre, est parvenu à convaincre qu'il impose et réalise un ordre, qu'il en assure seul la maintenance et qu'il prévient, de différentes façons et par des mécanismes qui lui sont propres, la commission des comportements qu'il réprouve et sanctionne. L'édifice paraît solide »[68].

Cependant, le « principe structurant » se dévoile par le fait que le droit pénal est un système sacrificiel visant des personnes qui font office de boucs émissaires. Partant dudit postulat, la théorie présentée ici implique une exclusion de la part de l'institution pénale. Elle est régie par des principes directeurs qui encadrent le système du bouc émissaire. Quatre composants caractérisent le « système sacrificiel » : la crise sociale, le crime et la violence, qui déclenchent le nécessaire besoin de trouver une victime[69]. En droit international pénal, ces éléments se retrouvent aisément. La crise sociale est le plus important des trois : le conflit armé, dans lequel bien souvent sont commis les crimes jugés par les juges internationaux. Cela nous conduit en toute logique au second point : le crime. Celui-ci est existant (il est d'ailleurs le point déclencheur de la justice) et entraîne, à son tour, une crise sociale en réaction à l'infraction commise, contraire aux normes internationales en vigueur. Enfin, la violence existe dans le processus pénal lui-même, par la contrainte qu'il entraîne sur certains des acteurs du procès pénal, et notamment sur l'accusé, le caractère « odieux » du droit pénal n'étant plus à démontrer.

Ainsi, certains participants estiment, par exemple :

> « La mort d'un innocent ne justifie pas le lynchage d'autres innocents par la justice » (R14).
>
> « Je suis victime d'abord du conflit au Rwanda, puis des Nations Unies » (R16).
>
> « On nous a tellement diabolisés que même acquittés… certains pays hésitent à nous recevoir » (R17).

Ils décrivent aussi le processus pénal international comme « odieux », au niveau physique comme au niveau moral : « Nous étions en Cour toute la

---

[66] Christian-Nils ROBERT, *L'impératif sacrificiel (...)*, *op. cit.*

[67] René GIRARD, *Le bouc émissaire*, *op. cit.*, p. 172.

[68] Christian-Nils ROBERT, *L'impératif sacrificiel (...)*, *op. cit.*, p. 113.

[69] René GIRARD, *Le bouc émissaire*, *op. cit.*, p. 37.

journée, sans pouvoir prendre de pause. Une fois j'ai le nez qui a coulé et il a fallu se plaindre pour une petite pause » (Y3).

Quant à la « victime-émissaire », elle doit être porteuse de signes caractéristiques propres. Selon les expressions consacrées par René Girard, il s'agit de la « marginalité du dedans »[70] et de la « marginalité du dehors »[71]. Dans la théorie girardienne, la « marginalité du dedans » s'articule autour d'une victime faible, anormale, étrangère, c'est-à-dire reconnaissable. En droit international pénal, ces signes victimaires sont exprimés souvent en termes d'anormalité et de monstruosité, que les personnes qui jugent souhaitent mettre en avant[72]. Comme a pu le relever Harald Welzer[73], notamment, en jugeant (moralement ou juridiquement) les criminels de masse, est recherchée en eux l'anormalité qui a pu les conduire à commettre de tels crimes : « Ces fous ! », « Ils sont inhumains ! », etc. Dès lors, l'anormalité est présente et nous ramène au sacrifice nécessaire. C'est ainsi que sont vécus les procès internationaux par les personnes que nous avons interviewées :

> « *They thought that we were all monsters and torturers (...) they want to show to the world that he is a monster* » (Y2).
>
> « *Something what I was carrying for X. years, this burden and this problem that I was accused, which makes me a real criminal in all media like almost as a monster* » (Y7).

En droit international pénal, c'est aussi, et surtout, la « marginalité du dedans » qui peut être mise en exergue. Celle-ci renvoie à la désacralisation (avant le sacrifice) nécessaire du puissant en période de crise[74]. Les personnes jugées étaient des puissants (ministres, chef d'État, généraux d'armée, etc.) et ont perdu le pouvoir – ce qu'elles regrettent. Elles perdent, par la même occasion, la reconnaissance sociale qu'elles possédaient et les avantages qui allaient avec elle. De surcroît, qualifiées de « génocidaires » ou de « criminels contre l'humanité », elles sont placées en dehors de la communauté humaine.

Par ailleurs, plusieurs critères structurels du système sacrificiel sont présents en droit international pénal : le rituel (qui se traduit par un décorum, une

---

[70] *Ibid.*, pp. 31-32.

[71] *Ibid.*, pp. 26-28.

[72] Nous ne faisons pas ici référence aux juges *stricto sensu*, mais à l'« opinion internationale », à tout un chacun extérieur aux crimes de masse commis. Voir Harald WELZER, *Les exécuteurs (...)*, *op. cit.*, pp. 262-263. Nous faisons aussi référence aux différents procureurs des juridictions internationales pénales, qui rédigent des actes d'accusation comprenant de nombreuses charges, alors qu'*in fine* les accusés sont condamnés pour quelques-unes d'entre elles.

[73] Voir Harald WELZER, *Les exécuteurs (...)*, *op. cit.* Voir aussi Pierre THYS, *Criminels de guerre : études criminologique*, Paris, L'Harmattan, 2007, pp. 61-62.

[74] Voir René GIRARD, *Le bouc émissaire*, *op. cit.*, pp. 31-32.

cérémonie)[75] ; l'aboutissement nécessaire de l'action (une fois saisie, la justice doit arriver à son terme, juger le bouc émissaire sans faillir – l'acharnement dont a fait preuve le droit international pénal envers les grands criminels de guerre toujours en liberté ne peut que rappeler ce critère nécessaire au système sacrificiel ; le sentiment d'« échec » qui a fait suite au décès de Slobodan Milosević en est aussi une démonstration) ; le principe de la « bonne victime » (du processus de bouc émissaire) qui remplit les conditions du coupable idéal et qui se traduit, en droit pénal national, par « l'obsession de l'aveu [qui] hante totalement l'instruction criminelle »[76] et, en droit international pénal, par la recherche du plaidoyer de culpabilité. Enfin, il faut un sacrifice : l'exclusion. La peine à perpétuité n'est rien d'autre que cette exclusion ; mais, plus que ça, les personnes rencontrées (et condamnées par les tribunaux pénaux internationaux) purgent leur peine « ailleurs » (au Bénin, en Allemagne, en Estonie, au Danemark, au Mali, etc.), et pour les condamnés du TPIR, ceux ayant exécuté leur peine se retrouvent « enfermés » dans des pays qu'ils ne connaissent pas (il leur est, en effet, impossible de rejoindre leur famille où qu'elle soit). En outre, les personnes ayant été acquittées sont bannies à jamais de leur communauté (au Rwanda) mais aussi et surtout de leur famille[77].

Il n'est, dès lors, pas surprenant que les personnes interviewées aient vécu leur procès et les jugements en se positionnant comme « victime-émissaire » du droit international pénal.

***

Ainsi, les personnes jugées par les tribunaux pénaux internationaux mettent en exergue une justice internationale pénale des « autres », rendue par les « autres » et utilisant des concepts juridiques extérieurs (à leur groupe). Mais surtout, la justice internationale pénale est politisée et au service des (États) puissants. Une sorte de « colawnialisme » est vécue par les participants à notre recherche du fait de leur expérience de la justice internationale pénale. Nous entendons ici par « colawnialisme » une composante d'un colonialisme se concrétisant par une domination (du vaincu) par le droit (du vainqueur) mise en place par les États puissants et par l'ancien ennemi du conflit armé. Cette domination entraîne ainsi une perte de contrôle de l'expérience qu'ils ont vécue. Comme le dit François Dubet, « les rapports de domination dépossèdent précisément les acteurs de la maîtrise de leur expérience sociale »[78]. Cette expérience leur permet de délégitimer la justice internationale qui les a jugés. Elle semble, en outre, permettre la

[75] Voir Diane BERNARD, « Lieu du procès, lieu du crime : les espaces de justice », *Droit et société*, vol. 90, 2015, pp. 335-348.
[76] Christian-Nils ROBERT, *L'impératif sacrificiel (...)*, *op. cit.*, p. 134.
[77] Voir Beth S. LYONS, « Acquitted but Still Not Free », *op. cit.*
[78] François DUBET, *Sociologie de l'expérience*, *op. cit.*, p. 19.

reconnaissance d'une figure du bouc émissaire dont les personnes rencontrées sont les victimes.

Ces résultats doivent retenir l'attention des acteurs du droit international pénal. En effet, si ce droit a un avenir, il doit prendre en considération l'expérience vécue par les accusés qui, aujourd'hui, apporte un regard nouveau sur cette justice en permettant de mieux comprendre son fonctionnement, mais aussi de douter de ses finalités comme de son impact sur les personnes jugées par les juridictions internationales pénales.

Postface

Fatou BENSOUDA

L'ouvrage sur l'apport de l'Afrique à la justice pénale internationale s'inscrit dans le débat sur les enjeux des mutations du système international qui ont fini, en définitive, par élever la lutte contre l'impunité au rang des mesures largement acceptées pour rendre les relations internationales beaucoup plus sûres. Dans la même lancée, la justice pénale internationale, qui s'est construite autour de normes nationales, régionales et internationales, connaît un développement progressif tendant à mettre en place des standards en matière d'organisation de la répression des crimes internationaux.

L'Afrique n'est pas en reste dans ce processus. Elle y joue un rôle essentiel, illustré notamment par sa contribution significative dans la mise en place de mécanismes spéciaux, en particulier le Tribunal spécial pour la Sierra Leone, les tribunaux *gacaca* au Rwanda, et de la juridiction pénale internationale à vocation permanente qu'est la Cour pénale internationale. Du reste, le continent africain est le groupe le plus représentatif au sein de l'Assemblée des États parties au Statut de Rome du 17 juillet 1998, avec actuellement 33 États.

Cette justice pénale internationale, avec comme vocation la lutte contre l'impunité des crimes atroces qui heurtent la conscience humaine, postule que les auteurs de tels crimes d'une gravité exceptionnelle répondent de leurs actes. C'est pourquoi, dans plusieurs situations où ces crimes sont commis, se pose la question de l'instance la plus appropriée pour ce faire : juridiction nationale, tribunal *ad hoc*, cour pénale spéciale ou mixte, Cour pénale internationale, etc.

Au-delà de ces modèles qui présentent chacun des spécificités propres, avec toutefois des rapprochements évidents entre eux, tant sur le plan normatif qu'institutionnel, les réalités de l'application d'une justice pénale internationale avec tout ce que cela comporte, y compris en termes de compréhension du rôle et de la place de la justice, du déroulement du procès lui-même et de ses finalités, ainsi que des rapports qu'entretient cette justice avec son milieu d'action, restent des sujets complexes.

Cet ouvrage aborde ces aspects avec une perspective qui, au fond, fait ressortir les difficultés et les enjeux de la répression des crimes internationaux, en particulier quand celle-ci s'inscrit dans le contexte d'initiatives de réconciliation nationale et de reconstruction de la paix.

Table des matières

II. EXPÉRIENCES AFRICAINES DE JUSTICE TRANSITIONNELLE

III. EXPÉRIENCES AFRICAINES DES TRIBUNAUX PÉNAUX *AD HOC* INTERNATIONAUX ET INTERNATIONALISÉS

IV. JUSTICE INTERNATIONALE PÉNALE EN AFRIQUE : VICTIMES ET ACCUSÉS

DROIT INTERNATIONAL
AUX ÉDITIONS L'HARMATTAN

Dernières parutions

LA NATIONALITÉ ET L'APATRIDIE EN AFRIQUE

Charles Lasserre Yakite

Le droit à la nationalité est un droit humain fondamental reconnu par le droit international. Les apatrides ne peuvent se prévaloir de la protection de la nationalité et sont donc vulnérables à la privation de leurs droits. Les États africains doivent élaborer des cadres législatifs et mettre en place des politiques nationales pour lutter contre l'apatridie. Cet ouvrage vise à faire des recommandations à l'Union africaine et aux organisations internationales intéressées pour résoudre l'épineux problème de nationalité et de l'apatridie.

(Coll. Études africaines, 156 p., 17 euros)

ISBN : 978-2-343-15353-7, EAN EBOOK : 9782140104725

LE GÉNOCIDE DES LARIS AU CONGO

Dominique Kounkou

Dans toute l'histoire politique du Congo, les Lari ont connu persécutions, crimes et génocide. Quelle idéologie de la haine a justifié la programmation de leur extermination ? L'auteur, au moyen d'une enquête en continu, découvre que l'impunité de Sassou Nguesso, de son fils Christel et de tous les exécuteurs d'ordres les pousse à commettre des crimes de sang et des crimes économiques. En outre, les présidents français et les réseaux financés par l'argent des Congolais, détourné par Sassou et son fils ne seraient-ils pas les complices de ce vaste génocide des Laris?

(120 p., 14 euros)

ISBN : 978-2-343-15760-3, EAN EBOOK : 9782140100512

DROIT DU CONTENTIEUX INTERNATIONAL AFRICAIN
Jurisprudences et théorie générale des différends africains

Saidou Nourou Tall

Préface de Ahadzi Nonou Koffi - Avant-propos de Mamadou Badji

Cet ouvrage de référence, très documenté, mêle à la fois la théorie générale du droit des contentieux et l'originalité et/ou spécificités des juridictions et justiciables africains. Il est une remarquable contribution à la compréhension et à la complexité des contentieux internationaux et de leur règlement sous le prisme du Droit.

(562 p., 50 euros)

ISBN : 978-2-343-15555-5, EAN EBOOK : 9782140097843

LE DROIT MARITIME DANS LA ZONE CEMAC

Eric Dibas-Franck

Volontairement limité au Droit maritime dans la communauté économique et monétaire de l'Afrique centrale (CEMAC), cet ouvrage a pour ambition de faire le point sur la construction du droit maritime dans cette zone en scrutant le Code communautaire de la marine marchande. Les grands problèmes contemporains du Droit maritime comparé ou international y trouvent des réponses précises. Le livre est également enrichi d'une jurisprudence inédite.

(Coll. Affaires maritimes et Transports, 258 p., 26 euros)

ISBN : 978-2-343-14948-6, EAN EBOOK : 9782140096082

L'AMÉNAGEMENT CONVENTIONNEL DE LA SOCIÉTÉ COMMERCIALE EN DROIT FRANÇAIS ET EN DROIT OHADA

Wendkouni Judicaël Djiguemdé

Préface de Bernard Saintourens

Toute législation en matière économique se doit d'être souple et adaptée à l'évolution du monde des affaires. Le droit des sociétés OHADA n'échappe pas à ce principe.Cette étude participe de l'élaboration d'un régime juridique adapté, permettant de sécuriser les aménagements conventionnels, signe d'une contractualisation du droit des sociétés.

(Coll. Le Droit aujourd'hui, 458 p., 42 euros)

ISBN : 978-2-343-14563-1, EAN EBOOK : 9782140096013

L'OCTROI DE MER

L'ultime réforme

Fred Le Breton

Survivance du passé colonial, l'octroi de mer est un impôt qui touche les Régions Ultra Périphériques (RUP) de Guadeloupe, Guyane, Martinique, Mayotte et La Réunion. La Communauté européenne ne voulant pas de restriction à la libre-circulation des marchandises, beaucoup prédisent la disparition prochaine de cet impôt. Cet ouvrage présente la lente mais inéluctable évolution de cette question qui, depuis des siècles, a toujours été au centre de la vie politique et économique dont seule une réponse juridique et fiscale de taille est attendue.

(352 p., 33 euros)

ISBN : 978-2-343-13752-0, EAN EBOOK : 9782140074141

LA COUR PÉNALE INTERNATIONALE

Entre nécessité de justice et impératif de paix

Dindio Konaté

Préface de Francis Dacko - Postface de Gaelle Carayon

La Cour pénale internationale (CPI), avancée notable en ce XXIè siècle, apparaît sous les feux des projecteurs. Au-delà des critiques dont elle fait l'objet, se posent la question de la justice et de la paix, deux notions que la Cour doit s'efforcer de conjuguer. L'avènement de la CPI a suscité beaucoup d'espoirs, mais pour que celle-ci joue pleinement son rôle, elle doit effectuer sa mue et se débarrasser des limites tant textuelles qu'opérationnelles qui minent son action. Certes, imparfaite, la CPI n'en demeure pas moins à ce jour le modèle le plus achevé d'une juridiction internationale pénale.

(Coll. Harmattan Côte-d'Ivoire, 226 p., 23 euros)

ISBN : 978-2-343-13616-5, EAN EBOOK : 9782140057724

DROIT DE L'INTÉGRATION AFRICAINE

Organisations communautaires en Afrique de l'Ouest, rapports entre les organisations sous-régionales, l'Union africaine et l'Organisation des Nations unies, défis prioritaires de l'intégration en Afrique

Kémoko Diakité

Préface de Abdoulaye Sakho

Cet ouvrage se veut une contribution à la réflexion sur les organisations d'intégration en Afrique, notamment ouest-africaine telles que la CEDEAO, l'UEMOA et l'OHADA. Il met en exergue le régime juridique des actes de la CEDEAO, de l'UEMOA et de l'OHADA, fait une analyse actualisée du droit communautaire matériel et évoque les réformes institutionnelles récentes des différentes organisations.

(192 p., 20 euros)

ISBN : 978-2-343-10024-1, EAN EBOOK : 9782140046858

LA PROBLÉMATIQUE DE LA RÉPRESSION DES CRIMES DE GUERRE ET DES CRIMES DE GÉNOCIDE EN AFRIQUE

Taïcha Maïga

La répression des crimes internationaux, dont les crimes de guerre et de génocide, constitue une préoccupation majeure pour la communauté internationale. Mais la mise en oeuvre d'une stratégie pénale commune est devenue problématique. La détermination de l'Union africaine et des États africains dans la voie de l'africanisation de la répression des crimes internationaux les a conduits à créer la Cour africaine de justice, des droits de l'homme et des peuples (CAJDHP) et les Chambres africaines extraordinaires (CAE). Cette africanisation de la répression des crimes internationaux permettra-t-elle cependant la fin de l'impunité en Afrique ?

(Coll. Harmattan Sénégal, 376 p., 37,5 euros)

ISBN : 978-2-343-12934-1, EAN EBOOK : 9782140048401

JUSTICE SOCIALE ET PAIX EN AFRIQUE

Réflexions sur les voies du droit

Halidou Yacouba

Face au malaise et à la crise endémique que traverse le processus démocratique africain, il importe de jeter un regard analytique et réflexif sur la problématique de la paix en Afrique. Cet ouvrage montre que la construction d'une paix civile et politique laisse entrevoir que sa condition première, originelle et fondamentale, c'est la justice entendue à la fois comme pratique du bien et application du droit.

(Coll. Études africaines, 296 p., 31 euros)

ISBN : 978-2-343-13042-2, EAN EBOOK : 9782140047138

LA DIFFUSION DU DROIT INTERNATIONAL PÉNAL DANS LES ORDRES JURIDIQUES AFRICAINS

Herman Blaise Ngameni

Préface de Franck Latty

L'Afrique est le terrain de prédilection du pluralisme juridique qui favorise la juxtaposition de l'ordre juridique moderne et l'ordre juridique traditionnel. L'articulation du droit international pénal avec les ordres juridiques africains est une condition de sa diffusion. Il importe pour les États africains de favoriser une coopération effective avec les juridictions pénales internationales qui ne sera possible qu'au sein de régimes politiques démocratiques. Ceci est nécessaire pour un véritable universalisme du droit international pénal.

(Coll. Études africaines, 682 p., 49 euros)

ISBN : 978-2-343-12855-9, EAN EBOOK : 9782140046162

L'EXPLOITANT DE BANQUE ET LE DROIT AU TCHAD

Thomas Dingamgoto

De toutes les activités entrepreneuriales, le secteur bancaire est de celles qui font l'objet d'un encadrement législatif scrupuleux et d'une veille règlementaire permanente. Si l'histoire du droit bancaire tchadien est étroitement liée à celle du droit bancaire français, les textes législatifs et règlementaires des activités bancaires au Tchad ont connu des évolutions internes notables. Pour l'exploitant de banque comme pour l'ensemble des acteurs de la chaîne économique et financière, ces mutations rendent indispensables l'appropriation de ces normes nouvelles.

(Coll. Études Eurafricaines, 674 p., 49 euros)

ISBN : 978-2-343-16034-4, EAN EBOOK : 9782140104879

L'ÉGALITÉ DE L'HOMME ET DE LA FEMME DANS LE MARIAGE

Etude comparée des droits du Bénin, du Burkina Faso et du Mali

Aïssata Dabo

Des États africains ont rénové leurs législations sur le mariage dans l'idée de les conformer au dispositif juridique international, qui place désormais l'égalité homme-femme au centre des débats. Toutefois, l'objectif est largement dévié par le pluralisme juridique qui demeure, en droit et en fait, un frein pour l'indifférenciation des droits des sexes. Cet ouvrage se propose de rechercher la mesure de l'égalité, en matière de mariage, réellement promue par les droits béninois, burkinabè et malien.

(Coll. Études africaines, 614 p., 49 euros)

ISBN : 978-2-343-15377-3, EAN EBOOK : 9782140105197

LE CONTENTIEUX DE L'ANNULATION AU CONGO

Lovane Lhakhy-Tsamby

Dans ce livre, l'auteur examine la question relative au contentieux de l'annulation, au Congo. Lorsqu'un acte administratif est entaché d'illégalité, il est susceptible d'annulation. Au Congo, l'annulation d'un acte administratif illégal relève de la compétence exclusive de la chambre administrative de la Cour suprême. La Cour constitutionnelle est exceptionnellement compétente pour annuler un acte administratif entaché d'illégalité lorsqu'il est pris dans le domaine électoral. Elle n'est pas juge de la légalité des actes administratifs au même titre que le juge administratif ordinaire.

(Coll. Harmattan Congo-Brazzaville, 120 p., 14 euros)

ISBN : 978-2-343-15430-5, EAN EBOOK : 9782140104305

PROTECTION DE LA QUALITÉ DES EAUX DOUCES AU CANADA ET DANS L'UNION EUROPÉENNE

Le partage des compétences

Claire Joachim

Cet ouvrage analyse l'organisation des rapports entre les ordres juridiques par le droit constitutionnel canadien et le droit de l'Union européenne. Cette étude est innovante car : la grille d'analyse du droit constitutionnel canadien a été appliquée à l'Union européenne. Ce qui met en évidence des mécanismes similaires dans le partage des compétences. Le domaine de la protection de la qualité des eaux douces a été choisi pour révéler les enjeux de ces relations dans une perspective globale. Ce travail fait ressortir que l'intégration européenne est accentuée par une centralisation des compétences. Ainsi, la sphère du pouvoir des états membres se vide progressivement de sa substance. Le droit entrerait donc en mutation à l'aune de la protection de l'environnement.

(Coll. Le Droit aujourd'hui, 546 p., 49 euros)

ISBN : 978-2-343-10974-9, EAN EBOOK : 9782140104541

LE BIEN-ÊTRE ANIMAL : DE LA SCIENCE AU DROIT

Sous la direction de Sophie Hild et Louis Schweitzer

Chercheurs, experts, membres de la Commission européenne ou du ministère de l'Agriculture se sont succédé pour répondre à plusieurs questions du plus haut intérêt : quelle définition scientifique donner au bien-être de l'animal ? Sur quels critères l'évaluer ? Quels droits nationaux ou internationaux le prennent-ils en compte ? Quels animaux sont concernés ? Quels obstacles s'opposent au souci d'assurer le bien-être animal ? Les réponses données conforteront les démarches à conduire en faveur de dispositions réglementaires nouvelles.

(Coll. Colloques et rencontres, 364 p., 37 euros)

ISBN : 978-2-343-15918-8, EAN EBOOK : 9782140104329

DROITS FONCIERS DES FEMMES ET DES CADETS SOCIAUX EN CÔTE D'IVOIRE

Cellule de Suivi et d'Analyse de la Mise en Oeuvre de la Loi sur le Foncier Rural

Le séminaire-atelier "Sécurisation des droits fonciers des femmes et cadets sociaux en milieu rural" tenu à Grand-Bassam en 2017 avait pour objectif d'identifier les dispositions, existantes ou à adopter, pour améliorer la sécurisation des droits fonciers des femmes et des cadets sociaux en milieu rural. Comment comprendre la nature des obstacles qui y nuisent, identifier et clarifier les dispositions qui existent dans le cadre juridique et institutionnel de la Côte d'ivoire ? les services centraux et décentralisés de l'Administration, Chambre des Chefs et Rois Traditionnels de Côte d'Ivoire, partenaires internationaux de développement, organisations professionnelles agricoles, notaires, juristes, géomètres, chercheurs, ONG, presse etc, tous sont concernés par cette problématique.

(Coll. Harmattan Côte-d'Ivoire, 192 p., 22 euros)

ISBN : 978-2-343-15394-0, EAN EBOOK : 9782140103728

Structures éditoriales du groupe L'Harmattan

L'Harmattan Italie
Via degli Artisti, 15
10124 Torino
harmattan.italia@gmail.com

L'Harmattan Hongrie
Kossuth l. u. 14-16.
1053 Budapest
harmattan@harmattan.hu

L'Harmattan Sénégal
10 VDN en face Mermoz
BP 45034 Dakar-Fann
senharmattan@gmail.com

L'Harmattan Cameroun
TSINGA/FECAFOOT
BP 11486 Yaoundé
inkoukam@gmail.com

L'Harmattan Burkina Faso
Achille Somé – tengnule@hotmail.fr

L'Harmattan Guinée
Almamya, rue KA 028 OKB Agency
BP 3470 Conakry
harmattanguinee@yahoo.fr

L'Harmattan RDC
185, avenue Nyangwe
Commune de Lingwala – Kinshasa
matangilamusadila@yahoo.fr

L'Harmattan Congo
67, boulevard Denis-Sassou-N'Guesso
BP 2874 Brazzaville
harmattan.congo@yahoo.fr

L'Harmattan Mali
Sirakoro-Meguetana V31
Bamako
syllaka@yahoo.fr

L'Harmattan Togo
Djidjole – Lomé
Maison Amela
face EPP BATOME
ddamela@aol.com

L'Harmattan Côte d'Ivoire
Résidence Karl – Cité des Arts
Abidjan-Cocody
03 BP 1588 Abidjan
espace_harmattan.ci@hotmail.fr

L'Harmattan Algérie
22, rue Moulay-Mohamed
31000 Oran
info2@harmattan-algerie.com

L'Harmattan Maroc
5, rue Ferrane-Kouicha, Talaâ-Elkbira
Chrableyine, Fès-Médine
30000 Fès
harmattan.maroc@gmail.com

Nos librairies en France

Librairie internationale
16, rue des Écoles – 75005 Paris
librairie.internationale@harmattan.fr
01 40 46 79 11
www.librairieharmattan.com

Librairie l'Espace Harmattan
21 bis, rue des Écoles – 75005 Paris
librairie.espace@harmattan.fr
01 43 29 49 42

Lib. sciences humaines & histoire
21, rue des Écoles – 75005 Paris
librairie.sh@harmattan.fr
01 46 34 13 71
www.librairieharmattansh.com

Lib. Méditerranée & Moyen-Orient
7, rue des Carmes – 75005 Paris
librairie.mediterranee@harmattan.fr
01 43 29 71 15

Librairie Le Lucernaire
53, rue Notre-Dame-des-Champs – 75006 Paris
librairie@lucernaire.fr
01 42 22 67 13

www.ingramcontent.com/pod-product-compliance
Lightning Source LLC
LaVergne TN
LVHW011143061026
849535LV00003B/583